한국산업인력공단 시행 국가기술자격증

2026 최신판

기 출 은   미 리   보 는   시 험 이 다

청소년 상담사 3급

기 출 문 제 집

JH청소년상담연구회 편저

2025~2020년까지 6개년 기출문제 수록

오답 함정을 피하는 풍부한 해설

도해식 구성으로 완벽한 정리가 가능

최신기출
강의무료제공
www.정훈에듀.com

미디어정훈
www.정훈에듀.com

머리말

청소년상담사 자격시험은 청소년의 정서, 인지, 행동발달을 조력하는 유일한 상담 전문 국가자격시험입니다.

이 시험을 통하여 청소년들이 행복하게 살아갈 수 있도록 전문적인 조력을 하는 청소년상담사들이 탄생하고 있습니다.

청소년상담사 3급은 상담 관련 분야 졸업자나 졸업 예정자 중에서 해당 과목의 필기시험에 합격하고, 상담 관련 실무경력을 거친 후 최종면접을 통해 그 자격을 성평등가족부장관에 의해 부여받게 됩니다.

필기시험의 합격률은 지난 몇년 간 다소 높아지는 추세를 보이면서, 2024년 제23회 시험에서는 합격률이 55.9%로 크게 올랐었지만, 2025년 제24회 시험에서는 합격률이 30.21% 로 폭락하였습니다.

기출문제를 분석해 보면 어떤 문제는 그냥 답을 떠먹여 준다 싶을 정도로 쉬운 반면, 처음 접하는 난해한 문제도 곳곳에서 출제되어 시험장 여기저기에서 수험생의 한숨이 새어 나왔다는 후문입니다.

내년에는 어떻게 출제될지 모르지만 방대한 청소년상담사 출제범위를 고려하면 수험생 여러분은 최근 기출문제를 통해 출제경향을 꼼꼼히 파악한 후 너무 구석구석까지 파고들기 보다는 선택과 집중을 통한 반복적인 이론 학습을 통하여 시험 준비를 하는 것이 최선이라고 생각합니다.

이 책은 다음과 같은 내용을 담고 있습니다.

> 첫째 최근 출제 경향을 파악하고 실전 감각을 기를 수 있도록 2025년~2020년 기출문제 총 6회분을 수록하였습니다.
> 둘째 수험생들이 이해하기 쉽도록 각 문제마다 명확하고 상세한 해설을 덧붙였습니다.

아무쪼록 본서로 공부한 수험생 여러분들이 2026년 시험에서는 꼭 합격하고 사회에 진출해서 우리나라 상담분야에서 중추적인 역할을 하시길 간절히 기원합니다.

― JH청소년상담연구회

1. 청소년상담사 취득절차 흐름도

[주최 : 성평등가족부 | 주관 : 한국산업인력공단, 한국청소년상담복지개발원]

필 기 시 험	원서 접수	• 청소년상담사 홈페이지(www.q-net.or.kr/site/sangdamsa) • 인터넷 접수만 가능 – 접수내용 변경은 원서접수 기간 내에 취소 후 다시 접수하여 변경 – 원서접수 마감 후에는 재접수 및 내용변경 불가
	합격(예정)자 발표	• 매 과목 100점 만점으로 하여 40점 이상, 전 과목 평균 60점 이상 득점한 사람 • 청소년상담사 홈페이지(www.q-net.or.kr/site/sangdamsa), ARS(1666-0100) 발표
면접시험		• 면접시험 합격에 따른 최종합격자 : 면접위원(3인)의 평정점수 합계가 모두 15점(25점 만점) 이상을 얻은 자(다만, 면접위원의 과반수가 어느 하나의 평가사항에 대하여 1점으로 평정한 때에는 평정점수 합계와 상관없이 불합격 처리함) • 청소년상담사 홈페이지(www.q-net.or.kr/site/sangdamsa), ARS(1666-0100) 발표
응시자격 서류 제출		• 졸업(학위)증명서 • 성평등가족부령이 정하는 상담 관련 분야 증명서류(해당자에 한함) • 상담실무경력 인정 증빙서류(해당자에 한함) • 응시자격 서류심사 신청서
최종합격자 발표		청소년상담사 홈페이지(www.q-net.or.kr/site/sangdamsa), ARS(1666-0100) 발표
자격연수		• 신청 : 한국청소년상담사복지개발원 청소년상담사 홈페이지(www.youthcounselor.or.kr) • 대상 : 자격시험 최종합격자 및 자격시험 합격 후 연수 미수료자
자격증 발급 대상		청소년상담사 자격시험 최종 합격 후 자격연수 수료자 ※ 결격사유에 해당하는 수험자는 최종합격 이후 자격연수를 수료하였더라도 자격증을 교부하지 않음

2. 청소년상담사 시험일정 (2025년 기준)

필기시험			면접시험		
원서접수	시행일	합격자 발표일	원서접수	시행일	합격자 발표일
7.21 (월)~7.25 (금)	9.13 (토)	10. 22.(수)	11.3 (월)~11.7 (금)	11.24(월) ~11.29(토)	12.24(수)

3. 시험과목 및 시험방법

구 분	교 시	시험과목	시험시간
3급 청소년상담사 (6과목)	1교시 (필수)	1. 발달심리　　 2. 집단상담의 기초 3. 심리측정 및 평가　 4. 상담이론	9:30~11:10 (100분)
	2교시 (필수 및 선택)	5. 학습이론(필수) 6. 청소년이해론 · 청소년수련활동론 중 1과목(선택)	11:40~12:30 (50분)

※ 법령 관련 출제 기준일은 시험 시행일 기준

4. 응시자격

응시 자격 (3급)	1. 대학 및 「평생교육법」에 따른 학력이 인정되는 평생교육시설의 청소년(지도)학 · 교육학 · 심리학 · 사회사업(복지)학 · 정신의학 · 아동(복지)학 · 상담학 분야 또는 그 밖에 성평등가족부령으로 정하는 상담관련 분야의 학사학위를 취득한 사람 2. 전문대학 또는 다른 법령에 따라 이와 동등한 학력을 인정받는 기관에서 상담 관련 분야 전문학사를 취득한 사람으로서 상담 실무경력이 2년 이상인 사람 3. 대학 또는 다른 법령에 따라 이와 동등한 학력을 인정받는 기관에서 학사학위를 취득한 후 상담 실무경력이 2년 이상인 사람 4. 전문대학 또는 다른 법령에 따라 이와 동등한 학력을 인정받는 기관에서 전문학사학위를 취득한 후 상담 실무경력이 4년 이상인 사람 5. 고등학교를 졸업하고 상담 실무경력이 5년 이상인 사람 6. 제1호부터 제4호까지에 규정된 사람과 같은 수준 이상의 자격이 있다고 성평등가족부령으로 정하는 사람
결격 사유 (1 · 2 · 3급 공통)	1. 미성년자 · 피성년후견인 또는 피한정후견인 2. 파산선고를 받은 자로서 복권되지 아니한 사람 3. 금고 이상의 형을 선고받고 그 집행이 끝나거나 집행을 받지 아니하기로 확정된 후 3년이 지나지 아니한 사람 4. 금고 이상의 형을 선고받고 그 집행유예의 기간이 끝나지 아니한 사람 5. 제3호 및 제4호에도 불구하고 다음의 어느 하나에 해당하는 죄를 저지른 사람으로서 형 또는 치료감호를 선고받고 확정된 후 그 형 또는 치료감호의 전부 또는 일부의 집행이 끝나거나(집행이 끝난 것으로 보는 경우를 포함) 집행이 유예 · 면제된 날부터 10년이 지나지 아니한 사람 ① 「아동복지법」 제71조제1항의 죄 ② 「성폭력범죄의 처벌 등에 관한 특례법」 제2조의 성폭력범죄 ③ 「아동 · 청소년의 성보호에 관한 법률」 제2조제2호의 아동 · 청소년대상 성범죄 6. 법원의 판결 또는 법률에 의하여 자격이 상실되거나 정지된 사람

5. 청소년상담사3급 응시현황

구 분	1차 필기				최종면접			
	대 상	응 시	합 격	합격률(%)	대 상	응 시	합 격	합격률(%)
2025년 제24회	6,062	4,402	1,330	30.21				
2024년 제23회	6,444	4,779	2,672	55.91	2,923	2,804	2,377	84.77
2023년 제22회	6,436	4,851	2,446	50.42	2,758	2,599	2,232	85.90
2022년 제21회	7,417	5,526	2,859	51.70	2,914	2,794	2,342	83.80
2021년 제20회	7,346	5,608	1,468	26.18	1,782	1,710	1,522	89.01
2020년 제19회	7,545	5,822	3,056	52.50	3,202	3,061	2,666	87.10
2019년 제18회	7,086	5,667	1,549	27.33	1,675	1,626	1,396	85.85
2018년 제17회	7,365	5,597	1,731	30.20	1,998	1,946	1,701	87.41
2017년 제16회	7,558	6,008	2,047	34.07	2,194	2,132	1,825	85.60

6. 면접시험

(1) 면접시험의 준비물 및 절차

면접시험 당일 준비물	면접 절차	면접시험 평가 항목
1. 수험표 2. 신분증 : 주민등록증, 운전면허증, 공무원증, 유효기간 내 여권, 외국인등록증 및 재외동포 국내거소증, 복지카드(장애인등록증), 국가유공자증, 신분확인증빙서 및 주민등록발급신청서, 중·고등학교학생증 및 청소년증, 국가자격증 등(단, 사진부착 및 주민등록번호 기재된 경우만 허용) 3. 필기도구	1. 대기(번호표 추첨 및 핸드폰 수거) 2. 수험표와 신분증 확인 및 범죄기록 열람 동의서 서명 3. 사례지 배부와 검토시간(5분가량)을 갖고 2명씩 입실 4. 공통사례에 대한 공통질문 5. 개인질문(2~3명의 면접관으로부터 질문 받음)	1. 청소년상담자로서의 가치관 및 정신자세 2. 청소년상담을 위한 전문적 지식 및 수련의 정도 3. 예의, 품행 및 성실성 4. 의사표현의 정확성과 논리성 5. 창의력, 판단력 및 지도력

(2) 사례질문의 출제유형과 질문내용

> **사례 이메일 상담**
>
> 제 아들은 고등학교 1학년 학생인데, 덩치가 크고 단정한 외모를 가졌습니다. 저는 전문직에 종사하는 사람으로서 자녀의 교육에 관심이 아주 많습니다. 그런데 제 아들은 비행청소년들과 사귀면서 가출을 한다거나 학교에 제대로 적응하지 못하는 문제를 보이고 있습니다. 아이 아빠는 아들을 잘 이해해 주고 수용하려고 노력하는데, 아들은 거짓말을 일삼고 있습니다. 이 일로 얼마 전 제가 아이를 때리게 되었는데, 아이에게 처음 손을 대는 것이어서 그런지 죄책감이 많이 듭니다. 아들은 다행히도 동생과는 사이가 좋습니다.

공통사례에 대한 질문

1. 위 사례에서 내담자의 주 호소문제는 무엇인가?
2. 위 사례에 대한 상담자로서의 계획에 대해 말해보시오.
3. 사례는 이메일상담으로 주어졌지만, 대면상담으로 이끌어내기 위해서는 어떻게 상담을 주도해 나가야 하는가?

(3) 사례질문의 출제유형과 질문내용

① 청소년상담사가 되려고 하는 이유가 무엇인가요?
② 청소년상담사로서 청소년을 어떻게 이해할 것인가요?
③ 청소년 상담을 활성화시킬 방안은 무엇인가요?
④ 비행, 학교폭력, 자살 등 청소년문제들의 발생 원인은 무엇인가요?
⑤ 청소년상담사로서 가장 필요한 자질은 무엇이라고 생각하는지요?
⑥ 청소년의 문화에 대해 아는 대로 이야기해 보세요.

⑦ 청소년상담사로서 들어가고 싶은 센터와 그 곳에 가서 하고 싶은 일은 무엇인가요?

⑧ 청소년에게 상담이 필요한 이유는 무엇인가요?

⑨ 일반 청소년들을 위한 프로그램을 하나 계획한다면 어떤 프로그램을 하고 싶은가요?

⑩ 내담자가 상담사의 사적인 영역에 관하여 지속적으로 물어본다면 내담자를 어떻게 다룰 것인가요?

⑪ 상담하기에 까다롭다고 느껴지는 내담자는 어떤 가치관을 가진 내담자인지 이야기해 보세요.

⑫ 청소년 쉼터에 있는 사람들을 대상으로 집단 상담 프로그램을 진행한다면 어떤 프로그램으로 할 것인가요?

⑬ 상담사로서 자신의 장점과 한계는 무엇인가요?

⑭ 학교폭력으로 상담을 온 학생이 비밀 유지를 요청할 때 어떻게 할 것인가요?.

⑮ 전화상담 시 지속적으로 성적인 이야기만 할 경우 어떻게 대처할 것인가요?

⑯ 학교 밖 청소년의 정의와 대안학교를 설명해 보세요.

⑰ 내담자가 계속 침묵만 지키는 경우 어떻게 할 것인가요?

⑱ 어머니와 함께 온 청소년의 저항이 심할 경우 어떻게 대처할 것인가요?

⑲ CYS-net과 활성화 방안에 대해서 설명해 보세요.

⑳ 상담사로서 근무 중 직장 상사나 동료와 갈등이 발생했을 때 어떻게 대처할 것인가요?

> 3급의 수준보다 어려운 문제를 일부러 물어보는 경우도 있다. 이 경우는 상담자의 기본 자질 중의 하나인 진실성을 평가하기 위한 테스트일 수도 있기 때문에 모르는 문제일 경우에는 억지로 답변을 하는 것보다는 솔직히 모른다고 얘기하는 것이 상담자로서의 진실된 모습이자 바른 자기인식이기도 할 것이다.

(4) 면접 대비 요령

① 매년 발간되는 청소년백서[성평등가족부 사이트(www.mogef.go.kr)]와 한국청소년상담복지개발원 사이트(www.youthcounselor.or.kr)의 「청소년상담연구」 자료를 읽어 보는 것이 좋다.

② 면접 스터디를 조직하여 사례문제를 출제하고 이에 대한 답안들을 작성한다. 그 다음 그 답안을 가지고 의견을 상호교환하여 올바른 상담자의 상을 형성하는 것이 필요하다.

③ 청소년사이버 상담센터(www.cyber1388.kr)에 올라온 공개상담 게시판의 글들을 읽어 보고 필요한 경우 직접 상담자 역할로 답글을 올리는 것도 면접에 대비하는 좋은 방법이다.

④ 한국청소년상담복지개발원 사이트에 '이달의 청소년상담사' 코너가 있다. 이 코너에는 상담사로서의 자세와 역할, 그리고 최근 청소년들의 모습 등에 대해 청소년상담사들의 체험들이 올라와 있다. 이를 통해 청소년상담사의 역할을 구체적으로 이해할 수 있으며 청소년상담사의 바람직한 상에 대하여 알 수 있을 것이다.

⑤ 개별사례의 경우는 면접관이 자주 물어보는 질문을 취합하여 이에 대한 모범답안을 만들어 면접에 대비하는 것도 좋다.

차 례

2025년 24회
기출문제

1교시

2교시

01 발테스와 발테스(P. Baltes&M. Baltes)의 '보상을 수반한 선택적 최적화'이론에 관한 설명으로 옳은 것을 모두 고른 것은?

> ㄱ. 선택, 보상, 최적화의 세가지 요인이 성공적 노화와 관련된다.
> ㄴ. 보상은 발달적 상실이나 쇠퇴가 일어날 때 특정 수단의 대치나 외부적 도움을 사용하는 전략이다.
> ㄷ. 최적화는 수행할 목표를 설정하고 위계를 구성하며 전념의 강도를 결정하는 과정이다.
> ㄹ. 성공적 노화는 지금까지 추구한 사회적 활동을 유지하는 것이다.

① ㄱ, ㄴ   ② ㄷ, ㄹ   ③ ㄱ, ㄴ, ㄷ   ④ ㄱ, ㄷ, ㄹ   ⑤ ㄴ, ㄷ, ㄹ

02 다음의 내용을 모두 포함하는 개념은?

> ○ 마음에 들지 않는 선물을 받았지만 기분이 좋은 척 하는 것
> ○ 시합에 졌지만 슬프지 않은 척 미소를 짓는 것

① 공감   ② 사회적 참조   ③ 의도적 선택
④ 개인적 우화   ⑤ 정서표출규칙

03 프로이드(S. Freud)의 심리성적 발달단계의 설명이 옳은 것을 모두 고른 것은?

> ㄱ. 항문기(anal stage)에 고착될 경우 강박적 성향이 나타날 수 있다.
> ㄴ. 남근기(phallic stage)에는 부모와 동일시하려는 심리적 기제가 나타난다.
> ㄷ. 생식기(genital stage)에는 여아의 경우 엘렉트라콤플렉스가 나타날 수 있다.
> ㄹ. 구강기(oral stage)에 고착되면 이후 타인에 대한 지나친 비난이나 분노가 나타날 수 있다.

① ㄱ, ㄴ   ② ㄷ, ㄹ   ③ ㄱ, ㄴ, ㄹ   ④ ㄱ, ㄷ, ㄹ   ⑤ ㄱ, ㄴ, ㄷ, ㄹ

정답 및 해설

01 발테스와 발테스는 성공적 노화를 위해 선택(Selection), 최적화(Optimization), 보상(Compensation)의 SOC이론을 주장하였다.

선 택	목표를 설정하고, 목표의 위계를 구성하며, 설정한 목표에 어느 정도로 전념할 것인지를 결정하는 과정(ㄷ) 특히 잘하거나 자신에게 특히 중요한 목표들을 선택한다.
최적화	선택된 영역에서 보다 높은 수준의 기능에 도달하기 위해 목표를 획득하는 데 필요한 수단이나 자원을 획득하고 통합하는 과정이다.
보 상	어떤 기능이 상실되거나 약해졌을 때, 목표를 달성하기 위해 새로운 수단을 찾거나 외부의 도움을 활용하는 전략이다 (**예** 청력이 상실로 인한 보청기 사용) 선택한 과제들을 최적화하고자 노력한다면, 이를 통해 다른 부족한 부분을 최대한 보상할 수 있다

ㄷ. 선택에 대한 설명이다.

ㄹ. 성공적 노화는 지금까지 추구한 사회적 활동을 유지하는 것이 아니라 성인후기의 쇠퇴에 맞추어 선택영역을 축소시키고 (**예** 대외관계 축소 및 건강에 집중),선택된 영역의 최대화를 돕는 효과적 책략을 개발하는 것이다.

02 정서표출규칙

정서는 보편적이지만 주어진 상황에서 표현되어지는 방식은 문화 특정적인 방식으로 나타나게 되는데, 특정 사회나 문화에서 어떤 상황이나 맥락에서 개인이 자신의 정서를 어떻게 표현해야 하는 지에 대한 비공식적인 규칙을 말한다.

정서표출규칙은 감정을 있는 그대로 표출하는 것을 허용하거나 금지하는 역할을 한다. 이러한 규칙은 영아기때부터 사회화 과정을 통하여 습득하게 되며, 이를 통해 사회구성원으로서 다른 사람들과 원활하게 소통하고 관계를 유지할 수 있게 한다.

② 사회적 참조는 잘 알지 못하는 상황에서 타인의 해석을 이용하여 자신의 해석을 구성하는 과정을 의미한다.

(**예** 유아에게 애매한 자극을 제시할 경우 엄마나 타인을 쳐다보며 이들이 어떻게 반응하는지에 따라 그 자극에 대한 행동 요령을 익히는 경우, 낯선 외국 식당에서 다른 옆자리 좌석 외국인의 주문음식을 참조하는 경우)

③ 의도적 선택은 개인이 목표나 가치를 가지고 의식적이고 능동적으로 대안들 중에 하나를 선택하는 과정을 말한다. 의도적 선택을 통하여 개인이 자신의 삶을 통제하고, 자율적으로 이끌어 가게 되며, 선택에 대한 책임의 근거가 된다.

03 프로이드(S. Freud)의 심리성적 발달단계

발달단계	내 용
구강기 (출생 ~1세)	리비도(성적 에너지)가 입에 집중되는 시기로 구순전기 고착은 지나친 요구, 타인에 대한 의존성 등의 퇴행적 성격을 보이고, 구순후기고착은 타인에 대한 비난이나 분노로 나타나기도 한다.
항문기 (1세~3세)	성적 에너지의 초점이 구강에서 항문으로 옮겨가는 시기로, 배변훈련이 중요하며 배변훈련이 적절하지 않고 항문기 발달에 머문 사람은 완벽주의적이며 강박증적인 성격을 지니게 된다.
남근기 (3~6세)	자신의 성기에 관심을 갖게 되고, 성적에너지는 성기로 옮겨진다. 아동은 동성부모와 동일시 하면서, 남자 아이들은 오이디푸스 콤플렉스, 여자 아이들은 엘렉트라 콤플렉스가 나타난다.
잠복기 (6세~12,13세)	리비도는 억압 또는 승화되어 지식, 운동 등으로 변화되며 성적본능이 수면상태에 들어가 심리성적 발달단계의 휴식기간으로 간주된다.
생식기 (12, 13세이후)	사춘기이후 성적관심과 충동은 점차 이성을 향하게 된다. 이기적 동기보다는 이타적 동기에 의해 사랑을 하게 되면 자애적인 틀을 벗어나 현실지향적이고 사회 적응적인 인격으로 바뀌게 된다.

04 다음의 사례에 해당하는 인지발달의 개념으로 옳은 것은?

> 방을 정리하려는 아동이 무엇부터 정리를 해야 할지 몰라서 이것저것 만지다가 정리를 포기하려고 한다. 이 때 어머니가 방에 들어와 아동 옆에서 "이불을 먼저 정리하고 책을 책장에 꽂은 다음 장난감과 블록을 정리함에 넣어보자"라고 말하며 방을 정리하는 과정을 알려주었다. 그러자 아동이 스스로 방을 정리하기 시작했다.

① 조절   ② 모방   ③ 탈중심화   ④ 마음이론   ⑤ 근접발달영역

05 언어 발달에 관한 설명으로 옳지 않은 것은?
① 어휘발달 초기에는 과잉확장과 과잉축소의 특성이 나타난다.
② 생득주의 접근에서는 인간은 언어습득장치를 가지고 태어난다고 주장한다.
③ 생후 2개월 경 모음 같은 소리가 연결되어 나오는 것을 '옹알이'라고 한다.
④ 베르니케(Wernicke) 실어증은 언어를 이해하는 데 문제가 발생하는 장애이다.
⑤ 화용론(pragmatics)은 사회적 맥락에서 언어를 적절하고 효과적으로 사용하는 규칙에 관한 지식이다.

06 피아제(J. Piaget) 도덕발달 단계 중 내재적 정의(moral justice)를 믿는 단계의 특성으로 옳은 것은?
① 사회적으로 정의된 규칙에 대한 인식이 없다.
② 규칙을 어기면 벌을 받는다고 생각한다.
③ 사회적 규칙은 임의의 약속이라는 것을 깨닫는다.
④ 자신이 선택한 양심에 의해 옳은 행동을 결정한다.
⑤ 객관적 결과보다 행위자의 의도에 근거해 행동의 옳고 그름을 판단한다.

07 태내 발달의 순서가 바르게 나열된 것은?

> ㄱ. 빨기, 삼키기, 딸꾹질   ㄴ. 남성 고환에서 테스토스테론 분비
> ㄷ. 심장 형성   ㄹ. 양막 형성

① ㄴ - ㄷ - ㄹ - ㄱ   ② ㄴ - ㄹ - ㄱ - ㄷ
③ ㄷ - ㄴ - ㄱ - ㄹ   ④ ㄷ - ㄹ - ㄴ - ㄱ
⑤ ㄹ - ㄷ - ㄴ - ㄱ

정답 및 해설

04 비고츠키의 근접발달영역(ZPD)

근접발달영역(ZPD)이란 아동의 잠재적 발달영역에서 혼자 독립적으로 해결할 수 있는 부분인 실제적 발달영역을 제외한 부분이라고 할 수 있다. 즉 근접발달영역이란 아동이 혼자서는 해결할 수 없으나 성인이나 뛰어난 동료와 함께 학습하면 성공할 수 있는 영역을 의미한다.
③ 탈중심화는 피아제의 구체적 조작기 (7~12세)의 특징이다.
④ 마음이론이란 타인의 마음의 특징을 이해하고 생각과 감정을 추론하여 타인에 대한 공감과 이해 능력 정도를 평가한다는 의미의 심리학 용어이다.

05 ③ 영아의 발성 발달

반사적 발성단계(0~1개월)	아기가 주로 울음, 기침, 트림 등 생리적인 반응에 의한 소리를 내는 단계
쿠잉단계(2~3개월)	목구멍 뒤쪽에서 나는 '구', '쿠'와 같은 목울림 소리나 '우', '오'와 같은 모음 같은 소리가 마치 비둘기 울음소리처럼 연결되어 나오는 단계
옹알이단계 (4개월 이후)	쿠잉 단계에서 한 단계 발전하여 자음과 모음이 결합된 소리를 내기 시작하는 단계
반복적 옹알이 (6~8개월)	'바바', '마마'처럼 같은 음절을 반복하는 단계
다양한 옹알이 (8~10개월)	'마바가'처럼 다양한 음절을 섞어서 소리를 내는 단계
대화식 옹알이 (10개월 이후)	실제 말의 억양과 리듬을 흉내 내며 어른과 대화하는 것처럼 소리를 내는 단계

① 어휘 발달 초기에는 단어의 의미를 너무 넓게 적용하는 과잉확장과 너무 좁게 적용하는 과잉축소 현상이 나타난다.
② 생득주의는 인간은 선천적으로 언어습득장치를 가지고 태어난다고 주장한다. 반면에 행동주의는 언어는 경험과 환경적 자극을 통해 학습된다고 주장한다.
④ 언어조절 뇌영역(좌반구)

브로카 영역 (왼쪽 전두엽의 일부)	문법구조 및 언어산출 (생후 15개월 ~ 24개월사이 최대)
베르니케 영역 (왼쪽 측두엽의 일부)	언어이해 (생후 8개월 ~ 20개월사이 최대)

⑤ 화용론은 화자의 대화와 청자의 해석에 대한 의미를 연구하는 학문으로, 주어진 사회문화적 맥락에서 적절하게 언어를 사용하는 규칙 또는 사회문화적 규범에 대한 지식과 그것을 응용하여 타인과 의사소통을 할 때 사용할 수 있는 규칙에 관한 지식이다.

06 ② 피아제(J. Piaget) 도덕발달 단계

전도덕기(5세 이전)	타율적 도덕성단계(5세 ~10세 이전)	자율적 도덕성단계 (10세 이후)
사회적으로 정의된 규칙에 대한 인식이 없다.	• 내재적 정의 : 규칙이 절대적이며 어떤 상황에서도 침해할 수 없고 불변적이라고 생각하며, 규칙을 어기면 벌을 받는다고 생각한다. • 행위자의 의도보다 객관적 결과에 근거해 행동의 옳고 그름을 판단한다.	• 사회적 규칙은 임의의 약속이라는 것을 깨닫는다. • 객관적 결과보다 행위자의 의도에 근거해 행동의 옳고 그름을 판단한다. • 잘못된 행동이 발견되지 않으면 처벌받지 않을 수 있고, 설령 발견되더라도 항상 처벌받는 것은 아니라는 것을 경험하면서 내재적 정의에 대한 믿음은 사라진다.

④는 콜버그의 후인습 수준(보편적 윤리 원리 지향 단계)에 해당한다.

07 ⑤ 태내발달 3단계

발아기	'수정된 순간부터 수정 후 2주정도 까지의 기간'
배아기	'수정란이 자궁벽에 착상 한 임신 2주부터 ~ 8주까지'의 기간 양막과 양수는 수정 후 착상하면서 배아의 발달과 함께 형성 – 심장 형성(임신 4-5주)
태아기	'배아기(8주) 이후 출생까지의 시기' 고환이 형성되면서 테스토스테론이 분비(8주) – 빨기, 삼키기, 딸꾹질 (5개월) – 스스로 호흡(7개월)

08 표현형은 여성이나 사춘기에 2차 성징이 정상적으로 나타나지 않는 유전적 결함의 질환으로 옳은 것은?

① 터너 증후군　　　　② 다중X증후군　　　　③ 클라인펠터 증후군
④ 취약 X증후군　　　　⑤ XYY 증후군

09 자의식적 또는 사회적 정서에 해당되지 않는 것은?

① 분노　　　　　　　② 죄책감　　　　　　③ 수치심
④ 당혹감　　　　　　⑤ 자부심

10 바움린드(D. Baumrind)가 제안한 부모의 양육방식에 관한 설명으로 옳지 않은 것은?

① 수용/반응성 및 통제/요구의 두 차원을 중심으로 구분한다.
② 권위적(authoritative) 양육방식은 자녀의 사회적 유능감을 높인다.
③ 허용적(permissive) 양육방식은 자녀의 행동을 수용은 하지만 통제하지 않는다.
④ 권위주의적(authoritarian) 양육방식은 자녀의 행동을 통제하지만 수용적이다.
⑤ 방임적(uninvolved) 양육방식은 자녀에게 관심을 갖지 않고 자녀의 삶에 관여하지 않는다.

11 레빈슨(D. Levinson)이 제안한 발달 이론에 관한 설명으로 옳은 것은?

① 성인초기 전환기는 25세 전후에 나타난다.
② 전연령을 대상으로 발달 단계를 구체화하였다.
③ 남성을 대상으로 연구한 결과를 근거로 하였다.
④ 성인기는 초기, 중기, 후기, 말기의 4단계로 구분하였다.
⑤ 각 단계는 입문(entry), 절정(culminating), 전환(transition)의 순서로 진행된다.

정답 및 해설

08 ① 09 ① 10 ④ 11 ③

08 ① 터너 증후군(45, X) : 여성에게 나타나며, 두 개의 X 염색체 중 하나의 부분 또는 전체 결손으로 인해 발생하며, 키가 작고, 목이 짧고 두꺼우며, 특히 사춘기에 2차 성징이 정상적으로 나타나지 않는 유전적 결함의 질환증후군이다.

45 : 정상인은 총염색체가 46이지만 총염색체가 45개로 하나 부족함을 의미

X : 성염색체가 X 염색체 하나만 존재함을 의미 (정상여성 XX, 정상남성 XY)

② 다중X증후군 : 'XXX 증후군'을 지칭하며, 여성의 X 염색체가 하나 더 많아 총 47개의 염색체(47,XXX)를 가지는 유전 질환으로, 대부분 경미하거나 무증상인 경우가 많다.

③ 클라인펠터 증후군(47,XXY):: 남아가 하나의 추가적인 X 염색체를 가질 때 발생하며, 학습 장애를 겪고 긴 팔과 다리, 작은 고환, 때때로 유방 비대를 보일 수 있다.

④ 취약 X 증후군 : X 염색체에 취약한 부위가 있어 정신 지체, 발달 장애 등을 유발하는 유전 질환이다.

⑤ XYY 증후군 : 남성에게 존재하는 성염색체인 Y 염색체가 한 개 더 추가된 성염색체 이상 질환으로 키가 크며, 언어장애, 학습 장애, 주의력 결핍/과잉 행동 장애, 경미한 행동 장애들이 나타날 수 있다.

09 영아의 정서표현의 발달

기본 정서 또는 1차적 정서	자의식적 또는 사회적 정서
• 주로 생존이나 환경적응과 관련된 선천적이고 본능적인 정서 • 보편적이며, 문화에 관계없이 유사한 방식으로 표현 예 기쁨, 공포, 분노, 슬픔	• 생후 2세 이후에 자기에 대한 인식 및 자신에 대한 타인의 반응에 관한 의식과 관련이 있는 정서 • 개인의 경험이나 문화적 배경에 따라 다르게 표현 예 당혹감, 창피함, 자부심, 죄책감, 수치심, 공감

10 바움린드는 애정(수용)과 통제의 정도를 기준으로 허용적인 부모, 권위적인 부모, 독재적인 부모, 방임적인 부모유형으로 양육 유형을 나누었다

권위적인 부모(가장 긍정적)	권위주의적(독재적) 부모	허용적인 부모	방임적 부모(가장 부정적)
• 높은 통제수준, 높은 수용수준 • 높은 사회적 유능감,	• 높은 통제수준, 낮은 수용수준 • 순종적이나 낮은 사회적 유능감, 낮은 행복감 때로 공격적	• 낮은 통제수준, 높은 수용수준 • 자아통제력 부족, 충동적, 권위에 대한 문제 발생	• 낮은 통제수준, 낮은 수용수준 • 학교생활 어렵고, 우울증 경험 및 사회적 관계형성 곤란

11 레빈슨(D. Levinson)의 성인기 사계절 이론

레빈슨은 성인남성의 인생을 크게 네 개의 시기로 나누고, 각 시기 사이에 세 번의 전환기를 설정하여 설명하고 있다. 각각 5년간의 전환기에는 이전 시기의 삶을 평가하고 통합하여 다음 시기를 설계하게 된다.

성인이전 (0~22세)		
성인초기 (17~40세)	• 제1전환기 : 성인초기 전환기 (17 ~ 22세)	부모로 부터 경제적 정서적 독립, 성인의 삶을 준비하는 과도기
	성인초기 초보인생구조 (22 ~ 28세)	
	30세 전환기 (28 ~ 33세)	첫 인생구조의 문제점 인식, 새로운 선택 탐색, 발달적 위기 경험
	성인초기 절정인생구조 (33 ~ 40세)	
성인중기 (40~60세)	• 제2전환기 : 성인중기 전환기 (40 ~ 45세)	지난 날의 삶에 대한 의문을 갖음 정서적 동요와 불안을 경험, 청년기 이후 지속된 갈등 해소
	성인중기 초보인생구조 (45 ~ 50세)	
	50세 전환기 (50 ~ 55세)	인생구조 재평가, 새로운 발달적 위기 경험
	성인중기 절정인생구조 (55 ~ 60세)	
성인후기 (65~)	• 제3전환기 : 성인후기 전환기 (60 ~ 65세)	은퇴와 신체적 노화에 대비하는 시기

① 성인초기 전환기는 17세 전후에 나타난다.

② 성인을 대상으로 발달 단계를 구체화하였다.

④ 성인기는 성인이전, 초기, 중기, 후기 4단계(사계절)로 구분하였다.

⑤ 각 단계는 전환, 초보인생구조 (입문), 절정의 순서로 진행되며, 안정기(초보 및 절정인생구조)와 전환기가 교대로 발달한다고 하였다.

12 다음에서 설명하는 것은?

> ○ 반두라(A. Bandura)가 제시한 개념
> ○ 자신의 능력에 대한 개인의 신념
> ○ 성공적 수행에 대한 기대

① 자기인식 ② 자기존중감 ③ 자기통제감
④ 자기효능감 ⑤ 자아정체감

13 DSM-5의 자폐스펙트럼장애에 관한 설명으로 옳은 것을 모두 고른 것은?

> ㄱ. 사회적 의사소통과 사회적-정서적 상호작용의 지속적 결함을 보인다.
> ㄴ. 여성이 남성에 비해 더 많이 진단된다.
> ㄷ. 초기 발달 시기부터 증상이 나타난다.
> ㄹ. 마음이론이 발달하지 못해 다른 사람의 입장을 잘 이해하지 못한다.

① ㄱ, ㄴ, ㄷ ② ㄱ, ㄴ, ㄹ ③ ㄱ, ㄷ, ㄹ
④ ㄴ, ㄷ, ㄹ ⑤ ㄱ, ㄴ, ㄷ, ㄹ

14 DSM-5의 신경발달장애에 해당되지 않는 것은?

① 적대적 반항장애 ② 틱장애
③ 의사소통장애 ④ 주의력결핍 과잉행동장애
⑤ 운동장애

15 DSM-5의 반응성 애착장애 진단기준에 관한 설명으로 옳지 않은 것은?

① 5세 이전에 발병한다.
② 낯선 성인을 따라가는 데 있어 주저함이 적거나 없다.
③ 외상 및 스트레스 관련 장애에 해당된다.
④ 사회적 방임, 잦은 양육자 교체 등 제대로 양육을 받지 못한 극단적 경험을 했음이 입증되어야한다.
⑤ 아동의 발달 연령이 최소 9개월 이상이어야 한다.

16 발달연구방법에 관한 설명으로 옳지 않은 것은?

① 관찰법은 관찰자가 자신이 원하는 방식으로 관찰 자료를 수집하고 해석하는 관찰자 편향이 나타날 수 있다.

② 실험연구에서는 두 변수 간 원인과 결과의 관계를 알 수 있다.

③ 횡단적 연구법은 동시에 각기 다른 연령의 사람들을 비교하여 연구하는 방법이다.

④ 종단적 연구법의 단점으로는 피험자 탈락, 편파적 표집 및 연습효과 등을 들 수 있다.

⑤ 계열법은 횡단설계와 종단설계를 혼합한 연구방법으로, 경제적이며 결과를 일반화하기에 용이하다.

정답 및 해설
12 ④ 13 ③ 14 ① 15 ② 16 ⑤

12 ④ 자신의 능력에 대한 개인의 신념은 자기효능감이라고 하며, 특정 과제나 행동을 성공적으로 수행할 수 있다는 믿음을 의미한다. 반두라가 제시한 개념으로, 어떤 상황에서 적절한 행동을 할 수 있다는 개인의 기대와 신념이다.

13 ㄴ.DSM-5의 자폐스펙트럼장애는 성별에 따른 차이점이 존재하며, 남성에게서 더 흔하게 진단된다. (X)
　　ㄹ.DSM-5의 자폐스펙트럼장애(ASD) 진단에서 '마음이론'은 직접적인 진단 기준은 아니지만, 사회적 의사소통 및 상호작용 결함이라는 핵심 증상과 밀접하게 관련되어 있다. 자폐스펙트럼장애 아동은 다른 사람의 생각, 감정, 의도를 읽는 마음이론의 어려움을 보이는 경향이 있으며, 이는 사회성 발달의 핵심적인 어려움으로 간주된다. (O)

14 DSM-5의 신경발달장애 범주
　　・지적장애 ・의사소통장애 ・자폐 스펙트럼 장애 ・주의력결핍 과잉행동장애 (ADHD) ・특정 학습장애
　　・운동장애 (투렛장애, 지속성 운동 또는 음성 틱장애, 잠정적 틱장애, 달리 명시된 또는 명시되지 않는 틱장애)

15 ② 증상은 아동이 다른 사람들과의 사회적 교류에서 감정적으로 반응하지 않거나, 극도로 제한적이고 과도하게 경계하는 모습을 보이는 형태로 나타난다.
　　① 5세 이전에 발병하며, 일반적으로 생후 9개월 이후에 증상이 나타난다.
　　③ 외상 및 스트레스 관련 장애 : ・반응성 애착장애, ・탈억제성 사회적 유대감 장애, ・외상후 스트레스 장애,
　　　　　　　　　　　　　　　　・급성 스트레스장애, ・적응장애

16 ⑤ 계열법 (순차적 설계, 계열설계)
　　계열법은 발달 연구에서 횡단적 설계와 종단적 설계의 단점을 보완하고 장점을 결합한 연구 방법이다.

장 점	단 점
・횡단적 연구와 종단적 연구를 결합하여 발달 양상과 변화의 기원을 더욱 명확하게 파악할 수 있다. ・연령효과, 코호트효과, 측정시간효과의 분리분석이 가능하다.	・횡단연구보다는 높은 비용과 시간이 소요되어 비경제적이다. ・종단적 요소로 인한 피험자 이탈 등으로 결과를 일반화하기 어렵고 표본의 대표성이 훼손될 수 있다. ・여러 집단을 오랜기간 추적해야 하므로 연구설계가 복잡하다.

② 실험연구는 실험실내에서 다른 변수들은 통제한 상태에서 독립변수(원인)를 조작하고 그에 따라 종속변수(결과)가 어떻게 변하는지 관찰하는 연구이므로, 두 변수 간 원인과 결과의 관계를 알 수 있다.

17 인간발달 연구의 윤리 준수사항에 관한 설명으로 옳지 않은 것은?

① 부모 혹은 법적 보호자가 동의하지 않더라도 아동에게 직접 사전 동의서를 받으면 연구를 진행할 수 있다.

② 사전동의를 받았더라도 연구 과정에서 예기치 못한 위협이 발생할 경우 연구자는 즉시 연구를 중단해야 한다.

③ 연구에 참여하는 모든 참여자는 다른 참여자들이 받는 유익한 처치를 동등하게 받을 권리가 있다.

④ 연구 참여자들은 사생활을 보호받을 권리가 있으며 개인 정보는 철저히 보호되어야 한다.

⑤ 아동은 취약한 피험자이므로 기관생명윤리위원회의 정규심의를 거쳐야 하며 연구윤리 원칙이 엄격하게 지켜져야 한다.

18 발달에 관한 설명으로 옳지 않은 것은?

① 전 생애발달 관점에 의하면 모든 연령에서의 발달은 성장과 감소의 변화가 함께 일어난다.

② 노년기에도 가소성(plasticity)으로 인해 훈련과 연습을 하면 다양한 기술을 향상시킬 수 있다.

③ 발달은 유전과 환경의 상호작용 결과이다.

④ 민감한 시기(sensitive period) 관점에서는 어떤 사건의 출현 또는 결여가 발달에 지대한 영향을 주어 결과가 회복되지 못하고 손상된다고 본다.

⑤ 불연속성 관점에서는 발달을 구별되는 단계로 일어나는 질적 변화의 과정으로 본다.

19 신생아의 반사 행동에 관한 설명으로 옳지 않은 것은?

① 신생아는 출생 직후부터 외부 자극에 무의식적으로 반응하는 반사 행동을 보인다.

② 근원 반사는 입 속에 들어온 것은 무엇이든 빨려고 하는 반사이다.

③ 신생아는 갑자기 위치가 바뀌거나 큰 소리가 들리면 모로 반사를 보인다.

④ 바빈스키 반사는 신생아의 발바닥을 간지럽히면 발가락을 부채처럼 쫙 펴는 반사이다.

⑤ 눈깜박이기 반사나 호흡 반사와 같은 생존 반사는 평생 유지된다.

20 영아기 대근육 운동발달을 순서대로 옳게 나열한 것은?

ㄱ. 고개를 든다.	ㄴ. 혼자 앉을 수 있다.
ㄷ. 계단을 오른다.	ㄹ. 의자를 잡고 일어선다.

① ㄱ - ㄴ - ㄷ - ㄹ   ② ㄱ - ㄴ - ㄹ - ㄷ

③ ㄴ - ㄷ - ㄹ - ㄱ   ④ ㄷ - ㄹ - ㄱ - ㄴ

⑤ ㄹ - ㄴ - ㄷ - ㄱ

21 피아제(J. Piaget)의 인지발달 단계에서 대상영속성이 획득되는 시기는?

① 반사운동기 ② 일차순환반응기
③ 이차순환반응의 협응기 ④ 정신적 표상기
⑤ 구체적 조작기

정답 및 해설

17 아동의 연구 참여에는 부모 동의(또는 후견인·법적보호자 동의)도 필요하다.

18 ④ 민감한 시기(Sensitive Period)의 관점과 결정적 시기(Critical Period)의 관점

민감한 시기의 관점 (Sensitive Period)	• 특정 능력 발달에 최적인 시기가 있지만, 이 시기를 놓쳐도 나중에 학습이 완전히 불가능하지는 않다고 보는 관점
결정적 시기의 관점 (Critical Period)	• 특정 능력 발달이 반드시 일어나야 하는 엄격한 시기로, 이 시기를 놓치면 해당 능력은 회복 불가능한 손상을 입게 된다고 보는 관점

① 전 생애발달 관점은 발달이 단순히 성장만 하는 것이 아니라, 인생 전반에 걸쳐 성장과 감소가 동시에 나타나는 다양한 방향성을 가진다는 '다중방향성'을 특징으로 한다. 예컨대 나이가 들어감에 따라 신체적 능력이나 인지적 능력이 감소하는 부분도 있지만, 사회적 경험이나 지혜 등 새로운 발달이 이루어 진다고 본다.
② 뇌 가소성은 뇌가 경험과 활동에 따라 변화할 수 있는 능력으로, 노년기에도 가소성으로 인해 훈련과 연습을 하면 다양한 기술을 향상시킬 수 있다.
③ 인간은 유전에 기반하여 구조적으로 발달하고, 출생 후 환경과의 상호작용을 통해 기능적으로 발달한다고 할 수 있다.
⑤ 연속적 관점과 불연속적 관점

구 분	연속적 관점	불연속적 관점
예	• 점진적이고 누적적인 양적 변화	• 질적으로 구분되는 예측가능한 보편적 순서에 따른 단계적 변화
	• 키가 크거나 어휘량이 늘어나는 것	• 유아의 대상영속성 획득, 사고방식의 변화
대표적 이론	• 행동주의이론 : 행동주의에서는 학습을 경험이나 연습을 통해 겉으로 드러나는 행동이 변하는 과정으로 정의한다. 따라서 발달은 연속적인 학습의 결과로 이해된다.	• 피아제의 인지 발달 이론: 아동의 사고 방식이 감각 운동기, 전조작기, 구체적 조작기, 형식적 조작기라는 질적으로 다른 네 단계를 거쳐 발달한다 • 에릭슨의 심리사회적 발달 이론: 개인이 전 생애에 걸쳐 8가지 심리사회적 위기를 겪으며 발달한다

19 ② 입 속에 들어온 것은 무엇이든 빨려고 하는 반사는 빨기반사이다. 출생 시 부터 약 2~3개월 간 지속되다가 자연스럽게 소실된다.
    근원반사(젖찾기 반사)는 신생아의 입 주위에 자극을 주면 그 자극을 향해 고개를 돌리고, 입을 벌려 무언가를 빨려고 하는 행동을 하는 반사로, 생후 3~4개월이면 사라진다.

20 ② 영아의 대근육 발달 순서는 머리─목(머리를 가누고, 머리를 듬) → 몸통(앉기) → 팔(손 짚고 일어서기, 기기) → 다리(서기, 걷기, 계단오르기 등) 순으로 진행된다.
    • 소근육 발달 순서 : 손빨기, 손뻗기, 쥐기 ─ 손목 움직이기, 엄지와 검지의 정교한 움직임(물건 집기, 장난감 집기) ─ 블록쌓기, 상자에 물건을 넣거나 뒤집기

21 ③ 이차순환반응의 협응기 : 대상영속성이 형성되는 시기 (A─not─B 오류)
    ④ 정서적 표상기 : 대상영속성이 완성되는 시기
    ③, ④ 복수정답 처리되었다.

22 피아제(J. Piaget) 이론에서 전조작기의 특성으로 옳은 것을 모두 고른 것은?

> ㄱ. 소꿉놀이, 병원놀이, 학교놀이 등 가상놀이가 가능하다.
> ㄴ. 자신의 왼손과 오른손을 구별할 수 있으나 맞은편에 서 있는 사람의 왼손과 오른손은 구별
>   하지 못한다.
> ㄷ. 종이를 가위로 자르면 종이가 아플 것이라고 생각한다.
> ㄹ. 하늘이 파란색인 이유는 누군가가 파란색 물감으로 하늘을 칠했기 때문이라고 믿는다.

① ㄱ, ㄴ, ㄷ   ② ㄱ, ㄴ, ㄹ   ③ ㄱ, ㄷ, ㄹ   ④ ㄴ, ㄷ, ㄹ   ⑤ ㄱ, ㄴ, ㄷ, ㄹ

23 기억 발달에 관한 설명으로 옳은 것은?

① 의미기억은 개인이 삶에서 경험한 사건들에 대한 기억이다.
② 재인기억은 회상기억보다 늦게 발달한다.
③ 정교화 전략은 조직화 전략보다 먼저 발달한다.
④ 상위기억은 기억과 기억과정의 모든 측면에 관한 포괄적 지식으로 상위인지의 일부이다.
⑤ 아동은 실제 일어나지 않았던 일도 일어났던 것으로 받아들이는 피암시성이 낮기 때문에
  기억에 오류가 없다.

24 청소년기 인지발달의 특성에 관한 설명으로 옳지 않은 것은?

① 명제적 사고와 가설 연역적인 논리적 사고를 할 수 있다.
② 문제해결에 필요한 요인만 골라내어 체계적으로 조합, 구성하는 조합적 추리 능력이 발달
  한다.
③ 자의식을 지나치게 과장한 나머지 자신의 행동이 모든 사람의 관심 대상이라고 생각한다.
④ 자신과 상대방의 관점을 사회적 가치체계에 의해 판단할 수 있게 된다.
⑤ 중추신경계 기능의 퇴화로 기억력이 감퇴되고 지적 능력이 감소한다.

25 다음의 지능이론을 주장한 학자는?

> ○ 인간은 개인 간 지능, 자연친화 지능 등 여러 개의 독립적인 지능을 가지고 있다.
> ○ 각 능력은 뇌의 특정 영역과 관련되어 있어서 각기 다른 발달 경로를 가진다.
> ○ 지능을 측정할 때 개인의 삶과 문화를 고려해야 한다.

① 카텔(R. Cattell)   ② 스턴버그(R. Sternberg)
③ 길포드(J. P. Guilford)   ④ 가드너(H. Gardner)
⑤ 서스톤(L. L. Thurstone)

정답 및 해설

22 ⑤ 23 ④ 24 ⑤ 25 ④

22 ⑤ 피아제의 인지발달 단계에 따른 특징 비교

감각운동기 (0~2세)	전(前)조작기(2~7세)	구체적 조작기 (7~12세)	형식적 조작기(12세~성인기)
·자극에 대한 반응, ·직접적인 신체감각과 경험을 통한 환경이해, ·대상영속성(물체가 눈앞에서 사라지더라도 없어진 것이 아니라는 것을 아는 개념) 발달 ·사회적 애착확립, ·목적지향적 행동	·보존개념을 이해하기 시작 ·물활론적 사고 (ㄷ) ·자기중심적 사고 ·인공론적 사고 (ㄹ) ·타율적 도덕성, ·중심화(집중성), ·비가역적 사고 (ㄴ) ·대상영속성 획득, ·전환적 추론 ·상징적 사고(예 가상놀이)	·보존개념 획득, ·경험에 기초한 사고, ·논리적 사고, ·분류화, 서열화 가능, ·자율적 도덕성, ·탈중심화, ·가역적 사고, ·조합기술	·추상적 사고, ·가설, 연역적 추론, (가설을 세우고 검증해가는 추리능력) ·체계적 조합적 사고 ·이상주의적 사고 ·자기중심적 사고 (상상적 청중, 개인적 우화)

인공론적 사고는 모든 사물과 자연 현상을 사람의 필요에 의해, 나의 목적에 의해 존재한다는 믿는 것으로 자기중심적 사고의 영향을 받은 것이라고 볼 수 있다.

23 ④ 상위인지 (초인지/메타인지)와 상위기억

상위인지	·자신의 사고에 관한 지식, 자신의 사고상태와 능력에 대해 알고 있는 지식을 말한다.
상위기억	·상위인지 중 기억에 관한 부분이 상위기억이다. ·상위기억은 기억과 기억과정의 모든 측면에 관한 포괄적 지식으로, 기억에 대해 한 단계 더 높은 차원에서 생각하게 하는 능력을 의미한다. ·자신이 정보를 기억하는 데 한계가 있는 것을 정확히 아는 것, 어떤 기억전략을 사용하는 것이 더 효과적 인지를 아는 것 등이 상위기억의 예이다. ·상위기억능력이 향상되면 학습과 문제해결능력이 향상된다.

① 사건에 대한 기억은 일화기억이며, 의미기억은 사실 (예 영어단어, 수학공식)에 대한 기억이다.

② 생후 3~7주 경이면 이전에 보았던 자극의 모양, 색깔, 크기 등을 알아보는 재인기억을 할 수 있으며, 정보를 능동적으로 인출해 내야 하는 회상기억은 재인기억보다 더 늦게 발달하는데, 생후 8~12개월 경이 되어야 나타난다.

	재인기억	회상기억
개 념	·특정 대상이나 정보가 과거에 경험하고 저장되어 있는 정보와 일치하는지 판단하는 기억	·특정 단서 없이 저장된 정보에서 필요한 정보를 인출해 내는 기억
예	·유아가 익숙한 얼굴, 목소리, 장난감에 반가워하는 것 ·객관식 문제풀기	·유아가 어제 일어난 일을 말로 설명하는 것 ·주관식 문제풀기

③ 기억 전략의 순서 : 시연전략 → 조직화 → 정교화 → 인출전략

⑤ 아동의 미성숙한 언어 능력, 기억력 한계 등으로 피암시성 (타인의 암시나 유도 질문에 쉽게 영향을 받아 자신이 경험하지 않은 일을 진술하거나, 실제 경험과 다르게 말하는 경향)이 높기 때문에 기억에 오류가 많다.

24 ⑤ 노년기의 특징이다.
① 명제적 사고와 가설연역적 사고

명제적 사고	·여러 명제들의 논리적 관계를 파악하여 추론하는 것이다. 예 "모든 A는 B다", "C는 A다"라는 두 명제로부터 "그러므로 C는 B다"라는 결론을 내리는 것
가설연역적 사고	· 명제적 사고를 바탕으로 추상적인 가설을 설정하고 이를 논리적으로 검증하며 결론을 도출하는 사고 예 과학자가 특정 현상에 대한 가설을 세우고, 실험을 통해 그 가설이 맞는지 틀린지를 검증하는 것

③ 상상적 청중으로 청소년기 인지발달의 특성이다.

25 ④ 가드너의 다중지능이론에 대한 설명이다.

26 다음 내용을 모두 만족하는 집단의 유형은?

> ○ 대인관계 과정과 사고, 감정, 행동의 문제를 해결하는 전략에 초점을 둔다.
> ○ 예방과 발달 및 치료적 목적을 위해 고안되며 집단의 상호 과정을 강조한다.
> ○ 상호 피드백과 '지금-여기'에 초점을 둔 기술을 주로 사용한다.
> ○ 모든 연령층의 일반인을 대상으로 한다.

① 교육집단　　② 상담집단　　③ 과업집단　　④ 자조집단　　⑤ 치료집단

27 집단상담 평가에 관한 설명으로 옳지 않은 것은?

① 평가 계획은 종결 시점에서 고려한다.
② 면접을 통한 평가는 특정 시점보다 전 과정에 걸쳐 이루어진다.
③ 집단원, 집단상담자 및 집단상담 과정을 평가한다.
④ 집단상담이 끝나고 1~2개월 후 추후평가를 실시하여 집단상담의 효과를 평가한다.
⑤ 집단원의 소감이나 경험보고서는 집단과정에 대한 중요한 평가 자료로 활용된다.

28 합리정서행동상담(REBT)에서 집단상담자의 역할에 관한 설명으로 옳지 않은 것은?

① 집단원의 비합리적 신념을 합리적 신념으로 바꾸는 것을 목표로 한다.
② 집단원의 인지적 변화를 위해 다양한 인지적, 정서적 기법을 활용한다.
③ 집단상담자는 교육자로서의 역할이 강조되므로 집단원과의 친밀한 관계형성을 무엇보다 중요하게 여긴다.
④ 집단원의 개인적인 변화를 촉진하기 위해 집단원과의 협의 하에 수행할 과제를 주고 확인한다.
⑤ 합리적-정서적 상상하기, 유머 사용하기 등의 정서적 기법을 활용한다.

29 집단상담의 사전 계획에 관한 설명으로 옳지 않은 것은?

① 대상에게 맞는 집단의 주제와 목적을 설정하고, 이를 달성하기 위한 목표를 구체화한다.
② 집단원의 성숙도, 집단의 유형 등에 따라 집단의 크기를 정한다.
③ 장소는 집단 진행에 방해가 되지 않는 조용한 공간으로 선택한다.
④ 집단의 종류나 목적에 따라 모임의 시간과 주기를 결정한다.
⑤ 집단의 명시적, 암묵적 규범을 명확히 설정한다.

30 정신분석 집단상담에 관한 설명으로 옳지 않은 것은?

① 전이 반응을 탐색할 수 있는 기회를 제공한다.

② 집단원에 대한 역전이가 일어날 수 있다.

③ 모든 것을 남의 탓으로 돌리는 집단원은 부인의 방어기제를 사용하는 것이다.

④ 집단원의 통찰을 나누는 것은 집단의 발전을 촉진한다.

⑤ 방관하거나 불필요한 이야기를 길게 하는 식의 저항이 나타난다.

정답 및 해설

26 ② 27 ① 28 ③ 29 ⑤ 30 ③

26 예문은 상담집단에 대한 설명이다.
① 구성원들의 지식, 정보, 기술 향상을 목표로 하는 집단이다.
③ 특정 과업을 해결하거나 완수하기 위해 모인 집단이다.
④ 비슷한 문제나 어려움을 가진 사람들이 자발적으로 모여 서로의 경험과 감정을 나누고, 지지하며, 문제를 해결하기 위한 상호 원조 집단이다. (비전문가인 구성원들이 주도)
⑤ 개인적 어려움이나 고통이 있는 사람들을 중심으로 구성된 집단이다.(전문가가 주도)

27 ① 집단상담의 평가 계획은 종결 시점에서만 고려하는 것이 아니라, 집단상담의 시작 단계부터 종결 이후까지 전 과정에 걸쳐 진행된다.
② 집단상담의 평가는 과정평가와 결과평가를 모두 포함하며, 전 과정에 걸쳐 이루어지는 면접은 집단원의 변화과정을 포괄적으로 이해하는 데 유용하다.
③ 집단원에 대한 결과와 만족도, 집단상담자의 전문성 및 태도, 집단상담의 과정 (프로그램 및 목표달성등)을 평가한다.
④ 추후평가는 집단상담 효과의 지속성, 장기적인 변화 등을 평가하기 위해 필수적이다.
⑤ 집단원의 주관적인 피드백은 집단경험의 깊이와 프로그램의 유용성을 평가하는 중요한 자료가 된다.

28 ③ 합리정서행동상담(REBT)에서 집단상담자는 내담자의 비합리적인 신념을 교육하고 변화시키는 '교사'의 역할을 수행한다. 상담자는 집단원과의 친밀한 관계형성보다는 적극적이고 지시적인 태도로 집단원들이 비합리적 사고를 인식하고 합리적 신념을 습득하도록 돕는다.
②,⑤ 합리정서행동상담(REBT)의 인지적 기법, 정서적 기법, 행동적 기법

인지적 기법	정서적 기법	행동적 기법
· 소크라테스식 문답법 · 설명식의 논박법 · 풍자적 방법(유머) · 대리적 모델링	· 합리적 정서 심상법 · 합리적 역할극 · 무조건적인 수용 · 대처진술 숙달시키기 · 유머	· 보상기법 (강화 및 벌칙) · 수치심 깨뜨리기 연습 · 기술 훈련 · 역설적 과제

29 ⑤ 집단상담에서 집단의 명시적 규범은 명확히 설정되어야 하지만, 암묵적 규범은 집단상담이 진행되면서 구성원들 사이에 자연스럽게 형성되는 규범이므로 사전 계획에서 명확이 설정하기 어렵다.
② 구성원들이 명확한 목표를 가지고 스스로 업무를 관리할 수 있는 경우(높은 성숙도), 비교적 큰 규모의 집단도 효과적으로 운영될 수 있으며, 과업 지향적 집단의 경우, 필요한 전문 기술과 능력을 갖춘 인원으로 구성되며, 효율적인 의사소통과 조정을 위해 대체로 작은 규모가 선호되는 경우가 있다.
④ 교육집단은 단기적이고, 치료집단은 장기적 일 수 있다.

30 ③ 모든 것을 남의 탓으로 돌리는 집단원은 투사의 방어기제를 사용하는 것이다.
'부인'은 고통스러운 현실이나 사실을 받아들이지 않고 부정하며, 불안으로부터 도피하려는 방어기제이다.
예 사랑하는 사람이 떠났을 때 그 사실을 인정하지 못하고 평소처럼 행동하는 것
① 정신분석 집단상담에서 전이는 집단원들이 과거 중요한 인물(부모, 친구 등)과의 관계를 집단 안에서 다른 집단원들에게 투사하는 현상이며, 훈습은 이러한 전이 현상을 반복적으로 해석하고 탐색하여 집단원의 무의식적 갈등을 의식화하고 통찰을 얻는 과정을 의미한다.
② 상담자가 집단원에 대해 느끼는 감정으로, 상담자 자신의 해결되지 않은 감정이나 무의식적 갈등 등을 집단원에게 투사하면서 나타나는 감정 반응이 나타날 수 있다.

31 다음 사례에 근거한 집단상담의 이론적 접근에 해당하는 것은?

> 바다는 어릴 때부터 부모의 결정에 따르기 위해 애써왔다. 이번 집단작업을 통해 자신의 결정에 대한 책임은 스스로 져야 한다는 것을 분명히 알게 되었다. 스스로 결정하는 것은 매우 불안하고 의심스러운 일이었고 아직도 일부는 남아있지만, 이제는 자신이 결정하는 용기를 갖게 되었다.

① 교류분석 집단상담   ② 행동주의 집단상담
③ 정신분석 집단상담   ④ 실존주의 집단상담
⑤ 인지치료 집단상담

32 심리극 집단상담에 관한 설명으로 옳은 것을 모두 고른 것은?

> ㄱ. '지금-여기'를 중요시하기 때문에 집단에서는 현실에서 실제로 경험했던 장면만을 연기한다.
> ㄴ. 집단원의 창조성과 자발성을 촉진하기 위해 집단상담자는 본보기 역할을 수행할 수 있어야 한다.
> ㄷ. 나누기 및 토론 단계에서 집단원들은 주인공에게 분석을 제공한다.
> ㄹ. 실연, 이중자아, 거울기법 등을 사용한다.

① ㄱ, ㄷ   ② ㄴ, ㄷ   ③ ㄴ, ㄹ
④ ㄱ, ㄴ, ㄹ   ⑤ ㄱ, ㄷ, ㄹ

33 아들러(A. Adler) 집단상담에 관한 설명으로 옳지 않은 것은?

① 집단원의 생활양식을 파악하기 위해 가족구도를 탐색한다.
② 집단원의 사회적 상황과 사회적 태도를 파악한다.
③ 새로운 행동을 시도하고 현실을 검증할 기회를 제공한다.
④ 집단원의 역기능적 패턴은 어린 시절 트라우마가 원인이다.
⑤ 자기 파괴적인 행동을 반복할 때 잠시 멈추고 자신을 살펴보도록 한다.

34 다음에 해당하는 우볼딩(R. Wubbolding)의 현실치료 집단상담 단계에 관한 설명으로 옳은 것은?

> ○ "지금 무엇을 하고 있습니까?"
> ○ "지난 한 주 동안 실제로 무엇을 하였습니까?"
> ○ "이 선택이 당신이 원하는 곳에 도달하게 합니까?"

① 집단원이 원하는 것을 확인하여 계획을 실행하게 한다.
② 집단원이 현재 무엇을 하고 있는지에 초점을 맞추도록 한다.
③ 집단원이 행동 변화를 위한 계획을 세우도록 돕는다.
④ 집단원의 욕구, 필요, 인식, 희망을 발견하도록 한다.
⑤ 집단원이 자신의 행동 전체를 평가하도록 돕는다.

정답 및 해설

31 ④ 32 ③ 33 ④ 34 ②

31 예문에 주어진 결정, 책임, 불안, 용기, 스스로 결정 등의 용어는 실존주의 상담의 주요 개념에 해당한다.
· 실존주의 집단상담에서는 인간이 자신의 삶에 대한 자유를 가지고 있으며, 그 선택에 대한 책임을 져야 함을 강조한다.
· 불안은 존재의 유한성, 무의미성, 그리고 선택에 대한 책임에서 오는 자연스러운 결과로 실존주의의 주요 개념이다.
· 내담자(바다)가 스스로 결정할 용기를 갖게 되었다는 것은, 자신이 삶의 주체로서 자유를 받아들이고 책임을 지려는 실존적 각성을 보여준다. 따라서 위 사례는 실존주의 집단상담의 과정에서 가장 잘 설명된다.

32 ㄱ. 심리극에서 가장 중요한 개념 중 하나인 '지금-여기'는 참여자가 과거의 사건이나 미래에 대한 불안감을 현재의 시점으로 가져와 생생하게 재경험하고 표현하도록 돕는 것이다. 현실에서 실제로 경험했던 장면만이 아니라 경험하지 못한 아직 일어나지 않은 미래의 상황을 미리 연출해 볼 수도 있고, 억압했던 생각이나 감정까지도 연기하고 탐색할 수있다.
ㄷ. 심리극을 마친 후 나누기 및 토론 단계에서는 집단원들이 주인공의 문제를 분석, 평가, 조언하는 과정이 되어서는 안되며, 자신들이 연극 과정에 참여하며 느꼈던 감정들을 주인공과 공유하도록 도와주어야 한다. 심리극에 참여한 모든 사람들의 감정을 소통시키는 기회를 제공하며 감정 정화가 고루 퍼지고 재경험하고 집단 구성원이 인간 감정의 공통적 유대를 지각하도록 해야 한다.

33 ④ 인지행동치료(CBT)에 대한 설명이다. 아들러(A. Adler) 집단상담에서 집단원의 역기능적 패턴은 어린 시절 트라우마가 아니고 잘못된 생활양식이 원인이라고 하였다.

34 ② 우볼딩(Wubbolding)의 현실치료기법은 욕구(Want),- 행동(Doing) - 평가(Evaluation) - 계획(Planning)으로 'WDEP모델'이라고 한다.

욕구	· 집단원의 욕구, 필요, 인식, 희망을 발견하도록 한다. ○ 당신이 진정으로 원하는 것은 무엇인가요?
행동	· 집단원이 현재 무엇을 하고 있는지에 초점을 맞추도록 한다. ○ "원하는 것을 얻기 위해 지금 무엇을 하고 있나요?" ○ "지난 한 주 동안 실제로 무엇을 하였습니까?" ○ "이 선택이 당신이 원하는 곳에 도달하게 합니까?"
평가	· 집단원이 자신의 행동 전체를 평가하도록 돕는다. ○ 당신이 하고 있는 행동은 원하는 것을 얻는데 도움이 되나요?
계획	· 집단원이 행동 변화를 위한 계획을 세우도록 돕는다. · 집단원이 원하는 것을 확인하여 계획을 실행하게 한다. ○ 원하는 것을 얻을 수 있는 보다 효과적인 방법은 무엇인가요? ○ 지금과는 다르게 하기 위해서 어떻게 행동하면 좋을까요?

35 인간중심 집단상담에 관한 설명으로 옳지 않은 것은?

① 집단상담자는 진실해야 하지만 무분별하게 개방적이어서는 안 된다.

② 집단상담자의 진실성, 수용, 공감은 집단원의 성장을 촉진한다.

③ 집단원 개인의 문제에 대해 목표를 세우고 과제를 부여한다.

④ 다양한 문화적 배경을 가진 집단원들 간의 상호 이해에 적합하다.

⑤ 구체적인 기법보다는 집단상담자의 촉진적인 태도를 강조한다.

36 다음에 해당하는 집단상담 이론은?

> ○ "자, 여기 그 사람이 앉아 있다고 상상해 봅시다. 방금 전 그 상황으로 돌아가면 해주고 싶은 말이 있다고 했는데 마음껏 한 번 해 보세요."
>
> ○ "좀 전에 '나는 할 수 없다.'고 한 것을 '나는 하지 않겠어.'라고 바꾸어 말해볼까요?"
>
> ○ "집단에서 당신의 어머니가 되어 줄 한 명을 고르세요. 당신의 어머니에게 가장 해주고 싶었던 말을 이 사람에게 해 보세요."

① 게슈탈트 집단상담　　　　　　② 정신분석 집단상담

③ 해결중심 집단상담　　　　　　④ 인지행동 집단상담

⑤ 현실치료 집단상담

37 집단상담의 윤리에 관한 설명으로 옳은 것을 모두 고른 것은?

> ㄱ. 집단상담의 잠재적 유익과 위험성을 설명하는 것은 사전동의 과정에서 핵심적인 부분이다.
>
> ㄴ. 집단상담자가 자신의 치료와 변화를 위해 집단을 이용할 수 있다.
>
> ㄷ. 사전동의를 통해 비밀 유지와 관련된 온라인상 행동의 한계를 다룬다.
>
> ㄹ. 강제적으로 집단에 참여할 경우에도 집단 활동을 거부할 수 있는 권리에 대해 사전에 알려 주어야 한다.

① ㄴ　　　　　　　　② ㄱ, ㄷ　　　　　　　　③ ㄴ, ㄹ

④ ㄱ, ㄷ, ㄹ　　　　⑤ ㄱ, ㄴ, ㄷ, ㄹ

38 다음 축어록에서 집단상담자가 사용한 집단상담 기법을 순서대로 옳게 나열한 것은?

> 하늘 : (울먹이며) 요즘 들어 부모님이 자주 다투셔서 정말 걱정이에요.
> 상담자 : (ㄱ) 부모님의 갈등으로 하늘이가 많이 힘든가 보네요. (ㄴ) 혹시 우리 중에 하늘이
> 처럼 부모님의 갈등으로 인해 힘든 사람이 있나요?
> 나무 : (눈물을 글썽이며) 저도 얼마 전 부모님이 엄청 크게 싸워서 무서웠어요.
> 초록 : 너무 걱정하지 말아요. 원래 부부싸움은 칼로 물베기라고 하잖아요. 아무 문제 없을 거예요.
> 상담자 : (ㄷ) 잠깐만요, 하늘이가 어렵게 힘든 마음을 표현했는데 하늘이의 이야기를 좀 더 들
> 어 보는 것이 어떨까요?

① 반영하기 - 연결하기 - 차단하기
② 재진술 - 연결하기 - 초점 맞추기
③ 재진술 - 폐쇄적 질문 - 차단하기
④ 반영하기 - 폐쇄적 질문 - 제안하기
⑤ 공감하기 - 연결하기 - 직면하기

정답 및 해설

35 ③ 36 ① 37 ④ 38 ①

35 ③ 목표를 세우고 과제을 부여하는 것은 인간중심 집단상담처럼 비지시적이고 정서적인 면을 강조하는 접근보다는 인지
행동치료나 현실치료처럼 구조화되고 행동변화를 강조하는 집단상담에 해당한다.
　① 무분별한 개방은 내담자를 부담스럽게 할 수 있고, 상담과정에 방해를 가져오므로 적절한 자기개방이 필요하다.
　⑤ 특정기술(기법)보다는 진실성, 공감적 이해, 무조건적 긍정적 존중과 같은 촉진적인 태도 자체를 변화의 핵심동력으로
본다.

36 ・첫번째 문장 : 게슈탈트 집단상담의 지금-여기에 촛점맞추기: 과거의 경험 (문장의 방금 전 그 상황)을 현재에 생생
하게 재경험하고 표현하도록 하고, 이를 통해 치료자는 내담자의 말이나 행동 이면에 있는 욕구와 감정을
자각하도록 이끌어준다.
　・두번째 문장 : 게슈탈트 집단상담의 책임지기 : '나는 할 수 없다.'는 수동적인 표현을 '나는 하지 않겠어.'능동적인 표
현으로 바꿈으로서, 자신의 감정과 경험에 대한 책임을 타인에게 전가하지 않고, 자신의 삶 전체에 대해
스스로 책임지는 것을 의미한다.
　・세번째 문장 : 게슈탈트 집단상담의 빈의자 기법의 변형 : 내담자가 현재 없는 사람이나 해결되지 않은 과제에 대해
마주하며 대화하는 치료 기법이다. 내담자는 빈 의자에 앉고 싶은 대상을 상상한 후, 그 대상에게 직접
말하고 싶은 감정이나 생각을 표현함으로써 미해결된 감정을 다루고 자신을 더 깊이 탐색하게 된다.

37 ㄴ. 집단상담자는 집단원이 원하는 바를 얻도록 돕는 것을 최우선으로 해야 하며, 자신의 치료와 변화를 위해 집단을 이용
할 수 없다.
　ㄱ. 상담자는 상담을 시작하기 전에 상담과 관련된 잠재적 이익과 위험에 대해 내담자에게 알리고 서면동의를 받는다.
　ㄷ. 사전동의를 통해 쇼셜미디어 등의 온라인 환경에서 집단내에서 알게 된 정보에 대해 어떻게 행동해야 하는지
(예) 익명으로라도 언급 금지) 그 한계와 책임을 사전동의시 명확히 다루어야 한다.
　ㄹ. 법원 명령이나 기관의 요구 등으로 인해 강제적으로(비자발적으로) 참여하게 된 경우에도, 상담자는 내담자에게 참여
를 거부하거나 특정활동에 참여하지 않을 권리가 있음을 알려주고 내담자의 자율성을 존중해 주어야 한다.

38 ① (ㄱ) 반영하기 : 내담자(하늘)가 표현한 감정과 내용의 본질을 이해하고, 그 의미를 명료하게 되돌려주는 상담기법
　(ㄴ) 연결하기 ; 내담자의 주제나 감정을 다른 집단원과 연결하여 공통점을 찾고 집단원간의 상호작용을 촉진하는 상
담기법
　(ㄷ) 차단하기 : 집단원(초록)의 부적절하거나 비생산적인 반응(하늘이의 감정을 무시하고 위로하려는 시도)을 멈추게
하고 집단이 현재의 중요한 주제 (하늘이의 감정)에 집중하도록 하는 상담기법

39 공동리더십의 한계를 극복하기 위한 방안으로 옳은 것을 모두 고른 것은?

> ㄱ. 집단 사전모임에 함께 참여한다.
> ㄴ. 서로의 개인적 특성을 파악하는 시간을 갖는다.
> ㄷ. 회기 후 집단원의 반응에 대한 의견을 교환한다.
> ㄹ. 집단에서 마주보고 앉되 서로 눈을 마주치지 않는다.

① ㄱ, ㄴ   ② ㄱ, ㄷ   ③ ㄱ, ㄴ, ㄷ
④ ㄴ, ㄷ, ㄹ   ⑤ ㄱ, ㄴ, ㄷ, ㄹ

40 학교 장면에서 이루어지는 청소년 집단상담에 관한 설명으로 옳지 않은 것은?

① 비자발적인 집단상담은 효과가 없으므로 자발적인 참여자를 대상으로만 실시해야 한다.
② 학습, 진로만이 아니라 문제행동 및 예방을 주제로 한다.
③ 학교장의 승인을 받아 실시해야 한다.
④ 교육을 목적으로 실시하는 경우라도 반드시 사전동의서를 받아야 한다.
⑤ 집단원들의 관심을 높일 수 있도록 놀이나 매체를 활용할 수 있다.

41 청소년 집단상담 종결단계의 효과적인 개입전략은?

① 집단행동의 모범보이기
② 성장과 변화에 대한 평가하기
③ 신뢰감 형성 활동하기
④ 문제행동에 대한 직면하기
⑤ 집단의 결과에 대한 책임분배 안내하기

42 집단원의 문제행동에 대한 집단상담자의 개입으로 옳지 않은 것은?

① 침묵하는 집단원에게 집단참여를 격려한다.
② 장황하게 설명하는 집단원에게 요약해서 말해줄 것을 요청한다.
③ 비자발적인 집단원에게 집단참여에 대한 감정을 표현할 수 있도록 돕는다.
④ 집단상담자를 공격하는 집단원에게 차단하기 기법을 통해 제지한다.
⑤ 대화를 독점하는 집단원에게 그러한 행동을 통해 얻고자 하는 바를 탐색한다.

43 집단상담에서 사전 개별면담의 기능으로 옳지 않은 것은?

① 집단상담에 관한 이해를 높인다.

② 집단참여 촉진을 위한 정보를 제공한다.

③ 집단에 참여하기 어려운 집단원을 선별할 수 있다.

④ 집단상담에 대한 현실적인 기대 형성을 돕는다.

⑤ 집단상담의 진행과 성과에는 영향을 미치지 않는다.

정답 및 해설   39 ③ 40 ① 41 ② 42 ④ 43 ⑤

39 눈을 마주치지 않는 것은 효과적인 의사소통과 협력을 방해하는 요소이다.

※ 한계 극복 방안

① 개방적 의사소통 통로를 열어 놓는다.

② 신뢰와 존경을 바탕으로 서로의 전문성을 인정한다.

③ 서로에 대해 더 잘 알고 서로의 개인적 특성을 파악하기 위한 시간을 갖는다.(서로의 강점과 약점을 함께 확인한다)

④ 집단회기 전과 후에 반드시 모임을 갖는다.

⑤ 집단계획, 목표/세부목표, 규범 등에 관하여 협의 · 결정한다.

⑥ 집단의 예비 모임에 함께 참석한다.

⑦ 회기 전 모임에서는 집단에서 우선적으로 다루어야 할 사항과 기대되는 점을 상의한다.

⑧ 의사소통 기술을 지속적으로 다듬고, 집단 관련 사항에 대해서는 반드시 협의하여 신뢰관계를 유지한다.

⑨ 회기 후 모임에서는 회기결과 평가, 피드백 교환, 집단 반응에 대한 의견 교환, 그리고 다음 회기의 목표 및 활동 등에 대해 의견을 교환한다.

40 ① 학교 장면에서 이루어지는 집단 상담은 비자발적인 학생들까지도 그 대상으로 포함시킬 수 있다. 즉, 본인이 스스로 필요성을 느껴 상담을 신청하지 않더라도, 문제를 일으킬 가능성이 있다거나, 부적응을 경험하고 있는 학생들을 대상으로 집단 상담을 실시할 수 있다. 이는 집단 상담의 예방적 기능으로 볼 수 있다. 문제 활동이나 부적응 행동을 보이는 학생들을 격리시켜 교육한다는 부정적인 차원에서 이해하는 것보다는 학교장면이 지니는 이점을 건설적으로 활용한다는 차원에서 이해할 수 있다.

41 집단상담의 단계별 개입전략

초기단계	과도기단계	작업단계	종결단계
·집단행동의 모범보이기 ·신뢰감 형성 활동하기 ·집단의 결과에 대한 책임분배 안내하기 ·집단원간의 상호작용 촉진	·집단역동의 활성화 – 집단원들의 모험시도 독려 ·초점의 유지 ·갈등의 중재	·피드백 활성화 ·의미의 해석 ·문제행동에 대한 직면하기 ·유머: 경직된 분위기를 완화하고 문제를 다른 관점에서 바라볼 수 함	·성장과 변화에 대한 평가하기 ·피드백 주고받기 ·다짐하기 ·행동변화의 실습 ·미해결과제 다루기 ·이별감정 다루기 ·집단에서 경험 검토하기

42 상담자를 향한 공격적 행동은 전이로 이해될 수 있으며, 상담자는 내담자의 공격적인 행동을 개인적인 비난으로 받아들이지 않고, 내담자의 무의식적 갈등이 표현되는 중요한 치료적 신호로 이해해야 한다. 이는 내담자의 과거 경험과 핵심적인 심리적 이슈를 파악하는 데 결정적인 단서가 될 수 있다. 무조건적인 차단보다는 그 행동 이면에 있는 감정과 이유를 탐색하도록 돕고, 건설적인 방식으로 표현하도록 유도하여야 한다.

43 ⑤ 사전 개별면담은 집단상담의 성공적인 진행과 긍정적인 성과에 매우 중요한 영향을 미친다.

44 집단에 대한 신뢰가 낮을 때 나타나는 집단원들의 특징을 모두 고른 것은?

> ㄱ. 즉각적인 느낌 표현을 억제한다.
> ㄴ. 집단에 대한 기대가 명확하지 않다.
> ㄷ. 집단원들 간의 상호작용이 추상적이다.
> ㄹ. 다른 집단원들에게 의구심이나 적대감을 갖는다.

① ㄱ, ㄴ   ② ㄱ, ㄷ   ③ ㄱ, ㄴ, ㄹ
④ ㄴ, ㄷ, ㄹ   ⑤ ㄱ, ㄴ, ㄷ, ㄹ

45 코리(G. Corey)의 집단발달단계 중 과도기 단계에서 집단상담자의 반응으로 옳지 않은 것은?

> 집단원 A: 여기 있는 사람들이 저에게 비판적일까봐 두려워요.
> 집단상담자 : _____

① 그런 두려움 때문에 집단에 참여하기가 힘들었군요.
② A의 두려움은 어머니와의 관계에서 오는 두려움과 관련이 깊어요.
③ 여기에서 두려움과 관련하여 가장 의식되는 사람이 있나요?
④ 혹시 그 두려움 때문에 표현하지 못한 것이 있다면 무엇일까요?
⑤ 그 두려움 때문에 집단에서 어떤 제약을 받았나요?

46 다음에서 집단원이 말하는 치료적 요인을 순서대로 바르게 연결한 것은?

> ㄱ. 그동안 쌓였던 감정을 털어놓으니 정말 속이 시원해졌어요.
> ㄴ. 집단원들의 피드백을 통해 제가 다른 사람들에게 어떤 사람으로 보이는지 알게 됐어요.

① 자기개방 - 대인관계학습   ② 감정정화 - 대리학습
③ 감정정화 - 대인관계학습   ④ 자기개방 - 자기이해
⑤ 보편성 - 자기이해

47 빈의자 기법을 활용할 수 있는 상황을 모두 고른 것은?

ㄱ. 특정 타인에 대해 미해결과제나 감정을 드러낼 때
ㄴ. 중요한 타인의 죽음에 대해 애도할 때
ㄷ. 초대할 대상의 반응보다는 집단원 자신의 표현이 더 중요할 때
ㄹ. 과거 고통스러운 사건(학대, 학교폭력 등)을 호소할 때

① ㄱ, ㄴ
② ㄴ, ㄷ
③ ㄷ, ㄹ
④ ㄱ, ㄴ, ㄹ
⑤ ㄱ, ㄴ, ㄷ, ㄹ

정답 및 해설

44 ⑤ 45 ② 46 ③ 47 ⑤

44 ⑤ 집단에 대한 신뢰가 낮을 때 나타나는 집단원들의 특징
ㄱ. 집단에 대한 신뢰가 낮을 때 즉각적인 감정 표현을 억제하는 것은 관계적 위험으로부터 자신을 보호하기 위한 심리적 방어기제에서 비롯된 것이다.
ㄴ. 구성원들은 집단이 무엇을 지향하고 어떤 목표를 달성하려는지 명확하게 인식하지 못하게 된다.
ㄷ. 구성원들은 서로에게 솔직하게 마음을 열지 못하고, 그 결과, 대화는 피상적인 수준에 머물고 상호작용이 추상적으로 변한다.
ㄹ. 구성원들은 자신이 집단에 속해 있다는 느낌이나 동질감을 덜 느끼게 될 뿐 아니라, 다른 집단원들에게 의구심이나 적대감을 갖게 되며, 이는 집단 전체의 응집력을 떨어뜨리고 목표도달을 어렵게 한다.

45 ② 과도기 단계에서 집단원 A의 감정을 과거와 연결시켜 단정적으로 해석하는 것은 A의 저항을 불러올 수 있으므로 부적절하다. 과도기 단계에서는 현재–여기에 초점을 맞추고, 불안과 저항을 수용적이고 촉진적으로 다루는 게 바람직하다.
① 집단원 A의 감정을 수용하고 공감함으로써 신뢰로운 분위기 조성에 도움이 될 수 있다.
③ 집단원 A의 두려움을 현재–여기의 집단상황으로 가져와 구체적인 상호작용을 탐색하도록 돕는 반응이다.
④ 두려움으로 인해 억제된 감정이나 생각을 탐색하도록 격려하여 자기개방을 촉진하고 저항을 생산적인 방향으로 다루도록 돕는 반응이다.
⑤ 두려움이 집단활동에 미친 영향을 명확히 하고 자기 책임감을 증진시키며, 앞으로 집단에서 변화할 내용을 탐색하는 데 도움이 된다.

46 ㄱ. 감정을 표출하고 해소하는 과정을 나타내므로 감정정화(Catharsis)에 해당한다
ㄴ. 타인의 시각을 통해 자신을 객관적으로 인식하게 되는 과정이므로 대인관계학습에 해당한다.

47 ㄱ. 빈의자기법의 가장 일반적인 상황에 해당한다.
ㄴ. 상실의 슬픔이나 미처 다하지 못한 말이 있을 때 빈의자에 고인을 두고 대화함으로써, 미해결된 감정을 다루고 애도 과정을 도울 수 있다.
ㄷ. 빈의자 기법의 촛점은 상대방의 실제반응을 얻는 게 아니라 상대방과의 관계를 재경험하고 자신의 감정과 욕구를 표현하는 내담자 자신의 체험과 표현에 있기 때문에 사용할 수 있는 상황에 해당한다.
ㄹ. 사건의 가해자가 빈의자에 있다고 생각하고 다시 마주보고 표현함으로써 마음속의 미해결과제를 해결하고 심리적인 변화와 성장을 경험할 수 있다.

48 구조화 집단상담 초기단계에서 집단상담자의 역할에 관한 설명으로 옳지 않은 것은?

① 집단원들의 염려와 질문을 개방적으로 다룬다.
② 집단에 대한 구조화를 실시하여 집단에 대해 안내한다.
③ 특정 집단원의 깊은 자기개방에 대해 심도 있게 다룬다.
④ 적극적 경청과 공감적 반응으로 집단행동의 모범을 보인다.
⑤ 집단상담자에게 집중되는 것을 피하고 집단원간의 상호작용을 촉진시킨다.

49 집단상담의 기법과 예시가 바르게 연결된 것을 모두 고른 것은?

> ㄱ. 즉시성 : 현수가 현재 겪고 있는 문제는 채영이가 선생님께 인정받고 싶다고 한 말과 유사하네요.
>
> ㄴ. 해석 : 아픈 어머니를 보살펴야 했던 경험 때문에 다른 사람이 아프면 자꾸 보살피려고 하는 것은 아닐까요?
>
> ㄷ. 재진술 : 엄마에게 꾸중을 들은 것이 오늘 시험에 영향을 주었단 말이구나.
>
> ㄹ. 개방적 질문 : 너희 가족은 몇 명이니?

① ㄱ, ㄴ   ② ㄴ, ㄷ   ③ ㄱ, ㄷ, ㄹ
④ ㄴ, ㄷ, ㄹ   ⑤ ㄱ, ㄴ, ㄷ, ㄹ

50 청소년 집단상담자의 행동으로 옳지 않은 것은?

① 집단상담자는 열정적이고 긍정적인 태도를 갖는다.
② 현실적으로 완벽한 비밀보장이 어렵다는 것을 사전에 알려 준다.
③ 집단상담이 적절하지 않다고 판단되는 경우 개인상담을 권유한다.
④ 집단원의 반응보다 집단상담 프로그램 진행에 더 초점을 둔다.
⑤ 폐쇄집단에서 집단원이 집단을 떠나고 싶어하면 이를 존중해 준다.

필수과목 **3과목 심리측정 및 평가**

51 다음 지시문에 부합하는 문항반응양식은?

> 각 문항의 내용을 읽고, 자신에게 맞는 문항은 응답지의 '예'에 표시하고 그렇지 않은 문항은 '아니오'에 표시하십시오.

① 개방형   ② 진위형   ③ 중다선택형

④ 리커트 양식   ⑤ 양극형용사 체크양식

정답 및 해설

48 ③ 49 ② 50 ④ 51 ②

48 ③ 『특정 집단원의 깊은 자기개방에 대해 심도있게 다루기』는 집단이 어느 정도 안정화되고 신뢰가 형성된 중기 작업단계에서 이루어지는 것이 바람직하다. 초기단계에서 특정집단원의 깊은 문제를 다루면 다른 집단원들이 위협을 느끼거나 집단이 불안해 질 수 있다. 초기에는 보통 표면적인 내용이나 현재의 감정을 중심으로 다루며, 모든 집단원이 참여할 수 있도록 촉진하여야 한다.

49 ㄱ. 즉시성이 아닌 연결기법에 해당한다. 연결은 특정 집단원의 행동이나 말을 다른 집단원의 관심사와 연결시키는 데 사용되는 집단상담자의 통찰력 표현의 한 기법이다.

ㄴ. 해석은 집단원의 행동이나 증상(다른 사람을 보살피려고 하는 행동)의 배후 (아픈 어머니를 보살펴야 했던 경험 때문)에 대하여 설명해 줌으로써 무의식적 동기나 갈등을 의식화할 수 있도록 돕는 기법을 말하므로 옳은 설명이다.

ㄷ. 재진술은 집단원이 말한 내용의 핵심적인 부분을 상담자가 간결하게 다른 말로 되풀이 해주는 기법이므로 옳은 설명이다. "~말이구나"라는 표현은 상대방의 감정을 존중하며 부드럽게 결론을 내리는 방식이다.

ㄹ. 제시된 질문에 대해 2명, 3명 등 단답형으로 답변할 수 있는 내용이므로 내담자의 탐색을 촉진하려는 개방적 질문이 아니고, 정보를 얻으려는 폐쇄적 질문에 해당한다. 개방적 질문은 가족에 대해 느끼는 감정은 무엇이니? 와 같은 질문이 되어야 한다.

50 ④ 집단상담의 프로그램 진행보다 집단원의 지금-여기의 상호작용의 반응을 통해 치료적 효과를 얻는 것이 핵심이다.

⑤ 상담은 강요할 수 없으며, 집단원의 자발적인 의사를 존중해주어야 한다. 다만 신중한 논의과정을 거치는 과정이 필요하다.

51 ② 진위형 문항은 피검자에게 진술문을 제시하고, 맞으면 'O' 틀리면 'X' 하도록 하는 형식이다.

③ 중다선택형은 하나의 문항에 선택지를 다수 주고 하나를 선택하는 형식이다 (예) 청소년상담사 3급 필기문제 유형)

④ 리커트 척도는 설문 조사에서 개인의 태도나 의견의 강도를 측정하기 위해 사용되는 척도이다.

예 다음의 적당한 곳에 표시해 주세요					
AI는 학습에 도움을 준다	1	2	3	4	5

⑤ 양극형용사 체크양식은 서로 반대되는 두 개의 형용사 사이에 5점 또는 7점 척도를 두어 특정 대상에 대한 평가를 체크하는 설문지 양식이다.

예 이번에 새로 선보이는 신상품이 어느 형용사에 더 부합하는지 적당한 곳에 표시해 주세요						
복잡하다	( )	( )	( )	( )	( )	단순하다

52 심리평가에 관한 설명으로 옳은 것은?

① 수검자에 대한 치료전략을 제시한다.

② 심리적 속성에 수를 부여하는 과정이다.

③ 심리검사와 동일한 의미를 갖는다.

④ 심리검사의 구성요소 중 하나이다.

⑤ 표준절차에 따라 행동표본을 측정하는 도구이다.

53 Z 점수에 관한 설명으로 옳지 않은 것은?

① 변환점수이다.

② 표준점수이다.

③ 평균은 0, 표준편차는 1이다.

④ Z 점수를 알면 T 점수를 산출할 수 있다.

⑤ 규준집단 내에서 개인의 절대적 위치를 알게 해준다.

54 준거참조검사에 관한 설명으로 옳은 것을 모두 고른 것은?

> ㄱ. MMPI는 대표적인 준거참조검사이다.
>
> ㄴ. 개인은 특정한 범주로 분류된다.
>
> ㄷ. 합격 또는 불합격 여부를 판단하는 운전면허 시험이 여기에 속한다.
>
> ㄹ. 응답자가 속한 모집단과 비교하여 개인의 상대적 위치를 평가한다.

① ㄱ, ㄴ   ② ㄱ, ㄷ   ③ ㄱ, ㄹ   ④ ㄴ, ㄷ   ⑤ ㄴ, ㄹ

55 한국 중학생의 대인관계 부적응과 불안 간의 상관계수가 0.5로 통계적으로 유의하게 나타났다. 이 값은 불안의 전체 분산 가운데 몇 %가 대인관계 부적응의 분산에 의해 설명됨을 의미하는가?

① 2.5%   ② 5%   ③ 10%   ④ 25%   ⑤ 50%

56 체온과 체중 측정치는 각각 어떤 종류의 척도에 해당하는가?

① 체온: 명명척도, 체중: 서열척도　　　② 체온: 비율척도, 체중: 등간척도

③ 체온: 등간척도, 체중: 비율척도　　　④ 체온: 등간척도, 체중: 등간척도

⑤ 체온: 비율척도, 체중: 비율척도

정답 및 해설

52 ①　53 ⑤　54 ④　55 ④　56 ③

52 심리검사, 심리측정, 심리평가

심리검사	・지능 검사, 성격 검사, 적성 검사 등의 개별적인 검사를 지칭한다. ・표준절차에 따라 행동표본을 측정하는 도구이다.
심리측정	・심리적 속성에 수를 부여하는 과정이다.
심리평가	・여러 종류의 심리 검사를 실시하여 얻어진 자료와 임상적인 면담 및 체계적인 행동 관찰을 통해 얻어진 정보를 종합하고 해석하는 전문적인 과정이며, 이를 토대로 수검자에 대한 치료전략을 제시한다.

53 ⑤ Z 점수는 평균을 0으로, 표준편차를 1로 변환한 변환점수이며, 개인의 점수가 규준집단의 평균보다 높으면 양수, 낮으면 음수로 표시되므로 상대적 위치를 직접적으로 파악할 수 있는 표준점수이다.

④ Z 점수를 알면 T 점수를 산출할 수 있다. $T = Z \times 10 + 50$

54 ④ 준거참조검사와 규준참조검사

준거참조검사 (절대비교평가)	규준참조검사 (상대비교평가)
・정해진 절대적인 기준에 따라 피험자의 성취 수준을 판단하고, 그 기준 도달 여부에 따라 특정한 범주(목표도달 또는 미달로 분류)로 분류하는 평가 방식 예 합격 또는 불합격 여부를 판단하는 운전면허 시험, 자격증 시험 등	・개인의 점수를 다른 사람들의 점수와 비교해 개인의 상대적 위치를 평가하는 검사 ・MMPI는 규준참조검사이며, 개인의 성격, 정서, 적응 수준 등을 평가하는 데 사용된다. 검사 결과는 동일한 검사를 치른 규준집단(평균 50점)과 비교하여 개인의 상대적 위치를 판단한다. 예 대학입시, 심리검사

55 ④ 단순선형회귀분석에서 피어슨(Pearson) 표본적률상관계수의 제곱이 결정계수라는 것이 수리통계학 증명과정을 통하여 도출되므로 한국 중학생의 대인관계 부적응과 불안 간의 상관계수가 0.50이면, 결정계수는 25%(0.25)이고 이 값은 불안의 전체 분산 가운데 25%가 대인관계 부적응에 의해 설명됨을 의미한다.

상관계수(r)	・두 변수간의 선형적 관계의 강도와 방향을 나타내는 지표
결정계수(r^2)	・한 변수(불안)의 분산(변화량)중 다른 변수(대인관계 부적응)에 의해 설명되는 분산의 비율 　$r^2 = (0.5)^2 = 0.25 = 25\%$ ・만약 불안의 분산이 100이라면 이중 25만큼의 분산은 대인관계부작용이 심한지 아닌지에 따라 같이 변동하여 발생하며, 나머지 75만큼은 이외의 다른 요인(스트레스, 수면부족, 유전적요인 등)때문에 발생한다는 의미이다.

56 척도의 종류

명명척도	대상을 공통속성(성별, 종교, 지역, 연령등)에 근거하여 둘 이상의 범주로 유목(類目: 목록을 나눔)한 척도 예 천주교 1, 기독교 2, 불교 3, 이슬람교 4
서열척도	조사 대상의 특성을 상대적 서열(순위)로 나타낸 것으로, 절대영점이 존재하지 않음 예 성적 (1등, 2등, 꼴등) 학력(중졸, 고졸, 대졸, 대학원 졸)
등간척도	순서와 함께 동일한 간격을 가지지만 절대적인 영점이 없음 예 체온, IQ 점수
비율척도	등간척도의 모든 특징을 포함하며,절대영점이 존재하므로, 사칙연산이 가능하다. 예 키, 체중, 수입

57 통계에 관한 설명으로 옳지 않은 것은?

① T점수 70은 백분위 98에 해당한다.
② 분산(variance)은 표준편차를 제곱한 값이다.
③ 정규분포에서 평균, 중앙값, 최빈값은 일치한다.
④ 부적 편포의 경우, 대부분의 점수가 낮은 점수 쪽에 몰려 있다.
⑤ 정적 편포의 경우, 평균이 중앙값과 최빈값보다 오른쪽에 위치한다.

58 검사-재검사 신뢰도에 관한 설명으로 옳지 않은 것은?

① 검사 간격이 길수록 신뢰도가 낮아질 수 있다.
② 수검자의 동기 상태는 신뢰도에 영향을 미칠 수 있다.
③ 문항들의 난이도는 신뢰도에 영향을 미칠 수 있다.
④ 검사 간격이 짧을수록 연습 효과와 기억 효과가 발생할 가능성이 커진다.
⑤ 안정적 변인보다 가변적 변인을 측정할 때 적합하다.

59 다음에서 설명하는 타당도는?

> ○ 해당 분야의 전문가들이 검사 문항들의 적절성 수준을 판단한다.
> ○ 검사 문항들이 특정 영역을 과잉 혹은 과소 대표하는지 검토한다.
> ○ 각 영역의 문항 수는 영역의 상대적 중요도가 반영되는 것이 바람직하다.

① 공인 타당도   ② 구성타당도   ③ 내용타당도
④ 안면타당도   ⑤ 예언타당도

60 심리학자 A는 새로운 우울증 검사 B를 개발하였다. 이 검사가 기존의 우울증 검사 C와 이론적으로 관련성이 높은지 알아보기 위해 B와 C 간의 상관계수를 산출하였다. 이는 무엇을 분석하기 위한 것인가?

① 내적 합치도   ② 반분신뢰도   ③ 변별타당도
④ 수렴 타당도   ⑤ 동형검사 신뢰도

61 능력검사에 관한 설명으로 옳은 것을 모두 고른 것은?

ㄱ. 정답이 존재한다.
ㄴ. 시간제한이 적용되지 않는 검사도 있다.
ㄷ. 지능검사, 신경심리검사, 적성검사 등이 있다.
ㄹ. 수검자에게 능력을 최대한 발휘하도록 요구한다.

① ㄱ, ㄴ, ㄷ　② ㄱ, ㄴ, ㄹ　③ ㄱ, ㄷ, ㄹ　④ ㄴ, ㄷ, ㄹ　⑤ ㄱ, ㄴ, ㄷ, ㄹ

정답 및 해설

57 ④　58 ⑤　59 ③　60 ④　61 ⑤

57 ④ 부적편포의 경우 대부분의 점수가 높은 쪽에 몰려있다.

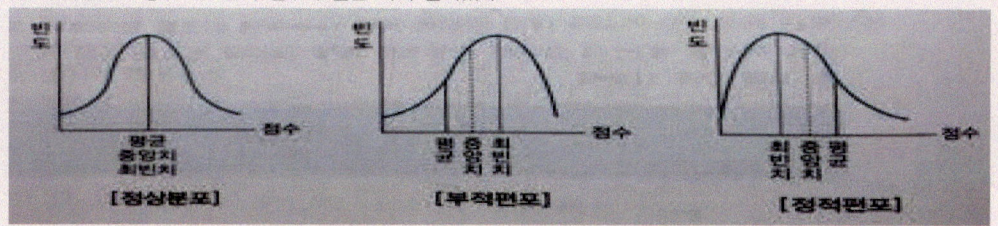

표준점수(Z)	−3.0	−2.5	−2.0	−1.5	−1.0	−0.5	0	0.5	1.0	1.5	2.0	2.5	3.0
T점수	20	25	30	35	40	45	50	55	60	65	70	75	80
백분위	0.1	0.8	2.28	6.68	15.87	30.85	50	69.15	84.13	93.32	97.72	99.20	99.90

58 ⑤ 검사-재검사 신뢰도는 가변적 변인 (예 기분, 동기, 특정한 태도)보다는 시간이 지나도 비교적 변하지 않는 안정적 변인 (예 지능, 성격)을 측정하는데 적합하다.

　①,④ 검사기간에 따라 연습효과, 기억효과의 영향을 받아 길수록 신뢰도는 낮아지고, 짧을수록 신뢰도는 높아질 수 있다.

　② 동일한 피험자가 두 번의 검사에 참여할 때, 검사에 임하는 동기와 태도가 달라질 수 있는데, 두 번째 검사에 덜 성의를 보이거나 반대로 더 성의를 보이는 경우 등 다양한 변수가 작용할 수 있다.

　③ 문항 난이도가 너무 쉽거나 어려운 극단적인 경우 변별력이 떨어져 검사 점수의 폭이 좁아질 수 있고, 이는 신뢰도에 영향을 줄 수 있다. (예 극단적으로 어려운 시험에서 낮은 점수에 몰려있고 변별력이 거의 없는 경우 재시험에서는 처음 시험에서 꼴등한 학생이 한 문제 더맞고 1등한 학생이 실수로 1문제 틀려 등수가 바뀔 수 있다)

59 ③ 내용타당도는 평가 도구가 측정하려는 내용이나 개념을 얼마나 충실히 대표하고 있는 가를 나타내는 지표이다. 이는 전문가의 주관적 판단에 의존하며, 문항이 측정하고자 하는 전체 내용을 잘 반영하고 있는지, 그리고 검사의 목적에 부합하는지 확인을 통하여 이루어진다. 또한 내용타당도를 확보하기 위해 상대적 중요도가 높은 영역에 문항 수를 많이 배정하는 것은 일반적인 평가 도구 개발 원칙이다.

60 ④ 수렴타당도는 새로 개발한 검사가 기존의 타당성이 입증된 검사(C)와 얼마나 유사한 결과를 보이는 지를 확인하는 타당도 평가 방법이다. 같은 개념을 측정하는 서로 다른 측정 도구들의 결과가 서로 비슷해야 한다는 원리에 기반한다.

61 ⑤ 능력검사와 인성/성격검사

	능력검사	인성/성격검사
측정대상	최대수행능력(직무수행에 필요한 기초능력, 사고 측정)	평균적 행동 경향 (사회성, 조직적합성, 가치관 등)
정 답	정답 존재	정답 없음 (솔직한 자기보고)
종 류	지능검사, 신경심리검사, 적성검사 등	TCI, NEO 성인성격검사, MBTI, MMPI 등
시간제한	일부 적성검사 제외하고 원칙적으로 시간제한 있음	시간제한이 없거나 충분한 시간이 주어짐

62 심리검사 시행 시 고려사항으로 옳은 것을 모두 고른 것은?

> ㄱ. 검사자가 전문적 용어를 사용하면 라포 형성이 촉진된다.
> ㄴ. 수검자가 아동·청소년인 경우, 검사 목적을 잘 이해시켜 동기를 높일 필요가 있다.
> ㄷ. 평가 불안이 있는 수검자가 반응에 실패하면 안정을 위해 정답을 알려주는 것이 바람직하다.
> ㄹ. 투사적 검사 시 수검자가 자신의 반응을 검열하지 않고 연상되는 그대로 반응하도록 격려한다.

① ㄱ, ㄴ   ② ㄴ, ㄷ   ③ ㄴ, ㄹ   ④ ㄱ, ㄷ, ㄹ   ⑤ ㄴ, ㄷ, ㄹ

63 K-WAIS-Ⅳ의 소검사에 관한 설명으로 옳은 것은?

① 이해 : 광범위한 일반적인 지식에 관한 질문에 대답한다.
② 순서화 : 일련의 그림들을 보고 각각을 순서대로 정렬하여 회상한다.
③ 상식 : 일반적 원칙과 사회적 상황에 대해 자신이 알고 있는 바에 기초해 질문에 대답한다.
④ 지우기 : 제한시간 내에 조직적으로 배열되어 있는 도형들 속에서 표적 자극과 동일한 도형을 찾아 표시한다.
⑤ 공통성 : 언어 문항에서는 청각적으로 제시된 두 단어의 유사점, 그림 문항에서는 시각적으로 제시된 두 그림의 유사점에 대해 설명한다.

64 K-WISC-Ⅴ의 기본지표와 지표에 포함된 소검사의 연결이 옳지 않은 것은?

① 언어이해: 어휘   ② 작업기억: 산수
③ 시공간: 토막짜기   ④ 유동추론: 무게비교
⑤ 처리속도: 동형찾기

65 중학교 2학년 A는 K-WISC-Ⅴ에서 전체 IQ가 85로 나타났다. 이 결과에 관한 설명으로 옳은 것을 모두 고른 것은?

> ㄱ. 전체 IQ 85는 100명 중 84등에 해당한다.
> ㄴ. 지적 능력은 경계선 지능의 범위에 속한다.
> ㄷ. 전체 IQ 85는 K-WISC-Ⅴ의 소검사 환산점수 7점과 동일한 상대적 위치이다.

① ㄱ   ② ㄴ   ③ ㄱ, ㄷ   ④ ㄴ, ㄷ   ⑤ ㄱ, ㄴ, ㄷ

66 스피어만(C. Spearman)의 2요인 이론과 CHC(Cattell-Horn-Carroll) 이론의 공통점으로 옳은 것은?

① 일반 지능(g요인)의 개념을 가정하였다.
② 유동적 지능(Gf)과 결정적 지능(Gc)이 포함된다.
③ 이론의 구성요소로 내용과 결과 차원을 제안하였다.
④ 2층 위계는 좁은 영역의 인지능력들로 구성된다고 제안하였다.
⑤ 지능은 각각 독립적이고 수평적 형태로 존재한다고 제안하였다.

정답 및 해설

62 ③ 63 ④ 64 ② 65 ③ 66 ①

62 ③ ㄱ. 검사자가 전문가 용어가 아닌 이해하기 쉬운 용어를 사용하면 라포 형성이 촉진된다.
ㄴ. 옳은 설명이다.
ㄷ. 평가 불안이 있는 수검자가 반응에 실패하면 안정을 위해 정답을 알려주기 보다는 근육이완법 등을 통하여 신체적 안정을 찾도록 하거나, 격려와 지지를 보내는 것 등이 바람직하다.
ㄹ. 투사적 검사는 검사자나 질문지에 대한 경계심을 낮추기 위해 애매모호하고 비구조적인 자극을 주어, 수검자가 자신의 반응을 검열하지 않고 연상되는 그대로 자유롭게 반응하도록 유도함으로써, 개인의 내면적인 욕구나 감정 등을 '투사'하도록 하는 검사이다.

63 ① 상식   ② 순서화 : 일련의 숫자와 문자를 듣고 각각을 순서대로 정렬하여 회상한다.
③ 이해
⑤ 공통성 : 검사자가 청각적으로 제시된 두 단어의 유사점 예컨대 "사과와 바나나의 공통점은 무엇인가요?"와 같이 쌍으로 짝지어진 단어를 말로 제시하면, 수검자가 답을 말로 하면 검사자가 기록용지에 그대로 기록하는 방식이다.

64 ② K-WISC-V의 기본지표와 지표에 포함된 소검사

기본지표	언어이해	시공간	유동추론	작업기억	처리속도
소검사	공통성, 어휘	토막짜기, 퍼즐	행렬추론, 무게비교,	숫자, 그림기억	기호쓰기, 동형찾기

65 ㄱ. 지표점수의 표준(z)점수 $= \dfrac{지표점수 - 평균점수}{표준편차} = \dfrac{85-100}{15} = -1$

표준점수(z) -1의 백분위는 16 이므로 100명중 84등에 속한다. (표준점수 +1은 16등)
ㄴ. 경계선지능은 IQ 71~84에 해당하는 지능이다.
ㄷ. IQ점수의 편차거리 : 평균 100, 표준편차 15,   소검사의 편차거리 : 평균 10, 표준편차 3 이므로

$\dfrac{IQ점수 - 평균}{표준편차} = \dfrac{소검사의\ 환산점수 - 평균}{표준편차}$ 이므로, $\dfrac{85-100}{15} = \dfrac{7-10}{3} = -1$

두 점수 모두 평균에서 -1에 동일하게 위치한다.

66 ① 스피어만(C. Spearman)의 2요인 이론, CHC(Cattell-Horn-Carroll) 이론, 가드너(H. Gardner)의 다중지능이론

스피어만(C. Spearman)의 2요인 이론 (일반 지능(g요인)과 특수 지능(s 요인)		CHC(Cattell-Horn-Carroll) 이론 (3계층구조로 설명)		가드너(H. Gardner)의 다중지능이론
일반지능 (g요인)	모든 인지 활동의 단일한 원천이자 가장 중요한 요소로 간주.	제3계층 (최상위층)	모든 인지 활동에 영향을 미치는 단일 요인인 일반지능(g)이 있으며 광범위 능력과 협소 능력의 복잡한 상호작용을 통해 발현	지능이 각각 독립적이고 수평적 형태로 존재한다고 주장
특수지능 (s요인)	특정 영역에 국한된 특수 능력 (예 음악적 재능, 수학적 능력, 언어 능력 등)	제2계층 (광범위 능력)	일반 지능 아래에 있는 10여 가지의 넓은 범주의 인지 능력 (유동지능, 결정지능, 청각 처리, 시각 처리,단기 기억, 장기 기억, 처리 속도)	
		제1계층 (협소능력)	가장 구체적이고 측정 가능한 인지 기술로, 2층의 광범위한 능력을 구성하는 세부적인 하위 요소계층	

67 MMPI-2 임상척도 4의 소척도가 아닌 것은?

① 비도덕성　　　　　　② 가정불화　　　　　　③ 권위불화

④ 내적 소외　　　　　　⑤ 사회적 소외

68 다음에 해당하는 MMPI-2의 코드 유형은?

> ○ 일상생활을 유지해 나가기가 어려울 정도로 정서적 동요가 심하고 매우 혼란스럽다.
> ○ 걱정이 많고 긴장과 불안에 휩싸여 있는 모습이다.
> ○ 대인관계에서 자신감이 부족하며 자기주장을 잘 하지 못한다.

① 1-3/3-1　　　　　　　　　　② 3-4/4-3

③ 4-9/9-4　　　　　　　　　　④ 6-9/9-6

⑤ 7-8/8-7

69 정보를 인식하는 방식에서의 경향성을 나타내는 MBTI의 하위척도는?

① 외향형 – 내향형　　　　　　② 감각형 – 직관형

③ 사고형 – 감정형　　　　　　④ 판단형 – 인식형

⑤ 접근형 – 회피형

70 TCI의 기질척도가 아닌 것은?

① 인내력(P)　　　　　　　　② 연대감(C)

③ 자극추구(NS)　　　　　　④ 위험회피(HA)

⑤ 사회적 민감성(RD)

71 다음의 성격특성에 해당하는 홀랜드(J. Holland)의 직업적 성격유형은?

> 솔직하고, 성실하며, 검소하고, 지구력이 있고, 신체적으로 건강하며, 소박하고, 말이 적으며,
> 고집이 있고, 직선적이며, 단순하다.

① 현실적(Realistic) 유형　　　　　② 탐구적(Investigative) 유형

③ 예술적(Artistic) 유형　　　　　④ 기업적(Enterprising) 유형

⑤ 관습적(Conventional) 유형

정답 및 해설

67 ① MMPI-2 임상척도 4(반사회성)의 소척도
· 가정불화 · 권위불화 · 사회적 안정성(침착성) · 사회적 소외 · 내적 소외
비도덕성은 임상척도 9(경조증)의 소척도에 해당한다.

68 ⑤ 7-8/8-7 : 7 Pt 강박증, 8 Sc 정신분열증의 특징이 동시에 두드러진다.

척도번호	코드	척도명	특 징
1	Hs	건강염려	신체 기능에 대한 과도한 불안, 걱정, 집착을 측정
2	D	우울	우울감, 무기력감, 죄책감 등 우울 증상을 평가
3	Hy)	히스테리	신경증적 불안을 신체적 증상으로 표현하는 경향을 측정
4	Pd	반사회성	사회적/도덕적 규범의 무시, 충동성, 대인관계의 갈등 등을 평가
5	Mf	남성성-여성성	성 역할에 대한 태도와 관심사
6	Pa	편집	의심증, 집착증, 피해의식, 타인 비난 및 원망, 적대적.
7	Pt	강박	불안, 긴장, 초조, 완벽주의 성향 등 강박적인 측면
8	Sc	조현	정신적 혼란과 불안정 상태, 정신분열성 행동 장애 특징(환각, 환상, 망상 등), 사호적으로 위축, 내성적이며 대인관계기술이 미숙
9	Ma	경조	과다한 활동, 흥분, 과장된 자기 표현, 조증적 특성

69 ② MBTI 선호지표

외향성-내향성(EI)	개인의 주의집중과 에너지의 방향이 외부로 향하는지 내부로 향하는지 반영
감각형-직관형(SN)	개인이 정보를 인식하는 방식의 경향성을 반영
사고형-감정형(TF)	판단을 내릴 때 사고적 판단을 신뢰하는지 감정적 판단을 신뢰하는지 반영
판단형-인식형(JP)	외부문제에 대하여 판단과정을 중요시 하는지 인식과정을 중요시 하는지 반영

70 ② TCI의 기질척도

자극추구 척도(NS)	새로운 자극과 흥분을 추구하는 정도를 평가하는 척도
위험회피 척도(HA)	위험을 회피하거나 행동을 억제하는 정도를 평가하는 척도
사회적 민감성 척도(RD)	사랑, 인정, 칭찬과 같은 사회적 보상 신호에 반응하는 정도를 평가하는 척도
인내력 척도(P)	보상이 주어지지 않더라도 한번 시작한 행동을 지속하려는 경향을 평가하는 척도

71 ① 홀랜드(J. Holland)의 직업적 성격유형

유 형	내 용	대표직업
예술형	상상력과 감수성이 강하며, 자유분방하며, 개방적, 감정이 풍부하고, 독창적이고, 개성이 강하고, 협동적이지 않다.	음악, 미술, 문학, 공연 등의 직업
기업형	지배적이고, 통솔력, 지도력이 있으며, 말을 잘하고, 설득적이며, 경쟁적, 야심적이며, 외향적이고, 낙관적이고, 열성적이다.	경영인, 영업사원, 정치가, 판사
관습형	정확하고, 빈틈 없고, 조심성이 있으며, 세밀하고, 계획성이 있으며, 변화를 좋아하지 않으며, 완고하고, 책임감이 강하다.	회계사, 은행원, 경리원, 프로그래머,
사회형	사람을 좋아하며 봉사적이며, 감정적이고, 이상주의적이다.	사회복지사, 교육자, 간호사, 성직자,
현실형	예문 참조	엔지니어, 군인, 운전사, 운동선수,농부
탐구형	논리적, 분석적, 합리적이며, 정확하고, 지적 호기심이 많으며, 비판적, 내성적이고, 수줍음을 잘 타며, 신중하다.	학자, 분석가, 의사, 인류학자 등

72 HTP 검사의 실시방법에 관한 설명으로 옳지 않은 것은?

① 그림 단계를 모두 마친 후 질문 단계를 시행한다.

② 나무를 그리도록 할 때 수검자에게 종이를 세로로 제시한다.

③ 수검자의 성별과 동일한 성별의 사람 그림을 먼저 그리게 한다.

④ 그리는 방법에 관해 질문하는 경우 "마음 내키는 대로 그리세요."라고 대답한다.

⑤ 사람 그림에서 처음에 신체 일부만 그리는 경우 "전신 그림을 그리세요."라고 지시한다.

73 삭스(J. Sacks)가 개발한 문장완성검사의 네 가지 대표영역이 아닌 것은?

① 가족 영역　　　　　　　　　　② 성적영역

③ 대인관계 영역　　　　　　　　④ 자기개념 영역

⑤ 타인 및 세상영역

74 로샤(Rorschach) 검사의 엑스너(Exner) 종합체계에서 강박성향지표(OBS)에 해당하는 것은?

① S > 3　　　　　　　　　　　② $FQ^+ > 1$

③ CF + C > FC　　　　　　　　④ P < 3 혹은 P > 8

⑤ M- > 1 혹은 M-% >.40

75 로샤(Rorschach) 검사의 엑스너(Exner) 종합체계에서 발달질 채점 기호로 옳지 않은 것은?

① +　　　　② -　　　　③ o　　　　④ v/+　　　　⑤ v

필수과목　**4과목 상담이론**

76 상담자의 윤리적 행동으로 옳은 것은?

① 심리검사 결과를 책상에 방치해 다른 내담자가 열람하였다.

② 법원의 정보공개 요청 사실을 내담자에게 알리고 최소한의 정보를 법원에 제공하였다.

③ 내담자를 상담자의 SNS 친구로 추가하고 사적인 연락을 주고받았다.

④ 자살 위험성이 높은 내담자를 혼자 감당하며 전문기관에 연계하지 않았다.

⑤ 상담자의 특정한 필요 때문에 상담 횟수를 늘리도록 내담자에게 권유하였다.

정답 및 해설

72 ③ 실시방법 : "한 장의 종이에 하나 씩 모두 4장의 그림을 그리십시오." 라고 말한 뒤,

1. 1번의 종이를 가로로 제시하면서 "이 종이 위에 집을 그리십시오."라고 지시한다.
2. 2번의 종이를 세로로 제시하며 "나무 한 그 루를 그려보십시오."라고 지시한다.
3. 3번의 종이도 세로로 제시하며 "사람을 한 사람 그려보십시오. 얼굴만이 아니고 전신을 그려보십시오."하고 지시한다. 피검자가 사람을 다 그리고 나면, 남자(성)인지 여자(성)인지 질문하여 3번의 아래에 기입한다.
4. 4번의 종이를 세로로 제시하여 3번의 인물과는 반대되는 성의 인물을 그리도록 지시한다.

73 ⑤ 삭스(Sacks)가 개발한 문장완성검사(SSCT)의 네 가지 대표 영역은 가족, 성, 대인관계, 자기개념이다.

가족 영역	피검사자가 부모 및 가족 구성원에 대해 가지고 있는 태도를 탐색한다.
성적 영역	피검사자의 이성 관계 및 태도에 대한 정보를 탐색한다.
대인관계 영역	피검사자가 친구, 지인, 그리고 권위 있는 사람들에게 가지는 태도를 평가한다.
자기개념 영역	피검사자의 능력, 목표, 과거와 미래, 두려움 등에 대한 태도를 파악한다.

74 ② 로샤(Rorschach) 검사의 엑스너(Exner) 종합체계의 성향지표

자살성향지표(S-CON))	지각적사고지표(PTI)	과잉경계지표(HVI)
· VF+FV+V+FD $>$ 2 · R $<$17 · C-S Bl $>$ 0 · MOR $>$ 3 · es $>$ EA · CF + C $>$ FC · X+% $<$ .70 · S $>$ 3 · P $<$ 3 또는 P $>$8 · PureH $<$ 2 · 3r+(2)/R $<$ 0.31 또는 $>$ 0.44 · Zd$>$+3.5 또는 Zd$<$-3.5	· XA% $<$.70 그리고 WDA% $<$.75 · X-% $>$ .29 · LVL2$>$2 그리고 FAB2$>$0 · R$<$17 그리고 WSUM6$>$12 또는 R$>$16 그리고 WSUM6$>$17 · M-$>$1 혹은 M-% $>$.40	· FT+TF+T = 0 · Zf $>$ 12 · Zd $>$+35 · S $>$ 3 · H + (H) + Hd + (Hd) $>$6 · (H) + (A)+(Hd)+(Ad) $>$3 · H + A : Hd +Ad $<$4 : 1 · Cg $>$3

대응손상지표(CDI)	우울성향지표(DEPI)	강박성향지표(OBS)
· EA $<$ 6 혹은 AdjD $<$ 0 · Cop $<$ 2 and AG $<$ 2 · Weighted Sum C $<$ 2.5 혹은 Afr $<$ .46 · Passive $>$ Active + 1 혹은 Pure H $<$ 2 · Sum T $>$ 1 혹은 Isolate/R $>$ .24 혹은 Food $>$ 0	· FV+VF+V $>$0 또는 FD $>$ 2 · 색채-음영혼합 (Col-Shd Blends) $>$ 0 또는 S $>$ 2 · 3r+(2)/R$>$.44 그리고 Fr+rF=0 또는 3r+(2)/R $<$ .33 · Afr $<$ .46 또는 Blend$<$4 · 음영반응혼합 $>$ FM+m 또는 SumC' $>$ 2 · MOR $>$ 2 또는 2AB+Art+Ay $>$ 3 · COP $<$ 2 또는 (Bt+2Cl+Ge+Ls+2Na)/R $>$ .24	· Dd $>$ 3 · Zf $>$ 12 · Zd $>$+3.0 · Popular $>$ 7 · FQ$^+$ $>$ 1

75 ② 엑스너 종합채점체계의 채점 항목

반응항목	파악할 내용	채점 기호
반응영역	반점의 어떤 영역(위치)에 반응했는가?	W, D, Dd, S
발달질	반응한 위치는 어떤 발달 수준을 보이는가?	+, o, v/+, v
결정인	반응을 결정하는 데 영향을 준 반점의 특징은 무엇인가?	F, M, FM, m, C, CF, FC, Cn, C', C'F, FC', T, TF, FT, V, VF, FV, Y, YF, FY, FD, (2), rF, Fr
형태질	반응한 내용은 자극특징에 적절한가?	+, o, u, -
평범반응	일반적으로 흔하게 일어나는 반응인가?	P
조직활동	자극을 조직화해서 응답했는가?	ZW, ZA, ZD, ZS

76 ② 윤리적 행동에 해당한다.

③ 상담자는 특별한 경우를 제외하고는, 내담자와 상담실 밖에서 사적인 관계를 맺지 않는다.
⑤ 내담자의 복지와 권리를 최우선으로 하여 상담의 목표, 내담자의 상태, 그리고 내담자와 상담자의 합의에 따라 상담 횟수와 종결 시기가 결정되어야 한다.

77 상담에 관한 설명으로 옳지 않은 것은?

① 상담은 대면 상담으로만 이루어지는 것은 아니다.
② 상담자와 내담자의 관계는 일방적, 수직적인 관계이다.
③ 상담자는 내담자의 자유로운 감정표현을 허용한다.
④ 상담과정에 내담자의 적극적인 참여를 필요로 한다.
⑤ 상담은 내담자의 의사결정과 문제해결을 돕는 활동이다.

78 다음 ( )에 해당하는 방어기제로 옳은 것은?

> (ㄱ) : A는 부모님의 이혼소식을 듣고 "우리 부모님은 그냥 잠시 떨어져 있는 것뿐이에요.
> 곧 다시 같이 살 거예요."라고 말한다.
> (ㄴ) : B는 성적이 엉망으로 나온 상황에서 '알고 보니 내가 미처 공부하지 않은 내용에서 문
> 제가 출제된 것이었기에 그럴 만하다.'고 생각한다.

① ㄱ: 부정, ㄴ: 합리화   ② ㄱ: 억압, ㄴ: 합리화
③ ㄱ: 부정, ㄴ: 주지화   ④ ㄱ: 억압, ㄴ: 주지화
⑤ ㄱ: 이상화, ㄴ: 억제

79 다음 설명에 해당하는 정신분석의 개념은?

> ○ 상담을 통해 얻은 통찰을 실생활에서 실천해 가는 것
> ○ 내담자가 인지적, 정서적으로 자신의 갈등을 자각하고 변화하기 위해 노력하는 것

① 훈습   ② 전이   ③ 불안   ④ 저항   ⑤ 실연

80 대상관계이론에 관한 설명으로 옳지 않은 것은?

① 곰인형, 담요 등은 과도적 대상(transitional object)의 역할을 한다.
② 내적 대상은 외적 대상에 대해 갖는 이미지, 감정, 생각, 기억 등을 의미한다.
③ 대상항상성(object constancy)은 양육자에 대한 일관된 상을 유지할 수 있는 능력을 의미
한다.
④ 충분히 좋은 엄마(good enough mother)는 아기의 바람과 욕구를 좌절시키지 않는 완벽한
엄마이다.
⑤ 좋아하는 간식을 주지 않는 엄마의 모든 면을 나쁘다고 보는 아이는 분열(splitting)의 예에
해당한다.

81 상담이론과 기법의 연결이 옳지 않은 것은?

① 현실치료 : 직면, 유머

② 분석심리학 : 꿈분석, 해석

③ 교류분석 : 기능분석, 행동시연

④ 이야기치료 : 문제의 외현화, 대안적 이야기

⑤ 변증법적 행동치료 : 마음챙김, 대인관계 기술

정답 및 해설

77 ② 78 ① 79 ① 80 ④ 81 ③

77 ② 상담자와 내담자의 관계는 일방적이고 수직적인 관계가 아니라, 협력적이고 상호적인 관계에 가깝다.

① 현대 사회에서는 기술의 발전으로 인해 전화상담, 온라인 상담, 화상상담등 다양한 비대면 상담이 더욱 활성화되고 있으며, 상황과 필요에 따라 가장 적절한 방식을 선택할 수 있다.

78 ① ㄱ : 부정, ㄴ : 합리화에 해당한다.

부 정	타인에게는 분명해 보이는 현실적 측면을 인정하려 하지 않는다.
억 압	용납되지 않는 욕구, 생각 또는 경험을 무의식의 영역으로 몰아내는 것이며 무의식적으로 일어난다는 점에서 의식적인 억제와는 구별된다. 예 성폭행당한 사실을 기억하지 못하는 것
합리화	자신의 행동, 감정의 진실한 동기를 숨기고, 자신의 선택을 적절하지 않은 방식으로 유리하게 해석한다.
주지화	불편한 감정을 조절하거나 최소화하기 위해 지나치게 논리적이거나 추상적으로 사고하거나 일반화한다. 예 가까운 사람의 죽음에 대한 충격을 최소화하기 위해 죽음의 의미와 사후세계에 대하여 추상적으로 사고하는 경우

79 ① 정신분석에서 훈습은 의식적 갈등에 더 이상 영향을 받지 않도록 통찰내용을 실제 생활에서 적응적 행동으로 실천하게 돕는 치료기법이다. 훈습과정에서 내담자는 지속적이고 반복적인 학습을 통해 자신이 이해하고 통찰한 바를 충분히 소화하게 된다. 예 과거의 경험때문에 다른 사람의 기준에 맞춰 살았다는 통찰을 얻은 후 "이제 다른 사람이 아닌 내 기준에 맞춰 살겠다"고 결정하고, 실제 생활에서 다른 사람의 기준에 흔들리지 않도록 노력하는 것

80 ④ '대상관계 이론'에서 아이가 엄마(주요 대상)가 없을 때에도 안정감을 느끼고 좋은 기억을 떠올릴 수 있는 능력을 '대상 항상성'이라고 하며, 이러한 능력을 키워주기 위해 아이의 요구에 민감하게 반응하되 완벽하지는 않은 '충분히 좋은 엄마'가 필요하다는 이론이다.

① 과도적 대상(중간대상)은 위니캇이 제시한 개념으로, 유아가 어머니(주요 양육자)로 부터 심리적으로 분리되고 독립된 개체로 발달해 나가는 과정에서 심리적 안정감을 주기 위해 사용하는 중간 단계의 대상을 말하며, 곰인형, 담요등이 있다.

② 내적대상은 외부의 실제 대상에 대한 주관적인 경험, 즉 그 대상에 대한 이미지, 생각, 환상, 감정, 기억 등을 포함하는 심리적 표상이며, 부모가 잘해준 경험보다 부정적인 경험을 더 강하게 기억하면 내적대상이 부정적으로 형성될 수 있다.

③ 아동이 주 양육자(주로 어머니)와의 관계를 통해 자신을 배고프게도 하고 만족시켜주는 그 양육자가 '하나'임을 깨닫고, 대상이 눈앞에 없거나 대상에게서 실망하거나 분노를 느끼더라도 대상과의 정서적인 관계와 심리적 위안을 얻고 안정적인 표상을 유지할 수 있는 능력을 말한다.

⑤ 대상관계이론에서 분열(Splitting)은 자신과 타인에 대한 긍정적이고 부정적인 측면을 하나로 통합하지 못하고 좋거나 나쁜 대상으로만 분리하는 심리적 방어 기제로, 세상과 타인을 흑백논리로만 보게 되어 대인관계에 어려움을 겪거나 정서적 문제를 경험할 수 있다. 특히 오토 컨버그는 경계선 성격장애의 핵심 병리로 이러한 분열된 자기 표상과 대상 표상의 통합 실패를 지적하였다.

81 ③ 행동적 시연은 실제로 있을 수 있는 대인관계의 장면을 상정하고 상담자가 상대의 역을 맡고 내담자가 자신의 감정과 의견을 주장하게 하는 행동주의 상담기법에 해당한다.

---

82 아들러(A. Adler)의 개인심리학에 관한 설명으로 옳은 것을 모두 고른 것은?

> ㄱ. 상담은 관계형성-평가와 분석-통찰과 해석-재정향의 과정을 거친다.
> ㄴ. 인간 발달 단계를 아동기, 청년기, 중년기, 노년기로 구분하였다.
> ㄷ. 직면, 과제, 역설적 의도, 마치~처럼 행동하기 등의 기법을 활용한다.
> ㄹ. 사회적 관심과 활동 수준을 토대로 생활양식을 지배형, 회피형, 저항형, 사회적 유용형으로 나누었다.

① ㄱ, ㄷ   ② ㄱ, ㄹ   ③ ㄴ, ㄷ   ④ ㄴ, ㄷ, ㄹ   ⑤ ㄱ, ㄴ, ㄷ, ㄹ

83 다음 설명에 해당하는 상담이론은?

> ○ 그린버그(L. Greenberg) 등이 정립한 이론이다.
> ○ 인간중심상담, 게슈탈트 상담, 실존주의 심리학에 뿌리를 두고 있다.

① 초월상담   ② 수용전념치료   ③ 정서중심치료
④ 관계중심치료   ⑤ 변증법적 행동치료

84 조작적 조건화에 기초한 행동주의 상담기법으로 옳지 않은 것은?

① 행동연쇄   ② 토큰경제   ③ 타임아웃
④ 프리맥의 원리   ⑤ 체계적 둔감화

85 다음 사례의 상담자가 사례개념화에 적용한 상담이론은?

> ○ 사례: 고등학생 A는 "다른 애들은 다 나보다 잘난 것 같아. 나는 절대 성공할 수 없어. 이번 생은 망했어."라는 말을 자주 하곤 한다.
> ○ 사례개념화: A는 성장 과정에서 부모의 부정적 메시지를 내면화하여 부정적 인생각본을 형성한 것으로 보인다. 'I'm not OK, You're OK'라는 인생태도를 가지고 있어 자신을 비하하는 생각과 행동을 지속하고 있는 것으로 보인다.

① 교류분석   ② 분석심리학   ③ 개인심리학
④ 게슈탈트상담   ⑤ 실존주의상담

정답 및 해설

82 ① 83 ③ 84 ⑤ 85 ①

82 ① 아들러는 인간의 발달을 일정한 단계가 아닌 인간이 평생동안 겪는 세가지 주요 생활과업과 4가지 생활양식의 형성과 정을 통해 설명한다.
ㄱ. 아들러의 상담은 관계형성-평가와 분석-통찰과 해석-재정향의 과정을 거친다.

관계형성	상담자와 내담자 간의 평등하고 상호 협력적인 관계를 구축한다.
평가와 분석	내담자의 고유한 생활양식(lifestyle)과 초기기억, 출생순위, 가족구도 등을 평가하고 분석한다.
통찰과 해석	내담자가 자신의 잘못된 신념, 사적인 논리, 자기 패배적 행동 패턴에 대해 자각하고 통찰을 얻도록 돕는다.
재정향	내담자가 새로운 생활양식을 바탕으로, 보다 효과적이고 사회적으로 유용한 방향으로 삶을 재조정하도록 돕는다.

ㄴ. 인간 발달단계를 아동기, 청년기 및 성인 초기, 중년기, 노년기 4단계로 구분한 사람은 융이다.

구 분	3가지 생활과업	4가지 생활양식			
의 의	의미 있는 삶을 살기 위해 모든 인간이 해결해야 할 세 가지 주요 생활 과업을 제시하였다.	개인이 열등감을 극복하고 우월성을 추구하는 과정에서 개인이 목표를 달성하기 위해 선택하는 고유한 방식이며, 주로 사회적 관심과 활동 수준에 따라 구분된다			
내 용	일과업 : 생계를 유지하고 사회에 기여하는 활동 우정과업 : 공동체에 소속되어 협력적인 관계를 형성하는 것 사랑과업 : 사적인 관계에 협력하는 것	구 분	사회적 관심	활동 수준	특 징
		지배형	낮음	높음	타인을 통제
		획득형(기생형)	낮음	중간	타인에 의존
		회피형	낮음	낮음	소극적인 태도
		사회적 유용형	높음	높음	건강한 생활양식

ㄷ. 직면은 내담자의 자기기만적 행동이나 왜곡된 생활양식을 직접적으로 지적하여 현실을 직시하도록 돕는 기법이며, 과제는 상담의 목표를 명확히 설정하고 현실적인 과제를 부여하여 성취를 유도하는 방식이다.

83 ③ 그린버그 등이 정립한 정서중심치료(EFT)는 내담자의 정서를 인식하고, 수용하며, 변화시켜서, 궁극적으로 적응적인 새로운 정서를 형성하는 것을 목표로 하며, 인간중심상담, 게슈탈트 상담, 실존주의 심리학에 뿌리를 두고 있다.
· 칼 로저스(C. Rogers)의 인간중심상담의 주요 원리 중 하나인 공감적 이해 (내담자의 주관적인 경험과 감정을 상담자가 깊이 이해하고 전달하는 것)를 정서중심치료의 중요한 기반으로 삼는다.
· 지금-여기에서의 경험을 강조하고, 내담자의 정서와 경험을 활성화하는 '텅 빈 의자 기법'과 같은 게슈탈트 기법은 내담자의 내적 갈등을 탐색하고 내담자의 정서적 경험에 집중하며 변화를 이끌어내는 정서중심치료에 영향을 준다
· 삶의 의미, 책임, 인간 존재의 의미에 관심을 두며, 그 초점을 인간의 가장 직접적인 경험인 그 자신의 존재에 두는 실존주의 심리학은 정서적 경험의 중요성을 강조하는 정서중심치료의 철학적 배경을 제공한다.

84 스키너(Skinner)의 조작적 조건화에 기초한 행동주의 상담기법은 바람직한 행동을 증가시키고 바람직하지 않은 행동을 감소시키기 위해 행동의 결과에 따라 적절한 보상(강화)이나 처벌(소거)을 활용하는 기법이다.
⑤ 체계적 둔감화는 불안이나 공포반응을 제거하기 위해 이완조건과 위계적으로 배열된 불안자극을 짝짓는 역조건형성기법으로 파블로프의 고전적 조건화에 기반한 기법이다.
① '책을 읽는다'와 같은 복잡한 행동을 위해, '책을 펼친다', '첫 페이지를 읽는다', '다음 페이지를 읽는다'와 같은 여러 단계로 나누고, 각 단계마다 긍정적 강화를 제공하여 최종 목표 행동으로 이끌어 나가는 조작적 조건화기법이다.
④ 숙제를 하면 게임을 하게 해주겠다는 것처럼 덜 좋아하는 활동(숙제)을 위해 더 좋아하는 활동(게임)을 강화물로 사용하는 조작적 조건화 기법이다.

85 ① 부정적 메시지를 내면화하여 부정적 인생각본을 형성 : 부모의 부정적 메시지를 내면화 했다는 것은, 어린 시절의 경험(스트로크 등)이 타인과의 진실하지 못한 상호방식, 즉 게임을 형성하게 되어 결국 인생각본으로 자리잡게 된다는 교류분석상담이론이 적용되고 있다.
'I'm not OK, You're OK' 라는 인생태도 : 교류분석의 4가지 인생태도중 자기를 비하하고 타인을 우월하게 보는 태도를 의미한다.

86 게슈탈트 상담자의 반응으로 옳은 것을 모두 고른 것은?

> ㄱ. 불안한 감정이 몸의 어디에서 느껴지나요?
> ㄴ. (손을 떨고 있는 내담자에게) 손을 더 빨리 더 많이 떨어보세요.
> ㄷ. 목소리가 점점 작아지고 있는데 지금 마음속에서 무엇이 일어나고 있나요?
> ㄹ. 앞에 있는 의자에 아빠가 앉아 있다고 상상하고 아빠에게 하고 싶은 말을 해볼까요.

① ㄱ, ㄴ   ② ㄱ, ㄷ   ③ ㄱ, ㄴ, ㄷ   ④ ㄴ, ㄷ, ㄹ   ⑤ ㄱ, ㄴ, ㄷ, ㄹ

87 합리정서행동상담(REBT)에서 비합리적 사고의 기준으로 옳지 않은 것은?

① 논리성   ② 현실성   ③ 실용성
④ 융통성   ⑤ 경제성

88 다음 사례에서 상담자가 사용한 해결중심 상담의 질문으로 옳은 것은?

> ○ 내담자: 동생은 정말 이기적이에요. 자기 자신만 생각하고 가족을 위한 행동은 하지 않아요.
> ○ 상담자: 동생이 이기적이지 않다고 느꼈던 적이 한 번도 없었나요?

① 예외 질문   ② 대처질문   ③ 기적질문
④ 척도질문   ⑤ 악몽질문

89 현실치료의 계획단계에서 고려해야 할 사항으로 옳은 것을 모두 고른 것은?

> ㄱ. 간단한 것(simple)   ㄴ. 통제 가능한 것(controlled)
> ㄷ. 측정 가능한 것(measurable)   ㄹ. 즉각적인 것(immediate)

① ㄱ, ㄴ   ② ㄷ, ㄹ   ③ ㄱ, ㄷ, ㄹ   ④ ㄴ, ㄷ, ㄹ   ⑤ ㄱ, ㄴ, ㄷ, ㄹ

90 현실치료의 기본욕구와 설명이 옳지 않은 것은?

① 소속의 욕구 : 사랑하고 협력하고자 하는 욕구
② 힘의 욕구 : 경쟁하고 성취하고자 하는 욕구
③ 자유의 욕구 : 하고자 하는 대로 표현하고자 하는 욕구
④ 즐거움의 욕구 : 의식주를 해결하고자 하는 욕구
⑤ 생존의 욕구 : 개인의 생존과 안전을 추구하고자 하는 욕구

91 다음 설명에 해당하는 교류분석의 개념은?

> ㄱ. 상대를 심리적으로 위협하기도 하고 속이기도 하면서 어려움에 처할 때마다 경험하게 되는 불쾌한 감정
> ㄴ. 사회적 행동의 동기를 제공하는 요인으로 타인으로부터 얻어지는 인정자극

① ㄱ: 라켓,　　ㄴ: 스트로크　　　② ㄱ: 스트로크,　　ㄴ: 라켓

③ ㄱ: 라켓,　　ㄴ: 게임　　　　④ ㄱ: 스트로크,　　ㄴ: 게임

⑤ ㄱ: 열등감,　　ㄴ: 스트로크

정답 및 해설

86 ⑤ 87 ⑤ 88 ① 89 ⑤ 90 ④ 91 ①

86 ⑤ ㄱ. 게슈탈트 치료기법 중 신체자각기법이다. 우리의 정신작용과 신체작용은 서로 불가분의 관계에 있다. 따라서 내담 자로 하여금 자신의 신체감각에 대해 자각하도록 함으로써 자신의 감정이나 욕구 혹은 무의식적인 생각을 알아차 리게 해줄 수 있다.

　　ㄴ. 과장하기 기법이다. 이 기법은 내담자가 어떤 상황에서 자신의 감정을 체험하되 아직 그 정도와 깊이가 미약하여 그 감정을 명확히 자각하지 못하고 있을 때 감정자각을 돕기 위해 상담자는 내담자의 어떤 행동이나 언어를 과장하여 표현하도록 시킨다. 가령 어떤 신체동작이 내담자가 그 상황에서 갖고 있는 감정과 관련 있다고 판단되면 상담자는 내담자의 그 신체동작을 과장해서 표현하도록 시킨다. 그리고 나서 체험되는 감정을 물어 내담자가 자신의 그 상황에 서의 감정을 명확히 자각하도록 도와준다.

　　ㄷ. 게슈탈트 과정자각기법에서 목소리가 작아지는 현상은 '지금-여기'에서 일어나는 중요한 비언어적 표현이다. 단순히 목소리 크기의 변화를 넘어, 내담자의 내면에서 어떤 감정, 욕구 또는 회피가 일어나고 있는지 탐색하는 단서가 된다. 치료자는 목소리 크기의 변화를 알아차리고, 내담자가 그 순간 자신의 내면에서 무엇을 경험하고 있는지 자각하도록 돕는다.

　　ㄹ. 게슈탈트 상담이론의 빈의자 기법

87 ⑤ 합리정서행동상담(REBT)에서 비합리적 사고의 5가지 기준
　　• 논리성: 생각이 논리적으로 일관성 있는지 여부
　　• 현실성: 생각이 객관적인 현실에 부합하는지 여부
　　• 실용성: 생각이 장기적인 목표 달성에 도움이 되는지 여부
　　• 융통성: 생각이 상황에 따라 유연하게 적용될 수 있는지 여부
　　• 파급효과: 그 생각이 긍정적인 결과를 가져오는지 여부

88 ① '예외 질문'은 해결중심 치료 기법 중 하나로, 내담자가 문제가 발생하지 않았던 시기나 긍정적이고 바람직했던 경험을 탐색하도록 돕는 질문이다.

89 ⑤ 현실치료의 계획단계에서 고려해야 할 사항은 제시된 ㄱ, ㄴ, ㄷ, ㄹ을 모두 포함하는 것이 맞다. 이는 효과적인 계획의 특성을 나타내는 S.A.M.I.C. 원칙의 일부이다.
　　• Simple (간단한 것)　　　　　　　• Attainable (달성 가능한 것)
　　• Measurable (측정 가능한 것)　　• Immediate (즉각적인 것)
　　• Controlled (통제 가능한 것)　　• Committed (약속한 것)
　　• Consistent (일관적인 것)

90 ④ 즐거움의 욕구 : 놀고, 웃고, 배우며 재미를 느끼고자 하는 욕구
　　의식주를 해결하고자 하는 욕구는 생존의 욕구에 해당한다.

91 ① ㄱ. 라켓감정에 대한 설명이다. 예를 들어, 약속에 늦은 남자친구에게 화가 났지만, 어릴 적부터 분노를 표현하는 것이 금기시되어 온 사람은 분노 대신 슬픈 표정으로 상대방의 죄책감을 유도하며 조종할 수 있는데 이 때의 슬픔(불쾌 한 감정)이 바로 라켓감정이다.

　　ㄴ. 스트로크에 대한 설명이며, 사람들은 타인으로부터 인정 자극, 즉 '스트로크(stroke)'를 얻기 위해 사회적 상호작용 (자원봉사, 기부행위, 공동체 참여 등)을 한다고 주장한다.

92 여성주의 상담의 원리로 옳은 것을 모두 고른 것은?

> ㄱ. 사회 변화를 위한 참여　　　　　ㄴ. 상담관계의 평등
> ㄷ. 독립성과 상호의존성의 균형　　　ㄹ. 개인의 문제는 개인의 책임

① ㄱ, ㄴ　　② ㄷ, ㄹ　　③ ㄱ, ㄴ, ㄷ　　④ ㄴ, ㄷ, ㄹ　　⑤ ㄱ, ㄴ, ㄷ, ㄹ

93 다문화상담에 관한 설명으로 옳은 것을 모두 고른 것은?

> ㄱ. 필요하다면, 모국어로 된 상담관련 서식을 준비하는 것이 좋다.
> ㄴ. 문화적인 이유로도 보호자 외 다른 사람의 상담 동석은 불가하다.
> ㄷ. 상담자는 문화적 차이에 대한 민감성과 이해가 필요하다.
> ㄹ. 상담자의 가치관이 상담에 영향을 줄 수 있음을 인식하는 것이 필요하다.

① ㄱ, ㄷ　　② ㄴ, ㄹ　　③ ㄱ, ㄷ, ㄹ　　④ ㄴ, ㄷ, ㄹ　　⑤ ㄱ, ㄴ, ㄷ, ㄹ

94 통합적 접근에 관한 설명으로 옳은 것을 모두 고른 것은?

> ㄱ. 혼합주의(syncretism)는 통합적 상담위계의 중간단계 특징이다.
> ㄴ. 기술적 통합은 문제 해결을 위한 최상의 상담기법 선택에 중점을 둔다.
> ㄷ. 동화적 통합은 단순한 기법의 혼합을 넘어 개념적 혹은 이론적 창조를 제안한다.
> ㄹ. 이론적 통합은 하나의 이론을 중심으로 다른 치료적 접근들을 선택적으로 결합한다.

① ㄱ　　② ㄴ　　③ ㄱ, ㄴ　　④ ㄱ, ㄷ, ㄹ　　⑤ ㄴ, ㄷ, ㄹ

95 벡(A. Beck)의 인지왜곡(cognitive distortion)에 관한 개념과 그 예로 옳은 것을 모두 고른 것은?

> ㄱ. 개인화 : A는 자신이 제안한 가족여행에서 사고가 나자 자기 때문이라고 생각했다.
> ㄴ. 잘못된 명명 : B는 평소 관심 있는 이성 앞에서 사소한 실수를 하자 "난 역시 안돼, 나는 바보야!"라고 푸념을 하면서 자신을 바보라고 단정 지었다.
> ㄷ. 임의적 추론 : C는 남자친구가 자신이 보낸 카톡에 몇 번 답장이 늦어지자, 자신을 더 이상 사랑하지 않는다고 결론을 내리고 먼저 헤어지자고 하였다.
> ㄹ. 선택적 추론 : D는 면접시험에서 사소한 실수를 하였는데, 자신은 이 실수로 그 시험에 불합격 할 것이고, 더 이상 살아갈 가치가 없다고 결론 내렸다.

① ㄱ, ㄴ　　② ㄷ, ㄹ　　③ ㄱ, ㄴ, ㄷ　　④ ㄴ, ㄷ, ㄹ　　⑤ ㄱ, ㄴ, ㄷ, ㄹ

96 상담과정에 관한 설명으로 옳지 않은 것은?

① 초기단계에서는 내담자와의 상담관계 형성이 중요하다.

② 초기단계에서 상담구조화를 실시한다.

③ 중기단계에서는 주 호소문제 탐색이 핵심이다.

④ 중기단계에서는 대안을 찾아 실천한다.

⑤ 종결단계에서는 종결에 대한 감정을 다룬다.

97 상담에서 종결과 관련된 내용으로 옳지 않은 것은?

① 상담 성과가 있었다면 종결을 고려한다.

② 상담자가 먼저 종결을 제안하는 경우는 없다.

③ 상담 종결 후, 상담이 필요한 다른 사안이 발생하면 다시 상담을 받을 수 있다.

④ 상담 성과가 충분치 않다면, 종결을 논하거나 다른 접근방법이나 절차를 강구한다.

⑤ 상담 종결 후, 추후상담을 활용할 수 있다.

정답 및 해설

92 ③ 93 ③ 94 ② 95 ③ 96 ③ 97 ②

92 ③ ㄹ. 개인적인 것은 정치적인 것이다 : 내담자의 개인적인 문제는 여성의 사회적·문화적 경험과 분리될 수 없다는 원리이다. 개인의 고통이 사회 구조적 성차별, 성 역할 고정관념, 제도적 불평등에서 비롯된다고 본다.

　　ㄷ. 독립성과 상호의존성의 균형 : 내담자가 외부의 인정없이 스스로 결정하고 자율적(독립적)인 동시에 건강한 관계를 맺고 도움을 주고받는 능력(상호의존성)을 통합적으로 발달시키도록 돕는다.

93 ③ ㄴ. 문화적인 이유로 보호자 외 다른 사람의 상담 동석은 가능해야 한다. 즉 문화적 배경에 따라 내담자의 가족, 친지, 또는 지역사회의 주요한 인물이 상담에 참여하는 것이 허용되거나, 심지어 권장될 수 있다.

94 ② 통합의 유형

　• 통합적 상담의 위계에서 혼합주의는 초보적인 단계에 속한다고 볼 수 있다.

기술적 통합	특정 이론적 배경에 얽매이지 않고, 다양한 치료 이론에서 가장 효과적이라고 입증된 기술들을 체계적으로 선택하고 활용하는 방식으로 문제 해결을 위한 최상의 상담기법 선택에 중점을 둔 통합
동화적 통합	하나의 이론을 중심으로 다른 치료적 접근들을 선택적으로 결합하는 통합
이론적 통합	단순한 기법의 혼합을 넘어 개념적 혹은 이론적 창조를 제안하는 통합

95 ③ ㄹ. 주어진 사례에서 나타나는 벡의 인지왜곡은 '임의적 추론'과 '파국화'이다.

　• 임의적 추론 : 면접에서의 '사소한 실수'라는 단 한 번의 부정적인 사건을 근거로 '그 시험에 불합격할 것'이라는 임의적으로 추론하였다.

　• 파국화 : 단순히 면접에서 실수한 것을 넘어 '불합격'을 확신하고, 더 나아가 '살아갈 가치가 없다'는 극단적이고 비합리적인 결론내린 것은 파국화에 해당한다.

96 ③ 상담 초기의 주 호소 문제 탐색은 내담자가 상담을 받게 된 표면적인 이유를 구체적으로 확인하고, 상담 관계의 기반을 마련하는 것이 주된 목적이다.

97 ② 상담자가 먼저 종결을 제안하는 것은 상담 목표 달성 가능성이 높거나, 내담자가 더 이상 상담을 지속하기 어려운 상황(예 해봐야 시간낭비라고 생각되는 경우)에 있을 때, 또는 상담 관계 자체를 더 이상 유지할 필요가 없다고 판단될 때 이루어질 수 있다. 이때 상담자는 내담자가 불안을 느끼지 않도록 매우 부드럽고 신중하게 종결 시점을 언급해야 하며, 상담 목표 달성 여부를 함께 검토하고, 내담자가 느끼는 감정을 충분히 나누는 과정을 거쳐야 한다.

98 다음 사례에서 상담자가 사용한 상담기법은?

> ○ 내담자: 친구들이 나를 미워하는 것 같아서 너무 힘들어요.
> ○ 상담자: 친구들의 어떤 행동을 보고 친구들이 나를 미워한다고 생각했나요?

① 반영   ② 직면   ③ 해석   ④ 요약   ⑤ 명료화

99 상담기법과 예시의 연결이 옳은 것을 모두 고른 것은?

> ㄱ. 재진술 : 오늘 표정이 밝은 걸 보니, 기분이 좋네요.
> ㄴ. 직면 : 괜찮다고 말하고 있지만, 목소리는 떨리고 있네요.
> ㄷ. 해석 : 친구에게 무조건 잘 해 주는 것은 친구가 떠날 것 같은 불안감 때문인 것 같아요.
> ㄹ. 자기개방 : 나도 게임을 하다가 밤 샌 적이 있어서 그 마음을 충분히 이해할 수 있어요.

① ㄱ, ㄴ   ② ㄴ, ㄷ   ③ ㄷ, ㄹ   ④ ㄴ, ㄷ, ㄹ   ⑤ ㄱ, ㄴ, ㄷ, ㄹ

100 청소년상담사 윤리강령 상 '전문가로서의 책임'에 해당하지 않는 것은?

① 자기의 능력 및 기법의 한계를 인식하고, 전문적 기준에 위배되는 활동을 하지 않는다.
② 검증되지 않고 훈련받지 않은 상담기법의 오·남용을 하지 않도록 유의한다.
③ 청소년 기본법에 따라 청소년의 권리와 책임을 다할 수 있게 지원해야 한다.
④ 청소년 및 복지 관련 법령, 정책 등의 적용과 개선을 위해 노력한다.
⑤ 청소년 관련 정책, 규칙, 법규 등에 대해 정통해야 하고 청소년 내담자를 보호하며 내담자가 최선의 발달을 이루도록 노력해야 한다.

5과목 학습이론　　2교시 : 필수 1과목, 선택 2과목(택1) 50문항　**시간 : 50분**

01　학습에 관한 설명으로 옳지 않은 것은?

① 외현적 수행이 없어도 학습은 이루어진다.

② 약물에 의한 일시적 행동변화는 학습이 아니다.

③ 행동 잠재력의 변화는 학습으로 볼 수 없다.

④ 학습은 경험을 통하여 이루어진다.

⑤ 태도의 변화는 학습의 영역에 포함된다.

02　손다이크(E. L. Thorndike)의 연합학습에서 행위의 결과나 행동의 유용성이 연합 강도를 결정한다고 보는 것은?

① 준비성의 법칙(law of readiness)　　② 연습의 법칙(law of exercise)

③ 사용의 법칙(law of use)　　④ 불사용의 법칙(law of disuse)

⑤ 효과의 법칙(law of effect)

정답 및 해설　　　　　　　　　　　　　98 ⑤ 99 ④ 100 ④ 01 ③ 02 ⑤

98　⑤ 명료화는 내담자의 모호하거나 불분명한 진술이나 감정을 구체적인 내용으로 명확히 인식하도록 돕는 상담기법이다. 예문에서 상담자의 질문은 내담자의 주관적인 해석(미워한다)을 구체적인 내용(어떤 행동)으로 명확히 인식하도록 돕고 있다.

99　④ ㄱ.은 '기분이 좋아보이네요'라고 했다면 반영에 해당한다.

100　④ 청소년윤리강령

청소년상담사로서의 전문적 자세	지역사회 참여 및 제도 개선에 대한 책임
1. 전문가로서의 책임 (①,②,③,⑤) 2. 품위유지 의무 3. 보수교육 및 전문성 함양	1. 지역사회를 돕는 전문가 역할 2. 제도 개선 노력 (④)

01　③ 학습이란 직·간접적 경험이나 연습을 통해서 획득되는 영속적인 행동이나 행동잠재력의 변화를 말한다. 행동잠재력이란 동기화되면 언제든 수행될 수 있는 행동능력을 말한다.

　　① 학습은 즉각적으로 관찰 가능한 행동 변화(외현적 수행)로 이어지지 않을 수 있으며, 일정 기간 동안 잠재되어 있을 수 있는데 이를 잠재학습이라 한다.(예 아이가 부모가 운전하는 모습을 옆에서 지켜보는 것만으로 운전 습관이나 신호 체계를 학습하게 되며, 운전면허를 취득하고 운전을 할 때 그 잠재된 학습이 행동으로 나타날 수 있다.)

02　⑤ 손다이크(E. L. Thorndike)의 학습의 3대 법칙

효과의 법칙	설문참조 (동물이나 사람이 시행착오를 통해 어떤 행동이 긍정적(만족스럽거나 즐거운) 결과를 낳는다는 것을 알게 되면, 그 행동과 특정 상황(자극)의 연합이 강화됨)
연습의 법칙	자극과 반응의 연합이 반복적으로 사용될수록 강화되고, 사용되지 않으면 약화된다는 법칙 (예 자주 연습하는 과목은 더 잘하게 되지만, 오랫동안 하지 않은 과목은 실력이 떨어지는 것)
준비성의 법칙	학습자가 어떤 행동을 할 준비가 되어 있을 때 그 행동을 하면 만족스럽고, 준비가 안 되었을 때 강요하면 불쾌하다는 법칙 (예 사칙연산을 먼저 배우고 인수분해, 미적분 순으로 교육 과정을 구성하는 것이 준비성의 법칙에 따른 것임)

03 제임스(W. James)의 기능주의에 해당하지 않는 것은?

① 다윈(C. Darwin)의 진화론과 미국의 실용주의에 영향을 받았다.

② 의식의 구조와 내용에 초점을 두고 있다.

③ 의식의 흐름도 경험이 변화하면 함께 변화한다.

④ 의식은 변별적인 정보의 조각이 아닌 전체적이고 연속적인 과정이다.

⑤ 행동과 의식은 환경과의 관계에서 생성되고 소멸하는 과정이다.

04 파블로프(I. Pavlov)의 고전적 조건화에서 유기체가 오랜 기간 동안 매우 일반적인 환경에 있었을 때 가지게 되는 피질부(cortical) 모자이크는?

① 역동적 스테레오타입(dynamic stereotype) ② 집중(concentration)

③ 조건화된 제지(conditioned inhibition) ④ 외부 제지(external inhibition)

⑤ 흥분의 발산(irradiation of excitation)

05 학습자가 달성해야 할 최종 목표행동(goal behavior)에 이르는 하위 단위 행동들(target behaviors)을 난이도에 따라 위계화한 다음, 각 단위행동을 순차적으로 조건화시킴으로써 궁극적으로 최종 목표행동을 학습시키는 것은?

① 연쇄(chaining) ② 조성(shaping)

③ 변별(discrimination) ④ 이차 강화(secondary reinforcement)

⑤ 프리맥의 원리(Premack principle)

06 다음 설명에 해당하는 것은?

> ○ 거스리(E. R. Guthrie)의 습관을 깨는 방법
> ○ 바람직하지 않은 행동을 유발하는 단서를 바람직하지 않은 반응과 함께 일어날 수 없는 반응을 짝짓는 것

① 피로법(fatigue method) ② 역치법(threshold method)

③ 근사법(method of approximation) ④ 망각법(method of forgetting)

⑤ 모순된 반응법(incompatible response method)

07 바람직하지 않은 행동의 발생 뒤에 토큰 등의 조건 강화물을 잃는 것은?

① 반응대가(response cost)　　② 면역훈련(immunization)

③ 타임아웃(time-out)　　④ 부분강화(partial reinforcement)

⑤ 과잉교정(overcorrection)

정답 및 해설

03 ② 04 ① 05 ② 06 ⑤ 07 ①

03 ② 제임스(W. James)의 기능주의와 분트(W.Wundt)의 구조주의

제임스(W. James)의 기능주의	분트(W. Wundt)의 구조주의
• 의식의 흐름과 기능에 초점 • 의식이 고정된 요소들의 조합이 아니라, 개인의 경험에 따라 지속적으로 흘러가는 역동적인 과정이라고 봄	• 의식의 구조와 내용에 초점 • 의식을 고정된 요소들(감각, 감정 등)의 합으로 봄

① 진화론의 영향을 받은 실용주의는 '행동과 경험을 중시하는 철학'이며, 이 사상이 기능주의 심리학의 등장에 큰 영향을 주었다. 기능주의 심리학은 의식을 분해하는 구조주의에 반대하여, 환경에 대한 적응을 위해 의식이 어떤 '기능'을 하는 지에 초점을 맞추었으며, 이는 진화론의 적자생존 개념과도 상통하는 이론이다.

04 ① 역동적 스테레오타입
- 자극이 특정 순서와 방식으로 반복해서 제시되면, 자극에 대한 대뇌 피질의 흥분과 억제 패턴은 점차 안정되고 고정된 형태로 되고, 행동의 자동화와 습관 형성을 가능하게 하는 것을 말한다.(예 매일 아침 같은 시간에 같은 순서로 진행되는 기상, 세수, 식사, 출근 등의 일상적인 생활)
- 이 모자이크는 고정된 것이 아니라, 외부 환경의 변화와 조건 자극에 따라 미세하게 끊임없이 변화하기 때문에 역동적이라는 수식어가 붙는다.
- 파블로프의 고전적 조건화에서 제시된 기타 항목

집중	특정 자극에 대한 조건반응이 형성된 후, 다른 유사한 자극에 대해서는 반응하지 않는 현상(예 종소리에만 침을 흘리도록 훈련된 개가, 다른 소리(예 버저 소리)에는 침을 흘리지 않는 경우)
조건화된 제지	종소리(조건 자극, CS+)와 먹이(무조건 자극, US)를 반복적으로 짝지어 개가 종소리만 들어도 침을 흘리게 함 → 종소리(CS+)와 함께 다른 자극 (예 전구 불빛, CS-)을 제시하면 먹이를 주지 않음 → 이 훈련을 반복하면, 개는 종소리와 전구 불빛이 동시에 나타날 때는 먹이가 오지 않을 것이라고 예측하게 되어 종소리만 들었을 때와 달리 침을 흘리지 않게 됨 → 이 경우 '전구 불빛'은 침 분비 반응을 '억제'하는 '조건화된 제지(억제) 자극'이 됨
외부제지	외부의 새로운 자극(예 소음 등)이 갑자기 나타나면 조건반사가 일시적으로 억제되거나 약화되는 현상 종소리에 침을 흘리도록 훈련을 받은 후, 갑자기 큰 소음(외부제지)에 침 흘리는 반응을 잠시 멈추는 경우
흥분의 발산	원래 종소리에 대한 반응으로 뇌특정부위에 흥분이 발생하여 침을 흘리는데, 이 흥분이 인접한 뇌영역(다른 높이의 종소리에 반응하는 영역)으로 퍼져나가 유사한 종소리에도 침을 흘리는 현상

05 ② 연쇄와 혼동하기 쉬운 데 조성(조형)에 대한 설명이다. (예 아기에게 말 가르치기, 동물훈련) 2022년도 기출문제이다.
① 여러 개의 행동들이 순서대로 연결되어 하나의 복합 행동을 이루도록 강화하는 과정이다. (예 옷입히기, 요리하기)

06 ⑤ 모순된 반응법이다. 수학시간만 되면 손톱을 깨무는 학생이 있을 경우, 이 학생의 손톱깨무는 습관을 깨기위해 수학시간이 되면 손을 깍지를 끼고 앉도록 지시하는 방법이다.
- 바람직하지 않은 행동(반응) : 손톱을 깨무는 행위
- 바람직하지 않은 행동을 유발하는 단서 : 수학시간
- 바람직하지 않은 반응과 함께 일어날 수 없는 반응 : 수학시간에는 손에 깍지 끼기

07 ① 반응대가에 대한 설명이다. (예 기상 시간을 지키지 못할 경우 주어진 스티커 하나를 회수하는 경우)
② 면역훈련 : 작은 성공 경험을 쌓아 노력으로 성공할 수 있다는 자신감을 심어주고, 이후 통제 불가능하거나 어려운 상황에 직면하더라도, 이전에 학습된 통제력 덕분에 쉽게 포기하지 않고 문제를 해결하려는 태도를 유지하게 된다. 통제불가능한 부정적 상황에 반복적으로 노출되면서, 노력해도 상황을 바꿀 수 없다는 학습된 무기력과 반대되는 개념임
④ 강화(보상)를 간헐적이고 불규칙적으로 제공하는 방식으로 효과가 연속강화보다 더 오래 지속된다.
⑤ 문제행동에 대해 원상복구이외에 추가로 올바른 행동을 더 하도록 부과하는 것(예 의자를 집어던진 경우 의자를 원래 자리에 놓는 것 이외에 추가로 다른 의자도 정리하도록 하는 것)

08 헐(C. Hull)이 제시한 가정(postulates)에 해당하지 않는 것은?

① 내적 자극은 구심성(감각) 신경 충동을 활성화하고 이로 인해 환경적 자극이 보다 오래 지속된다.

② 유기체는 욕구가 생길 때 유발되는 학습되지 않은 행동을 가지고 태어난다.

③ 유기체가 생리적으로 결핍되면 추동 상태를 초래하고 각 추동은 특정 자극과 연합된다.

④ 반응은 활동을 필요로 하며 활동은 피로를 유발한다.

⑤ 피로는 부적 추동 상태이기 때문에 피로 상태에서는 반응하지 않는 것이 강화적인 속성을 갖는다.

09 영업사원은 물건을 팔 경우 돈을 벌 수 있기에 매번 성공하는 것은 아니지만 계속해서 물건을 팔려고 시도하는 경우에 해당하는 것은?

① 연속강화   ② 고정비율강화

③ 변동비율강화   ④ 고정간격강화

⑤ 변동간격강화

10 다음 사례에 관한 설명으로 옳지 않은 것은?

> 유명한 배우가 출연하여 다이어트에 효과적인 음식을 먹고 체중이 감량된 모습을 보고 해당 제품을 구매했다.

① 모델에게 주어지는 결과가 관찰자의 행동에 영향을 미친다.

② 대리 강화에 해당한다.

③ 관찰자는 모델과 동일한 효과를 기대함으로써 기능적 가치(functional value)를 획득한다.

④ 조작적 조건형성에 해당한다.

⑤ 관찰학습으로 주의·파지과정을 거쳐 동기화된다.

11 형태심리학의 집단화(grouping)규칙으로 옳지 않은 것은?

① 폐쇄성(closure)   ② 대칭성(symmetry)

③ 유사성(similarity)   ④ 연속성(continuation)

⑤ 공간성(space)

정답 및 해설

08 ① 헐의 자극잔존가설의 내용

환경적 자극(소리, 빛, 접촉 등)이나 내적자극 (배고픔, 갈증)이 유기체에 제시된 후, 감각 수용기에 도달하면, 구심성 (감각) 신경 충동이 발생하여 중추 신경계로 전달되며, 구심성 신경 충동이 실제 자극이 사라진 후에도 중추 신경계 내에 일정 시간 동안 활동을 지속한다고 가정했다. 이 지속되는 신경 활동을 자극 잔존 흔적(s)이라고 불렀으며, 이 충동의 잔존 흔적이 남아 행동(반응)과 연결되어 학습이 일어난다는 이론이다. 환경적 자극이 보다 오래 지속되는 것이 아니다.

※헐(C. Hull)이 제시한 가정(postulates) (2022년 기출문제 학습이론 3번 참조)

· 유기체는 욕구가 생길 때 유발되는 학습되지 않은 행동을 가지고 태어난다. (예 굶주린 개가 먹이를 찾기위해 코를 킁 킁거리며 돌아다니거나 땅을 파는 행위를 본능적으로 가지고 태어난다)

· 유기체가 생리적으로 결핍 (예 음식부족)되면 추동 상태(예 배고픔 추동)를 초래하고 각 추동은 특정 자극(예 빵굽는 냄새)과 연합된다. 추동 → 자극 → 반응 (예 빵집으로 들어가서 빵을 사먹는 행위)→ 추동감소

· 반응 (예 음식물을 찾음)은 활동을 필요로 하며 활동은 피로(반응억제)를 유발한다.

· 피로는 부적 추동 상태이기 때문에 피로 상태에서는 반응하지 않는 것이 강화적인 속성을 갖는다. 즉, 피로는 불쾌감을 초래하는 부적 추동 상태이기 때문에 피로 상태에서는 반응하지 않는 것이 불쾌한 피로를 감소하거나 해소시키며, 유기체는 다음에도 피로를 느낄 때 다시 반응을 멈추는 행동을 반복할 가능성이 높아지며, 이처럼 반응하지 않는 행동이 부적 강화를 통해 습득되고 강화하게 된다.

09 ③ 강화계획

구 분	내 용	예 시
연속강화	매번 반응이 있을 때마다 강화제공	자판기
고정비율강화	특정 횟수의 반응이 일어날 때마다 보상을 주는 방식	성과급 (일정목표 달성시마다 지급)
고정간격강화	특정 시간 간격이 지난 후에 보상을 주는 방식	월급
변동비율강화	평균적인 반응 횟수에 따라 보상을 주지만, 강화가 이루어지는 횟수가 불규칙하고 예측 불가능	영업사원, 슬롯머신, 도박
변동간격강화	평균적인 시간 간격을 중심으로 보상을 주지만, 강화가 일어나는 시점이 예측 불가능	낚시

10 ④ 조작적 조건형성과는 관계가 없다.

11 ⑤ 주요 집단화 법칙 : 사람들이 접하는 시각적 정보를 의미있는 '전체(Gestalt)' 로 어떻게 조직하고 지각하는 지를 설명한다. 우리 뇌는 자극의 개별적인 요소들을 단순히 나열된 것을 보는 것이 아니라, 일정한 규칙에 따라 하나의 그룹으로 묶어서 인식하려는 경향을 보여준다.

구 분	내 용
폐쇄(완결)성의 법칙	형상에 어떤 틈이나 간격이 있으면 그것을 완전히 메우거나 닫아서 완성된 형상으로 지각하려는 법칙 부분적인 이미지를 완전하게 하려는 인간의 능력에 기초하며 또한 인간은 형태를 알 수 있는 힌트만으로 형상을 상상할 수 있다.
대칭성의 법칙	대칭적인 형태를 하나의 응집된 단위로 지각하려는 법칙
유사성의 법칙	모양, 크기, 색상 면에서 유사한 시각요소들끼리 하나의 그룹으로 묶어 지각하려는 법칙
연속성의 법칙	요소들이 부드럽고 연속적인 선이나 곡선을 따라 이어질 때, 이를 하나의 형태로 지각하려는 법칙
근접성의 법칙	서로 가까이 위치한 요소들을 하나의 그룹으로 묶어 지각하려는 법칙
단순성의 법칙	여러 가능한 해석 중에서 가장 단순하고 안정적이며, 좋은 형태로 지각하려는 법칙 단순성의 의미는 양적인 의미의 단순성이 아니라 구조적 의미의 단순성이라고 할 수 있다.
공통성의 법칙	대상들이 같은 방향이나 속도로 움직일 때 그것을 하나의 그룹으로 인식하려는 법칙 즉, 배열이나 성질이 같은 것끼리 집단화되어 보이는 성질

12 퀼러(W. Köhler)와 손다이크(E. L. Thorndike)의 학습곡선에 관한 설명으로 옳은 것은?

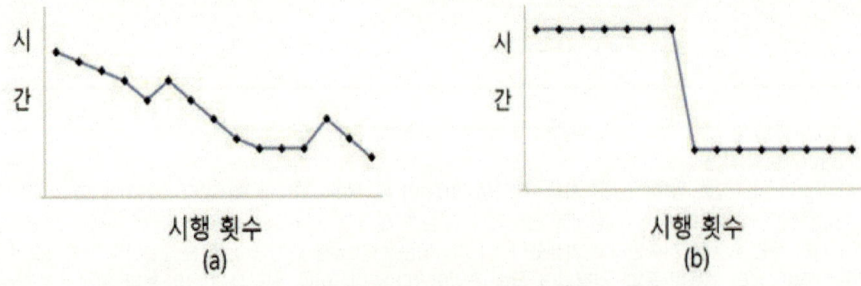

① (a)는 여러 번의 시도로 인해 수행시간이 짧아지는 통찰의 학습곡선이다.

② (a)는 급진적 학습과정에 의해 문제해결 상태로 이행된다.

③ (b)는 형태심리학(gestalt psychology)에 근거한다.

④ (b)는 새로운 문제 상황에서는 적용하기 어렵다.

⑤ (b)는 손다이크의 시행착오를 나타내는 학습곡선이다.

13 피아제(J. Piaget)의 인지발달에 관한 설명으로 옳지 않은 것은?

① 연속적인 변화를 겪으면서 일정한 인지구조를 유지하는 과정을 평형화(equilibrium)라고 한다.

② 새로운 환경자극을 자신의 인지 도식에 적용시켜 불일치를 해결하는 것을 동화(assimilation)라고 한다.

③ 물리적 환경에 대한 의존성이 점차 감소하고 인지구조의 활용이 증가하는 것을 내면화(interiorization)라고 한다.

④ 개인의 내적 인지구조를 수정하는 것으로 이전의 사고방식을 재구성하는 것을 재생적 동화(reproductive assimilation)라고 한다.

⑤ 한 형태의 추론에서 다른 형태로의 추론으로 전이하는 핵심요인은 물리적 환경, 성숙, 사회적 영향, 평형이다.

14 다음 설명과 장기기억의 종류가 옳게 연결된 것은?

> ㄱ. 치와와를 보았을 때, 강아지 분류표가 생각났다. 치와와는 애완견이고 개과에 속하면서 포유류에 속한다.
>
> ㄴ. 컴퓨터를 켜고, 한글파일을 열어 보고서 작업을 한다.
>
> ㄷ. 지난여름, 친구와 수해복구현장에서 자원봉사 했던 일이 가장 보람있었다.
>
> ㄹ. 자동차 브레이크를 밟은 상태에서 시동을 켜고, 기어를 바꿔서 운전을 시작했다.

① ㄱ: 절차기억, ㄴ: 의미기억   ② ㄱ: 절차기억, ㄷ: 일화기억

③ ㄴ: 절차기억, ㄷ: 일화기억   ④ ㄴ: 의미기억, ㄹ: 일화기억

⑤ ㄷ: 의미기억, ㄹ: 절차기억

정답 및 해설

12 ③ (b)는 퀼러의 통찰학습을 나타내며, 퀼러는 형태심리학자이다.
  ① 손다이크의 점진적인 시행착오 학습곡선이다. 반면에 (b)는 "단 한 번의 통찰로 인해 수행 시간이 즉각적이고 급격하게 단축되는" 퀼러의 통찰학습곡선이다.
  ② 점진적인 학습과정이다.
  ④ 통찰학습은 문제의 원리를 파악하는 것이므로 새로운 문제에 더 잘 적용할 수 있다.
  ⑤ (a)는 손다이크의 시행착오를 나타내는 학습곡선, (b)는 퀼러의 통찰학습을 나타내는 학습곡선이다.

13 ④ 재생적 동화가 아니라 조절에 해당한다.
  피아제(J. Piaget)의 인지 : 세상에 대한 정보를 조직하고 이해하는 데 사용되는 기본적인 인지적 틀 또는 구조를 의미

구 분	내 용

평형(화)	연속적인 변화를 겪으면서 일정한 인지구조를 유지하는 과정
	평형상태 → 불평형상태 → 재평형화(동화와 조절과정) → 평형상태
	·평형상태 : 개를 멍멍짖는 네발달린 털이 있고 동물로 인식
	·불평형상태 : 야옹하고 우는 고양이를 보고 혼란
	·재평형화 :
	  – 동화 : 울음소리가 조금 이상하지만 그래도 털이 있고 네발이니까 이상한 개일거라고 인식하는 것
	  – 조절 : 네발 달린 동물중에는 개 뿐만아니라 고양이도 있다는 것을 알고 인지구조를 수정하고 개와 고양이는 울음소리에 따라 구별된다고 사고방식을 재구성
	·평형상태 : 나중에 개와 고양이를 보아도 울음소리로 올바르게 인식

동 화	새로운 환경자극을 자신의 인지 도식에 적용시켜 불일치를 해결하는 것
조 절	개인의 내적 인지구조를 수정하는 것으로 이전의 사고방식을 재구성하는 것

  ③ 피아제의 인지발달단계는 물리적 환경과의 상호작용을 내면화하면서 점차 더 복잡하고 논리적인 사고구조(조작)를 획득해가는 과정이라고 하였다.
  ·물리적 환경에 대한 의존성 : 아이가 물건을 빨기,잡기,던지기 등의 신체활동을 통해 세상을 경험하는 단계
  ·인지구조의 활용이 증가: 아이가 대상영속성을 획득하면서 눈앞에 없어도(물리적 환경이 사라져도) 물건을 머리속으로 그려내는 내면화의 단계가 진행된다. 이후 전조작기, 구체적조작기, 형식적 조작기를 거쳐 사고가 물리적환경의 구속에서 완전히 벗어나 최고수준의 내면화가 이루어진다.
  ⑤ 추론(사고)형태가 한 단계에서 다음 단계로 질적으로 변화(전이)하는 핵심요소는 물리적 환경, 성숙, 사회적 영향, 평형이며, 이중 가장 중요한 것은 나머지 세 요소를 통합하고 인지발달을 실제로 이끄는 평형(화)이다.
  ·물리적 환경 : 아동이 주변 사물을 직접 조작하고 그 결과를 관찰하면서 지식을 얻는 환경을 말한다.
  ·성숙 : 신경계와 신체 구조의 생물학적 발달을 의미하며, 아무리 좋은 교육이나 환경적 경험에서도 뇌와 신체가 충분히 성숙하지 않으면 다음 단계로의 복잡한 사고(추상적 사고)가 불가능하다.
  ·사회적 영향 : 다른 사람(부모, 교사, 동료)와의 상호작용, 교육, 문화적 전달 등을 통해 지식과 가치를 획득하는 것

14 ③ 일화 기억은 개인적인 경험을 회상하는 것이고, 의미 기억은 사실과 개념에 대한 일반적인 지식이며, 절차 기억은 자전거 타기처럼 '~하는 방법'에 대한 암묵적인 기술을 말한다.
  ㄱ: 의미기억, ㄴ: 절차기억, ㄷ: 일화기억, ㄹ: 절차기억

15 정보처리이론에 관한 설명으로 옳은 것은?

① 정보처리과정은 부호화, 저장, 전이, 인출의 4단계로 이루어진다.

② 경험에 관한 심상을 기억하는 것은 단기기억이다.

③ 청킹(chunking)은 작동기억으로 장기기억에 해당한다.

④ 감각기억은 선택적 지각에 의해 단기기억으로 처리된다.

⑤ 개념, 원리, 규칙 등의 정보는 절차기억의 핵심내용이다.

16 ㄱ의 문자열을 ㄴ의 문자열로 전환하여 기억하는 전략에 해당하는 것은?

> ㄱ. 오초가푸샴비렌지집누
> ㄴ. 비누샴푸오렌지초가집

① 시연   ② 정교화   ③ 유의미학습

④ 시각적 심상   ⑤ 내적조직화

17 가네(R. Gagné)의 학습단계로 옳지 않은 것은?

① 선택적 지각, 의미론적 약호화, 전이 등의 획득과 수행단계

② 주의집중, 기대, 장기기억으로부터의 기능인출 등의 학습준비단계

③ 학습에 대한 자신감 있는 태도 등의 지원적 선행학습단계

④ 동기유발의 기대가 확인되는 피드백 및 강화단계

⑤ 학습된 내용을 다른 장면에도 응용할 수 있는 일반화단계

18 헵(D. O. Hebb)의 이론에서 '시간적으로 통합된 것이며, 현재 일어나고 있는 사고의 흐름'이라고 한 것은?

① 국면 시퀀스(phase sequence)

② 제한적 환경(restricted environment)

③ 풍요로운 환경(enriched environment)

④ 최적 각성수준(optimal level of arousal)

⑤ 반향적 신경활동(reverberating neural activity)

19 다른 세포의 축색(axons)에서 나오는 전기화학적 정보의 운반을 담당하는 것은?

① 세포집합체(cell assemblies)
② 시냅스(synapse)
③ 신경가소성(neuroplasticity)
④ 수상돌기(dendrites)
⑤ 안정전위(resting potential)

정답 및 해설

15 ④ 16 ③ 17 ① 18 ① 19 ④

15 ④ 감각기억은 오감을 통해 받아들인 자극이 아주 짧은 시간(일반적으로 1초 이내) 동안 저장되는 기억으로, 모든 정보가 처리되는 것이 아니라, 우리가 의식적으로 주의를 기울이는 정보만 선택되며, 선택된 정보는 단기기억으로 전환되어, 20~30초 정도 의식 속에 일시적으로 저장된다.

① 정보처리과정 3단계 : 부호화 → 저장 → 인출   정보처리과정 4단계 : 주의 → 부호화 → 저장 → 인출

주 의	수많은 감각 자극 중에서 특정 정보에 초점을 맞추는 선택적 과정
부호화	주의를 기울인 정보를 기억에 저장될 수 있는 심적, 정신적 표상으로 전환하는 과정
저 장	부호화된 정보가 장기기억에 안정적으로 유지되는 과정
인 출	저장되어 있는 정보를 필요할 때 다시 의식 속으로 불러내는 과정

② 경험에 관한 심상을 기억하는 것은 장기기억중 일화기억에 해당한다.
③ 청킹(chunking)은 단기기억으로, 제한된 용량을 늘리기 위해 정보를 의미있는 단위로 묶는 전략이다.('01012345678'이 '010-1234-5678'과 같이 세 부분으로 나누어 묶으면 훨씬 기억하기 쉽다)
⑤ 서술기억중 의미기억의 핵심내용이다.

16 ③ 유의미 학습에 관한 전략이다. 유의미 학습은 새로운 정보가 학습자의 기존 인지구조와 실질적이고 비자의적으로 연결되는 학습을 의미한다.
① 시연은 단순히 반복하거나, 밑줄 긋기, 정보의 요약 등의 방법으로 기억하는 전략이다.
② 정교화는 기억할 항목에 추가적인 정보를 덧붙여 정보를 확장한다. (예) 두문자암기법, 단어를 암기할 때 관련된 예시나 경험을 연결하는 것)
④ 기억할 내용을 머릿속에 그림이나 이미지로 만들어 기억하는 전략이다.
⑤ 내적조직화는 흩어져 있는 지식조각들을 뇌속에서 '가지런히 정리정돈'하는 전략이다.(예) 마트에서 장볼 목록을 야채류 고기류, 과자류로 나누어 기억하는 것)

17 ① 획득과 수행단계 : 선택적 지각, 의미론적 약호화, 반응, 강화
파지 및 전이는 일반화단계에 해당한다.

18 ① 헵(D. O. Hebb) 이론의 핵심 개념 중 하나인 '국면 시퀀스(phase sequence)'는 복잡한 사고 과정을 설명하기 위한 신경생물학적 메커니즘이다.
 • 반복적인 자극에 의해 신경 세포들 간의 연결이 강화되어 형성된 기능적 신경망 단위를 세포집합체라고 한다.
 • 이러한 세포 집합체들이 시간의 흐름에 따라 순서대로 활성화되면서 발생하는 일련의 신경 활동 패턴으로, 시간적으로 통합된 것이며, 현재 일어나고 있는 사고의 흐름을 국면 시퀀스라고 한다.
 • 이는 인간의 사고 과정, 복잡한 인지 활동 (예) 문제 해결, 계획 수립), 또는 지각의 기반이 된다.
④ 헵(D. O. Hebb)의 최적 각성 수준(Optimal Level of Arousal) 이론은 인간의 수행 능력과 각성 수준 간의 관계를 설명하는 이론이다. 이 관계는 흔히 역U자 함수 형태로 나타나며, 예르케스-도슨 법칙 으로 설명된다.
 • 단순하거나 익숙한 과제: 상대적으로 높은 각성 수준에서 수행이 가장 잘 이루어진다.
 • 복잡하거나 새로운 과제: 상대적으로 낮은 각성 수준에서 수행이 가장 잘 이루어진다. 복잡한 과제에서 과도한 흥분이나 긴장이 뇌의 처리능력을 압도하여 최적의 수행을 방해하기 때문에 낮은 (차분하고 안정적인) 각성수준이 효과적이다.
⑤ 헵(D. O. Hebb)의 '반항적 신경활동' 이론은 헵의 유명한 명제인 '함께 활동하는 신경 세포는 연결이 강화된다.'를 바탕으로 한다. 특정 자극에 의해 활성화된 일단의 뉴런들은 자극이 사라진 후에도 서로 협력하여 정보를 일시적으로 유지하며, 단기 기억의 신경학적 기초가 되는데, 이를 반향적 신경활동이라고 한다. 이 과정이 반복될수록 물리적인 연결이 강화되어 장기기억으로 공고화 되고 학습과 기억이 발생한다고 주장하였다.

19 ④ 축색에서 전기화학적 신호를 보냄 → 시냅스에서 전기적 신호를 화학적신호(신경전달물질)로 바꾸어 수상돌기로 전달 → 수상돌기는 받아들인 신경전달물질과 결합하여 전기적 신호를 발생하여신경세포체 (세포 본체)로 운반

20 인간의 뇌구조에서 계획수립, 의식적 의사결정, 문제 해결, 타인과의 교류를 관장하면서 사고와 다른 정신과정을 메타인지의 형태로 인식하게 하는 것은?

① 측두엽(temporal lobe)
② 전두엽(frontal lobe)
③ 후두엽(occipital lobe)
④ 두정엽(parietal lobe)
⑤ 뇌량(corpus callosum)

21 조작적 조건형성의 개념과 사례의 연결이 옳지 않은 것은?

① 부적강화: 정답을 제출한 학생은 숙제를 면제해준다고 했더니, 정답을 제출한 학생 수가 증가했다.
② 부적강화: 핸드폰 요금을 기한 내에 납부하였더니, 연체료를 내지 않는다.
③ 정적강화: 강아지에게 간식을 통해 새로운 행동을 가르친다.
④ 부적처벌: 떠드는 학생은 생각의자에서 수업을 듣게 하였다.
⑤ 부적처벌: 요리수업에 지각하면 수업 종료 후 설거지를 하도록 하였다.

22 다음 사례를 설명하는 학습이론은?

> A는 기말고사를 준비하고 있다. 집에서 공부하려니 졸리고 집중도 안 되어 스터디카페에서 공부하기로 했다. 한 시간 정도 지나니 다시 집중이 되지 않아 친구를 불러내어 같이 공부했다.

① 거스리(E. R. Guthrie)의 일회시행 학습(one-trial learning)
② 파이비오(A. Paivio)의 이중부호이론(dual-coding theory)
③ 헵(D. Hebb)의 최적각성수준(optimal level of arousal)
④ 손다이크(E. L. Thorndike)의 효과의 법칙(law of effect)
⑤ 에스테스(W. Estes)의 자극표집이론(stimulus sampling theory)

23 다음 사례에 대한 특징으로 옳지 않은 것은?

> 부모님은 나에게 항상 "집안에는 판사가 한명 있어야 한다."고 하셨고, 집안의 장남인 나는 언제나 집안 어른들의 기대를 한 몸에 받고 있어서 매우 부담스러웠다. 결국 나는 로스쿨을 졸업은 했지만 판사는 되지 못했다. 부모님께 죄송하고 나 자신에겐 매우 화가 나서 가끔씩 분노조절이 되지 않는다.

① 외적으로 동기화되어 있어 외적인 강화나 처벌에 민감하다.

② 숙달목표를 가진 사람으로 적극적으로 재도전한다.

③ 시험이나 과제 수행 시 몹시 긴장하는 일이 많다.

④ 오류를 실패와 무능으로 여긴다.

⑤ 수행목표를 가진 사람으로 실패하면 쉽게 좌절한다.

정답 및 해설

20 ② 21 ⑤ 22 ③ 23 ②

20 ② 전두엽의 기능이다. 측두엽은 청각 정보 처리 및 언어 이해, 후두엽은 시각 정보 처리, 두정엽은 감각 정보 통합 및 공간 인식, 뇌량은 좌우 뇌 반구의 정보 통합 및 소통을 담당합니다.

21 ⑤ 정적처벌에 해당한다.

22 ③ · A는 기말고사를 준비하고 있다. → 과제수행상황
　· 집에서 공부하려니 졸리고 집중도 안 되어 → 각성수준이 낮음
　· 스터디카페에서 공부하기로 했다. 한 시간 정도 지나니 다시 집중이 되지 않아 친구를 불러내어 같이 공부했다.→ 환경변화 (스터디카페)와 사회적 자극(친구와 함께 학습) 통해 각성수준을 높여 집중도를 높여 수행능력을 최적화 하려고 하였으므로 헵(D. Hebb)의 최적각성수준에 해당한다고 볼 수 있다.

① 단 한 번의 시행으로도 자극과 반응이 연합된다고 하는 이론이다.(예 우연히 떡볶이 먹고 식중독 걸린 후 그 후에는 그 음식만 보면 역겨움을 느낌)

② 인간의 인지 및 기억 과정이 언어적 부호와 비언어적(시각적 또는 감각적) 부호라는 두 개의 독립적이지만 상호 연결된 시스템을 통해 처리되고 저장된다고 주장하며, 각각 독립적으로 정보를 처리할 수 있지만, 정보를 언어적 부호와 비언어적 부호로 동시에 저장할 때, 두 개의 독립적 인출 부호를 갖게 되어 하나의 부호가 인출에 실패하더라도, 다른 부호로 정보를 인출할 수 있기 때문에 기억의 재생확률이 높다고 하였다.

④ 만족스러운 결과를 가져오는 행동은 반복될 가능성이 높고, 불만족스러운 결과를 가져오는 행동은 반복될 가능성이 낮아진다는 학습 원리이다.

⑤ 학습은 한번에 일어나지만, 복잡한 환경의 미세자극들을 점진적으로 모두 학습(표집)해나가기 때문에 행동의 변화가 점진적으로 보이는 현상을 수학적이고 확률적인 방식으로 정량화한 이론이다.
(예 청소년상담사 3급 시험에 합격하기 위해서는 6과목(미세자극)을 모두 학습해야 하며, 각 과목을 공부할때마다 완벽하게 습득한다고 가정하고(단일시행학습), 점진적으로 각 과목을 습득해 갈때마다 (축적된 연합) 득점은 올라가고 (강화) 결국 합격과 연합된 자극요소가 축적된다)

23 ② 사례자는 판사는 되지 못해 부모님께 죄송하고 본인 자신에겐 매우 화가 나서 가끔씩 분노조절이 되지 않는다. 따라서 사례자는 숙달목표지향형이 아니고 수행목표지향형에 해당한다.

숙달목표지향형	수행목표지향형
· 과제 자체의 숙달과 이해에 초점을 맞춰 학습하며, 노력 부족을 실패의 원인으로 여겨 더 노력하려는 성향을 보임 (내재적 동기) · 노력부족에 귀인 (발전의 기회로 삼고 적극적인 재도전)	· 다른 사람의 평가나 성취에 더 큰 관심을 두며, 좋은 성적을 얻는 것에 집중 (외재적 동기) · 능력부족에 귀인 (쉽게 좌절하고 무능력하게 느낌)

24 귀인(attribution)에 관한 설명으로 옳지 않은 것은?

① 과제 난이도는 외적, 통제 불가능 요인이다.

② 행운이나 우연은 외적, 불안정 요인이다.

③ 실패가 외적인 원인이라고 생각하면 화가 나고 분하다.

④ 실패가 자신의 능력의 부족이라고 생각하면 죄책감이나 수치심을 느낀다.

⑤ 성공과 실패를 안정적 요인으로 생각하면, 미래의 수행은 현재의 수행과 다를 것으로 기대한다.

25 동기(motivation)에 관한 설명으로 옳지 않은 것은?

① 코빙톤(M. Covington)은 자신이나 타인의 관점에서 개인적인 가치를 유지하기 위하여 동기화된다고 주장했다.

② 에킨슨(W. Atkinson)은 행동의 동기화를 성공 가능성에 대한 지각과 성공의 유인적 가치(incentive value)와의 상호작용으로 설명하였다.

③ 정서는 동기의 목적적이고 인지적인 측면에도 영향을 미친다.

④ 로터(J. Rotter)는 강화 자체가 아닌 강화에 대한 인간의 신념을 강조했다.

⑤ 동기는 개인의 학습전략과 인지 과정에 영향을 미치지는 않는다.

선택과목 6과목 청소년이해론

26 청소년 보호법상 청소년이 인터넷게임의 회원으로 가입하려는 경우, 인터넷게임 제공자가 친권자 등의 동의를 받아야 하는 청소년 연령 기준은?

① 10세 미만
② 12세미만
③ 14세미만
④ 16세미만
⑤ 18세미만

정답 및 해설

24 ⑤ 25 ⑤ 26 ④

24 ⑤ 와이너의 '귀인이론'에 따르면 성패의 원인은 개인이 성공이나 실패의 원인을 어디에 두느냐에 따라 달라지며, 개인의 성공과 실패에 대한 귀인(원인 추론)은 능력, 노력, 과제 난이도, 운과 같은 다양한 요인으로 나누어 설명한다.

원인의 위치	내적요인 (능력, 노력)	외적요인 (과제난이도, 운)
안정성	안정적 요인(능력, 과제난이도)	불안정적 요인 (노력, 운)
통제가능성	통제가능요인 (노력)	통제불가능요인 (능력, 과제난이도, 운)

성공과 실패를 안정적 요인으로 생각하면 그 원인이 쉽게 변하지 않으므로 현재와 미래의 수행이 비슷할 것이라고 예상하게 된다. (**예** 성공을 자신의 뛰어난 능력 (안정적 요인)이라고 생각하면, 미래에도 성공을 기대하고, 실패를 과제의 지나친 어려움 (안정적 요인)탓이라고 생각하면 미래에도 실패를 예상한다.)

25 ⑤ 동기가 높은 학습자는 정보를 더 깊이 이해하기 위해 정교화 학습전략을, 동기가 낮은 학습자는 단순히 암기하거나 훑어보는 등의 피상적인 전략에 의존한다. 또한 동기가 높은 학습자는 더 깊이 있는 인지과정을 사용한다.

① 코빙톤은 자신이나 타인의 관점에서 자신의 가치를 유지하기 위하여, 특히 실패를 회피하기 위해 동기화된다고 주장했다.

② 에킨슨의 기대가치이론은 동기가 '성공 가능성에 대한 지각'과 '성공의 유인적 가치'를 곱한 값으로 결정된다는 이론이다.

③ 불안, 즐거움, 분노와 같은 정서는 학습에 대한 태도나 목표설정(목적적 측면), 그리고 학습내용 처리방식(인지적 측면)모두에 영향을 미친다.

④ 로터는 강화 자체가 행동에 미치는 객관적 영향력뿐만 아니라, 강화 결과에 대한 인간의 주관적인 신념과 기대가 행동을 예측하는 데 결정적인 역할을 한다고 보았다. 이러한 관점은 행동주의에서 인지주의로 넘어가는 다리 역할을 했으며, 특히 통제 위치 개념으로 잘 알려져 있다.

※ 통제위치개념

통제 위치	신념 또는 기대	예
내적 통제	결과(강화)가 자신의 노력, 능력같은 내부요인에 의해 결정된다고 믿음	**예** 내가 열심히 하면 운전면허를 딸 수 있어 → 실제 열심히 연습함 (높은 동기)
외적 통제	결과(강화)가 운, 타인, 환경, 권력과 같은 외부요인에 의해 결정된다는 믿음	**예** 면허는 결국 감독관이 운으로 주는 거라 노력해 봤자 소용없어 → 연습을 게을리함 (낮은 동기)

26 ④ 「게임산업진흥에 관한 법률」에 따른 게임물 중 「정보통신망 이용촉진 및 정보보호 등에 관한 법률」에 따른 정보통신망을 통하여 실시간으로 제공되는 게임물(이하 "인터넷게임"이라 한다)의 제공자(「전기통신사업법」에 따라 부가통신사업자로 신고한 자를 말하며, 같은 조 제1항 후단 및 제4항에 따라 신고한 것으로 보는 경우를 포함한다.)는 회원으로 가입하려는 사람이 16세 미만의 청소년일 경우에는 친권자등의 동의를 받아야 한다. (법 제24호 제1항)

※청소년보호법상 청소년은 19세미만이지만, 청소년의 인터넷게임 중독·과몰입 예방관련해서는 16세 미만이 대상이다.

27 다음이 설명하는 학자는?

> ○ 자살이 사회통합 및 사회규제와 관련 있음을 발견
> ○ 자살 유형을 이기적 자살, 이타적 자살, 아노미적 자살, 숙명적 자살로 분류

① 게젤(A. Gesell)　　　② 뒤르껭(E. Durkheim)　　　③ 왓슨(J. Watson)
④ 머튼(R. Merton)　　　⑤ 마짜(D. Matza)

28 제7차 청소년정책 기본계획 중 '청소년이 안전한 온·오프라인 환경 조성' 정책과제로 옳지 않은 것은?

① 근로유형별 청소년 보호 강화　　　② 디지털 역기능 예방
③ 사이버 및 학교폭력 예방 강화　　　④ 청소년 유해환경 차단
⑤ 청소년 친화형 생활 환경 구축

29 학교 밖 청소년 지원에 관한 법률상 (　　)에 들어갈 숫자로 옳은 것은?

> 성평등가족부장관은 학교 밖 청소년의 현황 및 실태 파악과 학교 밖 청소년 지원 정책수립을 위한 기초자료로 활용하기 위하여 ( )년마다 학교 밖 청소년에 대한 실태조사를 실시하고, 그 결과를 공표하여야 한다.

① 1　　　　② 2　　　　③ 3　　　　④ 4　　　　⑤ 5

30 다음이 설명하는 시설로 옳은 것은?

> ○ 학교폭력 가해 학생 및 보호자 대상의 특별교육, 가족캠프 등의 프로그램 운영
> ○ 지역사회 청소년통합지원체계 구성 시 반드시 포함하여야 하는 필수연계기관
> ○ 대외 명칭을 청소년꿈키움센터로 변경하여 사용

① Wee센터　　　　　　　　② 청소년상담복지센터
③ 학교 밖 청소년지원센터　　④ 청소년비행예방센터
⑤ 보호관찰소

정답 및 해설

27 ② 뒤르껭은 그의 저서 자살론에서 자살을 개인적 현상이 아닌 사회적 현상으로 보고 자살률의 차이를 사회적요인으로 설명했다.

이기적 자살	사회통합이 약할 때 발생 (개인이 사회로부터 고립됨)
이타적 자살	사회통합이 강할 때 발생 (개인이 집단에 지나치게 매몰되어 희생함)
아노미적 자살	사회규범이 혼란하거나 약해졌을 때 발생 (대공항, 전쟁, 부동산 투기)
숙명론적 자살	사회규제가 지나치게 강할 때 발생 (노예제, 엄격한 종교제도)

① 게젤의 성숙 이론은 인간 발달이 주로 유전적 요인에 의해 결정되고, 속도는 다르지만 정해진 순서와 패턴대로 진행되며, 환경의 영향은 상대적으로 적다고 보았다.

③ 왓슨의 어린 앨버트 공포 실험 (쥐를 볼 때마다 징을 두들겨 앨버트를 울린 후에, 징소리 없이 쥐를 보여주면 앨버트는 울기시작함)은 파블로프의 이론을 인간에게 적용하여, 인간의 감정이 조건화에 의해 학습 가능하며, 행동은 특정한 자극과 조건만 주어진다면 통제와 변화가 가능하다는 점을 확인하는 성과를 가져왔다. 그러나 실험후 5년후에 앨버트는 뇌수종으로 사망하여 왓슨의 실험 이후, 인간을 대상으로 한 과학적 실험에 대한 많은 제한이 가해지게 된다.

④ 뒤르켕의 아노미 이론을 발전시켜 사회의 문화적 목표와 목표달성을 위한 수단과의 괴리가 발생할 때 일탈현상이 발생한다고 하였다.

⑤ 마짜는 사회통제가 약화되었을 때 합법적인 규범에 전념하지 못하고 그렇다고 위법적인 규범에도 몰입하지 않는 합법과 위법의 중간단계에서 표류하며 일탈에 빠진다는 표류이론을 주장하였다.

28 ① 청소년 유해환경 차단 및 보호 확대

청소년이 안전한 온·오프라인 환경 조성	청소년 범죄 예방 및 회복 지원	청소년 근로보호 강화
· 디지털 역기능 예방 · 사이버 및 학교폭력 예방 강화 · 청소년 유해환경 차단 · 청소년 친화형 생활 환경 구축	· 청소년 대상 성범죄 대응 강화 · 청소년 성범죄 피해 지원 및 예방교육 확대 · 청소년 선도보호 및 회복 지원	· 근로유형별 청소년 보호 강화 · 근로청소년 부당처우 예방 및 보호 · 청소년과 사용자의 근로보호 인식 확산

29 ② 학교 밖 청소년 지원에 관한 법률의 기간 (25.10.1부터 여성가족부장관 → 성평등가족부장관으로 변경)

2년	보기 참조 (법 제6조 제1항)
3년	성평등가족부장관은 3년마다 지원센터의 운영실적을 평가하고, 그 결과를 지원센터의 감독, 지원 등에 반영할 수 있다. (법 제12조의2 제1항)

30 ④ 청소년비행예방센터에 대한 설명이다.

① Wee는 We + education 또는 We + emotion 의 합성어로써, 대한민국의 학교, 교육청, 지역사회가 연계하여 학생들의 건강하고 즐거운 학교생활을 지원하는 3단계의 다중 통합지원 서비스망이다.

② 특별시장 · 광역시장 · 특별자치시장 · 도지사 및 특별자치도지사 및 시장 · 군수 · 구청장은 청소년에 대한 상담 · 긴급구조 · 자활 · 의료지원 등의 업무를 수행하기 위하여 청소년상담복지센터를 설치 · 운영할 수 있다.(청소년복지지원법 제29조 제1항)

③ 국가와 지방자치단체는 학교 밖 청소년 지원을 위하여 필요한 경우 학교 밖 청소년 지원센터를 설치하거나 해당하는 기관이나 단체를 지원센터로 지정할 수 있다.(학교 밖 청소년 지원에 관한 법 제12조 제1항)

⑤ 보호관찰소는 학교 · 검찰 · 법원 등에서 의뢰한 위기청소년에 대한 대안교육, 소년부 판사가 의뢰한 비행청소년 상담조사, 청소년 심리검사 및 상담, 학교폭력가해학생 · 대안교육생 보호자교육, 법교육 · 학교폭력예방교육 · 진로체험등의 업무와 비행 또는 죄를 저지른 소년을 교도소, 소년원 등 수용시설에 구금하지 않고 가정과 학교, 직장에서 정상적인 생활을 하도록 하되, 보호관찰관의 지도 · 감독을 통해 준수사항을 지키도록 하고 사회봉사명령이나 수강명령을 통해 범죄성을 개선하는 업무를 담당한다.

31 제7차 청소년정책 기본계획 중 '장애 및 경계선지능 청소년 지원' 정책으로 옳지 않은 것은?

① 범부처 연계 경계선지능 청소년 지원을 위한 정책연구

② 청소년 복지시설 이용 청소년의 경계선지능 조기 확인을 위한 사례관리 지원

③ 발달장애 청소년 가정 부모상담 서비스 확대

④ 대상별 특성을 고려한 맞춤형 지원 추진

⑤ 은둔형 청소년 발굴 및 지원

32 혼합형 청소년자립지원관에 관한 설명으로 옳지 않은 것은?

① 생활관 입소는 사례심의위원회에서 결정한다.

② 주거 연계, 생활관 운영, 자립 지원 서비스를 지원한다.

③ 청소년 1인당 최대 지원 기간은 최장 3년을 원칙으로 한다.

④ 생활관은 최초 3개월 이내에 거주할 수 있다.

⑤ 필요시 추가 3개월 1회 연장 가능하다.

33 청소년복지 지원법상 지방자치단체의 장이 통합지원체계의 원활한 운영을 위하여 위기청소년의 복지 및 보호와 관련된 정책 등의 심의를 위해 둘 수 있는 위원회는?

① 영상물등급위원회   ② 청소년보호위원회   ③ 지방청소년육성위원회

④ 청소년정책위원회   ⑤ 청소년복지심의위원회

34 다음의 ( )에 들어갈 내용으로 옳은 것은?

> ○ A군은 가정으로 복귀가 불가능하고, 청소년쉼터의 도움도 더 이상 받을 수 없는 상황이다.
> ○ 상담사는 A군이 자립하여 생활할 수 있는 능력과 여건을 갖추도록 지원하는 (ㄱ)(으)로 연계하였다.
> ○ 이 시설은 「청소년복지 지원법」제31조에 근거하여 운영되는 시설로 일정 기간 청소년쉼터 또는 (ㄴ)의 지원을 받았는데도 가정·학교·사회로 복귀하여 생활할 수 없는 청소년에게 자립하여 생활할 수 있는 능력과 여건을 갖추도록 지원하는 시설이다.

① ㄱ: 청소년자립지원관,   ㄴ: 청소년회복지원시설

② ㄱ: 청소년자립지원관,   ㄴ: 청소년치료재활센터

③ ㄱ: 청소년치료재활센터,   ㄴ: 청소년회복지원시설

④ ㄱ: 청소년치료재활센터,   ㄴ: 청소년자립지원관

⑤ ㄱ: 청소년회복지원시설,   ㄴ: 청소년치료재활센터

정답 및 해설

31 ⑤ 32 ③ 33 ⑤ 34 ①

31 ⑤ 청소년 유형별 맞춤형 지원

다문화 청소년 지원 강화	※ 다문화가족 청소년 학습 및 사회적응 지원 ※ 이주배경 청소년 종합 통계 구축 및 지원
청소년(한)부모 생활양육 지원	※ 청소년(한)부모 사례관리 및 학업 지원 ※ 청소년(한)부모 양육비 지원 강화
신 소외 청소년 발굴 및 지원	※ 가족돌봄청(소)년 실태파악 및 지원체계 마련 ※ 가족 위기 청소년 지원 강화 ※ 은둔형 청소년 발굴 및 지원 ※ 채무상속 위기청소년 법률지원 제공
장애 및 경계선지능 청소년 지원	※ 장애청소년 부모 지원 및 경계선지능 청소년 지원방안 마련 ○ 발달장애 청소년 가정 부모상담 서비스를 확대하고, 중증장애아동돌봄서비스 강화를 통해 가족 지원 강화 ○ 경계선지능 학생 조기확인을 위해 학교에서 활용할 수 있는 체크리스트를 개발보급하고, 대상별 특성을 고려한 맞춤형 지원 추진 ○ 범부처 연계 경계선지능(느린학습자) 지원을 위한 정책연구 및 지원방안 마련 ○ 쉼터 등 청소년 복지시설 이용 청소년을 대상으로 경계선 지능 조기확인 위한 진단 및 사례관리 등 지원

32 ③ 청소년자립지원관의 종류 및 지원 사항

	이용형(비숙박형)		혼합형(숙박형)
주거형태	·생활관 운영 없음	·독립 주거만 가능	·생활관 운영과 독립 주거 병행 가능
지원내용	·독립된 주거에서 생활하면서 자립지원 서비스(사례관리) 이용		·독립된 주거에서 생활하면서 자립지원 서비스(사례관리) 이용 ·필요시 일정 기간(3개월, 최장 6개월) 입소
이용대상	·청소년쉼터 및 청소년회복지원시설 퇴소(예정) 청소년 중 자립지원이 필요한 청소년(19~24세 우선 지원) ·가정의 지원이 없어 자립지원이 필요한 청소년으로서 사례심의위원회에서 지원이 필요하다고 인정한 가정 밖 청소년		
지원기간	·사례관리 : 1년 이내(최장 2년) (종사자 1인당 8사례 관리) ·사후관리 : 6개월(최장 1년 6개월)로 자립생활 점검, 기관연계, 정보 제공 등		

33 ⑤ 청소년복지심의위원회(법 제10조)

1. 지방자치단체의 장은 통합지원체계의 원활한 운영을 위하여 필요하다고 인정하는 경우에는 위기청소년의 복지 및 보호와 관련된 정책 등 대통령령으로 정하는 사항을 심의하는 청소년복지심의위원회(이하 "심의위원회"라 한다)를 둘 수 있다.
2. 심의위원회는 통합지원체계를 구성하는 기관·단체의 장 또는 종사자와 그 밖에 청소년복지에 대하여 지식과 경험이 풍부한 사람으로 구성한다.
3. 심의위원회는 심의를 효율적으로 수행하기 위하여 필요하다고 인정하는 경우에는 실무위원회를 둘 수 있다.
4. 제1항부터 제3항까지의 규정에서 정한 사항 외에 심의위원회 및 실무위원회의 구성, 위원의 위촉 및 회의 절차 등 심의위원회 및 실무위원회의 운영에 필요한 사항은 해당 지방자치단체의 규칙으로 정한다

34 ① 청소년복지시설의 종류 청소년복지지원법 제31조

「청소년기본법」 제17조에 따른 청소년복지시설(이하 "청소년복지시설"이라 한다)의 종류는 다음 각 호와 같다.

1. 청소년쉼터: 가정 밖 청소년에 대하여 가정·학교·사회로 복귀하여 생활할 수 있도록 일정 기간 보호하면서 상담·주거·학업·자립 등을 지원하는 시설
2. 청소년자립지원관: 일정 기간 청소년쉼터 또는 청소년회복지원시설의 지원을 받았는데도 가정·학교·사회로 복귀하여 생활할 수 없는 청소년에게 자립하여 생활할 수 있는 능력과 여건을 갖추도록 지원하는 시설
3. 청소년치료재활센터: 학습·정서·행동상의 장애를 가진 청소년을 대상으로 정상적인 성장과 생활을 할 수 있도록 해당 청소년에게 적합한 치료·교육 및 재활을 종합적으로 지원하는 거주형 시설
4. 청소년회복지원시설: 「소년법」 제32조제1항제1호에 따른 감호 위탁 처분을 받은 청소년에 대하여 보호자를 대신하여 그 청소년을 보호할 수 있는 자가 상담·주거·학업·자립 등 서비스를 제공하는 시설

35 청소년복지 지원법상 위기청소년통합지원정보시스템에 수집할 수 있는 정보로 옳지 않은 것은? (단, 정보주체의 명시적 동의를 받음)

① 「청소년복지 지원법」제12조에 따른 전문가 상담에 관한 정보

② 「청소년복지 지원법」제13조에 따른 위기청소년의 친구에 관한 정보

③ 「가족관계의 등록 등에 관한 법률」에 따른 가족관계등록 자료 또는 정보

④ 「주민등록법」에 따른 주민등록 자료 또는 정보

⑤ 「청소년 보호법」제35조에 따른 청소년 보호·재활센터 관련 정보

36 청소년 기본법령상 다음에 해당하는 위원회는?

> 청소년육성에 관한 기본계획의 수립에 관한 사항 등을 심의·조정하기 위하여 성평등가족부에 설치하는 위원회로 청소년 참여권 보장을 위해 청소년위원을 일정 비율 이상 반드시 포함하도록 하고 있다.

① 청소년보호위원회 　　② 청소년참여위원회 　　③ 청소년정책위원회

④ 청소년운영위원회 　　⑤ 지방청소년육성위원회

37 청소년 기본법상 ( )에 들어갈 내용으로 옳은 것은?

> 청소년의 기본적 인권은 ( )·( )·( ) 등 청소년육성의 모든 영역에서 존중되어야 한다.

① 청소년인권, 청소년복지, 청소년참여 　　② 청소년인권, 청소년활동, 청소년보호

③ 청소년복지, 청소년참여, 청소년활동 　　④ 청소년활동, 청소년복지, 청소년보호

⑤ 청소년복지, 청소년참여, 청소년보호

38 청소년활동 진흥법상 ( )에 들어갈 내용으로 옳은 것은?

> ( )이란 청소년이 예술활동, 스포츠활동, 동아리활동, 봉사활동 등을 통하여 문화적 감성과 더불어 살아가는 능력을 함양하는 체험활동을 말한다.

① 청소년문화활동 　　② 청소년수련활동 　　③ 청소년교류활동

④ 청소년체험활동 　　⑤ 청소년진로활동

정답 및 해설

35 ② 성평등가족부장관은 통합정보시스템을 구축·운영하는 데 필요한 정보로서 다음 각 호의 어느 하나에 해당하는 정보를 정보주체의 명시적 동의를 받아 수집·보유·이용·제공·연계할 수 있다. (법 제12조의2 제2항)

1. 제9조에 따른 지역사회 청소년통합지원체계 운영에 관한 정보
2. 제12조에 따른 전문가 상담에 관한 정보
3. 제13조에 따른 위기청소년의 가족 및 보호자에 대한 상담 및 교육에 관한 정보
4. 제14조에 따른 위기청소년 특별지원에 관한 정보
5. 제16조에 따른 가정 밖 청소년 지원에 관한 정보
6. 제18조에 따른 이주배경청소년 지원에 관한 정보
7. 제19조에 따른 예방적·회복적 보호지원에 관한 정보
8. 제29조에 따른 청소년상담복지센터에 관한 정보
9. 제31조에 따른 청소년복지시설에 관한 정보
10. 「학교 밖 청소년 지원에 관한 법률」 제12조에 따른 학교 밖 청소년 지원센터 관련 정보
11. 「청소년 보호법」 제27조에 따른 인터넷게임 중독·과몰입 등의 예방 및 피해 청소년 지원 관련 정보
12. 「청소년 보호법」 제35조에 따른 청소년 보호·재활센터 관련 정보
13. 「사회보장급여의 이용·제공 및 수급권자 발굴에 관한 법률」 제2조제1호의 사회보장급여 중 청소년 관련 정보
14. 「주민등록법」에 따른 주민등록 자료 또는 정보
15. 「가족관계의 등록 등에 관한 법률」에 따른 가족관계등록 자료 또는 정보
16. 그 밖에 대통령령으로 정하는 위기청소년 지원 관련 업무 수행에 필요한 정보

36 ③ 청소년 기본법 제10조

⑤ 청소년육성에 관한 지방자치단체의 주요 시책을 심의하기 위하여 특별시장·광역시장·특별자치시장·도지사·특별자치도지사 및 시장·군수·구청장의 소속으로 지방청소년육성위원회를 둔다.(법 제11조)

37 ④ 청소년의 기본적 인권은 청소년활동·청소년복지·청소년보호 등 청소년육성의 모든 영역에서 존중되어야 한다.

38 ① 청소년활동 진흥법상의 활동 유형

청소년수련활동	청소년이 청소년활동에 자발적으로 참여하여 청소년 시기에 필요한 기량과 품성을 함양하는 교육적 활동으로서 「청소년기본법」 제3조제7호에 따른 청소년지도자와 함께 청소년수련거리에 참여하여 배움을 실천하는 체험활동을 말한다.
청소년교류활동	청소년이 지역 간, 남북 간, 국가 간의 다양한 교류를 통하여 공동체의식 등을 함양하는 체험활동을 말한다.
청소년문화활동	문제 보기 참조
청소년수련거리	청소년수련활동에 필요한 프로그램과 이와 관련되는 사업을 말한다.
숙박형 청소년 수련활동	19세 미만의 청소년(19세가 되는 해의 1월 1일을 맞이한 사람은 제외한다.)을 대상으로 청소년이 자신의 주거지에서 떠나 제10조제1호의 청소년수련시설 또는 그 외의 다른 장소에서 숙박·야영하거나 제10조제1호의 청소년수련시설 또는 그 외의 다른 장소로 이동하면서 숙박·야영하는 청소년수련활동을 말한다.
비숙박형 청소년수련활동	19세 미만의 청소년을 대상으로 제10조제1호의 청소년수련시설 또는 그 외의 다른 장소에서 실시하는 청소년수련활동으로서 실시하는 날에 끝나거나 숙박 없이 2회 이상 정기적으로 실시하는 청소년수련활동을 말한다.

39 이론과 학자의 연결이 옳은 것을 모두 고른 것은?

> ㄱ. 재현이론– 홀(S. Hall)
> ㄴ. 심리사회적 발달이론– 에릭슨(E. Erikson)
> ㄷ. 사회학습이론– 반두라(A. Bandura)
> ㄹ. 장이론(field theory)– 레빈(K. Lewin)

① ㄱ, ㄴ   ② ㄴ, ㄷ   ③ ㄱ, ㄷ, ㄹ   ④ ㄴ, ㄷ, ㄹ   ⑤ ㄱ, ㄴ, ㄷ, ㄹ

40 스턴버그(R. Sternberg)가 제시한 사랑의 유형 중 친밀감(intimacy)과 언약(commitment)은 있고, 열정(passion)은 없는 유형은?
① 낭만적 사랑(romantic love)   ② 공허한 사랑(empty love)
③ 우애적 사랑(companionate love)   ④ 우정(friendship)
⑤ 얼빠진 사랑(fatuous love)

41 다음이 설명하는 학자는?

> ○ 조망수용능력의 발달적 변화에 대해 연구
> ○ 심층적·사회적 조망수용단계에는 자신, 상대방, 제3자의 입장뿐만 아니라 사회적 가치체계의 관점을 고려하게 된다고 주장

① 길리건(C. Gilligan)   ② 셀만(R. Selman)
③ 로우(A. Roe)   ④ 윌리암슨(E. Williamson)
⑤ 레빙거(J. Loevinger)

42 문화를 구성하는 요소 간 변동의 차이로 인해 시간이 경과함에 따라 문화요소 간의 간격이 점점 더 커지는 현상은?
① 문화접변   ② 문화전계
③ 문화결핍   ④ 문화이식
⑤ 문화지체

43 마샤 (J. Marcia)의 정체감 지위이론에 근거하여, 청소년 A와 청소년 B의 자아정체감 유형을 옳게 나열한 것은?

> ○ A는 별다른 고민이나 자기 탐색을 위한 정체감 위기를 경험하지 않고 "너는 의사가 되는 게 좋겠다."는 부모님의 권유에 따라 의사가 되기로 결정하였다.
> ○ B는 자신의 적성이나 흥미에 대한 관심과 탐색이 없고, 아직 진로도 결정하지 않은 상태이다.

① A: 정체감 유실,　　　B: 정체감 혼미　　② A: 정체감 혼미,　　　B: 정체감 유실

③ A: 정체감 유실,　　　B: 정체감 유예　　④ A: 정체감 유예,　　　B: 정체감 유실

⑤ A: 정체감 성취,　　　B: 정체감 혼미

정답 및 해설　　　　　　　　　　　　　　　　39 ⑤　40 ③　41 ②　42 ⑤　43 ①

39 ⑤ ㄱ. 스탠리 홀의 재현 이론은 개인의 발달이 인류의 진화 역사를 압축적으로 반복한다는 이론이다.
　ㄴ. 에릭슨의 심리사회적 발달 이론은 인간이 일생에 걸쳐 겪는 8가지 심리사회적 위기 단계를 통해 발달을 설명한다.
　ㄷ. 반두라의 사회 학습 이론은 인간이 다른 사람의 행동을 관찰하고 모방하며 학습하는 관찰 학습을 강조한다.
　ㄹ. 레빈의 장 이론은 개인의 행동이 그 사람이 처한 환경이 만들어내는 역동적인 심리적 '장(field)'과의 상호작용에 의해 결정된다는 이론이다.

40 ③ 스턴버그(R. Sternberg)가 제시한 사랑의 유형 : 스턴버그는 사랑의 8가지 유형을 제시하며, 이는 친밀감, 열정, 언약(헌신)이라는 세 가지 구성 요소의 조합에 따라 달라진다고 하였다.

좋아함	친밀감만 존재	우애적 사랑	친밀감과 언약만 존재
맹목적 사랑	열정만 존재	얼빠진 사랑	열정과 언약만 존재
공허한 사랑	언약만 존재	어리석은 사랑	친밀감, 열정, 언약이 모두 결여
낭만적 사랑	친밀감과 열정만 존재	성숙한 사랑	친밀감, 열정, 언약이 모두 균형 있게 존재

41 ② 셀만은 사회적 조망수용능력이 있는 사람이 사회적 문제를 잘 해결한다는 사회적 조망수용이론을 주장하였다.
　① 길리건은 '배려 윤리'를 통해 관계와 돌봄, 공감, 상호 의존성, 유대감의 중요성을 강조하였고, 남성과 여성의 도덕적 관점이 다르다고 주장하며, 여성의 도덕성이 남성보다 덜 발달된 것이 아니라 다른 방식으로 발달한다고 보았다.
　③ 로우는 욕구이론에서 개인의 초기 아동기 경험, 특히 부모와의 상호작용(부모의 양육태도)이 장래의 직업 선택에 영향을 미친다고 하였다.
　④ 윌리암슨은 내담자의 특성(성격, 흥미 등)과 직업적 요인(직무 요구사항 등)을 분석하여 적합한 직업을 찾도록 돕는데 초점을 맞춘 특성-요인 직업상담 이론을 제시하였다.
　⑤ 레빙거는 자아는 내면의 자아와 외부 환경 사이의 역동적인 상호 작용의 결과로 평생 동안 단계를 거쳐 성숙하고 진화한다고 하는 자아발달단계이론을 주장하였다.

42 ⑤ 문화 지체는 물질 문화가 비물질 문화보다 빠르게 발전하여 생기는 사회적 부조화 현상이다 (**예** 빠르게 발전한 휴대폰 기술에 비해 이를 올바르게 사용하는 사람들의 의식 수준이나 예절이 뒤처지는 경우가 문화 지체에 해당한다.)

43 ① 마샤(J. Marcia)의 정체감의 4범주
　1. 정체감 성취 : 위기를 성공적으로 극복하여 신념, 직업, 정치적 견해 등에 대해 스스로 의사결정을 할 수 있는 상태
　2. 정체감 유예 : 현재 정체감 위기의 상태에 있으면서 자아정체감 형성을 위해 다양한 역할, 신념, 행동 등을 실험하고 있으나 의사결정을 못한 상태를 말한다.
　3. 정체감 유실 : 수많은 대안에 대해 생각해보지 않고 부모나 다른 역할모델의 가치나 기대 등을 그대로 수용하여 그들과 비슷한 선택을 하는 경우를 말한다.
　4. 정체감 혼미 : 자아에 대해 안정되고 통합적인 견해를 갖는 데 실패한 상태를 말한다.

44 피아제(J. Piaget)의 인지발달이론 중 형식적 조작기의 특성에 해당하는 것은?

① 인공론적 사고　　　② 물활론적 사고　　　③ 직관적 사고
④ 사고과정에 대한 사고　　　⑤ 보존개념의 부재

45 브론펜브레너(U. Bronfenbrenner)의 생태학적 이론에 관한 설명으로 옳지 않은 것은?

① 정부기관은 외체계에 해당된다.
② 거시체계는 문화적 환경을 제외한 사회적 환경을 말한다.
③ 중간체계는 미시체계들 간의 관계성을 의미한다.
④ 미시체계는 청소년이 직접 상호작용하는 환경을 포함한다.
⑤ 시간체계는 전 생애에 걸쳐 일어나는 변화와 사회·역사적인 환경을 의미한다.

46 긴즈버그(E. Ginzberg)의 직업선택 발달이론 중 현실기(realistic period)에 해당하는 것은?

① 능력단계(capacity stage)　　　② 흥미단계(interest stage)
③ 탐색단계(exploration stage)　　　④ 가치단계(value stage)
⑤ 전환단계(transition stage)

47 다음에서 청소년 A가 사용하는 방어기제는?

> A는 자신의 공격성을 사회적으로 용인되지 않는 방식으로 표출하는 대신에 검도를 수련하여 전국대회에서 우승하였다.

① 승화(sublimation)　　　② 억압(repression)
③ 철회(withdrawal)　　　④ 부정(denial)
⑤ 금욕주의(asceticism)

정답 및 해설

44 ④ 45 ② 46 ③ 47 ①

44 ④ 피아제의 인지발달 단계에 따른 특징 비교

감각운동기 (0~2세)	전(前)조작기(2~7세)	구체적 조작기 (7~12세)	형식적 조작기(12세~성인기)
• 자극에 대한 반응, • 직접적인 신체감각과 경험을 통한 환경이해, • 대상영속성(물체가 눈앞에서 사라지더라도 없어진 것이 아니라는 것을 아는 개념) 발달 • 사회적 애착확립, • 목적지향적 행동	• 직관적사고로 보존개념을 이해하기 시작 • 물활론적 사고 • 자기중심적 사고 • 인공론적 사고 • 타율적 도덕성, • 중심화(집중성), • 비가역적 사고 • 대상영속성 획득, • 전환적 추론 • 상징적 사고(예 가상놀이)	• 보존개념 획득, • 경험에 기초한 사고, • 논리적 사고, • 분류화, 서열화 가능, • 자율적 도덕성, • 탈중심화, • 가역적 사고, • 조합기술	• 사고과정에 대한 사고 • 추상적 사고, • 가설, 연역적 추론, • 체계적 조합적 사고 • 이상주의적 사고 • 자기중심적 사고 (상상적 청중, 개인적 우화)

45 ② 브론펜브레너(U. Bronfenbrenner)의 생태학적 이론 : 아동 발달은 개인이 처한 다섯 가지 환경 체계(미시체계, 중간체계, 외체계, 거시체계, 시간체계)의 상호작용에 의해 영향을 받는다고 주장하였다.

미시체계	• 청소년이 직접 상호작용하는 환경을 포함한다. • 가정, 친구, 학교 등을 의미하는데, 청소년은 이 체계들과 상호작용하면서 발달하게 된다.
중간체계	• 다양한 미시 체계 간의 상호관계가 이루어지는 환경을 말한다. • 아동과 부모, 학생과 교사, 학부모와 교사, 친구들
외체계	• 외부체계 혹은 기관과 미시체계 사이의 연결. • 정부기관, 사회복지기관, 교육위원회, 대중매체, 직업 세계 등
거시체계	• 미시체계, 중간체계, 외체계에 포함된 모든 요소와 개인이 살고 있는 문화적 환경 • 청소년을 둘러싸고 있는 문화적 환경으로는 법, 관습이 해당된다.
시간체계	• 전 생애에 걸쳐 일어나는 변화와 사회·역사적인 환경을 의미한다.

46 ③ 긴즈버그(E. Ginzberg)의 직업선택 발달이론

환상기(6-11)	잠정기(11-18)		현실기(18~성인초기)	
아동은 자기가 원하는 직업이면 무엇이든 하고싶어 하고 환상 속에서 비현실적인 선택을 한다.	자신의 흥미, 능력에 따라 직업을 선택하려는 경향이 있지만, 현실을 고려하지 않는 비현실적인 성격을 띤다. 직업의 요구하는 조건을 점차적으로 인식하기 시작하는 과도기적 과정이다.		직업에서 요구하는 조건과 자신의 개인적 요구와 능력을 고려하여 현명한 선택을 하고자 하는 단계로 능력과 흥미의 통합단계이다.	
	1. 흥미단계 (11-12)	흥미. 취미에 따라 직업선택	1. 탐색단계	자신의 진로선택을 2~3가지로 좁혀서 진로에 대한 초점을 좁혀나간다.
	2. 능력단계 (13-14)	흥미분야에서 성공할 수 있는 능력을 지니고 있는지 시험해 보기 시작한다.	2. 구체화 단계	자신의 직업목표를 구체화하고 직업선택의 문제에서 내적요인과 외적요인을 종합적으로 고려하여 특정 직업 분야에 몰두한다. 타협이 중요한 요인이 된다.
	3. 가치단계 (14-16)	직업이 자신의 가치관 및 생애 목표에 부합되는지를 평가해 본다.	3. 특수화 (정교화단계)	자신의 결정을 구체화시키고 보다 세밀한 계획을 세우며 고도로 세분화, 전문화된 의사결정을 하게 된다.
	4. 전환단계 (16-18)	자신의 내적요인에서 현실적인 외적요인으로 전환한다.		

47 ① '방어기제'는 심리적 불안이나 갈등을 다루기 위해 사용하는 무의식적인 방법을 말하며, '승화'는 이러한 방어기제 중 하나로, 사회적으로 용인되지 않는 충동이나 욕구를 사회적으로 가치 있는 행동으로 변형하는 성숙한 방어 기제이다.

48 콜버그(L. Kohlberg)의 도덕성 발달단계를 순서대로 옳게 나열한 것은?

> ㄱ. 도구적 쾌락주의 지향 단계 ㄴ. 사회적 계약 지향 단계
> ㄷ. 보편적인 원리 지향 단계 ㄹ. 착한 소년·소녀 지향 단계
> ㅁ. 처벌과 복종 지향 단계 ㅂ. 법과 질서 지향 단계

① ㄱ - ㄹ - ㅂ - ㅁ - ㄴ - ㄷ ② ㄱ - ㅁ - ㄴ - ㄷ - ㄹ - ㅂ
③ ㄹ - ㅁ - ㄱ - ㅂ - ㄷ - ㄴ ④ ㅁ - ㄱ - ㄹ - ㅂ - ㄴ - ㄷ
⑤ ㅁ - ㄱ - ㅂ - ㄹ - ㄷ - ㄴ

49 문화의 속성으로 옳은 것을 모두 고른 것은?

> ㄱ. 공유성   ㄴ. 축적성   ㄷ. 학습성   ㄹ. 가변성

① ㄱ, ㄴ   ② ㄷ, ㄹ   ③ ㄱ, ㄴ, ㄷ   ④ ㄴ, ㄷ, ㄹ   ⑤ ㄱ, ㄴ, ㄷ, ㄹ

50 엘킨드(D. Elkind)의 상상적 청중(imaginary audience)에 관한 설명으로 옳은 것을 모두 고른 것은?

> ㄱ. 자신을 마치 '무대 위의 주인공'처럼 생각한다.
> ㄴ. 자신은 오토바이 폭주를 해도 교통사고가 일어나지 않을 것이라고 믿는다.
> ㄷ. 자신이 항상 다른 사람들로부터 관심의 대상이 되고 있다고 믿는다.
> ㄹ. 자신의 감정과 사고는 다른 사람과는 근본적으로 달라서 남들이 이해할 수 없을 것이라고 믿는다.

① ㄱ, ㄷ   ② ㄱ, ㄹ   ③ ㄴ, ㄷ   ④ ㄱ, ㄴ, ㄹ   ⑤ ㄴ, ㄷ, ㄹ

51 청소년 기본법상 ( )에 들어갈 내용으로 옳은 것은?

> "청소년활동"이란 청소년의 균형 있는 성장을 위하여 필요한 활동과 이러한 활동을 소재로 하는 ( )・( )・( ) 등 다양한 형태의 활동을 말한다.

① 수련활동, 교류활동, 문화활동   ② 봉사활동, 교류활동, 문화활동

③ 문화활동, 수련활동, 진로활동   ④ 동아리활동, 진로활동, 수련활동

⑤ 교류활동, 문화활동, 동아리활동

정답 및 해설   48 ④ 49 ⑤ 50 ① 51 ①

48 ④ 콜버그(L. Kohlberg)의 도덕성 발달단계

전 관습적 수준	관습적 수준	후 관습적 수준
・1단계 : 벌과 복종의 단계 ・2단계 : 도구적 목적과 교환의 단계	・3단계 : 개인간의 상응적 기대, 관계, 동조의 단계, 착한 소년, 소녀 ・4단계 : 법과 질서 지향 단계	・5단계 : 권리 우선과 사회적 계약 혹은 유용성의 단계 ・6단계 : 보편윤리적 원리의 단계

49 ⑤ 문화의 속성

공유성	한 사회의 구성원들이 공통적으로 가지는 생활 양식을 말한다. 이를 통해 구성원들은 서로의 행동을 이해하고 예측할 수 있으며, 원활한 사회생활이 가능해진다.
축적성	문화가 세대 간에 전승되면서 새롭게 추가되고 발전한다.
학습성	문화는 선천적으로 타고나는 것이 아니라 사회적 과정을 통해 후천적으로 배우는 것이다.
가변성 (변동성)	문화는 고정된 것이 아니라 시간이 흐르면서 그 형태, 내용, 의미가 변화한다.
전체성	문화는 독립적인 요소들의 집합이 아니라, 각 요소들이 서로 연결되어 전체 속의 부분으로 존재한다.

50 ① ㄴ, ㄹ 은 개인적 우상에 해당한다.

51 ① "청소년활동"이란 청소년의 균형 있는 성장을 위하여 필요한 활동과 이러한 활동을 소재로 하는 수련활동・교류활동・문화활동 등 다양한 형태의 활동을 말한다. (법 제3조 제3호)

52 제7차 청소년정책 기본계획에서 제시한 '플랫폼 기반 청소년활동 활성화' 정책과제를 모두 고른 것은?

> ㄱ. 다양한 체험활동 확대 　　　　　 ㄴ. 청소년 미래역량 제고
> ㄷ. 청소년 디지털역량 활동 강화 　　 ㄹ. 학교안팎 청소년 활동 지원 강화

① ㄱ, ㄹ 　　 ② ㄴ, ㄷ 　　 ③ ㄱ, ㄴ, ㄷ 　　 ④ ㄴ, ㄷ, ㄹ 　　 ⑤ ㄱ, ㄴ, ㄷ, ㄹ

53 청소년 기본법상 (　)에 들어갈 숫자로 옳은 것은?

> 여성가족부장관은 기본계획 등 효율적인 청소년정책을 수립하기 위하여 (　　)년마다 청소년의 의식·태도·생활 등에 관한 실태조사를 실시하고 그 결과를 공표하여야 한다.

① 1 　　　　 ② 2 　　　　 ③ 3 　　　　 ④ 4 　　　　 ⑤ 5

54 청소년 관련법의 제정연도를 순서대로 옳게 나열한 것은?

> ㄱ. 청소년육성법 　　　　　 ㄴ. 청소년 기본법
> ㄷ. 청소년 보호법 　　　　　 ㄹ. 청소년활동 진흥법

① ㄱ － ㄴ － ㄷ － ㄹ 　　　　　 ② ㄱ － ㄴ － ㄹ － ㄷ
③ ㄴ － ㄱ － ㄷ － ㄹ 　　　　　 ④ ㄴ － ㄱ － ㄹ － ㄷ
⑤ ㄹ － ㄴ － ㄱ － ㄷ

55 청소년활동 진흥법상 청소년운영위원회를 운영해야 하는 시설은?
① 청소년쉼터 　　　 ② 청소년수련관 　　　 ③ 청소년자립지원관
④ 청소년치료재활센터 　　　 ⑤ 청소년회복지원시설

56 학교 밖 청소년 지원에 관한 법률상 학교 밖 청소년 지원센터에 관한 내용이다. ( )에 들어갈 내용으로 옳은 것은?

> (   )(은)는 3년마다 지원센터의 운영실적을 평가하고, 그 결과를 지원센터의 감독, 지원 등에 반영할 수 있다.

① 대통령　　　　　　　② 국무총리　　　　　　　③ 교육부장관

④ 성평등가족부장관　　⑤ 특별자치시장·특별자치도지사·시장·군수·구청장

정답 및 해설

52 ⑤　53 ③　54 ①　55 ②　56 ④

52 ⑤ 제7차 청소년정책 기본계획 비전 및 목표

비 전	디지털 시대를 선도하는 글로벌 K-청소년		
목 표	청소년 성장기회 제공		안전한 보호 환경 조성
	대과제(5개)	중과제(14개)	
정책과제	플랫폼 기반 청소년활동 활성화	1-1. 청소년 디지털역량 활동 강화 1-2. 청소년 미래역량 제고 1-3. 다양한 체험활동 확대 1-4. 학교안팎 청소년활동 지원 강화	
	데이터 활용 청소년 지원망 구축	2-1. 위기청소년 복지지원체계 강화 2-2. 청소년 자립 지원 강화 2-3. 청소년 유형별 맞춤형 지원	
	청소년 유해환경 차단 및 보호 확대	3-1. 청소년이 안전한 온·오프라인 환경 조성 3-2. 청소년 범죄 예방 및 회복 지원 3-3. 청소년 근로보호 강화	
	청소년의 참여·권리 보장 강화	4-1. 청소년 참여 활동 강화 4-2. 청소년 권익 증진	
	청소년정책 총괄 조정 강화	5-1. 청소년정책 인프라 개선 5-2. 지역 맞춤형 청소년정책 추진체계 구축	

53 ③ 청소년기본법의 기간

해마다	청소년특별회의의 개최
3년	실태조사
5년	성평등가족부장관은 관계 중앙행정기관의 장과 협의한 후 청소년정책위원회의 심의를 거쳐 청소년육성에 관한 기본계획을 5년마다 수립하여야 한다.

54 ① ㄱ. 청소년육성법(1987.11.28)　　ㄴ. 청소년 기본법 (1991.12. 31,)
　　ㄷ. 청소년 보호법 (1997.3.7,)　　ㄹ. 청소년활동 진흥법 (2004. 2. 9,)

55 ② 청소년수련시설을 설치·운영하는 개인·법인·단체 및 제16조제3항에 따른 위탁운영단체(이하 "수련시설운영단체"라 한다)는 청소년활동을 활성화하고 청소년의 참여를 보장하기 위하여 청소년으로 구성되는 청소년운영위원회를 운영하여야 한다.(법 제4조 제1항)
　※ 청소년수련시설 : 청소년수련관, 청소년수련원, 청소년문화의 집, 청소년특화시설, 청소년야영장, 유스호스텔

56 ④　학교 밖 청소년 지원에 관한 법률의 기간 (25.10.1부터 여성가족부장관 → 성평등가족부장관으로 변경)

2년	성평등가족부장관은 학교 밖 청소년의 현황 및 실태 파악과 학교 밖 청소년 지원 정책수립을 위한 기초자료로 활용하기 위하여 2년마다 학교 밖 청소년에 대한 실태조사를 실시하고, 그 결과를 공표하여야 한다.
3년	보기 참조 (법 제12조의2 제1항)

57 청소년활동 진흥법령상 위험도가 높은 청소년 수련활동에 해당하지 않는 것은?

① 카약 ② 래프팅 ③ 패러글라이딩
④ 10km 도보이동 ⑤ 2시간 야간등산

58 청소년활동 진흥법상 청소년문화활동의 지원 내용으로 명시된 것이 아닌 것은?

① 전통문화의 계승 ② 청소년축제의 발굴지원
③ 청소년동아리활동의 활성화 ④ 이주배경청소년에 대한 지원
⑤ 청소년의 자원봉사활동의 활성화

59 다음에서 설명하는 하트(R. Hart)의 청소년 참여 사다리 1단계는?

> ○ 청소년들이 활동내용에 대해 전혀 이해하지 못한다.
> ○ 청소년지도자의 지시에 일방적으로 따르는 상태를 말한다.
> ○ 청소년지도자는 청소년들을 이용하지만, 그들을 청소년활동의 주체로 인정하지 않는다.

① 명목단계 ② 장식단계 ③ 조작단계
④ 성인주도단계 ⑤ 청소년주도단계

60 청소년활동 진흥법상 (   )에 들어갈 용어로 옳은 것은?

> (   )(이)란 청소년수련활동에 필요한 프로그램과 이와 관련되는 사업을 말한다.

① 청소년수련거리 ② 청소년수련활동 ③ 청소년교류활동
④ 청소년문화활동 ⑤ 청소년동아리활동

61 청소년 기본법령상 청소년특별회의에 관한 내용으로 옳지 않은 것은?

① 청소년특별회의를 2년마다 개최하여야 한다.
② 청소년 관련 단체·시설·학계의 관계자는 참석할 수 있다.
③ 청소년특별회의의 참석대상·운영방법 등 세부적인 사항은 대통령령으로 정한다.
④ 청소년 관련 기관·단체에서 추천하는 청소년은 참석대상이 된다.
⑤ 국가차원의 정책과제를 발굴하여 정부에 제안하는 전국단위의 청소년참여기구이다.

정답 및 해설

57 ⑤ 위험도가 높은 청소년수련활동(제15조의2제2호 관련)

구 분	프로그램
수상활동	래프팅, 모터보트, 동력요트, 수상오토바이, 고무보트, 수중스쿠터, 레저용 공기부양정, 수상스키, 조정, 카약, 카누, 수상자전거, 서프보드, 스킨스쿠버
항공활동	패러글라이딩, 행글라이딩
산악활동	암벽타기 (자연암벽, 빙벽), 산악스키, 야간등산 (4시간 이상의 경우만 해당한다)
장거리걷기활동	10Km 이상 도보이동
그 밖의 활동	유해성 물질(발화성, 부식성, 독성 또는 환경유해성 등), 하강레포츠, ATV탑승 등 사고위험이 높은 물질·기구·장비 등을 활용하여 이루어지는 청소년수련활동

58 ④ 청소년활동진흥법상의 지원

교류활동의 지원	청소년 문화활동의 지원
제53조 청소년교류활동의 진흥 제54조 국제청소년교류활동의 지원 제55조 지방자치단체의 자매도시 협정 등 제56조 교포청소년교류활동의 지원 제57조 청소년교류활동의 사후 지원 제58조 청소년교류센터의 설치·운영 제59조 남·북청소년교류활동의 제도적 지원	제60조 청소년문화활동의 진흥 제61조 청소년문화활동의 기반 구축 제62조 전통문화의 계승 제63조 청소년축제의 발굴지원 제64조 청소년동아리활동의 활성화 제65조 청소년의 자원봉사활동의 활성화

59 ③ 하트(R. Hart)의 청소년 참여 사다리 8단계

단 계	내 용
조 작	청소년들이 활동내용을 전혀 이해하지 못한 채 청소년지도자의 지시에 일방적으로 따르는 상태
장 식	청소년들의 참여가 피상적으로 이루저지는 것으로 노래하기, 춤추기 등과 같이 청소년활동에 장식품이나 액세서리처럼 활용하는 상태
명 목	청소년들의 의견이나 생각을 표출하게 하지만 청소년활동에 전혀 영향을 미치지 못하는 상태
제한적 위임과 정보제공	제한적으로 청소년들에게 역할이 부여되며 그 과정을 통해 활동의 궁극적인 목적이나 필요성을 이해하게 하는 것
상의와 정보제공	청소년활동이 청소년지도자에 의해 설계되고 운영되지만, 청소년생각이나 의견이 심각하게 고려되는 상태
성인주도	청소년활동이 청소년지도자에 의해 주도되지만 모든 의사결정이 청소년과 같이 공유되는 상태
청소년주도	청소년활동이 청소년자신에 의해 주도되며, 활동 진행과 관련된 주된 아이디어들이 청소년으로부터 나오는 상태
동등한 파트너십	청소년활동에 대한 아이디어들이 청소년에 의해 시작되며, 청소년활동의 실행과정에 청소년지도자를 파트너로 참여시키는 상태

60 ① 청소년수련거리에 대한 설명이다.

61 ① 국가는 범정부적 차원의 청소년정책과제의 설정·추진 및 점검을 위하여 청소년 분야의 전문가와 청소년이 참여하는 청소년특별회의를 해마다 개최하여야 한다. (법 제12조)

62 국제청소년성취포상제에 관한 설명으로 옳지 않은 것은?

① 기본이념에는 비경쟁성·자발성 등이 포함된다.

② 금장에서는 3박 4일의 합숙활동을 해야 한다.

③ 영국의 에딘버러(Edinburgh) 공작에 의해 시작되었다.

④ 동장에서는 봉사, 자기개발, 신체단련 중 하나를 선택하여 추가로 3개월 수행해야 한다.

⑤ 한국청소년활동진흥원이 국제청소년성취포상제의 한국사무국이다.

63 청소년활동 진흥법령상 (   )에 들어갈 숫자로 옳은 것은?

> 인증심사원이 되려는 사람은 인증기준, 인증절차 등 인증심사와 관련된 내용을 중심으로 인증위원회가 실시하는 직무연수를 (   )시간 이상 받아야 한다.

① 10   ② 20   ③ 30   ④ 40   ⑤ 50

64 청소년 기본법령상 청소년단체의 청소년지도사 배치기준이다. ( )에 들어갈 내용으로 옳은 것은?

> 청소년회원 수가 (ㄱ)명 이하인 경우에는 1급 청소년지도사 또는 2급 청소년지도사 1명 이상을 두되, 청소년회원 수가 (ㄱ)명을 초과하는 경우에는 그 초과하는 (ㄱ)명마다 1급 청소년지도사 또는 2급 청소년지도사 1명 이상을 추가로 두며, 청소년회원수가 (ㄴ)명 이상인 경우에는 청소년지도사의 5분의 1 이상은 1급 청소년지도사로 두어야 한다.

① ㄱ: 1천, ㄴ: 5천   ② ㄱ: 1천, ㄴ: 1만

③ ㄱ: 2천, ㄴ: 5천   ④ ㄱ: 2천, ㄴ: 1만

⑤ ㄱ: 3천, ㄴ: 2만

65 청소년 기본법령상 청소년지도사를 의무적으로 배치해야 하는 시설이 아닌 곳은?

① 유스호스텔   ② 청소년수련관   ③ 청소년수련원

④ 청소년특화시설   ⑤ 청소년자립지원관

정답 및 해설

62 ② 국제청소년성취포상제 활동 기준

구 분	봉사활동	자기개발활동	신체단련활동	탐험	합숙활동
금장 16세 이상	12개월 48시간 이상	12개월 48시간 이상	12개월 48시간 이상	3박 4일 (1일 최소 야외활동 8시간)	4박 5일 합숙활동
	은장을 보유하지 않은 자는 봉사, 자기개발, 신체단련 중 하나를 선택하여 추가로 6개월 수행				
은장 15세 이상	6개월 24시간 이상	6개월 24시간 이상	6개월 24시간 이상	2박 3일(1일 최소 야외활동 7시간)	
	동장을 보유하지 않은 자는 봉사, 자기개발, 신체단련 중 하나를 선택하여 추가로 6개월 수행				
동장 14세 이상	3개월 12시간 이상	3개월 12시간 이상	3개월 12시간 이상	1박 2일 (1일 최소 야외활동 6시간)	
	참가자는 봉사, 자기개발, 신체단련 중 하나를 선택하여 추가로 3개월 수행				

① 기본이념 : 개별성, 비경쟁성, 성취지향성, 자발성, 발전성, 균형성, 단계성, 영감을 줌, 지속성, 즐김

63 ④ 인증심사원의 자격 및 선발 등 (시행규칙 제15조)
① 청소년수련활동인증위원회는 다음의 어느 하나에 해당하는 자격요건을 갖춘 사람 중에서 인증심사원을 선발한다.
   1. 1급 또는 2급 청소년지도사 자격 소지자
   2. 청소년활동분야에서 5년 이상의 실무경력이 있는 사람
② 인증심사원이 되려는 사람은 인증위원회에서 실시하는 면접 등 절차를 거쳐 선발한다.
③ 인증심사원이 되려는 사람은 인증기준, 인증절차 등 인증심사와 관련된 내용을 중심으로 인증위원회가 실시하는 직무연수를 40시간 이상 받아야 한다.
④ 인증심사원은 2년마다 20시간 이상의 직무연수를 이수하여야 한다.

64 ④ 청소년지도사·청소년상담사의 배치대상 및 배치기준(제25조제2항 관련)

배치대상	배치기준
청소년 수련관	·1급 또는 2급 청소년지도사 각각 1명 이상을 포함하여 4명 이상의 청소년지도사를 두되, ·수용인원이 500명을 초과하는 경우에는 500명을 초과하는 250명당 1급 또는 2급 청소년지도사나 종전 3급 청소년지도사 자격을 취득한 사람 중 1명 이상을 추가로 둔다.
청소년 수련원	·1급 또는 2급 청소년지도사 1명 이상을 포함하여 2명 이상의 청소년지도사를 두되, ·수용정원이 500명을 초과하는 경우에는 1급 청소년지도사 1명 이상과 500명을 초과하는 250명당 1급 또는 2급 청소년지도사나 종전 3급 청소년지도사 자격을 취득한 사람 중 1명 이상을 추가로 둔다. ·지자체에서 폐교 이용시설로서 특정 계절에만 운영하는 시설은 청소년지도사를 두지 않을 수 있다.
유스 호스텔	·청소년지도사를 1명 이상 두되, 숙박정원이 500명을 초과하는 경우에는 1급 또는 2급 청소년지도사 1명 이상을 추가로 둔다.
청소년 야영장	·청소년지도사를 1명 이상 둔다. 다만, 설치·운영자가 동일한 시·도 안에 다른 수련시설을 운영하면서 청소년야영장을 운영하는 경우로서 다른 수련시설에 청소년지도사를 둔 경우에는 그 청소년야영장에 청소년지도사를 별도로 두지 않을 수 있다. ·국가등 공공법인이 설치·운영하는 청소년야영장으로서 청소년수련거리의 실시 없이 이용 편의만 제공하는 경우에는 청소년지도사를 두지 않을 수 있다.
청소년 문화의집	·청소년지도사를 1명 이상 둔다.
청소년 특화시설	·1급 또는 2급 청소년지도사 1명 이상을 포함하여 2명 이상의 청소년지도사를 둔다.
청소년단체	·보기 참조

65 ⑤ 청소년자립지원관은 의무배치시설이 아니다.

66 청소년활동 진흥법상 한국청소년수련시설협회의 사업으로 명시된 것이 아닌 것은?

① 국립청소년수련시설의 운영

② 지방청소년수련시설협회에 대한 지원

③ 청소년수련활동에 대한 조사·연구·지원사업

④ 청소년지도자의 연수·권익증진 및 교류사업

⑤ 청소년수련활동의 활성화 및 수련시설의 안전에 관한 홍보 및 실천운동

67 다음에서 설명하는 청소년프로그램 개발 접근 원리는?

> ○ 청소년활동 현장에서 주로 사용되었던 전통적인 기법이다.
> ○ 한 단계가 마무리된 후에 다음 단계의 절차가 연속적으로 진행된다.
> ○ 단계마다의 과업이 명확하고 단순하여 안정감이 있기 때문에 초보자도 쉽게 적용할 수 있다.

① 비판적 접근   ② 선형적 접근   ③ 통합적 접근
④ 비선형적 접근   ⑤ 비통합적 접근

68 프로그램 기획의 특징이 아닌 것은?

① 목표지향적 활동   ② 행동지향적 활동
③ 과거지향적 활동   ④ 연속적인 과정
⑤ 의사결정의 과정

69 프로그램개발 통합모형의 프로그램 설계단계에서 수행되는 활동은?

① 지도자 관리   ② 잠재적 참여자 매핑
③ 프로그램 내용 계열화   ④ 프로그램 평가 준거 확인
⑤ 프로그램 개발 기본방향 설정

정답 및 해설

66 ① 67 ② 68 ③ 69 ③

66 ① 수련시설의 설치·운영 등 (법 제11조)

국 가	• 둘 이상의 시·도 또는 전국의 청소년이 이용할 수 있는 국립청소년수련시설을 설치·운영하여야 한다.
특별시장·광역시장·특별자치시장·도지사·특별자치도지사 및 시장·군수·구청장	• 청소년수련관을 1개소 이상 설치·운영하여야 한다. • 읍·면·동에 청소년문화의 집을 1개소 이상 설치·운영하여야 한다. • 청소년특화시설·청소년야영장 및 유스호스텔을 설치·운영할 수 있다.

※ 한국청소년수련시설협회의 업무 (법 제40조)
1. 시설협회의 회원인 수련시설 설치·운영자 및 위탁운영단체가 실시하는 사업과 활동에 대한 협력 및 지원
2. 청소년지도자의 연수·권익증진 및 교류사업
3. 청소년수련활동의 활성화 및 수련시설의 안전에 관한 홍보 및 실천운동
4. 청소년수련활동에 대한 조사·연구·지원사업
5. 지방청소년수련시설협회에 대한 지원
6. 그 밖에 수련시설의 운영·발전을 위하여 필요하다고 성평등가족부장관이 인정하는 사업

67 ② 청소년프로그램 개발 접근 원리

선형적접근	보기 참조
비선형적 접근	• 같은 시간에 몇 개의 절차가 동시에 이루어져 시간상의 제약을 받지 않으며, 각 단계가 계속적으로 순환되는 특징을 가지고 있다. • 시간과 자원할당에 보다 많이 융통성을 부여받게 되며, 각 단계 마다 적절한 평가가 되풀이되고 피드백 된다. • 선형 접근에 비해 훨씬 더 어렵고 더 많은 자원을 필요로 하며, 기획에 상당한 능력과 전문성을 부가적으로 요구한다.
비통합적 접근	• 프로그램의 참여가 예상되는 잠재적 고객, 즉 청소년의 참여를 고려하지 않고 청소년단체나 기관, 그리고 청소년지도사가 독자적으로 프로그램개발을 전개하는 방식을 말한다. • 잠재적 고객의 참여와 집중을 제한시키는 형태로 진행되어, 청소년의 요구와 가치를 반영시키려는 의식적인 노력을 기울이지 않는 고립성을 특징으로 한다. • 프로그램개발자가 다른 프로그램을 차용하여 모방하는 방식을 선호하는 경향이 있다
통합적 접근 (체제분석적 접근)	• 프로그램개발에 영향을 미치는 요인들을 종합적으로 고려하는 방식으로, • 전개방식이 총체적이고 분석적이기 때문에 프로그램의 전 과정이 복잡하고 프로그램개발자의 전문적인 능력을 필요로 하지만 여타 접근 방법에 비해 오차를 최소화시킬 수 있다는 장점이 있다.

68 ③ 프로그램 기획의 특징
• 기획은 미래지향적이다.
• 기획은 일련의 의사결정 과정이다.
• 기획은 수단을 목적과 연계시킨다.
• 기획은 준비과정이다.
• 기획은 연간 이벤트가 아니라 연속적인 과정이다.
• 기획은 목표지향적이다.
• 기획은 행동지향적 활동이다.

69 ③ 프로그램개발 통합모형

프로그램 기획	프로그램 설계	프로그램마케팅	프로그램 실행	프로그램 평가
• 프로그램 개발팀 구성 • 청소년 기관 분석 • 청소년 특성 분석 • 프로그램 개발 타당성 분석 • 프로그램 개발 기본방향 설정 • 프로그램 아이디어창출 • 청소년요구/필요분석 • 우선순위 설정	• 프로그램 목적 목표 진술 • 프로그램내용선정 • 프로그램내용계열화 • 활용체계설계 • 활용내용설계 • 활용운용설계 • 활용매체개발	• 잠재적참여자 매핑 • 프로그램마케팅 방법/기법결정 • 프로그램마케팅 자료/매체제작 • 프로그램마케팅 실행	• 청소년관리 (등록학습참여) • 지도자관리 (섭외교수촉진) • 활동자료관리 (교재메뉴얼매체) • 자원관리 (물적시설자원)	• 프로그램평가 목적 설정 • 프로그램평가 준거 확인 • 프로그램평가 지표도구 개발 • 프로그램평가 자료수집 분석 • 프로그램평가보고 개정

70 간단한 청소년수련활동을 실시할 수 있는 시설 및 설비를 갖춘 정보·문화·예술 중심의 수련시설로, 시·도지사 및 시장·군수·구청장이 읍·면·동에 1개소 이상 설치·운영하여야 하는 시설은?

① 청소년쉼터   ② 청소년수련관   ③ 청소년수련원

④ 청소년특화시설   ⑤ 청소년문화의 집

71 청소년프로그램 개발 패러다임 중 구성주의 패러다임에 해당하는 것을 모두 고른 것은?

> ㄱ. 목표에 의해 내용이 결정되는 성격이 강하다.
> ㄴ. 청소년을 수동적이고 피동적인 존재로 간주한다.
> ㄷ. 청소년지도자와 청소년 중심의 프로그램개발 중요성을 강조한다.

① ㄱ   ② ㄷ   ③ ㄱ, ㄴ

④ ㄴ, ㄷ   ⑤ ㄱ, ㄴ, ㄷ

72 브레인스토밍(brainstorming)에 관한 설명이 아닌 것은?

① 완전히 비형식적이다.

② 부정적 비판이 장려된다.

③ 조합과 확대가 권장된다.

④ 많은 아이디어가 나올수록 좋다.

⑤ 얽매이지 않고 자유롭게 진행하여야 한다.

정답 및 해설

70 ⑤ 71 ② 72 ②

70 ⑤ 해설 66번 참조

청소년수련시설	청소년수련관	다양한 청소년수련거리를 실시할 수 있는 각종 시설 및 설비를 갖춘 종합수련시설
	청소년수련원	숙박기능을 갖춘 생활관과 다양한 청소년수련거리를 실시할 수 있는 각종 시설과 설비를 갖춘 종합수련시설
	청소년문화의 집	간단한 청소년수련활동을 실시할 수 있는 시설 및 설비를 갖춘 정보·문화·예술 중심의 수련시설
	청소년특화시설	청소년의 직업체험, 문화예술, 과학정보, 환경 등 특정 목적의 청소년활동을 전문적으로 실시할 수 있는 시설과 설비를 갖춘 수련시설
	청소년야영장	야영에 적합한 시설 및 설비를 갖추고, 청소년수련거리 또는 야영편의를 제공하는 수련시설
	유스호스텔	청소년의 숙박 및 체류에 적합한 시설·설비와 부대·편익시설을 갖추고, 숙식편의 제공, 여행 청소년의 활동지원(청소년수련활동 지원은 제11조에 따라 허가된 시설·설비의 범위에 한정한다)을 기능으로 하는 시설
청소년이용시설		수련시설이 아닌 시설로서 그 설치 목적의 범위에서 청소년활동의 실시와 청소년의 건전한 이용 등에 제공할 수 있는 시설

71 ② 청소년프로그램 개발 패러다임

실증주의 패러다임	· 프로그램이란 청소년의 외부 세계에 존재하는 새로운 지식과 정보, 그리고 기술 등을 청소년에게 전달하거나 가르칠 수 있도록 하는 도구적이고 공학적인 성격으로 규정된다. · 프로그램에 참여하는 청소년을 수동적이고 피동적인 존재로 간주하는 인식이 깔려 있다. · 프로그램개발이란 청소년지도사와 청소년사이의 수단적인 메커니즘을 효과적으로 만들어 가기 위해 프로그램개발의 절차를 강조하고, 이러한 의도와 목표에 의해 내용을 결정하는 목표 수단모델의 성격이 강하다
구성주의 (실제적-해석적) 패러다임	· 청소년지도의 과정을 청소년지도사와 청소년이 함께 '의미를 창출하는 상호작용의 과정'으로 규정한다. · 프로그램 개발은 특정 분야의 내용 전문가에게 전적으로 위임하지 않고, 청소년지도사와 청소년 중심의 프로그램개발을 강조한다
비판적주의 패러다임	· 더 넓은 사회에서 이데올로기적, 사회경제적 힘들로 부터 발생되는 인간의 억압의 상태를 해방시키는 데 관심을 기울인다. · 프로그램은 청소년지도자와 청소년이 함께 프로그램 내용을 구성하고 비판적으로 반성하는 통합적 과정 자체가 청소년지도 과정이며, 이러한 과정이 바로 '대화과정'이기 때문에 이 패러다임에 따른 청소년 프로그램개발의 형태는 '대화 모형'이라고 할 수 있다.

72 ② 제시된 아이디어에 대한 비판은 추후의 비판적 단계까지 보류하고 계속해서 아이디어를 확장하고 더하는 데에 초점을 둬야 한다. 비판을 유예하는 것으로 참여자들은 자유로운 분위기 속에서 독특한 생각들을 꺼낼 수 있게 된다.

73 청소년활동 진흥법상 한국청소년활동진흥원의 사업으로 명시된 것이 아닌 것은?

① 청소년지도사의 연수

② 청소년 자원봉사활동의 활성화

③ 수련시설의 안전에 관한 컨설팅 및 홍보

④ 청소년수련활동 인증위원회 등 청소년수련활동 인증제도의 운영

⑤ 청소년치료재활센터 및 청소년 보호·재활센터의 유지·관리 및 운영

74 다음에서 설명하는 프로그램 요구분석 기법은?

> ○ 학습자가 표현한 요구를 확인하기 위해 가장 널리 활용되는 요구분석 기법이다.
> ○ 구체적인 방법으로 질문지법(questionnaire)과 면접법(interview)이 있다.

① 관찰법   ② 데이컴법   ③ 델파이법

④ 서베이법   ⑤ 능력분석법

75 청소년이용시설 중 상시 또는 정기적으로 청소년의 이용에 제공할 수 있는 시설로서 청소년지도사를 배치한 시설에 대해 그 설치·운영자의 신청을 받아 청소년이용권장시설로 지정할 수 있는 자는?

① 도지사   ② 국무총리   ③ 성평등족부장관

④ 시장·군수·구청장   ⑤ 한국청소년활동진흥원장

정답 및 해설

73 ⑤는 청소년 상담원의 업무이다(청소년복지지원법 제22조 제9항)

※한국청소년활동진흥원의 사업 (법 제6조)
1. 청소년활동, 「청소년기본법」에 따른 청소년복지, 청소년보호에 관한 종합적 안내 및 서비스 제공
2. 청소년육성에 필요한 정보 등의 종합적 관리 및 제공
3. 청소년수련활동 인증위원회 등 청소년수련활동 인증제도의 운영
4. 청소년 자원봉사활동의 활성화
5. 청소년활동 프로그램의 개발과 보급
6. 국가가 설치하는 수련시설의 유지·관리 및 운영업무의 수탁
7. 국가 및 지방자치단체가 개발한 주요 청소년수련거리의 시범운영
8. 청소년활동시설이 실시하는 국제교류 및 협력사업에 대한 지원
9. 청소년지도자의 연수
9의2. 숙박형등 청소년수련활동 계획의 신고 지원에 대한 컨설팅 및 교육
10. 수련시설 종합 안전·위생점검에 대한 지원
11. 수련시설의 안전에 관한 컨설팅 및 홍보
11의2. 안전교육의 지원
12. 그 밖에 성평등가족부장관이 지정하거나 활동진흥원의 목적을 수행하기 위하여 필요한 사업

74 ④ 프로그램 요구분석 기법

서베이법	·보기참조
관찰법	·관찰자가 조사 대상의 개인, 사회집단, 또는 지역사회의 행동이나 사회현상을 현장에서 직접 보거나 들어서 필요한 정보나 상황을 정확히 알아내려는 방법이다.
개별이력	·요구를 개인적으로 결정하고 기록하는 데 이용되는 방법이다(Boyle, 1981). ·이 기법은 주로 의사나 변호사등 전문직에 종사하는 사람들의 교육요구를 분석하고자 할 때 그들의 개인이력을 보고 요구를 파악하는 방법이다.
결정적 사건분석법	·필요한 관찰과 평가를 위해 가장 적절한 지위에 있는 사람들로부터 특정한 행동에 대한 기록을 얻어내는 방법이다.
능력분석법	·특정 영역의 전문가가 반드시 소유하고 있어야 할 최소한의 전문적 능력을 현재 그 영역에 종사하고 있는 사람으로부터 확인하여 교육적 요구를 분석하는 방법이다.
델파이법	·추정하려는 문제에 대한 정확한 정보가 없을 때 전문가들의 직관과 판단을 집합적으로 적용하여 미래를 예측하거나 연구하는 방법이다.
데이컴법	·교육과정을 개발하는 데 활용되어온 직무분석의 한 기법이다. ·교육이나 훈련을 목적으로 교육목표와 교육내용을 비교적 단시간 내에 추출하는 데 효과적인 방법이다.

75 ④ 시장·군수·구청장은 청소년이용시설 중 상시 또는 정기적으로 청소년의 이용에 제공할 수 있는 시설로서 청소년지도사를 배치한 시설에 대해서는 그 설치·운영자의 신청을 받아 청소년이용권장시설로 지정할 수 있다.(청소년활동진흥법 시행령 제17조 제2항)

2024년 23회
기출문제

1교시

2교시

필수과목 | **1과목 발달심리** | 1교시 : 필수 4과목 100문항 | 시간 : 100분

01 발달에 관한 설명으로 옳은 것을 모두 고른 것은?

> ㄱ. 유전과 환경 간 상호작용의 결과이다.
> ㄴ. 성숙은 훈련이나 연습에서 기인하는 발달적 변화를 의미한다.
> ㄷ. 인간 발달의 모든 단계에 긍정적 변화와 부정적 변화가 모두 존재한다.
> ㄹ. 발달 과정에서 인간은 역사적·사회적 환경과 서로 영향을 주고받는다.

① ㄱ, ㄷ
② ㄴ, ㄷ
③ ㄴ, ㄹ
④ ㄱ, ㄷ, ㄹ
⑤ ㄴ, ㄷ, ㄹ

02 발달연구방법에 관한 설명으로 옳은 것은?

① 종단적 설계에서는 연령 변화와 출생동시집단(cohort) 효과의 구분이 어렵다.
② 횡단적 설계에서는 같은 참가자들을 일정한 기간 동안 반복해서 연구한다.
③ 계열적 설계에서는 여러 연령집단을 표집하여 일정한 기간 동안 반복 관찰한다.
④ 상관설계에서는 변인 간의 인과관계를 파악한다.
⑤ 실험설계에서 통제집단은 과외변인의 효과를 비교하는 역할을 한다.

03 발달 이론가와 그의 주장이 올바르게 짝지어진 것이 아닌 것은?

① 에릭슨(E. Erikson) : 특정 발달 단계에서의 위기 극복에 실패하더라도 다음 단계로 발달이 진행된다.
② 베일런트(G. Vaillant) : 성인발달은 질적으로 다른 네 개의 시기로 구성되며, 각 시기는 전환기로 시작한다.
③ 비고츠키(L. Vygotsky) : 아동의 발달을 사회적 상호작용과 문화로부터 분리할 수 없다.
④ 브론펜브레너(U. Bronfenbrenner) : 개인과 생태학적 체계 간의 관계는 양방향적이다.
⑤ 설리반(H. Sullivan) : 질풍노도의 시기는 성·친밀감·안전 욕구 간의 충돌로 인해 일어난다.

정답 및 해설

01 ④ ㄴ. (×) 성장, 성숙, 학습

성 장 (growth)	성 숙 (maturation)	학 습 (learning)
·신체의 크기나 능력이 증가하는 것	·유전적 요인에 의해 발달적 변화들이 통제되는 생물학적 과정	·훈련이나 연습에서 기인하는 발달적 변화

ㄱ. 영유아 발달은 유전적 요인과 환경적 요인이 결합하여 형성되는 복합적인 과정이다.(○)
ㄷ. 에릭슨에 의하면 인간의 각 발달 단계에는 두 가지 힘인 긍정적인 측면과 부정적인 측면이 연속선상의 양극에 존재하며, 개인은 반대되는 두 가지 힘 사이에서 갈등을 해결하려고 하면서 위기를 경험한다고 한다. (○)
ㄹ. 발달 과정에서 인간은 역사적·사회적 환경과 서로 영향을 주고받는다. 즉, 인간은 환경에 반응할 뿐만 아니라 개인의 욕구에 맞게 환경을 수정하거나 변화시키기도 한다는 것이다.(○)

02 ③ 계열적 설계에서는 여러 연령집단을 표집하여 비교하여 관찰하는 횡단적 설계(예 20대,30대,40대의 여가활동 비교)와 일정한 기간 동안 반복 관찰하는 종단적 설계(예 20대,30대,40대 각각의 여가활동내용의 변화)를 결합한 연구방법이다.
① 횡단적 설계의 경우에 연령효과와 출생동시집단 효과가 혼합되어 구분이 어렵다.즉, 연령별 발달특징이 연령에 따른 변화인지 연령별 집단의 특성에 의한 변화인지를 정확히 파악하기 어렵다.
② 종단적 설계에 대한 설명이다.
④ 상관설계는 변인 간의 관계 (인과관계×)를 명확하게 파악하는데 중점을 두며, 인과관계를 명확히 규명하기 보다는 변수간의 연관성을 찾는데 초점을 맞춘다 (예 학습시간이라는 변인과 시험성적이라는 변인간의 상관관계를 분석하는 것이며, 학습시간이 길다고 시험성적이 반드시 높아지는 것은 아니므로 인과관계를 명확히 규명하기는 어렵다.)
⑤ 실험설계에서 실험집단과 통제집단은 독립변수의 처치외에는 거의 유사한 조건의 성질을 가진 집단으로 구성함으로써 독립변수(과외변인×)의 효과를 비교하는 역할을 한다.

03 ② 레빈슨(D. Levinson)의 성인기 사계절 이론
레빈슨은 성인의 인생을 크게 네 개의 시기로 나누고, 각 시기 사이에 세 번의 전환기를 설정하여 설명하고 있다.
각각 5년간의 전환기에는 이전 시기의 삶을 평가하고 통합하여 다음 시기를 설계하게 된다.

성인이전 (0~22세)		
성인초기 (17~40세)	·제1전환기 : 성인초기 전환기 (17 ~ 22세)	부모로 부터 경제적 정서적 독립, 성인의 삶을 준비하는 과도기
	성인초기 초보인생구조 (22 ~ 28세)	
	30세 전환기 (28 ~ 33세)	첫 인생구조의 문제점 인식, 새로운 선택 탐색, 발달적 위기 경험
	성인초기 절정인생구조 (33 ~ 40세)	
성인중기 (40~60세)	·제2전환기 : 성인중기 전환기 (40 ~ 45세)	지난 날의 삶에 대한 의문을 갖음 정서적 동요와 불안을 경험, 청년기 이후 지속된 갈등 해소
	성인중기 초보인생구조 (45 ~ 50세)	
	50세 전환기 (50 ~ 55세)	인생구조 재평가, 새로운 발달적 위기 경험
	성인중기 절정인생구조 (55 ~ 60세)	
성인후기 (65~)	·제3전환기 : 성인후기 전환기 (60 ~ 65세)	은퇴와 신체적 노화에 대비하는 시기

04 피아제(J. Piaget)가 제시한 전조작기 발달 특성으로 옳은 것을 모두 고른 것은?

> ㄱ. 무생물체도 생명이 있다고 생각한다.
> ㄴ. 자신의 조망과 타인의 조망을 구분할 수 있다.
> ㄷ. 구체적 사실이 없어도 가설 연역적 추론을 할 수 있다.

① ㄱ   ② ㄱ, ㄴ   ③ ㄱ, ㄷ
④ ㄴ, ㄷ   ⑤ ㄱ, ㄴ, ㄷ

05 다음 (　　　　)에 해당하는 개념은?

> (　　　)(이)란 물체가 시야에서 사라져도 그것이 사라지지 않고 계속 존재한다는 것을 아는 것을 의미한다. (　　　)(을)를 획득하지 않은 영아는 눈앞에서 물체가 사라져도 이를 찾기 위해 노력하지 않는다.

① 실행기능   ② 대상영속성   ③ 지연모방
④ 마음이론   ⑤ 메타인지

06 다음 설명에 해당하는 애착의 유형은?

> 낯선 상황 실험에서 어머니를 안전기지로 삼아 환경을 탐색하며, 주위의 환경을 탐색하기 위해서 어머니로부터 쉽게 분리된다. 어머니가 실험실 밖으로 나가면 울기도 하지만 대안적인 위안을 찾고, 어머니가 돌아오면 영아는 울음을 멈추고 어머니를 반기며 적극적으로 접촉하고 쉽게 편안해한다.

① 회피 애착   ② 저항 애착   ③ 혼란 애착
④ 몰입 애착   ⑤ 안정 애착

07 다음 사례에 해당하는 언어 발달 특징으로 옳은 것은?

> 양육자가 고양이를 가리키며 "야옹이"라고 말했을 때, 영아는 자신이 본 고양이와 다르게 생긴 고양이는 "야옹이"라고 부르지 않는다.

① 공동 주의   ② 과잉 축소   ③ 과잉 확대
④ 전보식 언어   ⑤ 과잉 일반화

08 아동기의 인지 발달특징으로 옳은 것은?

① 상상적 청중   ② 상징적 사고   ③ 다중 유목화

④ 개인적 우화   ⑤ 추상적 사고

정답 및 해설

04 ①   05 ②   06 ⑤   07 ②   08 ③

04 ① 피아제의 인지발달 단계

감각운동기 : 영아기 (0~2세)	전(前)조작기 : 유아기 (2~7세)	구체적 조작기 : 아동기 (7~12세)	형식적 조작기 (12세~성인기)
· 자극에 대한 반응, · 직접적인 신체감각과 경험을 통한 환경이해, · 대상영속성(물체가 눈앞에서 사라지더라도 없어진 것이 아니라는 것을 아는 개념) 발달 · 사회적 애착확립, · 목적지향적 행동	· 보존개념을 이해하기 시작 · 물활론적 사고 (이 세상에 존재하는 모든 물체에는 생명이 있다고 믿는 사고) · 비가역적 사고, · 자아중심성 확장, (자신의 조망과 타인의 조망을 구별하지 못함) · 타율적 도덕성 · 비가역적 사고 · 대상영속성 획득 · 전환적 추론 · 상징적 사고	· 보존개념 획득 · 경험에 기초한 사고 · 논리적 사고 · 다중 유목화 (분류화) · 서열화 가능 · 자율적 도덕성, · 탈중심화, (자신의 조망과 타인의 조망을 구분) · 가역적 사고, · 조합기술	· 추상적 사고, · 가설, 연역적 추론,(가설을 세우고 검증해가는 추리능력) · 체계적 조합적 사고 · 이상주의적 사고 · 자기중심적 사고(상상적 청중, 개인적 우화)

05 ② 대상영속성에 대한 설명이다.

06 ⑤ 애착유형중 안정애착에 해당한다.

안정애착 (65%)	불안정 애착		
	회피애착 (20%)	저항애착 (10%)	혼란애착 (5%)
· 활발하게 잘 놀며 주위를 탐색하기 위해 주양육자와 쉽게 떨어지고 주양육자와 함께 놀 때는 밀접한 관계를 유지하는 유형 · 주양육자와 재결합할 때 적극적으로 접촉을 시도하고, 주양육자와의 접촉 후에는 곧바로 안정을 되찾고 다시 놀이에 몰두함	· 주양육자와 분리되어 있어도 별 반응을 보이지 않고 주양육자가 돌아와도 잘 안기지 않고 회피하는 유형 · 주양육자로부터 자기감정을 잘 위로받지 못했기 때문에 아이는 감정을 억제하고 혼자 해결하는 경향을 보임	· 주양육자에게 불안하게 애착되어 있고 양육자가 방을 나가면 분리불안을 느끼지만, 다시 돌아와 안아줘도 안정감을 얻지 못하고 다시 밀어내는 유형 · 부모의 비일관적 태도로 인해 부모의 사랑을 원하면서도 거부하는 양가적 반응을 보임	· 주양육자가 위로의 대상인지 불안의 대상인지 구별하지 못하는 유형 · 주양육자의 우울증, 학대 등으로 주양육자를 보면 멍하니 얼어붙고, 접촉을 시도하면 접근해야 할지 회피해야 할지 갈등을 보이는 유형

07 ② 자신의 경험이나 알고 있는 범위를 바탕으로 단어의 의미를 제한하는 것을 과잉축소현상이라고 한다.

08 ③ 다중 유목화(분류화)가 아동기의 특징이다. (문4번 해설 참조)

09 청소년기 인지 발달특징에 관한 설명으로 옳은 것을 모두 고른 것은?

> ㄱ. 뇌량의 수초화가 완성된다.
> ㄴ. 전전두엽의 발달은 아직 미성숙하다.
> ㄷ. 형식적 조작 사고의 발달은 문화보편적으로 일어난다.
> ㄹ. 메타인지가 발달하면서 자신의 인지과정을 계획하고 조정할 수 있다.

① ㄱ, ㄴ　　② ㄷ, ㄹ　　③ ㄱ, ㄴ, ㄷ　　④ ㄱ, ㄴ, ㄹ　　⑤ ㄴ, ㄷ, ㄹ

10 청소년기 발달에 관한 발달 이론가의 주장으로 옳은 것은?

① 안나 프로이트(A. Freud)는 청소년기를 질풍노도의 시기로 보는 관점을 부정한다.
② 셀먼(R. Selman)에 따르면 조망수용 발달의 마지막 단계에 있는 청소년들은 제3자의 입장이 사회제도, 관습 등의 영향을 받을 수 있음을 이해한다.
③ 에릭슨(E. Erikson)은 심리적 유예기를 자아정체감 위기로 보았다.
④ 마샤(J. Marcia)는 정체감 위기를 경험하지 않고, 직업선택에 대한 관심이 없는 지위를 정체감유실(foreclosure)이라고 하였다.
⑤ 길리건(C. Gilligan)은 여성은 남성과 유사하게 도덕적 추론을 한다고 주장한다.

11 다음에 해당하는 발테스(P. Baltes)의 성공적 노화의 요인은?

> 특정 영역에서 수행을 유지하기 위해 예전보다 연습에 더 많은 시간을 투자한다.

① 최적화　　　　　② 보상　　　　　③ 의도적-선택
④ 상실기반-선택　　⑤ 사회정서적-선택

12 노년기 발달특징에 관한 설명으로 옳은 것을 모두 고른 것은?

> ㄱ. 비관련 정보들의 처리를 억제하는 데 어려움을 겪는다.
> ㄴ. 조직화와 같은 기억 전략을 더 사용한다.
> ㄷ. 경험에 대한 개방성이 증가한다.
> ㄹ. 긍정적 정보에 더 많은 주의를 기울인다.

① ㄱ, ㄹ　　② ㄴ, ㄷ　　③ ㄴ, ㄹ　　④ ㄱ, ㄴ, ㄷ　　⑤ ㄴ, ㄷ, ㄹ

정답 및 해설

09 ④ ㄱ.(O) 뉴런의 두께가 두꺼워지는 과정을 수초화라고 하며, 수초화가 된 뉴런은 정보를 더 빨리 전달하는데, 청소년기에 뇌량의 수초화가 완성된다.

ㄴ.(O) 뇌는 아래에서 위로, 뒤쪽에서 앞쪽 방향으로 성숙이 진행되기 때문에 10대 청소년기에는 행동과 인지적 조절 역할을 담당하는 전전두엽의 발달이 가장 늦게 일어난다. 이러한 청소년기의 불균형적대뇌 발달은 도덕적 내지 정서적 판단과정이 미발달하여 그 결과 그들의 행동이 충동적이고 위험해 보일 수밖에 없는 이유를 잘 설명해준다

ㄷ.(X) 형식적 조작기에 들어가면 추상적이고 가설적인 사고가 발달한다는 피아제의 이론과는 달리 문화적 발달이 낮은 미개국가의 원시적 사회에서는 형식적 사고를 찾아볼 수 없는 경우도 있으므로 문화보편적으로 일어난다고 할 수 없다.

ㄹ.(O) 메타인지는 '내가 무엇을 모르고 무엇을 아는가를 아는 인지'이며, 학습과 기억을 증진시키기 위해 자신의 학습과 인지 과정을 조절하는 것이다. 유아때부터 발달하기 시작해서 7세부터 14세 사이에 거의 발달한다.

10 ② 셀먼(R. Selman)의 조망수용 발달단계는 다음과 같이 진행되며, 마지막 단계에 있는 청소년들은 제3자의 입장이 사회제도, 관습 등의 영향을 받을 수 있음을 이해하고, 자신과 제3자의 입장을 사회가 수용할 수 있는 방식으로 통합한다
미분화된 조망수용 → 사회정보적 조망수용 → 자기반성적 조망수용 → 제 삼자적 조망수용 →사회관습적 조망수용

① 스탠리 홀은 청년기를 독일작가 괴테와 쉴러에게서 빌려온 표현인 '질풍노도의 시기'라고 명명하였고, 안나 프로이트는 청소년기를 질풍노도의 시기로 보는 관점에서, 청년기의 질풍과 노도, 혼란과 방황은 초자아와 원초아 간의 관계를 자아가 얼마나 적절하게 평형을 유지하게 해 주느냐에 달려 있다고 보았다.

③ 에릭슨(E. Erikson)은 심리적 유예기를 정체감 형성을 위해 대안적인 탐색을 계속 진행하는 시기라고 보았다.

④ 마샤(J. Marcia)는 정체감의 이론

위기경험 있음, 관심 없음 (정체감 유예)	위기경험 있음, 관심 있음 (정체감 확립)
위기경험 없음, 관심 없음 (정체감 혼미)	위기경험 없음, 관심 있음 (정체감 유실)

⑤ 1970년대 미국의 교육학자 콜버그(L. Kohlberg)는 여자의 도덕성이 남자보다 뒤떨어지고 열등하다고 보았다. 이에 대해 하버드대 동료 교수였던 길리건(Carol Gilligan)은 콜버그의 주장에는 여성에 대한 편견이 도사리고 있다며 여성의 도덕성 발달이 남성보다 뒤지는 것이 아니며 다만 보는 관점이 다르고, 판단하는 기준이 다르다고 주장했다. 즉, 여성의 도덕성을 배려의 도덕성, 남성의 도덕성을 정의의 도덕성이라고 보았다.

11 ① 발테스는 성공적 노화를 위해 선택(Selection), 최적화(Optimization), 보상(Compensation)의 SOC이론을 주장하였다.

선 택	특히 잘하거나 자신에게 특히 중요한 목표들을 선택한다.
최적화	선택한 특정 영역에서 수행을 유지하기 위해 예전보다 연습에 더 많은 시간을 투자한다.
보 상	선택한 과제들을 최적화하고자 노력한다면, 이를 통해 다른 부족한 부분을 최대한 보상할 수 있다

12 ① ㄱ.(O) 작업기억 용량이 큰 개인들은 작업기억 용량이 작은 개인들보다 비관련 정보를 억제하고 목표와 관련된 자극에 집중하는 능력이 더 우월하다. 이와 관련하여 청년보다 작업기억 용량이 쇠퇴한 노인은 비관련 정보를 억제하는 능력에서 감퇴를 보이며 선택적 주의에 어려움을 겪게 된다.

ㄴ.(X) 노년가에 접어들면 사고의 속도가 느려지기 때문에 작업기억은 갈수록 감소하고, 조직화와 정교화 기억전략을 덜 사용한다.

ㄷ.(X) 나이 들수록 지적 호기심과 경험에 대한 개방성이 감소되고, 애매모호한 것을 싫어하면서 가치관이 다른 정보들은 배격하는 성향이 강해진다.

ㄹ.(O) 노인들은 청소년에 비해 부정적인 정보보다는 긍정적인 정보를 중시하는 경향이 강하다. 이를 '긍정성 효과 (positivity effect)'라고 한다.

13 전생애 발달적 조망에서 발달에 미치는 영향요인에 관한 설명으로 옳은 것은?

① 40대 직업전환은 규범적 연령관련 요인이다.

② 사춘기는 규범적 역사관련 요인이다.

③ 청소년기 부모의 실직은 규범적 연령관련 요인이다.

④ 출생동시집단 효과는 비규범적 요인이다.

⑤ 코로나 팬데믹은 규범적 역사관련 요인이다.

14 다음에 해당하는 성염색체 이상 증후군은?

○ 남성이 여분의 X염색체를 가진다.
○ 고환이 미성숙하고, 유방이 돌출되는 등 여성의 2차 성징을 보인다.

① 취약 X증후군   ② XYY증후군   ③ 터너증후군
④ 다운증후군   ⑤ 클라인펠터 증후군

15 태내발달에 관한 설명으로 옳지 않은 것은?

① 태아기는 임신 2개월부터 출생까지의 시기이다.

② 임신 28주경이 되면 태아는 자궁 밖에서 생존 가능하다.

③ 배아기는 기형유발물질에 의한 중추신경계 손상에 가장 민감한 시기이다.

④ 산모의 과도한 흡연은 과체중아 문제를 야기한다.

⑤ 태아기 동안 실제로 필요한 뉴런보다 훨씬 더 많은 뉴런이 생성된다.

16 다음 사례에 해당하는 신생아의 반사행동은?

생후 1개월 된 신생아가 문을 쾅 닫는 소리에 등을 구부리고 팔다리를 앞으로 쭉 뻗는 행동을 보였다.

① 바빈스키 반사   ② 수영 반사   ③ 모로 반사
④ 파악 반사   ⑤ 걸음마 반사

17 소근육 운동 발달 순서를 옳게 나열한 것은?

> ㄱ. 잡기 반사가 나타난다.
> ㄴ. 손바닥으로 물체를 잡는다.
> ㄷ. 물건을 향해 팔을 휘두른다.
> ㄹ. 엄지와 검지를 이용해 작은 물체를 잡는다.

① ㄱ - ㄴ - ㄹ - ㄷ
② ㄱ - ㄷ - ㄴ - ㄹ
③ ㄴ - ㄱ - ㄷ - ㄹ
④ ㄷ - ㄹ - ㄱ - ㄴ
⑤ ㄹ - ㄴ - ㄱ - ㄷ

정답 및 해설

13 ⑤ 14 ⑤ 15 ④ 16 ③ 17 ②

13 ⑤ 전생애 발달적 조망에서 발달에 미치는 영향요인

구 분	내 용
규범적 연령관련 요인	사춘기, 폐경, 출생동시집단효과
규범적 역사관련 요인	전쟁, 인터넷 사용, 코로나 펜데믹
비규범적 요인	개인의 독특한 경험(예 질병, 실직, 직업전환 등)

14 ⑤ 클라인펠터 증후군 : 일반적으로 남자의 염색체는 46,XY지만 X염색체가 1개 이상이 더 존재할 때 나타나는 성염색체 이상 증후군이다.
① 취약X증후군 : X 염색체에 취약한 부위가 있어 정신 지체, 발달 장애 등을 유발하는 유전 질환
② XYY 증후군 : 남성에게 존재하는 성염색체인 Y 염색체가 한 개 더 추가된 성염색체 이상 질환
③ 터너 증후군 : XX 또는 XY의 형태로 정상적으로 존재해야 하는 성염색체가 X 단일 염색체(45, X) 또는 X 부분 단일염색체로 변경되어 발생하는 여성질환증후군으로 난소가 제 기능을 하지 못해 여성 호르몬이 부족하고, 사춘기가 되어도 2차 성징이 나타나지 않는다.
④ 다운 증후군 : 21번 염색체가 3개있는 증후군

15 ④ 임신 중의 흡연은 출생 시 저체중의 원인이 되며 선천성 기형, 발육지체, 신경장애의 위험을 높이는 등 유아기의 사망 및 질병발생의 원인이 된다.
①,②,⑤ 태아기(2개월~ 출산중 임신 7개월이 되면 태아는 울 수 있고, 숨 쉬고, 삼키고, 손가락을 빨 수 있고 소화도 할 수 있다. 임신 28주경이 되면 태아는 자궁 밖에서 생존 가능하고, 실제로 필요한 뉴런보다 훨씬 더 많은 뉴런이 생성된다.
③ 배아기(임신 2주~8주) 태반이 발달하고 탯줄이 배아를 자궁벽의 태반과 연결하여 영양분과 산소를 공급하고 이산화탄소와 배설물을 배출한다. 양막속은 양수로 가득차서 외부의 충격으로부터 보호하고 적절한 온도를 유지시켜준다.

16 ③ 모로반사는 큰 소리가 나거나 머리의 위치가 변하면 등을 구부리고 팔다리를 앞으로 뻗는 반사행동이다.
① 바빈스키반사는 신생아에게서 볼 수 있는 반사 중의 하나로, 발바닥을 자극했을 때 엄지발가락을 포함한 발의 앞쪽이 쫙 펼쳐졌다가 오므리는 반응을 나타내는 것이다.
② 영아의 얼굴을 물 속에 넣으면 잘 조정된 수영동작을 하는 반사이다.
④ 신생아는 아직 손가락을 조절하지는 못하고 손바닥에 어떤 물건을 쥐어 주면 빼기 어려울 정도로 꼭 쥐는 반응을 보이는 반사행동이다.
⑤ 신생아의 겨드랑이를 잡고 살짝 들어 올려 바닥에 발을 닿게 하면, 걸어가듯이 무릎을 구부려 발을 번갈아 땅에 내려놓는 반응을 보이는 반사행동을 말한다.

17 ② 영유아기의 운동 발달은 목이나 팔, 다리를 사용하는 대근육 운동과 눈, 손을 쓰는 소근육 운동으로 나뉜다. 큰 근육을 사용하는 대근육 운동과 작은 근육을 사용하는 소근육 운동은 발달의 순서와 방향이 정해져 있는데 둘 다 머리에서 발끝으로, 몸의 중심에서 바깥의 순서로 발달한다.

구 분	내 용
대근육 운동 발달	엎드린 자세에서 스스로 고개를 들려고 한다(1개월) -가슴을 든다(2개월) -뒤집기(3~4개월) - 혼자 앉는다(7~8개월)- 혼자 일어선다(10~12개월) -계단을 오른다(24개월)
소근육 운동 발달	잡기반사(2~3개월후 소실) - 사물을 향해 팔을 뻗을 수 있다(4개월) - 매달린 물체를 팔을 뻗어 잡을 수 있다.(6개월) - 엄지와 집게손가락을 사용해 작은 물체를 잡는다(10개월) - 던져준 물체를 잡는다(12개월)

18 지능에 관한 설명으로 옳은 것을 모두 고른 것은?

> ㄱ. 카텔(R. Cattell)과 혼(J. Horn)은 지능을 유동성 지능과 결정성 지능으로 구분한다.
> ㄴ. 플린효과(Flynn effect)는 세대가 반복될수록 평균 지능검사의 점수가 상승하는 현상이다.
> ㄷ. 스턴버그(R. Sternberg)는 지능을 인지적 요인과 정서적 요인으로 구분한다.
> ㄹ. 스피어만(C. Spearman)은 지능을 일반 지능과 특수 지능으로 구분한다.

① ㄴ　　　② ㄱ, ㄴ　　　③ ㄷ, ㄹ　　　④ ㄱ, ㄴ, ㄹ　　　⑤ ㄴ, ㄷ, ㄹ

19 다음 A의 행동을 설명하는 발달 이론은?

> A는 길을 가다가 우연히 다른 아이가 넘어졌을 때 도와주는 친구를 보았다. 이를 보고 A는 친구의 행동에 감명을 받아 기억하고 또 다른 친구가 어려움에 처했을 때 도와주었다. 도움을 받은 친구는 A에게 고마움을 표했고, A는 뿌듯함에 계속 친구들을 도와주게 되었다.

① 피아제(J. Piaget)의 인지발달이론
② 프로이트(S. Freud)의 정신분석이론
③ 반두라(A. Bandura)의 사회학습이론
④ 로렌즈(K. Lorenz)의 동물행동학적 이론
⑤ 브론펜브레너(U. Bronfenbrenner)의 생태학적 이론

20 콜버그(L. Kohlberg)의 이론으로 A, B, C가 획득한 성 역할 발달특성을 옳게 분석한 것은?

> A: 나는 남자야.
> B: 머리 모양이 달라졌다고 해도 남자가 여자가 되지는 않아.
> C: 남자는 자라서 남자 어른이 되고, 여자는 자라서 여자 어른이 되는 거야.

① A: 성정체성, B: 성항상성, C: 성안정성
② A: 성정체성, B: 성안정성, C: 성항상성
③ A: 성안정성, B: 성정체성, C: 성항상성
④ A: 성안정성, B: 성항상성, C: 성정체성
⑤ A: 성항상성, B: 성안정성, C: 성정체성

21 공격성 발달에 관한 설명으로 옳지 않은 것은?

① 닷지(K. Dodge)는 공격성이 잘못된 사회인지적 판단에 기인한다고 본다.

② 적대적 공격성은 타인에게 고통이나 해를 가하는 것 자체가 목적이다.

③ 영아의 공격성은 대체로 물건을 차지하기 위한 도구적 공격성이다.

④ 유아는 언어적 공격성을 먼저 보이지만 점차 물리적 공격성을 더 많이 보이게 된다.

⑤ 보상이론가들은 공격적 행동은 그러한 행동이 결과적으로 공격자에게 보상을 가져다주기 때문에 발달한다고 주장한다.

정답 및 해설　　　　　　　　　　　　　　　　　　　　　　　18 ④　19 ③　20 ①　21 ④

18 ④　ㄱ.(O) 카텔(R. Cattell)과 혼(J. Horn)은 지능을 유전적 요인에 의해 결정되는 유동성 지능과 후천적 경험, 학습, 문화적 영향에 의해 습득되는 결정성 지능으로 구분한다.

　　ㄴ.(O) 플린은 미국의 신병 지원자들의 IQ(지능지수) 검사결과를 분석해 신병들의 평균 IQ가 10년마다 3점씩 올라간다는 사실을 발견했으며, 1987년 14개국으로 대상을 확대 실시한 조사에서도 비슷한 결과를 얻었다. 벨기에·네덜란드·이스라엘에서는 한 세대, 즉 30년 만에 평균 IQ가 20점이 올랐고, 13개국 이상의 개발도상국에서도 5~25점 증가했다는 보고서가 발표되었으며, 이를 플린효과라고 하였다. 전문가들은 이러한 현상의 요인으로 대중매체의 발전, 교육의 확대, 의학 발전과 영양의 질적 성장을 꼽고 있다.

　　ㄷ.(×) 스턴버그(R. Sternberg)는 맥락적, 경험적, 성분적 요인을 기반으로 지능의 삼원지능모형을 주장하였다. 웩슬러는 지적행동은 단순한 지적능력이외의 것들도 포함한다고 하면서, 지능검사가 개인의 인지적 요소뿐만 아니라, 정서적, 정의적 측면을 모두 포함하므로 지능을 성격의 다른 부분과 분리하여 생각할 수 없다고 하였다.

　　ㄹ.(O) 스피어만은 지능의 핵심은 모든 과제에 상관관계를 보이는 단일한 공통 요인인 일반요인 'G요인'과 공간, 언어, 수리,기계 등 특수한 과제에 영향을 미치는 특수요인 'S요인'이라고 하였으며, 이를 바탕으로 일반지능과 특수지능으로 구분하였다.

19 ③　반두라(Bandura)의 사회학습이론

주의과정	파지과정	운동재현과정	동기과정
A는 길을 가다가 우연히 다른 아이가 넘어졌을 때 도와주는 친구를 봄	이를 보고 A는 친구의 행동에 감명을 받아 기억함	다른 친구가 어려움에 처했을 때 도와 줌	도움을 받은 친구는 A에게 고마움을 표했고, A는 뿌듯함에 계속 친구들을 도와주게 됨

20 ①　A:성정체성 : 자신이 남자 혹은 여자라는 사실을 인식하는 것

　　B:성항상성 : 이러한 성이 남자에서 여자로 혹은 여자에서 남자로 변하는 것이 아니라, 한번 정해지면 고정된다는 것을 이해하게 되는 것

　　C:성안정성 : 남녀 성별의 구분이 변하지 않기 때문에 남자 아이는 자라서 남자어른이 되고, 여자 아이는 자라서 여자어른이 된다는 사실을 이해하는 것

21 ④　18개월에서 24개월 유아는 놀잇감을 차지하기 위해 또래를 공격하는 의도성이 나타난다.(영아의 도구적 공격성). 이후 2~3세 유아는 직접적으로 신체적으로 위협을 가하는 물리적 공격성을 보이며, 3~6세의 공격성은 놀리거나 위협하는 등 언어적 공격성의 모습으로 변모한다.

　　①　닷지(K. Dodge)의 사회적 정보처리이론은 공격성은 정상적인 정보처리과정 (자극 정보의 입력 및 해독과정, 해석과정, 반응행동 탐색과정, 반응행동의 결정과정, 부호화 과정등 5단계)의 붕괴 또는 결함으로 타인의 행동을 지나치게 적의적인 것으로 판단함으로써 적대적 귀인편향이 발생한다는 이론이다 (예) A는 길을 가다가 우연히 다른 아이가 던진 공에 맞았다. A는 공에 맞은 상황을 자기에게 일부러 공을 던졌다는 적의적 의도로 해석하였고, 또래에게 공격적으로 반응하였다.)

22 콜버그(L. Kohlberg)의 도덕성 발달단계 중 '가' 단계에 관한 설명으로 옳은 것은?

> 벌과 복종 지향 → 목적과 상호교환 지향 → 착한 아이 지향 → 법과 질서 지향 → (가) → 보편적 원리 지향

① 자신의 최고 이익에 따라 도덕적 판단을 한다.
② 남들에게 칭찬을 받고 비난받지 않기 위해 법을 지킨다.
③ 사회적 규범이나 법을 지키는 것을 전체적인 사회질서를 유지하기 위한 것이라고 생각한다.
④ 스스로 규정한 도덕적 정의와 원칙을 지향한다.
⑤ 사회적 규범이나 법칙이 절대적이 아니라는 것을 알게 된다.

23 정서 발달에 관한 설명으로 옳지 않은 것은?

① 일차 정서는 학습으로 인해 나타난다.
② 공포는 위험에 대한 반응으로 나타난다.
③ 자아의 인식 이후에 이차 정서가 나타난다.
④ 연령이 증가할수록 만족지연 능력이 증가한다.
⑤ 유아는 사람들이 진짜로 느끼는 정서와 그들이 표현하는 정서를 잘 구별하지 못한다.

24 DSM-5에서 품행장애의 진단기준에 해당하지 않는 것은?

① 재산파괴
② 사기 또는 절도
③ 심각한 규칙 위반
④ 사람과 동물에 대한 공격성
⑤ 보복적 특성

25 DSM-5의 신경발달장애 중 투렛장애 진단기준으로 옳지 않은 것은?

① 여러 가지 운동 틱과 한 가지 또는 그 이상의 음성 틱이 질병 경과 중 일부 기간 동안 나타난다.
② 틱은 처음 틱이 나타난 시점으로부터 1년 미만으로 나타난다.
③ 물질의 생리적 효과나 다른 의학적 상태로 인한 것이 아니다.
④ 18세 이전에 발병한다.
⑤ 운동 틱과 음성 틱이 반드시 동시에 나타날 필요는 없다.

필수과목 **2과목 집단상담의 기초**

01 집단상담에 관한 설명으로 옳지 않은 것은?
① 여러 사람들이 모여서 자신의 성장과 변화를 도모하는 상담경험이다.
② 다양한 집단원들과 함께 대인관계 기술을 연습할 수 있다.
③ 집단상담의 목표는 집단 전체의 목표와 집단원 개인의 목표로 나눌 수 있다.
④ 집단의 역동을 다루기보다 개인의 문제 해결에 중점을 둔다.
⑤ 집단 참여에 대한 압력을 받아 심리적 부담을 느낄 수 있다.

정답 및 해설   22 ⑤ 23 ① 24 ⑤ 25 ② 01 ④

22 ⑤ 콜버그의 도덕성 발달 6단계

제1수준 전인습적 (4~10세)	벌과 복종 지향 (타율적 도덕성)	·남들에게 칭찬을 받고 비난받지 않기 위해 법을 지킨다.
	목적과 상호교환지향 (상대적 쾌락주의) (개인적 도구적 도덕성)	·자신의 최고 이익에 따라 도덕적 판단을 한다.
제2수준 인습적 (10~13세)	착한 아이 지향 (대인관계적 도덕성)	·타인의 입장을 이해하고 주위 사람의 기대에 따른 행동이 도덕적인 행동이라고 판단한다.
	법과 질서 지향 (법·질서·사회체계적 도덕성)	·사회적 규범이나 법을 지키는 것을 전체적인 사회질서를 유지하기 위한 것이라고 생각한다.
제3수준 후인습적 (13세 이상)	사회적 계약과 합법성 지향 (민주적 ·사회계약적 도덕성)	·사회적 규범이나 법칙이 절대적이 아니라는 것을 알게 된다.
	보편적 원리 지향 (보편적 윤리 도덕성)	·스스로 규정한 도덕적 정의와 원칙을 지향한다.

23 ① 기쁨, 분노, 공포 등의 일차 정서는 학습없이 영아기 초기에 나타나고, 한가지 이상의 정서를 통합할 줄 아는 보다 복잡한 인지능력을 필요로 하는 이차정서(예 자부심, 당황, 수치심 등)는 18개월이후 나타난다.
④ '만족지연능력'이란 자기조절능력 혹은 자기통제능력으로 미래의 더 큰 가치를 위해 현재의 욕구나 만족을 참아내는(지연하는) 능력을 말하며, 연령이 증가할수록 만족지연 능력이 증가한다.
⑤ 타인의 정서를 이해하는 능력은 영아기부터 발달하기 시작하지만, 아직 사물의 실제 모습과 겉으로 보이는 모습의 차이를 이해하지 못하기 때문에 사람들이 '진짜로' 느끼는 정서와 그들이 '표현하는' 정서를 잘 구별하지 못한다.
24 DSM-5에서 품행장애의 진단기준은 ①,②,③,④ 4가지이다.
25 ② 1년 이상 동안 운동과 음성 틱 모두를 보인 경우, 뚜렛 증후군이 진단된다. 운동 틱과 음성 틱이 동시에 나타나기도 하며, 따로따로 나타나기도 한다.
④ 틱은 18세 이전에 시작되고(일반적으로 4세~6세), 중증도가 증가하여 약 10~12세에 절정에 도달한 후, 청소년기 동안 감소한다. 궁극적으로 대부분의 틱이 사라지며, 약 1%의 소아에서 틱이 성인기까지 지속된다.
01 ④ 집단상담의 목적은 집단의 역동적인 상호작용을 활용하여 집단 참가자들이 개인의 발전과 성장 그리고 문제 해결 능력을 증진하는 데 있다. 이 과정 속에서 내담자는 스스로 문제를 인식하고, 자신의 태도에 대한 올바른 이해와 분별력을 계발하면서 건전한 대인관계를 맺는 방법을 습득하는 기회가 된다. 따라서 집단상담자는 풍부한 임상 경험 외에 집단의 역동과 발달 과정에 대한 충분한 통찰력과 이를 생산적으로 활용할 수 있는 힘을 가지고 있어야 한다.

02 집단상담 유형에 관한 설명으로 옳지 않은 것은?

① 비구조화 집단에서는 집단의 내용과 활동을 집단상담자가 미리 구성한대로 진행한다.

② 집중적 집단상담은 일정기간 동안 집중적으로 실시하는 형태이며, 마라톤 집단이 해당된다.

③ 자조집단에서는 공통의 관심사나 어려움을 경험했던 사람들끼리 집단을 이끌어간다.

④ 과업집단은 집단원들에게 당면한 과제를 해결할 필요가 있을 때 운영되는 집단이다.

⑤ 성장집단에는 참만남 집단, 자기성장 집단, 감수성 훈련집단이 해당된다.

03 집단상담기술에 관한 설명으로 옳은 것을 모두 고른 것은?

> ㄱ. 연결: 집단원들 간에 공통의 관심사를 공유함으로써 응집력을 촉진시키는 역할을 한다.
>
> ㄴ. 질문: 어떤 사실이나 상황에 대한 정보를 얻을 목적으로 사용된다.
>
> ㄷ. 재진술: 집단원이 이야기한 내용을 집단상담자가 동일한 내용의 다른 말로 바꾸어 줌으로써 의미를 분명하게 해준다.
>
> ㄹ. 명료화: 핵심이 되는 주제에 초점을 맞추게 하거나 혼란스러운 감정을 분명하게 정리해 준다.

① ㄱ, ㄴ   ② ㄴ, ㄷ   ③ ㄱ, ㄷ, ㄹ   ④ ㄴ, ㄷ, ㄹ   ⑤ ㄱ, ㄴ, ㄷ, ㄹ

04 집단상담 평가에 관한 설명으로 옳지 않은 것은?

① 집단상담 계획 시에 집단상담 효과성 평가를 위한 계획을 수립해야 한다.

② 집단원은 평가 대상이면서 평가자가 되기도 한다.

③ 청소년 상담기관에서 집단상담을 실시할 경우 상담기관이 평가주체가 될 수 있다.

④ 평가방법은 주로 면접, 심리검사, 관찰 등으로 이루어진다.

⑤ 추수평가는 집단상담의 전 과정이 끝날 무렵 1~2회의 모임을 할애하여 진행된다.

05 집단상담자의 윤리적 행동으로 옳은 것을 모두 고른 것은?

> ㄱ. 보호관찰 명령으로 집단에 참여하는 집단원이 중도에 집단을 포기하려고 할 때, 그 선택으로 발생할 수 있는 문제를 안내하고 참여 여부를 스스로 선택하게 한다.
>
> ㄴ. 청소년 집단원이 성폭력 피해에 대한 신고를 원하지 않을 경우, 비밀을 보장한다.
>
> ㄷ. 집단원들의 사생활에 관한 이야기를 외부에 발설하지 않도록 안내한다.
>
> ㄹ. 집단상담자와 연인관계에 있는 사람도 집단참여자로 선정한다.

① ㄱ, ㄴ   ② ㄱ, ㄷ   ③ ㄴ, ㄹ   ④ ㄱ, ㄷ, ㄹ   ⑤ ㄴ, ㄷ, ㄹ

06 합리적정서행동치료(REBT)의 ABCDE 모형을 순서대로 옳게 나열한 것은?

ㄱ. 개인이 가진 비합리적 신념에서 비롯된 결과
ㄴ. 활성화된 사건에 대한 개인의 비합리적 신념
ㄷ. 반응을 일으키는 사건, 상황, 환경
ㄹ. 합리적 신념에서 비롯된 새로운 감정이나 행동
ㅁ. 결과를 야기한 비합리적 신념을 논박

① ㄴ→ㄱ→ㄷ→ㅁ→ㄹ ② ㄴ→ㄱ→ㅁ→ㄷ→ㄹ ③ ㄷ→ㄴ→ㄱ→ㅁ→ㄹ
④ ㄷ→ㄴ→ㅁ→ㄱ→ㄹ ⑤ ㄷ→ㄱ→ㅁ→ㄹ→ㄴ

정답 및 해설

02 ① 03 ⑤ 04 ⑤ 05 ② 06 ③

02 ① 집단의 내용과 활동을 집단상담자가 미리 구성한대로 진행하는 집단은 구조화집단이다. 비구조화된 집단은 집단의 목표, 과제, 활동방법 등에 대해 미리 정해놓지 않고 집단 스스로 정해 나가는 과정에서부터 시작하는 집단이다.

구 분	의 의	예
자조집단	·공통의 관심사나 어려움을 경험했던 사람들끼리 집단을 이끌어간다.	중독자 모임, 대형참사의 유족모임
과업집단	·집단원들에게 당면한 과제를 해결할 필요가 있을 때 운영되는 집단	학교운영위원회,
성장집단	·자신의 잠재력 개발에 관심 있는 사람들로 구성되는 집단	참만남 집단, 자기성장 집단, 감수성 훈련집단, 마라톤집단
지지집단	·공통적인 관심사가 있는 집단원들로 구성되어 특정문제와 관심사에 대해 공유하는 집단	미혼모모임, 다문화가족모임
상담집단	·집단원들은 주로 일상생활에서 어려움을 경험하는 일반인들로 구성 ·대인관계 과정, 자기이해 증진, 부적응 행동의 극복에 초점을 맞춘다.	진학상담, 학교상담실

03 ⑤ 모두 옳은 설명이다.

04 ⑤ 추수평가는 집단상담 종결 후 일정시간이 지난 후에 실시되며, 추수평가를 통해 집단원들이 습득한 행동을 얼마나 효율적으로 적용하고 있는가를 점검할 수 있다.
① 계획서에는 정해진 목표를 잘 완수했는지를 평가할 수 있도록 집단상담 효과성 평가를 위한 계획이 포함되어야 한다.
② 집단상담은 평가대상에 따라 집단원 평가, 집단상담자 평가, 집단상담 프로그램 평가, 집단상담 기관 평가로 구분된다.
③ 평가주체에 따라 집단상담자 평가, 집단원 자기 평가, 집단상담 기관 평가로 구분된다.
④ 집단상담 평가란, 집단상담 관련 변인에 대하여 면접이나 검사, 관찰 등의 방법으로 객관적인 정보를 수집하고, 이를 토대로 타당한 준거를 사용하여 현재 상태나 변화 상태, 그리고 그 질적 가치를 판정 및 설명하는 행위이다.

05 ㄱ.(O) 보호관찰 명령으로 집단에 참여하는 집단원이 중도에 집단을 포기하려고 할 때, 그 선택으로 발생할 수 있는 문제 (예 보호관찰 취소하고 유예된 형의 집행)를 안내하고 참여 여부를 스스로 선택하게 한다.
ㄴ.(x) 집단상담자는 아동학대, 성범죄, 성매매, 학교폭력, 노동관계 법령 위반 등 관련 법령에 의해 신고의무자로 규정된 경우 해당 기관에 관련 사실을 신고해야 한다.
ㄷ.(O) 집단상담자는 집단원의 사생활과 비밀보장에 대한 권리를 최대한 존중해야 한다.
ㄹ.(x) 집단상담자는 집단원과 상담 이외의 다른 관계가 있거나, 의도하지 않게 다중관계가 시작된 경우에는 적절한 조치를 취해야 한다.

06 ① ㄷ→A - 결과와 관계된 선행사건 탐색, (반응을 일으키는 사건, 상황, 환경)
② ㄴ→B - 합리적 혹은 비합리적 신념 (활성화된 사건에 대한 개인의 비합리적 신념)
③ ㄱ→C - 부적절한 정서적·행동적 결과 탐색 (개인이 가진 비합리적 신념에서 비롯된 결과)
④ ㅁ→D - 탐색된 사고 체계 논박 (결과를 야기한 비합리적 신념을 논박)
⑤ ㄹ→E - 사고변화에 따른 정서적·행동적 효과 확인 (합리적 신념에서 비롯된 새로운 감정이나 행동)

07 해결중심 집단상담에서 집단원에게 하는 주요 질문기법으로 옳지 않은 것은?

① 그런 문제가 덜 일어날 때는 언제입니까?

② 당신이 어렸을 때 겪었던 가장 고통스런 경험은 무엇인가요?

③ 지난 집단 회기 이후에 나아진 것이 있습니까?

④ 지금 당신의 불안을 0에서 10점의 척도에서 몇 점을 줄 건가요?

⑤ 만약 밤에 자는 동안 지금의 문제가 사라져 버렸다면, 당신의 문제가 해결된 것을 어떻게 알 수 있고 무엇이 다른지를 어떻게 알 수 있을까요?

08 집단상담 이론과 목표에 관한 설명으로 옳은 것은?

① 정신분석: 어릴 때 형성된 왜곡된 관계에서 일그러진 생애각본을 변경한다.

② 여성주의치료: 현재 자기가 경험하고 있는 정서적 장애의 원인이 자기상실에 있다는 것을 각성하게 한다.

③ 게슈탈트: 집단원이 자신과 환경을 이해하고 자신을 수용하며 접촉할 수 있는 힘을 증진시킨다.

④ 동기강화상담: 스스로 선택하고 책임질 수 있는 방법으로 각자의 생존, 소속, 권력, 자유, 즐거움 등의 심리적 욕구를 충족할 수 있도록 돕는다.

⑤ 실존주의: 사회적 관심을 갖게 하고, 재교육을 통해 생활양식을 재정향한다.

09 집단상담 이론에 관한 설명으로 옳은 것을 모두 고른 것은?

> ㄱ. 인간중심상담에서는 인간이 현상학적 장을 경험하고 지각하며, 그것에 주관적인 의미를 부여하는 존재임을 강조한다.
>
> ㄴ. 이야기치료에서 집단원은 자신의 경험에 대한 주 해석자이다.
>
> ㄷ. 해결중심상담은 과거 미해결 문제를 현재로 가져와서 다루는데 초점을 둔다.
>
> ㄹ. 실존주의상담에서는 집단원에게 이중자아의 역할을 해보게 한다.

① ㄱ, ㄴ   ② ㄴ, ㄷ   ③ ㄱ, ㄷ, ㄹ   ④ ㄴ, ㄷ, ㄹ   ⑤ ㄱ, ㄴ, ㄷ, ㄹ

10 집단상담의 이론과 기법의 연결로 옳은 것은?

① 현실치료 – 유머사용, 역설적 기법

② 개인심리학 – 각본 분석, 역설적 의도

③ 교류분석 – 자기표현, 버튼누르기

④ 게슈탈트 – 빈의자 기법, 탈숙고

⑤ 행동주의 – 자극통제, 마치~처럼 행동하기

16

정답 및 해설

07 ② 해결중심 집단상담은 변화시킬수 없는 과거보다 현재와 미래에 초점을 둔다. ②는 과거의 문제 탐색에 치중하는 문제 중심 집단상담의 내용에 해당한다고 볼 수 있다.

①,④,⑤ 해결중심 집단상담의 질문기법으로는 예외질문(①), 척도질문(④), 기적질문(⑤), 대처질문, 면담전 변화에 관한 질문 등이 있다.

③ 2회 상담부터는 첫 상담 이후에 조금이라도 나아지거나 변화된 점에 초점을 둔다. 구체적으로 무엇이 나아졌는지를 이끌어내고(Elicit : E), 나아진 것을 확장시키며(Amplify : A),이를 강화하면서(Reinforce : R) 또다시 나아진 다른 것에 관하여 묻는다(Start Again : S) 변화가 없다고 한다면 작은 변화라도 찾아보게 함으로써 변화의 파급효과를 기대한다.

08 ③ 게슈탈트 상담의 목적은 알아차림과 접촉을 증진시키는 것이다.

· 알아차림 : 개체로 하여금 자신의 미해결과제와 더불어 현재의 욕구와 감정 그리고 소망을 자각하게 해준다.

· 접촉 : 이러한 자각된 미해결과제, 욕구와 감정, 소망들을 환경과의 만남을 통해 해소해주는 동시에 이들을 창조적인 활동에너지로 바꾸어 줌으로써 개체의 성장을 도모한다.

① 교류분석상담에 관한 내용이다.

② 실존주의 치료에 관한 내용이다. 실존주의 치료는 개인 존재의 본질을 각성케 하고, 현재 경험하고 있는 정서적 장애 원인이 자기 상실 내지 논리의 불합리성에 있다는 것을 각성하게하며, 주관을 가지고 능동적으로 삶을 선택할 수 있도록 돕는 것이다.

④ 글래서(W.Glasser)의 현실치료에 대한 설명이다.

⑤ 아들러(A. Adler)의 개인심리학에 대한 설명으로, 치료의 목적은 사회 부적응 행동 혹은 잘못된 생활양식을 가지게 하는 개인의 신념과 생각을 인지하고, 사회적 흥미와 그들의 공동체 의식을 증가시키면서, 현재 생활양식을 삶의 유용한 측면으로 재정향(방향재설정)하게 하는 것이다.

09 ㄱ.(O) 칼 로저스(Carl R. Rogers)의 인간중심상담에서는 인간에 대하여 긍정적이고 건전한 발달의 관점을 가지고 인간 스스로 문제를 인지하고 해결하고자 하는 능력을 가지고 있다고 보았으며, 인간이 현상학적 장(어떤 동일한 사건에 대하여 각각의 개인이 받아들이는 주관적 경험의 세계)을 경험하고 지각하며, 그것에 주관적인 의미를 부여하는 존재임을 강조한다. (예 큰 개를 보고 어떤 사람은 무섭게 받아들이고, 어떤 사람은 멋있다고 받아들이는 경우 큰 개에 대한 행동방식이 달라짐)

ㄴ.(O) 이야기치료에서 내담자는 이야기를 통해 자기 삶에서 경험한 사건들에 대한 의미를 부여하고 해석하는 존재이며 내담자에게 부정적으로 지배적 영향을 미쳐온 문제를 내담자와 분리시켜 외재화함으로써 문제적 상황을 좀더 객관적이고 통합적으로 바라보고, 문제에서 벗어나 새로운 삶의 대안적 이야기를 구성하는 것이다.

ㄷ.(x) 과거의 미해결과제가 현재에 대한 자각에 방해가 되어 문제행동이 발생하므로 과거 미해결 문제를 현재로 가져와서 다루는데 초점을 두는 것은 게슈탈트 상담이다. 해결중심 집단상담은 변화시킬수 없는 과거보다 현재와 미래에 초점을 둔다.

ㄹ.(x) 집단원에게 이중자아의 역할을 해보게 하는 것은 심리극의 기법이다. 보조 자아가 주인공의 뒤에 서서 주인공의 내적 사고와 감정을 표현해 준다. 주인공의 내적인 갈등과 억압된 감정에 대한 자각을 증가시켜 이를 표현하도록 독려한다.(예 거스름돈을 더 많이 받았을 때 돌려주려는 자아와 그냥 모르는 척 가지고 가려는 자아를 표현)

10 ① 현실치료 - 유머사용, 역설적 기법, 질문하기, 직면하기 등

② 개인심리학 - 생활양식 분석, 역설적 의도, '마치 ～인 것처럼' 행동하기, 수프에 침뱉기, 단추누르기,질문하기,격려하기

③ 교류분석 - 구조분석, 의사교류분석, 게임분석, 각본분석 등

④ 게슈탈트 - 빈의자 기법, 자각, 직면, 현재화 기법, 실연, 현실검증, 감정에 머무르기 등

⑤ 행동주의 - 체계적 둔감법, 혐오법, 토큰경제, 행동형성, 역할극 등

11 다음에서 사용되는 방어 기제에 관한 설명으로 옳은 것은?

> 자신의 공격적이거나 성적인 감정을 받아들이기 어려운 집단원이 다른 집단원을 적대적이거나 유혹적이라고 느낀다.

① 심각한 스트레스를 경험할 때 종종 어릴적 취했던 방식으로 되돌아가는 것이다.
② 타인에게 드러내고 싶은 감정이나 행동을 자신에게 되돌려 표현하는 것이다.
③ 타인의 신념이나 기준을 자신의 것으로 소화하지 못한 채 무비판적으로 받아들이는 경향이다.
④ 개인의 내적 경험과 외적 현실 사이의 구별이 모호한 상태를 의미한다.
⑤ 수용할 수 없는 자신의 생각, 감정, 행동, 동기를 타인에게 돌리는 것이다.

12 심리극 집단상담 단계에 관한 설명으로 옳지 않은 것은?

① 워밍업 단계에서는 심리극이 시작되기 전 집단의 목표, 한계 등을 안내한다.
② 워밍업 단계는 연출자의 준비, 신뢰감 형성 등의 활동이 포함된다.
③ 시연단계에서는 연출자가 다양한 기법을 활용하여 주인공의 무의식 속 욕망, 갈등 등이 드러나게 한다.
④ 시연단계에서는 연출자가 공개적으로 주인공의 문제를 분석하고 자신의 유사한 경험을 개방한다.
⑤ 종결단계에서는 연출자는 참여자들이 심리극 과정에 참여하면서 느낀 소감을 주인공과 함께 나누도록 돕는다.

13 집단역동에 관한 설명으로 옳지 않은 것은?

① 네 가지 차원(level)으로 설명된다.
② 집단원에게 해를 끼칠 가능성도 있다.
③ 집단에서 발생하는 다양한 상호작용과 역동적인 과정을 포괄하는 개념이다.
④ 집단역동이라는 단어를 최초로 사용한 학자 루빈(K. Lewin)은 "소집단 안에서 일어나는 모든 것을 의미한다."고 하였다.
⑤ 집단의 성격과 방향에 영향을 미쳐서 집단의 분위기를 만든다.

14 집단역동 중 개인 내적 역동을 파악하기 위한 내용으로 옳은 것을 모두 고른 것은?

> ㄱ. 집단원의 생각, 감정, 태도
> ㄴ. 집단 내에서 발생하는 갈등, 연합, 동맹
> ㄷ. 집단의 규범, 리더십 역학, 집단 유대감
> ㄹ. 집단원의 동기, 방어, 어린 시절의 기원
> ㅁ. 희생양 만들기, 집단 수준의 저항

① ㄱ, ㄴ   ② ㄱ, ㄹ   ③ ㄱ, ㄴ, ㄹ
④ ㄴ, ㄷ, ㄹ, ㅁ   ⑤ ㄱ, ㄴ, ㄷ, ㄹ, ㅁ

정답 및 해설

11 ⑤ 12 ④ 13 ① 14 ②

11 예문은 안나 프로이트의 자아방어 기제 중 투사에 대한 내용이며 ⑤가 투사에 대한 설명이다.
① 퇴행 ② 반전. ③ 내사 ④ 클라인은 투사-동일시를 통해 정신 내부 인격의 일부가 외부 대상에게 배출되어 그대로 옮겨가면, 정신 내적 실재와 외부 현실 사이의 경계 구분이 모호해져 구별되지 않는 '상징적 동등시'(symbolic equation : 나의 생각과 실재가 동등하고, 상징과 상징되는 대상이 동일하게 지각되는) 상태라고 하였다.

12 ④ 심리극 집단상담 단계

단 계	내 용
워밍업단계	·심리극이 시작되기 전 집단의 목표, 한계 등을 안내한다. ·연출자의 준비, 신뢰감 형성 등의 활동이 포함된다. ·집단원들의 상호신뢰감형성은 자신의 이야기를 깊이있게 꺼낼 수 있는 바탕이 되므로 연출자는 이 단계에서 집단의 응집력과 자발성을 키우기 위한 노력을 해야 한다.
시연단계	·주인공의 문제상황이 지금 여기에서 일어나고 있는 것처럼 극으로 재현되는 단계이다. ·연출자가 다양한 기법을 활용하여 주인공의 무의식 속 욕망, 갈등 등이 드러나게 한다. ·연출자는 역할연기를 통해서 드러난 이러한 현상을 현재 시점에서 새롭게 통찰하게 하고, 바람직한 대안적 행동을 찾아갈 수 있도록 조력한다.
종결단계	·연출자는 참여자들이 심리극 과정에 참여하면서 느낀 소감을 주인공과 함께 나누도록 돕는다. ·관객들은 주인공의 문제에 대한 지적인 분석이나 해석보다는 자신이 경험했던 유사한 상황을 공개하면서 자신의 이야기를 표현하게 된다. ·주인공은 감추고 있던 자신의 비밀스러운 부분이 남들앞에 드러났을 때의 수치심이나 자기 노출 후의 불안감을 수습하고 자신의 문제를 정리할 수 있게 된다.

13 ① 집단 안에서는 개인 내적 역동, 대인 간 역동, 전체로서의 역동. 세 가지 차원의 역동이 일어난다.
② 집단역동은 집단원에게 긍정적인 결과를 가져와야 하지만, 때로는 집단원에게 집단압력, 의존성 심화등의 해를 끼칠 가능성도 있다.
③,⑤ 집단내 성원간 상호작용을 집단과정이라고 한다. 이러한 상호작용을 통해 집단전체의 특징으로서 집단의 방향과 초점이 나타나게 되며 이 힘은 집단의 분위기를 만들고 개별성원을 지배하게 된다.
④ 루빈(K. Lewin)은 변화하는 상황속에서 집단과 개인이 행동하고 반응하는 양식을 집단역동이라 하고, "소집단 안에서 일어나는 모든 것을 의미한다."고 하였다.

14 ② 집단역동의 세 가지 차원

구 분	내 용
개인 내적 역동	개인상담에서 탐색하는 심리적 역동 (생각, 태도, 동기, 감정, 방어, 어린 시절의 기원)
대인 간 역동	집단내 둘 이상 사람 간 관계에서의 역동 (정서반응, 친밀함, 주장, 경계, 갈등, 연합, 동맹)
전체로서의 역동	집단의 발달단계, 집단규범, 집단역할, 대표적 리더십 유형, 희생양 만들기, 집단수준의 저항

15 코리(G. Corey)의 집단발달단계 중 초기단계에서 집단상담자의 역할로 옳지 않은 것은?

① 집단상담자와 집단원의 책임과 역할을 명확히 한다.
② 집단원들의 염려와 질문을 개방적으로 다룬다.
③ 적극적으로 경청하고 반응하기와 같은 기본적인 대인관계 기술을 알려준다.
④ 집단원들이 구체적인 개인 목표를 설정하도록 돕는다.
⑤ 미성년자인 경우 보호자 또는 법적 대리인의 동의서를 받는다.

16 코리(G. Corey)의 집단상담 과도기 단계의 특징으로 옳은 것을 모두 고른 것은?

> ㄱ. 불안과 방어가 다양한 행동으로 나타난다.
> ㄴ. 기본적인 규칙을 개발하고 규범을 세운다.
> ㄷ. 통제와 힘과 관련된 문제가 드러나거나 집단 내의 다른 사람들과 갈등을 경험하기도 한다.
> ㄹ. 집단원은 집단 환경이 얼마나 안전한지 판단하기 위해 집단상담자와 다른 집단원들을 시험한다.

① ㄱ, ㄴ   ② ㄴ, ㄷ   ③ ㄱ, ㄴ, ㄷ   ④ ㄱ, ㄷ, ㄹ   ⑤ ㄱ, ㄴ, ㄷ, ㄹ

17 집단발달단계에 따른 특징을 순서대로 옳게 나열한 것은?

> ㄱ. 저항이 표출되고, 갈등이 나타난다.
> ㄴ. 집단원들은 분위기를 시험하며 친밀감을 형성해 간다.
> ㄷ. 집단과정에서 일어난 미해결 문제를 표현하고 다룰 수 있다.
> ㄹ. 역기능적인 행동 패턴을 탐색하고 변화를 위한 시도를 한다.

① ㄱ→ㄴ→ㄷ→ㄹ   ② ㄱ→ㄴ→ㄹ→ㄷ   ③ ㄴ→ㄱ→ㄷ→ㄹ
④ ㄴ→ㄱ→ㄹ→ㄷ   ⑤ ㄴ→ㄹ→ㄱ→ㄷ

18 집단상담의 종결단계에 관한 설명으로 옳지 않은 것은?

① 소극적 참여
② 이별 감정과 작별인사
③ 저항분석과 감정의 정화
④ 성장과 변화에 대한 평가
⑤ 추수상담에 대한 안내

19 학교에서 이루어지는 청소년 집단상담에 관한 설명으로 옳은 것을 모두 고른 것은?

> ㄱ. 집단상담은 자발적 참여자를 대상으로만 운영한다.
> ㄴ. 학교의 승인을 받아 집단을 운영한다.
> ㄷ. 대상의 연령에 따라 집단 운영 시간은 다를 수 있다.
> ㄹ. 교육을 목적으로 한 집단상담인 경우 사전 동의서는 불필요하다.

① ㄱ, ㄴ   ② ㄴ, ㄷ   ③ ㄱ, ㄷ, ㄹ   ④ ㄴ, ㄷ, ㄹ   ⑤ ㄱ, ㄴ, ㄷ, ㄹ

정답 및 해설   15 ⑤   16 ④   17 ④   18 ③   19 ②

15 ⑤ 코리의 집단상담 발달 단계는 초기단계 → 전환(과도기)단계 → 작업단계 → 마무리단계로 구성된다.
미성년인 경우 보호자 또는 법적 대리인의 동의서를 받는 것은 초기단계 이전에 이루어져야 한다.

초기단계	전환(과도기)단계	작업단계	마무리단계
·집단의 구조화 (기본적인 규칙을 개발하고 규범을 세움) ·신뢰감 및 친밀감 형성 ·집단목표 설정하기 (보기 ①,②,③,④가 해당)	·집단원의 저항·상담자에 대한 도전 다루기 문제16번 (ㄱ, ㄷ, ㄹ)	·비효과적인 행동패턴 탐색, 행동의 변화 촉진	·집단원의 성장과 변화 평가하기, ·분리에 대한 감정 다루기

16 ④ ㄴ. '기본적인 규칙을 개발하고 규범을 세운다.'는 초기단계의 특징이다.

17 ④ 15번 해설참조

18 ③ 저항분석은 과도기 단계, 감정의 정화는 작업단계의 과제이다.

19 ② ㄱ(x). 학교집단상담의 참여는 교육활동의 일환으로 대부분 강제적으로 이루어지게 되고, 학생 개개인의 필요나 욕구의 차이를 고려하지 않음으로써 학생들의 자발성이 떨어지는 경향이 있다.
ㄴ(o). 학교집단상담은 학생의 보호자 및 학교의 승인과 관련자의 협조를 필요로 한다.
ㄷ(o). 대상의 연령에 따라 집단 운영 시간은 다를 수 있다.
ㄹ(x). 교육을 목적으로 한 집단상담인 경우에도 보호자의 사전 동의서는 필요하다.

20 청소년상담사 윤리강령에 근거하여 집단상담을 진행할 때 '사전 동의'에 관한 설명으로 옳지 않은 것은?

① 집단상담의 목표와 한계에 대해 명확히 알려야 한다.

② 집단상담자와 집단원 모두의 권리와 책임에 대해 알려야 한다.

③ 사례지도 및 교육을 위해 녹음과 녹화가 원칙적으로 진행됨을 안내한다.

④ 만 14세 미만의 청소년인 경우, 보호자 또는 법정대리인의 상담 활동에 대한 사전 동의를 구해야 한다.

⑤ 집단상담에 대해 집단원이 충분한 설명을 듣고 선택할 수 있도록 적절한 정보를 제공해야 한다.

21 청소년 집단상담을 초기, 중기, 종결기로 나누었을 때 종결기의 효과적인 개입전략은?

① 집단의 구조화

② 긴장과 불안 줄이기

③ 자발성과 신뢰감 형성을 위한 활동하기

④ 분리감과 상실감 다루기

⑤ 집단행동의 모범을 보이기

22 청소년 집단상담에서 집단원 선정 시 제외해야 할 대상으로 옳은 것은?

① 이혼가정의 청소년　　　　　　② 임산부인 청소년

③ 왕따를 당하고 있는 청소년　　④ 조현병 진단을 받은 청소년

⑤ 교우관계 갈등을 겪고 있는 청소년

23 청소년 집단상담에서 밑줄 친 부분의 집단상담자 반응 기술로 옳은 것은?

> 향기: 저는 어려서 교통사고로 눈가에 흉터가 있어요. 그래서 흉터를 가리려고 늘 모자를 눌러 쓰거나 머리를 길러서 얼굴을 가리고 있어야만 해요.
>
> 집단상담자: 눈가에 있는 흉터 때문에 모자를 쓰거나 머리를 기르고 있었구나. 많이 힘들었겠다. 근데 지금 내가 자세히 보니 흉터가 눈에 띄지 않는구나. 향기가 말하지 않았다면 흉터가 있는지도 몰랐을 것 같은데. 옆에 있는 나무는 향기의 흉터가 어떻게 보여 지는지 말해 줄 수 있겠니?

① 피드백　　② 명료화　　③ 공감　　④ 연결　　⑤ 해석

24 다음 집단원에 대한 청소년 집단상담자의 공감반응으로 옳은 것은?

> 어제 엄마가 저에게 시험이 며칠 남지 않았는데 게임 좀 그만 하라고 화를 내시는 거예요. 사실 엄마가 방에 들어오기 전까지 진짜 열심히 공부하고 있었거든요.

① 공부하고 있었는데 하필 게임할 때 엄마가 들어 오셨구나.

② 게임을 더 하고 싶은데 그러지 못해 화가 났구나.

③ 시험이 며칠남지 않아서 엄마가 걱정을 많이 하고 있나보다.

④ 열심히 공부하고 있었는데 엄마가 몰라주고 오해해서 속상했구나.

⑤ 엄마에게 공부 열심히 하고 있었다고 솔직히 말을 해보는 게 좋을 것 같은데.

정답 및 해설   20 ③ 21 ④ 22 ④ 23 ① 24 ④

20 ③ 청소년 상담사 윤리강령의 '사전 동의'
  1. 청소년상담사는 상담을 시작할 때 내담자가 충분한 설명을 듣고 선택할 수 있도록 적절한 정보를 제공해야 하고, 상담자와 내담자 모두의 권리와 책임에 대해 알려줄 의무가 있다.
  2. 청소년상담사는 내담자에게 상담 과정의 녹음과 녹화 여부, 사례지도 및 교육에 활용할 가능성에 대해 설명하고, 내담자에게 동의 또는 거부할 권리가 있음을 알려야 한다.
  3. 청소년상담사는 내담자가 만 14세 미만의 청소년인 경우, 보호자 또는 법정대리인의 상담 활동에 대한 사전 동의를 구해야 한다.
  4. 청소년상담사는 내담자에게 상담의 목표와 한계, 상담료 지불 방법 등을 명확히 알려야 한다.

21 ④ 청소년 집단상담의 단계별 개입전략

초 기	중 기	종결기
· 구조화 및 목표 명확히 하기 · 긴장과 불안 다루기 · 신뢰적 분위기 조성하기	· 스스로 대안을 찾도록 격려하기 · 집단행동의 모범을 보이기	· 분리감과 상실감 다루기 · 집단을 통하여 알게 된 사실과 목표달성 정도를 평가하기

22 ④ 집단원 선정시에는 보다 높은 기능 수준에 있는 다른 집단원을 위해 조현병같은 정신병 환자는 제외시키는 것이 바람직하다. 그러나 집단 내에서 이미 집단원들 간의 관계가 형성된 후라면, 집단원들은 자신이나 집단보다 그 환자를 염려하기 때문에 상담자는 그 환자를 제외시키기보다 그대로 유지를 해가면서 각별히 배려하는 기술을 필요로 한다.

23 ① 피드백: 집단원으로 하여금 타인들이 자기를 어떻게 보고 있으며, 또 어떻게 반응하고 있는지에 대해 학습할 기회를 제공해 주는 것이다. 타인의 행동(예흉터를 가리기 위해 모자를 씀)에 대해 자신의 반응(예흉터가 눈에 띄지 않고 말하지 않았으면 몰랐을 거 같다)을 상호간에 솔직히 이야기 해주는 과정을 피드백이라 한다.
  ② 명료화 : 내담자의 모호한 말을 명확하게 확인하기 위한 질문형태의 기법
  ③ 공감 ; 상담자가 내담자의 마음을 감지하여 이를 반영해 주는 것이다.(예 바다님도 저처럼 남자친구와의 관계가 힘드셨군요.)
  ④ 연결 : 집단상담 장면에서 집단원들 간의 관련성 및 연계성에 주목하는 것을 의미하며, 집단원들의 상호작용과 의사소통을 촉진한다 (예 영주의 이야기는 이전에 수민이가 다른 사람에게 인정받기를 원한다고 말했던 것과 유사한 것 같군요)
  ⑤ 해석 : 집단원이 표면적으로 표현하거나 인식한 내용을 뛰어넘어 집단상담자가 그에게 새로운 방식으로 자신의 문제를 바라볼 수 있도록 하는 것이다.

24 ① 요약 ③ 분명한 상담기법으로 명명하기 어려움 ④ 공감 ⑤ 조언

25 청소년 집단상담의 기법과 효과의 연결로 옳지 않은 것은?

① 구조화: 집단원들의 불안 감소   ② 초점 맞추기: 집단원의 내면 탐색
③ 피드백: 변화의 계기 제공   ④ 경청: 타인에 대한 올바른 이해
⑤ 명료화: 응집력 향상

필수과목 | **3과목 심리측정 및 평가**

01 정규화된 표준화 점수인 T점수에서 평균(M)과 표준편차(SD)는?

① 평균(M) = 50, 표준편차(SD) = 10
② 평균(M) = 100, 표준편차(SD) = 15
③ 평균(M) = 100, 표준편차(SD) = 10
④ 평균(M) = 50, 표준편차(SD) = 15
⑤ 평균(M) = 5, 표준편차(SD) = 2

02 의미변별척도의 단점으로 옳지 않은 것은?

① 똑같은 형용사 쌍이라도 수검자들의 개별적인 경험에 따라 각기 다른 의미로 인식될 수 있다.
② 동일한 대상자의 다른 특성에 대해서는 평가와 의미부여가 달라 일관성이 없는 경우가 많다.
③ 동일한 대상에게 여러 가지 유사한 개념들을 사용할 경우, 수검자들이 과제에 흥미를 잃고 지루해할 수 있다.
④ 형용사 반응의 차이들을 제곱하여 합하는 방식이기 때문에 특성에 대한 전반적인 차이를 계산할 수 없다.
⑤ 형용사 쌍이 중복된다고 판단될 경우 나중 반응은 별 의미가 없을 수 있다.

03 통계에 관한 설명으로 옳지 않은 것은?

① 표준편차(standard deviation)와 분산(variance)은 변산도를 측정하는 지표이다.
② 비모수통계는 모집단의 확률분포가 정상분포를 따르지 않을 때 사용하는 방법이다.
③ 비율척도는 서열사이의 간격이 동일하지만 절대영점은 존재하지 않는 척도이다.
④ 유층표집은 전집을 여러 개의 하위집단으로 나눈 후 하위 집단 내에서의 비율을 고려하여 무선표집하는 방법이다.
⑤ 리커트 척도는 순위는 정할 수 있으나 서열의 크기와 정도는 비교할 수 없다.

04 문항반응이론의 기본가정에 관한 설명으로 옳지 않은 것은?

① 모든 문항은 오직 하나의 잠재적 특성만을 측정해야 한다.

② 특정 문항에 대한 반응은 다른 문항에 대한 반응에 영향을 미치지 않아야 한다.

③ 문항 특성은 표본의 특성에 따라 달라지지 않아야 한다.

④ 수검자의 능력 수준은 능력을 측정하기 위해 사용하는 문항에 따라 달라지지 않아야 한다.

⑤ 검사점수를 설명하기 위해서는 수검자가 여러 가지 능력이 있다고 가정한다.

정답 및 해설

25 ⑤ / 01 ① 02 ④ 03 ③ 04 ⑤

25 ⑤ 청소년 집단상담의 기법과 효과

구 분	기 법	효 과	기 법	효 과
집단상담의 시작을 돕는 기법	구조화	불안감소, 정보획득		
	참여촉진	응집력 향상		
집단상담의 분위기를 조성하는 기법	분위기 조성	방해제거	지지와 격려	신뢰감 형성
	초점맞추기	내면탐색	피드백	변화의 계기 제공
	중지와 연결	상호작용과 응집력향상	지금−여기알아차림	문제를 탐색
의사소통과 상호작용을 촉진하는 기법	관심기울이기	방어적 행동감소	공감적 반응	적극적 참여유도
	경 청	타인에 대한 올바른 이해	명료화	의사소통 촉진
	질 문	정확한 자기 이해	요 약	주제가 드러남
	재진술	말의 내용 이해	즉시성	자신에 대한 탐색과 자각
집단상담의 종결기법	분리감정다루기	성취감 형성	집단경험 돌아보기	경험의 통합
	미해결문제 다루기	성과와 목표달성 파악	집단평가	변화와 성장 확인

01 Z점수는 평균 0, 표준편차 1이고, T점수는 평균 50, 표준편차 100이다.

T점수 = 10Z + 50

02 ④ 형용사 반응의 차이들을 제곱하여 합하는 방식이기 때문에 특성에 대한 전반적인 차이를 계산할 수 있다.

형용사 쌍	대상 A	대상 B	차이	차이제곱
좋다 − 나쁘다	6	2	4	16
강하다 − 약하다	3	5	−2	4
친절하다 − 불친절하다	7	3	4	16
합 계				36

위 예시에서 두대상의 A와 B의 의미적 거리는 $\sqrt{36}$ = 6 이다.

03 ③ 서열사이의 간격이 동일하지만 절대영점은 존재하지 않는 척도는 등간척도(예 온도, 시간 등)이다. 비율척도 (예 길이, 몸무게, 키, 나이 등)는 절대영점이 존재하므로, 사칙연산이 가능하다.

04 ⑤ 1개의 검사를 구성하는 모든 문항은 1개의 잠재적 특성을 측정하며, 사용하는 검사 또는 문항에 따라 수검자의 능력은 변화되지 않는다.

05 검사문항 간(inter-item) 정답과 오답의 일관성을 종합적으로 측정하는 상관계수는?

① Kuder-Richardson 계수 ② 불확실성(uncertainty) 계수
③ Pearson 적률상관계수 ④ Spearman 순위상관계수
⑤ Kendall의 tau-b 계수

06 신뢰도에 영향을 주는 요인에 관한 설명으로 옳지 않은 것은?

① 신뢰도는 문항 난이도의 영향을 받는다.
② 검사-재검사 신뢰도는 검사를 시행하는 시간간격의 영향을 받는다.
③ 신뢰도는 검사문항 수의 영향을 받는다.
④ 신뢰도는 사례 수의 영향을 받는다.
⑤ 동형검사 신뢰도는 연습효과의 영향을 받지 않는다.

07 문항반응이론에서 문항별 능력추정치(ability estimate)에 해당하는 것을 모두 고른 것은?

> ㄱ. 문항곤란도 ㄴ. 문항변별도
> ㄷ. 추측정답 가능성 ㄹ. 정답문항 제시의 무작위성
> ㅁ. 낮은 수검동기

① ㄱ, ㄴ, ㄷ ② ㄱ, ㄷ, ㄹ
③ ㄱ, ㄹ, ㅁ ④ ㄴ, ㄷ, ㄹ
⑤ ㄷ, ㄹ, ㅁ

08 다음 내용에서 설명하는 타당도는?

> ○ 관심이 있는 동일한 특성을 측정하는 현재 검사 외의 다른 대안적 방법에서 측정된 내용과의 관계를 보는 것
> ○ 동일 시점에서 측정된 내용과의 상관관계를 보는 타당도

① 내용(content) 타당도 ② 예언(predictive) 타당도
③ 공인(concurrent) 타당도 ④ 안면(face) 타당도
⑤ 구성(construct) 타당도

09 분류기준상 학업성취도 검사가 해당되는 유형은?

① 성향검사   ② 교육검사   ③ 모의상황검사

④ 축소상황검사   ⑤ 목적위장검사

10 검사자를 문제해결의 권위자로 인식시키고, 수검자를 검사자에게 의존하게 만든다고 비판하면서 심리검사를 반대했던 연구자는?

① 비네(Binet)   ② 로저스(Rogers)   ③ 로샤(Rorschach)

④ 융(Jung)   ⑤ 터먼(Terman)

정답 및 해설

05 ① 06 ⑤ 07 ① 08 ③ 09 ② 10 ②

05 ① Kuder-Richardson 계수
- 문항내적 합치도를 추정하는 방법에는 Kuder-Richardson 계수와 Cronbach α계수가 있다
- 검사문항 간(inter-item) 정답과 오답의 일관성을 종합적으로 측정하는 상관계수로 일반적으로 0과 1사이의 값을 가지며 1에 가까울 수록 신뢰도가 높다.
- 예 40개의 이분형 문형(정답/오답)으로 구성된 수학능력평가시험을 실시하여 문항내적일관성을 측정한 결과 Kuder-Richardson 계수가 0.85가 나왔다면 시험문항들이 수학능력이라는 동일한 개념을 비교적 높은 수준으로 측정하고 있으며, 따라서 이 시험은 수학능력을 평가하는 데 신뢰할 만한 도구라고 판단한다.

06 ⑤ 동형검사는 동일한 검사를 두 번 실시하는 것보다는 연습효과를 줄일 수 있겠지만, 연습효과를 완전히 배제할 수는 없다.
- ① 난이도가 중간정도 문제가 많을수록 신뢰도는 높아진다.
- ② 검사-재검사 신뢰도는 검사간격이 짧으면 신뢰도는 높아지고 검사간격이 길면 낮아진다.
- ③,④ 신뢰도는 검사문항 수, 사례수가 증가함에 따라 높아진다.

07 ① 문항반응이론에서 문항별 능력추정치
각 문항이 특정능력을 가진 응답자를 얼마나 잘 변별하는지를 나타내는 지표이다. 즉, 문항의 곤란도, 변별도, 추측도와 같은 문항 특성을 기반으로 응답자의 능력을 추정하는 것이다.
- 곤란도 : 문항을 맞추기 어려운 정도. 규준지향평가(상대평가)에서는 문항곤란도 지수가 평균 50%일 때 가장 이상적이고, 응답자의 변별력이 가장 크다.
- 변별도 : 능력이 높은 응답자와 능력이 낮은 응답자를 얼마나 잘 구분하는지를 나타내는 정도를 나타낸다
- 추측정답 가능성 : 능력이 낮은 응답자가 정답을 맞출 확률을 의미한다.

08 ③ 공인타당도에 대한 설명이다. 동일 시점에서 측정된 내용과의 상관관계를 보는 타당도이므로 동시(타당도라고도 한다.
예 새로운 우울증진료도구 B를 개발했을 때 현재 검사도구 A와 비교하여 두 도구AB의 결과가 얼마나 일치하는 평가하는 타당도이다.

09 ② 교육검사는 학습자의 학업성취도, 학습능력, 학습태도를 평가한다.
- ① 성향검사 : 개인의 성격, 적성등을 평가하여 직업선택, 진로상담, 대인관계분석등에 사용된다 (예 Holland 검사, MBTI 검사등)
- ③ 모의장면검사 : 실재적인 장면을 인위적으로 만들어 놓고 그 장면에서 수검자의 수행과 그 성과를 관찰하고 평가하는 검사이다.
- ④ 축소상황검사 : 실제상황과 같지만 구체적인 과제나 직무를 축소시켜, 그 수행결과를 관찰하고 평가하는 검사로, 직무능력평가, 리더십평가, 위기관리능력평가등에 활용된다.
- ⑤ 목적위장검사 : 검사의 목적을 숨기고 개인의 솔직한 반응을 유도하여 특정 심리적 특성을 평가하는 검사이다. 투사검사 (예 로샤 검사)가 대표적이다.

10 ② 칼 로저스 (인간중심상담이론을 창시)
- 검사자를 문제해결의 권위자로 인식시키고, 수검자를 검사자에게 의존시키며, 심리검사결과가 개인에 대한 편견이나 낙인을 강화하는데 사용될 수 있다고 우려하고 심리검사를 반대하였다.
- 내담자가 자신의 감정과 경험을 자유롭게 표현하고 탐색하는 과정을 통해 스스로 문제를 해결할 수 있다고 믿고 내담자 중심 상담을 개발하였다.

11 심리검사 및 평가의 윤리에 관한 설명으로 옳은 것은?

① 자해 위험성이 있는 경우라도 비밀보장의 원칙은 반드시 지켜야 한다.

② 검사 전-후의 사적인 만남은 관계형성에 필요하다.

③ 심리검사의 결과는 수검자에게 무조건 비밀로 해야 한다.

④ 검사의 경우, 수검자와의 이중관계는 문제가 되지 않는다.

⑤ 평가 의뢰인과 수검자가 동일하지 않은 경우, 평가서나 의뢰보고서는 의뢰인의 동의가 전제되어야 수검자에게 열람될 수 있다.

12 수검자나 수검자의 법적 대리인으로부터 '동의'가 필요하지 않은 경우를 모두 고른 것은?

ㄱ. 법률이나 정부 규정에 따라 검사실시가 필요할 때
ㄴ. 동의 능력이 없는 아동에게 검사를 실시할 때
ㄷ. 고용이나 입학 허가 등 동의의 뜻이 명확하게 내포되어 있을 때

① ㄱ   ② ㄱ, ㄴ   ③ ㄱ, ㄷ   ④ ㄴ, ㄷ   ⑤ ㄱ, ㄴ, ㄷ

13 K-WAIS-IV에 관한 설명으로 옳은 것을 모두 고른 것은?

ㄱ. 10개 핵심 소검사와 5개 보충 소검사로 구성되어 있다.
ㄴ. 소검사의 표준 점수 평균은 10이고 표준 편차는 3이다.
ㄷ. 전체 지능 지수(FS IQ) 범위는 30~150 사이에서 산출된다.
ㄹ. 일반 지능 지수(GAI)는 작업 기억과 처리 속도의 핵심 소검사로 구성된 조합점수이다.

① ㄱ, ㄴ   ② ㄱ, ㄷ   ③ ㄴ, ㄷ   ④ ㄴ, ㄹ   ⑤ ㄷ, ㄹ

14 K-WISC-IV와 K-WISC-V에 관한 설명으로 옳지 않은 것은?

① K-WISC-V는 만 6세 0개월에서 16세 11개월까지의 아동과 청소년에게 실시된다.

② 산수 소검사는 K-WISC-V에서 처리 속도 지표에 포함된다.

③ K-WISC-V는 언어 이해, 시공간 기능, 유동 추론, 작업 기억, 처리 속도의 5개 지표점수로 구성된다.

④ K-WISC-IV는 언어 이해, 지각 추론, 작업 기억, 처리 속도의 4개 지표 점수로 구성된다.

⑤ 토막짜기 소검사는 K-WISC-V에서 시공간 기능 지표에 포함된다.

15 K-WAIS-IV의 숫자(digit span) 소검사가 측정하는 것을 모두 고른 것은?

ㄱ. 주의지속력
ㄴ. 즉각적이고 단순한 회상능력
ㄷ. 언어적 지식
ㄹ. 시각적 구성력
ㅁ. 청각적 연속능력

① ㄱ, ㄴ, ㄷ ② ㄱ, ㄴ, ㅁ ③ ㄱ, ㄷ, ㄹ ④ ㄴ, ㄹ, ㅁ ⑤ ㄷ, ㄹ, ㅁ

정답 및 해설

11 ⑤ 12 ③ 13 ① 14 ② 15 ②

11 ⑤ 평가 의뢰인과 수검자가 동일하지 않을 경우에, 평가서와 검사보고서는 의뢰인이 동의할 때 수검자에게 열람될 수 있다.
① 피검자가 자해위험이 있거나 생명이나 사회의 안전을 위협할 시에는 피검자의 동의 없이도 피검자에 대한 정보를 관련 전문인이나 사회에 알릴 수 있다.
② 사적인 만남을 가지게 된다면, 검사의 공정성을 해칠 것이고, 나아가 금전적인 거래나, 성적 접촉 등 윤리적인 문제를 유발할 수 있으므로 반드시 피해야 한다.
③ 검사의 채점 및 해석과 관련하여, 검사자는 검사를 받은 개인이나 검사집단의 대표자에게 결과를 설명해주어야 한다.
④ 객관성과 전문적인 판단에 영향을 미칠 수 있는 이중 관계는 피해야 한다.

12 ③ ㄴ. 동의 능력이 없는 아동에게 검사를 실시할 때는 법적대리인의 동의를 받아야 한다.
평가 및 진단을 하기 위해서는 내담자로부터 평가 동의를 받아야 한다. 평가 동의를 구할 때에는 평가의 본질과 목적, 비용, 비밀유지의 한계에 대해 알려야 한다. 그러나 다음의 경우는 평가 동의를 받지 않아도 된다.
1. 법률에 의해 검사가 위임된 경우
2. 검사가 일상적인 교육적, 제도적 활동 또는 기관의 활동(예 취업 시 검사)으로 실시되는 경우

13 ① ㄱ.(O) 크게 네 범주로 나누어지고, 각 하위의 소검사는 총 15개인데, 핵심 소검사 10개, 보충 소검사가 5개로 구성된다.
ㄴ.(O) 전체 지능, 언어성 지능, 동작성 지능은 평균 100, 표준편차 15이고, 소검사의 평균은 10, 표준편차 3이다.
ㄷ.(X) 기존 K-WAIS의 지능지수 범위가 45~150인데 반해, K-WAIS-IV는 산출되는 지능지수의 범위를 IQ 40 ~ 160으로 확장하여 능력이 매우 뛰어나거나 매우 제한된 사람들의 지능지수 산출을 가능하게 하였다
ㄹ.(X) 일반능력지표(GAI)는 언어이해와 지각추론 점수만을 사용하여 작업기억 및 처리속도의 영향을 줄인 점수를 계산한다. 인지효능지수(CPI)는 작업 기억과 처리 속도의 핵심 소검사로 구성된 조합점수이다.

14 ② K-WISC-IV와 K-WISC-V

구 분		언어이해	지각추론	작업기억	처리속도	시공간 기능	유동 추론
IV	핵심소검사	공통성 어휘 이해	토막짜기 공통그림찾기 행렬추리	숫자 순차연결	동형찾기 기호쓰기		
	보충소검사	상식 단어추리	빠진곳 찾기	산수	선택		
V	핵심소검사	공통성 어휘		숫자	기호쓰기	토막짜기 퍼즐	행렬추리 무게비교
	보충소검사	상식 이해		그림기억 순차연결	동형찾기 선택		공통그림찾기 산수

15 ② 주의지속력, 즉각적이고 단순한 회상능력, 청각적 연속능력, 기계적 학습, 사고패턴을 전환할 수 있는 능력등을 평가한다.
언어적 지식은 어휘, 시각적 구성력은 토막짜기, 퍼즐, 빠진곳 찾기 소검사에서 측정한다.

16 지능에 관한 개념과 이론에 관한 설명으로 옳지 않은 것은?

① 스피어만(Spearman)은 지능이 일반요인과 특수요인의 2요인으로 구성되어 있다고 주장하였다.

② 가드너(Gardner)는 언어, 유창성, 수, 기억, 공간, 지각속도, 논리적 사고 등 다요인의 기초 정신능력을 주장하였다.

③ 길포드(Guilford)는 요인분석을 통해 '내용, 조작 및 결과' 차원의 3차원 모델을 제시하였다.

④ 카텔과 호른(Cattell & Horn)은 유동지능과 결정지능의 Gf-Gc 이론을 제안하였다.

⑤ CHC(Cattell-Horn-Carroll) 이론에서는 지능을 일반지능 1층위, 소수의 넓은 인지능력 2층위, 몇십개의 좁은 인지기능 3층위로 구성된다고 본다.

17 벤더 도형 검사(BGT)의 정신병리 채점에서 형태의 일탈(변화)에 포함되는 것은?

① 단순화(simplification)

② 폐쇄 곤란(closure difficulty)

③ 퇴영(retrogression)

④ 단편화(fragmentation)

⑤ 중첩 곤란(중복 곤란, overlapping difficulty)

18 MMPI-2에서 임상척도 2번(D)이 70점 이상 상승(다른 임상척도는 60점 이하)할 때 임상적, 정서적 증상이나 특징으로 옳지 않은 것은?

① 심리적, 행동적인 에너지 수준이 낮음

② 슬픔이나 불행감을 자주 경험함

③ 밝고 즐거운 정서 경험이 낮음

④ 다른 사람 탓을 하고 적대적임

⑤ 흥미와 의욕이 저하됨

19 MMPI-2에서 임상척도 4번(Pd)이 70점 이상 상승(다른 임상 척도는 60점 이하)할 때 임상적, 정서적 증상이나 특징으로 옳지 않은 것은?

① 사회적 가치와 규범을 내재화하는데 어려움이 있음

② 가족 갈등과 불화가 많을 수 있음

③ 권위에 대한 거부감이 강함

④ 무기력감이 강함

⑤ 자기중심성이 강함

20 5요인 성격검사(Neo-PI-R)에서 성실성에 포함되는 하위요인을 모두 고른 것은?

> ㄱ. 유능감 ㄴ. 성취동기 ㄷ. 책임감
> ㄹ. 심미성 ㅁ. 활동성

① ㄱ, ㄴ, ㄷ ② ㄱ, ㄴ, ㅁ ③ ㄱ, ㄷ, ㄹ
④ ㄴ, ㄹ, ㅁ ⑤ ㄷ, ㄹ, ㅁ

정답 및 해설

16 ② 17 ② 18 ④ 19 ④ 20 ①

16 ②는 써스톤(Thurstone)의 주장이다. 가드너는 다중지능이론을 제안하면서 지능을 '한 문화권 혹은 여러 문화권에서 가치 있게 인정되는 문제를 해결하고 산물을 창조하는 능력'이라고 정의하였다.

17 ② 벤더 도형 검사(BGT)의 정신병리 채점

구 분	항 목			
조직화방식 (organization)	·배열순서 ·가장자리의 사용	·도형A의 위치 ·용지의 회전	·공간의 사용	·그림의 중첩
크기의 일탈 (deviation in size)	·전체적으로 크거나 작은 그림	·점진적으로 커지거나 작아지는 그림		·고립된 그림
형태의 일탈 (deviation in form)	·폐쇄곤란	·교차곤란	·곡선묘사 곤란	·각의 변화
전체적 왜곡 (gross distortion)	·퇴영, ·중첩곤란,	·지각적 회전, ·정교화 또는 조잡,	·단순화, ·보속성,	·단편화, ·도형의 재묘사
그려나가는 방식 (movement)	·그려나가는 방향에서 일탈,	·그려나가는 방향의 비일관성,	·선의 질 (선의 굵기 등)	

18 ④ 임상척도 2번 우울증 척도(D)가 높을 경우 ①,②,③,⑤의 특징이 나타난다.
4번(Pd) 반사회성, 6번(Pa) 편집증, 9번(Ma) 경조증 척도가 높을 경우 다른 사람 탓을 하고 적대적일 수 있다.

19 ④ 척도 4 (반사회성, Pd)의 상승은 ①,②,③,⑤의 특징이 나타난다.
임상척도 2번 우울증 척도(D)가 높을 경우 무기력감이 나타난다.

20 ① 5요인 성격검사(Neo-PI-R)

구 분	항 목		
외향성(E) : 신체심리적 에너지	·사회성 ·자극추구	·지배성(자기주장) ·활동성	·따뜻함 ·긍정적 감정
개방성(O) : 새로운 경험과 변화에 대한 수용력	·창의성 ·사고유연성	·정서성 ·행동진취성	·심미성 ·가치개방
친화성(A) : 대인관계 성향	·온정성 ·공감성	·신뢰성 ·관용성	·순응성 ·겸양성
성실성(C) : 일과 학업을 수행하는 방식	·유능감 ·조직성	·성취동기 ·책임감	·신중성 ·자기통제
신경증(N) : 정서적인 반응 성향	·불안 ·우울	·적대감 ·충동성	·자의식 ·스트레스 취약성

21 성격평가질문지(PAI) 척도에 관한 설명으로 옳지 않은 것은?

① 조증(MAN): 활동수준의 증가, 자기-과대감, 초조함, 인내심 저하
② 지배성(DOM): 타인에 대한 지배, 독립성과 자기주장
③ 망상(PAR): 과도한 경계심과 의심, 피해의식, 불신과 원한
④ 비지지(NON): 사회적 지지의 부족이나 결여
⑤ 치료거부(RXR): 대인관계에서의 윤리적 태도와 온정성

22 객관적 검사와 비교하여 투사 검사의 특성에 관한 설명으로 옳은 것을 모두 고른 것은?

> ㄱ. 검사자극이 무엇을 보여주는지 불명료하고 모호하다.
> ㄴ. 채점과 해석이 어렵다.
> ㄷ. 자기를 긍정적이거나 부정적인 방향으로 보여주고 과장, 축소하기 쉽다.
> ㄹ. 검사자의 태도와 주관이 개입되기 어렵다.
> ㅁ. 각 개인의 고유하고 특유한 심리적 반응이 산출된다.

① ㄱ, ㄴ, ㄷ   ② ㄱ, ㄴ, ㅁ   ③ ㄱ, ㄷ, ㄹ   ④ ㄴ, ㄹ, ㅁ   ⑤ ㄷ, ㄹ, ㅁ

23 문장완성검사에 관한 설명으로 옳지 않은 것은?

① 문장에 따라 모호함의 정도가 다르다.
② 자유연상검사와 단어연상검사 등으로부터 발전하였다.
③ Sacks의 문장완성검사는 '가족, 성(이성), 대인관계, 자기개념'의 네 가지 영역으로 구분된다.
④ 구조화가 분명하므로 투사검사로 볼 수 없다.
⑤ 각 문장을 읽고 즉각적으로, 제일 먼저 떠오르는 것을 완성하도록 한다.

24 MMPI-2와 문장완성검사(SCT)에 관한 설명으로 옳은 것은?

① 문장완성검사에서는 개인의 독특하고 고유한 성격과 심적 갈등이 반영될 수 없다.
② MMPI-2는 정신병리와 성격 요인에 대한 개인 내 비교가 불가능하다.
③ 문장완성검사에는 표준화된 채점과 해석이 있다.
④ 문장완성검사는 규준을 통한 개인 간 비교가 가능하다.
⑤ MMPI-2 실시에는 시간 제한이 없다.

25 엑스너(Exner)의 로샤(Rorschach) 검사 종합체계에서 결정인 채점기호가 아닌 것은?

① FC   ② FC'   ③ FA   ④ FV   ⑤ FT

정답 및 해설

21 ⑤   22 ②   23 ④   24 ⑤   25 ③

21 ⑤ 대인관계척도인 온정성(WRM)에 관한 척도이다. 치료고려척도에 속하는 치료거부(RXR)척도는 심리적 및 정서적 측면의 변화에 대한 관심과 동기를 예언하기 위한 척도로 불편감과 불만감, 치료에 참여하려는 동기, 변화의 필요성에 대한 인식, 새로운 아이디어에 대한 개방성 및 책임을 수용하려는 의지 등에 관한 문항들로 이루어져 있다.

22 ② ㄷ.(X) 투사적 성격검사는 피검자에게 애매모호한 자극을 제시하고 그에 대한 자유로운 반응을 유도한 후에 검사반응을 정밀하게 분석하는 검사로 피검자는 자극이 불분명하므로 의도적인 방어가 어려워, 자기를 긍정적이거나 부정적인 방향으로 보여주고 과장, 축소하기 어렵다.

     ㄹ.(X) 투사적 검사는 검사 자극이 모호할수록 지각적 자극을 인지적으로 해석하는 과정에 검사자의 태도와 주관이 개입되기 쉽다.

23 ④ 문장완성 검사는 문장을 완성해가며 피검자의 감정이나 문장의 맥락을 통해 대상에 대한 심리적인 역동을 파악할 수 있는 투사적 검사이다.

24 ⑤ 시간 제한은 없으나 너무 심사숙고하지 말고 가능한 한 빨리 읽고 응답하도록 한다.

     ① 문장완성검사에서 제시된 불완전한 문장은 대체로 피검자 내면의 동기와 갈등, 중요한 인물들에 대한 정서적 태도, 그의 가치관 등이 투사될 수 있는 단서가 포함되어 있어 개인의 독특하고 고유한 성격과 심적 갈등이 반영될 수 있다.

     ② MMPI-2검사후 원점수를 표준점수인 T점수로 변환시킨 프로파일을 얻을 수 있다. T점수는 평균이 50, 표준편차가 10이다. 프로파일 용지를 보면 70T와 30T에 해당되는 선이 굵게 표시되어 있는데, 이것은 각각 +2와 -2 표준편차에 해당되는 T점수를 나타낸다. 프로파일을 그리는 데 사용되는 T점수는 표준점수이므로, 개인 간의 비교와 아울러 다양한 척도에 대한 개인 내의 비교가 가능하다.

     ③ 문장완성검사는 실시 과정에 표준화된 절차가 부족하며, 채점과 해석과정에서의 객관성이 부족하고, 검사 분석을 위해서 상당한 지식과 훈련이 필요하다.

     ④ 문장완성검사는 규준 자료가 제시되는 객관적 검사와는 달리 내용 위주의 질적인 분석을 주로 하기 때문에 검사자의 주관이 많이 작용하므로, 개인간 비교가 불가능하다.

25 ③ 엑스너(Exner)의 로샤(Rorschach) 검사 종합체계에서 결정인 채점기호

구 분	항 목		
형 태	· F(순수 형태반응)		
운 동	· M(인간운동반응) · m(무생물운동반응)	· FM(동물운동반응) · 능동반응 a, 수동반응 p	
유채색	· C(순수색채반응) · FC(형태-색채반응)	· CF(색채-형태반응) · Cn(색채명명반응)	
무채색	· C'(순수무채색반응)	· C'F(무채색-형태반응)	· FC'(형태-무채색 반응)
음영-재질 (촉감)	· T(순수재질반응)	· TF(재질-형태반응)	· FT(형태-재질반응)
음영-차원 (원근)	· V(순수차원반응)	· VF(차원-형태반응)	· FV(형태-차원반응)
음영-확산	· Y(순수음영반응)	· YF(음영-형태반응)	· FY(형태-음영반응)
형태차원	· FD(형태에 근거한 차원반응)		
쌍과 반사반응	· (2) 쌍반응	· rF(반사-형태 반응)	· Fr(형태-반사 반응)

01 **상담에 관한 설명으로 옳지 않은 것은?**

① 내담자가 가지고 있는 문제를 해결해주는 과정이다.

② 상담자, 내담자, 상담관계는 상담의 주요 구성요소이다.

③ 상담자는 상담에 대한 전문적, 인간적, 윤리적 자질을 갖추어야 한다.

④ 2인 이상의 내담자를 동시에 상담하기도 한다.

⑤ 내담자의 긍정적인 변화와 성장을 목표로 한다.

02 **상담관계에 관한 설명으로 옳지 않은 것은?**

① 상담관계를 기초로 상담의 목적을 이루어간다.

② 직접 대면으로 형성되거나 전화, 인터넷, 문자 등의 매체를 통해 형성된다.

③ 신뢰와 존중, 친밀감을 기초로 하기 때문에 상담목표를 향한 작업 관계이자 사교적 관계이다.

④ 상담자와 내담자가 대등한 위치에서 상담에 참여하는 것이 바람직하다.

⑤ 상담관계가 올바르게 형성되지 않으면 상담의 효율적 진행은 불가능해진다.

03 **비밀유지 원칙의 예외 상황으로 옳은 것을 모두 고른 것은?**

ㄱ. 내담자가 자신을 해칠 의도나 계획을 말하는 경우
ㄴ. 내담자의 아동학대 피해 사실을 알게 되는 경우
ㄷ. 법원에서 공개를 요구하는 경우
ㄹ. 전문가에게 슈퍼비전을 받는 경우

① ㄱ, ㄴ   ② ㄷ, ㄹ   ③ ㄱ, ㄴ, ㄷ

④ ㄱ, ㄴ, ㄹ   ⑤ ㄱ, ㄴ, ㄷ, ㄹ

04 다음 설명에 해당하는 개인심리학적 상담기법은?

> 내담자가 반복적으로 나타내는 자기패배적 행동의 감춰진 동기를 확인하고 그것을 매력적이지 못한 것으로 만듦으로써 그 행동의 유용성을 제거하는 기법

① 단추 누르기　　　　　　　　　　② 수프에 침 뱉기
③ 마치 ～인 것처럼 행동하기　　　④ 수렁 피하기
⑤ 직면

정답 및 해설　　　　　　　　　01 ① 02 ③ 03 ③ 04 ②

01 ① 상담관계는 내담자가 직면하고 있는 문제를 해결하고 성장할 수 있도록 조력하기 위한 관계이다.

02 ③ 상담자는 내담자와 상담실 밖에서 연애 관계나 기타 사적인 관계(소셜미디어나 다른 매체를 통한 관계 포함)를 맺거나 유지하지 않는다.

03 ㄹ.(X) 상담사는 강의, 저술, 동료자문, 대중매체 인터뷰, 사적 대화 등의 상황에서 내담자의 신원확인이 가능한 정보나 비밀 정보를 공개하지 않는다.
　※ 비밀보장의 한계
　　1. 내담자가 자신이나 타인의 생명 혹은 사회의 안전을 위협하는 경우
　　2. 내담자가 감염성이 있는 치명적인 질병을 갖고 있지만 필요한 조치를 취하지 않는 경우
　　3. 미성년인 내담자가 학대를 당하고 있는 경우
　　4. 내담자가 아동학대를 하는 경우
　　5. 법적으로 정보의 공개가 요구되는 경우

04 ② 수프에 침뱉기(예 전공이 쓸모없다고 생각하고 후회만 내담자의 경우 '전공이라는 내담자가 먹는 수프'에 후회라는 침을 뱉어 수프를 못먹게 하고 있다는 것과 같다는 것을 직면시키는 기법)에 대한 설명이다.
　① 우울과 행복을 각각 상징하는 인형을 보여주고 놀고싶은 인형 선택하기처럼 감정도 내담자가 선택할 수 있음을 인식하도록 돕는 기법이다.
　③ 내담자가 원하는 행동이나 태도를 가진 사람을 상상하고 그 사람처럼 행동하도록 하는 기법이다. 예 자신감이 없는 내담자에게 자신감이 넘치는 사람을 떠올리고 그 사람처럼 말하고 움직이라고 하는 것이다.
　④ 내담자가 감정적인 호소로 상담자를 통제하려고 할 때, 상담자가 내담자의 의도를 간파하고 예상과 다르게 반응하는 기법이다. 이를 통해 내담자가 상담자에게 의존하거나 조작하려는 시도를 포기하고, 자신의 문제에 대해 책임감을 갖고 해결하려는 노력을 하도록 하는 것이다.
　⑤ 직면은 내담자의 행동에서 모순이나 불일치를 지적하여 내담자가 스스로를 통찰하고 긍정적으로 변할 수 있는 계기를 마련하게 하는 기법이다.

05 인지오류의 유형과 예시의 연결이 옳은 것을 모두 고른 것은?

> ㄱ. 정신적 여과: (벤치에 앉아 있는 사람들이 웃는 것을 보고) 저 사람들이 제 외모를 보고 비웃는 것 같아요.
> ㄴ. 과잉일반화: 저는 수학을 못 하니까 형편없는 학생이에요.
> ㄷ. 임의적 추론: (여자 친구가 바쁜 상황으로 연락을 자주 못하자) 이제 여자 친구가 나를 멀리하는 것 같아요.
> ㄹ. 개인화: 제가 소풍을 갈 때마다 비가 와요.

① ㄱ, ㄴ ② ㄷ, ㄹ ③ ㄱ, ㄴ, ㄷ ④ ㄴ, ㄷ, ㄹ ⑤ ㄱ, ㄴ, ㄷ, ㄹ

06 합리정서행동치료(REBT)의 ABCDE 모델에서 B에 해당하는 것은?

① "저는 A를 받아야만 해요. A를 받지 못한다면 한심한 인간이 될 거예요."
② "제 자신에 대해 너무 화가 나고 수치심마저 느껴져요."
③ "네가 다른 친구들보다 성적이 더 높아야 하는 이유는 무엇이니?"
④ "이번 중간고사에서 수학 성적이 평균보다 낮게 나왔어요."
⑤ "한 번 시험에 망했다고 해서 끝은 아니죠. 이번 시험에서 망한 이유를 살펴보고 재도전해볼게요."

07 정신분석에 관한 설명으로 옳지 않은 것은?

① 불안을 느끼게 되면 방어기제가 작동된다.
② 성적 추동은 인간의 가장 기본적인 욕구이다.
③ 개인의 행동을 이해하기 위해 어린 시절의 경험을 탐색한다.
④ 자아는 현실원리에 따라 본능적 욕구와 외적인 현실 세계를 중재한다.
⑤ 개인이 겪는 심리적 문제의 원인은 외부에 존재한다.

08 행동주의 상담에 관한 설명으로 옳은 것을 모두 고른 것은?

> ㄱ. 내담자의 현재 문제에 영향을 주는 요인들을 다룬다.
> ㄴ. 과학적 방법의 원리와 절차에 근거한다.
> ㄷ. 심리적 문제의 근원에 대한 역동적 통찰을 요구한다.
> ㄹ. 행동변화의 전략은 내담자의 필요와 요구에 따라 개별화된다.

① ㄱ, ㄴ ② ㄱ, ㄹ ③ ㄴ, ㄷ ④ ㄱ, ㄴ, ㄹ ⑤ ㄴ, ㄷ, ㄹ

09 다음에서 설명하는 게슈탈트 상담이론의 접촉경계 혼란 현상은?

> ○ 부모나 사회의 영향에 의해 형성된 가치관
> ○ '항상 열심히 일해야 한다', '늘 다른 사람을 먼저 배려해야 한다' 같은 가르침을 아무 비판 없이 수용하는 경향성

① 내사　　② 투사　　③ 융합　　④ 반전　　⑤ 편향

정답 및 해설

05 ④　06 ①　07 ⑤　08 ④　09 ①

05 ㄱ. 자신과 관계 없는 일을 자신에 대한 것으로 해석하는 개인화에 대한 설명이다.
정신적 여과(선택적 추론)는 어떤 상황에서 일어난 여러 가지 일 중에서 일부만을 뽑아내어 상황 전체를 판단하는 오류이다. (예 상사와 면담했던 직원이 대화 내용이 전반적으로 긍정적이었음에도 불구하고 상사가 했던 숱한 칭찬들은 전혀 염두에 두지 않고 단 한마디 비판한 것만을 마음에 담아두는 경우를 말한다.)

06 ① A – 결과와 관계된 선행사건 탐색 (④)
B – 합리적 혹은 비합리적 신념 (①)
C – 부적절한 정서적·행동적 결과 탐색 (②)
D – 탐색된 사고 체계 논박(③)
E – 사고변화에 따른 정서적·행동적 효과 확인(⑤)

07 ⑤ 심리적 문제의 원인은 내부에서 존재하는 어떤 정신적 원인이 작용한 결과라고 본다.
① 정신분석에서 방어기제란 자아의 무의식 영역에서 일어나는 심리기제로서, 인간이 고통스러운 상황에 적응하려는 무의식적인 노력으로 본다.
② 추동(drive)은 정신분석 이론의 가장 핵심적인 개념으로서 인간이 출생 초기부터 지니고 있는 생물학적인 욕구를 의미하는데 성적 추동은 인간의 가장 기본적인 욕구이며, 성적 추동에 수반되는 심적에너지를 리비도라고 하였다.
③ 프로이트의 정신분석학은 어린시절의 경험이 앞으로의 행동과 성격에 영향을 준다고 보고 그 원인을 찾는 것에 초점을 둔다.
④ 자아의 주된 역할은 원초아에 담긴 내적인 본능적 욕구들과 외적인 현실 세계를 중재하는 일이다.

08 ④ ㄷ. 역동적 통찰은 정신분석상담에서 개인의 내면에서 일어나는 무의식적 갈등과 어린 시절의 경험을 탐구하여 현재의 증상과 문제를 이해하고 해결하려는 접근방법이다.
ㄱ, ㄴ, ㄹ 행동주의 상담은 내담자가 변화하고자 하는 구체적인 행동에 초점을 두고, 상담을 진행할 때 인간 내부의 심리적 구조보다는 환경과의 상호작용을 중시한다.

09 ① 내사에 대한 설명이다.

구 분	내 용	예
내 사	권위자의 행동이나 가치관을 무비판적으로 수용하고 사고방식에 악영향을 미치는 것이다.	예문 참조
투 사	용납하기 어려운 감정이나 동기를 타인 또는 외부에 돌리는 경향을 말한다.	제가 원하는 것을 엄마가 해 주지 않을 때 정말 화가 나요. 엄마는 자기중심적이세요
융 합	밀접한 관계에 있는 두 사람이 서로 간에 차이점이 없다고 느끼도록 합의하는 것을 말한다.	제가 원하는 대로 진로를 결정한다면 엄마가 실망하실 거예요. 저는 엄마를 실망시켜 드리고 싶지 않아요
반 전	다른 사람이나 환경에 대하여 하고 싶은 행동을 자기 자신에게 하는 것, 혹은 타인이 자기에게 해주기를 바라는 행동을 스스로 자기 자신에게 하는 것을 뜻한다	자신을 괴롭히는 친구에게 화가 날 때 자해를 함
편 향	감당하기 힘든 내적 갈등이나 외부 환경적 자극에 노출될 때 이러한 경험으로부터 압도당하지 않기 위해 자신의 감각을 둔화시킴으로써 자신 및 환경과의 접촉을 약화시키는 행위를 말한다.	요점이 없는 이야기를 장황하게 늘어놓음

10 게슈탈트 상담에 관한 설명으로 옳지 않은 것은?

① '지금–여기'에서 경험하는 것들에 초점을 맞춘다.

② 내담자가 회피하려는 행동을 직면시킨다.

③ 내담자의 자기인식과 문제해결을 돕기 위해 다양한 실험을 활용한다.

④ 내담자가 실존적 삶을 살아가도록 돕는다.

⑤ 알아차림–접촉 주기는 '배경→감각→알아차림→행동→에너지동원→접촉'의 순으로 이루어 진다.

11 인간중심 상담이론에 관한 설명으로 옳지 않은 것은?

① 유기체적 경험과 자기개념 간의 불일치는 심리적 부적응의 원인이다.

② 모든 인간은 자기실현경향성을 가지고 태어난다.

③ 내담자에 대한 진실성, 무조건적 긍정적 존중, 공감적 이해를 중시한다.

④ 궁극적인 목표는 내담자가 온전히 기능하도록 돕는 것이다.

⑤ 현실적 자기는 다른 사람으로부터 긍정적으로 평가받기 위한 가치의 조건을 반영한다.

12 다음 인간관에 기초한 상담이론은?

> ○ 세상에 우연히 던져진 존재
> ○ 유한성을 지닌 존재
> ○ 자유와 책임을 지닌 존재

① 게슈탈트 ② 실존주의 ③ 인간중심 ④ 개인심리학 ⑤ 분석심리학

13 다음 설명에 해당하는 상담이론은?

> ㄱ. 내담자와 문제를 분리하고, 새로운 관점에서 삶과 미래를 재저작하는 것을 강조한다. 대표 학자는 화이트(M. White)와 엡스턴(D. Epston)이다.
> ㄴ. 성격이론이면서 상담 및 심리치료이론으로 창시자는 번(E. Berne)이다.

① ㄱ: 이야기치료,　　　　ㄴ: 교류분석

② ㄱ: 이야기치료,　　　　ㄴ: 게슈탈트

③ ㄱ: 마음챙김기반 인지치료, ㄴ: 교류분석

④ ㄱ: 마음챙김기반 인지치료, ㄴ: 게슈탈트

⑤ ㄱ: 사회구성주의이론,　　ㄴ: 게슈탈트

14 현실치료에 관한 설명으로 옳은 것을 모두 고른 것은?

> ㄱ. 인간을 자신의 행동을 선택하는 존재로 가정한다.
> ㄴ. 경험·환경이 형성한 5가지 욕구를 가정한다.
> ㄷ. 뇌 속의 비교장소를 상정한다.
> ㄹ. 주요 개념은 4R, 전행동, 선택이다.
> ㅁ. 개인의 선택과 삶에 대한 통제를 중시한다.

① ㄱ, ㄴ, ㄷ　　② ㄱ, ㄷ, ㄹ　　③ ㄱ, ㄷ, ㅁ　　④ ㄴ, ㄹ, ㅁ　　⑤ ㄷ, ㄹ, ㅁ

정답 및 해설　　　　　　　　　　　　　　10 ⑤ 11 ⑤ 12 ② 13 ① 14 ③

10 ⑤ 알아차림과 접촉 주기는 배경, 감각, 알아차림, 에너지 동원, 행동, 접촉의 순으로 이루어진다.
(예) 노동을 함(배경)– 배가 고파짐(감각) – 음식을 먹고 싶다는 욕구를 느낌 (알아차림) – 음식을 준비하거나 식당을 찾아감 (에너지 동원) – 음식을 먹음 (행동) – 배부름을 느끼고 만족함(접촉))

11 ⑤ 인간중심 상담이론의 주요개념에는 '자기(=자아=self)'와 현재의 자기모습에 대한 인식을 나타내는 '현실적 자기', 타인으로부터 긍정적 존중을 받기 위해서 추구하는 자기 모습에 해당하는 '이상적 자기'가 있다.
이상적 자기와 현실적 자기 간의 괴리가 큰 경우 심리적 부적응이 발생한다고 본다.

12 ② 실존주의 상담이론의 인간관
㉠ 인간은 자신의 의사와 상관없이 이 세상에 우연히 던져진 존재
㉡ 죽음의 불가피성과 삶의 유한성
㉢ 개인이 갖고 있는 자유와 책임에 대한 인식을 지닌 존재 (자기인식 능력을 지닌 존재)

13 ① ㄱ: 내담자와 문제를 분리하는 것은 이야기 치료의 특징이다.
ㄴ: 교류분석은 미국의 정신의학자 에릭 번이 주창한 성격이론이자 상담 및 심리치료이론으로, 인간은 부모(P), 어른(A), 아이(C)과 같은 세 가지 자아상태를 가지고 있다고 가정한다. 프로이트가 주장한 정신분석에서 제시한 성격요소 초자아, 자아, 원초아와 비슷한 속성을 가지지만, 정신분석은 무의식에 초점을 두는 반면 교류분석은 의식적 행동에 초점을 둔다.

14 ③ ㄱ.(O) 현실치료에서 인간은 자신이나 환경을 통제할 수 있는 존재이며, 자기 행동을 선택하고 자신의 행동에 책임을 질 수 있는 존재다.
ㄴ.(×) 인간의 모든 행동은 생존, 사랑, 힘, 자유, 재미 등의 다섯 가지 기본적인 욕구를 충족하기 위한 것이다.
ㄷ.(O) 뇌 속에 '좋은 세상'을 상정하고 지각된 세계의 현상을 좋은 세상과 비교해서 균형이 깨지면 좌절신호가 발생하고 필요한 행동변화를 통해 '더 나은 선택을 하고 원하는 삶'을 향해 나아갈 수 있도록 한다고 하였다.
ㄹ.(×) 현실치료의 주요 개념

구 분	내 용
3 R	내담자가 바람직한 방법으로 욕구를 달성할 수 있도록 현실치료에서는 책임감(Responsibility), 현실(Reality), 옳거나 그름(Right or Wrong)의 3R를 강조하였다. ·책임감: 다른 사람이 그의 욕구를 충족시키는 것을 방해하지 않으면서 자신의 욕구를 충족시키는 능력 ·현실: 현실 세계가 정해 주는 어떤 범위 내에서만 자신의 욕구 충족이 가능 ·옳거나 그름: 다른 사람에게 해가 되지 않는 옳은 판단을 통해 자신의 욕구를 충족
전(全)행동	인간의 전행동(total behavior)이란 모든 행동이 분리될 수 없지만 구별되는 네 개의 구성요소, 즉 행동하기, 생각하기, 느끼기, 생리적 반응으로 구성되어 통합적으로 기능하는 행동체계를 말한다
선 택	'우리가 통제할 수 있는 유일한 행동은 우리 자신의 행동이다'라는 명제에 토대를 둔다. 이 이론에서는 개인의 자유를 강조하기 때문에 개인이 느끼는 우울 등 흔히 정신질환으로 여겨지는 행동까지도 선택한 것이며, 이 때 조차도 보다 만족스러운 어떤 것을 선택할 선택권을 갖는다고 본다.

ㅁ.(O) 개인의 선택과 삶에 대한 통제를 중시한다.

15 해결중심상담에 관한 설명으로 옳지 않은 것은?

① 상담자와 내담자가 내담자 운명의 공동건축가라고 본다.
② 내담자가 중요하다고 생각하는 것을 상담목표로 세운다.
③ 문제 해결에 필요한 자원을 내담자 자신이 갖고 있다고 본다.
④ 긍정적 예외상황 탐색, 새로운 해결책 도출에 초점을 둔다.
⑤ 악몽질문은 기적질문, 예외질문 등이 효과가 없을 때 주로 사용된다.

16 상담이론과 설명의 연결로 옳은 것은?

① 교류분석: 세 자아상태 중 한 상태, 세 자아기능 중 한 기능으로 메시지를 주고받는다.
② 개인심리학: 부모나 환경에 대한 반응으로서의 결정들을 토대로 인생각본이 형성된다.
③ 변증법적 행동치료: 삶이라는 클럽의 회원구성을 새롭게 함으로써 자신의 정체성을 재구성한다.
④ 현실치료: 선택이론에서 통제이론으로 초점을 옮기면서 의료에서 교정, 학교 영역까지 확장되었다.
⑤ 인지행동치료: 타 이론의 효과적 기법들을 수용한 복합적, 다요인적 접근이다.

17 다음 사례개념화에 부합하는 상담이론은?

> 내담자는 쪽지시험 실수, 친구에게 한 실언 등 통제하지 못한 실패에 집착하여 불면, 스트레스성 소화장애에 시달린다. 본 상담에서는 내담자가 자신의 생각과 감정으로 부터 떨어져 바라보게 해서 더 명료하게 알아차릴 수 있도록 돕고, 자신에게 가치 있는 삶에 집중할 수 있도록 돕는 접근이 필요하다.

① 개인심리학   ② 동기강화상담
③ 수용전념치료   ④ 실존주의상담
⑤ 마음챙김기반 인지치료

18 변증법적 행동치료(DBT)에 관한 설명으로 옳은 것을 모두 고른 것은?

> ㄱ. 경계선 성격장애 치료를 위해 개발되었다.
> ㄴ. 정서적 취약성을 타고난 경우 어려움을 겪는다고 가정한다.
> ㄷ. 파괴적 행동의 수정과 감정의 비판단적 수용을 강조한다.
> ㄹ. 기술훈련모듈에는 인지처리, 감정조절, 고통감내, 대인조절이 있다.

① ㄱ, ㄴ   ② ㄷ, ㄹ   ③ ㄱ, ㄴ, ㄷ   ④ ㄴ, ㄷ, ㄹ   ⑤ ㄱ, ㄴ, ㄷ, ㄹ

정답 및 해설   15 ①   16 ⑤   17 ③   18 ③

15 ① 해결중심상담에서 상담자의 역할은 내담자가 욕구와 자원을 깨닫도록 하는 안내하는 조력자이며, 내담자는 욕구실현에 필요한 자원을 이미 소유하고 있는 문제해결의 주체로 본다.

② 내담자가 중요하다고 생각하는 것을 상담목표로 세우고, 내담자가 문제가 아니라고 생각하는 것은 내담자의 문제로 다루지 않는다.

③ 문제 해결에 필요한 자원을 내담자 자신이 갖고 있다고 보고, 내담자가 지닌 강점, 장점, 자원을 활용하여 현재 직면한 문제의 해결을 목표로 한다.

④ 예외적인 상황을 탐색하고 문제 상황과의 차이점을 발견함으로써 문제가 발생하지 않는 상황을 증가시키는 것이다. 예컨대 특정사람과의 불편한 관계를 특정대화나 행동변화로 관계를 개선했던 예외적 상황을 다른 사람과의 문제에 있어서도 적용하여 해결하는 방식이다.

⑤ 내담자에게 더 나쁜 일이 일어나야만 내담자가 무언가를 하려고 하거나 문제에서 벗어날 수 있을 것으로 생각될 때 사용하는 질문기법으로 기적질문, 예외질문등이 효과가 없을 때 주로 사용된다(예 만약 우울감이 더 심해져서 아무것도 할 수 없게 된다면 당신의 삶은 어떻게 될 거 같나요?).

악몽질문을 통해 내담자는 문제의 심각성을 인지하고 더 나빠지기 전에 해결책을 찾도록 동기를 부여받을 수 있다.

16 ⑤ 인지행동치료(CBT)는 정신질환이 왜곡된 사고방식과 잘못된 행동학습에서 비롯된다고 보며, 특히 왜곡되어 비현실적이고 부정적인 사고방식이 정신질환의 원인이라고 본다. 이러한 사고방식을 고치기 위해 인지행동치료자들은 정신질환과 관련된 인지와 행동으로 구성된 인지적 공식(cognitive formulation)에 기초하여, 인지치료 기법과 행동주의 치료를 통합수용하여 환자의 인지적 변화를 유도하여 치료한다.

① 세 자아상태(초자아, 자아, 원초아) 중의 한 자아상태를 기능적으로 다섯가지 기능(비판적 어버이자아, 양육적 어버이자아, 어른자아, 자유어린이 자아, 순응적 어린이자아)중 한 기능으로 메시지를 주고 받는다.

② 인생각본은 교류분석에 해당한다. 에릭 번은 인생각본을 '아동기에 형성되고 부모에 의해 강화되고 또 그 후 경험들을 통해 정당화되어 결국 자기 인생의 대안으로 확정된 인생계획'이라고 하였다.

③ 이야기 치료기법의 하나인 회원재구성 대화에 대한 설명이다. 삶을 어떤 클럽의 회원이 되어 이 클럽에 관련하여 살아가는 것이라는 관점에서 나누는 대화라고 한다. 즉, 삶에 있어서 소속감을 활용하여 개인의 정체성을 확인하고 강화하며, 클럽의 회원구성을 새롭게 함으로써 자신의 정체성을 재구성한다고 하였다.

④ 글래서(Glasser)는 처음에 현실치료의 이론적 틀로 통제이론 입장을 취하였다. 통제이론은 모든 유기체가 자신의 목적에 따라 외부세계를 통제하기 위해 어떻게 행동하는가를 설명하는 이론이다. 그후 선택이론으로 초점을 옮겼는데, 선택이론에서는 우리 인간이 생존, 소속감, 힘, 자유, 즐거움 등 다섯 가지 기본 욕구를 가지고 태어나며, 이 다섯 가지 기본 욕구에 따라 인간은 행동한다고 믿었다.

17 ③ 수용전념치료(ACT)

· 기능적 맥락주의를 기반으로 한 치료로서 내담자의 문제를 단순한 증상이 아닌 전체적인 관점에서 바라보며, 문제의 본질과 기능을 이해하기 위해 맥락의 중요성을 강조한다.

· 정서나 인지의 직접적인 변화보다는 사적 경험(private experience)의 수용이라는 맥락의 변화를 도모하는 수용중심 치료법이다.

· 일상에서 순간순간 일어나는 개인적 경험에 대해 호기심과 열린 태도를 유지하면서 비(非)판단적인 수용과 마음챙김을 기르는 것이 중요하다. 더불어 단순히 고통이나 증상의 완화가 아니라 생동감 있고 자신의 가치를 향한 삶으로 나아갈 수 있도록 심리적 유연성을 기르는 것이 궁극적인 ACT의 치료 목표이다.

18 ③ 변증법적 행동치료(DBT)

ㄱ.(O) 변증법행동치료는 미국의 심리학자 리네한(M. Linehan)이 경계선성격장애의 치료를 위해 개발한 것으로 인지행동치료 원리와 선불교 철학, 그리고 변증법 철학이라는 세 가지 주요 축을 기반으로 하는 치료 체계로 큰 범주로 보면 인지행동치료에 포함된다.

ㄴ.(O) 정서적 취약성과 정서조절 능력 결핍의 상호작용으로 정서조절 곤란 상태가 초래된다고 하였다.

ㄷ.(O) DBT는 변화(change)와 수용(acceptance)을 바탕으로 구성되어 있다. 수용은 현실을 왜곡하지 않고, 좋고 나쁘다 판단을 덧붙이지 않으며, 집착하거나 회피하지 않고, 개방적인 태도로 온전하게 경험하는 것이라고 하였다. 내담자의 파괴적인 행동을 받아들이고 그 행동이 심각한 손상을 초래했다는 사실도 받아들이는 것이며, 더 나아가 손상을 복구하기 위해 그 행동을 반드시 수정할 필요가 있다는 현실까지 기꺼이 받아들이는 것이 진정한 의미의 수용이라는 것이다.

ㄹ.(X) 변증법적 행동치료는 마음챙김, 대인관계, 감정조절, 고통 감내 등 4가지 모듈로 구성되어 있다.

19 통합적 접근에 관한 설명으로 옳지 않은 것은?

① 최근 동향에서는 이론적 통합을 지향한다.
② 효과성을 기준으로 선택한 개입전략들의 조합이 바람직하다.
③ 상담자의 숙고와 철학에 바탕을 두고 다양한 접근을 조화롭게 통합하여 사용하는 것이다.
④ 정서중심치료는 공감, 표현예술치료, 마음챙김의 통합이다.
⑤ 변증법적 행동치료는 인지행동, 마음챙김, 인간중심, 전략적 요소 등의 통합이다.

20 여성주의 상담에 관한 설명으로 옳지 않은 것은?

① 여성의 삶의 맥락에 주목한다.
② 다양한 정체성을 가진 위험·취약 집단 여성에 주목한다.
③ 내담자 자신의 경험과 판단을 신뢰하도록 격려한다.
④ 권력분석은 내담자와 상담자 사이 권력차이를 감소시킨다.
⑤ 여성이 사회적으로 여전히 존재하는 성차별주의와 분투 중이라 본다.

21 다문화 사회정의 및 옹호 상담자에 관한 설명으로 옳지 않은 것은?

① 내담자에게 필요한 자원 및 지지 제공을 위해 지역사회 내 단체, 지도자, 교장 등과 협력한다.
② 연결(linking) 기법을 사용하여 지역사회 내 단체들 간 협력을 지원한다.
③ 내담자가 강점 인식 및 자기 옹호를 배우도록 조력한다.
④ 정치적 행동을 취할 필요가 있는 사회 문제를 인식한다.
⑤ 개인-체제 간 균형잡힌 관점으로 문제의 원인을 개념화한다.

22 상담을 시작하기 전 준비해야 할 사항으로 옳은 것은?

① 변화를 위한 실천행동 계획
② 상담할 공간의 편안함과 쾌적함 점검
③ 상담 진행방식에 대한 안내와 합의
④ 상담에서 제시할 과제 목록 작성
⑤ 보호자의 심리검사 실시 후 결과 확보

23 상담목표에 관한 설명으로 옳은 것을 모두 고른 것은?

> ㄱ. 내담자를 주체로, 상태나 행동을 진술한다.
> ㄴ. 내담자의 연령, 특성을 고려하여 세운다.
> ㄷ. 목표수립은 다음 단계인 촉진적 관계 형성을 활성화한다.

① ㄱ   ② ㄴ   ③ ㄷ   ④ ㄱ, ㄴ   ⑤ ㄴ, ㄷ

24 호소문제에 관한 설명으로 옳은 것을 모두 고른 것은?

> ㄱ. 상담자는 호소문제를 우선적으로 들어야 한다.
> ㄴ. 호소문제를 해결하는 상담목표를 수립해야 한다.
> ㄷ. 호소문제를 들으면서 비언어적 행동을 면밀히 관찰해야 한다.

① ㄷ   ② ㄱ, ㄴ   ③ ㄱ, ㄷ   ④ ㄴ, ㄷ   ⑤ ㄱ, ㄴ, ㄷ

25 상담자의 자기개방에 관한 설명으로 옳지 않은 것은?
① 자기공개, 자기노출, 자기폭로라고 불린다.
② 상담자에게 이해받는다는 인식을 하게 한다.
③ 상담자와 내담자 간 동질감을 형성하게 한다.
④ 모델링 학습의 목적으로 사용한다.
⑤ 변화가능성과 도전을 위한 용기를 불어넣고자 할 때 사용한다.

정답 및 해설

19 ④ 20 ④ 21 ② 22 ② 23 ④ 24 ⑤ 25 ②

19 ④ 정서중심치료는 개인의 정서적 경험을 이해하는 경험주의 이론과 관계를 설명하는 체계이론이 통합된 모델이며, 수 존슨이 애착이론을 추가하여 부부의 사랑과 불화과정을 새로운 시각에서 바라볼 수 있는 길을 열어 주었다.

20 ④ 여성주의 상담기법

구 분	내 용
문화분석	가부장적 문화 남성지배적 문화가 여성과 남성의 삶에 어떤 영향을 미쳐왔으며, 사회곳곳에서 우리의 사고방식과 심리에 어떻게 영향을 미쳐왔는지 탐색하는 기법
성역할분석	성역할 기대감이 내담자의 심리적 안녕감에 미치는 영향과 이러한 정보가 미래 성역할 행동에 미치는 영향을 탐색하는 기법
권력분석	불평등이나 제도적 장벽이 자기정의나 복지를 제한했는지를 탐색하는 기법
주장훈련	사회변화를 위해 표현, 태도등의 행동발달을 통하여 인간관계기술을 증진시키는 기법
의식향상 훈련기법	여성운동의 창조물로서 여성들이 여성으로서 자신들의 삶의 사회적 위치 및 그것이 어디서 초래되었는지 정기적으로 만나는 CR(의식향상)집단을 통하여 인식하도록 하는 집단활동기법
독서요법	독서를 통하여 내담자의 전문성을 증가시키고 상담자와의 권력 불균형을 줄이는 기법
재구성과 재명명	자신을 비난(희생자 비난하기)하는 것으로부터 내담자의 문제의 원인이 될 수 있는 환경의 사회적 요인을 탐색하는 것으로 관점을 변화시키는 기법
탈신비화(자기개방)전략	내담자와 상담자의 권력차이를 감소시켜 상담관계에서의 평등성을 증가시키는 기법

21 ② 다문화 사회정의 및 옹호 상담자는 내담자를 상담할 때 사회적 요소를 무시한 채 개인 내적인 문제만을 상담의 대상으로 하지 않고, 내담자의 주호소를 내담자의 문화적 맥락과 사회체계에서의 억압 및 차별과 연계시키고 내담자에게 고통을 주는 불평등하고 억압적 체계를 변화시키기 위해 상담실 밖 사회참여를 통한 예방 활동을 상담자의 역할로 본다.

22 ② 상담할 공간의 편안함과 쾌적함 점검은 시작전 준비사항이다.
　①은 상담 후기 ③,④,⑤는 주로 초기단계에 속한다.

23 ④ 상담의 진행과정의 순서 (ㄷ.은 순서오류)
촉진적 관계형성 – 호소문제 파악 및 구조화 – 목표설정 및 문제해결 노력 – 실천행동의 계획 – 실천결과 평가 및 종결

24 ⑤ 초기단계는 내담자 및 내담자가 호소하는 문제를 이해하고 상담 목표를 수집하는 단계로, 호소문제를 들으면서 언어적인 정보와 비언어적인 정보를 수집한다.

25 ② 반영을 통해 내담자는 상담자에게 이해받고 있다는 인식을 하게 된다.

01　학습의 정의에 관한 설명으로 옳지 않은 것은?

① 학습은 직접적으로 관찰 가능해야 한다.

② 성숙에 의한 변화는 학습이 아니다.

③ 수행(performance)이 없어도 학습은 일어날 수 있다.

④ 행동 변화는 학습 경험 후에 즉시 일어나지 않아도 된다.

⑤ 약물에 의한 일시적 신체 변화는 학습의 범주에 포함되지 않는다.

02　손다이크(E. Thorndike)의 이론적 관점에 관한 설명으로 옳지 않은 것은?

① 학습은 통찰적이라기보다 점진적이다.

② 학습된 반응은 이미 형성된 방향으로 일어나기 쉽다.

③ 자극과 반응 간 연합은 연습만으로도 강화된다.

④ 문제해결을 하는데 걸리는 시간은 시행 횟수가 증가함에 따라 체계적으로 증가한다.

⑤ 반응 다음에 만족스러운 사상태(satisfying state of affairs)가 따라오면 자극과의 연결 강도가 높아진다.

03　처벌에 관한 설명으로 옳지 않은 것은?

① 타임아웃(time-out)은 정적 처벌의 하나이다.

② 처벌 전 사전 경고를 하는 것이 효과적이다.

③ 행동과 처벌 간 시간 간격이 길수록 처벌의 효과는 떨어진다.

④ 처벌 받는 행동은 분명하고 구체적인 용어로 제시되어야 한다.

⑤ 처벌 받는 행동이 받아들여질 수 없는 이유에 대해 설명해 주어야 한다.

04　학습된 무기력(learned helplessness)에 관한 설명으로 옳은 것을 모두 고른 것은?

> ㄱ. 인간을 포함한 많은 종의 동물들에서 발견할 수 있다.
> ㄴ. 학습된 무기력이 높은 사람은 실패의 원인을 노력 부족으로 생각한다.
> ㄷ. 통제 불가능한 상황에서 혐오자극에 반복적으로 노출되면 발생할 수 있다.
> ㄹ. 인간의 경우 삶의 다양한 시도들이 좌절되어 무기력하고, 움츠러들며, 마지막에는 포기해 버리는 특징이 있다.

① ㄱ, ㄹ　② ㄱ, ㄴ, ㄷ　③ ㄱ, ㄷ, ㄹ　④ ㄴ, ㄷ, ㄹ　⑤ ㄱ, ㄴ, ㄷ, ㄹ

05 고전적 조건형성의 적용 사례로 옳지 않은 것은?

① 범죄 뉴스에서 특정 국가의 사람을 보면 그 국가 국민에 대한 편견이 형성된다.

② 노란색 옷을 입고 등교한 날 시험을 잘 보면, 시험 보는 날은 노란색 옷을 입는다.

③ 아이가 토끼 옆에 있을 때 갑자기 큰 소리에 노출되면, 토끼에 대한 공포가 형성된다.

④ 멋진 아이돌 가수가 특정 제품을 광고하면, 그 제품에 대한 긍정적 이미지가 형성된다.

⑤ A는 열 살 때 오이를 먹고 몇 시간 뒤 독감에 걸렸다. 그 후 A는 오이를 싫어하게 되었다.

06 다음 실험에서 밑줄 친 부분과 고전적 조건형성의 개념을 옳게 짝지은 것은?

> 파블로프(I. Pavlov)는 배고픈 개에게 고기를 주기 바로 전에 똑딱거리는 메트로놈을 반복적으로 들려주었다. 실험 초반에는 메트로놈의 똑딱거리는 소리가 개에게 침을 흘리게 하지 않았으나, ㉠고기를 줄 때는 개가 ㉡침을 흘렸다. 그러나 결국 개는 고기를 받기 전에 똑딱거리는 ㉢메트로놈 소리만 들려도 ㉣침을 흘리게 되었다.

① ㉠ – 조건 자극, ㉡ – 무조건 반응

② ㉠ – 무조건 자극, ㉣ – 무조건 반응

③ ㉡ – 무조건 반응, ㉢ – 조건 자극

④ ㉡ – 조건 반응, ㉣ – 무조건 반응

⑤ ㉢ – 무조건 자극, ㉣ – 무조건 반응

정답 및 해설　　01 ① 02 ④ 03 ① 04 ③ 05 ② 06 ③

01 ① 가치관, 태도, 신념 같이 직접 관찰할 수 없는 내적인 행동도 학습활동을 통해 변화할 수 있고, 변화된 사고, 신념, 가치관은 이를 반영하는 행동을 통해 변화했음을 알 수 있다(예 이타심 → 노인에게 자리 양보)

②, ⑤ 행동변화의 다른 방법인 시간의 경과 (예 신체적 성숙)나 약물에 의한 일시적 신체변화는 학습에 포함되지 않는다.

③ 수행없이도 잠재학습, 관찰학습, 인지학습 등을 통해 학습은 일어난다.

④ 학습은 즉각적으로 활용되지 않을 수 있다.(예 운동선수는 비디오나 강의를 통해 새로운 운동법을 배울 수 있다.그러나 부상이나 질병을 이유로 오랫동안 수행을 못하기도 한다.) 그러므로 행동이 즉각적으로 변화하지 않아도 행동을 다르게 할 수 있는 잠재력이 있다면 학습결과가 나타났다고 할 수 있다. 즉,학습은 행동 잠재력의 변화로 간주 될 수 있다.

02 ④ 손다이크(E. Thorndike)의 시행착오설에 의하면 시행횟수가 증가함에 따라 목표에 도달하는 시간이 짧아진다.

①,③ 인지주의 학습이론이 학습은 종종 갑작스러운 통찰을 포함한 인간의 인지구조의 변화라고 주장한 반면, 손다이크로 대표되는 행동주의 학습이론은 학습을 자극과 반응의 연합을 통한 점진적인 행동의 형성이라고 주장하였다.

② 자극과 반응 사이의 강한 연합은 변별 자극에 대하여 학습된 반응을 자동으로 유도한다.

⑤ 학습결과가 만족스런 상태에 도달하면 결합이 강화되고(만족의 법칙)불만족을 주는 결과가 계속되면 자극과 반응의 결합이 약화된다

03 ① 타임아웃은 부적처벌의 하나이다 (예 수업시간에 떠든 학생을 일정시간동안 교실밖에 격리시키는 처벌)

04 ③ 학습된 무기력은 자신이 스스로의 노력으로 부정적인 결과를 바꿀 수 없다고 생각하는 현상으로, 능력 부족과 관련이 있다.

05 ② 조작적 조건형성에 대한 사례이다. 조작적 조건형성은 행동의 결과에 따라 행동이 변화하는 원리로, 노란색 옷을 입고 등교한 날 시험을 잘 보면(행동의 결과)로 시험 보는 날은 노란색 옷을 입는(행동의 변화) 경우가 해당한다.

06 ③ ㉠ – 무조건 자극, ㉡ – 무조건 반응 ㉢ – 조건 자극, ㉣ – 조건 반응

07 고전적 조건형성에서 다음 설명에 해당하는 개념은?

> 메트로놈 소리와 고기를 짝 짓는다. 고기는 배고픈 개에게 침을 흘리게 할 것이고, 메트로놈 소리와 고기가 몇 차례 짝 지어지면 메트로놈 소리만 제시하여도 개는 침을 흘린다. 이후 새로운 조건 자극인 반짝이는 불빛과 이전의 조건 자극(메트로놈 소리)을 짝짓는다. 이 시행을 몇 차례 반복하면 개는 반짝이는 불빛만 제시하여도 침을 흘린다.

① 변별　　　　　　　　② 일반화　　　　　　　　③ 제지 조건화
④ 차별적 강화　　　　　⑤ 고차적 조건화

08 다음 과정에 관한 이요인 이론(two-factor theory; O. Mowrer)의 설명으로 옳지 않은 것은?

> A방에 개가 있다. 그 방의 불빛이 꺼지고 잠시 후 개는 전기충격을 받는다. 곧 개는 장벽을 뛰어넘어 전기충격이 없는 B방으로 간다. 이 과정을 도식화하면 다음과 같다.
>
>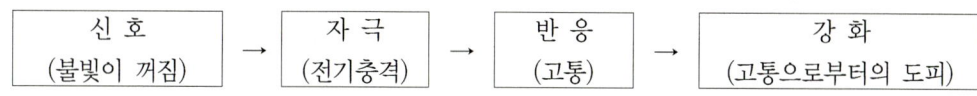

① 고통은 전기충격에 대한 조건 반응이 된다.
② 개가 장벽을 뛰어넘는 것은 부적 강화력을 가진다.
③ 불빛이 꺼지는 것은 고통에 대한 조건 자극이 된다.
④ 고전적 조건화와 조작적 조건화라는 두 종류의 학습 경험이 관여한다.
⑤ 개가 장벽을 뛰어넘는 것은 공포를 종결시키는 활동을 학습한 것으로 해결학습(solution learning)에 해당된다.

09 다음 사례에 해당하는 강화계획은?

> A학급에서 B교사는 칭찬스티커 10개를 모은 모둠에게 떡볶이 쿠폰을 준다. 또한 10권의 책을 읽은 학생에게 독서상을 준다.

① 연속강화　　　　　　② 고정간격강화　　　　　③ 변동간격강화
④ 고정비율강화　　　　⑤ 변동비율강화

10 프리맥 원리(Premack principle)에 관한 설명으로 옳은 것을 모두 고른 것은?

> ㄱ. 높은 빈도로 나타나는 행동이 낮은 빈도로 나타나는 행동을 강화할 수 있다.
> ㄴ. 일차 강화물과 이차 강화물을 구분한다.
> ㄷ. 행동의 강화적 속성을 결정하는 것은 상대적 가치이다.
> ㄹ. 좋아하는 활동을 덜 좋아하는 활동의 강화인으로 활용한다.

① ㄱ, ㄴ, ㄷ ② ㄱ, ㄴ, ㄹ ③ ㄱ, ㄷ, ㄹ ④ ㄴ, ㄷ, ㄹ ⑤ ㄱ, ㄴ, ㄷ, ㄹ

11 관찰학습에 관한 설명으로 옳지 않은 것은?

① 모델의 행동을 관찰함으로써 학습하는 것이다.
② 인간 외의 동물들도 관찰을 통해 학습할 수 있다.
③ 인간은 모델이 매력적이고 유명한 사람일 때 더 잘 배우는 경향이 있다.
④ 연령도 관찰학습에 영향을 미치는데, 생활 연령이 정신 연령보다 더 중요하다.
⑤ 비숙련 모델(unskilled model)은 관찰자에게 모델의 성공뿐만 아니라 실패로부터도 배우게 한다.

정답 및 해설
07 ⑤ 08 ① 09 ④ 10 ③ 11 ④

07 ⑤ 조건화가 형성된 후에 조건자극(메트로놈 소리)을 무조건자극으로 하고 또 다른 중립자극인 반짝이는 불빛을 메트로놈 소리와 반복적으로 연합시키면 불빛도 타액 분비를 일으키는 조건 자극이 되는 것을 고차적 조건화라 한다.

08 ① 신호 (불빛이 꺼짐) ; 조건자극   고통 : 조건반응
    장벽을 뛰어넘음 – 어떤 행동을 한 뒤에 싫어하는 자극을 제거하는 부적 강화
    ④ 모어(O. Mowrer)의 이요인 이론은 신호와 고통이라는 고전적 조건화와 회피행동을 통해 부적강화가 증가하는 조작적 조건화의 두종류의 학습경험을 통해 공포를 종결시키는 활동을 학습한 것으로 해결학습에 해당한다.

09 ④ 목표행동이 일정한 수만큼 발생했을 때 강화물을 주는 고정비율강화에 해당한다.

10 ③ 일차 강화물과 이차 강화물로 구분한 학자는 스키너이다.
    일차강화물은 생리적으로 만족을 주는 강화물이다. (예 배고플 때 주는 먹이, 물 등)
    이차강화물은 원래는 강화력이 없는 중성적인 것이나, 경험을 통해 일차강화물과 연합함으로써 강화력을 가지게 된 강화물이다.(예 칭찬, 돈 등)
    ㄱ, ㄷ, ㄹ 프리맥은 일차강화물과 이차강화물을 구분하지 않고, 행동의 강화적 속성을 결정하는 것은 상대적 가치라고 하면서, 목표로 하는 행위가 강화되기 위해서는 그것보다 상대적으로 더 중요하고 가치 있는 보상이 주어져야 한다는 상대적 가치이론을 주장하였다. 즉 높은 빈도로 나타나는 행동이나 좋아하는 활동(예 컴퓨터 게임)이 낮은 빈도로 나타나는 행동(예 숙제)을 강화할 수 있다고 하였다.

11 ④ 정신연령은 생활연령과 관계없이 자신이 스스로 지각하는 연령이다. 연령도 관찰학습에 영향을 미치는데, 정신연령이 생활연령보다 더 중요하다.

12 관찰학습의 과정을 순서대로 옳게 나열한 것은?

> ㄱ. 학습한 것에 대한 인지적 시연
> ㄴ. 모델에 대한 주의
> ㄷ. 학습한 것에 대한 동기화
> ㄹ. 관찰한 것의 파지

① ㄴ – ㄱ – ㄹ – ㄷ　　② ㄴ – ㄷ – ㄹ – ㄱ　　③ ㄴ – ㄹ – ㄱ – ㄷ
④ ㄷ – ㄴ – ㄱ – ㄹ　　⑤ ㄷ – ㄴ – ㄹ – ㄱ

13 통찰학습에 관한 설명으로 옳지 않은 것은?
① 문제해결에서 정신적 숙고의 과정을 거친다.
② 미해결에서 해결로의 전환은 서서히 단계적으로 나타난다.
③ 통찰로 얻은 원리는 구조적으로 유사한 문제에 쉽게 적용할 수 있다.
④ 통찰로 얻은 해결책은 상당한 시간 동안 유지된다.
⑤ 통찰로 얻은 해결책에 기초한 수행은 대개 부드럽고 오류가 없다.

14 학습과 인지구조에 관한 비고츠키(L. Vygotsky)의 주장으로 옳지 않은 것은?
① 언어나 상징과 같은 문화적 도구의 중요성을 강조한다.
② 근접발달영역(ZPD)에서 학습이 이루어진다.
③ 지식은 혼자 발견하기보다 타인과의 상호작용을 통해 전수된다.
④ 사회와 문화적 맥락에서의 학습에 초점을 둔다.
⑤ 동화와 조절을 통해 인지구조의 성장이 일어난다.

15 앳킨슨과 쉬프린(R. Atkinson & R. Shiffrin)의 기억에 관한 설명으로 옳은 것은?
① 감각등록기(sensory register)는 주의를 기울이는 동안만 유지된다.
② 단기기억은 매우 짧은 시간동안 매우 많은 정보를 저장한다.
③ 일화기억(episodic memory)은 개인적 경험을 담은 단기기억이다.
④ 장기기억의 저장용량은 기존에 저장된 정보가 많을수록 줄어든다.
⑤ 새로운 정보는 단기기억을 거친 다음에 장기기억으로 이동한다.

16 다음 학습 전략은?

> ○ 정보를 단기기억에서 장기기억으로 저장하는 방법
> ○ 어떤 정보를 반복적으로 되새기는 과정

① 암송(rehearsal)　　② 정교화(elaboration)　　③ 청킹(chunking)

④ 재조직화(reorganization)　　⑤ 군집화(clustering)

17 기억의 역행간섭(retroactive interference)에 해당하는 사례는?

① 단어목록을 외웠는데 제일 앞 단어만 기억난다.

② 교통사고를 겪은 순간이 잘 기억나지 않는다.

③ A의 첫인상은 뚜렷한데 가장 마지막 인상은 희미하다.

④ 술에 취한 이후에 있었던 일이 기억나지 않는다.

⑤ 전화번호를 바꾼 후 예전 전화번호가 기억나지 않는다.

정답 및 해설

12 ③　13 ②　14 ⑤　15 ⑤　16 ①　17 ⑤

12 ③ 관찰학습의 과정은 주의 – 파지 – 시연(행동) – 동기화의 순서를 거친다.

13 ② '통찰'은 '미해결'에서 '해결'로 갑자기 일어나기 때문에 우리는 대개 '아하(aha)' 소리를 내게 된다.

　　※ 통찰학습의 특징

　　문제해결을 탐색하는 숙고의 시기에 여러 가지 가능한 해법을 머릿속으로 궁리해 보며, 숙고하는 중에 정확한 가설이
　　떠오르는 순간 문제가 갑자기 해결된다.

　　• 통찰에 따른 문제해결의 수행에는 거의 오차가 없고 원활하다.

　　• 통찰에 의한 문제해결 방법은 상당기간 동안 잘 기억되고 유지된다.

　　• 통찰에 의해 터득한 원리는 쉽사리 다른 상황에까지 적용된다.

14 ⑤ 피아제(Piaget)의 주장이다. 피아제는 인간의 지적 능력을 개인이 환경에 효과적으로 순응할 수 있는 능력으로 정의하
　　고, 순응과정은 동화와 조절을 통하여 인지구조가 변화됨으로써 이루어진다고 하였다.

　　동화는 외부사물을 인지할 때 기존의 개념범위안에서 인지하는 것을 말하며, 조절은 외부사물이 기존의 틀에서 인지되
　　지 않는 경우에, 주어진 상황에 맞게 기존의 인지구조를 변화시키는 것을 말한다.

　　① 피아제는 언어는 인지발달의 부산물이라고 한 반면, 비고츠키는 언어는 인지발달에서 주도적 역할을 한다고 하였다.

　　②,③ 근접발달영역(ZPD)은 학습자가 독립적으로 문제를 해결할 수 없으나 도움을 받으면 해결할 수 있는 범위를 말하며,
　　지식은 혼자 발견하기보다 타인과의 정교한 교수–학습상호작용을 통해 전수된다고 하였다.

　　④ 피아제는 자연적이고 생물학적인 면을 강조한 반면, 비고츠키는 사회와 문화적 맥락에서의 학습에 초점을 둔다.

15 ⑤ 새로운 정보는 단기기억에서 처리되어 장기기억으로 이동한다.

　　① 앳킨슨과 쉬프린의 정보처리이론은 3개의 기억 저장고(감각등록기, 단기기억, 장기기억) 로 구분한다. 단기기억(작업기
　　억)상의 정보는 주의를 기울이는 동안만 유지되며 잠시만 딴 생각을 해도 단기기억상의 정보는 사라진다.

　　② 감각기억(감각등록기)에 대한 설명이다. 시각·청각·촉각·후각 등을 통해 입력된 정보를 1~4초 정도 매우 짧은 시간 동
　　안 기억하는 과정이다.

　　③ 일화기억은 장기기억의 한 종류로, 개인의 일상 경험과 관련된 기억을 담은 기억이다.

　　④ 장기기억은 감각기억이나 단기기억과는 달리 기억용량은 거의 무한대이다.

16 ① 암송에 대한 설명이다

17 ⑤ 예전 전화번호때문에 새로운 전화번호가 잘 안외어지는 것은 순행간섭, 전화번호를 바꾼 후 예전 전화번호가 기억나지
　　않는 것은 역행간섭이다.

18 파이비오(A. Paivio)의 이중부호이론(dual-coding theory)에 관한 설명으로 옳지 않은 것은?

① 정보가 장기기억에 저장되는 방식에 대한 이론이다.

② 단어보다 그림을 더 잘 기억한다.

③ 정보는 시각적 부호와 언어적 부호로 입력된다.

④ 시청각 교재가 학습효과를 촉진한다.

⑤ 추상적인 단어를 구체적인 단어보다 더 잘 기억한다.

19 다음 사례에 해당하는 이론은?

> 철학에 대해 잘 몰랐는데, 철학과 친구와 논쟁적인 철학적 질문들을 찾아 토론하다 보니 철학에 대해 더 많이 알게 되었다.

① 정보처리수준 이론   ② S-R 이론   ③ 계열위치효과 이론

④ 기대-가치 이론   ⑤ 절차적 학습 이론

20 학습에 관한 뇌과학적 설명으로 옳지 않은 것은?

① 도파민은 정적 강화를 받을 때 분비되는 신경전달 물질이다.

② 신경생성(neurogenesis)은 청소년기 이후에 중단된다.

③ 편도체는 어떤 사건이나 정보를 기억할 때 그 기억에 감정을 결합시키는 역할을 한다.

④ 베르니케 영역은 언어의 의미를 이해하는 데 중요한 기능을 한다.

⑤ 신경가소성(neuroplasticity)은 뇌가 신경연결을 재조직하거나 수정하는 능력이다.

21 다음 사례를 설명하는 이론은?

> 혼자 공부할 때는 책의 내용이 머리에 잘 들어오지 않고 졸리기만 한데 사람이 적당히 많은 스터디카페에서는 정신도 맑아지고 공부가 훨씬 잘된다.

① 켈러(J. Keller)의 ARCS이론   ② 드웩(C. Dweck)의 마인드셋

③ 헐(C. Hull)의 추동감소이론   ④ 헵(D. Hebb)의 최적각성수준

⑤ 솔로몬(R. Solomon)의 반대과정이론

22 **몰입(flow)에 관한 설명으로 옳지 않은 것은?**

① 활동에 완벽하게 몰두하는 상태를 말한다.

② 내적 동기보다는 외적 동기에 의해 유도된다.

③ 과제 도전정도와 학습자 기술수준의 균형이 맞을 때 나타난다.

④ 도전정도가 기술수준보다 너무 높으면 불안해진다.

⑤ 기술수준이 도전정도보다 너무 높으면 지루해진다.

정답 및 해설   18 ⑤   19 ①   20 ②   21 ④   22 ②

18 ⑤ 파이비오(A. Paivio)의 이중부호이론(dual-coding theory)에 따르면 내용을 제시할 때 문자(언어적)와 그림(시각적)을 같이 사용하는 것이 효과적이고, 설사 그림을 사용하지 않더라도 추상적인 의미를 담은 단어보다 구체적인 특성을 표현하는 단어가 설명하기 좋고 더 잘 기억된다고 한다.

19 ① 정보처리수주 이론은 대상 항목이 의미 있고 깊게 처리될 때에 기억이 증진된다는 이론이다. 예문은 철학과 학생과의 논쟁적인 철학적 질문을 통해 의미 있고 깊게 처리되었으며, 그래서 철학에 대해 더 많이 알았다고 볼 수 있다.

   ② S-R이론은 학습을 자극(stimulus)에 대한 반응 (respond)으로 보는 견해이다.

   ③ 계열위치효과(serial position effect)란 항목들의 계열적인 순서에 따라 회상율이 달라지는 효과를 말한다.

   ④ 기대-가치 이론은 기대와 가치 모두 개인의 미래의 결정, 참여, 고집/지속 그리고 성취를 예측하는 데에 있어 중요한 역할을 한다는 이론이다.

20 ② 신경생성(Neurogenesis)이란 신경을 구성하고 있는 가장 기본 세포인 뉴런이 새로 만들어지는 과정을 말한다. 신경생성은 태아의 과정에서 가장 활동적이지만 태어나서 성인이 되어도 계속되는 것이다.

21 ④ 헵의 최적각성수준이론에 따르면 일하기에 가장 적합한 각성 수준을 최적각성수준이라 하고, 옆에서 누가 지켜볼 때 일을 더 잘하는 현상을 사회적 촉진 현상, 옆에서 누가 지켜볼 때 일을 더 못하는 현상을 사회적 억제 현상이라고 하였다.

   ① 켈러의 ARCS이론은 학습동기를 유발하는 변인을 동기이론 모형의 네 가지 요소인 주의력(A), 관련성(R), 자신감(C), 만족감(S)으로 분류하고 수업에 있어서 체계적인 동기 전략의 필요성을 주장하였다.

   ② 드웩의 마인드셋, 지능이 고정되어 있어 잘 변하지 않는다는 믿음을 가지고 있는 고정 마인드셋을 가진 학생과 타고난 능력은 각자 다르지만 누구나 그런 능력을 변화시키고 성장시킬 수 있다고 믿는 성장 마인드셋을 가진 학생으로 분류한 후 성장 마인드셋을 가지고 지능을 발전시킬 수 있다고 믿을수록 학교에서도 성적이 좋아진다고 하였다.

   ③ 헐의 추동감소 모형에 따르면 우리가 생리적 결핍이 생기면 그 결핍을 감소하도록 촉구하는 각성(추동)이 만들어진다. 추동이 감소되면(충족되면) 결핍의 문제는 감소하게 되며, 추동감소의 생리적 목표는 항상성이라고 하였다.

   ⑤ 솔로몬의 반대과정이론에 의하면 사람은 언제나 서로 대립하는 두 쌍의 정서를 동시에 느낀다. 예를 들어 우리가 쾌감을 느낄 때, 우리 몸 속 어딘가는 불쾌감을 동시에 느끼고 있으며, 두 대립 정서 중에서 처음에 우세하던 정서는 반복될수록 약화되고, 처음에는 약하던 정서는 반복될수록 더 강해진다고 하였다.(예 마약사범의 경우 마약을 복용할수록 쾌감보다 불쾌감이 증가하는 현상)

22 ② 칙센트미하이에 따르면 몰입(flow)은 '무언가에 흠뻑 빠져 있는 심리적 상태'를 의미하고, 현재 하고 있는 일에 심취한 무아지경의 상태라고 할 수 있다. 또한 몰입은 주위의 모든 잡념, 방해물을 차단하고 자신이 원하는 어느 한 곳에 모든 정신을 집중하는 것이다. 몰입(flow)은 내재적 동기에 해당된다

23 매슬로우(A. Maslow)의 욕구위계이론에 관한 설명으로 옳지 않은 것은?

① 결핍 욕구는 만족되면 다음 단계로 넘어갈 수 있다.

② 성장 욕구가 완전히 만족되었을 때 성장이 시작된다.

③ 소속감과 애정에 대한 욕구는 결핍 욕구에 해당한다.

④ 자아실현에 대한 욕구는 성장 욕구에 해당한다.

⑤ 하위 단계의 욕구가 충족된 다음에 상위 단계 욕구가 나타난다.

24 다음 사례를 통해 증진시킬 수 있는 학습의 내재적 동기는?

> 고려시대 역사를 공부하는 학생들에게 그 시대 청소년들의 평범한 하루가 어떠했을지 생각해보게 한다.

① 근접(proximity)　　② 도전(challenge)　　③ 통제(control)

④ 상상(fantasy)　　⑤ 주의(attention)

25 '수행목표(performance goal)' 지향 학습자의 특성을 모두 고른 것은?

> ㄱ. 남들 앞에서 실패를 해도 수행에 만족할 수 있다.
> ㄴ. 시험과 같은 평가 상황에서 특히 더 불안감을 느낀다.
> ㄷ. 도전적인 과제보다는 실패가능성이 낮은 과제를 선호한다.
> ㄹ. 남들과 비교하기보다는 자신이 전보다 더 유능해졌는지가 중요하다.
> ㅁ. 자기불능화(self-handicapping) 전략을 사용하는 경우가 상대적으로 더 많다.

① ㄱ, ㄴ, ㄷ　　　　② ㄱ, ㄷ, ㄹ　　　　③ ㄴ, ㄷ, ㅁ

④ ㄴ, ㄹ, ㅁ　　　　⑤ ㄷ, ㄹ, ㅁ

선택과목 **6과목 청소년이해론**

01 청소년기의 다양한 관점에 관한 설명으로 옳은 것을 모두 고른 것은?

> ㄱ. 스탠리 홀(G. Stanley Hall)은 청소년기를 질풍노도의 시기로 규정하였다.
> ㄴ. 청소년기는 아동에서 성인으로 발달해 나가는 과도기적 발달 시기이다.
> ㄷ. 청소년기를 생물학적 측면에서 정의한다면 성적 성숙이 시작되는 시점부터 성적 성숙이 완성될 때까지의 기간을 의미한다.
> ㄹ. 플라톤은 청소년기의 특징으로 이성의 발달을 주장하였다.
> ㅁ. 우리나라의 청소년관련법에서는 청소년의 연령범위가 하나로 통일되어 있다.

① ㄱ, ㄴ 　　　　　② ㄱ, ㄷ, ㅁ 　　　　　③ ㄱ, ㄴ, ㄷ, ㄹ
④ ㄴ, ㄷ, ㄹ, ㅁ　　　⑤ ㄱ, ㄴ, ㄷ, ㄹ, ㅁ

정답 및 해설
23 ② 24 ④ 25 ③ / 01 ③

23 ② 매슬로우의 욕구위계이론은 크게 결핍욕구와 성장욕구로 구분되는 데, 결핍 욕구는 한 번 충족되면 더는 동기로서 작용하지 않는다. 생리 욕구, 안전 욕구, 사회상 욕구, 존경 욕구가 이에 해당한다.
반면에 성장 욕구는 충족될수록 그 욕구가 더욱 증대되며 완전 만족이 존재하지 않는다. 자아실현 욕구가 이에 해당한다. 통상적인 일반 욕구를 넘어섰다고 하는 뜻에서 메타 욕구라고 표현하기도 한다.

24 ④ '상상'은 학습자에게 시뮬레이션이나 게임을 통해 가상세계에 참여하게 함으로써, 내재적 동기를 활성화시킬 수 있다고 보는 것이다.

25 ③ 숙달목표 지향적인 사람은 선생님을 조언자로 여기지만, 수행목표지향적인 사람은 조언을 구하기보다는 남의 것을 베끼거나 부당한 방법으로 목표를 수행하려고 한다.

숙달목표지향 학습자	수행목표지향 학습자
• 외적 보상보다 학습과정 자체에 가치 부여 • 어려움에 직면하더라도 지속적으로 목표달성 경향 보임 • 타인의 평가보다 과제의 완숙에 관심(과제 개입형 학습) • 노력의 근거 : 새로운 것의 학습 • 평가 준거 : 준거 지향	• 자신의 능력이 타인에 의해 어떻게 판단되는가에 관심 • 과제의 완숙보다 그들의 수행에 대한 평가에 관심 (자아 개입형 학습) • 학습 참여의 기본적 목표가 자신의 높은 능력을 보여주거나 자신의 낮은 능력을 감추려는 데 있음 • 노력의 근거 : 타인보다 더 높은 성적과 수행

01 ③ 청소년 보호법 – 만 19세 미만,
소년법, 아동청소년성보호에 관한 법, 숙박형, 비숙박형청소년수련시설 – 19세미만
청소년기본법, 청소년복지지원법, 청소년활동진흥법, 학교밖 청소년지원법 – 9세 이상 24세 이하,
아동복지법 – 18세미만

02 〈보기 1〉의 학자와 〈보기 2〉의 내용이 바르게 연결된 것은?

〈보기 1〉

ㄱ. 에릭슨 (E. Erikson)　　　ㄴ. 프로이트 (S. Freud)　　　ㄷ. 셀먼 (R. Selman)

〈보기 2〉

a. 조망수용 이론　　　b. 심리성적 발달단계　　　c. 심리사회적 발달단계

① ㄱ - a, ㄴ - c　　　② ㄱ - c, ㄴ - b　　　③ ㄱ - c, ㄷ - b
④ ㄴ - b, ㄷ - c　　　⑤ ㄴ - c, ㄷ - a

03 엘킨드(D. Elkind)의 청소년기 자아중심성 개념 중 다음 설명에 해당하는 것은?

○ 어른들은 청소년의 독특함과 특별함을 절대로 이해하지 못한다고 생각한다.
○ 엄마는 내 첫사랑을 절대로 이해하지 못한다고 생각한다.

① 거짓 어리석음　　　② 상상 청중　　　③ 위선
④ 개인적 우화　　　⑤ 가설연역적 사고

04 마샤(J. Marcia)의 정체감 지위이론에서 자기탐색을 위한 정체감 위기를 경험하지 않고 자신에 대해 쉽게 의사결정을 한 경우에 해당하는 것은?
① 정체감 혼미　　　② 정체감 유실　　　③ 정체감 성취
④ 정체감 유예　　　⑤ 정체감 확산

05 콜버그(L. Kohlberg)의 도덕발달 단계에서 타인의 눈을 의식하여 친구들에게 좋은 사람으로 인정받기 위해 행동을 결정하는 경우에 해당하는 것은?
① 착한 소년·소녀 지향 단계　　　② 도구적 쾌락주의 지향 단계
③ 법과 질서 지향 단계　　　④ 사회계약 지향 단계
⑤ 보편적 원리 지향 단계

06 청소년기 신체적 발달의 특징에 관한 설명으로 옳지 않은 것은?

① 청소년기는 신체적 성장급등이 이루어지는 시기이다.

② 여자 청소년들이 임신 가능한 신체로 형성되어 가는 것은 성호르몬인 테스토스테론의 영향에 의한 것이다.

③ 이차 성징이 뚜렷해지는 것과 관련 깊은 내분비선으로는 뇌하수체와 생식선을 들 수 있다.

④ 급격한 신체변화로 인해 자신의 체형에 대한 불만족을 느끼는 경우 청소년의 정신건강에 부정적인 영향을 미칠 수 있다.

⑤ 또래에 비해 신체적 발달이 빨리 이루어지는 경우는 신체적 조숙에 해당한다.

정답 및 해설

정답: 02 ② 03 ④ 04 ② 05 ① 06 ②

02 ② ㄱ - c : 에릭슨은 인간의 발달을 8단계로 나누고 각 단계별로 극복해야 할 심리사회적 위기와 발달 과업을 제시하였다.

　　ㄴ - b : 프로이드에 의하면, 성격발달은 심리성적 발달 5단계, 즉 구강기, 항문기, 남근기, 잠복기, 생식기의 5단계를 거쳐 이루어진다고 하였다.

　　ㄷ - a : 셀만은 사회적 관계를 인지하고, 타인의 관점, 입장, 사고, 감정 등을 추론하여 이해하는 능력을 사회적 조망 수용능력이라고 하고, 0단계~4단계의 발달과정을 거친다고 하였다.

03 ④ 개인적 우화(Personal Fable)에 해당한다고 볼 수 있다. 개인적 우화는 청소년기에 특징적으로 나타나는 비합리적이고 다소 허구적인 자아에 대한 사고를 말한다. 예를 들어 자신이 경험하는 것은 어느 누구도 경험하지 못하는 특별한 것이고(자신의 첫 사랑) 남들에게는 다 일어나는 위험하거나 힘든 일이 자신에게는 일어나지 않을 것이며 만약 일어난다고 해도 자신은 (마치 히어로처럼) 크게 피해보지 않을 것이라 생각한다.

04 ② J. Marcia의 정체감의 4범주

범 주	내 용
정체감 성취	위기를 성공적으로 극복하여 신념, 직업, 정치적 견해 등에 대해 스스로 의사결정을 할 수 있는 상태
정체감 유예	현재 정체감 위기의 상태에 있으면서 자아정체감 형성을 위해 다양한 역할, 신념, 행동 등을 실험하고 있으나 의사결정을 못한 상태를 말한다.
정체감 혼미	자아에 대해 안정되고 통합적인 견해를 갖는 데 실패한 상태를 말한다.
정체감 유실	수많은 대안에 대해 생각해보지 않고 부모나 다른 역할모델의 가치나 기대 등을 그대로 수용하여 그들과 비슷한 선택을 하는 경우를 말한다.

05 ① 콜버그(L. Kohlberg)의 도덕발달 단계 중 착한 소년 · 소녀 지향 단계에 해당한다.

제1수준 전인습적 (4~10세)	벌과 복종 지향	• 남들에게 칭찬을 받고 비난받지 않기 위해 법을 지킨다.
	도구적 쾌락주의 지향	• 자신의 최고 이익에 따라 도덕적 판단을 한다.
제2수준 인습적 (10~13세)	착한 소년 · 소녀 지향	• 타인의 입장을 이해하고 주위 사람의 기대에 따른 행동이 도덕적인 행동이라고 판단한다.
	법과 질서 지향	• 사회적 규범이나 법을 지키는 것을 전체적인 사회질서를 유지하기 위한 것이라고 생각한다.
제3수준 후인습적 (13세 이상)	사회적 계약과 합법성 지향	• 사회적 규범이나 법칙이 절대적이 아니라는 것을 알게 된다.
	보편적 원리 지향	• 스스로 규정한 도덕적 정의와 원칙을 지향한다.

06 ② 여자 청소년들이 임신 가능한 신체로 형성되어 가게 하는 성호르몬은 에스트로겐과 프로게스테론이다. 에스트로겐은 태아가 자궁 안에서 공간을 확보할 수 있게 도와주는 호르몬이다. 에스트로겐이 분비되면 산모의 자궁 크기는 임신 전보다 크게 증가한다. 프로게스테론은 임신 중인 여성의 태반에서 분비되는 호르몬이다. 생식주기를 조절함으로써 자궁벽을 임신에 맞추어 변화시킨다.

07 청소년기 성역할 고정관념의 증가현상을 의미하는 것은?

① 성역할 집중화 ② 성역할 분리화 ③ 성역할 정체감
④ 성역할 동일시 ⑤ 성역할 유형화

08 청소년기 또래집단의 기능에 관한 설명으로 옳은 것을 모두 고른 것은?

ㄱ. 자아정체감 형성에 도움 ㄴ. 준거집단으로의 기능
ㄷ. 심리적 지원과 안정감 제공 ㄹ. 동성애 발달의 기초 제공
ㅁ. 또래문화에 대한 정보제공의 기능

① ㄱ, ㄴ ② ㄴ, ㄷ, ㄹ ③ ㄱ, ㄴ, ㄷ, ㅁ
④ ㄱ, ㄷ, ㄹ, ㅁ ⑤ ㄱ, ㄴ, ㄷ, ㄹ, ㅁ

09 진로 및 직업발달 이론에 관한 설명으로 옳은 것은?

① 수퍼(D. Super)의 이론은 개인의 성격에 적합한 직업을 선택하는 것이 바람직하다는 '성격유형이론'이다.
② 홀랜드(J. Holland)의 직업발달이론에서 청소년상담사는 탐구적 유형에 해당한다.
③ 긴즈버그(E. Ginzberg)는 진로발달이론에서 욕구와 현실 간의 절충으로 직업발달을 완성해 나간다고 주장하였다.
④ 수퍼(D. Super)의 이론에서 청소년기 자아정체감이 생겨나기 시작하면서 직업에 관해 막연하고 일반적인 생각을 가지게 되는 단계를 '실행' 단계라 하였다.
⑤ 긴즈버그(E. Ginzberg)의 진로발달이론에서 현실적 시기는 환상적 시기 다음에 경험하는 과정이다.

10 브론펜브레너(U. Bronfenbrenner)의 생태학적 체계 중 ( )에 들어갈 내용으로 옳은 것은?

대중매체는 청소년이 직접적으로 상호작용하지는 않지만 청소년에게 영향을 미치는 지역사회 수준에서 기능하고 있는 사회적 환경이라는 점에서 (   )에 해당한다.

① 중간체계 ② 미시체계 ③ 거시체계
④ 시간체계 ⑤ 외체계

11 청소년 문화를 사회 전체 문화 중 한 부분을 이루는 문화로 보는 입장에 해당하는 것은?

① 미숙한 문화로 보는 입장　　　　② 비행문화로 보는 입장

③ 대항문화로 보는 입장　　　　　④ 하위문화로 보는 입장

⑤ 주류문화로 보는 입장

정답 및 해설

07 ① 08 ③ 09 ③ 10 ⑤ 11 ④

07 ① 성역할 집중화

남성적인 신체조건과 여성적인 신체조건을 갖추게 된 청소년들이 부모와 사회가 요구하는 성역할에 대한 기대를 갖게 되고 이성에 대한 관심이 증가하면서 성역할에 대한 고정관념이 증가하게 되는 것을 말한다.

08 ③ 청소년기 또래집단의 기능

㉠ 자아정체성 형성의 기회 제공　　　㉡ 준거집단으로서의 역할 제공
㉢ 심리적 지원과 안정감 제공　　　　㉣ 또래문화에 대한 정보제공의 기능
㉤ 문화학습 및 전승의 기능

09 ③ 긴즈버그(E. Ginzberg)는 진로발달이론에 대한 설명으로 옳은 설명이다.

① 홀랜드(J. Holland)의 성격유형이론이다.
② 홀랜드(J. Holland)의 6가지 직업흥미유형중 청소년상담사는 사회형에 속한다.
④ 수퍼(D. Super)의 직업선택 8단계 중 결정화단계에 대한 설명이다. 실행단계는 20대초반에 한두 개의 초보적인 직업을 시험해 보는 단계이다.
⑤ 긴즈버그(E. Ginzberg)의 진로발달이론

환상기(6∼11세 이전) – 잠정기(11∼17세) – 현실기 (17세 이후 ∼ 성인 초기 또는 청·장년기)

10 ⑤ 브론펜 브레너 (Bronfenbrenner)의 생태학적 이론 (5체계)

체계	내용	비고
미시체계	아동이 직접 접하는 환경이자, 아동의 근접 환경	가정, 학교, 친구 등등
중간체계	다양한 미시체계 간의 상호관계가 이루어지는 환경	아동과 부모, 학생과 교사, 학부모와 교사,친구들은 연결되어 서로 영향을 주고받는다
외체계	아동이 직접 경험하지는 않지만 발달에 영향을 미치는 사회적 환경	대중매체, 정부기관, 공익기관, 부모의 직장 등
거시체계	미시체계, 중간체계, 외체계에 포함된 모든 요소와 개인이 살고 있는 문화적 환경	관습, 법, 사회정책
시간체계	일생 동안 인간의 변화(개인이 겪는 생물학적, 인지적, 심리적 변화 등)와 사회역사적 환경의 변화를 포함하며, 유아의 발달과 행동에 영향을 미침	가족제도의 변화, 결혼관의 변화, 직업관의 변화 등

11 ④ 청소년문화에 대한 입장

구분	내용
미숙한 문화	성인들의 입장에서 청소년들의 문화를 미숙하고 모자란 것으로 보는 관점으로서, 가장 전통적인 관점이라고 할 수 있다.
비행문화	성인들의 입장에서 청소년들은 문제행동이나 비행을 지향한다고 보는 관점이다.
대항문화 (반문화)	청소년들은 기성세대의 문화를 거부하고. 기성문화에 대항하는 문화를 만들면서 개혁과 변화를 요구한다고 보는 관점이다.
하위문화	청소년집단도 사회전체를 구성하는 하나의 하위집단이며, 청소년들의 문화도 전체 문화 가운데 하나의 하위문화를 이룬다고 보는 관점이다.
새로운 문화	세대가 바뀜에 따라 신세대인 청소년들은 시대변화에 부합되는 새로운 스타일의 문화를 창조하며 살아간다는 관점이다.

12 미디어의 다양한 기능 중 미디어가 상세히 보도하는 이슈를 대중들도 중요한 이슈로 인식하게 되는 현상을 의미하는 것은?

① 문화전승 기능　　　　② 오락 기능　　　　③ 환경감시 기능
④ 사회화 기능　　　　⑤ 의제설정 기능

13 명품으로 대변되는 상류사회의 규범과 위선에 반격을 가하는 도전적인 젊은이들이 추구하는 청소년 패션 문화를 의미하는 것은?

① 코스프레 패션　　　　② 테크노 패션　　　　③ 피어싱 패션
④ 차브 패션　　　　⑤ 복고 패션

14 청소년기 비행이론 중 허쉬(T. Hirschi)가 제안한 사회유대의 하위차원에 해당하지 않는 것은?

① 애착(attachment)　　　　② 관여(commitment)　　　　③ 열정(passion)
④ 참여(involvement)　　　　⑤ 신념(belief)

15 학교폭력예방 및 대책에 관한 법률상 학교폭력대책심의위원회의 기능에 해당하지 않는 것은?

① 피해학생의 전학　　　　② 피해학생의 보호
③ 학교폭력의 예방 및 대책　　　　④ 피해학생과 가해학생 간의 분쟁조정
⑤ 가해학생에 대한 교육, 선도 및 징계

16 청소년기 자살에 관한 설명으로 옳은 것을 모두 고른 것은?

> ㄱ. 부모와의 유대는 자살을 예방하는 보호요인이 될 수 없다.
> ㄴ. 모방자살을 하는 경향이 있다.
> ㄷ. 또래와 동반자살을 시도하는 경향이 있다.
> ㄹ. 우울증이나 약물남용은 청소년 자살의 원인 중 하나이다.

① ㄱ, ㄴ　　　　② ㄷ, ㄹ　　　　③ ㄱ, ㄴ, ㄹ
④ ㄴ, ㄷ, ㄹ　　　　⑤ ㄱ, ㄴ, ㄷ, ㄹ

17 청소년 보호법상 청소년 유해약물 분류에 해당하지 않는 것은?

① 「주세법」에 따른 주류

② 「담배사업법」에 따른 담배

③ 「마약류 관리에 관한 법률」에 따른 마약류

④ 「화학물질관리법」에 따른 환각물질

⑤ 「약물남용법」에 따른 유해물질

정답 및 해설

12 ⑤ 13 ④ 14 ③ 15 ① 16 ④ 17 ⑤

12 ⑤ 매스미디어의 주요 기능

기 능	내 용
문화전승 기능	사회의 가치, 규범 그리고 사회가 보유하고 있는 각종 정보를 한 세대에서 다음 세대로 혹은 그 사회로 편입된 새로운 사회 구성원들에게 전수하는 기능
오락 기능	딱딱하고 건조한 뉴스나 논평을 전달하기도 하지만 흥미위주의 내용이나 프로그램으로 사람들의 기분 전환이나 휴식을 돕기도 하는 기능
환경감시 기능	사회에서 일어나는 여러 가지 사건에 관한 정보를 수집하여 정리하고 분배하는 활동
상관조정 기능	단순한 사실보도의 차원을 넘어서 환경에 관한 정보의 의미를 해석하고 대응책을 처방해 사람들의 태도형성에 영향을 주어 설득하는 매스미디어의 해석과 처방기능
의제설정 기능	특정한 이슈들을 중요한 것으로 강조하여 부각시킬 경우 수용자들도 그러한 이슈들을 중요한 것으로 인식하도록 만드는 기능

13 ④ 차브패션에 대한 설명이다.(예 큼지막하게 로고가 적힌 티셔츠, 트랙 팬츠, 커다란 귀고리)
① 만화 속의 캐릭터와 똑같은 패션 스타일과 분위기 및 외모와 개성을 표현하려는 문화현상
② 첨단 과학 기술의 이미지를 반영한 미래 지향적인 옷차림. 첨단 디지털 기기와 의복의 고유 기능을 통합하거나 차가운 금속성 장신구, 첨단 기능의 의류 소재를 사용한다.
③ 장신구 등을 신체에 통과시켜서 아름다움을 추구하는 패션
⑤ 옛 유행이 되살아나서 다시 유행하게 되는 패션

14 ③ 사회유대이론은 허쉬(Hirschi)의 사회통제이론을 지칭하는 것이다. 허쉬는 사회화와 순응을 촉진시키는 4가지 사회유대로 애착, 관여, 참여, 신념을 강조했다.

15 ① 심의위원회는 학교폭력의 예방 및 대책 등을 위하여 다음 각 호의 사항을 심의한다. (학교폭력예방 및 대책에 관한 법 제12조 제2항)
1. 학교폭력의 예방 및 대책
2. 피해학생의 보호
3. 가해학생에 대한 교육, 선도 및 징계
4. 피해학생과 가해학생 간의 분쟁조정
5. 그 밖에 대통령령으로 정하는 사항

16 ④ ㄱ. 부모와의 유대는 자살을 예방하는 보호요인이 될 수 있다.

17 ⑤ 청소년유해약물 (청소년보호법 제2조 4호 가)
1) 「주세법」에 따른 주류
2) 「담배사업법」에 따른 담배
3) 「마약류 관리에 관한 법률」에 따른 마약류
4) 「화학물질관리법」에 따른 환각물질

18 다음 중 학교부적응 요인으로 옳은 것을 모두 고른 것은?

> ㄱ. 낮은 학업성취도 ㄴ. 입시위주의 교육
> ㄷ. 또래관계에서의 소외감 ㄹ. 부모와의 친밀한 유대감

① ㄱ, ㄴ ② ㄷ, ㄹ ③ ㄱ, ㄴ, ㄷ ④ ㄴ, ㄷ, ㄹ ⑤ ㄱ, ㄴ, ㄷ, ㄹ

19 청소년 보호법령상 인터넷게임 중독·과몰입 등의 예방 및 피해 청소년 지원에 해당하지 않는 것은?

① 청소년과 그 가족의 인터넷게임 중독·과몰입 여부 진단
② 인터넷게임 중독·과몰입 예방을 위한 교육·상담 및 프로그램 개발·운영
③ 인터넷게임 중독·과몰입 청소년과 그 가족의 치료·재활을 위한 프로그램의 개발·운영
④ 인터넷게임 중독·과몰입 청소년과 그 가족의 치료·재활을 위하여 협력하는 병원의 지정
⑤ 청소년상담사 등에 대한 인터넷게임 중독·과몰입 전문상담 교육

20 청소년 기본법상 ( )에 들어갈 내용으로 옳은 것은?

> 청소년복지란 청소년이 정상적인 삶을 누릴 수 있는 기본적인 여건을 조성하고 조화롭게 성장·발달할 수 있도록 제공되는 ( ), ( ) 자원을 말한다.

① 심리적, 사회적 ② 사회적, 경제적 ③ 심리적, 경제적
④ 경제적, 문화적 ⑤ 사회적, 문화적

21 청소년복지 지원법상 다음이 설명하는 청소년복지시설은?

> ㄱ. 학습·정서·행동상의 장애를 가진 청소년을 대상으로 한다.
> ㄴ. 정상적인 성장과 생활을 할 수 있도록 지원한다.
> ㄷ. 청소년에게 적합한 치료, 교육 및 재활을 종합적으로 지원하는 거주형 시설이다.

① 청소년쉼터 ② 청소년회복지원시설 ③ 청소년자립지원관
④ 청소년치료재활센터 ⑤ 청소년상담복지센터

22 다음이 설명하는 청소년 기본법의 조항은?

> 청소년의 기본적 인권은 청소년활동·청소년복지·청소년보호 등 청소년육성의 모든 영역에서 존중되어야 한다.

① 청소년의 자치권 확대   ② 청소년육성의 기본 계획
③ 청소년상담사의 의무   ④ 국가 및 지방자치단체의 책임
⑤ 청소년의 권리와 책임

23 청소년복지 지원법상 청소년증에 관한 설명으로 옳지 않은 것은?

① 9세 이상 18세 이하의 청소년에게 발급한다.
② 다른 사람에게 양도하거나 빌려주어서는 아니된다.
③ 누구든지 청소년증 외에 청소년증과 동일한 명칭의 증표를 사용할 수 있다.
④ 여성가족부가 청소년증의 발급에 필요한 사항을 정한다.
⑤ 특별자치시장·특별자치도지사 또는 시장·군수·구청장이 발급할 수 있다.

정답 및 해설   18 ③ 19 ① 20 ② 21 ④ 22 ⑤ 23 ③

18 ③ 부모와의 친밀한 유대감은 학교적응에 긍정적 요인이다.

19 ① 인터넷게임 중독·과몰입 등의 예방 및 피해 청소년 지원을 위해 여성가족부장관은 다음 각 호의 사업을 할 수 있다.
(청소년보호법 시행령 제23조 제1항)

    1. 청소년의 인터넷게임 중독·과몰입 여부 진단
    2. 청소년의 인터넷게임 중독·과몰입 예방을 위한 교육·상담 및 프로그램 개발·운영
    3. 인터넷게임 중독·과몰입 청소년과 그 가족의 치료·재활을 위한 프로그램의 개발·운영
    4. 인터넷게임 중독·과몰입 청소년과 그 가족의 치료·재활을 위하여 협력하는 병원의 지정
    5. 「청소년기본법」 제22조에 따른 청소년상담사 등에 대한 인터넷게임 중독·과몰입 전문상담 교육

20 ② "청소년복지"란 청소년이 정상적인 삶을 누릴 수 있는 기본적인 여건을 조성하고 조화롭게 성장·발달할 수 있도록 제공되는 (사회적)·(경제적) 지원을 말한다.(청소년기본법 제3조 제4호)

21 ④ 청소년복지시설의 종류 (청소년복지지원법 제31조)

종류	내용
청소년쉼터	가정 밖 청소년에 대하여 가정·학교·사회로 복귀하여 생활할 수 있도록 일정 기간 보호하면서 상담·주거·학업·자립 등을 지원하는 시설
청소년자립지원관	일정 기간 청소년쉼터 또는 청소년회복지원시설의 지원을 받았는데도 가정·학교·사회로 복귀하여 생활할 수 없는 청소년에게 자립하여 생활할 수 있는 능력과 여건을 갖추도록 지원하는 시설
청소년치료재활센터	학습·정서·행동상의 장애를 가진 청소년을 대상으로 정상적인 성장과 생활을 할 수 있도록 해당 청소년에게 적합한 치료·교육 및 재활을 종합적으로 지원하는 거주형 시설
청소년회복지원시설	「소년법」 제32조제1항제1호에 따른 감호 위탁 처분을 받은 청소년에 대하여 보호자를 대신하여 그 청소년을 보호할 수 있는 자가 상담·주거·학업·자립 등 서비스를 제공하는 시설

22 ⑤ 청소년기본법 제5조 청소년의 권리와 책임 제1항에 규정된 내용이다.

23 ③ 누구든지 청소년증 외에 청소년증과 동일한 명칭 또는 표시의 증표를 제작·사용하여서는 아니 된다.(법 제4조 제3항)

24 학교 밖 청소년 지원에 관한 법률상 다음이 설명하는 지원에 해당하는 것은?

> 국가와 지방자치단체는 학교 밖 청소년에게 생활지원, 문화공간지원, 의료지원, 정서지원 등을 제공할 수 있다.

① 교육지원　　　　　　　　　　② 자립지원
③ 취업지원　　　　　　　　　　④ 상담지원
⑤ 직업체험지원

25 청소년복지 지원법상 지역사회 내 청소년 필수연계기관과 연계하여 위기청소년의 상담, 보호, 교육, 자립 등 맞춤형 서비스를 제공하는 것은?

① 청소년우대정책　　　　　　　② 청소년복지바우처
③ 청소년어울림마당　　　　　　④ 지역사회 청소년통합지원체계
⑤ 청소년유해환경감시정책

선택과목　**7과목 청소년수련활동론**

01 다음에서 설명하는 청소년활동은?

> ○ 영국의 베이든 포우엘(Baden-Powell)이 주도하였다.
> ○ 군정찰 활동을 청소년 활동에 적용하였다.
> ○ 국가와 사회가 필요로 하는 청소년육성을 목적으로 한다.

① 반더포겔(Wandervogel) 운동　　② 4-H 운동
③ 국제청소년성취포상제　　　　　④ 스카우트 활동
⑤ YMCA

02 칙센트미하이(M. Csikszentmihalyi)의 몰입이론에서 활동과제 수준이 자신의 수행능력을 완전히 초월할 때 경험하는 것은?

① 몰입(flow)　　　　　　　　　② 이완(relaxation)
③ 무관심(apathy)　　　　　　　④ 지루함(boredom)
⑤ 불안(anxiety)

정답 및 해설

24 ② 학교 밖 청소년 지원에 관한 법률상 지원의 종류

종 류	내 용
상담지원 (제8조)	국가와 지방자치단체는 학교 밖 청소년에 대하여 효율적이고 적합한 지원을 할 수 있도록 심리상담, 진로상담, 가족상담 등 상담을 제공할 수 있다.
교육지원 (제9조)	국가와 지방자치단체(교육감을 포함한다)는 학교 밖 청소년이 학업에 복귀할 수 있도록 다음 각 호의 사항을 지원할 수 있다. 1. 「초·중등교육법」 제2조의 초등학교·중학교로의 재취학 또는 고등학교로의 재입학 2. 「초·중등교육법」 제60조의3의 대안학교로의 진학 3. 「초·중등교육법」 제27조의2에 따라 초등학교·중학교 또는 고등학교를 졸업한 사람과 동등한 학력이 인정되는 시험의 준비 4. 그 밖에 학교 밖 청소년의 교육지원을 위하여 필요한 사항
직업체험 및 취업지원 (제10조)	① 국가와 지방자치단체는 학교 밖 청소년이 자신의 적성과 능력에 맞는 직업의 체험과 훈련을 할 수 있도록 다음 각 호의 사항을 지원할 수 있다. 1. 직업적성 검사 및 진로상담프로그램 2. 직업체험 및 훈련프로그램 3. 직업소개 및 관리 4. 그 밖에 학교 밖 청소년의 직업체험 및 훈련에 필요한 사항 ② 국가와 지방자치단체는 학교 밖 청소년을 대상으로 취업 및 직무수행에 필요한 지식·기술 및 태도를 습득·향상시키기 위하여 직업교육 훈련을 실시할 수 있다.
자립지원 (제11조)	① 국가와 지방자치단체는 대통령령으로 정하는 바에 따라 학교 밖 청소년의 자립에 필요한 생활지원, 문화공간지원, 의료지원(제11조의2에 따라 건강진단을 받은 후 확진을 위한 검사에 사용된 의료비의 지원을 포함한다), 정서지원 등을 제공할 수 있다. ② 국가와 지방자치단체는 경제교육, 법률교육, 문화교육 등 학교 밖 청소년의 자립에 필요한 교육을 지원할 수 있다. ③ 국가와 지방자치단체는 제1항에 따른 지원이 필요한 학교 밖 청소년에게 「청소년복지 지원법」 제14조에 따른 위기청소년 특별지원을 우선적으로 제공할 수 있다.

25 ④ 지역사회 청소년통합지원체계의 구축·운영 (법 제9조)
1. 지방자치단체의 장은 관할구역의 위기청소년을 조기에 발견하여 보호하고, 청소년복지 및 「청소년기본법」 제3조제5호에 따른 청소년보호를 효율적으로 수행하기 위하여 지방자치단체, 공공기관, 「청소년기본법」 제3조제8호에 따른 청소년단체 등이 협력하여 업무를 수행하는 지역사회 청소년통합지원체계(이하 "통합지원체계"라 한다)를 구축·운영하여야 한다.
2. 국가는 통합지원체계의 구축·운영을 지원하여야 한다.
3. 통합지원체계에 반드시 포함되어야 하는 기관 또는 단체 등 통합지원체계의 구성 등에 필요한 사항은 대통령령으로 정한다.

01 ④ 베이든 포우엘(Baden−Powell)경은 1907년에 보이스카우트 운동을 창시하였다.

02 ⑤ 활동과제 수준이 자신의 수행능력을 완전히 초월할 때는 불안을 느끼고, 자신의 수행능력 수준에 미치지 못하는 활동과제를 수행할 때는 지루함을 느낀다고 하였다.

03 프로그램 개발 과정에서 다음이 설명하는 요구분석 기법은?

> ○ 미래에 대한 예측과 정보를 얻는 방법이다.
> ○ 예측하려는 문제에 관해 전문가의 견해를 유도하고 종합하여 집단적으로 정리한다.
> ○ 미국 랜드연구소(Rand Corporation)에서 개발하였다.

① 능력분석법 ② 델파이법 ③ 개별이력분석법
④ 관찰법 ⑤ 데이컴법

04 청소년활동 진흥법령상 위험도가 높은 청소년 수련활동에 해당하지 않는 것은?

① 3시간 야간등산 ② 수상스키 ③ 스킨스쿠버
④ 10Km 도보이동 ⑤ 고무보트

05 스터플빔(D. Stufflebeam)의 CIPP 평가모형에서 다음에 해당하는 것은?

> ○ 프로그램 종료 후 참여자에게 즉각적으로 나타난 변화 또는 일정기간 후 지속된 변화를 평가한다.
> ○ 프로그램의 공헌도를 측정하고 해석하여 판단하는 것을 목적으로 한다.

① 상황평가 ② 투입평가 ③ 산출평가
④ 과정평가 ⑤ 형성평가

06 콜브(D. Kolb)의 경험학습모델에서 추상적 개념화 과정을 통해 도출된 일반원리들을 새로운 상황에 적용하여 검증하는 과정에 해당하는 것은?

① 조작적 개념화(operational conceptualization)
② 구체적 경험(concrete experience)
③ 반성적 관찰(reflective observation)
④ 적극적 실험(active experimentation)
⑤ 긍정적 판단(positive judgement)

03 ② 델파이법(Delphi Method) 1950년 란드(RAND)사가 개발한 다양한 전문가의 의견에 따른 예측 방법론이다. 관리자(의견조정자)가 주관이 돼 전문가 5~20명의 의견을 2~3회 청취하고 피드백을 받아 최종 라운드 예측의 평균값 또는 중앙값으로 결과를 예측하는 방법이다.

04 ① 위험도가 높은 청소년수련활동 (시행규칙 별표 7)

구 분	프로그램
수상활동	래프팅, 모터보트, 동력요트, 수상오토바이, 고무보트, 수중스쿠터, 레저용 공기부양정, 수상스키, 조정, 카약, 카누, 수상자전거, 서프보드, 스킨스쿠버
항공활동	패러글라이딩, 행글라이딩
산악활동	암벽타기(자연암벽, 빙벽), 산악스키, 야간등산(4시간 이상의 경우만 해당한다)
장거리걷기활동	10Km 이상 도보이동
그 밖의 활동	유해성 물질(발화성, 부식성, 독성 또는 환경유해성 등), 하강레포츠, ATV탑승 등 사고위험이 높은 물질·기구·장비 등을 활용하여 이루어지는 청소년수련활동

05 ③ CIPP 평가모형

의사결정자에게 필요한 정보를 제공하여 의사결정을 돕고자 하는데 있으며, 상황평가, 투입평가, 과정평가, 산출평가의 과정을 강조한다.

구 분	내 용
상황평가	– 프로그램 목표를 결정하기 위한 정당한 근거 제공 목적. 가장 기본적인 평가형식 – 적절한 환경 규정, 바람직한 실제 환경 기술, 잠재 요구 기회 규정, 장애 진단 등 접근 방법 활용 – 체제 분석, 조사, 기록물 고찰, 청문 및 심의, 진단검사, 델파이 기법 등 활용
투입평가	– 프로젝트의 목적을 달성하기 위하여 어떻게 자원을 활용할 것인가를 결정하는데 필요한 정보를 제공하기 위한 평가형식 – 행동의 적절성, 실천가능성, 경제성을 파악하기 위해 가용한 인적, 물적 자원, 해결전략, 절차방안을 기술하고 분석하는데 중점 – 참고 문헌 탐색, 현지방문, 변론팀 기법, 사전탐색적 시행 등의 방법 활용
과정평가	– 프로젝트 실천 단계에서 실천과정 및 절차방안 상의 결점 파악, 필요한 정보 제공, 절차적 사안과 활동기록, 판단하는데 목적 – 효과적 통제를 위한 프로그램 설계, 절차를 개선하고 실천하는데 중점
산출평가	예문참조

06 ④ 콜브(D. Kolb)에 의하면 학습은 구체적 경험– 반성(성찰)적 관찰 –추상적 개념화 – 적극(능동)적 실험으로 순환하는 계속적인 과정으로 보았다.

구 분	내 용
구체적 경험	새로운 경험이나 활동에 직접적인 참여를 의미함. (예 현장견학)
반성적 관찰	구체적 경험에 대한 회상적 관찰과 다양한 각도에서 의미찾기의 과정 (예 각자 견학일지 작성) 경험학습의 진행과정에서 가장 중요하고, 핵심적인 개념
추상적 개념화	논리적 분석과 이해를 통해 다양한 상황에서 유연하게 적용할 수 있는 추상화된 명제 (혹은 가설적 지식)를 습득하는 것(예 수업시간에 현장견학에 대한 추가적인 토의 진행 및 새로운 가설을 설정)
적극적 실험	추상적 개념화의 과정을 통해 도출된 일반원리들을 새로운 상황에서 검증하고 적용하여 실행하는 것을 의미함. (예 다른 현장으로 현장견학 실시)

07 한국청소년활동진흥원에서 운영하는 국립청소년수련시설에 해당하지 않는 것은?

① 국립중앙청소년수련원　　　　② 국립중앙청소년디딤센터
③ 국립청소년우주센터　　　　　④ 국립청소년미래환경센터
⑤ 국립청소년해양센터

08 제7차 청소년정책 기본계획에서 제시한 '플랫폼기반 청소년활동 활성화'에 포함된 정책과제가 아닌 것은?

① 청소년 디지털역량 활동 강화　　② 청소년 미래역량 제고
③ 위기청소년 복지지원체계 강화　　④ 학교안팎 청소년활동 지원강화
⑤ 다양한 체험활동 확대

09 청소년활동 진흥법상 청소년의 직업체험, 문화예술, 과학정보, 환경 등 특정 목적의 청소년활동을 전문적으로 실시할 수 있는 시설과 설비를 갖춘 수련시설은?

① 청소년수련관　　　　② 청소년문화의 집　　　　③ 청소년유스호스텔
④ 청소년야영장　　　　⑤ 청소년특화시설

10 프로그램 개발 통합모형에서 프로그램의 목표 진술과 프로그램 내용을 선정하는 단계는?

① 프로그램 설계　　　　② 프로그램 기획　　　　③ 프로그램 마케팅
④ 프로그램 실행　　　　⑤ 프로그램 평가

11 청소년활동 진흥법령상 청소년수련시설의 운영대표자의 자격을 갖춘 사람에 해당하는 것을 모두 고른 것은?

> ㄱ. 1급 청소년지도사 자격증 소지자
> ㄴ. 2급 청소년지도사 자격증 취득 후 청소년육성업무에 5년 종사한 사람
> ㄷ. 3급 청소년지도사 자격증 취득 후 청소년육성업무에 5년 종사한 사람
> ㄹ. 「초·중등교육법」 제21조에 따른 정교사 자격증 소지자 중 청소년육성업무에 5년 종사한 사람

① ㄱ, ㄹ　　② ㄱ, ㄴ, ㄷ　　③ ㄱ, ㄴ, ㄹ　　④ ㄴ, ㄷ, ㄹ　　⑤ ㄱ, ㄴ, ㄷ, ㄹ

정답 및 해설

07 ② 한국청소년활동진흥원 국립수련시설
· 국립중앙청소년수련원　　· 국립평창청소년수련원　　· 국립청소년우주센터　　· 국립청소년바이오생명센터
· 국립청소년해양센터　　· 국립청소년미래환경센터　　· 국립청소년생태센터

08 ③ 제7차 청소년정책 기본계획 정책과제 (2023~2027)

플랫폼 기반 청소년활동 활성화	1-1. 청소년 디지털역량 활동 강화	1-2. 청소년 미래역량 제고
	1-3. 다양한 체험활동 확대	1-4. 학교안팎 청소년활동 지원 강화
데이터 활용 청소년 지원망 구축	2-1. 위기청소년 복지지원체계 강화	2-2. 청소년 자립 지원 강화
	2-3. 청소년 유형별 맞춤형 지원	
청소년 유해환경 차단 및 보호 확대	3-1. 청소년이 안전한 온·오프라인 환경 조성	3-2. 청소년 범죄 예방 및 회복 지원
	3-3. 청소년 근로보호 강화	
청소년의 참여·권리 보장 강화	4-1. 청소년 참여 활동 강화	
	4-2. 청소년 권익 증진	
청소년정책 총괄 조정 강화	5-1. 청소년정책 인프라 개선	
	5-2. 지역 맞춤형 청소년정책 추진체계 구축	

09 ⑤ 청소년수련시설 (청소년활동진흥법 제10조 제1호)

청소년수련관	다양한 청소년수련거리를 실시할 수 있는 각종 시설 및 설비를 갖춘 종합수련시설
청소년수련원	숙박기능을 갖춘 생활관과 다양한 청소년수련거리를 실시할 수 있는 각종 시설과 설비를 갖춘 종합수련시설
청소년문화의 집	간단한 청소년수련활동을 실시할 수 있는 시설 및 설비를 갖춘 정보 · 문화 · 예술 중심의 수련시설
청소년특화시설	청소년의 직업체험, 문화예술, 과학정보, 환경 등 특정 목적의 청소년활동을 전문적으로 실시할 수 있는 시설과 설비를 갖춘 수련시설
청소년야영장	야영에 적합한 시설 및 설비를 갖추고, 청소년수련거리 또는 야영편의를 제공하는 수련시설
유스호스텔	청소년의 숙박 및 체류에 적합한 시설 · 설비와 부대 · 편익시설을 갖추고, 숙식편의 제공, 여행청소년의 활동지원(청소년수련활동 지원은 제11조에 따라 허가된 시설 · 설비의 범위에 한정한다)을 기능으로 하는 시설

10 ① 청소년 프로그램개발 통합모형

프로그램 기획	• 미래지향적인 활동으로 프로그램과 관련된 상황을 분석하고 프로그램개발의 기본방향을 설정하는 단계
프로그램 설계	• 프로그램의 목표 진술과 프로그램 내용을 선정하는 단계
프로그램 마케팅	• 프로그램 개발은 참여 대상자들의 요구나 필요를 정확히 파악하여 반영함으로써 그들의 행동이나 생각, 가치관의 변화, 사회적 조건의 변화를 도모하는 것이 목표이기 때문에 청소년의 참여를 촉진하는 마케팅이 매우 중요하다.
프로그램 실행	• 프로그램 개발의 가장 핵심적인 과정으로서 프로그램을 매개로 지도자와 청소년이 만나는 접점이자 프로그램의 매력성, 효과성, 효율성을 결정짓는 중요한 과정이다.
프로그램 평가	• 청소년의 성취정도를 정확하게 이해하고 청소년 교육의 구성요소를 개선하며, 청소년의 프로그램 참여동기를 고취시킨다.

11 ⑤ 수련시설의 운영대표자의 자격 (청소년활동진흥법 시행령 제8조 제1항)
1. 1급 청소년지도사 자격증 소지자
2. 2급 청소년지도사 자격증 취득 후 청소년육성업무에 3년 이상 종사한 사람
3. 3급 청소년지도사 자격증 취득 후 청소년육성업무에 5년 이상 종사한 사람
4. 「초 · 중등교육법」 제21조에 따른 정교사 자격증 소지자 중 청소년육성업무에 5년 이상 종사한 사람
5. 청소년육성업무에 8년 이상 종사한 사람
6. 7급 이상의 일반직공무원 또는 이에 상당하는 별정직공무원(고위공무원단에 속하는 일반직공무원 또는 별정직공무원을 포함한다)으로서 청소년육성업무에 3년 이상 종사한 사람
7. 제6호 외의 공무원 중 청소년육성업무에 5년 이상 종사한 사람

12 청소년활동 진흥법령상 청소년수련시설 건립심의위원회에 관한 내용이다. ( )에 들어갈 내용으로 옳은 것은?

> 심의위원회의 위원은 5명 이상 10명 이하로 구성하며, 위원 중 청소년 및 청소년 전문가의 참여 비율은 각각 ( ) 이상으로 한다.

① 5분의 1   ② 6분의 1
③ 7분의 1   ④ 8분의 1
⑤ 10분의 1

13 청소년수련활동인증제의 인증기준 중에서 공통기준 영역에 포함되지 않는 것은?
① 프로그램 구성   ② 지도자 전문성 확보 계획
③ 안전관리 계획   ④ 학교단체 숙박형 활동 관리
⑤ 공간과 설비의 확보 및 관리

14 청소년수련활동인증제에서 구분하고 있는 활동유형 중 다음이 설명하고 있는 것을 옳게 나열한 것은?

> ㄱ. 활동내용에 따라 선정된 활동장소로 이동하여 숙박하며 이루어지는 활동
> ㄴ. 전체 프로그램의 운영시간이 2시간 이상으로서, 시행한 날에 끝나거나 또는 2일이상의 각 회기로 구성되어 있으며, 숙박 없이 수일에 걸쳐 이루어지는 활동

① ㄱ: 이동형, ㄴ: 기본형   ② ㄱ: 숙박형, ㄴ: 기본형
③ ㄱ: 이동형, ㄴ: 학교단체 숙박형   ④ ㄱ: 숙박형, ㄴ: 학교단체 숙박형
⑤ ㄱ: 이동형, ㄴ: 청소년단체 숙박형

15 청소년활동 진흥법상 ( )에 들어갈 내용으로 옳은 것은?

> 특별자치시장·특별자치도지사·시장·군수·구청장은 청소년활동 진흥법 제9조의2 제1항에 따른 숙박형등 청소년수련활동의 계획을 신고 받은 날부터 ( )일 이내에 신고수리 여부를 신고인에게 통지하여야 한다.

① 14   ② 15   ③ 18   ④ 20   ⑤ 25

16 청소년활동 진흥법상 청소년 문화활동의 지원에 해당하지 않는 것은?

① 전통문화의 계승
② 청소년축제의 발굴지원
③ 청소년동아리활동의 활성화
④ 청소년의 자원봉사활동의 활성화
⑤ 교포청소년 교류활동 지원

17 청소년활동 진흥법령상 청소년운영위원회에 관한 내용으로 옳지 않은 것은?

① 위원의 임기는 1년으로 한다.
② 위원장은 필요시 회의를 소집하며, 그 의장이 된다.
③ 청소년운영위원회의 구성·운영 등에 필요한 사항은 대통령령으로 정한다.
④ 청소년운영위원회는 10명 이상 25명 이하의 청소년으로 구성하여야 한다.
⑤ 위원장은 운영위원회를 대표하고, 운영위원회의 직무를 총괄한다.

정답 및 해설
12 ① 13 ④ 14 ① 15 ① 16 ⑤ 17 ④

12 ① 심의위원회의 위원은 5명 이상 10명 이하로 구성하며, 위원 중 청소년 및 청소년 전문가의 참여 비율은 각각 5분의 1 이상으로 한다.(청소년활동진흥법시행령 제15조 제2항)

13 ④ 인증기준

구 분	내 용
공통기준	프로그램구성, 프로그램자원운영, 지도자자격, 지도자역할 및 배치, 공간과 설비의 확보및 관리, 안전관리계획
개별기준	숙박관리, 안전관리인력 확보, 영양관리사 자격, 숙박관리, 안전관리인력확보, 영양관리자 자격, 이동관리, 휴식관리
특별기준	학교단체숙박형활동관리, 실시간쌍방향활동운영 및 관리, 콘텐츠 활용중심 활동 운영 및 관리, 과제수행중심활동운영 및 관리

14 ① 활동유형 (인증대상)

활동유형	내 용
기본형	전체 프로그램 운영 시간이 2시간 이상으로서, 실시한 날에 끝나거나 또는 2일 이상의 각 회기로 구성되어 있으며 숙박 없이 수일에 걸쳐 이루어지는 활동
숙박형	숙박에 적합한 장소에서 일정기간 숙박하며 이루어지는 활동
이동형	활동 내용에 따라 선정된 활동장을 이동하여 숙박하며 이루어지는 활동
학교단체숙박형	학교장이 참가를 승인한 숙박형 활동 ** 개별단위프로그램 : 학교단체 숙박형 활동을 구성하는 각각의 프로그램

15 ① 특별자치시장·특별자치도지사·시장·군수·구청장은 제1항에 따른 신고를 받은 날부터 14일 이내에 신고수리 여부를 신고인에게 통지하여야 한다. (청소년활동진흥법 제9조의2 제2항)

16 ⑤ 청소년활동 진흥법 제6장 청소년문화활동의 지원
 • 제60조 청소년문화활동의 진흥
 • 제61조 청소년문화활동의 기반 구축
 • 제62조 전통문화의 계승
 • 제63조 청소년축제의 발굴지원
 • 제64조 청소년동아리활동의 활성화
 • 제65조 청소년의 자원봉사활동

17 ④ 10명 이상 20명 이하의 청소년으로 구성하여야 한다. (청소년활동진흥법 시행령 제3조 제1항)

18 청소년 방과 후 활동 지원의 근거가 되는 법은?

① 청소년활동 진흥법   ② 청소년 기본법

③ 청소년복지 지원법   ④ 청소년 보호법

⑤ 소년법

19 청소년활동 진흥법령상 청소년수련시설 설치·운영자가 수련시설 이용자에게 실시하여야 하는 안전교육을 모두 고른 것은?

> ㄱ. 수련시설 이용 시 유의사항 및 비상시 행동요령에 관한 사항
> ㄴ. 청소년수련활동 유형별 안전사고 예방에 관한 사항
> ㄷ. 성폭력·성희롱 예방 및 대처요령에 관한 사항

① ㄱ   ② ㄱ, ㄴ   ③ ㄱ, ㄷ   ④ ㄴ, ㄷ   ⑤ ㄱ, ㄴ, ㄷ

20 청소년활동 진흥법상 인증심사원의 자격 및 선발에 관한 내용이다. ( )에 들어갈 내용으로 옳은 것은?

> 인증심사원이 되려는 사람은 인증기준, 인증절차 등 인증심사와 관련된 내용을 중심으로 인증위원회가 실시하는 직무연수를 ( )시간 이상 받아야 한다.

① 10   ② 20   ③ 25   ④ 30   ⑤ 40

21 청소년활동 진흥법령상 수련시설의 종합평가에 관한 내용으로 옳지 않은 것은?

① 여성가족부장관은 수련시설에 대한 종합평가를 3년마다 1회 이상 실시하여야 한다.

② 국가 및 지방자치단체는 종합평가의 결과 우수한 수련시설에 대하여 포상을 실시할 수 있다.

③ 여성가족부장관은 종합평가 결과를 여성가족부 홈페이지 또는 여성가족부 장관이 지정하는 인터넷 홈페이지에 공개하여야 한다.

④ 여성가족부장관은 종합평가 결과에 따라 수련시설 운영대표자에게 미흡사항에 대한 개선이나 그 밖의 필요한 조치를 하도록 요구할 수 있다.

⑤ 종합평가는 필요한 경우 현장평가를 할 수 있다.

22 국제청소년성취포상제에서 합숙활동의 최소 활동기준에 관한 설명이다. ( )에 들어갈 내용으로 옳은 것은?

> 국제청소년성취포상제에서 금장의 경우 합숙활동에서는 최소 (   )의 합숙활동을 충족시켜야 한다.

① 1박 2일   ② 2박 3일   ③ 3박 4일   ④ 4박 5일   ⑤ 5박 6일

정답 및 해설　　　　　　　　　　　　　　　　　　　　　　18 ② 19 ⑤ 20 ⑤ 21 ① 22 ④

18 ② **청소년 방과 후 활동의 지원 (청소년기본법 제48조의2 제1항)**
국가 및 지방자치단체는 학교의 정규교육으로 보호할 수 없는 시간 동안 청소년의 전인적(全人的) 성장·발달을 지원하기 위하여 다양한 교육 및 활동 프로그램 등을 제공하는 종합적인 지원 방안을 마련하여야 한다.

19 ⑤ **안전교육 (청소년활동 진흥법 시행규칙 제8조의3)**
수련시설 설치·운영자 또는 위탁운영단체는 수련시설의 이용자 및 청소년수련활동에 참여하는 청소년에게 다음 각 호의 안전교육을 실시하여야 한다.
1. 수련시설 이용 시 유의사항 및 비상시 행동요령에 관한 사항
2. 청소년수련활동 유형별 안전사고 예방에 관한 사항
3. 성폭력·성희롱 예방 및 대처요령에 관한 사항
4. 그 밖의 해당 수련시설의 이용 및 청소년수련활동에 필요한 안전에 관한 사항

20 ⑤ 인증심사원이 되려는 사람은 인증기준, 인증절차 등 인증심사와 관련된 내용을 중심으로 인증위원회가 실시하는 직무연수를 40시간 이상 받아야 한다.(청소년활동 진흥법 시행규칙 제15조 제3항)

21 ① **수련시설의 종합평가 방법 등(청소년활동진흥법시행규칙 제9조의2)**
1. 여성가족부장관은 법 제19조의2제1항에 따른 수련시설에 대한 종합평가를 2년마다 1회 이상 실시하여야 한다.
2. 제1항에 따른 종합평가는 수련시설의 관리·운영, 청소년수련활동 프로그램의 내용·전문성, 시설·설비 및 안전관리 등을 평가기준으로 하여 서면, 전산입력 등의 방법으로 평가하되, 필요한 경우 현장평가를 할 수 있다.
3. 여성가족부장관은 제1항에 따른 종합평가 결과를 교육부장관 및 지방자치단체의 장 등 관계기관에 통보하고, 여성가족부 홈페이지 또는 여성가족부장관이 지정하는 인터넷 홈페이지에 공개하여야 한다.
4. 제1항부터 제3항까지에서 규정한 사항 외에 수련시설의 종합평가에 관하여 필요한 사항은 여성가족부장관이 정하여 고시한다.

22 ④ **국제청소년성취포상제에서 합숙활동의 최소 활동기준**

구 분	봉사활동	자기개발활동	신체단련활동	탐험활동	합숙활동
금장 16세 이상	12개월 48시간 이상	12개월 48시간 이상	12개월 48시간 이상	3박 4일 (1일 최소 야외활동 8시간)	4박 5일 합숙활동
	은장을 보유하지 않은 자는 봉사, 자기개발, 신체단련 중 하나를 선택하여 추가로 6개월 수행				
은장 15세 이상	6개월 24시간 이상	6개월 24시간 이상	6개월 24시간 이상	2박 3일 (1일 최소 야외활동 7시간)	
	동장을 보유하지 않은 자는 봉사, 자기개발, 신체단련 중 하나를 선택하여 추가로 6개월 수행				
동장 14세 이상	3개월 12시간 이상	3개월 12시간 이상	3개월 12시간 이상	1박 2일 (1일 최소 야외활동 6시간)	
	참가자는 봉사, 자기개발, 신체단련 중 하나를 선택하여 추가로 3개월 수행				

23 청소년자기도전포상제의 운영기준에 관한 설명으로 옳지 않은 것은?

① 초등학교 1학년 ~ 중학교 3학년이면 누구나 참여할 수 있다.

② 자기개발활동은 주 1회 최소 50분 이상의 활동을 원칙으로 한다.

③ 참여 청소년은 5가지 활동영역 중 4가지 활동을 선택하여 각 영역에서 요구되는 포상단계 별 최소 활동 기간을 충족해야 한다.

④ 탐험활동은 사전 기본교육이 필수로 진행되어야 한다.

⑤ 포상활동은 봉사, 자기개발, 신체단련, 탐험, 진로개발 등 5가지 활동영역으로 구성되어 있다.

24 청소년방과후아카데미의 운영유형 중에서 일반형에 해당하지 않는 것은?

① 기본형　　　　　　　　　　　② 장애형

③ 주말형　　　　　　　　　　　④ 다문화형

⑤ 농산어촌형

25 청소년활동 진흥법상 지방청소년활동진흥센터에서 수행하는 사업이 아닌 것은?

① 지역 청소년활동의 요구에 관한 조사

② 지역 청소년 자원봉사활동의 활성화

③ 청소년수련활동 인증위원회의 설치 및 운영

④ 청소년활동 프로그램의 개발과 보급

⑤ 청소년활동에 대한 교육과 홍보

정답 및 해설

23 ② 청소년자기도전포상제(Korea Achievement Award)

청소년자기도전포상제는 만 7세 ~ 만 15세(초등학교 1학년~중학교 3학년) 청소년들이 자기개발, 신체단련, 봉사활동, 탐험활동, 진로개발활동 중 선택한 4가지 활동영역에서 자기 스스로 정한 목표를 성취해가며, 숨겨진 끼를 발견하고 꿈을 찾아가는 자기성장 프로그램이다.

1. 활동 개요
- 참여연령 : 만 7세 ~ 만 15세(초등학교 1학년~중학교 3학년) 청소년
- 포상단계 : 금장(24주~48주), 은장(16주~32주), 동장(16주)
- 활동영역 : 봉사활동, 자기개발활동, 신체단련활동, 탐험활동, 진로개발활동

2. 활동기준

포상단계	활동구분	활동 영역				
		자기개발	신체단련	봉사활동	탐험활동	진로개발활동
금장	도전활동	24주(회)	24주(회)	24주(회)	2박3일/15시간	7개 과제
	성취활동	은장 미보유 청소년: 봉사,자기개발,신체단련활동 중 한 가지 영역을 선택하여 추가로 24주(회) 이상 수행				
은장	도전활동	16주(회)	16주(회)	16주(회)	1박2일/10시간	14개 과제
	성취활동	동장 미보유 청소년: 봉사,자기개발,신체단련활동 중 한 가지 영역을 선택하여 추가로 16주(회) 이상 수행				
동장	도전활동	8주(회)	8주(회)	8주(회)	1일/5시간	10개 과제
	성취활동	참여청소년은 봉사,자기개발,신체단련활동 중 한 가지 영역을 선택하여 추가로 8주(회) 이상 수행				

※ 자기개발, 신체단련, 봉사활동, 진로개발활동은 활동 1회당 주 1회 간격, 매회 40분 이상
※ 단계별로 5가지 활동 영역 중 4가지 영역을 선택하여 모두 이수해야 함
※ 탐험활동은 사전 기본교육이 필수로 진행되어야 함
※ 진로개발활동은 단계별 과제 수행시마다 1회 활동으로 간주하며, 진로개발활동은 워크북 활동, 캠프형 활동으로 운영할 수 있음.

24 ③ 청소년방과후아카데미의 운영유형
- 일반형 : 기본형, 장애형, 다문화형, 농산어촌형, 탄력운영형
- 주말형

25 ③ 지방청소년활동진흥센터의 수행사업 (청소년활동 진흥법 제7조 제2항)
1. 지역 청소년활동의 요구에 관한 조사
2. 지역 청소년 자원봉사활동의 활성화
3. 청소년수련활동 인증제도의 지원
4. 인증받은 청소년수련활동의 홍보와 지원
5. 청소년활동 프로그램의 개발과 보급
6. 청소년활동에 대한 교육과 홍보
7. 제9조의2에 따른 숙박형등 청소년수련활동 계획의 신고에 대한 지원
8. 제9조의4에 따른 정보공개에 대한 지원
9. 그 밖에 청소년활동을 위하여 필요한 사업.

나만의 정리노트

2023년 22회
기출문제

필수과목 | **1과목 발달심리** | 1교시 : 필수 4과목 100문항 | 시간 : 100분

01 영유아기에 나타나는 초기 언어 발달의 특징에 관한 내용으로 옳은 것을 모두 고른 것은?

ㄱ. 수용언어는 표현언어보다 먼저 발달한다.
ㄴ. 일어문 단계에서 전보식(telegraphic) 언어가 나타난다.
ㄷ. 단어의 의미를 지나치게 제한적으로 사용한다.
ㄹ. 목울림, 옹알이, 울음 등은 전언어(prelinguistic) 단계에서 나타난다.
ㅁ. 레느버그(H. Lenneberg)에 의하면 인간은 언어습득장치를 가지고 태어난다.

① ㄱ, ㄴ, ㄹ ② ㄱ, ㄴ, ㅁ ③ ㄱ, ㄷ, ㄹ
④ ㄴ, ㄷ, ㅁ ⑤ ㄷ, ㄹ, ㅁ

02 애착 이론에 관한 설명으로 옳은 것은?

① 회피애착아는 주양육자에 대한 분리불안이 높다.
② 저항애착아는 주양육자에게 양가적 태도를 보인다.
③ 볼비(J. Bowlby)는 낯선 상황 실험을 고안해 애착을 측정하였다.
④ 에인스워스(M. Ainsworth)는 애착형성을 4단계로 분류하였다.
⑤ 할로우(H. Harlow)는 새끼조류의 행동을 연구해 각인 개념을 제시하였다.

03 기억 발달에 관한 내용으로 옳은 것을 모두 고른 것은?

ㄱ. 정교화 전략은 조직화 전략보다 더 먼저 나타난다.
ㄴ. 영아의 지연모방은 회상기억 능력이 있음을 보여준다.
ㄷ. 조직화 전략은 기억해야 할 정보를 여러 번 반복하는 것이다.
ㄹ. 성인 후기의 일화기억은 대부분 의미기억보다 빨리 쇠퇴한다.

① ㄱ, ㄹ ② ㄴ, ㄷ ③ ㄴ, ㄹ
④ ㄱ, ㄴ, ㄷ ⑤ ㄴ, ㄷ, ㄹ

정답 및 해설

01 ㄱ.(O) 언어는 크게 말의 의미를 이해하는 수용 언어(이해 언어)와 말을 표현하는 표현 언어로 나눌 수 있으며, 수용언어는 표현언어보다 먼저 발달한다.

ㄴ.(x) 생후 12개월 경에 일어문(한 단어)단계가 시작되고 생후 18경에 이어문(두 단어)단계가 시작되며, 2세경에 조사나 문법적의미를 가진 단어들은 모두 생략하고 대부분 핵심적 단어로만 이루어진 전보식(telegraphic) 언어가 나타난다.

ㄷ.(O) 자신의 경험이나 알고 있는 범위를 바탕으로 단어의 의미를 제한하는 과잉축소현상이 나타난다. (예:빨간구두만 신발이고 운동화는 신발이 아니라고 생각하는 경우)

ㄹ.(O) 언어발달단계

전(前)언어기	언어기	
	일어문단계 (12개월~18개월)	이어문단계 (18개월~)
· 울음, 목울림(쿠킹), 옹알이, 미소와 웃음, 몸짓	· 한 개의 단어(엄마, 물, 아빠, 먹어 등)를 사용하여 다양한 의사를 전달	· 전보식언어, · 주축이 되는 단어를 중심으로 새롭게 습득한 단어를 조합하여 문장을 표현(주축 문법)

ㅁ. (x) 인간은 언어습득장치를 가지고 태어난다고 한 사람은 노암 촘스키(Noam Chomsky)이다.
레느버그(H. Lenneberg)는 아이들의 언어발달과 습득에는 결정적인 시기가 있다는 결정적 시기가설을 주장하였다.

02 애착유형

안정애착 (65%)	불안정 애착		
	회피애착 (20%)	저항애착 (10%)	혼란애착 (5%)
· 활발하게 잘 놀며 주위를 탐색하기 위해 주양육자와 쉽게 떨어지고 주양육자와 함께 놀 때는 밀접한 관계를 유지하는 유형 · 주양육자와 재결합할 때 적극적으로 접촉을 시도하고, 주양육자와의 접촉 후에는 곧바로 안정을 되찾고 다시 놀이에 몰두함	· 주양육자와 분리되어 있어도 별 반응을 보이지 않고 주양육자가 돌아와도 잘 안기지 않고 회피하는 유형 · 주양육자로부터 자기감정을 잘 위로받지 못했기 때문에 아이는 감정을 억제하고 혼자 해결하는 경향을 보임	· 주양육자에게 불안하게 애착되어 있고 양육자가 방을 나가면 분리불안을 느끼지만, 다시 돌아와 안아줘도 안정감을 얻지 못하고 다시 밀어냄 · 부모의 비일관적 태도로 인해 부모의 사랑을 원하면서도 거부하는 양가적 반응을 보임	· 주양육자가 위로의 대상인지 불안의 대상인지 구별하지 못하는 유형 · 주양육자의 우울증, 학대 등으로 주양육자를 보면 멍하니 얼어붙고, 접촉을 시도하면 접근해야 할지 회피해야 할지 갈등을 보이는 유형

③ '낯선 상황실험'은 메리 에인스워스(M. Ainsworth)가 1970년대에 아동들의 애착을 관찰하기 위하여 고안한 실험으로, 영아의 애착유형을 안정애착, 회피애착, 저항애착 세 가지로 분류하였다.

④ 메인(Main)과 솔로몬(Solomon)은 '낯선 상황 실험'을 통해 에인스워스가 제시한 세 가지 유형에 속하지 않는 또 다른 애착유형을 혼란애착으로 분류하였다.

⑤ 할로우(H. Harlow)는 새끼원숭이실험을 통해 단순한 허기이상의 포근한 접촉을 통해 애착을 형성하는 것을 발견하였다. 새끼조류의 행동을 연구해 각인 개념을 제시한 사람은 로렌조 (Lorenz)이다.

03 ㄱ.(x) 기억 전략의 순서 : 시연전략 → 조직화 → 정교화 → 인출전략

ㄴ.(O) 영아의 회상기억능력의 발달은 피아제의 이론에서 설명한 지연모방과제를 사용한다.

ㄷ.(x) 기억해야 할 정보를 여러 번 반복하는 것은 시연이다.

ㄹ.(O) 성인 후기의 일화기억 (어느 특정 시간과 장소에서 일어났던 과거의 개인적 경험의 기억)은 대부분 의미기억 (일반화된 지식과 의미기억)보다 빨리 쇠퇴한다.

04 신생아의 발바닥을 간지럽히면 발가락을 벌렸다가 오므리는 반사 행동은?

① 걷기반사   ② 모로반사

③ 파악반사   ④ 근원반사

⑤ 바빈스키반사

05 피아제(J. Piaget)의 구체적 조작기에 관한 내용으로 옳은 것은?

① 보존개념이 획득된다.   ② 비가역적 사고를 한다.

③ 물활론적 사고를 한다.   ④ 자아중심성이 확장된다.

⑤ 분류화, 서열화를 할 수 없다.

06 다음에 해당하는 신체 및 운동발달의 원리는?

> 뒤집기 → 머리들기 → 배밀이 → 네발기기 → 짚고 일어서기 → 걷기

① 근원발달   ② 대뇌발달

③ 두미발달   ④ 위계발달

⑤ 협응발달

07 에릭슨(E. Erikson)의 발달 단계 중 (가) 시기에 해당하는 프로이트(S. Freud)의 발달단계에 관한 설명으로 옳은 것을 모두 고른 것은?

주도성 대 죄책감	→	(가)	→	정체감 형성 대 역할 혼미

> ㄱ. 리비도가 몸 전체에 잠복된다.
> ㄴ. 사회적, 도덕적 가치를 습득한다.
> ㄷ. 구순적 경험을 통해 쾌감을 느낀다.
> ㄹ. 리비도가 항문에서 생식기로 이동한다.

① ㄱ, ㄴ   ② ㄴ, ㄷ   ③ ㄷ, ㄹ   ④ ㄱ, ㄴ, ㄷ   ⑤ ㄴ, ㄷ, ㄹ

정답 및 해설

04 주요 반사운동

구 분	내 용
근원반사	아기의 뺨이나 입 주위에 자극물로 자극을 주게 되면 입과 고개를 돌리는 반사
밥킨반사	누워 있는 아기의 손바닥을 누르면 팔을 들어올리고 눈을 감으면서 입을 여는 반사
바빈스키 반사	아기의 발바닥을 간지럽히면 발가락을 벌렸다가 오므리는 반사
모로반사	큰 소리가 나거나 머리의 위치가 변하면 등을 구부리고 팔다리를 앞으로 뻗는 반사
파악반사	아기 손바닥에 손가락을 대면 손가락을 쥐는 반사
걷기반사	겨드랑이에 손을 살며시 넣고 들어 올리고 발을 땅바닥에 닿게 하면, 걸어가듯이 무릎을 구부리면서 두발을 번갈아 움직이는 반사
긴장성 경반사 (토닉반사)	아기를 눕혀두면, 두 손을 주먹을 쥐고 대개 고개를 오른쪽으로 돌리는 반사 - '펜싱선수 자세'라고 불리기도 함

05 피아제의 인지발달 단계에 따른 특징 비교

감각운동기 (0~2세)	전(前)조작기(2~7세)	구체적 조작기 (7~12세)	형식적 조작기(12세~성인기)
• 자극에 대한 반응, • 직접적인 신체감각과 경험을 통한 환경이해, • 대상영속성(물체가 눈앞에서 사라지더라도 없어진 것이 아니라는 것을 아는 개념) 발달 • 사회적 애착확립, • 목적지향적 행동	• 보존개념을 이해하기 시작 • 물활론적 사고, • 비가역적 사고, • 자아중심성 확장, • 타율적 도덕성, • 중심화(집중성), • 비가역적 사고, • 대상영속성 획득, • 전환적 추론 • 상징적 사고	• 보존개념 획득, • 경험에 기초한 사고, • 논리적 사고, • 분류화, 서열화 가능, • 자율적 도덕성, • 탈중심화, • 가역적 사고, • 조합기술	• 추상적 사고, • 가설, 연역적 추론, (가설을 세우고 검증해가는 추리능력) • 체계적 조합적 사고 • 이상주의적 사고 • 자기중심적 사고 (상상적 청중, 개인적 우화)

06 발달의 원리

두미발달 : 신체의 상부에서 하부로 발달 (뒤집기 → 머리들기 → 배밀이 → 네발기기 → 짚고 일어서기 → 걷기)
근원발달 : 신체의 중심부에서 말초신경쪽으로 발달
협응발달 : 두가지 이상의 신체기관이나 기능을 조화시키는 발달
위계발달 : 생리적 욕구 - 안전욕구 - 애정욕구 - 존중욕구 - 자기실현욕구

07 에릭슨(E. Erikson)과 프로이트(S. Freud)의 발달단계 비교

에릭슨(E. Erikson)	프로이트(S. Freud)
기본적 신뢰감 대 불신감	구강기(구순적 경험을 통해 쾌감 느낌)
자율성 대 수치심 또는 회의감	항문기 (타인의 소망과 규범을 고려)
주도성 대 죄책감	남근기 (리비도가 항문에서 생식기로 이동) 오이디푸스, 엘렉트라컴플렉스
근면성 대 열등감	잠복기(잠재기) • 리비도가 몸 전체에 잠복 • 사회적, 도덕적 가치를 습득 • 동성간의 또래집단 형성 , 운동능력발달 촉진
정체감 형성 대 역할 혼미	생식기 (사회적으로 수용 가능한 방식으로 승화, 독립)

08 아동 A가 속한 피아제(J. Piaget)의 인지 발달 단계에 관한 설명으로 옳지 않은 것은?

> 아동 A는 자신이 낮잠을 자지 않았기 때문에 아직 오후가 아니라고 생각한다.

① 직관적 사고를 한다.　　　　② 전환적 추론을 한다.
③ 가역적 사고를 한다.　　　　④ 중심화 경향이 있다.
⑤ 상징적 사고를 한다.

09 생후 1개월 이내의 신생아에게 나타나는 발달 특성으로 옳지 않은 것은?
① 후각이 발달되어 있다.
② 원시반사 행동을 보인다.
③ 끈적거리고 냄새가 없는 태변을 본다.
④ 시각이 잘 발달되지 않아 가시거리가 짧다.
⑤ 렘(REM) 수면의 비율이 일생 중 가장 낮다.

10 마샤(J. Marcia)의 이론으로 A의 정체감 유형을 옳게 분석한 것은?

> 부모님은 유아교사가 되기를 원하시나 A는 아직 진로에 대해 고민해 본 적이 없다.

① 정체감 유실　　　② 정체감 혼미　　　③ 정체감 유예
④ 정체감 성취　　　⑤ 정체감 획득

11 두뇌 및 신경계 발달에 관한 내용으로 옳지 않은 것은?
① 변연계 중 편도체는 정서와 감정을 관장한다.
② 투쟁-도피 반응은 교감신경계 활성화와 관계있다.
③ 시각피질의 시냅스 생성은 출생 후 1년까지 활발하게 진행된다.
④ 베르니케 영역은 언어 산출을, 브로카 영역은 언어 이해를 담당한다.
⑤ 출생 이후 전전두엽 피질의 활성화로 인지적 통제기능이 점차 향상된다.

정답 및 해설

08 ③ 예문은 전환적 추론에 대한 설명이다. 전환적 추론은 피아제(J. Piaget)의 인지 발달 단계 중 전조작기의 특징이며, 전조작기는 비가역적 사고를 특징으로 한다. 비가역적 사고란 물리적으로 시도한 행동의 반대나 역순을 생각할 능력이 없는 것, 즉 조작이 양방향으로 일어날 수 있음을 이해하지 못하는 것을 의미한다.

　① 현재 지각되는 어느 한 사실에만 주의를 기울여 그 대상을 규정짓는 사고 특성을 말한다. (예) 호랑이 가면을 쓴 엄마를 보고 호랑이라고 생각하여 무서워 울음을 터트림.

　② 전환적 추론은 귀납적 추론이나 연역적 추론을 하지 못하고, 대신 한 특정 사건 (내가 낮잠을 안잠)으로부터 다른 특정 사건을 추론(아직 오후가 아님)하거나 동시에 또한 시간적으로 근접해서 발생하는 두 사건(동생아픔과 내가 동생을 미워함)간에 반드시 특수한 인과관계(동생이 아픈것은 내가 동생을 미워하기 때문이다)가 있다고 믿는 현상학적 인과관계에 의해 추론하는 것이다. 설문의 예가 그예이다.

　⑤ 십자가 모양에 대해 교회임을 인지하고 병원을 보면 청진기나 주사를 연상하는 것처럼 단어나 대상에 대한 정신적 표상이 가능해짐을 의미한다.

09 렘(REM) 수면은 뇌가 잠에서 깨어있는 동안만큼 활동적인 상태로 빠른 눈동자의 움직임 (Rapid eye movement)과 불규칙한 호흡, 맥박을 특징으로 하며, 출생 초기에는 뇌의 미성숙과 이후의 빠른 성장으로 인해 수면비율의 50%이상을 차지하다가 성인은 20~25% 노년기에는 15~20% 정도로 줄어든다.

　①,④ 후각은 상당히 발달되어 엄마젖냄새와 다른 여성의 젖냄새를 구분하나, 시각이 잘 발달되지 않아 가시거리가 짧다.

　② 모로 반사, 바빈스키 반사, 수영반사, 파악 반사, 걸음마반사 등 생존과 관련 없는 원시반사행동을 보이는데 수개월 이내에 사라진다.

10 마샤의 정체감 유형 : 고민(위기)과 결정(수행) : 설문은 결정을 아직 안한 상태이므로 정체감 혼미가 정답이다.

구 분		결정 (수행)	
		결정함	결정 못함
고민 (위기)	고민 함	정체감 획득	정체감 유예 (청소년기에 정상적인 현상)
	고민 안함	정체감 유실 (누군가 대신 선택)	정체감 혼미 (혼동상태)

11 언어조절 뇌영역(좌반구)

브로카 영역 (왼쪽 전두엽의 일부)	문법구조 및 언어산출 (생후 15개월 ~24개월사이 최대)
베르니케 영역 (왼쪽 측두엽의 일부)	언어이해 (생후 8개월 ~20개월사이 최대)

　① 뇌에서 감정적 반응 및 정서, 그리고 동기를 담당하는 부위인 변연계는 청소년기에 거의 완성된다. 변연계 중에서도 편도체라는 곳은 감각기관이 받아들인 정보에 대해 즉각적이고 강렬한 감정, 예를 들면 분노, 공포, 공격성, 흥분 등 감정적 반응을 일으키는 것과 관련이 있다. 성인이 되어가면서 변연계는 전두엽의 통제를 받게 되지만, 전두엽이 성숙하기 전까지는 의사결정과 행동이 변연계의 지배를 더 받게 된다. 이런 이유로 청소년들은 충동을 잘 억제하지 못하고, 감정을 주체하지 못하며, 본능에 더 민감하고, 쉽게 흥분하거나 좌절하는 것으로 보인다.

　② 예컨대 스트레스요인에 대하여 투쟁할 것인가 도피할 것인가의 스트레스 반응은 1차적으로 교감신경이 활성화되고 부교감신경의 기능은 저하되는 쪽으로 작동한다.

　③ 시각을 담당하는 뇌의 시각피질에서의 시냅스 생성은 생후 1년까지 활발하게 진행되고, 행위, 사고, 계획, 성격 등을 담당하는 전두피질에서의 시냅스 생성도 생후 1년 동안에 정점을 이룬다.

　⑤ 전전두피질은 전두엽의 앞부분을 덮고 있는 대뇌 피질을 말하며, 계획하는 일, 성격의 표현, 의사결정, 사회적 행동 조율, 발화와 언어 조율 등의 인지적 통제기능을 담당하는 집행기능의 역할을 한다.

12 다음 행동이 처음 나타나는 피아제(J. Piaget)의 감각운동기 하위단계의 특성으로 옳지 않은 것은?

> 혜수가 곰인형을 잡으려고 손을 뻗자 엄마가 손으로 인형을 가렸다. 혜수는 인형 앞을 가로막은 엄마 손을 치우고 인형을 잡았다.

① 지연모방이 불가능하다.　　　　② 두 가지 도식을 협응한다.
③ A − not − B 오류가 나타난다.　　④ 대상영속성 개념이 형성되고 있다.
⑤ 새로운 가능성 탐색을 위한 시행착오적 시도가 나타난다.

13 DSM−5의 지적장애 진단기준에 관한 내용으로 옳지 않은 것은?

① 현재의 심각도를 명시한다.
② 장애는 발달 시기 동안에 시작된다.
③ 개념, 사회, 실행 영역에서 결함이 나타난다.
④ 지적 기능의 결함만으로도 진단내릴 수 있다.
⑤ 임상 평가와 표준화된 지능 검사로 확인된 지적 기능의 결함이 있다.

14 브론펜브레너(U. Bronfenbrenner)의 이론에 관한 설명으로 옳은 것을 모두 고른 것은?

> ㄱ. 중간체계에는 부모의 직장 환경이 포함된다.
> ㄴ. 외체계는 아동이 직접 경험하지는 않지만 발달에 영향을 미치는 맥락이다.
> ㄷ. 거시체계에는 문화적 환경이 포함된다.
> ㄹ. 시간체계에는 개인이 겪는 생물학적, 인지적, 심리적 변화가 포함된다.

① ㄱ, ㄴ　② ㄷ, ㄹ　③ ㄱ, ㄷ, ㄹ　④ ㄴ, ㄷ, ㄹ　⑤ ㄱ, ㄴ, ㄷ, ㄹ

15 콜버그(L. Kohlberg)의 '헤인즈 딜레마'에 대하여 다음과 같은 대답이 나왔을 때, 이에 해당하는 콜버그의 도덕성 발달 단계는?

> 약을 훔치지 않아야 한다는 법률이 인간의 생명을 구하는 것 보다 더 중요하다고 할 수 없다. 인간의 권리나 존엄을 위협하는 법이라면 부당하기 때문에 수정되어야 한다.

① 2단계　② 3단계　③ 4단계　④ 5단계　⑤ 6단계

정답 및 해설

12 문제의 내용은 2차 순환 반응 협응기의 내용이고 시행착오적 시도는 3차 순환반응기의 특징이다.

반사운동기 (출생~1개월)	• 외부환경에 적응하는 반사적 행동(빨기, 잡기, 큰소리에 반응하기 등)
일차 순환반응기 (1~4개월)	• 최초의 도식과 새로운 도식에 의해 우연히 일어난 흥미로운 행동의 반복 (빨기-잡기, 보기-잡기 등의 눈-손 협응, 입-손 협응 발달)
이차 순환반응기 (4~8개월)	• 주위환경에 인식하는 시기 (외부에 있는 사건과 대상에 열중) • 행동의 초점이 자신의 신체에서 외부로 이동
이차 순환반응의 협응기 (8~12개월)	• 인과개념 형성과 최초의 의도적 문제해결 행동을 하는 시기 – 목표가 되는 도식에 도달하기 위해 수단이 되는 도식을 이용하는 능력 • A-not-B 오류 : A 지점에 장난감을 숨기고 그 장난감을 A에서 찾을 수 있도록 몇 번 반복 후, 유아가 보는 앞에서 장난감을 새로운 장소인 B에 숨기더라도, 유아는 A 지점에서만 장난감을 찾으려고 한다. 즉 이 시점에서 대상 영속성은 유아 자신의 성공적인 과거 행동과만 연결되어 있으며, 위치 이동을 추적할 수는 없는 상태이다.
삼차 순환반응기 (12~18개월)	• 실험적 사고에 열중 – 새로운 원인과 결과 간의 관계에 대해 가설화 및 행동시도 • 적극적, 목적지향적, 시행착오적 특성
정신적 표상 (18~24개월)	• 눈앞에 없는 사물이나 사건을 정신적으로 이미지화가 가능 • 지연모방 (어떤 행동 모방 후 그 자리에서 모방하지 않고, 일정 시간이 지난 후 재현하는 것)이 가능해짐

13 DSM-5의 지적장애 진단기준
• 개념적, 사회적, 실행적 영역에서 지적 기능과 적응 기능 모두에 결함이 나타나는 발달적 시기에 출현하는 장애다.
• 지적장애로 진단하기 위해서는 다음의 세 가지 기준이 반드시 충족되어야 합니다.
  – 임상 평가와 표준화된 지능 검사에 의해 추론, 문제 해결, 계획, 추상적 사고, 판단, 학교의 학습, 경험을 통한 학습과 같은 지적 기능의 결함을 확인
  – 개인적 독립성과 사회적 책임감에 관한 발달적 표준과 사회문화적 표준에 충족되지 못하는 결과를 야기하는 적응 기능에서의 결함이 확인됨. 지속적인 지원이 없다면, 적응 결함에 의해 가정, 학교, 일터, 공동체와 같은 복합적인 환경 속에서 의사소통, 사회적 참여, 독립적인 생활과 같은 일상적 활동에서 하나 또는 그 이상의 기능이 제한됨.
  – 발달적 시기에 지적 결함과 적응 결함이 시작됨.
  – 현재의 심각도를 명시할 것

14 브론펜 브레너 (Bronfenbrenner)의 생태학적 이론 (5체계)

미시체계	아동이 직접 접하는 환경이자, 아동의 근접 환경 (가정,학교,친구 등등)
중간체계	다양한 미시체계 간의 상호관계가 이루어지는 환경 (아동과 부모, 학생과 교사, 학부모와 교사,친구들은 연결되어 서로 영향을 주고받는다)
외체계	아동이 직접 경험하지는 않지만 발달에 영향을 미치는 사회적 환경 (정부기관, 공익기관, 부모의 직장 등)
거시체계	미시체계, 중간체계, 외체계에 포함된 모든 요소와 개인이 살고 있는 문화적 환경 (관습, 법, 사회정책)
시간체계	일생 동안 인간의 변화(개인이 겪는 생물학적, 인지적, 심리적 변화 등)와 사회역사적 환경의 변화를 포함

15 콜버그의 도덕성 발달 단계

인습 이전	1단계	타율적 도덕성	처벌의 회피를 위해 규칙을 준수하는 단계
	2단계	개인적 도덕성	개인의 이익, 욕구를 바탕으로 옳고 그름을 판단(발각되지 않으면 도둑질도 가능)
인습 수준	3단계	규준적 도덕성	사회의 공통적 관습이나 사고가 도덕성 판단의 기준
	4단계	사회체계 도덕성	법과 규범같은 사회체계가 도덕적 판단의 기준 (악법도 법이다)
인습 이후	5단계	사회계약 도덕성	사회의 이익을 위한 융통성 있는 법이 도덕성 판단의 기준 (악법의 수정인정)
	6단계	보편적 도덕성	개인의 양심, 보편적 원리가 도덕성 판단의 기준

16 다음의 ( )에 들어갈 피아제(J. Piaget) 이론의 개념은?

> (ㄱ)은/는 동화(assimilation)와 조절(accommodation)의 상보적 활동에 의해 이루어지며, 이 활동이 균형을 이룬 상태를 (ㄴ)(이)라고 한다.

① ㄱ: 적응(adaptation), ㄴ: 평형(equilibrium)
② ㄱ: 적응(adaptation), ㄴ: 조직화(organization)
③ ㄱ: 평형(equilibrium), ㄴ: 적응(adaptation)
④ ㄱ: 평형(equilibrium), ㄴ: 조직화(organization)
⑤ ㄱ: 조직화(organization), ㄴ: 평형(equilibrium)

17 혼(J. Horn)과 카텔(R. Cattell)이 주장한 유동성 지능(fluid intelligence)에 관한 설명으로 옳지 않은 것은?

① 새로운 문제를 다루는 능력이다.
② 공간지각 및 추론 능력과 관련된다.
③ 성인 중기 전후에 퇴보하기 시작한다.
④ 유전적 요인에 의해 결정되는 지능이다.
⑤ 어휘력 및 사회적 상황에 대한 반응으로 측정한다.

18 퀴블러-로스(E. Kübler-Ross)가 제시한 죽음을 받아들이는 과정 중 다음과 같은 반응을 하는 단계는?

> ○ '왜 하필 나인가?'
> ○ '왜 나만 죽어야 하는가?'

① 부정   ② 분노   ③ 타협
④ 우울   ⑤ 수용

19 21번 염색체의 이상으로 나타나는 증후군은?

① 다운 증후군   ② 터너 증후군   ③ XYY 증후군
④ X결함 증후군   ⑤ 클라인펠터 증후군

20 DSM-5의 주요 및 경도 신경인지장애의 병인에 해당하는 것을 모두 고른 것은?

> ㄱ. 파킨슨병 ㄴ. 혈관 질환 ㄷ. HIV 감염
> ㄹ. 알츠하이머병 ㅁ. 외상성 뇌손상

① ㄱ, ㄴ, ㄹ ② ㄱ, ㄷ, ㅁ ③ ㄴ, ㄷ, ㄹ
④ ㄱ, ㄴ, ㄹ, ㅁ ⑤ ㄱ, ㄴ, ㄷ, ㄹ, ㅁ

정답 및 해설 16 ① 17 ⑤ 18 ② 19 ① 20 ⑤

16 도식을 형성하고 '평형'을 이루기 위한 기제로서 피아제(Piaget)는 환경에 대한 '적응'이라는 개념을 제시했다. 여기에는 두 개의 기본적 과정인 동화와 조절이 있다.
- 동화 : 새로운 정보를 기존의 도식에 맞추는 것
- 조절 : 새로운 정보에 반응하기 위해 기존의 도식을 바꾸거나 새로운 도식을 만드는 것

17 유동성 지능과 결정성 기능

유동성 지능	결정성 지능 (언어성 지능)
• 유전적 요인에 의해서 형성되는 지적 능력으로서 신체발달 및 뇌신경의 성장과 발달에 비례하며, 경험이나 학습과는 무관하다. • 새로운 문제를 처리하는 능력으로서 사전 지식이나 학습을 필요로 하지 않는다. 유동성 지능은 공간지각, 추상적 추론, 지각속도와 같은 검사로써 측정된다. • 성인 중기 전후에 퇴보하기 시작한다.	• 경험을 통해 습득한 학습 지능이며, 그 문화를 유지하는데 필수적인 능력의 총체이고, 가정, 학교, 사회, 환경의 질의 영향을 받는다. • 어휘력, 일반상식, 단어 연상, 사회적 상황이나 갈등에 대한 반응으로써 결정성 지능을 측정한다

18 인간의 죽음에 대한 태도를 연구한 퀴블러로스(E. Kübler-Ross)에 의하면, 부정 → 분노 → 타협 → 우울 → 순응의 단계를 거쳐 자신의 죽음을 수용하게 된다. 예문은 분노의 단계에 해당한다.

19 ① 다운 증후군 : 21번 염색체가 3개있는 증후군
② 터너 증후군 : XX 또는 XY의 형태로 정상적으로 존재해야 하는 성염색체가 X 단일 염색체(45, X) 또는 X 부분 단일 염색체로 변경되어 발생하는 여성질환증후군
③ XYY 증후군 : 남성에게 존재하는 성염색체인 Y 염색체가 한 개 더 추가된 성염색체 이상 질환
④ X결함 증후군 : X 염색체에 취약한 부위가 있어 정신 지체, 발달 장애 등을 유발하는 유전 질환
⑤ 클라인펠터 증후군 : 일반적으로 남자의 염색체는 46,XY지만 X염색체가 1개 이상이 더 존재할 때 나타나는 성염색체 이상이며, 형태는 47, XXY, 48, XXXY 등 다양하게 나타날 수 있다.

20 DSM-5에서의 신경인지장애(㉠ 복합적 주의, ㉡ 집행 기능, ㉢ 학습과 기억, ㉣ 언어, ㉤ 지각-운동, ㉥ 사회 인지 등 6가지 인지기능영역 중 한 가지 이상의 영역에 문제가 발생하고 빈번하게 행동증상이 동반되는 질환

종 류	특징 또는 병인	
섬 망	• 시간, 장소, 사람에 대한 지남력(현재 자신이 놓여 있는 상황을 올바르게 인식하는 능력)상실이 특징	
주요 및 경도 신경인지장애	• 알츠하이머병 • 루이소체 • 외상성 뇌 손상 • 인간면역결핍 바이러스(HIV)감염 • 파킨슨병 • 특정 불능의 신경인지장애	• 전측두엽 • 혈관질환 • 약물/물질에 의해 유도된 병 • 프리온병 • 헌팅턴무도병

21 횡단 설계법에 관한 내용으로 옳은 것을 모두 고른 것은?

> ㄱ. 개인의 발달 안정성과 변화를 관찰할 수 있다.
> ㄴ. 종단 설계법보다 시간과 비용이 더 많이 요구된다.
> ㄷ. 동시대 집단효과(cohort effect)가 나타날 수 있다.
> ㄹ. 서로 다른 연령집단을 동시에 표집하여 연령별 차이를 살펴볼 수 있다.

① ㄱ, ㄴ   ② ㄱ, ㄷ   ③ ㄴ, ㄹ   ④ ㄷ, ㄹ   ⑤ ㄱ, ㄷ, ㄹ

22 에릭슨(E. Erikson) 이론의 발달 과업과 샤이(K. Schaie) 이론의 발달 단계가 동일한 시기로 옳게 연결된 것은?

① 생산성 획득 – 책임 단계   ② 자율성 획득 – 실행 단계
③ 근면성 획득 – 성취 단계   ④ 자아통합 획득 – 획득 단계
⑤ 정체감 획득 – 재통합 단계

23 배아기(embryonic period)에 관한 내용으로 옳지 않은 것은?

① 태반, 탯줄, 양수가 발달한다.
② 외배엽으로부터 신경관이 형성된다.
③ 심장이 형성되어 박동하기 시작한다.
④ 임신 2주부터 8주까지의 기간에 해당한다.
⑤ 빨기, 삼키기 등의 반사 반응이 나타난다.

24 발달에 관한 설명으로 옳지 않은 것은?

① 성숙은 주로 학습과 환경의 영향을 받는다.
② 역사적 혹은 문화적 맥락은 발달에 영향을 미친다.
③ 규준적(normative) 발달이란 전형적이고 평균적인 발달을 말한다.
④ 가소성(plasticity)이란 경험에 반응하여 변화하는 능력을 의미한다.
⑤ 발달은 생명의 시작에서 죽음에 이르기까지의 전 생애 동안 이루어지는 모든 과정이다.

25 다음에서 설명하고 있는 노화이론은?

○ 사회적인 활동을 철회하는 것
○ 일에 대한 스트레스와 책임이 줄어드는 것
○ 신체 및 인지적 쇠퇴에 적응하며 내면에 더 집중하는 것

① 활동 이론(activity theory)
② 유리 이론(disengagement theory)
③ 손상 이론(wear-and-tear theory)
④ 사회정서적 선택 이론(socioemotional selectivity theory)
⑤ 보상을 수반한 선택적 최적화 이론(selective optimization with compensation theory)

정답 및 해설

21 ④ 22 ① 23 ⑤ 24 ① 25 ②

21 횡단설계법과 종단설계법의 비교

횡단설계법	종단설계법
• 동시대 집단효과(cohort effect : 동시대에 태어난 집단의 공통점과 유사점)가 나타날 수 있다. • 서로 다른 연령집단을 동시에 표집하여 연령별 차이를 살펴볼 수 있다.	• 개인의 발달 안정성과 변화를 관찰할 수 있다. • 횡단 설계법보다 시간과 비용이 더 많이 요구된다. • 연습효과가 나타난다. • 피험자의 탈락현상이 있다.

22 에릭슨(E. Erikson) 이론의 발달 과업과 샤이(Schaie)의 성인기 인지발달 단계

에릭슨(E. Erikson) 이론의 발달 과업	샤이(Schaie)의 성인기 인지발달 단계	
신뢰감 (0~1세) 자율성 (2~3세), 주도성 (4~6세) 근면성 (7~11세) 정체감(12~20세),	획득단계 (아동/청소년기)	감각운동기능에서 형식적 조작사고에 이르기까지 기본인지구조의 발달
친근감 획득 (21세 ~ 40세)	성취단계 (성인전기)	성취, 독립의 목표를 지향하는 인지 행동
생산성 획득 (41~65)	책임단계 (성인중기)	문제해결에 있어서 개인의 목표, 가족 및 사회적 책임의 통합
	실행단계 (성인중기)	보다 복잡한 조직적 위계와 책임을 갖는 문제 해결
자아통합 (65세 이후)	재통합단계 (성인후기)	자신의 흥미, 가치에 적합한 문제와 과제선택

23 ⑤ 태아기(9주~ 출산)중 임신 7개월이 되면 태아는 울 수 있고, 숨 쉬고, 삼키고, 손가락을 빨 수 있고 소화도 할 수 있다.
①,④ 배아기(임신 2주 ~4주) 태반이 발달하고 탯줄이 배아를 자궁벽의 태반과 연결하여 영양분과 산소를 공급하고 이산화탄소와 배설물을 배출한다. 양막속은 양수로 가득차서 외부의 충격으로부터 보호하고 적절한 온도를 유지시켜준다.
②,③ 외배엽은 머리카락, 피부 표피, 신경계가 된다. 중배엽은 근육, 뼈, 순환계(심장, 혈관, 혈구 등)를 형성하며, 내배엽은 소화계와 폐를 형성한다.

24 ① 성숙은 내적, 유전적 요인에 의해 나타나는 신체적, 심리적 변화를 말하며, 사춘기에 나타나는 2차 성징, 태아가 모체 내에서 발달해 가는 것과 같이 부모로부터 받은 유전인자가 지닌 정보에 따라 변화하는 것으로, 학습이나 경험, 훈련처럼 외적 환경과는 관계가 없다.

25 설문은 유리(遊離)이론에 대한 설명이다.
④ 사람들이 나이가 듦에 따라 의미 있고 즐거운 사회적 관계만 선호하고 불쾌한 관계는 회피한다는 이론
⑤ 노인들이 노화에 따른 상실에도 불구하고 주어진 능력에 적합한 활동을 선택하고 보유한 기술을 최적화하며 상실한 것을 보완함으로써 성공적 노화에 이를 수 있다고 설명하는 이론

2과목 집단상담의 기초

01 집단상담 초기 단계에서 집단규범 형성을 위한 상담자의 역할로 옳지 않은 것은?

① 자기개방을 격려하기

② 비생산적인 행동에 대해 개입하기

③ 솔직하고 자연스러운 언행을 촉진하기

④ 집단원의 행동에 즉각적으로 논평하기

⑤ 지금-여기에서 집단원의 느낌을 표현하도록 격려하기

02 집단상담 제안서를 검토할 때 고려해야 할 내용으로 옳지 않은 것은?

① 집단의 필요성에 관한 합당한 근거를 제시하고 있는가?

② 집단에서 달성하고자 하는 목표는 무엇인가?

③ 집단 모임시간, 횟수, 전체 시간이 제시되어 있는가?

④ 목표 달성을 평가할 수 있는 전략이 있는가?

⑤ 집단의 명시적 및 암묵적 규범이 구체적으로 제시되어 있는가?

03 집단상담 구조화에 관한 설명으로 옳지 않은 것은?

① 이론적 배경에 따라 구조화의 정도와 종류가 다르다.

② 단기로 진행하는 심리교육집단은 대부분 비구조화 집단으로 운영한다.

③ 초기 단계의 구조화는 집단원의 집단참여에 대한 불안을 어느 정도 줄여준다.

④ 구조화 집단에서 갈등이 발생할 경우 구조화 활동을 잠시 미루고 갈등을 다루는 것이 바람직하다.

⑤ 지나친 구조화는 집단의 발달을 방해한다.

04 아동·청소년 집단상담에서 사용하는 전략으로 옳지 않은 것은?

① 부모나 특정 기관에 맞서서 전적으로 아동이나 청소년의 편을 들어야 한다.

② 집단 종결 전에 집단원에게 어느 정도의 기간을 두고 종결 시점을 상기시켜 준다.

③ 매 회기를 철저히 준비하되 주어진 회기마다 구성과 주제를 조절할 수 있는 융통성이 있어야 한다.

④ 아동·청소년과 관련된 법률을 숙지하고 있어야 한다.

⑤ 아동과 청소년이 집단에서 얻을 수 있는 이점을 학교 담당자, 교사, 부모에게 명확히 설명해야 한다.

05 교류분석 집단상담에서 라켓(Racket)에 관한 설명으로 옳은 것은?

① 어린 시절에 격려 받고 학습되어진 친숙한 정서로써 다양한 상황에서 경험된다.

② 심리적 게임 후에는 사라지는 감정이다.

③ 성인이 라켓을 사용하면 문제해결에 도움을 받을 수 있다.

④ 아이의 부모가 허용했던 감정을 다른 감정으로 대체한 것이다.

⑤ 사람들에게 어디로 가고 그 곳에서 무엇을 할 것인지를 말해주는 청사진이다.

06 코리(G. Corey)의 집단상담 작업단계에 있는 집단원의 전형적인 특징을 모두 고른 것은?

ㄱ. 다소 거부감을 일으킬 수 있는 일이라도 주저 없이 노출한다.
ㄴ. 집단원간의 갈등이 있음을 인정하고 해결해 나간다.
ㄷ. 내재된 적대감과 불신이 있으나 표현하지 않는다.
ㄹ. 피드백을 주어도 방어적인 태도를 취한다.

① ㄱ   ② ㄱ, ㄴ   ③ ㄴ, ㄷ   ④ ㄱ, ㄴ, ㄷ   ⑤ ㄴ, ㄷ, ㄹ

정답 및 해설

01 ④ 02 ⑤ 03 ② 04 ① 05 ① 06 ②

01 행동에 대한 즉각적인 논평이 있게되면 집단원은 자신의 행동이 주시되고 제한받는다는 생각에 안정감을 잃어버리고 상호 관계는 불가능하게 된다. 따라서 집단의 전체적인 상호작용, 역동을 잘 파악하여 집단원들의 자신의 행동에 대한 학습과 통찰을 위해 적절한 시기를 찾아 적절한 해석과 논평을 하여야 한다.

02 명시적 규범은 집단 구성원 내 공유되는 공식적인 규칙이므로 구체적으로 제시되어야 하지만, 암묵적 규범은 집단원들이 어떤 기준에 도달할 때 까지 서로 맞추어 가는 규범이므로 구체적으로 제시될 수 없으며, 규범에 의해 통제된다는 것을 인식하지 못할 수도 있다.

03 ② 심리교육 집단은 교육적 결핍과 심리적 장애를 예방하는 것을 목표로 하며 특정 주제에 초점을 둔 구조화된 집단으로 진행할 때 유용하다. 비구조화 집단상담은 ㉠ 감수성 훈련집단, ㉡ T-집단, ㉢ 참만남집단으로 구분된다.
   ① 집단상담이 추구하는 목적, 대상, 이론적 배경 등에 따라 구조화집단으로 할 지, 비구조화 집단으로 할 지와 구조화의 정도는 어느 정도일 지가 달라진다.
   ⑤ 지나친 구조화는 참여자들에게 부담감을 주고 집단의 자율성을 저해할 수 있으므로 적절한 구조화가 필요하다.

04 ① 집단상담자는 아동·청소년집단원이 부모나 특정 기관과의 불필요한 힘겨루기 및 갈등을 해결하기 위해 중립적입장에 서 주도적 역할을 해야 한다.

05 ① 라켓감정은 스트레스 상황(예 : 집이 가난하여 가지고 싶은 장난감을 가지지 못함)에서 금지된 진짜 정서(장난감을 가지지 못한 데 대한 화남)대신 어린시절에 학습되고 주위 부터 지지를 받은 친근한 조작된 감정(나는 커서 장난감이 필요없다고 부모에게 말함으로써 칭찬받음)이다.
   ② 심리적 게임은 진정한 감정을 느끼지 못하고 라켓 감정으로 끝을 맺는 반복적 교류가 계속되게 된다.
   ③ 성인이 되서 진정한 감정의 표현은 지금-여기서의 문제를 해결할 수 있지만 라켓감정의 표현은 문제해결에 도움이 되지 않는다.
   ④ 부모가 금지했던 감정(화)을 다른 감정(의젓함)으로 대체한 것이다.

06 ㄷ.은 초기단계 ㄹ.은 과도기적 단계의 특징이다.
   작업단계에 있는 집단원의 전형적인 특징
   • 다소 거부감을 일으킬 수 있는 일이라도 주저 없이 노출한다.
   • 집단원간의 갈등이 있음을 인정하고 해결해 나간다.
   • 내재된 적대감과 불신을 기꺼이 밝히고 그것을 토의하여 해결한다.
   • 피드백을 활발하게 하며 거부감없이 받아들이며 숙고한다.

07 집단상담에서 얄롬(I. Yalom)의 '지금-여기'를 활성화 하는 상담자 개입으로 옳은 것은?

집단원: 엄마는 내 말을 아예 들으려고도 하지 않아요. 내가 무슨 말을 하던 간에 아예 관심도 안 보이고, 돌아서서 청소기를 가져와 바쁘게 청소를 해요. 그럴 때마다 나는 화가 나서 엄마를 밀치고 집을 나가 버려요.

상담자: _____

① 자신을 무시하는 엄마에게 몹시 화가 났었군요.
② 엄마가 왜 그런 식으로 관심을 보이지 않았을까요?
③ 이번 일 말고 과거에도 엄마가 화를 낸 적이 있는지 이야기 해볼래요?
④ 만약 본인이 이 집단 안에서 그런 식으로 화를 낸다면 어떤 사람에게 화를 낼 수 있나요?
⑤ 혹시 학교에서나 친구들에게도 그런 식으로 화를 낸 적이 있나요? 그런 경험을 나누어 주면 어떨까요?

08 얄롬(I. Yalom)의 치료적 요인에 해당하는 것을 모두 고른 것은?

ㄱ. 이타주의　　　　ㄴ. 대인관계-투입　　　　ㄷ. 자기이해
ㄹ. 정화　　　　　　ㅁ. 현실검증

① ㄱ, ㄴ
② ㄴ, ㄷ, ㄹ
③ ㄷ, ㄹ, ㅁ
④ ㄱ, ㄴ, ㄷ, ㄹ
⑤ ㄱ, ㄴ, ㄷ, ㄹ, ㅁ

09 청소년 집단상담에서 상담자가 사용한 기법은?

상담자: 부모님에 대해 무척 좋은 분이라고 말하고 있으면서 부모님에 대한 자신의 생각을 이야기할 때 다소 목소리가 커지고 흥분되어 보이네요.

① 노출하기
② 직면하기
③ 공감하기
④ 요약하기
⑤ 재진술하기

10 얄롬(I. Yalom)의 치료적 요인 중 응집성에 관한 설명으로 옳은 것을 모두 고른 것은?

> ㄱ. 나 자신도 다른 사람들처럼 잘 지내고 있다는 것을 알게 된다.
> ㄴ. 자신의 수치스러운 면이 드러나더라도 여전히 집단에 수용된다.
> ㄷ. 더 이상 혼자라는 느낌이 들지 않는다.
> ㄹ. 다른 사람들과 친밀한 접촉을 지속한다.

① ㄱ, ㄴ   ② ㄷ, ㄹ   ③ ㄱ, ㄴ, ㄷ   ④ ㄴ, ㄷ, ㄹ   ⑤ ㄱ, ㄴ, ㄷ, ㄹ

11 실존주의 집단상담의 목적으로 옳지 않은 것은?

① 집단원 자신을 신뢰하기
② 집단원 자신과 주변 세계에 대한 조망 확대하기
③ 현재와 미래의 삶에 부여할 의미 명료화하기
④ 과거, 현재, 미래의 위기에 대해 성공적으로 협상하기
⑤ 미지의 영역 탐색에 대한 한계 규정하기

정답 및 해설
07 ④   08 ④   09 ② 10 ④ 11 ⑤

07 얄롬(I. Yalom)의 '지금-여기'를 활성화 하는 상담자 개입은 일차적으로 치료자와 환자가 그들 사이에서 일어나고 있는 일(지금-여기)에 초점을 맞추어야 한다는 의미이다. 환자에게 과거 어떤 시점에 일어났거나 그가 경험했던 일("그때-거기")이 아니다. 그렇다고 "그때-거기"에 대한 탐색이 불필요하다는 의미는 아니다. 단지 과거를 "발굴"하여 그 자체로 이해하려는 의도에서가 아니라 그것을 "재구성"하여 환자가 "현재 다른 사람과 맺고 있는 관계의 양식을 이해하는(변화시키는) 데 도움"을 얻는 데 한정해야 한다는 것이다.
①②③⑤는 모두 "그때-거기"를 탐색하는 개입이다.

08 **얄롬(I. Yalom)의 치료적 요인**

1. 희망 심어주기(희망의 인식)	2. 보편성	3. 정보전달
4. 이타주의	5. 사회화 기술의 발달	6. 모방행동 (동일시)
7. 대인관계 학습- 투입, 산출	8. 집단 응집력 (응집성)	9. 정화
10. 초기 가족의 교정적 재현(가족재구조화)	11. 실존적 요인들	12. 자기이해

09 '직면'은 내담자의 행동에서 모순이나 불일치를 지적(좋은 분이라고 하면서, 목소리가 커지고 흥분하는 모순된 행동을 지적하고 있음)하여 내담자가 스스로를 통찰하고 긍정적으로 변할 수 있는 계기를 마련하는 기법이다.

10 ㄱ. 보편성에 대한 설명이다.

11 **실존주의 집단상담의 목적**
㉠ 집단원 자신의 내면세계를 있는 그대로 자각하고 이해하도록 하며, '지금-여기'의 자기 자신을 유한하고 불완전하지만 가치 있는 존재일 수 있다는 사실을 깨닫고 신뢰하도록 치료한다.
㉡ 집단원의 과거에 관심을 갖기보다는 집단원의 현재나 미래에 행해야 하는 선택에 초점을 맞추고, 현재와 미래의 삶에 부여할 의미를 명료화하며, 과거, 현재, 미래의 위기에 대해 성공적으로 협상한다.
㉢ 4가지 세계를 가정하고 실존 방식에 따라 매 순간에 '주변 세계'인 환경 내에서, '공존 세계'인 대인관계를 맺으며, '고유 세계'인 자기를 자각하고, '영적 세계'인 영적 가치를 믿으며 살아간다고 보며, 집단원 자신과 주변 세계에 대한 조망 확대를 통해 적절한 행동의 선택을 함으로써 자신의 삶을 창출하고 삶의 질을 향상시킬 수 있다.
㉣ 미지의 영역을 탐색하는 것은 불안하지만, 불안때문에 한계를 규정하면 창조적인 삶이 불가능함을 인식하게 함으로써 집단원은 상담자의 격려 속에서 미래로 뛰어들 용기가 생긴다.

12 아들러(A. Adler) 집단상담에서 초기기억 회상의 목적으로 옳은 것은?

① 초기 유아기의 트라우마 분석
② 자기, 타인, 세상, 윤리적 입장에 대한 개인의 확신 탐색
③ 유아 시절 대상관계 역동의 분석
④ 삶의 각본과 심리적 자세의 탐색
⑤ 현상학적 자기와 실제 자기간의 일치점 발견

13 집단상담 및 치료의 잠재적인 위험을 모두 고른 것은?

ㄱ. 집단상담자의 과도한 힘의 사용   ㄴ. 집단원의 사적인 삶의 무분별한 공유
ㄷ. 희생양 만들기   ㄹ. 집단원의 한계를 넘어서는 직면

① ㄱ   ② ㄱ, ㄴ   ③ ㄴ, ㄷ   ④ ㄴ, ㄷ, ㄹ   ⑤ ㄱ, ㄴ, ㄷ, ㄹ

14 청소년 집단에서 비생산적인 집단에 개입할 상황으로 옳은 것을 모두 고른 것은?

ㄱ. 각자가 다른 사람을 대변하는 경우
ㄴ. 집단 밖의 사람에 관해서만 이야기하는 경우
ㄷ. 집단원이 '난 항상 그래왔다'로 넘겨버릴 경우
ㄹ. 한 집단원이 장황하게 설명하여 다른 집단원들이 지루해 할 경우

① ㄱ, ㄴ   ② ㄷ, ㄹ   ③ ㄱ, ㄴ, ㄷ   ④ ㄴ, ㄷ, ㄹ   ⑤ ㄱ, ㄴ, ㄷ, ㄹ

15 청소년 집단상담자의 개입 기술로 옳은 것은?

지금 수진이가 친구관계에서의 어려움을 얘기했는데, 이 얘기는 영희가 지난 주에 이야기한 것과 유사한 부분이 있는 것 같네요. 영희는 지금 수진이의 이야기를 들으니 마음이 어때요?

① 요약   ② 반영   ③ 해석   ④ 재진술   ⑤ 연결하기

16 비자발적인 청소년 집단상담에 관한 설명으로 옳지 않은 것은?

① 비밀유지의 한계에 대해 명확하게 알려준다.

② 집단원으로서의 책임과 권리를 인식할 수 있도록 한다.

③ 감당할 수 있을 만큼의 자기개방을 하도록 안내한다.

④ 참여하기 싫은 마음을 집단에서 개방적으로 논의하는 것은 바람직하지 않다.

⑤ 집단을 완료하지 못할 경우 어떤 결과가 초래되는지 안내한다.

17 집단상담의 치료적 요인과 집단원의 경험을 옳게 연결한 것은?

① 실존적 요인: "내 삶의 의미는 내가 찾아야 해. 내 삶에 책임을 지는 사람은 결국 나 자신이야."

② 감정 정화: "이 집단을 통해 나의 문제를 해결하고 나 자신도 변화할 수 있을 거야."

③ 이타주의: "저 사람의 행동과 태도를 잘 관찰하고 배워서 따라해야겠다."

④ 자기노출: "내가 다른 사람에게 도움이 된 것 같아."

⑤ 동일시: "나만 외롭다고 생각했는데 아니구나."

정답 및 해설

12 ② 13 ⑤ 14 ⑤ 15 ⑤ 16 ④ 17 ①

12 초기기억회상은 어린시절 특별히 기억에 생생하게 남아있는 특정 사건만을 따로 취합하여 구성되는 것으로 이를 통해 자기 삶의 목표와 신념을 강화하고 생활양식을 유지하는 것이므로, 집단원의 초기기억 회상을 통해 자기, 타인, 세상, 윤리적 입장에 대한 개인의 확신을 탐색하고 이해함으로써, 집단상담과정에서 목표와 개입에 구조적 접근이 가능해진다.
 ① 프로이트의 정신분석이론은 '유아기의 트라우마'로 인한 발달의 결함을 정신병리의 주요 원인으로 봤기에, 현재와 미래를 탐색하기보다 살아온 과거를 재탐색하고 재구성하는 데 집중하였다
 ③ 클라인(M.Klein)의 대상관계이론에 대한 설명이다.
 ④ 애릭 번(E.Berne)의 교류분석이론에 대한 설명이다.
 ⑤ 칼 로저스(C. Rogers)의 현상학적 이론에 대한 설명이다.
13 집단상담 및 치료의 잠재적인 위험
 1. 집단상담자의 과도한 힘의 사용
 2. 자기노출 (집단원의 사적인 삶의 무분별한 공유 금지)
 3. 희생양 만들기(집단지도자는 희생양으로 지목된 사람보다 희생양을 만드는 사람에게 먼저 초점을 두고 탐색해야 한다)
 4. 집단원의 한계를 넘어서는 직면 (중대한 심리적 위험을 초래할 수 있는 행동을 경계하고 비생산적인 직면의 위험을 줄이기 위해서 구체적인 행동에 초점을 맞춘 직면이 어떤 것인지 시범을 보여야 하며 집단원들의 인격을 판단하는 행동을 삼가야 한다.)
 5. 비밀유지 : 지도자는 집단원의 비밀을 지키고, 집단원 상호간의 비밀을 지키도록 비밀유지의 중요성을 계속 강조한다.
14. ㄱ, ㄴ, ㄷ, ㄹ 모두 비생산적인 집단에 개입할 상황이다. 그 이외에 다음의 경우도 있다.
 ㉠ 한 사람이 다른 한 사람의 대변인 역할을 할 경우. ㉡ '시간이 흐르면 고쳐지겠죠.'라고 말하는 경우.㉢ 전후 차이가 있는 말과 행동을 보일 경우, ㉣ 발언 전후에 꼭 상담자나 다른 동료의 승인(동정, 추천, 인정)을 구하는 경우 등
15 집단원들의 연대를 촉진하기 위해 집단원들을 연결하는 과정이 '연결하기(linking)'다. 연결하기는 한 집단원의 말과 행동을 다른 집단원의 관심사나 공통점과 연결시키고 관련짓는 기술이다. 즉 연결하기는 관계를 공고히 하기 위해 사람들을 연결하는 과정이다.
16 비자발적인 경우라 하더라도, 집단원들의 솔직한 생각과 감정을 적절한 방식으로 표현할 수 있는 기회를 제공하는 것이 바람직하다.
 ③ 참여는 의무이지만 참여시 말할 내용과 정도는 선택하게 함으로써, 감당할 수 있을 만큼의 자기개방을 하도록 안내한다.
 ⑤ 강제적 혹은 비자발적 집단원의 경우, 조기에 집단을 떠나는 것의 결과 (예: 법적 조치)를 안내한다.
17 ① 실존적 요인 ② 희망심어주기 ③ 모방행동(관찰학습) ④ 이타주의 ⑤ 보편성

18 집단상담에서 피드백(feedback)에 관한 설명으로 옳지 않은 것은?

① 긍정적인 피드백이 부정적인 피드백보다 더 잘 받아들여진다.

② 부정적인 피드백은 긍정적인 피드백 이후에 줄 때 더 쉽게 받아들여진다.

③ 집단 초기 단계에서 상담자가 피드백 시범을 보이는 것은 집단원의 피드백 교환에 도움이 되지 않는다.

④ 집단에서의 행동과 관련된 '지금-여기' 피드백이 모호한 피드백보다 더 도움이 된다.

⑤ 집단 발달이 어느 정도 이루어지고 신뢰관계가 형성되었을 때 부정적인 피드백을 하는 것이 효과적이다.

19 집단상담 평가에 관한 설명으로 옳지 않은 것은?

① 상담자가 집단상담 전후에 심리검사를 실시하여 집단원 행동 변화를 평가할 때 평가의 주체는 상담자, 평가 대상은 집단원이 된다.

② 집단상담 실시 이전에 집단상담 수요 평가, 집단원 행동 기초선 평가를 실시할 수 있다.

③ 심리검사를 통해 수치화된 정보를 수집하고 통계적으로 분석하는 것을 양적 평가라 한다.

④ 집단상담 계획단계에서부터 집단상담 평가에 대한 방향을 설정하여야 한다.

⑤ 추수 평가는 집단상담 종결 회기에 실시한다.

20 다음 상담자의 질문기법을 활용하는 집단상담 이론에 관한 설명으로 옳은 것은?

> 집단원: 요즘 너무 우울해서 아무것도 할 수 없어요.
> 상담자: 혹시 우울하지 않거나 덜 우울한 날은 무엇이 다른가요?

① 어린 시절 가족환경, 특히 부모와의 관계를 바탕으로 인생각본이 형성된다.

② 인간은 기본욕구인 생존, 사랑과 소속감, 힘, 자유, 즐거움에 의해 행동한다.

③ 심리적 고통이나 문제는 당위주의에 바탕을 둔 비합리적 신념체계에서 비롯된다.

④ 집단원이 자기 삶의 전문가이므로 상담자는 알지 못함의 자세를 취해야 한다.

⑤ 인간은 전경과 배경의 원리에 따라 세상을 경험한다.

21 다음의 집단원 특성이 나타나는 집단상담 발달단계에서 상담자의 역할로 옳은 것은?

> ○ 방어와 주저하는 행동
> ○ 집단상담자에 대한 도전
> ○ 집단원간의 갈등과 경쟁

① 집단을 통해 학습한 새로운 행동을 일상생활에서 실천하게 한다.
② 집단의 목적, 규칙, 과정에 관하여 안내한다.
③ 집단원의 저항을 자연스러운 반응으로 이해하고 존중한다.
④ 집단원의 개인별 목표 설정을 돕는다.
⑤ 집단원의 변화행동을 평가하고 지속적으로 수행하도록 격려한다.

정답 및 해설
18 ③ 19 ⑤ 20 ④ 21 ③

18 상담자가 자기를 노출하는 법, 피드백 교환, 여기-지금에 초점을 두는 법, 느낌을 표현하는 법 등을 시범보이는 것은 집단원들이 그 효율성을 인정하게 도움을 준다.

19 추수평가는 집단상담 종결 후 수주 혹은 수개월후에 실시되며, 추수집단을 통해 집단원들이 습득한 행동을 얼마나 효율적으로 적용하고 있는가를 점검할 수 있다.
③ 양적 평가 방법은 객관성을 확보할 수 있는 반면에 집단상담의 본질이나 중요한 요소가 누락, 변형, 왜곡될 소지가 많으며, 평가가 수단이 아닌 목적으로 변질되는 단점이 있다. 따라서 엄격하게 구조화된 방법이 아닌 이상 대부분은 질적 평가 방법인데, 비표준화된 검사들이나, 질문지, 체크리스트, 집단 활동지 분석 등이 이에 해당한다.

20 예문은 해결중심모델 질문기법을 활용하고 있다. 집단원은 자신이 무엇을 원하고 삶에서 어떤 변화가 일어나기 바라는지를 가장 잘 알고 있는 전문가이다. 집단원의 문제해결 능력을 인정하고 이를 중시하며, 상담자의 역할은 방향을 제시하는 것이 아니라 문제에 새로운 의미를 만들고 해결방안을 구축해 나가도록 집단원과 협동하는 것이다. 이를 위해서 상담자의 "알지 못함의 자세"가 요구된다.

문제중심모델	해결중심모델
• 문제와 해결책사이에 필수적인 관계가 있으므로, 전문가는 내담자 문제에 대한 정확한 진단과 사정이 중요하며, 따라서 진단기준이나 평가틀을 필요로 한다.(예; DSM-V 등) • 문제에 관한 정보가 많을수록 유익하다는 관점때문에 문제와 관련된 개인/사회력 조사에 많은 시간을 할애한다.	• 내담자 문제의 사정보다는 내담자의 장점이나 예외에 대한 탐색이 내담자의 문제해결능력을 향상시킨다고 본다 • 문제와 관련된 개인/사회력 조사를 최소화하고 문제가 해결된 예외 상황이나 문제가 없었던 때에 관하여 질문한다.
예; 문제가 언제 더 심한가? 　　문제가 왜 발생하였는가?	예; 언제 문제가 발생하지 않는가? 　　문제가 발생하지 않을 때 무엇을 하는가? 　　문제가 발생하는 상황과 발생하지 않는 상황의 차이점은 무엇인가?

① 엑릭번 (E..Bern)교류분석,
② 글래서 (W.Glasser)의 현실요법
③ 엘리스 (A.Ellis)의 인지정서행동치료
⑤ 펄스(Perls)의 게슈탈트 상담

21 과도기적 단계에서 나타나는 행동이므로, 집단원의 저항을 자연스러운 반응으로 이해하고 존중한다.
방어와 주저하는 행동의 의미를 이해하고, 집단상담자에 대한 도전을 충분히 표현할 수 있도록 하며, 갈등과 경쟁을 드러내게하여 갈등과 경쟁속에 숨겨진 역동을 탐색한다.

22 다음을 주요 개념으로 하는 집단상담의 기법으로 옳지 않은 것은?

> ○ 내사   ○ 투사   ○ 반전   ○ 융합

① 외재화   ② 꿈작업   ③ 과장기법
④ 빈의자기법   ⑤ 환상기법

23 행동주의 집단상담에서 라자루스(A. Lazarus)의 BASIC-ID를 설명한 것으로 옳지 않은 것은?

① B: 행동과 습관, 반응은 어떠한가?
② S: 신체적 감각은 어떠한가?
③ C: 문화적 배경은 어떠한가?
④ I: 다른 사람과의 관계는 어떠한가?
⑤ D: 약물, 물질 복용, 건강문제는 어떠한가?

24 집단상담 종결 회기에서 상담자 개입으로 옳은 것을 모두 고른 것은?

> ㄱ. 혹시 이 집단 참여에 대한 어떤 두려움이나 의심이 있나요?
> ㄴ. 이 집단에서 자신에 관해 알게 된 것들 중 가장 중요한 것은 무엇인가요?
> ㄷ. 집단에 참여함으로써 삶에서 가장 중요한 사람들에 대한 태도에 변화가 있었다면 어떤 것인가요?
> ㄹ. 자신의 가장 어려운 고민거리를 지금 여기서 공개한다면 어떤 일이 일어날 것이라고 생각하나요?

① ㄱ, ㄴ   ② ㄱ, ㄹ   ③ ㄴ, ㄷ   ④ ㄴ, ㄷ, ㄹ   ⑤ ㄱ, ㄴ, ㄷ, ㄹ

25 집단상담에서 공동지도자의 행동으로 옳은 것은?

① 집단회기 전후에 공동지도자와 집단에 대한 계획과 소감, 서로의 협력에 대해 논의한다.
② 공동지도자와 의사소통하지 않고 회기계획과 목표를 세운다.
③ 공동지도자보다 자신이 더 좋은 사람으로 보이도록 노력한다.
④ 공동지도자와 함께 촉진하는 대신에 돌아가며 한 회기씩 집단을 이끈다.
⑤ 공동지도자와 옆자리에 앉아서 지속적으로 눈 맞춤과 사인을 주고받는다.

필수과목 **3과목 심리측정 및 평가**

01 심리검사에 관한 설명으로 옳지 않은 것은?

① 한계보다 장점이 많으므로 모든 결과를 신뢰할 수 있다.
② 심리적 특성에 대한 개인간 차이 또는 개인내 차이를 확인하는 방법이다.
③ 개인의 대표적인 행동표본을 심리학적 방법으로 측정한다.
④ 심리적 구성개념을 측정하는 도구이다.
⑤ 올바른 활용을 위해 기능과 용도를 정확하게 알아야 한다.

02 다음에서 설명하는 유형의 척도는?

> ○ 측정 변인의 연속선상에서 문항이 놓이는 위치가 그 문항의 척도값이 됨
> ○ 수검자의 최종점수는 자신이 선택한 문항 척도값들의 중앙치가 됨
> ○ 척도값은 주어진 문항에 대해 일치한다고 반응한 수검자에게 주어지는 점수임

① 리커트 척도
② 써스톤 척도
③ 가트만 척도
④ 의미변별척도
⑤ 형용사 검목표

정답 및 해설

22 ① 23 ③ 24 ③ 25 ① 01 ① 02 ②

22 게슈탈트 이론의 주요 개념 및 상담기법

주요 개념	접촉을 차단하여 미해결과제를 만드는 6가지 장애물 • 내사 • 투사 • 반전 • 융합 • 편향 • 자의식
상담기법	꿈작업, 과장기법, 빈의자기법, 환상기법, 시연, 순회하기, 시연, 책임지기, 대화하기, 역전기법, 직면, 머무르기, 언어인식하기(언어표현바꾸기)

① 외재화는 화이트(M. White)와 앱스턴(D.Epston)의 이야기치료의 상담기법이다. 이야기치료는 ㉠ 가족의 문제 이야기를 경청하기 ㉡ 사람과 문제를 분리하기(외재화) ㉢ 사람이 문제가 아니라 문제가 문제임을 깨닫게 하고, 당면한 문제를 통제할 수 있도록 내담자에게 능력을 부여한다.

23 ③ C : 어느 정도 사색적인가?

24 ③ ㄱ, ㄹ : 초기단계에서의 상담자 개입에 해당한다.

25 ①이 옳은 설명이다.
④ 공동지도자와 함께 촉진하여야 하며, 한 회기씩 집단을 이끌 경우 각자의 지도자의 특성에 따라 집단상담의 일관성을 잃을 수 있다.
⑤ 공동지도자와 옆자리에 앉아서 지속적으로 눈 맞춤과 사인을 주고받는 경우에는 집단원이 불안감이나 불쾌감을 느낄수 있으므로 지양해야 한다.

01 타당도와 신뢰도가 확보된 그 어떤 검사라 하더라도 완벽한 진단툴이라고 할 수 없으며, 모든 결과를 신뢰하기 보다는 결과를 통해서 나를 돌아보고 나와 타인을 이해하는 유의미한 자료로 사용하는 것이 필요하다.

02 써스톤 척도는 평가자들에게 문항간의 구조를 판단하게 하고 타당도 높은 문항을 추출(보통 11문항 정도)하여, 문항 자체가 한 개의 고유한 척도값(예:1~11점)을 갖도록 하는 방식이다. 수검자의 최종점수는 자신이 선택한 문항 척도값들의 중앙치가 됨(예 4개문항에서 3점 4점 7점, 9점 얻으면 23/4= 5.75)

03 심리검사의 개발에 관한 설명으로 옳은 것은?

① 소음, 조명과 같은 물리적 환경은 수검자에게 영향을 미치지 않는다고 가정한다.
② 개발된 규준표는 개정하지 않아도 된다.
③ 표집에서 얻은 자료를 토대로 규준표를 작성하게 된다.
④ 문항분석을 하여 문제가 있는 문항이라도 제거하지 않는다.
⑤ 개발자는 검사 실시 과정에서 발생할 수 있는 문제들을 고려하지 않아도 된다.

04 심리검사의 규준과 해석에 관한 설명으로 옳은 것을 모두 고른 것은?

> ㄱ. 백분위는 수검자의 상대적 위치를 알려준다.
> ㄴ. 집중경향치는 한 집단의 점수 분포를 나타내는 대표치에 해당한다.
> ㄷ. 표준점수는 평균으로부터 떨어진 거리와 방향을 동시에 나타낼 수 있다.
> ㄹ. 빈도분포나 그래프는 집단에서 개인의 위치를 확인하는 데 유용하다.

① ㄱ, ㄴ   ② ㄷ, ㄹ   ③ ㄱ, ㄴ, ㄷ
④ ㄴ, ㄷ, ㄹ   ⑤ ㄱ, ㄴ, ㄷ, ㄹ

05 척도에 관한 설명으로 옳은 것은?

① 명명척도는 대상을 공통속성에 근거하여 둘 이상의 범주로 유목화하는 것이다.
② 비율척도는 절대영점이 존재하지 않는다.
③ 서열척도는 대상을 절대 영점을 가진 동일-단위의 척도로 평정하는 것이다.
④ 성별은 서열척도이다.
⑤ 운동선수의 등번호는 비율척도이다.

06 융(C. Jung)의 유형론을 근거로 제작된 심리검사로 옳은 것은?
① NEO-PI   ② MMPI   ③ MBTI   ④ PAI   ⑤ CPI

07 신뢰도에 관한 설명으로 옳지 않은 것은?

① 검사-재검사 신뢰도에서 시간 간격은 오차의 원인이 된다.
② 신뢰도는 측정점수의 일관성을 의미한다.
③ 평정자 간 신뢰도를 산출하려면 두 명 이상의 평가자가 필요하다.
④ 관찰자 간 일치도를 문항 간 신뢰도라 한다.
⑤ 검사-재검사 신뢰도를 안정성계수라고도 한다.

08 신뢰도에 영향을 주는 요인으로 옳은 것을 모두 고른 것은?

> ㄱ. 무선적인 오차　　　　　　ㄴ. 검사집단의 동질성
> ㄷ. 검사점수의 변산도　　　　ㄹ. 검사문항의 수

① ㄱ, ㄹ　　　　　　② ㄴ, ㄷ　　　　　　③ ㄱ, ㄴ, ㄷ
④ ㄴ, ㄷ, ㄹ　　　　⑤ ㄱ, ㄴ, ㄷ, ㄹ

정답 및 해설

03 ③　04 ⑤　05 ① 06 ③ 07 ④ 08 ⑤

03 심리검사 개발절차
검사목적의 확인과 설정 – 측정 내용의 행동 규명 – 검사개발 계획서의 작성 – 검사문항의 작성 – 예비검사의 실시 및 문제 수정 보완 – 본검사의 실시 – 표집에서 얻은 자료를 토대로 검사 규준표의 작성 – 검사 실시요강의 발행

04 ㄱ. 백분위는 수검자 중에 자신의 상대적 위치를 확인해 볼 수 있다. 예컨대 100명이 응시한 국어시험에서 A수험생의 백분위가 87이라면 A수험생보다 국어 원점수가 낮은 학생의 비율이 87%라는 의미이다. 다시 말해 100명의 수험생중에서 13등 정도라는 것이며, 백분위만으로 국어 원점수는 확인할 수 없다.
　ㄴ. 집중경향치는 산술평균, 중앙치, 최빈치 등이 사용되며, 한 집단의 점수 분포를 나타내는 대표치에 해당한다.
　ㄷ. 표준점수는 원점수의 평균으로 부터 자신의 점수가 떨어진 거리와 방향을 말한다. 예컨대 시험에서 동일한 원점수라도 시험이 어려워 응시생 평균점수가 낮다면 자신의 표준점수가 비교적 높게 나오고 반대면 낮게 나온다.
　ㄹ. 빈도분포나 그래프는 전반적인 점수분포를 쉽게 파악할 수 있도록 하고, 집단에서 개인의 상대적 위치를 확인하는데 유용하다.

05 ① 명명척도는 대상을 공통속성(성별, 종교, 지역, 연령등)에 근거하여 둘 이상의 범주로 유목(類目: 목록을 나눔 : 예 : 천주교 1, 기독교 2, 불교 3, 이슬람교 4)화하는 것이다.
　② 비율척도 (길이, 시간, 무게 등)는 절대영점이 존재하므로, 사칙연산이 가능하다.
　③ 서열척도는 조사 대상의 특성을 서열(예 : 중졸, 고졸, 대졸, 대학원 졸)로 나타낸 것으로, 절대영점이 존재하지 않는다.
　④.⑤ 성별, 운동선수 등번호는 명명척도이다.

06 MBTI (Myers–Briggs Type Indicator)는 미국의 모녀인 마이어스(Myers)와 브릭스(Briggs)가 스위스의 정신분석학자인 카를 융(Carl Jung)의 심리 유형론을 토대로 고안한 자기 보고식 성격 유형 검사 도구이다.

07 관찰자간 일치도는 동일한 사건에 대한 여러 관찰자의 측정치가 어느 정도 일치하는 지를 의미하는 반면, 문항간 신뢰도는 서로 동등하고 교체가능하다고 가정된 둘이상의 문항들로 수검자들에게 측정했을 때 해당 문항들간에 얻는 측정치(예컨대 각 문항의 정답률)들의 일관성 정도를 의미한다.
　① 검사요인(테스트 효과), 성숙요인(시간 간격), 역사요인(우연한 사건), 물리적 환경(기후, 소음 등)등이 오차원인이 된다.
　② 신뢰도는 일관성을 의미하며, 안정성, 내적일관성(동질성), 동등성측면에서 측정한다.
　③ 평정자간 신뢰도는 동일한 사건에 대한 두 명이상의 평정자의 평가가 어느 정도 일치하는 지를 말하며, 평정자내 신뢰도는 동일한 평정자가 같은 대상을 여러 번 평정했을 때 부여한 점수들이 어느 정도 일치하는 가를 의미한다.
　⑤ 안정성 계수는 처음(검사)과 나중 점수(재검사)간의 검사정도가 시간의 변화에 따라 얼마나 일관성있는지 안정성정도를 나타내는 계수이다.

08 ㄱ. 무선적인 오차 : 검사중 외부환경이나, 수검자의 신체적, 정신적 상태, 측정방법 자체등의 오류에 의해 발생하는 오차에 의해 신뢰도가 떨어진다.
　ㄴ. 검사집단의 동질성 : 어떤 속성에 대해 검사를 실시할 집단에 속한 구성원들 간에 차이가 없다면 (진점수분산이 적음) 신뢰있는 검사를 제작하기 어렵다. 검사집단이 이질적일수록 신뢰도는 높아진다.
　ㄷ. 검사점수의 변산도 : 문항의 난이도가 너무 높거나 낮은 경우에는 검사점수들의 변량이 작아져서 검사의 신뢰도가 낮아진다. 검사점수들의 변산도는 문항의 난이도가 0.5일때 최대값이 된다. 모든 문항의 난이도는 중간정도로 하는 것이 바람직하다.
　ㄹ. 검사문항의 수 : 적은 수의 문항보다 많은 수의 문항이 신뢰도가 높아진다.

09 타당도에 관한 설명으로 옳은 것은?

① 문항들이 측정하고자 하는 영역을 얼마나 대표하는지를 말한다.
② 구인타당도는 요인분석을 통해 검증할 수 없다.
③ 안면타당도는 다른 점수와의 관계를 분석하여 추정한다.
④ 예언타당도는 준거타당도에 속하지 않는다.
⑤ 수검자의 반응경향이나 허위반응은 타당도에 영향을 주지 않는다.

10 심리검사 실시에서 라포 형성에 관한 설명으로 옳지 않은 것은?

① 감정적 유대, 작업동맹이라고도 한다.
② 상호 간에 감정적으로 친밀하게 느끼는 인간관계를 의미한다.
③ 수검자가 협력적인 태도를 갖도록 동기를 유발하는 우호적 분위기를 의미한다.
④ 수검자에게 전문적인 용어를 사용할 때 형성된다.
⑤ 아동을 대상으로 개인검사를 실시할 때 필수적이다.

11 심리검사자의 윤리에 관한 설명으로 옳지 않은 것은?

① 심리검사를 정확하게 실시하고 해석하기 위한 훈련이 필요하다.
② 수검자의 권리를 보호해야 한다.
③ 검사결과가 한 개인을 낙인찍지 않도록 주의를 기울여야 한다.
④ 하나의 심리검사 결과만으로 개인을 판단해서는 안 된다.
⑤ 수검자에게 검사 결과만을 알려주어야 한다.

12 심리검사에 관한 설명으로 옳지 않은 것은?

① 성격검사는 객관적 검사와 투사적 검사로 구분할 수 있다.
② 대표적인 투사적 검사로 로샤검사와 주제통각검사가 있다.
③ 검사자의 숙련도는 검사결과에 영향을 준다.
④ 인원수에 따라 개별검사와 집단검사로 구분할 수 있다.
⑤ 객관적 검사는 투사적 검사에 비해 독특한 개인의 반응을 이끌어 낼 수 있다.

13 가드너(H. Gardner)의 다중지능에 해당하는 내용을 모두 고른 것은?

ㄱ. 언어지능(linguistic intelligence)
ㄴ. 기초적 정신능력(primary mental abilities)
ㄷ. 개인내 지능(intrapersonal intelligence)
ㄹ. 논리−수학지능(logical−mathematical intelligence)
ㅁ. 결정성지능(crystallized intelligence)

① ㄱ, ㄴ   ② ㄱ, ㄷ, ㄹ   ③ ㄴ, ㄷ, ㄹ
④ ㄷ, ㄹ, ㅁ   ⑤ ㄴ, ㄷ, ㄹ, ㅁ

정답 및 해설

09 ①   10 ④   11 ⑤ 12 ⑤ 13 ②

09 ② 검사도구가 측정하려고 하는 심리적 특성(집중력, 리더십 등)을 실제로 적정하게 측정하기 위한 심리적 구인(통솔력, 주관, 목적의식 등의 심리적요인)으로 구성되어 있는 정도를 구성타당도라고 하고, 요인분석을 통해 검증할 수 있다.
　③ 안면타당도는 검사도구의 문항들이 피검사자들에게 얼마나 친숙하게 보이는 가를 의미하는 타당도이다. 다른 점수와의 관계를 분석하여 추정하는 타당도는 공인타당도이다. 즉, 공인타당도는 새로운 검사를 제작하였을 때 기존에 타당성을 보장받고 있는 검사로부터 얻은 점수와의 관계에 의하여 검증되는 타당도이다.
　④ 준거타당도는 공인타당도와 예언타당도로 구분된다.
　⑤ 수검자의 부정왜곡경향이나 방어적 경향 또는 허위반응은 타당도에 영향을 준다.

10 ④ 전문적인 용어보다는 상대방의 수준에 맞는 편안하고 부담없는 용어를 사용하여야 한다.
　⑤ 모든 심리검사에서 라포형성이 필요하지만, 특히 아동을 대상으로 개인검사를 실시할 때 필수적이다.

11 ⑤ 수검자는 검사결과 뿐만 아니라 검사결과에 대한 해석까지 알 권리가 있으며, 검사자는 결과에 대한 해석을 충실히 수행하여야 한다.

12 객관적 검사과 투사적 검사

구 분	객관적 검사	투사적 검사
의 의	• 구조적 검사과제 • 문항이 객관적이고 명확하여 모든 사람에게 동일한 방식으로 해석할 수 있는 검사 • 개인의 독특성보다 개인마다 공통적으로 지니고 있는 특성이나 자원을 기준으로 하여 개인들을 상대적으로 비교하기 위한 검사	• 비구조적 검사과제 • 개인의 독특한 반응을 이끌어내는 검사 • 수검자가 자신의 욕구나 성향을 자연스럽게 드러내도록 유도하기 위해 검사내용을 불분명하고, 모호한 검사자극을 사용하며, 검사지시방법이 간단하고 일반적인 방식으로 주어짐
예	• 지능검사, • 미네소타 다면적 인성검사 • 마이어스브릭스 • 성격유형감사 • 16성격요인검사	• 로샤검사 (연상기법) • 주제통각검사 (구성기법) • 문장완성검사 (완성기법) • 집−나무−사람 검사(HTP)(표현기법)

13 가드너(H. Gardner)의 다중지능이론과 써스톤(L. Thurstone)의 기초적 정신능력

구 분	다중지능이론	기초적 정신능력
의 의	• 지능은 서로 독립적이며 서로 다른 6~8가지 유형으로 구성되어 있다는 이론	• 인간의 지능은 7개의 기초적 정신능력으로 구성되어 있다는 이론
예	• 언어 지능 • 논리 − 수학 지능 • 공간 지능 • 신체 − 운동 지능 • 음악 지능 • 개인 내 지능 • 자연주의적 지능 • 대인관계 지능	• 언어이해요인 • 공간시각요인 • 단어유창성요인 • 기억요인 • 수요인 • 추리요인 • 지각속도요인

ㅁ. 유동성 지능과 결정성 지능이란 개념은 1963년 심리학자 카텔(R.Cattell)이 창안한 것이다.

14 지능의 개념과 측정에 관한 설명으로 옳지 않은 것은?

① 연령규준을 설정할 때 성인보다 아동의 경우 연(월) 간격을 좁게 한다.

② 스피어만(C. Spearman)은 지능이 일반요인과 특수요인으로 구성되어 있다고 주장하였다.

③ 써스톤(L. Thurstone)은 지능에 대해 7가지의 기초정신능력을 제시하였다.

④ 웩슬러지능검사는 축적된 지능을 측정할 수 있는 집단용 지능검사이다.

⑤ 길포드(H. Guilford)는 지능의 3차원 구조모델을 제시하였다.

15 K–WISC–IV의 지각추론지표(PRI)에 해당하는 소검사로 옳은 것은?

① 숫자　　② 지우기　　③ 공통성　　④ 토막짜기　　⑤ 기호쓰기

16 K–WISC–IV의 실시와 채점에 관한 설명으로 옳지 않은 것은?

① 핵심소검사 시행이 어려운 경우에 적절한 보충소검사로 대체할 수 있다.

② 소검사 대체는 각 지표점수 내에서 단 한 번씩만 허용된다.

③ 토막짜기 소검사는 연속하여 5문항이 0점일 때 중지한다.

④ 시간을 초과하여 정답을 맞힌 경우에는 정답으로 채점하지 않는다.

⑤ 추가질문을 사용했을 때 기록용지에 P로 표기한다.

17 MMPI–2 척도에 관한 설명으로 옳지 않은 것은?

① ES척도는 자아강도를 나타내는 보충척도이다.

② F척도는 이상반응 경향성을 탐지하기 위한 척도이다.

③ L척도의 상승은 자신을 완벽하고 이상적으로 가장하려는 경향성을 나타낸다.

④ D는 우울 증상을 측정하는 임상척도이다.

⑤ PSYC는 정신증을 나타내는 타당도척도이다.

18 MMPI–2에서 반사회적 행동을 나타내는 재구성 임상척도로 옳은 것은?

① RCd　　② RC1　　③ RC2　　④ RC3　　⑤ RC4

정답 및 해설

14 ④ 개인용검사 : 비네시몬검사(정신연령), 스탠포드비네검사(생활연령), 웩슬러지능검사(언어성검사, 동작성검사)
　　집단용검사 : 선별검사로 사용하기 적합한 군대-알파검사와 군대-베타검사, 쿨만-앤더슨 지능검사 등이 있다.
① 지능의 발달은 출생 후 4세까지 50%, 4~8세까지 30%, 8~13까지 12%, 13~17세까지 나머지 약간의 비율로 발달하며, 성인이후에는 크게 변화하지 않으므로, 연령규준을 설정할 때 성인보다 아동의 경우 연(월) 간격을 좁게 한다.
② 스피어만은 지능의 핵심은 모든 과제에 상관관계를 보이는 단일한 공통 요인인 일반 요인 'G요인'과 공간, 언어, 수리, 기계 등 특수한 과제에 영향을 미치는 특수요인 'S요인'이라고 하였다.
⑤ 길포드(H. Guilford)는 지능의 3차원 구조(내용의 차원, 조작의 차원, 결과의 차원) 모델을 제시하였다

15 K-WAIS-IV와 K-WISC-IV (연속하여 0점일 경우 중지기준)

구 분	WAIS	WISC	WAIS	WISC
	언어이해지표		지각추론지표	
핵심소검사	상식(3), 어휘(3) 공통성(3)	이해, 어휘(5) 공통성(5)	토막짜기(2), 행렬추론(3) 퍼즐(3)	토막짜기(3), 행렬추리 공통그림찾기
보충소검사	이해 (각문항 45초후 중지)	단어추리, 상식	빠진 곳 찾기(4), 무게비교(3)	빠진 곳 찾기(6)
	작업기억지표		처리속도지표	
핵심소검사	숫자(2), 산수(3)	숫자, 순차연결	기호쓰기, 동형찾기 (120초후 중지)	기호쓰기, 동형찾기
보충소검사	순서화(3)	산수(4)	지우기 (각문항 45초후 중지)	선택

16 토막짜기 소검사는 연속하여 3문항이 0점이면 중지한다.

17 PSYC는 정신증을 나타내는 성격병리 5요인척도이다.
　　MMPI-2 척도

구 분	종 류			
타당도 척도	성실성	? (무응답), VRIN (무선반응 비일관성) TRIN (고정반응 비일관성)		
	비전형성	F (비전형), F(B) (비전형-후반부)F(P), (비전형-정신병리), FBS (증상타당도)		
	방어성	L (부인), K (교정), S (과장된 자기제시)		
임상 척도	1 Hs 건강염려증 2 D 우울증 3 Hy 히스테리 4 Pd 반사회성 5 Mf 남성성-여성성 6 Pa 편집증 7 Pt 강박증 8 Sc 정신분열증 9 Ma 경조증 0 Si 내향성			
재구성 임상척도	RCd 정서적 혼란과 관련된 문항　　RC1 신체적 불편감　　　　RC2 낮은 긍정적 정서 RC3 냉소성　　　　　　　　　　　RC4 반사회적 행동　　　　RC6 피해의식 RC7 역기능적 부정적 정서　　　　RC8 기태적 경험　　　　　RC9 경조증적 상태			
성격병리 5요인 척도	AGGR 공격성　　　　　　　　　PSYC 정신증　　　　　　　DISC 통제 결여 NEGE 부정적 정서성/신경증　　INTR 내향성/낮은 긍정적 정서성			
내용 척도	ANX 불안　　　FRS 공포　　　OBS 강박성　　　　DEP 우울　　　　　HEA 건강염려 BIZ 기태적 정신상태　ANG 분노　　CYN 냉소적 태도　ASP 반사회적 특성 TPA A유형 행동 LSE 낮은 자존감　SOD 사회적 불편감　FAM 가정 문제　WRK 직업적 곤란　TRT 부정적 치료 지표			
보충 척도	A(불안)　R(억압)　Es (자아강도)　Do (지배성)　Re (사회적 책임감)　Ho (적대감) Mt(대학생활 부적응)　PK(외상후 스트레스 장애)　MDS(결혼생활 부적응)　O-H(적대감 과잉통제) MAC-R(알코올중독)　AAS(중독 인정)　APS(중독 가능성)　GM (남성적 성역할)　GF(여성적 성역할)			

18 반사회적 행동을 나타내는 재구성 임상척도는 RC4이다.

19 MMPI-A 내용척도에서 높은 점수를 보인 청소년에 관한 설명으로 옳은 것은?

① A-dep: 이치에 맞지 않는 걱정과 사소한 일을 걱정한다.
② A-biz: 매우 이상한 사고와 경험을 보고한다.
③ A-cyn: 다른 사람들과 커다란 정서적 거리감을 느낀다.
④ A-con: 수줍음이 많고 혼자 있는 것을 선호한다.
⑤ A-fam: 절도, 거짓말, 기물파손, 반항적 행동 등을 보인다.

20 개인이 정보를 인식하는 방식의 경향성을 반영하는 MBTI 선호지표로 옳은 것은?

① 감각형-직관형(SN)　　② 외향성-내향성(EI)　　③ 사고형-감정형(TF)
④ 판단형-인식형(JP)　　⑤ 능동형-수동형(AP)

21 홀랜드(J. Holland)의 직업적 성격에서 사회적(Social)유형이 선호하는 직업에 해당하지 않는 것은?

① 사회복지사　　② 교육자　　③ 엔지니어
④ 간호사　　⑤ 언어재활사

22 PAI의 치료척도를 모두 고른 것은?

ㄱ. 공격성 척도(AGG)　　ㄴ. 우울 척도(DEP)　　ㄷ. 자살관념 척도(SUI)
ㄹ. 약물문제 척도(DRG)　　ㅁ. 비지지 척도(NON)

① ㄱ, ㄴ, ㄷ　　② ㄱ, ㄷ, ㅁ　　③ ㄴ, ㄷ, ㄹ
④ ㄴ, ㄹ, ㅁ　　⑤ ㄷ, ㄹ, ㅁ

23 객관적 검사와 비교하여 투사적 검사에 관한 설명으로 옳지 않은 것은?

① 채점 및 해석이 어렵다.
② 검사자극이 불분명하고 모호하다.
③ 개인의 반응이 다양하게 표현된다.
④ 검사자 변인이나 검사 상황변인의 영향을 덜 받는다.
⑤ 수검자의 자기 방어가 어렵다.

정답 및 해설

19 MMPI-A 내용척도

구 분	내 용	구 분	내 용
A-anx (불안)	다양한 불안증상을 보고	A-con (품행 문제)	절도, 거짓말, 기물파손, 반항적 행동 등을 보고
A-obs (강박성)	이치에 맞지 않는 걱정과 사소한 일을 걱정	A-lse (낮은 자존감)	자신에 대한 부정적인 견해를 보고
A-dep (우울)	다양한 우울증상을 보고	A-trt (부정적 치료지표)	정신건강전문가 및 심리치료에 대한 부정적인 태도
A-hea (건강염려)	다양한 신체증상의 호소	A-sod (사회적 불편감)	수줍음이 많고 혼자 있는 것을 선호
A-aln (소외)	다른 사람들과 커다란 정서적 거리감을 느낌	A-fam (가정 문제)	부모 및 가족 구성원과의 문제 보고
A-biz (기태적정신상태)	매우 이상한 사고와 경험을 보고 (환각포함)	A-sch (학교 문제)	학교, 교사에 대한 부정적 태도
A-ang (분노)	분노조절과 관련된 문제 보고	A-las (낮은 포부)	성공하는 것에 흥미를 보이지 않으며 쉽게포기하고 어려움을 회피하는 성향
A-cyn (냉소적 태도)	냉소적이고 염세적인 태도를 측정		

20 MBTI 선호지표

선호지표	내 용
외향성-내향성(EI)	개인의 주의집중과 에너지의 방향이 외부로 향하는지 내부로 향하는지 반영
감각형-직관형(SN)	개인이 정보를 인식하는 방식의 경향성을 반영
사고형-감정형(TF)	판단을 내릴 때 사고적 판단을 신뢰하는지 감정적 판단을 신뢰하는지 반영
판단형-인식형(JP)	외부문제에 대하여 판단과정을 중요시 하는지 인식과정을 중요시 하는지 반영

21 홀랜드(J. Holland)의 직업적 성격

유 형	대표직업	유 형	대표직업
사회형	사회복지사, 교육자, 간호사, 언어재활사, 성직자,	예술형	음악, 미술, 문학, 공연 등의 직업
현실형	엔지니어,전기기술자, 군인, 운전사, 운동선수,농부	기업형	경영인, 고위 관리자, 영업 사원, 정치가, 판사
탐구형	학자, 분석가, 의사, 인류학자 등	관습형	회계사, 은행원, 경리원, 프로그래머, 의무기록사

22 PAI의 치료척도

척 도	척도명
타당성척도	비일관성 (ICN), 저빈도 (INF), 부정적 인상 (NIM), 긍정적 인상 (PIM)
임상척도	신체적 호소 (SOM), 불안 (ANX), 불안관련 장애 (ARD), 우울 (DEP), 조증 (MAN), 망상 (PPAR) 조현병 (SCZ), 경계선적 특징 (ANT), 반사회적 특징 (ANT), 알코올문제 (ALC), 약물문제 (DRG)
치료척도	공격성 (AGG), 자살관념 (SUI), 스트레스 (STR), 비지지 (NON), 치료거부 (RXR)
대인관계척도	지배성 (DOM), 온정성 (WRM)

23 ④ 검사자 변인이나 검사 상황변인의 영향을 강하게 받는다.

불분명하고 모호한 검사 자극으로 개인의 반응이 다양하고, 무의식적 반응이 나오기 쉬워 수검자의 자기방어가 어렵기 때문에 수검자를 이해하는데 유용하다.

24 문장완성검사 (SCT)에 관한 설명으로 옳은 것은?

① 자유연상을 이용한 투사검사이다.
② 개인용 검사로만 사용된다.
③ 수검자의 검사 시작 시간과 끝낸 시간은 기록하지 않는다.
④ 정답과 오답이 있다.
⑤ 검사 후 검사자가 질문을 하면 안된다.

25 주제통각검사(TAT)에 관한 설명으로 옳지 않은 것은?

① 대인관계의 역동적 측면을 파악하는 데 유용하다.
② 주제는 개인의 내적 욕구와 환경적 압력의 결합을 의미한다.
③ 백지카드를 포함한 흑백과 컬러의 그림카드로 이루어져 있다.
④ 개인의 욕구가 이야기 속의 동일시한 인물을 통해 투사된다.
⑤ 수검자가 비구성적인 장면을 완성하면서 자신의 성격을 드러낸다.

필수과목　**4과목 상담이론**

01 접수면접 시 상담자의 역할로 옳지 않은 것은?

① 내담자 기본 정보 수집
② 호소문제 확인
③ 작업동맹 확립
④ 현재의 기능수준 파악
⑤ 스트레스 정도 및 위험요인 평가

02 상담기록에 관한 설명으로 옳지 않은 것은?

① 상담회기보고서는 상담의 진행과정을 기록한 문서이다.
② 축어록은 상담자와 내담자가 상담과정에서 나눈 대화를 녹음한 원자료이다.
③ 상담기록부 파일은 상담관리를 위한 것으로 내담자의 이름과 일련번호가 기록된다.
④ 상담종결보고서에는 상담 시작에서 종결까지 진행되어 온 상담과정의 요약과 상담 성과의 평가가 포함된다.
⑤ 상담 신청 시 작성하는 상담신청서에는 내담자에 관한 최소한의 정보가 수록된다.

03 다음 설명에 해당하는 키치너(K. Kitchener)의 윤리적 의사결정 원칙으로 옳은 것은?

> ㄱ. 상담자로서 무능하거나 부정직하면 내담자의 성장 또는 복지에 도움을 줄 수 없다는 사실을 인식한다.
> ㄴ. 내담자와의 계약을 위반하거나 신뢰를 저버리는 행위를 하지 않는다.

① ㄱ: 무해성(nonmaleficence),　　　ㄴ: 공정성(justice)
② ㄱ: 선의(beneficence),　　　ㄴ: 충실성(fidelity)
③ ㄱ: 무해성(nonmaleficence),　　　ㄴ: 충실성(fidelity)
④ ㄱ: 선의(beneficence),　　　ㄴ: 공정성(justice)
⑤ ㄱ: 자율성(autonomy),　　　ㄴ: 선의(beneficence)

정답 및 해설

24 ① 25 ③ 01 ③ 02 ② 03 ②

24 문장완성검사
① 완성되지 않은 문장을 자유연상을 이용하여 완성하도록 하는 투사검사이다.
② 문장완성검사는 자기보고식 검사이기 때문에 혼자서 수행할 수 있고 집단을 대상으로 할 수도 있다.
③ 시간제한은 없으나 검사자는 수검자의 검사 시작 시간과 끝낸 시간을 기록한다.
④ 정답과 오답이 없으며 생각나는 대로 작성하면 된다.
⑤ 검사 후 가능하면 질문단계를 두고, 수검자의 반응에서 중요하거나 숨겨진 의도가 있다고 보이는 문항에 대해서 수검자에게 질문하여 확인하는 것이 좋다.

25 ③ 흑백으로 인쇄된 30장의 그림카드와 한 장의 백지카드로 구성되어 있다.
① 흑백카드에 투사된 수검자의 반응내용을 분석, 해석 (동기, 정서, 기분, 콤플렉스, 갈등, 대인관계 및 성격의 역동을 이해)하여 수검자가 의식하지 못하는 억압된 측면을 파악하는데 도움이 된다.
② 머레이(Murray)에 따르면, '주제' 즉 개인의 공상내용은 '개인의 내적 욕구와 환경적 압력의 결합' 이고 '개인과 그 환경의 통일'이며, '실생활에서 생기는 일에 대한 역동적 구조'라고 하였다.
④ 동일시된 가상적 인물이 가지고 있는 소망, 욕구, 갈등은 이야기하는 사람 자신의 소망, 욕구, 갈등을 반영한다.
⑤ 비구성적인 장면을 완성하면서 수검자는 자신의 성격을 드러낸다.

01 접수면접시 내담자와의 대화를 통해 기본정보(인적사항, 생활 및 발달사, 가족관계 등)를 수집하고, 이어 호소문제, 현재의 기능수준, 스트레스의 정도 및 위험요인의 평가, 내담자를 지지하는 사회적, 경제적, 심리적 자원, 상담에 대한 기대등을 탐색한 후 상담받고자 하는 부분을 명료화하며 원하는 상담자와 상담시간을 결정한다.
③ 작업동맹 확립은 강한 집단응집력을 조성하는 것이며, 작업단계의 상담자 역할이다.

02 축어록은 상담자와 내담자 사이에 오고 간 상담내용을 활자화 한 것이다. 상담자와 내담자가 상담과정에서 나눈 대화를 녹음한 원자료는 녹음파일이다.
①,②,③,④,⑤,이외에 상담사의 배정과 상담 위급성 여부를 판단하기 위한 접수면접 기록부 등이 있다.

03 Kitchener의 윤리적 가치
• 자율성 : 내담자가 스스로 결정하고 스스로 자기를 주도해 나갈 수 있도록 존중해 주는 것이다.
• 선의 : 내담자에게 유익하고 성장을 촉진시키려는 의도를 가지고 유능하고 정직해야 한다는 것이다.
• 무해성 : 내담자에게 해롭거나 고통을 줄 수 있는 행동을 피하는 것이다.
• 공정성(정의) : 나이, 성별, 인종, 종교에 상관없이 상담하는 과정에서 공정하고 공평하게 대해야 한다
• 충실성 (성실성) : 내담자와의 계약을 위반하거나 신뢰를 저버리는 행위를 하지 않는다.

04 상담윤리에 합당한 청소년상담자의 행동은?

① 상담을 중단하고 싶어 하는 내담자를 설득하여 정해진 상담 횟수를 채우고 종결하였다.

② 교육을 받지 않은 심리검사를 시험 삼아 친구들에게 실시하고 해석하였다.

③ 내담자의 신상이 드러나지 않도록 조치를 취하여 수퍼비전을 받은 후 내담자에게 동의를 구했다.

④ 조현병의 전조 증상을 보이는 내담자를 상담하는 데 어려움을 느껴 다른 전문가에게 의뢰하였다.

⑤ 사이버상담의 특성상 내담자의 전자 전송 자료에 여러 사람의 접근이 가능하다는 사실을 내담자에게 고지하지 않았다.

05 내담자 A가 경험한 상담의 치료적 요인으로 옳은 것은?

> 만성적인 두통에 시달리는 A는 상담을 받으면서 어릴 때부터 자주 싸우는 부모님 사이에서 긴장하고 짜증 한번 내지 못했던 자신의 어린 시절이 떠올랐다. 긴장하며 살고 있는 현재의 모습이 어린 시절의 경험과 연결되어 있음을 이해하면서 마음이 편해지고 두통이 줄어드는 경험을 하였다.

① 통찰   ② 둔감화   ③ 일치 경험

④ 관점 변화   ⑤ 보편성

06 방어기제와 예시의 연결이 옳은 것을 모두 고른 것은?

> ㄱ. 합리화(rationalization): 반려동물의 죽음이 너무 슬픈데 친구에게 마치 인터넷 뉴스에 난 기사를 전하듯 무감각하게 말한다.
>
> ㄴ. 치환(substitution): 외출 후 세균에 감염된 것 같은 불안감을 떨쳐내기 위해 여러 번 손을 씻는다.
>
> ㄷ. 반동형성(reaction formation): 싫어하는 친구에게 선물을 사주고 호감을 표현한다.
>
> ㄹ. 분열(splitting): 아빠는 완전 악마이고, 엄마는 100% 좋은 사람이라고 생각한다.

① ㄱ, ㄴ   ② ㄱ, ㄷ   ③ ㄴ, ㄷ

④ ㄷ, ㄹ   ⑤ ㄴ, ㄷ, ㄹ

07 정신분석에 관한 설명으로 옳은 것을 모두 고른 것은?

> ㄱ. 현실적 불안과 신경증적 불안의 원인은 외부에 존재한다.
> ㄴ. 자아는 현실원리에 따라 원초아와 초자아를 중재한다.
> ㄷ. 정신분석의 목표는 무의식의 의식화를 통한 성격재구성이다.
> ㄹ. 전이는 치료의 진척을 막고 무의식적 내용의 의식화를 방해하는 모든 시도를 의미한다.

① ㄱ, ㄴ　② ㄴ, ㄷ　③ ㄷ, ㄹ　④ ㄱ, ㄴ, ㄷ　⑤ ㄱ, ㄴ, ㄷ, ㄹ

정답 및 해설

04 ④　05 ①　06 ④　07 ②

04 ④ 상담자는 자신의 능력의 한계나 개인적인 문제로 내담자를 적절하게 도와줄 수 없을 때에는 상담을 시작해서는 안 되며, 다른 전문가에게 의뢰하는 등의 적절한 방법으로 내담자를 돕는다.(충실성)
① 상담을 중단하고 싶어하는 내담자에게는 상담을 즉시 종결하여야 한다.
② 교육받지 않은 심리검사를 실시해서는 안된다.
③ 수퍼비전은 내담자를 적절하게 조력할 수 있도록 전문상담자(수퍼바이저)가 상담자를 지도하는 것이며, 수퍼바이저와 상담자가 제3자인 내담자에 대하여 대화를 나누는 것이므로 수퍼비전을 받기 전에 내담자의 동의를 먼저 구해야 한다.
⑤ 내담자에게 고지하여야 한다.

05 ① 통찰은 과거에 상습적으로 잘못 사용해 왔던 대처 방법의 제한점이나 그릇된 점을 인식하고 그 속박에서 벗어나 새로운 대처 방법이나 적응 방식을 활용할 수 있게 되는 것이다. 보기의 예문이 통찰에 대한 사례이다.
② 둔감화는 불안을 일으키는 상황을 위계로 작성하고 낮은 것에서부터 높은 것으로 하나씩 상상해 가면서 근육이완을 통해 불안을 제거해 나가는 치료기법이다.
③ 일치경험은 내담자가 있는 그대로의 자기자신과 일치하고, 이러한 일치행동이 상담자에게 있는 그대로 수용받는 경험을 할 때 나타나는 치료적 효과를 말한다. 즉 내담자를 있는 그대로 바라보고 허용하는 태도를 보일때 나타나는 공감적 이해, 무조건적 긍정적 존중을 말한다.
④ 관점변화는 예컨대 부모님과 갈등으로 가출한 내담자에게 기본관점이 내담자의 입장에서 바라보는 관점이라면, 2차는 역관점으로 부모님의 입장에서 생각해 보게 한다든지, 아니면 3차관점인 상담자의 입장이나 객관적입장에서 사건을 바라보게 함으로써 치료하는 기법이다.
⑤ 보편성은 자기가 보이는 증상이 자기만이 아니라 다른 사람도 가지고 있다는 것을 깨닫게 하는 치료기법이다.

06 ㄱ. 부정 : 불안감을 줄이고자 명백한 사실을 외면하는 전술로, 가장 원초적인 방어기제
ㄴ. • 취소(undoing) : 과거의 수용할 수 없는 행동을 원상 복귀하듯이 그것과는 정반대의 상징적 행동을 무의식적으로 하는 것 (강박장애에서 반복적인 손씻기)
　• 전치(displacement): 본능적 충동이 진짜 대상에서 덜 위협적인 대상으로 옮아가는 것을 말한다. (한강에서 빰맞고 종로에서 화풀이하는 것) 강박적 손씻기를 도덕적 타락(진짜 대상)에 대한 회개를 덜 위협적인 대상(오염된 손)로 손씻기(회개의 의미로) 하는 것으로 하여 전치(displacement)로 보는 견해도 있다.
　• 치환(substitution) :목적하던 것을 못 가지게 됨에 따라 오는 좌절감의 불안을 줄이기 위해서 원래의 것과 비슷한 것을 취해 만족을 얻는 것을 말한다. (꿩 대신 닭, 자식없는 부모가 자식대신 애완견에게 사랑을 주는 것)
※ 교재마다 전치,치환,대치등에 대한 해석이 각각인데 시험에서는 전치, 치환의 용어보다는 displacement, substitution으로 구별해야 한다. (에컨대 치환이 displacement로 해서 출제될 수도 있음)
ㄷ. 반동형성: 겉으로 나타나는 태도나 언행이 마음속의 감정이나 욕구와 반대인 경우이다.
ㄹ. 분열 : 대상에 대한 생각, 이미지, 태도 등을 전적으로 '좋은 것'과 '나쁜 것' 이분법적으로 분리하는 것이다. 이는 원시적 형태의 방어로서 경계선 장애 환자가 많이 쓴다.

07 ㄱ. 현실적 불안의 원인은 외부에 존재하고, 신경증적 불안의 원인은 본능으로부터 위험을 의식할 때 발생한다.
ㄴ. 자아는 현실원리 (환경을 지배하여 불안을 통제하려는 자아의 수단) 에 따라 원초아와 초자아를 중재한다.
ㄷ. 정신분석의 목표는 무의식의 의식화를 통한 성격재구성이다.
ㄹ. 치료의 진척을 막고 무의식적 내용의 의식화를 방해하는 모든 시도는 저항이다. 전이는 내담자가 과거의 중요한 타인(예: 부모)로 부터 느꼈던 감정이나 환상을 무의식적으로 현재의 인물(예: 상담자)에게 나타내는 것이다.

08 다음 설명에 해당하는 상담접근으로 옳은 것은?

> ㄱ. 경계선 성격장애로 진단 받은 만성적 자살 위험이 있는 내담자를 치료하기 위해 마샤 리네
> 한(M. Linehan)이 개발
> ㄴ. 인지적 탈융합과 마음챙김을 통해 심리적 건강과 삶의 질을 향상시킬 수 있다고 보는 이론
> 으로 스티븐 헤이즈(S. Hayes)에 의해 발전

① ㄱ: 변증법적 행동치료,   ㄴ: 수용전념치료
② ㄱ: 수용전념치료,   ㄴ: 변증법적 행동치료
③ ㄱ: 변증법적 행동치료,   ㄴ: 마음챙김기반 인지치료
④ ㄱ: 실존치료,   ㄴ: 수용전념치료
⑤ ㄱ: 대상관계치료,   ㄴ: 마음챙김기반 인지치료

09 내담자의 알아차림을 촉진하기 위한 게슈탈트 상담자의 개입으로 옳지 않은 것은?
① 과거에는 그 문제에 어떻게 대처했나요?
② 생각을 멈추고 지금 느끼는 감정에 집중해보세요.
③ 당신이 가장 원하는 것은 무엇인가요?
④ 당신의 손은 무엇을 말하려고 하나요?
⑤ 눈을 감고 그 사람의 얼굴을 떠올려 보세요.

10 상담의 통합적 접근에 관한 설명으로 옳은 것을 모두 고른 것은?

> ㄱ. 기술적 통합: 다양한 접근 중에서 효과가 입증된 기법을 통합하는 것으로 정서중심치료
> (EFT)가 해당된다.
> ㄴ. 이론적 통합: 다양한 접근의 최상의 개념을 종합하여 새로운 개념적 틀을 창조하는 것으로
> 변증법적 행동치료(DBT)가 해당된다.
> ㄷ. 동화적 통합: 특정 이론적 접근에 근거하여 다른 치료적 접근의 기법을 선택적으로 결합하
> 는 방법으로 마음챙김기반 인지치료(MBCT)가 해당된다.
> ㄹ. 공통요인 접근: 다양한 이론으로부터 공통 요소를 찾아내어 상담에 적용하는 것으로 변화단
> 계모델이 해당된다.

① ㄱ, ㄴ   ② ㄱ, ㄷ   ③ ㄴ, ㄷ   ④ ㄴ, ㄹ   ⑤ ㄷ, ㄹ

11 합리적 정서행동상담(REBT)의 ABCDE 모델에 관한 설명으로 옳지 않은 것은?

① A: 촉발사건

② B: 촉발사건에 대한 신념

③ C: 비합리적 신념의 결과로 나타난 부정적 감정과 행동

④ D: 비합리적 신념에 대한 논박

⑤ E: 자기실현 경향성 회복

12 상담 구조화에 포함되어야 할 내용을 모두 고른 것은?

ㄱ. 상담자와 내담자의 역할	ㄴ. 상담의 특성, 조건, 절차
ㄷ. 심리검사 해석	ㄹ. 비밀보장에 대한 약속과 한계

① ㄱ   ② ㄱ, ㄷ   ③ ㄴ, ㄹ   ④ ㄱ, ㄴ, ㄹ   ⑤ ㄴ, ㄷ, ㄹ

정답 및 해설

08 ①   09 ①   10 ③   11 ⑤   12 ④

08 ㄱ. 변증법적 행동치료(DBT)는 경계선 성격장애로 자살 위험, 자해 행동, 만성적 우울 등의 심한 감정 조절 문제를 효과적인 감정조절 방법(가치 명료화, 새로운 마음챙김 기술, 대인관계 협상 기술등)을 통해 정(正)반(反)합(合)의 변증법적으로 통합하여 정서적 마음의 균형을 이루고 현명한 마음을 형성하도록 하기 위해 개발된 인지행동치료이다.

ㄴ. 수용전념치료(ACT)는 동양에서 발달한 명상 수련을 심리치료로 체계화한 치료기법으로, 무언가를 조작하는 대신 받아들이고 관조하게 하여 심리적 경직성을 유연성을 갖도록 치료하는 인지치료행동방법이다.

심리적 경직성	심리적 유연성 (심리적으로 건강한 상태)
현재를 벗어난 개념화된 과거/미래에 집착	마음챙김 (현재에 존재하기, 현재순간의 알아차림)
부정적 경험이나 생각을 회피	경험을 부정하거나 바꾸지 않고 수용
가치의 부재	가치의 명료화 (삶에서 의미있는 목적을 찾는 것)
인지적 융합 (생각을 문자 그대로 믿는 경직된 사고)	인지적 탈융합 (언어적 의미와 융합되어 있는 자신의 사고를 분리시켜 그 자체를 그대로 바라보는 것)
정체성이란 미명하에 개념화된 자기의 집착	맥락적 자기(초월적 자기)
행동부족 (회피지속) 또는 충동성 (위 5개요소로 나타나는 총제적 결과)	전념 (추구하는 가치에 따라 계획하고 실행하는 실제적인 행동)

09 알아차림은 개체로 하여금 자신의 미해결과제와 더불어 현재의 욕구와 감정 그리고 소망을 자각하게 해주는 것이다. ①은 과거를 자각하게 해주는 것이므로 옳지 못한 개입이다.

10 ㄱ.ㄹ.정서중심치료(EFT)는 이론적 통합에 해당하고, 변화단계모델은 기술적 통합에 해당한다고 볼 수 있다.

정서중심치료(EFT)는 개인의 정서적 경험을 이해하는 경험주의이론, 관계를 설명하는 체계이론 등이 통합된 이론적 통합에 해당한다.

변화단계모델은 개인은 변화의 5단계모델을 거쳐 변화한다고 주장하며, 각 단계마다 다른 개입기법을 사용하여 사람을 변화의 다음단계로 이동시켜 행동변화를 가져온다고 하였다.

11 E: 논박으로 인한 합리적인 생각을 갖는 효과를 말한다.

칼 로저스의 인간중심상담에서 주장한 자기실현 경향성 인간은 본질적으로 선하며 잠재능력을 확인하고 현상적인 장(개인의 지금-여기에서의 주관적인 경험을 중요시) 속에서 자기실현하려는 경향성을 선천적으로 타고났다고 하였다.

12 상담의 구조화

상담여건의 구조화	상담의 특성, 상담 시간, 횟수, 장소, 조건, 절차, 상담시간에 늦거나 할 때 연락 방법 등
상담관계의 구조화	상담의 진행과정, 상담자와 내담자의 역할 등에 대해 구조화
비밀보장의 구조화	비밀보장에 대한 약속과 한계

13 인지치료에 관한 설명으로 옳지 않은 것은?

① 자가치료(self-treatment)의 철학을 강조한다.
② 인지도식은 과거경험을 일반화한 인지적 구조로 자신과 세상 등에 대한 신념으로 구성된다.
③ 핵심신념은 개인이 어떻게 생각하고 느끼고 행동하는지에 대한 기본이 된다.
④ 중간신념은 핵심신념으로부터 나온 태도, 규칙, 기대, 가정 등으로 구성된다.
⑤ 자동적 사고는 누구나 즉시 인식할 수 있다.

14 교류분석 상담자의 개입으로 옳은 것은?

① 어른 자아를 중심으로 어버이 자아, 어린이 자아가 균형 있게 기능하도록 돕는다.
② 계약-교류분석-구조분석-각본분석-게임분석-재결단 순으로 상담을 진행한다.
③ 교류분석을 통해 내담자가 교차교류를 할 수 있도록 격려한다.
④ 라켓을 통해서 느끼는 감정이 아닌 자신의 진정한 감정을 느끼고 표현할 수 있도록 한다.
⑤ 내담자가 게임을 지속할 수 있도록 긍정적 스트로크를 제공한다.

15 해결중심상담에 관한 설명으로 옳은 것은?

① '잘 알지 못함(not-knowing)'의 자세를 취하고 내담자를 전문가로 여긴다.
② 문제가 발생하는 상황을 구체적으로 탐색한다.
③ 문제의 해결에 초점을 맞추고 근본적인 변화를 강조한다.
④ 내담자의 취약한 점과 강점을 모두 고려한다.
⑤ 다양한 질문기법을 활용해 문제의 원인을 파악한다.

16 여성주의 상담에 관한 설명으로 옳지 않은 것은?

① 상담자와 내담자의 평등한 관계를 지향한다.
② 내담자의 문제를 유발한 사회·문화적 요인에 초점을 맞춘다.
③ 내담자가 힘을 회복하여 자신의 권리를 지킬 수 있도록 한다.
④ 남성과 여성의 성역할 및 행동의 차이는 사회화에 기인한 것으로 본다.
⑤ 남녀를 동질적 존재로 보는 알파편견은 남녀의 삶 사이에 존재하는 차이를 간과할 위험이 있다.

17 현실치료의 WDEP모델을 순서대로 나열한 것은?

> ㄱ. 당신이 하고 있는 행동은 원하는 것을 얻는데 도움이 되나요?
> ㄴ. 당신이 진정으로 원하는 것은 무엇인가요?
> ㄷ. 원하는 것을 얻을 수 있는 보다 효과적인 방법은 무엇인가요?
> ㄹ. 원하는 것을 얻기 위해 무엇을 하고 있나요?

① ㄱ - ㄴ - ㄹ - ㄷ   ② ㄴ - ㄹ - ㄱ - ㄷ   ③ ㄴ - ㄹ - ㄷ - ㄱ
④ ㄷ - ㄱ - ㄴ - ㄹ   ⑤ ㄹ - ㄴ - ㄱ - ㄷ

정답 및 해설

13 ⑤ 14 ④ 15 ① 16 ⑤ 17 ②

13 자동적 사고란, 우리의 감정과 행동에 결정적인 영향을 미치면서도 자신은 인식하지 못하지만 무의식에서 일어나는 사고를 말한다. 심사숙고하거나 합리적으로 판단한 결과가 아니라 우리 스스로는 자신이 그러한 생각을 했는지 조차 잘 인식하지 못하는 매우 신속하게 스치고 지나가는 생각을 말한다. (예:야구장에 응원갔다가 자기팀이 지는 경우에 평소에 무의식적으로 잠재되어 있던 자신에 대한 부정적 생각에 의해 내가 재수가 없는 인간이니까 잘나가던 우리팀이 진것이리고 생각하는 경우)
① 인지치료를 통해서, 내담자는 자신의 왜곡된 생각을 찾아내는 기술, 문제가 되는 행동을 변화시키는 기술을 익힐 수 있게 되어, 자신을 스스로 치유할 수 있는 자가치료자가 된다.
②,③,④ 인지는 자동적 사고, 중간 신념, 핵심신념이라는 세 가지 구성요소로 구성되어 있으며, 중간신념은 핵심신념과 자동적 사고를 매개하는 신념으로 핵심신념으로 부터 나온 삶의 태도, 삶에 대한 가정, 규칙 등으로 구성되어 있다.

14 ④ 라켓(rackets)은 게임을 통해 경험하게 되는 불쾌한 감정으로, 어린 시절에 부모나 환경의 요구에 맞게 꾸며낸 거짓되고 가식적인 감정를 말한다. 라켓을 통해서 느끼는 감정이 아닌 자신의 진정한 감정을 느끼고 표현할 수 있도록 한다.
① 잘 적응된 사람은 상황에 맞도록 세 가지 자아 상태 간에 균형을 유지하면서 자아 상태의 조절을 결정한다. 문제는 하나의 자아 상태가 지배적으로 통제하는 경우이다. 예를 들어 견고한 어버이자아는 독단적이고 편견을 가진 것처럼 보이고, 견고한 어른자아는 분석적이고 따분한 것처럼 보이며, 견고한 어린이자아는 미성숙하고 지나치게 민감하게 반응하는 것처럼 보인다.
② 계약 → 구조 분석 → 교류 분석 → 게임 분석 → 각본 분석→ 재결단 순으로 상담을 진행한다.
③ 교류분석을 통해 내담자가 상보교류를 할 수 있도록 격려한다.
⑤ 내담자가 스트로크를 받기 위한 게임을 그만두고, 더 나은 방법으로 스트로크를 얻을 수 있다는 점을 알려준다.

15 ① 상담자는 내담자에 대해 '잘 알지 못함(not-knowing)'의 자세를 갖고, 진정성 있는 호기심으로 관찰하는 태도를 취하며, 내담자가 문제를 가장 잘 아는 전문가로 인정함과 동시에 문제해결의 주체로서 전문적 관계의 동반자로 인정한다.
②,③ 문제의 원인보다 해결책에 초점을 맞추며, 단순한 것에서부터 복잡한 것으로 치료를 함으로써 목표를 성취하는 것이다. 따라서 목표는 내담자가 달성할 수 있는 작은 것으로 세우고 개입은 가장 단순한 것에서 출발한다
④ 내담자의 취약점이나 병리적인 것보다는 강점, 자원, 건강한 특성을 발견하여 치료에 활용한다
⑤ 다양한 질문기법(예외질문, 기적질문, 척도질문 등)을 활용해 내담자가 자신의 강점과 자원을 발견하고 활용하여 스스로 해결책을 구축해가는 성장과정을 경험하도록 돕는다.

16 ⑤ 여성과 남성의 차이점 또는 유사점을 지나치게 과장하는 것을 경계하기 위해 알파편견(남녀를 불평등하게 분리하는 편견)과 베타편견(남녀를 동질적 존재로 보는 편견)의 개념을 사용한다.
① 여성주의 상담은 내담자의 잠재력을 존중하고, 내담자와 상담자의 평등한 관계 속에서 내담자가 스스로 역량 강화를 할 수 있도록 돕는다.
②,④ 모든 문제는 자신에게서 비롯된다는 전통 상담치료의 개인적인 관점을 거부하고 내담자의 문제를 사회문화적 측면에서 거시적으로 접근한다.
③ 여성 폭력 및 정서적인 문제들의 많은 부분이 우리 사회의 성차별적 조직문화에서 야기된다는 것에 초점을 맞추고, 그들의 성장을 도와, 내담자가 힘을 회복하여 자신의 권리를 지킬 수 있도록 한다.

17 우볼딩(Wubbolding)의 현실치료기법은 바람(Want, ㄴ),- 행동(Doing, ㄹ) - 평가(Evaluation, ㄱ) - 계획(Planning, ㄷ)으로 'WDEP모델'이라고 한다.

18 상담이론별 심리적 부적응의 원인으로 옳지 않은 것은?

① 게슈탈트 상담: 접촉 경계 장애
② 정신분석: 자아기능의 약화, 미숙한 방어기제
③ 개인심리학: 공동체 의식과 사회적 관심의 결여
④ 실존주의 상담: 심리기능의 불균형, 외상경험의 억압
⑤ 인간중심 상담: 가치의 조건화, 자기와 경험의 불일치

19 행동주의 상담기법에 관한 설명으로 옳지 않은 것은?

① 체계적 둔감법은 고전적 조건형성과 상호제지원리를 토대로 하였다.
② 교통법규를 위반했을 때 내는 과태료는 반응대가에 해당한다.
③ 타임아웃, 과잉교정, 홍수법은 처벌의 일종이다.
④ 내현적 모델링은 모델을 관찰할 수 없을 때, 내담자가 모델의 행동을 시각적으로 떠올려 보도록 하는 기법이다.
⑤ 다이어트를 위해 친구들과 만나는 약속을 자제하는 것은 자극통제에 해당한다.

20 다음 사례의 상담자 반응에 해당하는 인간중심상담의 기법은?

〈상황〉 내담이가 상담 초기에는 시간을 잘 맞추어 오더니 5회기가 지나면서 계속 10분 정도 늦는다.
내담이: 죄송해요. 지난주에도 늦어서 오늘은 빨리 오려고 했는데 버스를 놓쳐서 늦었어요. 다음 주에는 늦지 않을게요.
상담자: 내담이가 자주 늦는 게 마음에 걸려요. 혹시 상담에 오기 싫은 건 아닌가 걱정이 되기도 해요.

① 반영
② 진솔성
③ 명료화
④ 공감적 이해
⑤ 무조건적 긍정적 존중

21 사례개념화의 구성요소에 포함되는 것을 모두 고른 것은?

ㄱ. 문제의 발생과 배경
ㄴ. 내담자의 자원 및 취약점
ㄷ. 문제에 대한 종합적 이해
ㄹ. 상담목표 및 계획

① ㄱ, ㄴ   ② ㄱ, ㄷ   ③ ㄴ, ㄹ   ④ ㄱ, ㄷ, ㄹ   ⑤ ㄱ, ㄴ, ㄷ, ㄹ

22 상담기법과 설명의 연결이 옳은 것은?

① 재진술: 내담자의 문제를 새로운 관점에서 조망할 수 있도록 설명해주는 것
② 직면: 내담자의 불일치하거나 모순된 부분을 자각하도록 해주는 것
③ 해석: 내담자가 말한 둘 이상의 언어적 표현을 요약하는 것
④ 정보제공: 내담자의 말에 담긴 주된 감정을 상담자의 말로 되돌려 주는 것
⑤ 반영: 내담자에게 필요한 특정 주제에 대한 객관적 자료나 사실을 전달하는 것

23 해결중심 상담의 질문기법과 예시의 연결이 옳은 것을 모두 고른 것은?

> ㄱ. 대처질문 – 이렇게 힘든 상황을 지금까지 어떻게 견뎌낼 수 있었어요?
> ㄴ. 기적질문 – 지금 했던 말을 아빠가 들으시면 뭐라고 하실까요?
> ㄷ. 척도질문 – 현재의 자신감이 2점이라면, 1점을 올리기 위해 무엇을 할 수 있을까요?
> ㄹ. 예외질문 – 최근에 동생과 싸우지 않은 때는 언제였나요?

① ㄱ, ㄴ
② ㄷ, ㄹ
③ ㄱ, ㄷ, ㄹ
④ ㄴ, ㄷ, ㄹ
⑤ ㄱ, ㄴ, ㄷ, ㄹ

정답 및 해설

18 ④ 19 ③ 20 ② 21 ⑤ 22 ② 23 ③

18 ④ 실존주의는 부적응 행동의 원인은 삶에서 의미를 찾을 수 없는 실존적 신경증이나 패배적 정체감에서 비롯된다고 보았다. 심리기능의 불균형 및 외상경험의 억압은 프로이트의 정신분석상담과 관련이 있다.

19 ③ 과잉교정(정적벌), 타임아웃(부적벌),반응대가(부적벌)는 처벌기법이지만 홍수법은 노출기법에 해당한다.
   ① 고전적 조건화에 기초 : 체계적 둔감화, 자기표현(주장)훈련, 자극 통제, 혐오치료, 홍수법, 부정적 연습법 등
   조작적 조건화에 기초 : 프리맥 강화원리, 타임아웃, 토큰경제, 행동조형(조성), 행동연쇄 등
   상호제지이론은 "불안과 근육이완은 양립할 수 없다."는 전제에서 출발한다. 불안을 야기하는 자극이 있는데서 둔감법을 이용하여 불안과 양립할 수 없는 근육이완이 일어날 수 있게 한다면 불안반응은 점차 사라지게 된다는 이론이다.
   ② 반응대가는 부적절한 행동을 감소시키기 위한 부적벌의 일종으로 교통법규를 위반했을 때 내는 범칙금, 용돈의 삭감, 칭찬스티커의 회수 등이 있다.
   ④ 모델링은 모델의 적응행동을 관찰하고 모방하게 함으로써 적응행동을 학습하게 하는 방법이며, 직접적 모델링, 상징적 모델링, 자기모델링, 참여적 모델링, 내현적 모델링 등이 있다.
   ⑤ 자극 통제는 환경을 수정함으로써 자극을 통제하도록 돕는 기법이다.

20 진술성은 상담자가 내담이와의 관계에서 감지되는 바를 왜곡하거나 부정하지 않고, 있는 그대로 경험하는 것이다.

21 사례개념화(상담자가 정보 수집을 통해 얻어진 단편적 정보들을 나름대로 통합해서 내담자 이해와 문제해결을 위해 활용할 줄 아는 기술)의 구성요소
   • 내담자의 현재 문제, 상태 및 관련증상　• 문제와 관련된 역사적 배경　• 문제와 관련된 내담자의 내적요인
   • 문제와 관련된 내담자의 상황적 요인　• 내담자의 대인관계 특성　• 내담자의 자원 및 취약점.
   • 문제에 대한 상담자의 종합적 이해.　• 상담목표 및 계획

22 ① 해석 ② 직면 ③ 요약 ④ 반영 ⑤ 정보제공

23 ㄴ. 관계성 질문
   관계성 질문은 내담자와 중요한 관계에 있는 사람들이 갖고있는 생각, 의견 그리고 지각 등에 대해 묻는 질문이다

24 상담 중기단계에 관한 설명으로 옳지 않은 것은?

① 자신의 문제에 대한 통찰을 얻는다.
② 사고의 경직성에서 벗어나 융통성을 갖게 된다.
③ 주호소 문제를 탐색한다.
④ 실제적인 변화를 결심한다.
⑤ 새로운 대안을 찾고 실천한다.

25 다음 사례의 내담자 B에 해당하는 개인심리학의 생활양식 유형은?

> 통제적이고 지배적인 가정에서 성장한 B는 에너지는 많지만 공격적이고 다른 사람에게 무관심하다.

① 저항형   ② 비난형   ③ 기생형   ④ 회피형   ⑤ 지배형

필수과목 **5과목 학습이론**   **2교시** : 필수 1과목, 선택 2과목(택1) 50문항   **시간** : 50분

01 행동의 동기가 나머지와 다른 하나는?

① 부모님 몰래 만화책을 보는 것
② 시험기간에도 취미로 드럼 연습을 하는 것
③ 태블릿을 받기 위해 학습지를 열심히 푸는 것
④ 용돈을 모아 안나푸르나 등반을 계획하는 것
⑤ 공부하면서 틈틈이 소설을 쓰는 것

02 다음 사례에 적용된 이론(원리)은?

> 학생 C는 매일 30분씩 운동을 하기로 엄마와 약속하였다. 운동을 좋아하지 않는 C는 약속을 지키지 않았다. 엄마는 운동을 30분씩 하면 좋아하는 게임을 1시간씩 하도록 허락해주었다. 이후 C는 매일 30분씩 운동을 하게 되었다.

① 추동감소이론   ② 반응박탈이론
③ 자극대체이론   ④ 2과정 이론
⑤ 프리맥의 원리

03 조작적 조건형성의 사례로 옳은 것은?

① 장미 꽃가루에 알레르기가 있는 사람은 장미를 보기만 해도 재채기를 한다.

② 유명 연예인이 광고한 제품은 소비자의 호감을 유발한다.

③ 손톱을 깎고 시험을 본 날 성적이 좋았다면 시험을 볼 때마다 손톱을 깎는다.

④ 부정적인 단어와 특정민족을 짝지어 제시하면 편견이 생길 수 있다.

⑤ 자라보고 놀란 가슴 솥뚜껑보고 놀란다.

정답 및 해설　　　　　　　　　　　　　　　24 ③　25 ⑤　01 ③ 02 ⑤ 03 ③

24 ③ 주호소문제를 탐색하는 것은 상담초기단계의 내용이다.

25 Adler 개인심리학

구 분		사회적 관심	
		고	저
활동 수준	고	〈사회적 유용형〉 • 높은 사회적 관심과 높은 활동성 • 긍정적 태도를 가진 성숙한 사람으로 심리적으로 건강한 사람 • 사회적 관심이 많아서 자신과 타인의 욕구를 동시에 충족시키는 한편, 인생과제를 완수하기 위해 기꺼이 다른 사람들과 협동	〈지배형〉 (예문참조)
	저		〈기생형〉 • 주요 특징은 의존성임 • 부모가 자녀를 지나치게 과잉보호할 때 나타나는 유형 〈회피형〉 • 매사에 소극적이며 부정적인 태도를 보임 • 자신감이 없기 때문에 적극적으로 직면하는 것을 회피 • 부모가 자녀의 기를 꺾을 때 나타나는 유형

01 행동의 동기는 외재적 동기와 내재적 동기로 구분할 수 있다.

구 분	외재적 동기	내재적 동기
내 용	• 외부로부터 받을 수 있는 강화자로서의 동기 • 활동 자체보다 활동의 결과에 의해 동기화가 되는 것	• 학습자가 학습과제에 대한 외부의 보상과 상관없이 능동적으로 참여할 때 형성 됨
예	• 태블릿을 받기 위해 학습지를 열심히 푸는 것	• 부모님 몰래 만화책을 보는 것 • 시험기간에도 취미로 드럼 연습을 하는 것

02 ⑤ 프리맥(Premack) 원리는 덜 선호하는 활동(운동)을 수행한 결과로 더 선호하는 활동(게임)을 하게 되는 것을 말한다

03 ③ 조작적 조건형성은 유기체 스스로 의지적 자발적 능동적으로 조작행동(손톱을 깎음, 쥐가 지렛대를 누름)을 하여 반응의 결과에 대한 피드백이 좋으면 (시험성적이 좋음, 먹이가 나옴) 강화를 통해 능동적 학습이 이루어 지는 것을 말한다.
①,②,④,⑤는 자극 후 반응이 수동적 반사적으로 나타나는 수동적,반사적 학습이므로 고전적 조건형성에 해당한다.

04 다음 사례에 해당하는 강화계획은?

> 정류장에 도착하기 직전에 버스가 출발했다. 15분에 한 대씩 버스가 온다는 사실을 알고 있어서 처음 몇 분간은 버스가 오는지 신경을 쓰지 않다가 15분이 다 되어감에 따라 버스가 오는지를 자주 쳐다보게 된다.

① 연속강화계획   ② 고정간격강화계획

③ 변동간격강화계획   ④ 고정비율강화계획

⑤ 변동비율강화계획

05 기억에 관한 설명으로 옳은 것을 모두 고른 것은?

> ㄱ. 수업에서 가장 중요한 개념을 먼저 소개하는 것은 초두효과 때문이다.
> ㄴ. 영어가 모국어인 학생이 라틴어를 배우면 라틴어가 영어 이해에 도움이 되는데 이를 역행촉진이라 한다.
> ㄷ. 일주일 전 먹었던 저녁메뉴를 기억하지 못하는 것은 순행간섭 때문이다.
> ㄹ. 친구가 이름을 개명했는데 예전 이름만 떠오르는 것은 역행간섭 때문이다.

① ㄱ, ㄴ   ② ㄱ, ㄷ   ③ ㄴ, ㄹ   ④ ㄱ, ㄴ, ㄷ   ⑤ ㄴ, ㄷ, ㄹ

06 반두라(A. Bandura)가 제시한 자기효능감의 근원이 아닌 것은?

① 생리적 각성   ② 대리경험

③ 외재적 동기   ④ 사회적 설득

⑤ 완숙경험(mastery experience)

07 다음 사례에서 집단 B의 학습유형은?

> ○ 톨만과 혼지크(Tolman & Honzik)는 쥐를 사용하여 미로 찾기 실험을 실시하였다.
> ○ 집단 A의 쥐에게는 목표지점에 도달할 때마다 보상을 하였다.
> ○ 집단 B의 쥐에게는 처음 10일 동안 보상을 하지 않다가 11일째부터 목표지점에 도달하면 보상을 하였다. 그 결과 집단 B의 쥐는 11일째 시행부터 오류가 급격하게 줄었다.

① 변별학습   ② 통찰학습   ③ 관찰학습

④ 잠재학습   ⑤ 미신학습

08 **뇌의 구조와 기능에 관한 설명으로 옳지 않은 것은?**

① 뇌의 국소화(localization)는 출생 후 2~3년에 걸쳐 이루어진다.

② 신경가소성(neuroplasticity)은 뇌가 경험한 결과들을 재조직하거나 수정하는 능력이다.

③ 해마의 손상은 절차적 기억의 응고화를 방해할 수 있다.

④ 편도체는 정서와 공격성의 통제를 담당한다.

⑤ 도파민은 강화중추와 관련 있는 호르몬이다.

정답 및 해설

04 ② 05 ① 06 ③ 07 ④ 08 ③

04 15분마다 고정간격으로 오므로 고정간격강화계획에 해당한다.

구 분		내 용	비 고
연속강화		반응이 생길때마다 강화물주어 강화	행동수정 초기단계에서 유용
간격강화	고정간격강화	미리 결정된 규칙적 시간 간격으로 강화요인 제공	월급, 배차간격
	변동간격강화	불규칙적인 간격으로 강화요인 제공	칭찬, 특진 등
비율강화	고정비율강화	행동의 일정한 빈도 또는 비율의 성과에 따라 강화요인 제공	성과급, 판매수수료
	변동비율강화	불규칙적 빈도 또는 비율의 성과에 따라 강화요인을 제공	복권, 도박

05 ㄱ.(O) 처음 제시된 정보 또는 인상이 나중에 제시된 정보보다 기억에 더 큰 영향을 끼치는 현상을 초두효과라고 한다.
ㄴ.(O) 무언가를 배우는 것이 다른 비슷한 것을 배우는 데 도움을 주는 현상을 (역행)촉진이라 한다.
ㄷ.(x) 역행간섭 때문이다.
ㄹ.(x) 순행간섭 때문이다.

06 자기 효능감의 4대 근원
1. 생리적, 정서적 각성 : 스트레스 관리
2. 대리경험 : 타인의 성공과 실패를 경험
3. 완숙경험 : 성공한 경험
4. 사회적 설득 : 타인의 격려와 칭찬

07 ④ 보상첫날인 11일째 부터 시행오류가 급격히 줄어들었다는 것은 강화없는 10일동안에도 눈에 보이지 않는 미로에 대한 인지적 변화는 있었으며, 눈에 보이는 행동의 변화만이 학습은 아니며, 강화없이도 일어나는 이러한 눈에 보이지 않는 인지도 학습을 잠재학습이라고 하였다.

08 기억의 구성

구 분		내 용
단기기억		• 단기기억의 생성과 처리에는 측두엽이 관여 • 해마가 손상되면 단기기억에서 장기기억으로 넘어가지 못함 (선행성 기억상실증)
장기기억	서술기억	• 해마가 담당하는 장기기억으로, 기억상실증 환자가 잃어버리는 기억 • 해마의 손상은 서술적 기억의 부호와 응고화를 방해할 수 있다. • 지각을 통해 떠오르는 것이 아니라 전두엽에서 불러낼 수 있는 의식적인 기억 • 사건에 대한 기억인 일화기억과 사실(영어단어, 수학공식)에 대한 기억인 의미기억 등이 있음
	절차기억	• 해마에 의존하지 않는 장기기억으로, 기억상실증 환자도 잃어버리지 않는 기억(예: 자전거타기) • 반복을 통한 학습기억, 운동기억 등은 소뇌를 포함한 조가비핵이나 미상핵, 전두엽 같은 곳에 저장

② 신경가소성은 뇌의 신경계가 환경 변화와 경험, 주변 자극의 영향에 의해 구조와 기능을 바꾸면서 재조직되는 현상을 말한다. 예컨대 후천적으로 시력을 잃은 시각장애인의 시각중추 신경들은 청각 신호를 처리하도록 재조직된다.

④ 변연계 내에 존재하는 해마는 학습과 장기기억을, 편도체는 공포, 분노, 공격 등의 정서를 관할한다.

⑤ 도파민은 중추신경계에서 수의운동, 보상행동, 동기 부여를 강화하는 중요한 뇌기능들을 담당하는 조절성 신경호르몬이다. 도파민 신경세포와 도파민 시냅스로 구성된 도파민 시스템에 문제가 생기면 파킨슨병이나 주의력 결핍 과잉행동장애(ADHD), 그리고 조현병 등이 발병하게 된다.

09 다음 설명에 해당하는 학습전략은?

> ○ 정보집합을 관계성에 기초하여 하위 집단으로 분류하는 것
> ○ 테이블, 버스, 모자, 트럭, 책상, 구두의 순으로 제시된 정보를 테이블과 책상, 버스와 트럭, 모자와 구두 등으로 범주화하는 것
> ○ 윤곽잡기(outlining), 도식화하기, 그룹화하기 등

① 정의적 전략　　　② 정교화 전략　　　③ 시연 전략
④ 주의집중 전략　　⑤ 조직화 전략

10 학습에 관한 설명으로 옳지 않은 것은?

① 정서적 변화는 학습에 포함된다.
② 성숙에 의한 변화는 학습으로 보지 않는다.
③ 태도 변화는 학습에 포함된다.
④ 비교적 영속적인 행동의 변화가 나타나야 한다.
⑤ 학습과 수행(performance)은 같은 개념으로 볼 수 있다.

11 다음 사례에 적용된 조작적 조건형성의 개념은?

> 두통이 있던 사람이 진통제를 먹었더니 두통이 사라졌다. 두통이 생길 때마다 진통제를 먹는다.

① 부적강화, 회피　　　　　② 정적강화, 도피
③ 부적처벌, 회피　　　　　④ 부적강화, 도피
⑤ 정적강화, 회피

12 학습에서의 전이(transfer)유형에 관한 설명으로 옳은 것을 모두 고른 것은?

> ㄱ. 정적(positive)전이: 선행학습이 후행학습을 촉진할 때 일어나는 것
> ㄴ. 무(zero)전이: 선행학습이 후행학습을 더 어렵게 만들거나 지장을 주는 것
> ㄷ. 원격(far)전이: 원래의 맥락과 전이 맥락이 유사하며 기능 숙달과 관련되는 것
> ㄹ. 특수(specific)전이: 선행학습과 후행학습 간의 구체적 요인에서만 일어나는 것

① ㄱ, ㄴ　　② ㄱ, ㄹ　　③ ㄴ, ㄷ　　④ ㄴ, ㄹ　　⑤ ㄴ, ㄷ, ㄹ

정답 및 해설

09 학습전략

구 분	내 용
정의적 전략	학습과 관련해 학습자가 자신의 감정이나 동기부여, 태도 등을 통제(심호흡하기, 명상음악듣기 등)하는 것을 말하며, 자신에게 긍정적인 이야기를 하여 자신을 격려하는 전략
정교화 전략	새로운 정보를 장기기억에 저장되어 있는 기존의 정보와 연결하는 부호화 전략
시연전략	간단하면서도 효과적인 기억전략으로, 기억해야 할 정보를 여러 번 반복해서 암송하는 전략
주의집중 전략	자신에게 중요한 정보를 얻기 위해 불필요한 일련의 다른 정보를 제거시키는 것으로서, 다른 불필요한 자극을 제외한 어느 특정 자극의 인식이나 각성에 초점을 두는 학습전략
조직화 전략	예문참조

10 ⑤학습과 수행은 구분되어야 한다.

구 분	내 용
학 습	훈련이나 경험을 통한 인지적 · 정의적 · 신체운동영역의 비교적 영속적인 변화 (행동의 잠재력의 변화)
수 행	학습된 내용을 행동으로 옮기는 것 (행동잠재력을 직접 관찰할 수 있는 행동으로 나타내는 것)

② 성숙이란 대부분 유전적으로 프로그램화되어 있어 특정한 학습이나 훈련 없이도 일정한 연령이 되면 나타나게 되는 자연스러운 질적변화(1차 성징, 2차 성징 등)를 의미한다.

11 스키너(B. F. Skinner)의 조작적 조건형성에 따르면 인간의 모든 행동은 정적 강화와 부적 강화에 의하여 결정된다.
- 정적강화 : 어떤 행동을 한 뒤에 선호하는 자극을 제시하는 것
- 부적강화 : 어떤 행동을 한 뒤에 싫어하는 자극을 제거하는 것

구 분	내 용
도피조건형성 (부적강화)	행동이 발생(진통제 복용)한 직후에 어떤 자극(혐오자극)을 제거(두통제거)하면 행동 (두통약 복용)이 증가 ※ 도피 반응은 이미 존재하는 혐오자극을 제거
회피조건형성	어떤 행동(좋은 자세)이 혐오자극의 발생(좋지않은 자세에서 경고음 발생)을 방지한다면, 그 행동(좋은 자세)의 빈도가 증가 (예; 제이슨의 꾸부정한 자세교정하기) ※ 회피 반응은 혐오자극의 발생 자체를 방지

12 학습전이

구 분	내 용
정적전이	선행학습이 후행학습을 촉진할 때 일어나는 것
무전이	선행학습이 후행학습에 별다른 영향을 미치지 못하는 것
부적전이	선행학습이 후행학습을 더 어렵게 만들거나 지장을 주는 것
근접전이	원래의 맥락과 전이 맥락이 유사하며 기능 숙달과 관련되는 것
원격전이	원래의 맥락과 전이 맥락이 유사하지 않은 것
일반전이	일반적인 원리의 이해가 전이를 일으키는 것
특수전이	선행학습과 후행학습 간의 구체적 요인에서만 일어나는 것
수평적전이	한 상황에서 습득한 내용이 다른 상황에 적용되는 것
수직적전이	단순한 과제의 습득을 통해 더 복잡한 과제를 이해하는 것

13 각성에 관한 설명으로 옳은 것을 모두 고른 것은?

> ㄱ. 역도나 달리기처럼 많은 에너지가 소비되는 과제는 높은 각성 수준에서 최적으로 수행된다.
> ㄴ. 일반적으로 각성 수준이 높을수록 최적의 수행이 이루어진다.
> ㄷ. 단순한 과제는 광범위한 각성 수준에서 최적으로 이루어진다.
> ㄹ. 망상활성계(reticular activation system)와 관련이 있다.

① ㄱ, ㄴ   ② ㄴ, ㄷ   ③ ㄷ, ㄹ   ④ ㄱ, ㄷ, ㄹ   ⑤ ㄴ, ㄷ, ㄹ

14 강화계획에 관한 설명으로 옳지 않은 것은?

① 변동비율강화계획에서는 비교적 꾸준한 수행이 나타난다.
② 고정비율강화계획과 고정간격강화계획에서는 강화 후 휴지가 나타난다.
③ 변동비율강화계획은 고정비율강화계획보다 소거에 대한 저항이 크다.
④ 연속강화계획은 기대하는 반응이 나타날 때마다 강화를 주는 것으로 소거가 잘되지 않는다.
⑤ 변동간격강화계획은 일정 시간을 기준으로 강화가 주어지나 그 시간 간격이 평균시간을 전후로 불규칙하게 변한다.

15 고전적 조건형성과 조작적 조건형성에서 공통적으로 나타나는 현상을 모두 고른 것은?

> ㄱ. 변별   ㄴ. 미신행동   ㄷ. 자극일반화
> ㄹ. 조형(shaping)   ㅁ. 소거

① ㄱ, ㄴ   ② ㄱ, ㄹ   ③ ㄱ, ㄷ, ㅁ
④ ㄴ, ㄷ, ㄹ   ⑤ ㄷ, ㄹ, ㅁ

16 학습심리 학자들의 이론적 주장으로 옳지 않은 것은?

① 헵(D. Hebb): 풍요로운 환경은 인지적 발달을 촉진한다.
② 볼스(R. Bolles): 행동적 시행착오 외에도 대리적 시행착오가 존재한다.
③ 로저스(C. Rogers): 조건적 존중(conditional regard)은 개인의 성장을 방해한다.
④ 에스테스(W. Estes): 유기체는 의사결정을 할 때 기억에 저장된 정보를 이용하고 가장 이익이 되는 결과를 산출한다.
⑤ 스키너(B. Skinner): 강화인을 제거하면 소거(extinction)가 발생한다.

17 학습전이에 관한 이론과 설명이 옳지 않은 것은?

① 형식도야설(formal discipline): 연습과 훈련을 통해 주의력, 기억력, 판단력을 향상시킬 수 있다.

② 동일요소설(identical elements): 학습과제 사이에 유사성의 정도가 높을수록 전이가 많이 일어난다.

③ 일반화설(generalization): 선행학습에서 획득한 원리나 법칙을 후속학습에 활용할 수 있다.

④ 형태이조설(transposition): 선행과 후속학습 간의 관계적 통찰이 전이를 일으킨다.

⑤ 상황학습이론(situated learning): 대부분의 학습은 맥락의존적이어서 서로 다른 상황에서 전이가 더 잘 일어난다.

정답 및 해설   13 ④ 14 ④ 15 ③ 16 ② 17 ⑤

13 ㄴ.(x) 과제의 특성과 개인의 능력에 따라 요구되는 각성수준이 높을 수도 있고 낮을 수도 있다.
ㄱ.(O) 역도나 달리기처럼 많은 에너지가 소비되는 과제는 높은 각성 수준에서 최적으로 수행되고, 양궁, 골프 퍼팅, 농구 자유투, 축구의 킥 등은 낮은 각성 수준에서 최적으로 수행된다.
ㄷ.(O) 단순한 과제는 광범위한 각성 수준에서 최적으로 이루어진다.
ㄹ.(O) 망상활성계는 각성에 관여하는 신경계의 하나로 감각 정보를 대뇌로 전달하는 경로로서, 각성 체계를 통합하고 조절하는 역할을 한다.

14 다른 간헐강화계획들은 즉각 보상이 아니었으므로 소거도 천천히 나타나지만 연속강화계획의 경우 즉각보상이므로 강화 요인이 사라질 경우 소거도 빠르다.

15 고전적 조건형성과 조작적 조건형성

	소거	강화물을 제거하면 학습된 반응이 사라지는 것
공통현상	자극 일반화	특정자극에 대한 반응결과로 강화를 받은 경우 유사한 자극에도 동일한 반응을 보임
	변별	특정자극에는 강화물을 받았는데 다른 자극에는 강화를 받지 못한 경우 두 자극을 구별하는 능력
조작적 조건형성에만 나타나는 현상	행동형성 (조형)	원하는 목표행동을 단계적으로 조작하여 최종적으로 목표한 행동을 하도록 하는 것 (장바구니물고 마트에서 장보기행동을 조성하기)
		장바구니 물때 강화물 – 마트 도착했을때 강화물 – 물건 고르고 계산할때 강화물 등
	미신행동 (징크스)	유기체의 반응이 실제로 특정 결과를 초래한 원인이 아님에도 마치 그런 것처럼 그 반응을 계속하는 것 (손톱깎고 시험성적 좋았을 때 시험볼때 마다 손톱깎는 행위)

16 ② 손다이크(E. Thorndike) 시행착오설
학습자가 자신에게 닥친 문제를 해결하기 위한 시도와 실패를 반복하다 우연히 문제를 해결할 수 있는 적절한 반응을 하여 보상을 받게 되고 이런 과정이 되풀이되어 적절한 반응(R)과 보상(S) 간에 연합이 일어나는 것
• 톨먼(C. Tolman)의 대리적 시행착오
실험에서 쥐가 미로 찾는 과정을 관찰한 다른 쥐는 자신이 실제 시행착오를 겪은 것이 아님에도 불구하고 실제 자신이 시행착오를 경험한 것과 같은 효과를 보인다고 주장하였다.
• 볼스(R. Bolles) (2019년 기출문제 참조)
인간의 행동과 정신과정을 진화론적으로 설명한 진화심리학적 학습이론을 주장하였다.

17 상황학습은 실생활에서 다뤄지는 실제적인 과제를 실제 사용되는 맥락과 함께 제시하여 지식이 일상생활에 적용되고 전이될 수 있도록 하는 방법이다. 다른 상황에서는 전이가 어렵다.

18 **학습된 무기력에 관한 설명으로 옳지 않은 것은?**

① 우울증과 관련이 깊다.

② 인간에게만 나타나는 현상이다.

③ 실패를 내적이고 안정적이며 광범위한 상황에 일반화할 수 있는 원인으로 귀인한다.

④ 셀리그만(M. Seligman) 등은 면역훈련을 통해 예방할 수 있다고 하였다.

⑤ 통제불가능한 혐오적 사건에 반복적으로 노출되면 발생한다.

19 **다음 설명에 해당하는 것은?**

○ 상호작용하는 상대방의 표정, 자세 등을 무의식적으로 흉내내는 것을 가능하게 한다.
○ 다른 대상의 행동을 부호화함으로써 같은 행동의 실행을 촉진한다.
○ 카멜레온 효과(chameleon effect)를 가능하게 한다.

① 일회시행학습(one-trial learning) ② 프리맥의 원리(Premack's principle)
③ 조형(shaping) ④ 적소 논증(niche argument)
⑤ 거울 뉴런(mirror neurons)

20 **다음에서 설명하는 행동수정 기법은?**

○ 금주를 하려는 사람에게 술을 마신 뒤 매번 메스꺼움을 유발하는 약물을 복용하도록 하였다.
○ 약물 복용으로 인해 술을 마시는 횟수가 줄어들었다.

① 소거 ② 역조건형성 ③ 홍수법
④ 체계적 둔감화 ⑤ 정적강화

21 **다음 사례에 해당하는 코빙튼(M. Covington)의 성취동기 유형은?**

학생 A는 공부를 매우 열심히 하지만 항상 불안해하고 스트레스를 받는다. 선생님께 수시로 자신의 성적을 확인하고 친구들에게도 걱정을 토로한다.

① 성공지향자 ② 실패수용자 ③ 실패회피자
④ 과잉노력자 ⑤ 실패도피자

22 메타인지(meta-cognition)에 관한 설명으로 옳지 않은 것은?

① 15~17세경에 발달하기 시작한다.

② 메타인지에 영향을 주는 변인으로 학습자 변인, 과제변인, 전략변인 등이 있다.

③ '내가 무엇을 모르고 무엇을 아는가를 아는 인지'이다.

④ 플라벨(J. Flavell)은 초인지적 지식과 초인지적 경험으로 구분했다.

⑤ 초인지 전략으로 자기조절학습이 있다.

정답 및 해설　　　　　　　　　　　　　　　　　　18 ② 19 ⑤ 20 ② 21 ④ 22 ①

18 학습된 무기력은 무기력도 학습된다는 이론으로 미국의 심리학자 셀리그만(M. Seligman)이 개실험을 통해서 주장하였다.

구 분	실 험
첫번째 개집단 (통제집단)	• 묶어논 상태에서 전기고문 가하고 코로 지렛대를 누르면 전기고문 멈춤 → 전기고문할때 마다 지렛대를 눌러 고문을 멈춤 → 목줄을 풀어논 상태에서 문을 열어놓고 전기고문 가함 → 도망감
두번째 개집단 (통제불가능집단)	• 묶어논 상태에서 전기고문 가해도 꼼짝못하게 함 → 전기고문할 때 마다 무기력하게 당함 (통제불가능한 혐오적 사건에 반복적 노출) → 목줄을 풀어논 상태에서 문을 열어놓고 전기고문 가함 → 도망가지 않고 전기고문 견딤 → 학습된 무기력 → 우울증으로 발전
면역훈련	• 개가 있는 셔틀박스 한쪽에 전기충격 → 개는 셔틀박스 다른 칸으로 도피 (면역훈련 됨) • 면역훈련된 개에게 통제불가능한 전기충격 → 다시 셔틀박스에 넣고 전기충격→ 다른 칸으로 도피 (학습된 낙관성)

19 거울뉴런(Mirror neuron)에 대한 설명으로, 다른 행위자가 행한 행동을 관찰하기만 해도 자신이 그 행위를 직접 수행할 때와 똑같이 활성화되는 신경세포를 말하며, 인간, 영장류, 조류에서 존재가 확인되었다.

① 거스리(Guthrie)는 학습이 점진적 과정이 아니라 갑작스런 과정으로 일어날 수 있다는 1회시행학습법칙을 주장하였다.

④ 특정 사회적 환경과 물리적 환경에서 학습에 어떤 종류의 경험이 반영되고 어떤 것이 반영되지 않을지를 기대하며, 특정방식으로 행동하는 유기체의 선험적 소인(경험이전에 적자생존의 진화과정에서 자연스럽게 몸에 취득된 인자)을 이용하는 학습 과제는 성공가능성이 크다는 것이 볼스(Bolls)의 적소 논증이다.

20 역조건형성

이미 조건형성된 바람직하지 않거나 원치 않는 조건반응(음주의 즐거움)을 소거시키기 위해, 원치 않는 조건반응(즐거움)을 유발하는 조건자극(음주)과 이 원치 않는 조건반응과 양립 불가능한 조건반응(메스꺼움)을 유발하는 조건자극(약물복용)을 연합시켜 원치않는 조건반응을 감소시키거나 제거시키는 것이다.

21 • 성공지향자 : 높은 성취욕구와 자율과 자아실현의 표현은 물론 자신의 능력욕구강화를 계속적으로 지향한다.

• 과잉노력자 : 능력도 뛰어나고 열심히 하지만 늘 불안해하고 '자신은 부족하다'는 생각에 붙잡혀 있다.

• 실패회피자 : 낮은 자아개념을 가지고 자기보호와 자아방어를 위하여 자신의 에너지를 소비한다.

• 실패수용자 : 목표도 없고 자신의 능력이 낮다고 확신하며, 학습과제에 대해 최소한의 노력만 한다.

22 ① 메타인지는 유아때부터 발달하기 시작해서 7세부터 14세 사이에 거의 발달한다.

② 〈메타인지 지식의 구성요소(Miller)〉

학습자 변인	• 연령, 성별　• 학업적 자아개념　• 일반적인 자아 존중　• 타인에 대한 신뢰
과제 변인	• 과제(문제)의 친밀성과 의미 상황변인　• 과제(문제)의 형태　• 난이도　• 과제(문제)의 제시 형태
전략 변인	• 특정 전략 지식 • 관련전략 지식 • 일반적인 전략 지식　• 메타인지 획득전략

④ • 초인지적 지식 : 과제와 전략에 대한 지식으로 특정전략을 언제, 어디서, 왜 사용하지 않는 지에 대한 지식을 말하며, 학습자변인, 과제변인, 전략변인으로 구성된다고 하였다.

• 초인지적 경험 : 적절한 전략과 지식을 활성화하고 통합하는데 필요한 고등수준의 자기통제, 자기규제를 의미하며, 자신의 인지과정에 대한 조정, 관리, 통제 등의 집행적 기능이다.

⑤ 초인지전략으로 계획전략, 점검전략, 자기조절학습전략이 있다.

23 다음 설명에 해당하는 반두라(A. Bandura)의 관찰학습 과정은?

모델의 행동을 말이나 심상으로 표상하여 회상에 도움이 되게 하는 과정

① 주의과정(attentional process)
② 파지과정(retentional process)
③ 동기과정(motivational process)
④ 운동재현과정(motor reproductive process)
⑤ 내면화과정(internalization process)

24 다음 사례에 해당하는 장기기억의 유형은?

오랜만에 자전거를 타게 된 A는 균형을 잡지 못해 잠시 당황했지만, 곧 예전처럼 왼쪽으로 기울면 즉각적으로 무게 중심을 오른쪽으로 실어 균형을 유지하며 자전거를 잘 탈 수 있었다.

① 절차기억　　　　② 의미기억　　　　③ 일화기억
④ 간섭기억　　　　⑤ 감각기억

25 다음 설명에 해당하는 동기유형은?

A의 어머니는 A가 의대를 가기를 바라고 있다. A는 몸이 아프신 어머니의 기대를 저버리지 않기 위해 의대 진학을 목표로 공부를 하고 있다. 의대 진학에 실패하면 어머니가 실망하실 것 같아서 마음이 불안하다.

① 내사된 조절(introjected regulation)
② 통합된 조절(integrated regulation)
③ 동일시된 조절(identified regulation)
④ 외부적 조절(external regulation)
⑤ 내재적 조절(intrinsic regulation)

선택과목 **6과목 청소년이해론**

01 다음이 설명하는 이론과 관련된 학자는?

○ 성역할 개념의 습득과정을 설명하는 정보처리이론이다.
○ 아동은 성도식(gender schema)을 구성하고 그에 맞는 성역할을 발달시킨다.
○ 성에 따라 조직되는 행동양식을 설명한다.
---

① 벰(S. Bem)　　　　② 설리반(H. Sullivan)　　　　③ 레빈(K. Lewin)
④ 로저스(C. Rogers)　　⑤ 하트(R. Hart)

정답 및 해설 　　　　　　　　　　　　　　　　　　23 ② 　24 ① 25 ① 01 ①

23 반두라(Bandura)의 사회학습이론

구 분	내 용
주의과정	모델링의 과정에서 어느 것을 선택적으로 지각하고 습득할 것인지 결정하는 과정
파지과정	모델의 행동을 말이나 심상으로 표상하여 회상에 도움이 되게 하는 과정
운동재현과정	심상 및 언어로 기호화된 표상을 외형적인 행동으로 전환하는 과정
동기과정	관찰한 것을 적절하게 수행하도록 동기유발시켜 행동을 통제하는 과정

24 해마와 관련이 없는 절차기억에 대한 설명이다.(문 8번 해설 참조)

25 자기결정성 정도에 따른 다섯 가지 자기조절유형

구 분		내 용
외재적 동기	외부적 조절	외재적 동기 중에서 가장 자기결정성이 부족한 조절로 부모님이 시키거나 처벌과 같은 전형적인 외적 제약 때문에 공부하려는 것 (외재적 동기중 가장 외재화된 상태)
	내사된 조절	근본적으로는 외부의 압력에 기초하면서도, 자신의 의지가 어느 정도 개입되는 상태의 조절
	동일시된 조절	학생이 대학진학이나 취업등의 개인적 목표 성취가 중요하여 학습을 하는 것
	통합된 조절	자신을 가치있게 하고 싶어서 또는 사회에 필요한 사람이 되고싶어서 자신에 완전히 동화되어 선택한 조절에 의해 행위를 하지만, 여전히 행위 자체의 고유한 속성 때문에 행동을 하는 것은 아닌 상태 (외재적동기중 가장 내재화된 상태) 동일시된 조절보다 동기가 형이상학적임
내재적 동기	내재적 조절	과제 자체의 고유한 속성이 주는 즐거움이나 흥미에 의한 내재적 조절

01 벰(S. Bem)의 성도식이론은 사회학습이론과 인지발달이론의 요소를 결합한 것으로, 성역할 개념의 습득과정을 설명하는 정보처리이론이다.

02 기성세대의 생활양식을 거부하고 저항적 실천으로 새로운 문화를 추구하고자 하는 청소년 문화의 특징은?

① 미숙한 문화　② 물질문화　③ 정신문화　④ 대항문화　⑤ 주류문화

03 청소년발달을 설명하는 이론과 학자의 연결이 옳은 것을 모두 고른 것은?

> ㄱ. 미드(M. Mead)의 문화인류학적 이론
> ㄴ. 홀(S. Hall)의 재현이론
> ㄷ. 에릭슨(E. Erikson)의 생태학적 이론
> ㄹ. 게젤(A. Gesell)의 성숙이론

① ㄱ, ㄴ　② ㄷ, ㄹ　③ ㄱ, ㄴ, ㄹ　④ ㄱ, ㄷ, ㄹ　⑤ ㄱ, ㄴ, ㄷ, ㄹ

04 도덕성 발달 이론에 관한 설명으로 옳지 않은 것은?

① 피아제(J. Piaget)에 따르면 청소년기는 타율적 도덕성 단계에 해당된다.
② 콜버그(L. Kohlberg)의 도덕성 발달 이론에 따르면 4단계는 법과 질서 지향의 단계이다.
③ 길리건(C. Gilligan)은 배려 지향적 도덕성 이론을 제시하였다.
④ 반두라(A. Bandura)는 도덕적 행동 발달을 사회학습이론으로 설명하였다.
⑤ 프로이트(S. Freud)는 도덕성 발달이 초자아의 발현을 통해서 이루어진다고 보았다.

05 진로이론에 관한 설명으로 옳은 것을 모두 고른 것은?

> ㄱ. 홀랜드(J. Holland)는 성격 특성에 적합한 직업을 선택했을 때 성공가능성이 높다고 하였다.
> ㄴ. 긴즈버그(E. Ginzberg)의 직업선택이론에서 현실적 시기(realistic period)는 11세부터 17세에 해당된다.
> ㄷ. 수퍼(D. Super)의 이론에서 직업선택은 자아개념 발달과 밀접한 관련이 있다.
> ㄹ. 로우(A. Roe)는 진로선택의 특성-요인 이론을 제안하였다.

① ㄱ, ㄴ　② ㄱ, ㄷ　③ ㄱ, ㄷ, ㄹ　④ ㄴ, ㄷ, ㄹ　⑤ ㄱ, ㄴ, ㄷ, ㄹ

06 다음에 해당하는 소비는?

○ 베블렌(T. Veblen)에 의해 주장된 개념이다.
○ 소비는 상품의 효용가치보다 사치나 낭비를 통한 사회적 인정을 목적으로 한다.
○ 일부의 청소년들은 타인에게 보여주기 위해 유명 상표의 옷을 사는 경향이 있다.

① 모방소비 ② 과시소비 ③ 충동소비
④ 동조소비 ⑤ 계획소비

정답 및 해설
02 ④ 03 ③ 04 ① 05 ② 06 ②

02 청소년 문화를 보는 시각중 성인문화는 주류문화이고 청소년문화는 대(저)항문화 또는 비주류문화로 보는 시각이다.

03 ㄷ. 브론펜 브레너(Bronfenbrenner)는 생태학적 이론에서는 인간의 발달을 개인과 환경 사이의 상호작용의 결과물로 보았다. 에릭슨(E. Erikson)은 심리사회적발달 8단계를 주장하고, 특정 시기에 해결해야 할 과업과 위기를 어떻게 해결하느냐에 의해 성격이 진전 또는 퇴보되면서 결정된다고 하였다.
　　ㄱ. 미드(M. Mead)는 20세기 후반의 문화인류학과 미국 페미니즘의 선구자 중 한 명이며, 다른 한편으로, 그는 성적 취향, 아동기 및 청소년기에 대한 사회적 규범이 문화에 따라 어떻게 다른지 연구하였다.
　　ㄴ. 홀(S. Hall)은 각 개인의 발달과정이 인류발달의 진화적 과정을 재현하고 있다는 재현이론을 주장하였다.
　　ㄹ. 게젤(A. Gesell)의 성숙이론은 아동의 타고난 유전적 요인에 의해 인간의 성장과 발달이 결정된다고 보는 이론이다.

04 ① 피아제(J. Piaget)의 도덕성 발달단계: 타율적 도덕성 단계 (~10세 이전) → 자율적 도덕성단계 (10세 이후)
　　② 콜버그(L. Kohlberg)의 도덕성 발달 이론

전인습수준 (2~6세)	인습수준 (6~12세)	후인습수준 (12~20세)
제1단계: 벌과 복종의 단계	제3단계: 대인 관계 조화 단계	제5단계: 권리우선과 사회계약의 단계
제2단계: 욕구충족지향 단계	제4단계: 법과 질서 지향의 단계	제6단계: 보편적 도덕 원리의 단계

　　③ 길리건(C.Gilligan)은 콜버그의 이론이 성차별적이라고 비판하고, 성적 갈등, 낙태 등의 문제와 관련되는 상황에서 청소년들의 도덕적 판단을 분석한 결과를 가지고 배려의 윤리라는 3수준의 여성 도덕성 발달 단계 (자기중심단계, 책임감과 자기희생의 단계, 자신과 타인에 대한 배려의 단계)를 주장하였다.
　　④ 반두라(A. Bandura)의 사회학습이론은 아동의 도덕성 발달이 보상과 처벌에 의해 이루어진다고 보았다.
　　⑤ 프로이트(S. Freud)의 초자아는 도덕적 측면으로서 현실보다는 이상을 나타내며, 쾌락보다는 자기통제와 완전성을 추구한다고 보았다.

05 ㄱ.(O) 홀랜드(J. Holland)는 성격과 직업(일하는 환경)의 특징을 6개의 유형으로 분류하고, 성격 특성에 적합한 직업을 선택했을 때 성공가능성이 높다고 하였다.
　　ㄷ.(O) 수퍼(D. Super)는 직업선택을 자아개념의 실행과정으로 보았다.
　　ㄴ.(×)긴즈버그(E. Ginzberg)는 환상적 시기(6~10세), 잠정기(11~17세), 현실적 시기(18세~ 22세)로 구분하였다.
　　ㄹ.(×) 파슨스(Parsons)는 진로선택의 특성-요인 이론을 제안하였다.

06 과시소비에 대한 설명이다.
　　모방소비 : 다른 사람의 소비 행동을 그대로 따라 하는 소비 (연예인 모방소비)
　　동조소비 : 자신의 필요가 아니라 다른 사람과 동일시하거나 소외되지 않으려고 하는 소비 (유행에 따른 소비)
　　충동소비 : 계획에 없던 것을 구입하거나, 판매원의 설명 등으로 갑작스럽게 구입하는 소비.

07 다음이 설명하는 개념은?

○ 부르디외(P. Bourdieu)에 의해 도입된 개념이다.
○ 사회계급이나 학력수준 등에 따라 문화향유 방식이나 취향 차이를 드러나게 한다.
○ 일상적 실천에서 자신의 계급과 다른 계급을 구분 짓는 역할을 한다.

① 팬덤(fandom)　　　② 보보스(bobos)　　　③ 아우라(aura)
④ 아비투스(habitus)　　⑤ 헤게모니(hegemony)

08 청소년 여가활동 중 TV시청 등 미디어 소비나 단순 휴식에 해당하는 것은?

① 신체적 여가활동　　　② 진지한 여가활동　　　③ 소극적 여가활동
④ 사회적 여가활동　　　⑤ 구조화된 여가활동

09 청소년 관련법과 그 법에 명시된 청소년 연령 기준이 바르게 연결된 것은?

① 청소년복지 지원법: 19세 미만
② 청소년 보호법: 9세 이상 19세 미만
③ 아동·청소년의 성보호에 관한 법률: 9세 이상 24세 미만
④ 청소년 기본법: 9세 이상 24세 이하
⑤ 학교 밖 청소년 지원에 관한 법률: 19세 미만

10 엘킨드(D. Elkind)의 상상적 청중(imaginary audience)에 관한 설명으로 옳지 않은 것은?

① 청소년기 자기중심적 사고와 관련이 있다.
② 타인들이 자신을 주시하고 있다고 생각한다.
③ 스스로 주인공이 되어 무대 위에 있는 것처럼 행동한다.
④ 다른 사람들의 눈에 띄고 싶은 욕망으로부터 나온다.
⑤ 다른 사람들을 위한 배려와 희생을 우선시한다.

11 마샤(J. Marcia)의 자아정체감 이론 중 다음이 설명하는 것은?

○ 자신에게 중요한 문제에 대해 고민하지 않고 타인의 결정을 그대로 따른다.
○ 부모가 제안하는 장래 직업에 대해 탐색하지 않고 바로 수용한다.

① 정체감 혼미(identity diffusion)　　② 정체감 유예(identity moratorium)
③ 정체감 유실(identity foreclosure)　　④ 정체감 성취(identity achievement)
⑤ 정체감 구성(identity construction)

정답 및 해설

07 ④　08 ③　09 ④　10 ⑤　11 ③

07 ④ 아비투스(habitus)는 특정한 환경에 의해 형성된 성향이나 사고, 인지, 판단과 행동 체계를 의미하는 불어이다.
① 팬덤(fandom) : 공통적인 관심사 또는 어떤 대상을 열광적으로 좋아하는 팬들로 구성된 문화
② 보보스(bobos) : 부르주아(Bourgeois)의 자본주의와 보헤미안(Bohemian)의 반문화가 만나서 이룬 21세기 디지털 시대의 새로운 엘리트 계층
③ 아우라(aura) : 인체에서 발산되는 보이지 않는 기(氣) 혹은 사람이나 물건을 에워싸고 있는 고유의 분위기
⑤ 헤게모니(hegemony) : 사전적 의미는 '주도권' 혹은 '패권'이며, 오늘날에는 한 집단·국가·문화가 다른 집단·국가·문화를 지배한다는 뜻으로 통용

08 ③ 능동적인 참여를 필요로 하지 않거나 집을 떠나지 않고도 할 수 있는 소극적 활동에 대한 설명이다.
① 신체적 여가활동 : 암벽타기, 조기축구참여같이 신체활동을 요구하는 여가활동
② 진지한 여가활동 : "고난이의 기술과 지식을 습득하고 활용하며 상당한 전문성을 얻기위한 여가활동
④ 사회적 여가활동 : 사회적 참여와 유대관계 형성 및 시회공헌적 활동을 포함하는 여가활동
⑤ 구조화된 여가활동 : 레슨, 경쟁적인 스포츠, 청소년캠프참가와 같은 조직적이고 체계적으로 진행되는 여가활동, 반대로 낮잠자기, 적극적인 스포츠, 게임, 야외활동, 취미, 행사참여, 사회적 활동 등은 비구조화된 여가활동

09 청소년 연령 기준

9세 이상 24세 이하		19세 미만
• 청소년 기본법	• 청소년 보호법	• 아동 · 청소년의 성보호에 관한 법률
• 청소년복지 지원법	• 청소년활동진흥법	• 숙박형 청소년수련활동, 비숙박형 청소년수련활동
• 학교 밖 청소년 지원에 관한 법률		• 소년법에서 소년

10 상상적 청중"과 "개인적 우화"와 같은 특징은 자아중심적 사고로 다른 사람들을 위한 배려와 희생과는 거리가 멀다.

11 마샤의 정체감 유형

구 분		결 정 (수 행)	
		결정함	결정 못함
고민 (위기)	고민 함	정체감 획득 (자신이 고민하고 결정)	정체감 유예 (청소년기에 정상적인 현상)
	고민 안함	정체감 유실 (누군가 대신 선택)	정체감 혼미 (혼동상태)

12 청소년기 특성에 관한 설명으로 옳지 않은 것은?

① 추상적 사고가 가능해지는 시기이다.
② 또래집단의 영향이 중요해지는 시기이다.
③ 사춘기에는 신장과 체중의 증가 속도가 대체로 느리다.
④ 오늘날 청소년기는 더 연장되는 추세이다.
⑤ 사춘기에는 2차 성징이 나타나면서 성적 호기심이 증가한다.

13 청소년복지 지원법령상 생리용품 지원을 받을 수 있는 여성청소년을 모두 고른 것은?

ㄱ. 부모가 국민기초생활 보장법에 따른 차상위계층에 해당하는 사람
ㄴ. 국민기초생활 보장법에 따른 교육급여 수급자
ㄷ. 조모가 한부모가족지원법에 따른 지원대상자
ㄹ. 학교 밖 청소년 지원에 관한 법률에 따른 학교 밖 청소년

① ㄱ, ㄴ   ② ㄱ, ㄷ   ③ ㄴ, ㄹ   ④ ㄱ, ㄴ, ㄷ   ⑤ ㄱ, ㄴ, ㄷ, ㄹ

14 (   )에 들어갈 내용이 순서대로 옳게 나열된 것은?

소년법상 형벌 법령에 저촉되는 행위를 한 ( )세 이상 ( )세 미만인 소년은 소년부의 보호사건으로 심리한다.

① 9, 14   ② 10, 14   ③ 10, 19   ④ 12, 14   ⑤ 12, 19

15 학교 밖 청소년 지원에 관한 법령상 학교 밖 청소년 실태조사에 포함되어야 할 사항이 아닌 것은?

① 학교 밖 청소년의 종교활동
② 학교 밖 청소년의 경제상태
③ 학교 밖 청소년의 친구관계
④ 학교 밖 청소년의 학업중단 시기, 원인
⑤ 학교 밖 청소년 지원 프로그램 활용 현황

16 유엔아동권리협약의 기본원칙을 모두 고른 것은?

ㄱ. 차별금지 원칙 ㄴ. 발달권 보장의 원칙
ㄷ. 아동 이익 최우선의 원칙 ㄹ. 아동 의견존중 원칙

① ㄱ, ㄴ ② ㄷ, ㄹ ③ ㄱ, ㄴ, ㄷ ④ ㄴ, ㄷ, ㄹ ⑤ ㄱ, ㄴ, ㄷ, ㄹ

정답 및 해설

12 ③ 13 ④ 14 ② 15 ① 16 ⑤

12 ③ 청소년기에 성장 호르몬의 왕성한 분비로 신장과 체중이 급격하게 증가하는 현상을 성장 급등이라고 한다. 일반적으로 여자가 남자보다 2~3년 정도 빠르게 나타나며, 여자는 9~11세경, 남자는 11~13세경부터 4~5년간 성장이 지속된다. 요즘은 그 시기가 조금씩 빨라지고 있다.
  ① 형식적 조작기에 해당하는 청소년기에는 ㉠ 추상적사고, ㉡ 가설적, 연역적 사고 ㉢ 체계적, 조합적 사고 ㉣ 이상주의적 사고가 발달한다.
  ④ 종전에 청소년기는 19세에 끝난다고 생각했지만, 최근에는 24세까지 연장되는 추세이다.
  ⑤ 1차성징은 출생시의 생식기관의 형태에 따른 차이라면 2차성징은 성호르몬(남:안드로겐(테스토스테론) 여: 에스트로겐) 분비에 따라 나타나는 남녀의 성적인 기능상의 차이이며, 성적호기심이 증가한다.

13 ④ 청소년복지 지원법령상 생리용품 지원을 받을 수 있는 여성청소년(시행령 제3조의2)
  1. 「국민기초생활 보장법」에 따른 차상위계층에 해당하는 사람
  2. 「국민기초생활 보장법」에 따른 생계급여, 주거급여, 의료급여 또는 교육급여의 수급자
  3. 「한부모가족지원법」에 따른 지원대상자 (조부 및 조모 포함)
  4. 그 밖에 여성가족부장관이 생리용품 지원이 필요하다고 인정하는 사람

14 소년부의 보호사건 (소년법 세4조제1항)
  1. 죄를 범한 소년
  2. 형벌 법령에 저촉되는 행위를 한 10세 이상 14세 미만인 소년
  3. 다음 각 목에 해당하는 사유가 있고 그의 성격이나 환경에 비추어 앞으로 형벌 법령에 저촉되는 행위를 할 우려가 있는 10세 이상인 소년
    가. 집단적으로 몰려다니며 주위 사람들에게 불안감을 조성하는 성벽(性癖)이 있는 것
    나. 정당한 이유 없이 가출하는 것
    다. 술을 마시고 소란을 피우거나 유해환경에 접하는 성벽이 있는 것

15 실태조사의 내용과 방법(시행령 제2조 제1항)
  「학교 밖 청소년 지원에 관한 법률」에 따른 학교 밖 청소년에 대한 실태조사에는 다음 각 호의 사항이 포함되어야 한다.
    1. 학교 밖 청소년의 학업중단 시기와 그 원인 2. 학교 밖 청소년의 신체적·정신적 건강상태
    3. 학교 밖 청소년의 가족관계 및 친구관계 4. 학교 밖 청소년의 경제상태
    5. 학교 밖 청소년의 진로 6. 학교 밖 청소년 지원 프로그램 활용 현황
    7. 그 밖에 여성가족부장관이 학교 밖 청소년 지원을 위하여 필요하다고 인정하는 사항

16 유엔아동권리협약의 4대권리 및 4대 기본원칙 (18세미만의 아동의 모든 권리)

4대권리 (4대기본권)	생존권	생존을 위한 기본적인 삶을 누리는 데 필요한 것을 보장받을 권리
	보호권	학대와 방임, 차별, 폭력, 약물과 성폭력 등 유해한 것으로부터 보호받을 권리
	발달권	신체적,정신적,사회문화적,도덕적으로 균형 있는 성장 및 잠재능력의 개발을 보장받을 권리
	참여권	자신의 삶에 영향을 주는 문제들에 대해 자유롭게 의견을 말하고 존중받을 권리로
4대 기본원칙	차별금지	모든 아동은 인종, 성별, 종교, 언어, 재산, 장애에 관계없이 동등한 권리를 갖는다.
	발달권 보장	모든 아동은 생존과 발달을 위해 보호와 다양한 자원을 보장받아야 한다.
	아동 이익 최우선	아동과 관련된 모든 사람은 아동에게 영향을 미치는 모든 것을 결정할 경우에는 아동의 이익을 최우선적으로 고려해야 한다.
	아동의견존중	아동은 자유롭게 자신의 의견을 표명할 수 있고 그 의견을 존중받을 수 있어야 한다.

17 다음이 설명하는 비행이론은?

> ○ 서덜랜드(E. Sutherland)가 대표적인 학자이다.
> ○ 비행을 체계적인 학습의 결과로 본다.
> ○ 또래집단의 중요성을 부각시켰다.

① 아노미이론   ② 차별적 접촉이론
③ 차별적 기회구조이론   ④ 낙인이론
⑤ 하위문화이론

18 청소년 가출위험 요인 중 개인적 요인에 해당하지 않는 것은?

① 낮은 자존감   ② 공격성이 높은 기질
③ 높은 감각 추구 성향   ④ 학교 부적응
⑤ 높은 충동성

19 청소년복지 지원법령상 청소년 우대 대상에 관한 내용이다. ( )에 들어갈 내용이 순서대로 옳게 나열된 것은?

> ○ (ㄱ)세 이상 (ㄴ)세 이하인 청소년
> ○ 초·중등교육법 제2조에 따른 학교에 재학 중인 (ㄷ)세 초과 (ㄹ)세 이하인 청소년

① ㄱ: 7, ㄴ: 12, ㄷ: 12, ㄹ: 18   ② ㄱ: 9, ㄴ: 12, ㄷ: 12, ㄹ: 18
③ ㄱ: 9, ㄴ: 12, ㄷ: 14, ㄹ: 20   ④ ㄱ: 9, ㄴ: 14, ㄷ: 18, ㄹ: 24
⑤ ㄱ: 9, ㄴ: 18, ㄷ: 18, ㄹ: 24

20 청소년복지 지원법령상 위기청소년 특별지원에 해당하지 않는 것은?

① 초·중등교육법 제2조에 따른 중학교의 입학금
② 초·중등교육법 제2조에 따른 고등학교의 수업료
③ 고등학교 졸업 학력 검정고시 학원비
④ 취업준비를 위한 미용기술 학원비
⑤ 상습적인 인터넷 사기 행위로 인한 소송비용

21 청소년복지 지원법령상 지역사회 청소년통합지원체계에 반드시 포함되어야 하는 필수연계기관이 아닌 것은?

① 청소년상담복지센터　　② 지방자치단체　　③ 교육청
④ 청소년수련원　　　　　⑤ 보호관찰소

22 청소년이 또래집단의 언어, 행동, 패션 등을 따르는 현상을 설명할 수 있는 개념이 아닌 것은?

① 관찰학습　　② 대상화　　③ 강화　　④ 동조　　⑤ 사회적 비교

정답 및 해설

17 ② 18 ④ 19 ⑤ 20 ⑤ 21 ④ 22 ②

17 ② 비행은 청소년이 선행집단이 아닌 비행집단과 차별적으로 접촉하여 학습함으로써 발생된다는 서덜랜드의 차별적 접촉이론에 대한 설명이다.

18 청소년 가출위험 요인

개인적 요인	낮은 자존감, 공격성이 높은 기질, 높은 감각 추구 성향, 높은 충동성 ※주커만(Zuckerman)에 의하면, 감각추구성향이 높은 사람은 외향적이고, 충동적이고, 반사회적 성향이 강하고, 비동조적이고, 불안 수준이 낮으며, 약물이나 음주행동, 범죄 등과 밀접한 관련성이 있다.	
환경적 요인	가정적 요인	가정폭력, 방임, 무관심 부부간 불화, 부모와의 갈등 등
	학교적 요인	성적위주의 교육, 학교부적응, 왕따, 불량서클 가입
	사회적 요인	청소년을 유혹하는 유흥시설, 건전한 문화시설 및 놀이문화의 부족

19 ⑤ 청소년 우대 대상 (시행령 제1조의2)
　법 에 따라 이용료를 면제받거나 할인받을 수 있는 청소년은 다음 각 호의 어느 하나에 해당하는 청소년으로 한다.
　1. 9세 이상 18세 이하인 청소년
　2. 「초·중등교육법」 제2조에 따른 학교에 재학 중인 18세 초과 24세 이하인 청소년

20 위기청소년 특별지원(시행령 제7조 제1항)
　1. 청소년이 일상적인 의·식·주 등 기초생활을 유지하는 데에 필요한 기초생계비와 숙식 제공 등의 지원
　2. 청소년이 신체적·정신적으로 건강하게 성장하기 위하여 요구되는 건강검진 및 치료 등을 위한 비용의 지원
　3. 「초·중등교육법」에 따른 학교의 입학금 및 수업료, 「초·중등교육법 시행령」에 따른 중학교 졸업학력 검정고시 또는 고등학교 졸업학력 검정고시의 준비 등 학업을 지속하기 위하여 필요한 교육 비용의 지원
　4. 취업을 위한 지식·기술·기능 등 능력을 향상시키기 위하여 필요한 훈련비의 지원
　5. 폭력이나 학대 등 위기상황에 있는 청소년에게 필요한 법률상담 및 소송비용의 지원
　6. 그 밖에 청소년의 건전한 성장을 위하여 필요하다고 여성가족부장관이 인정하는 비용의 지원

21 지역사회 청소년통합지원체계 구성에 있어서 필수연계기관 (시행령 제4조)
　1. 청소년상담복지센터 및 청소년복지시설　　2. 청소년 지원시설
　3. 청소년단체　　　　　　　　　　　　　　　4. 지방자치단체
　5. 특별시·광역시·특별자치시·도 및 특별자치도 교육청 및 교육지원청
　6. 학교　　　　　　　　　　　　　　　　　　7. 시·도경찰청 및 경찰서
　8. 공공보건의료기관　　　　　　　　　　　　9. 보건소(보건의료원을 포함)
　10. 청소년 비행예방센터　　　　　　　　　　11. 지방고용노동청 및 지청
　12. 학교 밖 청소년 지원센터　　　　　　　　13. 보호관찰소(보호관찰지소를 포함)

22 대상화이론에 따르면, 또래에 노출되는 경험을 통해 타인의 관점을 자신의 것으로 내면화하게 되고, 스스로를 외모에 의해 평가받는 대상으로 인식하게 되는 것이다. (예컨대 여성이 마른 몸매를 선호하는 사회문화적관점에 맞춰 자신의 몸매를 대상으로 평가하고 살을 빼려고 다이어트 하는 경우를 말한다)
　• 관찰학습: 청소년들은 또래의 행동과 특성을 관찰하고 모방한다.
　• 강화: 또래관계는 청소년들에게 모방과 동일시에 대한 모델로서의 역할과 특정 반응에 대한 강화 역할을 한다.
　• 동조: 또래문화에의 동조를 통해 또래집단의 언어, 행동, 패션 등을 따른다.
　• 사회적 비교: 또래관계에서 참여하고 있는 집단의 주된 사회적 관습과 또래문화의 사회적 규범을 인지함을 의미한다.

23 학교 폭력 피해학생과 보호자가 심의위원회 개최를 원하지 않을 때, 학교폭력예방 및 대책에 관한 법률상 학교의 장이 자체적으로 해결할 수 있는 경미한 학교폭력 사건이 아닌 것은?

① 2주 이상의 신체적 치료가 필요한 진단서를 발급받지 않은 경우
② 2주 이상의 정신적 치료가 필요한 진단서를 발급받지 않은 경우
③ 재산상 피해가 없거나 즉각 복구된 경우
④ 학교폭력이 지속되지 않은 경우
⑤ 학교폭력 사건에 대한 보복행위인 경우

24 청소년복지 지원법상 청소년복지지원기관이나 청소년복지시설이 아니어도 사용할 수 있는 명칭은?

① 한국청소년상담복지개발원
② 이주배경청소년지원센터
③ 청소년쉼터
④ 청소년치료재활센터
⑤ 청소년행복지원센터

25 청소년증 발급의 근거 법령은?

① 청소년복지 지원법
② 청소년활동 진흥법
③ 학교 밖 청소년 지원에 관한 법률
④ 학교폭력예방 및 대책에 관한 법률
⑤ 소년법

선택과목 **7과목 청소년수련활동론**

01 청소년 기본법상 명시된 청소년활동을 모두 고른 것은?

> ㄱ. 수련활동 ㄴ. 자치활동 ㄷ. 교류활동
> ㄹ. 문화활동 ㅁ. 단체활동

① ㄱ, ㄴ
② ㄱ, ㄴ, ㄹ
③ ㄱ, ㄷ, ㄹ
④ ㄴ, ㄷ, ㄹ
⑤ ㄴ, ㄷ, ㄹ, ㅁ

02 경험학습이론에 관한 설명으로 옳지 않은 것은?

① 학습을 사람과 환경 사이의 교호작용으로 본다.

② 학습을 결과물이 아니라 계속적인 과정으로 이해한다.

③ 경험은 능동적 측면과 수동적 측면으로 결합되어 있다.

④ 경험학습과정에서 반성적 고찰이 중요하다.

⑤ 콜브(D. Kolb)에 의하면 학습은 구체적 경험 – 적극적 실험 – 반성적 관찰 – 추상적 개념화의 순서로 일어난다.

03 청소년지도자의 역할이 아닌 것은?

① 지역사회 지도자   ② 변화촉진자   ③ 동기유발자

④ 방관자   ⑤ 프로그램 개발 및 운영자

정답 및 해설   23 ⑤ 24 ⑤ 25 ① 01 ③ 02 ⑤ 03 ④

23 ⑤ 학교의 장의 자체해결 (학교폭력예방 및 대책에 관한 법률 제13조의2) (2024. 3. 1 개정시행)
1. 2주 이상의 신체적 · 정신적 치료가 필요한 진단서를 발급받지 않은 경우
2. 재산상 피해가 없는 경우 또는 재산상 피해가 즉각 복구되거나 복구 약속이 있는 경우
3. 학교폭력이 지속적이지 않은 경우
4. 학교폭력에 대한 신고, 진술, 자료제공 등에 대한 보복행위(정보통신망을 이용한 행위를 포함한다)가 아닌 경우

24 ⑤ 청소년복지지원법에 따른 청소년복지지원기관 또는 청소년복지시설이 아니면 한국청소년상담복지개발원, 청소년상담복지센터, 이주배경청소년지원센터 또는 청소년쉼터, 청소년자립지원관, 청소년치료재활센터의 명칭을 사용하지 못한다.

25 ① 특별자치시장 · 특별자치도지사 또는 시장 · 군수 · 구청장은 9세 이상 18세 이하의 청소년에게 청소년증을 발급할 수 있다.(청소년복지 지원법 제4조)

01 "청소년활동"이란 청소년의 균형 있는 성장을 위하여 필요한 활동과 이러한 활동을 소재로 하는 수련활동 · 교류활동 · 문화활동 등 다양한 형태의 활동을 말한다.(법 제3조 제3호)

02 콜브(D. Kolb)에 의하면 학습은 구체적 경험─ 반성(성찰)적 관찰 ─추상적 개념화 ─ 적극(능동)적 실험으로 순환하는 계속적인 과정으로 보았다.

구 분	내 용
구체적 경험	새로운 경험이나 활동에 직접적인 참여를 의미함. (예 : 현장견학)
반성적 관찰	구체적 경험에 대한 회상적 관찰과 다양한 각도에서 의미찾기의 과정 (예 : 각자 견학일지 작성) 경험학습의 진행과정에서 가장 중요하고, 핵심적인 개념
추상적 개념화	논리적 분석과 이해를 통해 다양한 상황에서 유연하게 적용할 수 있는 추상화된 명제 (혹은 가설적 지식)를 습득하는 것(예 : 수업시간에 현장견학에 대한 추가적인 토의 진행 및 새로운 가설을 설정)
적극적 실험	추상적 개념화의 과정을 통해 도출된 일반원리들을 새로운 상황에서 검증하고 적용하여 실행하는 것을 의미함. (예 : 다른 현장으로 현장견학 실시)

③ 듀이는 경험은 세계가 무엇인지 알아보기 위해 실험을 해보는 것, 즉 능동적인 요소와 그 결과를 통해 환경과 사물과의 관련성을 알게 되는 것, 즉 이해하는 것이라는 수동적인 요소의 특수한 결합으로 이루어져 있다고 하였다.

03 청소년지도자의 역할
전문가, 프로그램 설계자 또는 개발자, 촉진자, 지역사회 지도자, 과학자 및 예술가, 청소년의 자발적 행동유발과 동기화를 위한 리더십발휘자

04 다음이 설명하는 청소년지도방법의 원리는?

○ 인간성장, 자기노출, 의사소통을 중요시한다.
○ 지적 학습보다는 정의적 학습에 비중을 둔다.
○ 집단역동과 같은 집단활동 이론을 심리치료 목적에 응용하면서 시작되었다.

① 심성계발 원리 ② 문제해결 원리 ③ 자율참여 원리
④ 현장학습 원리 ⑤ 개인지도 원리

05 브레인스토밍 기법에 관한 설명으로 옳지 않은 것은?

① 참가자들 사이에 상호자극의 기회를 제공한다.
② 아이디어 교환을 통하여 집단의 사기와 단결심을 높인다.
③ 참가자들은 자유롭게 의견을 제안한다.
④ 제약과 금지 규정이 고려되지 않기 때문에 부정적인 비판이 허용된다.
⑤ 개방성과 융통성이 요구된다.

06 멘토링에 관한 설명으로 옳은 것을 모두 고른 것은?

ㄱ. 멘토링의 어원은 그리스 신화 '오디세이'에서 기원한다.
ㄴ. 경험과 지식이 풍부한 멘토는 단기적, 지도적 만남을 통하여 멘티를 돕는다.
ㄷ. 비슷한 연령대에서도 멘토-멘티 관계가 형성 가능하다.

① ㄱ ② ㄴ ③ ㄱ, ㄷ ④ ㄴ, ㄷ ⑤ ㄱ, ㄴ, ㄷ

07 청소년 기본법령상 청소년특별회의에 관한 내용으로 옳은 것을 모두 고른 것은?

ㄱ. 여성가족부장관은 청소년특별회의 참석 대상을 정할 때에는 성별·연령별·지역별로 각각 전체 청소년을 대표할 수 있도록 노력하여야 한다.
ㄴ. 여성가족부장관이 공개모집을 통하여 선정한 청소년은 참석대상에 포함된다.
ㄷ. 청소년특별회의는 2년마다 개최하여야 한다.
ㄹ. 청소년특별회의는 청소년 분야의 전문가와 청소년이 참여한다.

① ㄱ, ㄴ ② ㄱ, ㄷ ③ ㄱ, ㄴ, ㄹ ④ ㄴ, ㄷ, ㄹ ⑤ ㄱ, ㄴ, ㄷ, ㄹ

08 청소년 자원봉사활동에 관한 설명으로 옳지 않은 것은?

① 최저임금 수준의 보상은 보장된다.

② 교육적 목적을 가지고 안내되고 조정되는 활동이다.

③ 이웃돕기활동, 환경보호활동 등의 구체적 활동이 있다.

④ 1995년 '5 · 31 교육개혁방안'으로 제도적 틀이 마련되었다.

⑤ '자기주도형 봉사활동'은 청소년이 지역사회의 문제나 변화가 필요한 주제를 스스로 조사 · 분석하고, 참여하는 봉사활동이다.

정답 및 해설

04 ① 심성계발의 원리

• 인간성장 (사람다운 사람이 됨) 자기노출(자기개방), 의사소통(자기노출은 의사소통을 통해 가능)을 중요시한다.

• 인간은 인간관계의 산물이며, 집단의 작용(상호작용)이 존재한다는 것을 기본전제로 한다.

• 인지적 수준에서 학습되는 지적(知的) 특성과는 달리 정의적 상호작용을 통해 학습된다는 브룸(Bloom)에 의한 정의교육의 학습이론을 소집단에 적용하여 집단역동과 같은 집단활동 이론을 심리치료 목적에 응용하면서 시작되었다.

※정의적 상호작용이란 인간이 어떤 상황에서 전형적으로 나타내는 내면적 특성으로 자아 개념, 동기, 적성, 흥미, 태도, 가치관, 감정, 인성 등을 통한 상호작용을 말한다.

05 ④ 브레인스토밍의 4대원칙

1. 비판을 하지 않는다.
2. 자유 분방함을 권장한다.
3. 아이디어의 양을 추구한다.
4. 결합과 조합을 통해 더 좋은 아이디어로 개선한다.

06 • 영어에서 '스승'을 뜻하는 '멘토'는 그리스신화에 나오는 오디세우스의 친구 멘토르(Mentor)에서 유래하였다.

• 경험과 지식이 풍부한 멘토는 비교적 장기적, 수평적 만남을 통하여 멘티를 돕는다.

• 멘토– 멘티관계성립에서 연령은 관계가 없다. 비슷한 연령대의 멘토– 멘티관계는 공감대 형성이 쉬워 더 효과적인 멘토링이 이루어 질수 있으며, 연령이 더 낮은 사람이 멘토가 될 수도 있다.

07 ㄷ. 청소년특별회의는 매년 개최하여야 한다(시행령 제13조).

ㄱ. 여성가족부장관은 청소년특별회의 참석 대상을 정할 때에는 성별 · 연령별 · 지역별로 각각 전체 청소년을 대표할 수 있도록 노력하여야 한다.(시행령 제12조 제2항)

ㄴ. 여성가족부장관이 공개모집을 통하여 선정한 청소년은 참석대상에 포함된다..(시행령 제12조 제2항)

ㄹ. 국가는 범정부적 차원의 청소년정책과제의 설정 · 추진 및 점검을 위하여 청소년 분야의 전문가와 청소년이 참여하는 청소년특별회의를 해마다 개최하여야 한다.(법 제12조)

08 ① 청소년 자원봉사활동은 어떠한 대가를 요구하지 않는다.

② 청소년 자원봉사활동은 성인들의 자원봉사활동과 여러 면에서 비슷하나, 청소년들이 하는 봉사활동은 완전히 자발적인 봉사활동이라기보다는 교육적 목적을 가지고 지도 · 안내되고, 조정 · 평가되어지는 활동이라는 측면에서 차이점이 있다.

③ 이웃돕기활동, 환경보호활동, 캠페인활동 등의 구체적 활동이 있다.

④ 1995년 5월 31일 교육개혁위원회는 교과위주의 교육과정 운영으로 소홀해진 인성교육을 강화하고 지역사회에 대한 이해를 높여 공동체의식을 강화하며 체험적 교육기회를 통해 민주시민의 자질을 함양하고자 「신교육체계수립을 위한 교육개혁방안」을 마련하여 청소년 개인 또는 단체 수련활동과 학교 내외 자원봉사활동의 내용과 참가시간을 종합생활기록부에 기재하여 관리하는 것을 의무화하고 상급학교 진학 시 이를 반영토록 함으로써 청소년 자원봉사활동을 제도화 하였다.

⑤ '자기주도형 봉사활동'은 기존 봉사시설 및 기관의 담당자가 기획, 운영하는 봉사활동이 아닌 지역사회의 문제 해결을 위해 청소년이 직접 기획하고 실천하는 봉사활동이다.

09 청소년활동 진흥법상 수련시설의 종합평가를 정기적으로 실시하고 그 결과를 공개해야 하는 사람은?

① 여성가족부장관

② 한국청소년정책연구원장

③ 한국청소년수련시설협회장

④ 한국청소년상담복지개발원 이사장

⑤ 한국청소년활동진흥원 이사장

10 다음이 설명하는 청소년 활동은?

> ○ 학교 내외의 공간에서 이루어지는 활동이다.
> ○ 공통의 취미나 관심사를 갖는 비슷한 연령대의 소집단 활동이다.
> ○ 청소년 스스로 조직하고 운영하는 것을 기본원칙으로 한다.

① 특별활동　　② 지도활동　　③ 학습활동　　④ 상담활동　　⑤ 동아리활동

11 자유학기(년)제와 관련된 설명으로 옳지 않은 것은?

① 아일랜드의 전환학년제, 영국의 갭이어, 덴마크의 애프터스쿨 등의 정책을 참고하여 도입되었다.

② 청소년 진로교육 강화에 대한 사회적 분위기를 반영하였다.

③ 자유학기제는 2016년 전국의 모든 중학교로 확대되었고, 2018년부터 자유학년제가 시범적으로 도입되었다.

④ 비교과 활동을 활성화하고 과정중심평가를 강화한다.

⑤ 현재 교육부가 주도적으로 정책을 추진하며 여성가족부가 지원한다.

12 청소년 기본법령상 ( )에 들어갈 내용이 순서대로 옳게 나열된 것은?

> 청소년복지 지원법에 따른 청소년상담복지센터에 종사하는 청소년상담사는 (ㄱ)년마다 (ㄴ)시간 이상의 보수교육을 받아야 한다.

① ㄱ: 1, ㄴ: 5

② ㄱ: 1, ㄴ: 8

③ ㄱ: 1, ㄴ: 10

④ ㄱ: 2, ㄴ: 12

⑤ ㄱ: 2, ㄴ: 14

13 청소년 기본법령상 정원 800명인 청소년수련원이 연중 운영될 때 의무적으로 배치해야 하는 청소년지도사 수는?

① 2명　　② 3명　　③ 4명　　④ 5명　　⑤ 6명

---

09 ① 여성가족부장관은 수련시설의 전문성 강화와 운영의 개선 등을 위하여 시설 운영 및 관리 체계, 활동프로그램 운영 등 수련시설 전반에 대한 종합평가를 정기적으로 실시하고 그 결과를 공개하여야 한다.(법 제19조의2 제1항)

10 ⑤ 동아리활동에 대한 설명이다.

11 ⑤ 모든 학교에서 똑같은 방식으로 운영되는 것이 아니라 지역별 특색을 살려 학교별·교육청별로 운영 계획을 수립하고 교육부는 지원하는 역할을 담당한다.

구 분	자유학기제 (2013년 처음도입 2016년 확대)	자유학년제(2018)
운 영	• 1개 학기만 운영	• 1년간 운영(2개 학기)
수 업	• 학생 참여 및 활동중심 수업	• 학생 참여 및 활동중심 수업
평가기록	• 교과성취도 미산출, 성취도란에 "P"(이수여부)입력 • 총괄식 지필평가 미실시, 과정중심 평가 실시 • 학생의 성장·발달에 대한 평가 결과는 학생부에 문장으로 기록	• 교과성취도 미산출, 성취도란에 "P"입력 • 총괄식 지필평가 미실시, 과정중심 평가 실시 • 학생의 성장·발달에 대한 평가 결과는 학생부에 문장으로 기록
자유학기 활동	• 1학기 동안 학생의 희망을 반영한 다양한 체험 및 활동을 4개 영역(주제선택, 예술, 체육, 동아리, 진로탐색활동)으로 고루 편성운영 • 교과 및 창의적 체험활동 시간을 조정하여 1개 학기에 170시간 이상 운영	• 1년간 학생의 희망을 반영한 다양한 체험 및 활동을 학기별 제한없이 2학기에 걸쳐 4개 영역(주제선택, 예술, 체육, 동아리, 진로탐색활동)을 편성 운영 • 교과 및 창의적 체험활동 시간을 조정하여 1년간 221시간 이상 운영
고 입	• 교과 내신성적 고입 미반영	• 교과 내신 성적 고입 미반영

12 보수교육

청소년지도사 (시행령제10조의2 제1항)	청소년상담사 (시행령제10조의3 제1항)
다음 각 호의 기관 또는 단체에 종사하는 청소년지도사는 2년(직전의 교육을 받은 날부터 기산하여 2년이 되는 날이 속하는 해의 1월 1일부터 12월 31일까지를 말한다)마다 15시간 이상의 보수교육을 받아야 한다. 1. 청소년단체 중 여성가족부장관이 정하여 고시하는 단체 2. 「청소년활동 진흥법」에 따른 지방청소년활동진흥센터 및 청소년수련시설	다음 각 호의 기관 또는 단체에 종사하는 청소년상담사는 매년 8시간 이상의 보수교육을 받아야 한다. 1. 청소년단체 중 여성가족부장관이 정하여 고시하는 단체 2. 「청소년복지 지원법」에 따른 한국청소년상담복지개발원(이하 "청소년상담원"이라 한다), 청소년상담복지센터, 이주배경청소년지원센터 및 청소년복지시설 3. 「초·중등교육법」에 따른 학교 및 진단·상담·치유·학습 지원 프로그램 등을 제공하는 사업을 수행하는 기관·단체

13 ③ 1급 또는 2급 청소년지도사 1명 이상을 포함하여 2명 이상의 청소년지도사를 두되, 수용정원이 500명을 초과하는 경우에는 1급 청소년지도사 1명 이상과 500명을 초과하는 250명당 1급, 2급 또는 3급 청소년지도사 중 1명 이상을 추가로 둔다. (시행령 별표5)
　• 기본(1급 또는 2급 청소년지도사 1명 이상을 포함하여 2명)
　• 500명 초과하는 경우 : 1명 추가
　• 500명을 초과하는 250명당 1급, 2급 또는 3급 청소년지도사 중 1명 추가 (751명~999명까지 총4명)

14 청소년활동 진흥법상 청소년활동시설을 모두 고른 것은?

ㄱ. 유스호스텔   ㄴ. 청소년쉼터
ㄷ. 청소년문화의 집   ㄹ. 청소년자립지원관

① ㄱ, ㄴ   ② ㄱ, ㄷ   ③ ㄴ, ㄷ   ④ ㄴ, ㄹ   ⑤ ㄷ, ㄹ

15 청소년활동 진흥법령상 청소년이용권장시설을 지정할 수 있는 사람은?

① 시장   ② 도지사   ③ 여성가족부장관
④ 국무총리   ⑤ 대통령

16 청소년활동 진흥법상 ( )에 들어갈 용어로 옳은 것은?

청소년수련시설을 설치·운영하는 개인·법인·단체 및 제16조제3항에 따른 위탁운영단체는 청소년활동을 활성화하고 청소년의 참여를 보장하기 위하여 청소년으로 구성되는 ( )를 운영하여야 한다.

① 청소년특별회의   ② 청소년운영위원회   ③ 청소년참여위원회
④ 청소년정책위원회   ⑤ 지방청소년육성위원회

17 국제청소년성취포상제의 금장단계에서만 요구되는 포상활동 영역은?

① 봉사활동   ② 탐험활동   ③ 합숙활동
④ 자기개발활동   ⑤ 신체단련활동

18 청소년활동 진흥법령상 청소년수련활동 인증심사원의 자격 및 선발에 관한 설명으로 옳지 않은 것은?

① 청소년수련활동인증위원회가 선발한다.
② 1급 또는 2급 청소년지도사 자격 소지자 중 선발한다.
③ 인증심사원은 2년마다 20시간 이상의 직무연수를 이수하여야 한다.
④ 청소년활동분야에서 5년 이상의 실무경력이 있는 사람 중 선발한다.
⑤ 인증심사원이 되려는 사람은 인증위원회가 실시하는 직무연수를 20시간 이상 받아야 한다.

19 청소년수련활동 신고제 신고대상을 모두 고른 것은?

ㄱ. 래프팅
ㄴ. 8 Km 도보이동
ㄷ. 3시간의 야간등산
ㄹ. 숙박하는 수련활동
ㅁ. 청소년 참가인원이 160명인 수련활동

① ㄱ, ㅁ　② ㄱ, ㄹ, ㅁ　③ ㄱ, ㄴ, ㄷ, ㄹ　④ ㄱ, ㄷ, ㄹ, ㅁ　⑤ ㄴ, ㄷ, ㄹ, ㅁ

정답 및 해설

14 ② 15 ① 16 ② 17 ③ 18 ⑤ 19 ②

14 ② "청소년활동시설"(법 제10조)

청소년 수련시설	가. 청소년수련관　나. 청소년수련원　다. 청소년문화의 집 라. 청소년특화시설　마. 청소년야영장　바. 유스호스텔
청소년 이용시설	수련시설이 아닌 시설로서 그 설치 목적의 범위에서 청소년활동의 실시와 청소년의 건전한 이용 등에 제공할 수 있는 시설

15 ① 시장 · 군수 · 구청장은 청소년이용시설 중 상시 또는 정기적으로 청소년의 이용에 제공할 수 있는 시설로서 청소년지도사를 배치한 시설에 대해서는 그 설치 · 운영자의 신청을 받아 청소년이용권장시설로 지정할 수 있다.(시행령 제17조)

16 ② 청소년활동진흥법 제4조

17 ③ 국제청소년성취포상제

구 분	봉사활동	자기개발활동	신체단련활동	탐험활동	합숙활동
금장 16세 이상	12개월 48시간 이상	12개월 48시간 이상	12개월 48시간 이상	3박 4일 (1일 최소 야외활동 8시간)	4박 5일 합숙활동
	은장을 보유하지 않은 자는 봉사, 자기개발, 신체단련 중 하나를 선택하여 추가로 6개월 수행				
은장 15세 이상	6개월 24시간 이상	6개월 24시간 이상	6개월 24시간 이상	2박 3일 (1일 최소 야외활동 7시간)	
	동장을 보유하지 않은 자는 봉사, 자기개발, 신체단련 중 하나를 선택하여 추가로 6개월 수행				
동장 14세 이상	3개월 12시간 이상	3개월 12시간 이상	3개월 12시간 이상	1박 2일 (1일 최소 야외활동 6시간)	

18 ⑤ 인증심사원이 되려는 사람은 인증기준, 인증절차 등 인증심사와 관련된 내용을 중심으로 인증위원회가 실시하는 직무연수를 40시간 이상 받아야 한다. (시행규칙 제15조 제3항)

19 ② 숙박형 청소년수련활동 및 비숙박형 청소년수련활동(이하 "숙박형등 청소년수련활동"이라 한다)을 주최하려는 자는 여성가족부령으로 정하는 절차와 방법에 따라 특별자치시장 · 특별자치도지사 · 시장 · 군수 · 구청장(자치구의 구청장을 말한다.)에게 그 계획을 신고하여야 한다. 다만, 다음 각 호의 경우는 제외한다. (법 제9조의2 제11항)

1. 다른 법률에서 지도 · 감독 등을 받는 비영리 법인 또는 비영리 단체가 운영하는 경우
2. 청소년이 부모 등 보호자와 함께 참여하는 경우
3. 종교단체가 운영하는 경우
4. 비숙박형 청소년수련활동 중 제36조제2항에 따라 인증을 받아야하는 활동이 아닌 경우

※인증을 받아야 하는 청소년수련활동 (시행규칙 제15조의2) (신고대상이 되는 활동)

1. 청소년 참가인원이 150명 이상인 청소년수련활동
2. 별표 7의 위험도가 높은 청소년수련활동

수상활동	래프팅, 모터보트, 동력요트, 수상오토바이, 고무보트, 수중스쿠터, 레저용 공기부양정, 수상스키, 조정, 카약, 카누, 수상자전거, 서프보드, 스킨스쿠버
항공활동	패러글라이딩, 행글라이딩
산악활동	암벽타기(자연암벽, 빙벽), 산악스키, 야간등산(4시간 이상의 경우만 해당한다)
장거리걷기활동	10Km 이상 도보이동
그 밖의 활동	유해성 물질(발화성, 부식성, 독성 또는 환경유해성 등), 하강레포츠, ATV탑승 등 사고위험이 높은 물질 · 기구 · 장비 등을 활용하여 이루어지는 청소년수련활동

20 청소년수련활동 인증제에서 청소년수련활동 인증을 위한 공통기준이 아닌 것은?

① 휴식관리   ② 안전관리 계획

③ 지도자 역할 및 배치   ④ 지도자 전문성 확보계획

⑤ 공간과 설비의 확보 및 관리

21 청소년활동 진흥법령상 청소년수련시설 종사자를 대상으로 실시하는 안전교육 내용을 모두 고른 것은?

> ㄱ. 안전관련 보험의 종류와 약관
> ㄴ. 수련시설의 안전점검 및 위생관리
> ㄷ. 청소년수련활동 및 수련시설의 안전관련 법령

① ㄱ   ② ㄴ   ③ ㄱ, ㄷ   ④ ㄴ, ㄷ   ⑤ ㄱ, ㄴ, ㄷ

22 청소년활동 프로그램 내용 선정과 조직에 필요한 기본 원리 중 다음이 설명하는 원리는?

> ○ 내용 수준 변화를 점진적으로 구성한다.
> ○ 프로그램 내용을 일반적인 것으로부터 특수한 것으로, 단순한 것으로부터 복잡한 것으로, 쉬운 것으로부터 어려운 것으로 조직한다.

① 타당성의 원리   ② 통합성의 원리   ③ 계속성의 원리

④ 계열성의 원리   ⑤ 학습전이의 원리

23 다음이 설명하는 프로그램 평가 준거는?

> ○ 평가가 정보를 제공하고, 시기적절하며, 영향을 줄 수 있는지와 관련된다.
> ○ 평가가 이해 관계자의 실제적인 정보욕구를 만족시켜 줄 수 있는가와 관련된다.

① 유용성   ② 효과성   ③ 정당성

④ 정확성   ⑤ 실행가능성

정답 및 해설

20 ① "청소년수련활동 인증기준'

공통기준	활동프로그램	1. 프로그램 구성	2. 프로그램 자원운영
	지도력	1. 지도자 전문성 확보계획	2. 지도자 역할 및 배치
	활동환경	1. 공간과 설비의 확보 및 관리	2. 안전관리 계획
개별기준	숙박형	1. 숙박관리 3. 영양관리자 자격	2. 안전 관리인력 확보
	이동형	1. 숙박관리 3. 영양관리자 자격 5. 이동관리	2. 안전 관리인력 확보 4. 휴식관리
특별기준	위험도가 높은 활동	1. 전문지도자의 배치	2. 공간과 설비의 법령준수
	학교단체 숙박형	1. 학교단체 숙박형 활동관리	
	비대면방식 실시간 쌍방향	1. 실시간 쌍방향활동 운영 및 관리	
	비대면방식 콘텐츠 활용중심	1. 콘텐츠 활용 중심 활동 운영 및 관리	
	비대면방식 과제수행 중심	1. 과제수행 중심 활동 운영 및 관리	

21 ④ 안전교육의 내용(시행규칙 제8조의4 제1항)
1. 청소년수련활동 및 수련시설의 안전관련 법령
2. 청소년수련활동 안전사고 예방 및 관리
3. 수련시설의 안전점검 및 위생관리
4. 그 밖에 수련시설 종사자 등의 안전관리 역량 강화 및 안전사고 예방을 위하여 필요한 사항

22 ④ 프로그램내용 선정과 조직에 필요한 기본원리

구 분			내 용
선정의 원리			자기주도성의 원리, 상호성의 원리, 다양성의 원리, 참여교육의 원리,자발학습의 원리, 실용성의 원리, 현실성의 원리, 능률성의 원리 등
조직의 원리	수평적 조직원리	스코프	어떤 시점에서 청소년 참여자들이 배워야 할 내용이 무엇이고, 그것들을 얼마나 깊이 있게 배워야 하는가를 결정한다.
		통합성	프로그램내용들의 관련성을 바탕으로 프로그램내용들을 하나의 소주제나 단원으로 묶거나, 관련있는 내용들을 서로 연결하여 제시하는 것을 말한다.
	수직적 조직원리	계열성	예문 참조
		수직적 연계성	이전에 배운 내용과 앞으로 배울 내용이 잘 연계되도록 프로그램내용을 조직하는 것을 말한다.
		계속성	프로그램경험의 여러 요소들을 계속적으로 반복 경험할 수 있도록 조직한다는 원리이다

23 ① 프로그램 평가 준거

평가준거	내 용
유용성	예문 참조
정당성	평가결과에 의해 영향 받게 될 사람뿐만 아니라 평가에 포함된 사람들의 복지에 관한 합법적, 윤리적 책임 수행을 의미한다.
정확성	평가를 통해 얻어지는 정보가 통계적으로 정확해야 하며, 또한 타당하고 신뢰로운 방법에 의해 수집되어야 함을 뜻한다.
실행가능성	평가가 현실적이고, 신중하고, 비용지출 한도내에서 비용지출을 정당화화 수 있는 정도의 가치를 지닌 정보를 얻을 수 있도록 경제적이어야 한다..

24 프로그램개발 접근원리 중 비선형적 접근(nonlinear approaches)의 특징이 아닌 것은?

① 시간과 자원 할당에 융통성이 많다.

② 기획에 상당한 능력과 전문성이 요구된다.

③ 각 단계의 과업이 명확하고 단순하며, 안정감이 있다.

④ 프로그램 개발을 위한 몇 개의 절차가 동시에 이루어진다.

⑤ 평가가 중심핵이 되어 각 단계마다 평가가 되풀이되고 피드백 된다.

25 프로그램 개발 통합모형에서 프로그램을 매개로 청소년지도자와 청소년이 만나는 단계이자 프로그램의 매력성, 효과성, 효율성을 결정짓는 단계는?

① 프로그램 기획

② 프로그램 설계

③ 프로그램 마케팅

④ 프로그램 실행

⑤ 프로그램 평가

정답 및 해설

24 ③ 25 ④

24 ③ 청소년 프로그램개발의 접근원리

구 분	내 용
선형적 접근	• 한 단계가 마무리된 후에 비로소 다음 단계에서 수행될 절차가 연속적으로 진행된다. • 청소년지도 현장에서 이 모형이 많이 활용되는 이유는 단계마다의 과업이 명확하고 단순하여 안정감을 가지고 있기 때문이다. • 이러한 이유에서 이 접근방법은 초보자가 쉽게 적용할 수 있다.
비선형적 접근	• 같은 시간에 프로그램 개발을 위한 몇 개의 절차가 동시에 이루어져 시간상의 제약을 받지 않으며, 각 단계가 계속적으로 순환되는 특징을 가지고 있다. • 시간과 자원할당에 의해 융통성을 보다 많이 부여받게 되며, 프로그램 평가가 비선형적 접근의 중심핵이 되어 각 단계 마다 적절한 평가가 되풀이되고 피드백 된다. • 선형 접근에 비해 훨씬 더 어렵고 더 많은 자원을 필요로 하며, 기획에 상당한 능력과 전문성이 요구한다.
비통합적 접근	• 프로그램의 참여가 예상되는 잠재적 고객, 즉 청소년의 참여를 고려하지 않고 청소년단체나 기관, 그리고 청소년지도사가 독자적으로 프로그램개발을 전개하는 고립성을 가진 방식을 말한다 • 비통합적 접근을 통한 프로그램개발은 단시간 내에 일방적으로 이루어지는 정책적인 행위와 같으며, 미비한 계획을 쉽게 개정하거나 수정할 수 있다는 장점이 있다. • 반면에 청소년단체나 청소년기관이 청소년과의 연계체제를 마련하지 않음으로써, 청소년의 흥미와 필요를 왜곡하거나 부정할 수 있다는 문제점을 발생시킬 소지가 있다는 단점을 가지고 있다.
통합적 접근 (체제분석 적 접급)	• 프로그램개발에 영향을 미치는 요인들을 종합적으로 고려하는 방식이다. • 전개방식이 총체적이고 분석적이기 때문에 프로그램의 전 과정이 복잡하고 프로그램개발자의 전문적인 능력을 필요로 하지만 여타 접근 방법에 비해 오차(planning errors)를 최소화시킬 수 있다는 장점이 있다.

25 ④ 청소년 프로그램개발의 일반적인 과정

구 분	내 용
프로그램 기획	• 미래지향적인 활동으로 프로그램과 관련된 상황을 분석하고 프로그램개발의 기본방향을 설정하는 단계
프로그램 설계	• 청소년 프로그램의 경우 청소년들의 특성을 먼저 파악하고, 이를 토대로 적합한 프로그램의 목표, 내용, 방법, 평가 등을 선정하는 과정을 거친다. • 청소년의 성, 연령, 지역, 사회계층, 교육적 배경, 정의적 특성, 지각 및 운동 특성 등을 고려하여 프로그램의 세부 내용을 결정해야 한다.
프로그램 마케팅	• 프로그램 개발은 참여 대상자들의 요구나 필요를 정확히 파악하여 반영함으로써 그들의 행동이나 생각, 가치관의 변화, 사회적 조건의 변화를 도모하는 것이 목표이기 때문에 청소년의 참여를 촉진하는 마케팅이 매우 중요하다. • 홍보시 메시지를 작성할 때는 바람직함, 독특성, 신뢰성 등을 기준으로 한다
프로그램 실행	• 프로그램 개발의 가장 핵심적인 과정으로서 프로그램을 매개로 지도자와 청소년이 만나는 접점이자 프로그램의 매력성, 효과성, 효율성을 결정짓는 중요한 과정이다.
프로그램 평가	• 청소년의 성취정도를 정확하게 이해하고 청소년 교육의 구성요소를 개선하며, 청소년의 프로그램 참여동기를 고취시킨다.

나만의 정리노트

2022년 21회
기출문제

필수과목 **1과목 발달심리** 1교시 : 필수 4과목 100문항 시간 : 100분

01 발달에 관한 설명으로 옳지 않은 것은?

① 머리에서 발 방향으로 진행된다.
② 발달 순서는 개인마다 제각기 다르다.
③ 유전과 환경의 상호작용을 통해 발달한다.
④ 인지적, 사회정서적, 신체적 발달은 상호작용한다.
⑤ 전 생애에 걸쳐 이루어지는 모든 변화의 양상과 과정이다.

02 발달연구방법에 관한 설명으로 옳지 않은 것은?

① 횡단적 연구법은 피험자를 추적 조사함으로써 연령에 따른 발달의 추이를 규명한다.
② 실험연구에서는 독립변수와 종속변수 간의 인과관계를 파악한다.
③ 상관연구에서는 둘 이상의 변수 간 관계를 상관계수로 표현한다.
④ 종단적 연구법에서는 연구 과정에서 피험자 탈락, 연습효과 등이 연구결과를 왜곡할 수 있다.
⑤ 계열법(sequential method)은 연령, 출생동시집단, 측정시기의 효과를 분리할 수 있다.

03 발달의 불연속적 측면을 강조하는 이론으로 옳은 것을 모두 고른 것은?

> ㄱ. 피아제(J. Piaget)의 도덕성 발달이론
> ㄴ. 스키너(B. Skinner)의 조작적 조건형성이론
> ㄷ. 에릭슨(E. Erikson)의 심리사회적 발달이론
> ㄹ. 브론펜브레너(U. Bronfenbrenner)의 생태학적 체계이론

① ㄱ ② ㄹ ③ ㄱ, ㄴ ④ ㄱ, ㄷ ⑤ ㄷ, ㄹ

04 태내 발달에 관한 설명으로 옳은 것을 모두 고른 것은?

> ㄱ. 태아기(fetal period)에 태반, 탯줄, 양막, 양수가 발달한다.
> ㄴ. 산모의 과도한 음주는 태아 알코올 증후군을 유발할 수 있다.
> ㄷ. 배아기(embryonic period)에 수정란은 내배엽, 중배엽, 외배엽으로 분화된다.
> ㄹ. 수정란이 자궁벽에 착상한 임신 2주 이후부터 임신 8주까지 6주간의 기간을 발아기
>   (germinal period)라 한다.

① ㄱ, ㄹ   ② ㄴ, ㄷ   ③ ㄱ, ㄷ, ㄹ   ④ ㄴ, ㄷ, ㄹ   ⑤ ㄱ, ㄴ, ㄷ, ㄹ

05 신생아에 관한 설명으로 옳지 않은 것은?

① 감각 중 시각은 비교적 덜 발달된 상태에서 태어난다.
② 손가락을 조절하여 물건을 잡을 수 있다.
③ 어머니의 젖 냄새를 구분할 수 있다.
④ 갑작스럽고 강렬한 소음에 모로반사(Moro reflex)를 보인다.
⑤ 수면 중 약 50%는 렘(REM) 수면이다.

정답 및 해설
01. ② 02. ① 03. ④ 04. ② 05. ②

01 인간의 발달은 신체적 발달과 심리적 발달 등 모든 면에서 일정한 원리와 순서를 지니고 있고 이 과정은 어떤 일정한 단계를 거치게 된다고 하는 것이 발달의 원리이다.

02 피험자를 추적 조사함으로써 연령에 따른 발달의 추이를 규명하는 것은 종단적 연구법이다.

03 연속성과 불연속성

연속성	불연속성
인간발달은 양적 변화들의 축적으로 이루어진 연속	인간발달은 질적인 변화를 수반하는 불연속
브론펜브레너, 스키너	프로이트, 피아제, 에릭슨

04 태내발달 3단계
· 발아기 : '수정된 순간부터 수정후 2주정도 까지의 기간'
· 배아기 : '수정란이 자궁벽에 착상 한 임신 2주부터~8주까지'의 기간
          태반, 탯줄, 양막, 양수가 발달
          내배엽, 중배엽, 외배엽으로 분화
· 태아기 : '배아기(8주) 이후 출생까지의 시기'

05 신생아는 아직 손가락을 조절하지는 못하고 손바닥에 어떤 물건을 쥐어 주면 빼기 어려울 정도로 꼭 쥐는 반응(파악반사)을 보인다.

06 영유아기 정서발달에 관한 설명으로 옳은 것을 모두 고른 것은?

> ㄱ. 자신을 인식하게 되면서 자의식적 정서가 나타난다.
> ㄴ. 기쁨, 분노, 공포 등의 일차 정서는 영아기 초기에 나타난다.
> ㄷ. 유아는 사람들이 진짜로 느끼는 정서와 표현하는 정서를 잘 구별한다.
> ㄹ. 영아는 불확실한 상황에서 사회적 참조를 통해 타인의 정서를 해석한다.

① ㄱ, ㄴ   ② ㄴ, ㄷ   ③ ㄱ, ㄴ, ㄹ   ④ ㄱ, ㄷ, ㄹ   ⑤ ㄴ, ㄷ, ㄹ

07 유아기의 발달 특징에 관한 설명으로 옳은 것을 모두 고른 것은?

> ㄱ. 성안정성을 획득한다.
> ㄴ. 심리적 특성으로 자신을 묘사한다.
> ㄷ. 젖니가 나기 시작한다.
> ㄹ. 언어의 과잉 일반화 현상이 나타난다.

① ㄱ, ㄴ   ② ㄱ, ㄹ   ③ ㄴ, ㄹ   ④ ㄷ, ㄹ   ⑤ ㄱ, ㄷ, ㄹ

08 다음 사례에 나타난 기억 전략에 관한 설명으로 옳은 것을 모두 고른 것은?

> 바지, 자동차, 양말, 비행기, 접시, 냄비를 주방용품, 의류, 교통수단의 세 범주로 구분하여 기억한다.
> ㄱ. 유아기부터 자발적으로 사용
> ㄴ. 반복시연 전략보다 시기적으로 나중에 나타남
> ㄷ. 정교화 전략임

① ㄴ   ② ㄱ, ㄴ   ③ ㄱ, ㄷ   ④ ㄴ, ㄷ   ⑤ ㄱ, ㄴ, ㄷ

09 청소년기 자아중심성의 한 특징으로 엘킨드(D. Elkind)가 설명한 개념은?

> ○ 자신이 타인의 집중적 관심과 주의의 대상이라 믿는다.
> ○ 자신을 무대 위의 주인공처럼, 다른 사람을 관중처럼 생각한다.
> ○ 주변 사람에게 신경 쓰느라 자신의 외모와 행동에 관심을 집중한다.

① 메타인지   ② 개인적 우화   ③ 조합적 사고
④ 상상적 청중   ⑤ 가설연역적 사고

10 성인의 적응 방식을 방어기제 수준으로 설명한 베이런트(G. Vaillant)의 이론으로 옳지 않은 것은?

① 시련이나 위기에 직면한 개인이 나타내는 심리적 적응방식에서의 발달적 변화에 관심을 가졌다.

② 베이런트는 프로이트(S. Freud)의 방어기제 중에는 더 성숙한 방어기제도 있다고 간주한다.

③ 방어기제 수준을 정신병적 방어기제, 신경증적 방어기제, 성숙한 방어기제의 3수준으로 구분한다.

④ 개인생활과 직업생활에서 성공적인 사람들은 미성숙한 방어기제보다는 더 성숙한 방어기제를 사용하는 쪽으로 이동한다.

⑤ 망상적 투사, 부정, 왜곡은 정신병적 방어기제의 대표적 유형이다.

정답 및 해설

06. ③ 07. ② 08. ① 09. ④ 10. ③

06 영유아기 정서발달
- 자의식(self-consciousness)이 생기고 더욱 견고해지면서 이차정서가 분화하기 시작한다.
- 기쁨, 분노, 공포 등의 일차 정서는 영아기 초기에 나타나고, 한가지 이상의 정서를 통합할 줄 아는 보다 복잡한 인지능력을 필요로 하는 이차정서(자부심, 당황, 수치심 등)는 18개월이후 나타난다.
- 타인의 정서를 이해하는 능력은 영아기부터 발달하기 시작하지만, 아직 사물의 실제 모습과 겉으로 보이는 모습의 차이를 이해하지 못하기 때문에 사람들이 '진짜로' 느끼는 정서와 그들이 '표현하는' 정서를 잘 구별하지 못한다.
- 불확실한 상황에서 사회적 참조를 통해 타인의 정서를 해석한다 (예: 낯선 사람의 방문에 대하여 유아는 사회적 참조(엄마의 낯선사람에 대한 태도)를 통해 불안해야 하는 상황인지 그렇지 않은 지를 결정짓는다.)

07 발달특징

구분	영아기(~ 만2세)	유아기 (만3~만5세)	아동기 (만6세 ~)
특징	· 제1차 급성장기 · 젖니가 나기 시작 (6개월 전후) · 대상영속성 습득 · 1차(슬픔, 기쁨)정서, 2차 정서 　(수치심, 죄책감 등)출현	· 전조작기 · 성안정성 획득 · 언어의 과잉 일반화 축소화 현상 · 직관적 사고, 자기중심적 사고, · 물활론적 사고	· 구체적 조작기 · 심리적 특성으로 자신을 묘사 · 자기효능감

08 기억전략의 순서
1. 반복시연 전략 (5세이후) : 간단하면서도 효과적인 기억전략으로, 기억해야 할 정보를 여러 번 반복해서 암송하는 것을 뜻한다.
2. 조직화 전략 (9~10세경) : 기억하려는 정보를 서로 관련이 있는 것끼리 묶어서(범주나 집단으로 분류하여) 기억의 효율성을 높이려는 전략이다.
3. 정교화 전략(11세 이후) : 서로 관계가 없는 정보, 즉 같은 범주에 속하지 않는 기억재료 사이에 관계를 설정해주는 것을 말하며, 새로 들어오는 정보를 기존의 지식과 관련짓는 능력과도 관계가 있다.

09 엘킨드는 피아제가 제시한 이론을 확장하여 청소년기에서만 나타날 수 있는 인지, 행동 양상인 청소년기의 자아중심성 개념을 처음으로 제기하고 '상상의 청중'과 '개인적 우화'라는 두 가지 특성으로 구분하였다. 설문은 상상적 청중에 대한 설명이다.

10 베이런트의 성숙도에 따른 방어기제 4단계
　　1단계 - (정신)병적 방어 : 망상적 투사, 부정, 왜곡, 분열
　　2단계 - 미성숙한 방어 : 행동화, 수동공격적 행동, 신체화, 투사, 공상
　　3단계 - 신경증적 방어 : 치환, 해리, 주지화, 반동형성, 억압, 취소, 정동의 고립 합리화, 후퇴, 취소, 철수
　　4단계 - 성숙한 방어 : 이타주의, 기대, 유머, 승화, 생각 억제

11 피아제(J. Piaget)의 형식적 조작기 이후 성인기 인지발달에 관한 학자들의 설명으로 옳은 것은?

① 아르린(P. Arlin) : 지식의 습득단계에서 실생활에 적용하는 단계로 전환

② 리겔(K. Riegel): 형식적 사고가 아닌 변증법적 사고가 이루어지는 시기

③ 라부비−비에(G. Labouvie-Vief): 성인기는 문제해결보다는 문제발견의 시기라고 간주

④ 페리(W. Perry): 문제해결과정에서 논리적 사고보다는 실용적 사고를 하게 됨

⑤ 샤이(K. Schaie): 이원론적 사고에서 벗어나 다원론적인 상대적 사고를 하게 됨

12 언어발달에 관한 설명으로 옳지 않은 것은?

① 스키너(B. Skinner): 조작적 조건형성과정의 강화원리에 의해 언어발달이 이루어짐

② 반두라(A. Bandura): 관찰을 통한 모방에 의해 언어발달이 가능함

③ 촘스키(N. Chomsky): 선천적으로 언어습득장치를 지니고 태어남

④ 브루너(J. Bruner): 아동의 언어발달에 기여하는 부모 역할을 언어습득 지원체제라고 함

⑤ 르네버그(E. Lenneberg): 문화권에 따라 언어발달 순서가 다르며 언어발달의 결정적 시기
는 없음

13 지능이론에 관한 설명으로 옳지 않은 것은?

① 길포드(J. Guilford)의 지력구조론: 지능은 기능 × 조작 × 산출의 세 차원으로 구성됨

② 서스톤(I. Thurstone)의 기초정신능력이론: 지능은 상호 독립적인 일곱 가지 하위요인으로
구성됨

③ 카텔(R. Cattell)의 Gf−Gc이론: 결정적 지능(Gc)은 성인기에도 다양한 지적 자극을 통해
유지되거나 향상될 수 있음

④ 스피어만(C. Spearman)의 이요인이론: 일반요인(g)은 모든 유형의 지적 활동에 관여하는
일반적 능력임

⑤ 가드너(H. Gardner)의 다중지능이론: 지능은 문화권에 따라 다르게 정의될 수 있으며 각
하위지능들의 상대적 중요성은 동일함

14 다음 설명에 해당하는 피아제(J. Piaget) 감각운동기의 하위단계는?

> 영아는 우연히 수행한 어떤 행동이 흥미 있는 결과를 초래할 경우, 다시 그 결과를 유발하기 위해 그 행동을 반복한다.

① 반사운동기   ② 일차 순환반응기
③ 이차 순환반응기   ④ 이차 순환반응의 협응기
⑤ 삼차 순환반응기

15 DSM-5의 자폐스펙트럼장애의 진단 기준 및 설명으로 옳지 않은 것은?

① 사회적 · 정서적 상호작용에서 결함을 보인다.
② 제한적이고 반복적인 행동 양식과 흥미, 활동을 보인다.
③ 여성과 남성의 발병 비율이 유사하다.
④ 마음이론을 발달시키지 못해 다른 사람의 관점을 잘 이해하지 못한다.
⑤ 조기발견과 개입을 하게 되면 자폐스펙트럼장애가 지적장애로 이어지는 비율을 감소시킬 수 있다.

정답 및 해설

11. ②   12. ⑤   13. ①   14. ③   15. ③

11 ② 리겔(K. Riegel)의 성인기 사고의 특징은 '형식적' 사고가 아니라 '성숙한' 사고라고 주장한다. 성숙한 사고란 어떤 사실이 진실일 수도 있고 아닐 수도 있음을 받아들이는 것이다. 리겔은 이러한 사고의 모순된 상태를 기술하기 위해 철학에서 변증법적이란 용어를 빌려와 다섯 번째의 인지발달 단계를 변증법적 사고의 단계라고 했다.
　① 샤이(K. Schaie)는 지식의 습득단계에서 실생활에 적용하는 단계로 전환하게 된다
　③ 아르린(P. Arlin)은 성인기의 인지발달수준이 형식적 조작기 다음에 문제발견적 사고의 단계라는 다섯 번째 단계가 있다고 보았다. 이 단계에 있어서 인지발달수준의 특징은 창의적 사고, 확산적 사고, 새로운 문제해결방법의 발견 등이다.
　④ 라부비-비에(G. Labouvie-Vief)는 문제해결과정에서 논리적 사고보다는 실용적 사고를 하게 된다
　⑤ 페리(W. Perry)는 이원론적 사고에서 벗어나 다원론적인 상대적 사고를 하게 된다.

12 르네버그(E. Lenneberg)는 어떤 문화권에서든지 아동의 언어발달과정은 동일하며, 언어발달의 결정적 시기가 있다고 하였다.

13 길포드(J. Guilford)의 지력구조론: 지능은 사고(내용) × 조작 × 결과(산출)의 세 차원으로 구성됨

14 피아제(J. Piaget) 감각운동기 6단계

제1단계 반사기능 단계 (출생-1개월)	빨기, 잡기, 큰소리에 반응 등의 반사적 행동에 의존
제2단계 1차 순환반응기(1-4개월)	영아가 어떤 의도 없이 자신의 단순 반복적인 행동을 발견하면서 신체를 탐구해 가는 과정
제3단계 2차 순환반응기(4-8개월)	보기 참조 (공굴리기, 딸랑이 흔들기)
제4단계 이차도식의협응기(8-12개월)	이전에 획득된 순환반응을 단순히 의도적으로 반복하는 것에서 한 걸음 나아가 새로운 상황에 부딪치면 이전과 다른 새로운 도식을 구사하는 지적인 행동을 보이게 됨.
제5단계 3차순환반응기(12-18개월)	환경내의 사물 자체에 강한 호기심을 보이며 여러 형태로 탐색함으로써 사물의 속성을 학습하게 되는 시기
제6단계 내적 표상단계(18개월-2세)	눈앞에 없는 사물이나 사태들을 내재적으로 표상하는 심상을 형성할 수 있게 됨.

15 전체 인구의 1% 정도가 자폐 스펙트럼에 속하는 것으로 추정되며, 남성의 경우가 여성보다 4배 이상 흔하다.

16 애착발달에 관한 설명으로 옳지 않은 것은?

① 볼비(J. Bowlby)는 애착형성을 본능적 반응의 결과로 설명한다.

② 분리불안은 영아가 애착 대상에게서 떨어질 때 나타나는 불안반응이다.

③ 애착을 형성하기 위해서는 대상영속성이 획득되어야 한다.

④ 할로우(H. Harlow)는 영아가 수유욕구를 충족시켜주는 사람과 애착을 형성한다고 보았다.

⑤ 영아는 어머니 외에 다른 대상에게도 동시에 애착을 형성할 수 있다.

17 프로이트(S. Freud)의 심리성적 발달이론에 관한 설명으로 옳지 않은 것은?

① 인간의 정신적 지각 수준인 무의식, 전의식, 의식의 세 영역 중 무의식 세계를 가장 중시한다.

② 방어기제를 습관적으로 반복 사용하는 것은 건강하지 못한 성격의 징표로 볼 수 있다.

③ 다섯 단계로 이루어지는 성격발달단계는 누구든 차례대로 거치게 된다.

④ 자아가 원초아의 세력을 조절하지 못해서 두려움을 느끼는 경우 도덕적 불안을 경험하게 된다.

⑤ 인간의 모든 행동에는 그 원인이 있다는 심리적 결정론을 주장한다.

18 셀먼(R. Selman)의 조망수용 발달단계 중 '가' 단계에 관한 설명으로 옳은 것은?

> 미분화된 조망수용 → 사회정보적 조망수용 → (가) → 제 삼자적 조망수용 →
> 사회관습적 조망수용

① 자신과 상대방의 입장에서 벗어나 제 삼자의 입장에서 자신과 상대방이 어떻게 보일지 상상할 수 있다.

② 자신의 생각, 감정, 행동을 다른 사람의 입장에서 볼 수 있으며, 다른 사람도 이렇게 할 수 있음을 알게 된다.

③ 자신과 타인이 다른 생각과 감정을 가진다는 사실을 알지만 종종 혼동한다.

④ 사람들이 다른 정보를 가지고 있으면 다른 조망을 가지게 된다고 생각한다.

⑤ 제 삼자의 입장이 사회적 가치체계의 영향을 받을 수 있음을 이해한다.

19 개인심리학을 주장한 아들러(A. Adler) 성격이론의 주요 개념으로 옳지 않은 것은?

① 생활양식

② 사회적 관심

③ 허구적 최종목표

④ 긍정심리자본과 성격강점

⑤ 열등감 극복과 우월감 추구

20 A의 반응을 가장 잘 설명하는 공격성 발달이론은?

> A는 길을 가다가 우연히 다른 아이가 던진 공에 맞았다. A는 공에 맞은 상황을 자기에게 일부러 공을 던졌다는 적의적 의도로 해석하였고, 또래에게 공격적으로 반응하였다. 결국 이러한 행동은 또래로 하여금 A를 거부하거나 배척하는 반응을 낳게 하였다.

① 로렌즈(K. Lorenz)의 동물행동학적 이론　② 프로이트(S. Freud)의 정신분석이론
③ 패터슨(G. Patterson)의 보상이론　④ 반두라(A. Bandura)의 사회학습이론
⑤ 닷지(K. Dodge)의 사회적 정보처리이론

21 마샤(J. Marcia)의 이론에 근거하여, A와 B의 자아정체감 유형을 옳게 나열한 것은?

> ○ A는 성악과 진학을 결정했다. 진로에 대해 고민이 많아 다양한 활동을 경험하던 중 합창단 활동에서 노래에 대한 희열을 느꼈고, 성악가의 꿈을 가지게 되었다.
> ○ B는 외식조리학과 진학을 결정했다. 요리를 좋아하는지는 잘 모르겠지만, 외식업계에 종사하는 부모님이 권유해서 고민 없이 선택했다.

① A: 정체감 성취, B: 정체감 유실　② A: 정체감 유실, B: 정체감 성취
③ A: 정체감 성취, B: 정체감 혼미　④ A: 정체감 유실, B: 정체감 유예
⑤ A: 정체감 혼미, B: 정체감 유실

정답 및 해설　　16. ④　17. ④　18. ②　19. ④　20. ⑤　21. ①

16 할로우(H. Harlow)는 대리모시험을 통해서 단순한 수유욕구보다는 따뜻한 접촉이 애착을 형성한다고 하였다.

17 원초적인 욕구를 지나치게 억압하면 무의식의 원초아 세력이 강해져서 의식으로 침범하게 된다. 이러한 경우처럼 자아가 원초아의 세력을 조절하지 못함으로써 강렬한 욕망과 감정을 통제할 수 없을 것 같은 두려움을 느끼게 되는데, 이를 신경증적 불안(neurotic anxiety)이라고 한다.

18 자기반영적 조망수용 (구체적 조작기 / 개인적 욕구 충족 지향 / 8~10세)
타인의 조망과 자신의 조망을 이해하고, 타인의 입장에서 자신의 생각과 행동을 조망할 수 있으며, 다른 사람도 이렇게 할 수 있음을 알게 된다.

19 아들러의 성격이론 7가지
1. 열등감극복과 보상　2. 우월성 추구　3. 생활양식　4. 사회적 관심
5. 창조적 자아　6. 가족구조와 출생순위　7. 가상적 목표론(허구적 최종목표)

20 사회정보처리이론 : 공격성은 정상적인 정보처리과정 (자극 정보의 입력 및 해독과정, 해석과정, 반응행동 탐색과정, 반응행동의 결정과정, 부호화 과정등 5단계)의 붕괴 또는 결함으로 타인의 행동을 지나치게 적의적인 것으로 판단함으로써 적대적 귀인편향이 발생한다는 이론이다.

21 J. Marcia의 정체감의 4범주
1. 정체감 성취 : 위기를 성공적으로 극복하여 신념, 직업, 정치적 견해 등에 대해 스스로 의사결정을 할 수 있는 상태
2. 정체감 유예 : 현재 정체감 위기의 상태에 있으면서 자아정체감 형성을 위해 다양한 역할, 신념, 행동 등을 실험하고 있으나 의사결정을 못한 상태를 말한다.
3.. 정체감 혼미 : 자아에 대해 안정되고 통합적인 견해를 갖는 데 실패한 상태를 말한다.
4. 정체감 유실 : 유실은 수많은 대안에 대해 생각해보지 않고 부모나 다른 역할모델의 가치나 기대 등을 그대로 수용하여 그들과 비슷한 선택을 하는 경우를 말한다.

22 여성의 도덕성 발달에 관하여 다음과 같이 주장한 학자는?

> ○ 남성에 비해 여성의 도덕성 발달수준이 낮다는 기존 연구 결과는 남성중심적인 편파적 해석이다.
> ○ 여성은 남성과는 다른 도덕적 추론을 한다.
> ○ 여성은 타인에 대한 돌봄과 배려를 도덕성 판단의 기준으로 적용한다.

① 피아제(J. Piaget)　　　② 투리엘(E. Turiel)　　　③ 길리건(C. Gilligan)
④ 반두라(A. Bandura)　　⑤ 프로이트(S. Freud)

23 DSM-5의 주의력 결핍 및 과잉행동장애(ADHD) 중 과잉행동/충동 우세형에 관한 진술로 옳지 않은 것은?

① 진단을 위한 증상 9개 중 6개 이상이 최소 6개월 동안 발달수준에 적합하지 않아야 한다.
② 증상이 사회적·학업적 또는 직업적 기능의 질을 방해하거나 감소시킨다는 명확한 증거가 있다.
③ 진단의 지표가 되는 증상 9개 중 몇 개는 2개 이상의 환경(가정, 학교, 대인관계 등)에서 나타난다.
④ 진단의 지표가 되는 증상 9개 중 몇 개는 12세 이전에 나타난다.
⑤ 학령전기의 주요 발현 양상은 부주의이지만, 초등학교 시기에는 과잉행동이 두드러진다.

24 DSM-5의 불안장애에 해당하지 않는 것은?

① 선택적 함구증　　　② 광장공포증　　　③ 특정공포증
④ 공황장애　　　　　⑤ 파괴적 기분조절부전장애

25 영아기 대근육 운동발달을 순서대로 옳게 나열한 것은?

> ㄱ. 가슴을 든다.　　　ㄴ. 받쳐주면 앉는다.
> ㄷ. 계단을 오른다.　　ㄹ. 의자를 잡고 일어선다.

① ㄱ - ㄴ - ㄹ - ㄷ　　　　② ㄴ - ㄱ - ㄷ - ㄹ
③ ㄴ - ㄱ - ㄹ - ㄷ　　　　④ ㄷ - ㄹ - ㄱ - ㄴ
⑤ ㄹ - ㄴ - ㄱ - ㄷ

필수과목 **2과목 집단상담의 기초**

01 집단상담자의 윤리적 행동에 관한 설명으로 옳은 것을 모두 고른 것은?

> ㄱ. 집단원이 집단참여 정도를 스스로 결정할 수 있도록 촉진한다.
> ㄴ. 집단원이 자발적으로 참여를 희망할 경우에도 사전동의 절차를 밟는다.
> ㄷ. 집단상담의 치료적 영향력이 적극적인 집단원에게 집중될 수 있도록 한다.
> ㄹ. 집단상담 종결과 추수상담에서 그동안 진행된 집단원의 집단 경험을 평가한다.

① ㄱ, ㄴ   ② ㄱ, ㄹ
③ ㄱ, ㄴ, ㄹ   ④ ㄴ, ㄷ, ㄹ
⑤ ㄱ, ㄴ, ㄷ, ㄹ

02 구조화 집단상담 계획에 관한 내용으로 옳지 않은 것은?

① 집단의 발달단계를 고려하여 계획한다.
② 회기별 계획을 세울 때에는 주제와 활동 외에 소요시간도 결정한다.
③ 집단원의 특성을 고려하여 집단상담을 계획한다.
④ 집단상담 과정 중에 참여를 하지 않거나 지각 혹은 탈락한 집단원을 위한 계획도 수립한다.
⑤ 회기 내에 진행되는 세부 활동의 시간을 모두 동일하게 배분한다.

정답 및 해설
22. ③   23. ⑤   24. ⑤   25. ①   01. ③   02. ⑤

22 1970년대 미국의 교육학자 콜버그(L. Kohlberg)는 여자의 도덕성이 남자보다 뒤떨어지고 열등하다고 보았다.
이런 대해 하버드대 동료 교수였던 길리건(Carol Gilligan)은 콜버그의 주장에는 여성에 대한 편견이 도사리고 있다며 여성의 도덕성 발달이 남성보다 뒤지는 것이 아니며 다만 보는 관점이 다르고, 판단하는 기준이 다르다고 주장했다.

23 학령전기에 보이는 주요 발현 양상은 과잉행동이다. 부주의는 초등학생 시기에 더욱 두드러진다. 청소년기에는 과잉행동의 징후(예, 뛰기, 기어오르기)는 덜 흔하게 나타나며, 만지작거림이나 내적인 신경과민, 좌불안석 또는 참을성 부족과 같은 증상으로 한정된다.

24 우울장애 ; 파괴적 기분조절부전장애, 주요우울장애,지속성 우울장애, 월경전불쾌감장애 등
불안장애 : 범불안장애, 특정공포증, 광장공포증, 사회불안장애, 공황장애, 분리불안장애, 선택적 무언증

25 대근육운동발달은 몸통이나 팔다리를 움직이는 활동으로서 첫 한해 동안 새로운 대근육 운동 기술들이 빠르게 발달하는 운동이다. 위의 경우 순서는 ㄱ - ㄴ - ㄹ - ㄷ 이다. 소근육 발달운동은 손가락을 민첩하게 움직이는 조작 능력을 말한다

01 치료적 영향력이 모든 집단원에게 전달될 수 있어야 한다.

02 회기 내에 진행되는 세부 활동의 시간은 각 활동의 내용에 따라 적절하게 배분하여야 한다.

03 다음에 나타난 집단상담자의 반응으로 옳은 것은?

> 지윤: 제가 집단에 참여한지도 벌써 3주가 지났어요. 솔직히 말하면 이 집단이 제가 기대했던 것과는 다른 거 같아요. 별로 얻은 것도 없는 거 같아서 속상해요.
> 상담자: 지윤씨의 말씀은 이해되지만, 집단참여에 너무 소극적이고 자기를 잘 드러내지 않는 지윤씨에게도 책임이 있지 않을까요?

① 자기돌봄 ② 폐쇄적 반응 ③ 방어적 반응 ④ 모범보이기 ⑤ 용기

04 집단상담의 이론과 기법의 연결이 옳지 않은 것은?
① 해결중심 – 예외질문, 척도질문 ② 실존주의 – 역설적 의도, 탈숙고
③ 교류분석 – 게임분석, 각본분석 ④ 행동주의 – 자극통제, 행동조성
⑤ 심리극 – 거울기법, 대사역할

05 게슈탈트 집단상담에 관한 설명으로 옳은 것은?
① 개인화는 권위있는 사람의 행동이나 가치관을 무비판적으로 받아들이는 현상이다.
② 접촉경계는 집단원들 간의 경계를 의미한다.
③ 전경과 배경의 교체가 방해를 받을 때, 게슈탈트가 형성된다.
④ 투사는 자신의 요구 또는 감정을 자각하는 것이 두려워 책임을 타인에게 돌리는 현상이다.
⑤ 반전은 자신의 요구를 인식하지만 겉으로 나타내지 못하고 안으로 억압하는 상태이다.

06 이야기치료에 관한 설명으로 옳은 것을 모두 고른 것은?

> ㄱ. 사회구성주의와 포스트모더니즘의 원리 및 철학에 토대를 두고 있다.
> ㄴ. 외현화 대화법은 문제를 개인으로부터 분리하여 자신의 문제를 새로운 방식으로 볼 수 있도록 돕는 기법이다.
> ㄷ. 상담자는 집단원의 경험에 대한 주 해석자이며, 집단원과 함께 대안적인 이야기를 만드는 작업을 한다.
> ㄹ. 질문은 상담자가 집단원의 정보를 수집하기 위해서 사용되는 기법이다.

① ㄱ, ㄴ   ② ㄷ, ㄹ   ③ ㄱ, ㄴ, ㄹ
④ ㄴ, ㄷ, ㄹ   ⑤ ㄱ, ㄴ, ㄷ, ㄹ

07 개인심리학 집단상담 발달단계에 관한 설명으로 옳지 않은 것은?

① 분석·사정 단계에서는 집단원의 부적절한 생활양식을 파악하고 집단원의 신념, 감정, 동기, 목표를 이해한다.

② 상담관계형성 단계에서는 집단원에 대한 정보를 얻기 위해 생애사 질문지를 활용한다.

③ 해석·통찰 단계에서는 상담자는 집단원의 진술에 대한 해석을 통해 집단원의 자각과 통찰을 돕는다.

④ 상담관계형성 단계에서는 상담자와 집단원은 우호적이며 대등한 관계가 형성되어야 한다.

⑤ 재정향 단계에서는 집단원의 비효율적인 신념과 행동에 대한 대안을 선택하여 변화를 추구한다.

08 정신분석 집단상담에 참여한 철수의 행동을 설명하는 용어로 옳은 것은?

> 철수는 최근 집단에서 비협조적이고 무관심한 태도를 보이기 시작하더니, 지난 회기에는 지각하고 오늘은 아무 연락없이 결석하였다.

① 억압　　② 퇴행　　③ 전치　　④ 저항　　⑤ 부인

정답 및 해설　　　　03. ③　04. ⑤　05. ④　06. ①　07. ②　08. ④

03 방어적 반응 : 집단원의 부정적인 반응에 감정적으로 거리를 두고 집단원을 대하는 것

폐쇄적 반응 : . 집단상담자가 자신의 이야기를 많이 하면 권위가 실추될 뿐만 아니라 불편한 상황에 놓이게 될 수 있기 때문이라고 생각하기 때문에 자기개방을 최소화하는 것을 말한다.

04 심리극의 기법에는 거울기법, 역할교대, 빈의자기법 등이 있다.

05 ① 개체가 자신의 공격성을 사용하는 것을 제지당하게 되면 권위자의 행동이나 가치관을 무비판적으로 받아들이게 된다. 이때 무비판적으로 받아들임으로써 자기 것으로 동화되지 못한 채 남아있으면서 개체의 행동이나 사고방식에 악영향을 미치는 타인의 행동방식이나 가치관을 내사(introjection)라고 한다.

② 접촉경계는 개체와 환경의 교류 접촉이 이루어지는 경계를 말한다.

③ 전경과 배경의 교체가 방해를 받을 때, 미해결과제로 남는다.

⑤ 자신의 요구를 인식하지만 겉으로 나타내지 못하고 안으로 억압하는 상태를 내적파열층이라고 한다. 반전은 개인이 타인이나 환경에 대해 해야 할 것을 자신에게 향하는 것을 말한다.

06 ㄱ. 사회 구성주의는 인간의 사회적 현상이나 의식이 사회속에서 인간과 다른 사람의 상호 작용에 의해 형성된다고 보는 이론이다. 이야기 치료는 구성주의 모더니즘이라고 할 수 있는 보편적인 지식을 거부하고 지엽적이며 다양한 형태의 지식을 수용하고자 하는 포스트 모더니즘의 사회구성주의 원리를 토대로 한다.(o)

ㄴ. 외현화 대화법은 문제를 개인으로부터 분리하여 외부의 문제로 돌려 개인의 문제를 새로운 방식으로 볼 수 있도록 돕는 기법이다.(o)

ㄷ. 집단원의 경험에 대한 주 해석자는 집단원이며, 집단원은 치료자와 함께 대안적인 이야기를 만드는 작업을 한다.

ㄹ. 질문은 상담자가 집단원의 정보를 수집하기보다는 경험을 발생시키고 집단원의 경험을 발견하거나 구성하며, 그 결과 상담자는 진행할 방향을 알게된다.

07 분석·사정 단계에서 생애사 질문지를 통해 내담자의 생활양식을 분석하고, 초기기억, 꿈, 우선순위를 비롯해서 반응방식 등을 토대로 개인의 역동을 탐색한다.

08 철수의 행동은 저항에 해당하며, 집단원이 무의식에 억압된 내용을 의식화하는 것을 무의식적으로 막는다.

이 저항은 지각, 결석, 침묵, 비협조적인 태도 등으로 드러난다.

09 집단원의 권리에 관한 내용으로 옳은 것을 모두 고른 것은?

> ㄱ. 회기 중의 녹음이나 녹화에 대해 거부할 수 있는 권리
> ㄴ. 상담자와 집단원들에게 비밀을 보장받을 권리
> ㄷ. 상담자와 집단원들이 부여하는 가치관을 강요받지 않을 권리
> ㄹ. 집단참여로 인해 위기가 생겼을 때, 상담자가 도와줄 수 없으면 다른 전문가에게 도움받을 수 있는 권리

① ㄱ, ㄴ ② ㄷ, ㄹ ③ ㄱ, ㄴ, ㄷ
④ ㄴ, ㄷ, ㄹ ⑤ ㄱ, ㄴ, ㄷ, ㄹ

10 인간중심 집단상담의 내용으로 옳은 것을 모두 고른 것은?

> ㄱ. 지각된 자기와 실제적 경험 사이의 불일치로 긴장이나 혼란을 경험한다.
> ㄴ. 실현경향성은 인간에게 국한된 것으로, 선천적으로 타고나며 인간을 유지·성장 방향으로 발달시키는 성향이다.
> ㄷ. 어린 시절부터 부모나 보호자의 긍정적 존중을 얻기 위해 노력한 결과, 가치조건화가 형성된다.
> ㄹ. 상담자는 일치성을 유지하기 위해서 높은 수준의 자각과 자기수용, 자기신뢰가 필요하다.

① ㄱ, ㄴ ② ㄷ, ㄹ ③ ㄱ, ㄷ, ㄹ
④ ㄴ, ㄷ, ㄹ ⑤ ㄱ, ㄴ, ㄷ, ㄹ

11 코리(G. Corey)의 집단상담자의 인간적 특성에 관한 내용으로 옳은 것은?

> ㄱ. 자신이 타인에게 끼치는 영향에 대해 인식하는 것
> ㄴ. 의식으로 굳어진 기법이나 습관화된 진행방식을 탈피하고 새로운 아이디어로 집단을 진행하는 것

① ㄱ: 공감, ㄴ: 정체성
② ㄱ: 개인적 힘, ㄴ: 창의성
③ ㄱ: 함께 함, ㄴ: 창의성
④ ㄱ: 정체성, ㄴ: 개인적 힘
⑤ ㄱ: 정체성, ㄴ: 창의성

12 집단상담 이론과 목표에 관한 설명으로 옳지 않은 것은?

① 정신분석: 과거의 경험을 분석·해석하고 무의식적 수준에서 작동하는 심리적 역동에 대해 통찰하도록 한다.

② 개인심리학: 격려를 통해 집단원들에게 용기를 북돋아 주고 사회적 관심을 갖게 하고, 생활 양식을 수정하도록 한다.

③ 현실치료: 스스로 책임지고 선택한 방법으로 각자의 심리적 욕구를 충족할 수 있도록 한다.

④ 인간중심이론: 서로 다른 자아 상태를 학습하고 현실에 가장 적절한 자아 상태를 작동하는 방법을 모색하게 한다.

⑤ 합리적 정서행동치료: 비합리적 신념을 변화시킴으로써 부정적인 감정을 완화시킨다.

13 집단유형에 관한 설명으로 옳지 않은 것은?

① 성장집단은 자신의 잠재력 개발에 관심 있는 사람들로 구성된다.

② 치료집단은 참만남집단, 감수성집단이 대표적이다.

③ 과업집단은 특정과업을 완수하기 위한 목적으로 구성된다.

④ 교육집단의 상담자는 집단원의 학습효과를 극대화하기 위해 교육자와 촉진자의 역할을 동시에 수행한다.

⑤ 지지집단은 공통적인 관심사가 있는 집단원들로 구성되어 특정문제와 관심사에 대해 공유한다.

정답 및 해설 09. ⑤ 10. ③ 11. ② 12. ④ 13. ②

09 집단원은 위기상황에서 상담자에게 연락할 수 있는 방법, 회기의 녹음이나 녹화와 관련한 상황, 기록에 대한 내담자의 접근, 상담자를 선택하고 거부할 수 있는 내담자의 권리 등이 있다. 특히, 상담자는 내담자가 상담이외의 다른 치료방법을 선택할 수 있을 때이에 대해 알려주어야 하며 또한 상담자의기법이나 상담접근이 새로운 시도여서 그 효과성에 대해 경험적 증거 자료가 충분하지 않을 때도 사실을 알려주어야 한다..

10 실현경향성은 잠재력과 창조력을 발휘하여 건설적인 목표를 달성하게 하는 것을 말하며, 인간뿐만 아니라 꽃도 스스로 아름다운 꽃을 피우는 방향으로 나아가는 실현경향성이 있다.

11 보기의 내용은 코리의 집단상담자의 인간적 특성 중 개인적인 힘과 창의성에 대한 설명이다.

• 함께 함 : 자신의 감정을 자각하고 표현할 수 있어야 하며 집단원들과 마음을 함께 나눌 수 있어야 한다.

12 ④ 는 교류분석에 대한 설명이다.

13 참만남집단, 감수성집단,훈련집단(T집단), 마라톤집단은 성장집단에 해당한다.

14 집단상담 초기단계에 상담자가 수행해야 할 과업으로 옳지 않은 것은?

① 집단구조화　　　　　　　　　　② 집단규칙 설명

③ 집단원의 참여 촉진　　　　　　④ 문제해결을 위한 과제부과

⑤ 집단원의 적절한 자기개방 촉진

15 얄롬(I. Yalom)이 제시한 치료적 요인으로 옳은 것을 모두 고른 것은?

> ㄱ. 정보제공하기　　　　　ㄴ. 이타주의
> ㄷ. 집단응집력　　　　　　ㄹ. 주지화
> ㅁ. 자기노출　　　　　　　ㅂ. 현실검증

① ㄱ, ㅂ　　　　　　　② ㄴ, ㄷ　　　　　　　③ ㄱ, ㄴ, ㄷ

④ ㄱ, ㄴ, ㄷ, ㅁ　　　　⑤ ㄱ, ㄴ, ㄹ, ㅁ, ㅂ

16 문제행동을 보이는 집단원이 있을 때 상담자의 개입전략으로 옳지 않은 것은?

① 집단원과 집단의 진행과정에 대해 솔직하게 이야기를 나눈다.

② 문제행동을 보이는 집단원의 인격을 폄하하지 않는다.

③ 갈등을 회피하지 않고 탐색할 수 있는 방법을 찾는다.

④ 방어하는 행동을 멈추도록 강요하지 않는다.

⑤ 관찰한 사실이나 느낀 것을 권위적인 태도로 말한다.

17 비행청소년 집단상담에 관한 설명으로 옳지 않은 것은?

① 초기단계에서 집단원은 집단과 상담자에 대한 신뢰감이 낮고 무반응을 보이는 경우가 많다.

② 집단상담의 목표가 구체적이어서 집단원의 집단에 대한 적응이 빠르게 이루어진다.

③ 상담자는 집단응집력을 높이기 위한 활동을 도입한다.

④ 필요한 경우, 상담자는 집단원의 왜곡된 사고나 감정의 불일치를 알아차릴 수 있도록 직면을 사용한다.

⑤ 상담자는 집단원 스스로 대안을 찾을 수 있도록 격려한다.

18 집단 성장에 부정적인 영향을 미치는 집단역동 관련 요인으로 옳은 것은?

① 집단원의 참여가 광범위하게 이루어지는 집단

② 지금 – 여기에 초점이 맞추어진 의사소통

③ 명성이나 능력에 따라 형성된 비공식적 하위집단

④ 집단의 강한 응집력

⑤ 적절한 내용의 제안을 자유롭게 하는 집단원

19 청소년집단 상담자가 갖추어야 할 전문성에 관한 설명으로 옳지 않은 것은?

① 자발적인 집단과 비자발적인 집단의 특성을 이해한다.

② 청소년들이 성장하면서 경험하게 되는 갈등의 종류들을 이해해야 한다.

③ 집단상담의 집중도를 높일 수 있도록 게임이나 활동을 활용한다.

④ 비자발적인 청소년집단의 경우, 초기 회기 동안 집단원이 부정적인 감정이나 행동을 표현할 수 있도록 허락한다.

⑤ 주도권을 잡으려는 집단원에게 집단을 이끌게 한다.

정답 및 해설 14. ④ 15. ③ 16. ⑤ 17. ② 18. ③ 19 ⑤

14 문제해결을 위한 과제부과는 집단상담 종기단계에 이루어진다.

15 얄롬(I. Yalom)이 제시한 치료적 요인

  1. 희망의 고취   2. 보편성   3. 정보제공하기   4. 이타주의   5. 1차 가족집단의 교정적 재현

  6. 사회기술의 발달   7. 모방행동   8. 대인관계학습   9. 집단응집력   10. 정화   11. 실존적 요인

16 상담자가 관찰한 것이나 떠오르는 직관을 분명한 것이라고 권위적인 태도로 말하기보다는 임시적인 것이고 개인적인 관찰이라고 말한다.

17 비행청소년 집단은 성인과 달리 문제해결 의지가 적고, 타인의 권유나 강제에 의해 참여하는 경우가 많아 집단에 대한 적응이 늦다.

18 명성이나 능력에 따라 형성된 비공식적 하위집단은 집단 성장에 부정적인 영향을 미친다.

19 주도권을 잡으려는 집단원은 제재해야 한다.

20 청소년집단 상담자가 '차단하기' 기술을 사용해야 할 상황으로 옳지 않은 것은?

① 집단의 주제를 벗어나는 이야기가 계속될 때
② 집단원 간에 논쟁이 생겼을 때
③ 회기가 끝나가는 시점에 새로운 문제를 꺼낼 때
④ 발언권을 가진 집단원이 횡설수설하고 있을 때
⑤ 집단원이 집단과 다른 집단원에 대해 부정적인 피드백을 할 때

21 회기를 시작할 때 사용할 수 있는 집단상담자의 진술로 옳은 것은?

① "집단에 오기 전에 어떤 생각이 들었는지 잠시 이야기 나눠 볼까요?"
② "여러분 중에는 오늘 우리가 나눈 이야기에 동의하지 않는 사람도 있을 겁니다. 그렇지만 서로의 생각을 나누는 것도 중요해요."
③ "다음 회기에 어떤 결과가 나타날지 기대가 되는군요."
④ "오늘 집단을 통해 무엇을 얻으셨나요?"
⑤ "여러분이 어떤 목표를 가지고 일주일을 보낼 것인가에 대해 이야기를 나눠 봅시다."

22 집단상담 평가에 관한 설명으로 옳지 않은 것은?

① 집단원의 태도, 문제행동, 집단에서의 역할 등을 평가한다.
② 면접, 관찰, 토의, 심리검사 등을 활용한다.
③ 집단상담 평가는 집단원 평가, 상담자 평가, 프로그램 평가, 기관 평가로 구분한다.
④ 평가결과는 집단상담의 내용과 방법에 대한 수정 및 보완에 활용된다.
⑤ 추수평가에서는 집단이 종결된 후, 일부 집단원을 불러 모아 변화가 지속되고 있는지를 확인한다.

23 학교집단상담의 특성에 관한 설명으로 옳은 것을 모두 고른 것은?

> ㄱ. 비자발적인 학생은 사전동의 제외 대상이다.
> ㄴ. 학생에게 또래와의 상호작용과 관계발달의 기회를 제공한다.
> ㄷ. 보호자 및 교육적 필요에 의해 비밀유지가 제한될 수 있다.
> ㄹ. 학생의 보호자 및 학교교육 책임자의 승인과 관련자의 협조를 필요로 한다.

① ㄱ, ㄴ   ② ㄷ, ㄹ   ③ ㄱ, ㄴ, ㄹ
④ ㄴ, ㄷ, ㄹ   ⑤ ㄱ, ㄴ, ㄷ, ㄹ

24 다음의 특성들이 공통으로 드러나는 집단 발달단계에서의 상담자 역할로 옳은 것은?

> ○ 자발적 자기개방이 증가한다.
> ○ 지금 – 여기에 초점을 두고 원활하게 소통이 이루어진다.
> ○ 집단 신뢰와 결속력이 높아져 실험적 행동도 시도한다.
> ○ 집단원의 변화를 위한 도전 행동이 나타날 수 있다.

① 집단참여에 대한 기대와 불안을 다룬다.
② 집단원에게 집단목표와 진행절차를 설명한다.
③ 집단규범을 명시적 혹은 암시적으로 제시한다.
④ 집단원이 깊은 수준의 자기탐색을 할 수 있도록 돕는다.
⑤ 추수상담 일정을 결정한다.

25 학교 밖 청소년 집단상담에서 다음에 사용된 상담기술은?

> 상담자 : 오늘 우리는 최근의 소망에 대해 이야기했습니다. 학교에 복귀하고 싶다는 사람도 있
> 었고, 창업을 하고 싶다는 사람도 있었어요. 집단활동을 마치기 전에 오늘 경험한 것에
> 대해 잠시 이야기를 나눠봅시다.

① 요약   ② 명료화   ③ 반영   ④ 직면   ⑤ 재구조화

정답 및 해설   20. ⑤   21. ①   22. ⑤   23. ④   24. ④   25. ①

20 '차단하기' 기술은 집단에 부정적인 영향을 주거나 집단구성원의 성장발달을 저해하는 의사소통에 집단상담자가 직접 개입하여 집단원의 역기능적인 언어행동 혹은 비언어적 행동을 중지시키는 기술을 말한다.
집단원에게 왜곡과 잘못을 교정하기 위한 정보를 제공해 주기위해 집단과 다른 집단원에 대해 부정적인 피드백을 할 때는 '차단하기' 기술을 사용하기보다는 피드백을 주고 받을 수 있도록 지지해야 한다.

21 ②,③,④,⑤는 회기의 종기때 사용할 수 있는 집단상담자의 진술이다.

22 추수평가에서는 집단이 종결된 후, 모든 집단원을 불러 모아 변화가 지속되고 있는지를 확인한다.

23 비자발적 학생도 사전동의 대상이며, 참여하고 싶지 않다고 했을 경우에는 참여하지 않아도 되지만 불참시의 불이익에 대해 설명해 주어야 한다.

24 ④는 작업단계과제, ①,②,③,⑤ 는 초기단계과제에 해당한다.

25 상담의 종기에 상담자가 집단원의 언어적 표현들의 핵심이 되는 부분을 서로 엮어 공통 주제 또는 유형을 파악하기 위하여 요약의 상담기술을 사용하고 있다.

01 심리측정과 심리검사에 관한 설명으로 옳지 않은 것은?

① 심리적 속성은 직접적으로 측정할 수 없다.

② 심리검사는 개인의 특성을 이해하는 데 도움을 줄 수 있다.

③ 타당도와 신뢰도가 높은 심리검사는 오차가 없다.

④ 심리적 구성개념을 측정하는 방법은 다양할 수 있다.

⑤ 표준화 검사와 비표준화 검사가 있다.

02 준거참조검사(criterion-referenced test)에 관한 설명으로 옳지 않은 것을 모두 고른 것은?

> ㄱ. 규준을 참조하여 검사결과를 해석한다.
> ㄴ. 다른 사람들의 점수와 개인의 점수를 비교하는 데 목적을 둔다.
> ㄷ. NEO-PI-R은 준거참조검사에 속한다.

① ㄱ   ② ㄱ, ㄴ   ③ ㄱ, ㄷ   ④ ㄴ, ㄷ   ⑤ ㄱ, ㄴ, ㄷ

03 척도에 관한 설명으로 옳은 것을 모두 고른 것은?

> ㄱ. 비율척도와 등간척도는 선형변환이 가능하다.
> ㄴ. 백분위 점수는 등간척도이다.
> ㄷ. 서열척도는 절대 영점을 가정한다.
> ㄹ. 대부분의 심리검사는 비율척도를 사용한다.

① ㄱ   ② ㄱ, ㄴ   ③ ㄷ, ㄹ   ④ ㄴ, ㄷ, ㄹ   ⑤ ㄱ, ㄴ, ㄷ, ㄹ

04 규준 점수에 관한 설명으로 옳은 것은?

① Z점수는 2.5보다 큰 값이 나올 수 없다.

② Z점수를 알면 T점수를 계산할 수 있다.

③ Z점수는 음의 값이 나올 수 없다.

④ T점수 계산 공식은 검사 유형에 따라 달라진다.

⑤ 스테나인 점수는 정상분포상 점수 9에 가장 많은 사례가 위치한다.

05 신뢰도에 관한 설명으로 옳지 않은 것은?

① 신뢰도는 검사측정치가 얼마나 일관적인가를 의미한다.

② 신뢰도는 문항 수의 영향을 받는다.

③ 관찰자간 신뢰도는 관찰 결과가 관찰자들 사이에서 얼마나 유사한가를 의미한다.

④ 타당도가 낮으면서 신뢰도가 높은 검사는 존재할 수 없다.

⑤ 검사-재검사 신뢰도는 검사 실시 간격에 따라 신뢰도 계수가 다르게 추정될 수 있다.

정답 및 해설

01. ③   02. ⑤   03. ①   04. ②   05. ④

01 신뢰도와 타당도가 높은 측정도구를 사용하여 측정상의 오차를 최소화 할 수는 있어도 오차가 없을 수는 없다.

02 ㄱ, ㄴ, ㄷ. 모두 규준참조검사에 대한 설명이다.

구분	준거참조검사	규준참조검사
의의	· 일정 기준(준거)에 따라 검사결과를 해석하는 절대평가 검사이다 · 검사문항에 정답과 오답이 존재하며, 응답에 시간제한이 있다	· 규준을 참조하여 검사결과를 해석한다. · 다른 사람들의 점수와 개인의 점수를 비교하는 데 목적을 둔다.(상대평가) · 검사문항에 정해진 정답이 없고 응답에 시간제한이 없다
유형	지능검사, 적성검사, 성취검사	NEO-PI-R 성격검사, 태도검사, 심리검사

03 ㄱ. 단순히 조사대상의 속성이나 범주를 구분하기 위한 명목척도와 크기를 측정하여 순서관계를 측정하는 서열척도는 선형변환이 불가능하지만 속성의 상대적 크기의 차이를 비교할 수 등간척도와 절대적 기준을 통한 비율정보까지 가지고 있는 비율척도는 선형변환이 가능하다.

ㄴ. 백분위 점수는 서열척도이다.

ㄷ. 절대 영점을 가정하는 것은 비율척도이다.

ㄹ. 대부분의 심리검사,지능검사 물가지수 등은 등간척도를 사용한다.

04 T 점수는 평균을 50, 표준편차 10 의 단위로 그 척도를 나타낸 것이다.

② T = Z×10 + 50이므로 Z점수를 알면 T점수를 계산할 수 있다.

① $Z = \dfrac{원점수 - 평균}{표준편차}$ 이며 .정규 분포 곡선에서 z 점수의 범위는 -3에서 +3표준 편차까지이다

③ 음의 z점수는 평균보다 낮다는 의미이다.

④ T점수 계산 공식은 검사 유형에 상관없이 일정하다.

⑤ 스테나인 점수(표준등급)는 정상분포상 점수 5에 가장 많은 사례가 위치한다.

표준등급	1	2	3	4	5	6	7	8	9
백분율(%)	4	7	12	17	20	17	12	7	4
누적백분율(%)	4	11	23	40	60	77	89	96	10

05 신뢰도는 타당도의 필요조건이다. 신뢰도 높고 타당도 낮은 자료는 많아도, 신뢰도 낮고 타당도 높은 자료는 존재할 수 없다.

06 **타당도에 관한 설명으로 옳은 것은?**

① 구인타당도 검증을 위해 요인분석을 사용할 수 있다.

② 내용타당도는 수검자의 평가를 통해 판단된다.

③ 구인타당도는 검사 결과가 처치에 어떤 변화를 일으키는지 알아보기 위한 타당도이다.

④ 안면타당도는 준거타당도에 속한다.

⑤ 구인타당도가 높으면 안면타당도는 높아진다.

07 **문항분석에 관한 설명으로 옳은 것은?**

① '문항의 난이도가 높다'는 의미는 검사에서 높은 점수를 받은 사람과 낮은 점수를 받은 사람을 잘 구분한다는 것이다.

② 검사 점수들의 변산도(variability)는 문항의 난이도가 .70일 때 최댓값이 된다.

③ 문항의 변별력이 높으면 검사의 신뢰도는 낮아진다.

④ 상하부 지수(upper-lower index, ULI)에 따른 문항변별도에서 0의 값이 나올 수 있다.

⑤ 문항난이도(item difficulty)의 범위는 -1부터 1까지이다.

08 **통계에 관한 설명으로 옳지 않은 것은?**

① 표본(sample)은 전집의 하위집단이다.

② 최빈치(mode)는 분포 내에서 가장 빈도가 높은 점수이다.

③ Pearson 상관계수(r)의 범위는 0부터 1까지이다.

④ 변인(variable)은 연구자가 관심을 가지는 연구대상의 속성을 의미한다.

⑤ 모수치(parameter)는 전집의 수량적 특성을 의미한다.

09 **심리검사 개발에 관한 설명으로 옳지 않은 것은?**

① 검사 개발의 목적에 따라 검사 개발 절차와 내용이 결정된다.

② 예비검사의 대상은 그 검사를 실제 사용할 모집단의 성격을 잘 대표할 수 있도록 구성한다.

③ 검사 개발의 첫 단계는 규준의 작성과 양호도를 분석하는 것이다.

④ 심리검사에서 우수한 문항은 불필요한 정보를 담고 있지 않다.

⑤ 진위형 문항(true/false item)은 사실적 정보에 대한 지식을 평가하는 데 유용하다.

10 분석적 능력, 창의적 능력, 실제적 능력에 기초한 성공지능(successful intelligence)을 주장한 학자는?

① 카텔(R. Cattell)
② 길포드(J. Guilford)
③ 가드너(H. Gardner)
④ 스턴버그(R. Sternberg)
⑤ 스피어만(C. Spearman)

정답 및 해설

06 구인타당도를 검증하는 통계적 방법으로 상관계수법, 실험설계법, 요인분석 등이 있다.

② 내용타당도는 전문가의 평가를 통해 판단된다.

③ 검사 결과가 처치에 어떤 변화를 일으키는지 알아보기 위한 타당도는 결과타당도(처치타당도)이다.

④ 안면타당도는 내용타당도에 속한다.

⑤ 구인타당도가 높다고 수검자의 입장에서 타당도를 판정하는 안면타당도가 높은 것은 아니다.

07 ④ 상하부 지수는 간단하게 변별도 지수(discrimination index; DI)라고도 불리우며 상관계수와 마찬가지로 −1.00 ~ +1.00 사이에 분포된다. 따라서 문항변별도에서 0의 값이 나올 수 있다.

① 문항의 변별력이 높다는 의미이다.

② 검사점수들의 변산도variability는 문항의 난이도가.50일때 최대값이 되므로 중간 정도 수준의 난이도가 가장 바람직하다.

③ 적절한 정도의 난이도와 높은 변별력이 있는 좋은 문항으로 구성된 검사는 신뢰도가 높을 가능성이 많으며 이는 타당도가 높기 위한 필요조건이 된다.

⑤ 문항난이도는 0 ~ 1의 범위 속의 어느 위치를 나타내게 된다.

08 Pearson 상관계수(r)의 범위는 −1 에서 1사이이다.

09 심리검사 개발의 단계

1단계 : 검사 제작 목적 및 방향 설정	2단계 : 측정 내용을 조작적으로 정의
3단계 : 검사 방법의 결정	4단계 : 문항 개발 및 검토
5단계 : 예비검사 실시	6단계 : 문항의 분석과 수정 (양호도 분석)
7단계 : 본 검사 실시	8단계 : 신뢰도와 타당도 검토 (규준 작성)

10 스턴버그는 특정 분야에서 성공을 한 사람의 지능은 분석적(성분적), 창조적(경험적), 실천적(상황적) 측면이 잘 연결되어 있음을 강조하면서 이를 성공지능으로 불렀다.

11 홀랜드(J. Holland)의 직업적 성격유형 중 대표적인 직업이 '교육자, 상담가'에 해당하는 것은?

① 기업적 유형(Enterprising type) ② 관습적 유형(Conventional type)

③ 현실적 유형(Realistic type) ④ 사회적 유형(Social type)

⑤ 탐구적 유형(Investigative type)

12 K-WISC-IV에 관한 설명으로 옳은 것은?

① 10개의 주요 소검사와 15개의 보충 소검사로 구성되었다.

② 언어이해 지표와 지각추론 지표의 합산점수는 인지효율성 지표 점수로 산출된다.

③ 환산점수는 각 소검사의 원점수 총점을 평균 10, 표준편차 7로 변환해서 산출한 표준점수 이다.

④ 토막짜기는 작업기억 지표의 주요 소검사이다.

⑤ 처리점수(process scores)는 다른 소검사 점수로 대체할 수 없다.

13 다음에 해당하는 행동 기록 방법은?

> ○ 관찰하고자 하는 행동을 척도를 이용해서 평가하는 방법이다.
> ○ 보통 관찰 기간 이후에 작성하며, 행동과 관련된 일반적인 인상을 통해 행동을 척도상에 채점한다.
> ○ 관찰과 채점 사이에 시간이 너무 많이 경과할 경우 채점이 정확하지 않을 수 있다.

① 평정 기록 ② 간격 기록 ③ 사건 기록

④ 이야기 기록 ⑤ 시간표집 기록

14 심리검사를 선정하고 시행하는 과정에서 고려해야 할 사항으로 옳은 것을 모두 고른 것은?

> ㄱ. 검사가 의뢰된 목적
> ㄴ. 검사가 시행되는 환경
> ㄷ. 검사의 신뢰도와 타당도
> ㄹ. 검사가 여러 개인 경우 시행 순서

① ㄱ, ㄴ, ㄷ ② ㄱ, ㄴ, ㄹ ③ ㄱ, ㄷ, ㄹ ④ ㄴ, ㄷ, ㄹ ⑤ ㄱ, ㄴ, ㄷ, ㄹ

15 일반적인 심리검사 윤리에 관한 설명으로 옳지 않은 것은?

① 검사가 필요한 이유를 설명하고 수검자의 사전 동의를 얻는다.

② 윤리적 딜레마가 생길 경우, 검사자의 권리를 최우선으로 고려한다.

③ 검사재료를 안전하게 보관하고 자격 없는 사람이 접근하지 못하도록 한다.

④ 검사를 통해 얻은 개인정보는 사용이 제한되고 지정된 목적을 위해 사용되어야 한다.

⑤ 검사 매뉴얼에 맞게 검사를 실시한 후 채점하고 해석한다.

정답 및 해설

11. ④ 12. ⑤ 13. ① 14. ⑤ 15. ②

11 홀랜드(J. Holland)의 직업적 성격유형

① 기업적 유형 : 기업 경영인, 정치가, 판사, 영업사원 등

② 관습적 유형 : 공인회계사, 경제분석가, 은행원, 세무사, 경리사원, 컴퓨터 프로그래머, 감사원, 안전관리사, 법무사 등

③ 현실적 유형 : 기술자, 자동차 및 항공기 조종사, 정비사, 농부, 운동선수 등

④ 사회적 유형 : 사회복지가, 교육자, 간호사, 유치원 교사, 종교지도자, 상담자, 임상치료가, 언어치료사 등

⑤ 탐구적 유형 : 과학자, 생물학자, 화학자, 물리학자, 인류학자, 지질학자, 의료기술자, 의사 등

⑥ 예술적유형 : 예술가, 작곡가, 음악가, 무대감독, 작가, 배우, 소설가, 미술가, 무용가, 디자이너 등

12 처리(과정) 점수 (process score)

검사 수행의 질적 해석이 중요하다는 관점에서 만들어진 점수로서 속도를 배제했을 때 수행능력을 나타낸다.

토막짜기 1개, 숫자 6개, 순서화 1개의 과정 점수를 제시한다. 추가적 실시 절차없이 본 수행의 결과에서 도출한다.

처리(과정)점수가 소검사 점수나 조합점수를 대체할 수 없다.

① 10개의 주요 소검사(공통성, 어휘, 이해, 토막짜기, 공통그림찾기, 행렬추리, 숫자, 순차연결, 기호쓰기, 동형찾기)와 5개의 보충소검사(상식, 단어추리, 빠진곳찾기, 산수, 선택)로 구성된다.

② 전체척도 : 일반능력 지표(GAI), 인지효능 지표(CPI)

　– 일반능력 지표(GAI) : 언어이해 지표(VCI), 지각추론 지표(PRI)

　– 인지효능 지표(CPI) : 처리속도 지표(PSI), 작업기억 지표(WMI)

③ 환산점수는 평균 10, 표준편차 3의 측정 단위로 환산된다

④ 토막짜기는 작업기억 지표의 주요 소검사이다.

13 평정기록에 대한 설명이다

② 정해진 관찰 시간을 일정한 간격으로 나누어 각 간격별로 표적행동의 발생이나 지속여부를 기록하는 방법이다.

③ 사건기록은 단순히 어떤 행동의 발생 유·무만을 관찰하기보다는 행동이나 사건이 발생하기를 기다렸다가 관심을 가진 행동이나 사건이 일어나면 일정한 형식에 따라 행동의 순서를 자세하게 기술하는 방법이다.

④ 어떤 짧은 내용의 사건, 즉 일화에 대한 서술적인 기록으로 한 가지 행동이나 상황에 초점을 맞추는 기록이다.

⑤ 시간을 표집해서 관찰하는 방법으로 관찰하고자 하는 특정 행동이 정해진 짧은 시간 내에 얼마나 자주 일어나는지의 행동 출연 빈도를 수집하는 방법이다.

14 ㄱ, ㄴ, ㄷ, ㄹ 모두 고려하여야 한다.

15 윤리적 딜레마가 생길 경우, 수검자의 권리를 최우선으로 고려한다.

16 MMPI-2에는 포함되지 않으면서 청소년용으로 개발된 MMPI-A 척도는?

① A   ② IMM   ③ APS   ④ INTR   ⑤ DISC

17 MMPI-2의 보충척도가 아닌 것은?

① R   ② Es   ③ Do   ④ PK   ⑤ ANX

18 다음 사례를 가장 잘 반영하는 MMPI-2 척도는?

> A는 심리적으로 미성숙하여 때로는 유아적으로 보이기까지 하고, 감정기복이 심한 편이다. 또한 자기중심적이고, 자기도취적이며, 타인으로부터 많은 관심과 애정을 갈구한다.

① Hs   ② Hy   ③ Pa   ④ Pt   ⑤ Ma

19 '인식된 정보를 가지고 판단을 내릴 때 쓰는 기능'을 반영하는 MBTI의 선호지표는?

① 외향성 - 내향성   ② 감각형 - 직관형
③ 사고형 - 감정형   ④ 판단형 - 인식형
⑤ 자극추구 - 위험회피

20 다음에 해당하는 NEO-PI-R의 척도는?

> ○ 개인의 정신적인 연상(association)의 폭과 깊이의 정도를 측정한다.
> ○ 점수가 높은 사람은 상상력이 풍부하고 아이디어가 많으며 창의력이 있고 정서적으로 풍부함을 의미한다.

① 신경증(N)   ② 외향성(E)   ③ 개방성(O)
④ 친화성(A)   ⑤ 성실성(C)

2022년 제21회 기출문제

정답 및 해설

16. ② 17. ⑤ 18. ② 19. ③ 20. ③

16 MMPI-2 & MMPI-A

구 분		MMPI-2 (19-78)	MMPI-A (청소년 용)(13-18)
타당도 척도		9개(?, VRIN, TRIN; F, F(B), F(P); L, K, S)	8개 (?, VRIN, TRIN; F, F1, F2; L, K)
임상 척도 (10개)		1 Hs 건강염려증 2 D 우울증 5 Mf 남성성-여성성 6 Pa 편집증 9 Ma 경조증 0 Si 내향성	3 Hy 히스테리 4 Pd 반사회성 7 Pt 강박증 8 Sc 정신분열증
RC 척도 (9개의 재구성 임상 척도)		RCd dem 정서적 혼란과 관련된 문항 RC1 som 신체적 불편감 RC2 Lpe 낮은 긍정적 정서 RC3 Cyn 냉소성 RC4 Asb 반사회적 행동 RC6 Per 피해의식 RC7 Dne 역기능적 부정적 정서 RC8 Abx 기태적 경험 RC9 hpm 경조증적 상태	없음
PSY-5 척도 (성격병리 5요인 척도)		AGGR 공격성 PSYC 정신증 DISC 통제 결여 NEGE 부정적 정서성/신경증 INTR 내향성/낮은 긍정적 정서성	
내용 척도	공통 11개	15개의 새로운 내용 척도 개발	11개의 내용 척도는 MMPI-2와 동일 4개의 내용 척도 청소년용으로 개발
		ANX A-anx 불안 OBS A-obs 강박성 DEP A-dep 우울 HEA A-hea 건강염려 BIZ A-biz 기태적 정신상태 ANG A-ang 분노 CYN A-cyn 냉소적 태도 LSE A-lse 낮은 자존감 SOD A-sod 사회적 불편감 FAM A-fam 가정 문제 TRT A-trt 부정적 치료	
	차이 4개	FRS 공포 ASP 반사회적 특성 TPA A 유형 행동 WRK 직업적 곤란	A-aln 소외 A-con 품행 문제 A-las 낮은 포부 A-sch 학교 문제
보충 척도		15개의 새로운 보충 척도 개발	3개의 보충 척도는 MMPI-2와 동일 3개의 보충 척도 청소년용으로 개발
	공통3개	A 불안 R 억압 MAC-R 알코올 중독	
	차이 12개	Es 자아강도 O-H 적대감 과잉통제 Do 지배성 AAS 중독 인정 Re 사회적 책임감 APS 중독 가능성 Mt 대학생활 부적응 GM 남성적 성역할 PK 외상후 스트레스 장애 GF 여성적 성역할 MDS 결혼생활 부적응 Ho 적대감	ACK 알코올/약물 문제 인정 PRO 알코올/약물 문제 가능성 IMM 미성숙

17
ANX는 내용척도이다.

18
② Hy 히스테리척도이다.

19 MBTI의 4가지 선호 성격 유형 분류
① 외향성– 내향성 : 개인의 주의집중과 에너지의 방향이 외부로 향하는지 혹은 내부로 향하는지를 나타내는 지표
② 감각형– 직관형 : 개인이 정보를 인식하는 방식에서의 경향성을 나타내는 지표
③ 사고형– 감정형 : 인식된 정보를 가지고 판단을 내릴 때 사고적 판단을 신뢰하는지, 또는 감정적 판단을 신뢰하는지를 나타내는 지표
④ 판단형-인식형 : 개인이 외부세계에 대처해 나갈 때 판단과 인식 중 어떤 과정을 선호하는가를 나타내는 지표

20 NEO-PI-R의 척도
(1) 신경증 : 불안, 우울, 분노 등 부정적인 정서나 적응의 정도
(2) 외향성 : 타인과의 (적극적인) 교류를 통해 인간관계적인 자극을 추구하는 성향
(3) 개방성 : 개인의 정신적인 연상의 폭과 깊이의 정도를 측정하는 척도
(4) 우호성 : 타인과 친밀한 관계를 맺고, 그 관계를 지속하려는 대인관계를 지향하는 성향
(5) 성실성 : 사회적 규범 또는 법을 존중하고, 자신의 충동을 통제하며 목표 지향적 행동을 조직하고 유지하려는 성향

21 투사적 검사의 일반적인 특성에 관한 설명으로 옳은 것은?

① 채점 및 해석이 비교적 용이하다.

② 의도적으로 반응을 왜곡할 수 있다.

③ 신뢰도와 타당도가 잘 확립되어 있다.

④ 규준을 통한 개인 간 비교가 가능하다.

⑤ 자유롭고 풍부한 반응을 하는 것이 가능하다.

22 HTP검사 실시방법에 관한 설명으로 옳지 않은 것은?

① 지우개 사용을 허용한다.

② 종이는 모두 세로로 제시한다.

③ 그림 단계가 끝난 후 질문 단계를 진행한다.

④ 그림을 그리는 데 제한 시간은 없지만 소요 시간은 측정한다.

⑤ 사람 그림의 경우, 특정 성(性)의 그림을 먼저 그리라는 지시를 하지 않는다.

23 문장완성검사에 관한 설명으로 옳지 않은 것은?

① 집단 대상으로는 실시가 불가능하다.

② 단어연상 검사의 변형으로 발전되었다.

③ 투사적 검사로 보기 어렵다는 견해도 있다.

④ 미완성 문장을 수검자가 자기 생각대로 완성하도록 하는 검사이다.

⑤ 문장의 전반적인 흐름과 미묘한 뉘앙스를 통해 수검자의 성격 패턴을 도출할 수 있다.

24 로샤(Rorschach)검사에서 반응 영역 기호로 옳지 않은 것은?

① W   ② D   ③ S   ④ H   ⑤ Dd

25 TAT에 관한 설명으로 옳은 것을 모두 고른 것은?

> ㄱ. 개인의 성격과 환경의 상호관계를 알려준다.
> ㄴ. 백지 카드를 포함해 흑백 그림 카드로만 이루어져 있다.
> ㄷ. 여러 해석방법 중 직관적 해석법, 욕구-압력 분석법이 있다.
> ㄹ. 대인관계의 역동적 측면을 파악하는 데 유용하다.

① ㄱ, ㄴ, ㄷ ② ㄱ, ㄴ, ㄹ ③ ㄱ, ㄷ, ㄹ ④ ㄴ, ㄷ, ㄹ ⑤ ㄱ, ㄴ, ㄷ, ㄹ

필수과목 **4과목 상담이론**

01 해결중심상담에서 사용하는 질문기법 중 다음에 해당하는 것은?

○ 최근 문제가 일어나지 않은 때는 언제였습니까?
○ 문제가 발생하지 않았다는 것을 어떻게 압니까?
○ 지금까지 살아오면서 우울함을 느끼지 않았던 순간이 한 번쯤 있었다면, 그 순간은 언제였나요?

① 기적질문   ② 대처질문   ③ 척도질문
④ 예외질문   ⑤ 관계성질문

정답 및 해설

21. ⑤   22. ②   23. ①   24. ④   25. ⑤   01. ④

21 투사적 검사의 장단점

장점	① 피검자의 독특한 반응을 이끌어 낼 수 있음 ② 피검자의 방어적 반응이 어려우므로 솔직한 응답을 유도해낼 수 있음 ③ 피검자의 자유롭고 풍부한 심리적 특성 및 무의식적 요인이 반영됨
단점	① 검사의 채점 및 해석에 있어 검사자의 높은 전문성이 요구됨 ② 신뢰도 및 타당도의 검증이 어려움 ③ 검사자나 상황변인의 영향을 받아 객관성이 결여될 수 있음

22 4장의 용지중 집그림을 지시할 때는 가로로, 나무그림, 사람그림 지시할 때는 세로로 지시한다.

23 문장완성 검사는 개인과 집단 모두에게 실시될 수 있는데 집단검사로 사용할 경우 자극문을 읽고 이해하고 짧은 글을 만들 수 있을 정도의 보통 수준의 지능이 필요하다.

24 로샤(Rorschach)검사에서 반응 영역 기호
W 전체반응 : 반점 전체를 사용하여 반응한 경우이며, 작은 일부분이라도 제외하고 반응한 경우 'W'로 기호화할 수 없다. (ex.박쥐)
D 보통부분반응 : 흔히 이용하는 반점 영역을 사용하여 부분 반응한 때 (ex.사람얼굴)
Dd 드문부분반응 : W나 D로 채점되지 않는 영역, 흔히 선택되지 않는 영역에서 일어난 반응(ex.개미)
S 공백반응 : 카드의 흰 공백 부분을 사용하였을 때 (ex.괴물의 눈), S단독으로 사용되지 않으며 W, D, Dd같은 다른 영역 기호에 추가적으로 사용 됨

25 TAT(Thematic Apperception Test)
흑백그림을 보고 줄거리를 연상하는 방법으로 다양한 대인관계의 역동성을 파악하며, 개인이 갈등을 대하는 방식, 성격 특성, 발달배경, 환경과의 상호관계, 자아상, 가족상, 개인의 욕구수준, 성의식, 불안이나 두려움, 직업의식, 독립욕구 등 다양한 심리적 특성을 알아 볼 수 있다.

01 예외질문
일상생활에서 성공적으로 잘하고 있으면서도 의식하지 못하는 것을 발견하고, 성공했던 행동을 의도적으로 하도록 강화시키는 기법이다.
예외 질문은 변화가 가능하다는 희망을 심어 주고 동기를 부여한다. 마치 '그것 봐. 전에도 해냈던 일이잖아'라고 해 주듯 말이다.

02 현실치료에 관한 설명으로 옳지 않은 것은?

① 선택이론에 근거하고 있다.

② 좋은 세계는 개인의 욕구와 소망이 충족되는 세계이다.

③ 인간은 기본적으로 생존, 사랑과 소속, 존중, 힘, 자유의 욕구가 있다.

④ 전행동(total behavior)의 '생각하기'에는 공상과 꿈이 포함된다.

⑤ 좋은 세계 안에는 우리에게 중요한 것과 가장 원하는 것이 반영되어 있으며 도덕적 기반은 존재하지 않는다.

03 중간신념과 자동적 사고에 관한 설명으로 옳지 않은 것은?

① 중간신념은 핵심신념으로부터 나온 것이다.

② 자동적 사고는 매우 빠르게 의식 속을 지나간다.

③ 중간신념은 삶에 대한 태도, 규범, 기대 등으로 구성된다.

④ 자동적 사고는 핵심신념과 중간신념을 매개한다.

⑤ 자동적 사고는 사실인 것처럼 무비판적으로 받아들이게 된다.

04 인지치료에서 사용하는 질문기법 중 다음에 해당하는 것은?

○ 내담자의 인지적 변화를 촉진하기 위한 기법이다.
○ 해결책 제시 혹은 논박보다 질문을 통해 스스로 자신의 해결책을 찾도록 돕는다.
○ 내담자 생각이 잘못되었음을 지적하는 것이 아니라 대안적 사고를 찾도록 돕는다.

① 왜-질문(why-question) ② 폐쇄형 질문

③ 양자택일형 질문 ④ 소크라테스식 질문

⑤ 수렴적 개방형 질문

05 두 개 이상의 치료 이론을 토대로 각 이론의 기법들을 종합하여 개념적 틀을 만드는 통합적 접근은?

① 기술적 통합 ② 이중적 통합

③ 동화적 통합 ④ 이론적 통합

⑤ 공통요인적 접근

06 다문화상담자가 갖추어야 할 역량으로 옳은 것을 모두 고른 것은?

> ㄱ. 내담자의 문화적 배경에 대해 구체적인 정보와 지식을 학습한다.
> ㄴ. 다양한 배경사이에 존재하는 공통 배경에 주의를 기울이는 것을 배운다.
> ㄷ. 문화의 다양한 차원들과 그것이 치료에 어떤 영향을 미치는지 배운다.
> ㄹ. 자신의 가치관이 다른 문화권의 내담자를 상담할 때 방해가 될 수 있음을 인식한다.

① ㄱ, ㄴ   ② ㄴ, ㄷ   ③ ㄷ, ㄹ   ④ ㄱ, ㄷ, ㄹ   ⑤ ㄱ, ㄴ, ㄷ, ㄹ

07 여성주의 상담의 목표에 해당하는 것을 모두 고른 것은?

> ㄱ. 다양성의 중시와 지지   ㄴ. 평등성
> ㄷ. 남성중심문화 적응을 위한 노력   ㄹ. 독립성과 상호의존성의 균형

① ㄱ, ㄴ   ② ㄷ, ㄹ   ③ ㄱ, ㄴ, ㄹ   ④ ㄴ, ㄷ, ㄹ   ⑤ ㄱ, ㄴ, ㄷ, ㄹ

정답 및 해설

02. ③   03. ④   04. ④   05. ④   06. ⑤   07. ③

02 ③ 인간은 기본적으로 생존, 사랑과 소속, 재미, 힘(권력), 자유의 욕구가 있다.
　① 과거에 어떤 일이 일어났거나 어떤 환경 조건에 처해있음에도 불구하고 연연해하지 않고, 자신의 행동을 주도적으로 선택하여 책임지고 효율적으로 자신의 욕구를 충족시키면서, 현재와 미래를 즐겁게 살아나갈 수 있도록 하는 것을 목표로 하는 선택이론에 근거하고 있다.
　② 좋은 세계는 기본욕구를 반영하여 구성되며 인식된 현실세계와 비교되어 어떻게 행동할 것인지를 선택하는 바탕이 된다.
　④ 인간이 생각하고 행동하고 생리적으로 반응하는 모든 것을 전행동이라고 하는데, 인간은 행동하기와 생각하기를 선택하여 직접 통제할 수 있으며, '생각하기'에는 공상과 꿈이 포함된다.
　⑤ 인간의 내면적 가상세계인 좋은 세계 안에는 자신에게 중요한 것과 가장 원하는 것이 반영되어 있으며 도덕적 기반은 존재하지 않는다.

03 핵심 신념은 사람들이 자신, 세상, 그리고 미래에 대해 가지는 근본적인 견해다. 대개 특정 상황에서 도출되는 자동적 사고는 이러한 핵심 신념을 통해 만들어진다.
　중간 신념은 좀 더 쉽게 확인되고 분명하게 표현되며, 핵심 신념보다 더 변화하기 쉽고, 특정 상황에서 경험하는 자동적 사고와 핵심 신념의 매개역할을 한다.

04 소크라테스식 질문은 인지적 변화를 위해 질문을 통해 대화하는 방식으로 해결책을 제시 하거나 그들의 사고를 논박하기 보다는 일련의 신중한 질문을 통해 스스로 해결책을 찾도록 도와주는 인지치료기법이다.

05 통합의 4유형
　· 기술적 통합 : 차이점에 초점을 맞추고 많은 접근법으로부터 기법들을 모아 가는 통합. 이 방법은 특정 이론적 입장에 동의하지 않고 다양한 학파에서 기술을 빌려 올 수 있다는 특징이 있다.
　· 동화적 통합 : 한 가지의 이론적 입장을 기본으로 하고 다른 치료이론의 개념과 기법을 받아들이는 통합
　· 이론적 통합 : 두 개 이상의 치료 이론을 토대로 각 이론의 기법들을 종합하여 개념적 틀을 만드는 통합적 접근으로 제프리영(Jeffrey Young)의 심리도식치료가 대표적인 예이다.
　· 공통요인적 접근 : 여러 치료에서 공통적으로 나타나는 핵심적인 공통요인을 찾아내어 그러한 요인을 중심으로 이론 체계를 구성하여 치료적으로 시도하는 접근으로 이러한 접근의 대표적인 예는 REMA 모델로 네 가지의 핵심적 공통요인인 관계(relationship), 노출(exposure), 숙달(mastery), 귀인(attribution)의 첫 글자를 따서 명명한 것이다

06 ㄱ. ㄴ. ㄷ. ㄹ 모두 갖추어야 한다.

07 남녀평등문화형성을 위한 노력을 하여야 한다.

08 상담구조화의 내용으로 옳지 않은 것은?

① 상담시간 안내, 취소 및 연기가 필요할 때의 방법
② 비밀보장의 원칙
③ 상담자의 역할
④ 내담자의 역할
⑤ 상담자의 전문성 정도

09 상담의 종결에 관한 설명으로 옳지 않은 것은?

① 상담의 목표달성 여부를 점검한다.
② 내담자가 먼저 종결을 제안하는 경우는 없다.
③ 종결에 따른 이별 감정을 다룬다.
④ 문제의 재발방지방안에 대해 다룬다.
⑤ 추수상담 일정에 대해 논의한다.

10 다음 청소년내담자의 이야기에서 찾아볼 수 있는 인지적 특징에 관한 설명으로 옳지 않은 것은?

> 선생님, 저는 완전 쓰레기예요. 애들이 저를 싫어하는 거 같아요. 제 짝꿍한테 인사를 하고 싶어
> 서 다가갔어요. 짝꿍은 뒤에 앉은 애랑 얘기를 하고 있었거든요. 근데 저랑 눈이 마주친 거 같
> 은데, 계속 얘기를 하더라고요. 나를 쳐다보고 싶지도 않다는 거겠죠. 늘 이렇게 무시당하는 건
> 정말 최악이에요. (목소리가 높아지며 화를 내면서) 친구라면 당연히 잘 해줘야 하는 거 아닌가
> 요? 정말 끔찍해요.

① 경직된 사고
② 당위론적 사고
③ 높은 좌절인내력(high frustration tolerance)
④ 독심술(mind-reading)
⑤ 잘못된 명명(mislabelling)

11 상담목표 설정의 고려사항으로 옳은 것을 모두 고른 것은?

> ㄱ. 현실성   ㄴ. 성취가능성   ㄷ. 구체성   ㄹ. 일관성

① ㄱ, ㄴ   ② ㄴ, ㄷ   ③ ㄷ, ㄹ   ④ ㄱ, ㄴ, ㄷ   ⑤ ㄱ, ㄴ, ㄷ, ㄹ

12 교류분석이론의 라켓에 관한 설명으로 옳은 것을 모두 고른 것은?

> ㄱ. 자신도 모르게 벌이는 일련의 각본에 따른 행동
> ㄴ. 초기 결정을 확증하기 위해 타인을 조작하는 과정
> ㄷ. 스트레스 상황에서 자주 경험하게 되는 감정
> ㄹ. 표정, 감정, 태도, 언어, 기타 여러 형태의 행동으로 상대방에 대한 자신의 반응을 알리는 행위

① ㄱ, ㄹ   ② ㄴ, ㄷ   ③ ㄷ, ㄹ   ④ ㄱ, ㄴ, ㄷ   ⑤ ㄱ, ㄴ, ㄷ, ㄹ

13 다음에서 상담자가 활용하고 있는 상담기술은?

> ○ (입술을 삐죽대는 내담자에게) 동생이 자랑스럽다고 말하면서도 동생의 이중적인태도를 비난하는 것처럼 보이네요.
> ○ 최고의 대학에 가고 싶다고 하지만, 매일 게임을 하거나 잠을 자며 보냈네요.

① 해석   ② 요약   ③ 직면   ④ 공감   ⑤ 경청

정답 및 해설

08. ⑤   09. ② 10. ③ 11. ④   12. ④ 13. ③

08 상담구조화의 내용
- 상담시간의 구조화 (상담시간 안내, 취소 및 연기가 필요할 때의 방법)
- 비밀보장의 원칙 · 상담자의 역할의 구조화
- 내담자의 역할의 구조화 · 상담과정 및 목표의 구조화

09 문제가 빨리 해결되었거나 상담이 만족스럽지 않은 경우 내담자가 먼저 종결을 제안하는 경우가 있다.

10 낮은 좌절인내력을 보이고 있다.
① 눈이 마주쳤는데 계속 다른 친구랑 애기하는 것은 나를 무시하는 것이다.(경직된 사고)
② 친구라면 당연히 잘 해줘야 하는 거 아닌가요?(당위론적 사고)
④ 애들이 저를 싫어하는 거 같아요. 나를 쳐다보고 싶지도 않다는 거겠죠.(독심술)
⑤ 완전쓰레기 (잘못된 명명)

11 상담목표 설정의 고려사항
1. 목표는 현실적이어야 한다.
2. 목표는 성취가능해야 한다.
3 목표는 구체적이고 명확해야 한다.
4. 목표는 상담자의 능력(기술)과 부합하여야 한다.

12 표정, 감정, 태도, 언어, 기타 여러 형태의 행동으로 상대방에 대한 자신의 반응을 알리는 행위는 스트로크이다.
〈라켓감정〉
라켓은 초기 결정을 확증하기 위하여 다른 사람을 조작하는 과정을 말하며, 이를 위한 수단으로 자신도 모르게 벌이는 일련의 '각본에 따른 행동'을 말한다. 이러한 조작적이고 파괴적인 행동과 연관된 감정을 라켓 감정이라 한다.
라켓 감정은 스트레스 상황에서 자주 경험하는 정서로서 어린 시절에 학습되고 주위로부터 지지받았으며 성인에게는 부적합한 문제해결 방식으로 자신에게 매우 친근한 정서를 뜻하는 내 의사와 다르게 표현되는 감정이다.

13 직면은 내담자의 말, 행동, 감정이나 태도가 모순되고 불일치할 때 이를 깨닫도록 하는 방법이다. 보기의 내용은 직면 기술을 활용하고 있다.

14 상담자의 윤리로 옳지 않은 것을 모두 고른 것은?

> ㄱ. 성인상담과 달리 청소년 내담자와의 상담에서는 어떠한 경우라도 비밀은 보장되어야 한다.
> ㄴ. 상담자는 교수와 학생, 가까운 친구나 친인척, 직장 동료와의 관계 등 이중관계를 피해야 한다.
> ㄷ. 상담자는 내담자의 사전 동의하에 기록 및 녹음 등을 할 수 있고 전문적인 서비스를 제공하기 위하여 상담내용을 기록하고 보관할 수 있다.

① ㄱ   ② ㄴ   ③ ㄱ, ㄴ   ④ ㄴ, ㄷ   ⑤ ㄱ, ㄴ, ㄷ

15 다음 사례에서 A가 사용한 방어기제는?

> A는 또래에 비하여 키가 작고 덩치가 왜소하여 친구들에게 괴롭힘을 당했고 이로 인해 분노감과 열등감이 심해졌다. 그런데 태권도를 접한 후, 친구들에 대한 분노감과 열등감을 운동으로 달래고 자신의 작은 덩치를 극복하기 위해 열심히 연습하여 유단자가 되었고, 학교 대표로 태권도 대회에 나가게 되었다.

① 투사   ② 동일시   ③ 퇴행   ④ 승화   ⑤ 반동형성

16 상담에 관한 설명으로 옳은 것을 모두 고른 것은?

> ㄱ. 상담은 반드시 본인이 신청하지 않아도 된다.
> ㄴ. 상담은 상담자가 내담자를 조력하는 과정이다.
> ㄷ. 상담의 주요 구성요소는 상담자, 내담자, 상담관계이다.
> ㄹ. 상담자는 전문적 자질 뿐만 아니라 인간적 자질을 갖추어야 한다.

① ㄱ, ㄴ   ② ㄷ, ㄹ   ③ ㄱ, ㄴ, ㄹ   ④ ㄴ, ㄷ, ㄹ   ⑤ ㄱ, ㄴ, ㄷ, ㄹ

17 다음 사례에 부합하는 상담의 기본원리로 옳은 것은?

> A는 아주 민감한 성향을 가지고 있으며 우울증을 앓고 있어서 외출하는 것이 쉽지 않다. 게다가 운전이 미숙하여 상담실을 찾아오는 것에도 어려움을 호소한다. 따라서 상담자는 내담자의 상황에 맞게 내담자가 편리한 시간대에 상담을 진행하기로 하였다. 또한 내담자의 우울증과 민감한 성향을 배려하여 충분히 기다려주고 작은 반응에도 세심하게 응대하고 있으며, 상황에 따라 전화상담 등 매체상담도 계획하고 있다.

① 비밀보장의 원리   ② 개별화의 원리   ③ 자기결정의 원리
④ 무비판적 태도의 원리   ⑤ 의도적 감정표현의 원리

18 상담자가 갖추어야 할 전문적 자질로 옳지 않은 것은?

① 상담자의 윤리　　　② 상담기법의 활용　　　③ 상담이론에 대한 이해
④ 완벽을 지향하는 태도　　　⑤ 심리검사의 이해

19 다음 사례에 해당하는 아들러(A. Adler)의 개인심리학적 상담기법은?

> A는 항상 우울하고 시무룩하여, 상담을 받고 있다. 상담자는 A에게 우울과 행복의 경험을 번갈아 가면서 생각하도록 하고 우울과 행복을 각각 상징하는 인형을 보여주며, 어떤 인형과 함께 놀고 싶은지 선택하게 하였다. 그리고 선택한 인형과 놀아보는 과제를 주어서, 자기가 어떤 감정과 상황을 선택할 것인지를 생각해보게 하였다.

① 수프에 침 뱉기　　　② 가족구도 분석　　　③ 우월성 추구
④ 단추 누르기　　　⑤ 마치 ～처럼 행동하기

20 행동주의 상담기법으로 옳은 것을 모두 고른 것은?

> ㄱ. 소거(extinction)　　　ㄴ. 용암법(fading)
> ㄷ. 노출법(exposure)　　　ㄹ. 토큰 경제(token economy)

① ㄱ, ㄴ　　　② ㄷ, ㄹ　　　③ ㄱ, ㄷ, ㄹ　　　④ ㄴ, ㄷ, ㄹ　　　⑤ ㄱ, ㄴ, ㄷ, ㄹ

정답 및 해설　　　14. ①　15. ④　16. ⑤　17. ②　18. ④　19. ④　20. ⑤

14 청소년상담사는 청소년 내담자 상담 시 사전에 상담에 대한 내담자의 동의를 받고 상담 과정에 부모나 보호자가 참여할 수 있으며, 비밀보장의 한계에 따라 정보를 제공할 수 있음을 알린다.

15 승화는 사회적으로 인정될 수 없는 욕구나 충동(설문의 분노감과 열등감)을 사회에서 받아들여질 만한 방향(학교대표로 출전)으로 표출하는 행위를 일컫는다.

16 ㄱ. 신청은 본인뿐만 아니라 대리인도 신청이 가능하다.
ㄴ. 상담은 내담자 스스로가 자기 문제를 해결하도록 조력하는 것
ㄷ. 상담 진행에서 기본이 되는 구성요소에는 상담자와 내담자, 그리고 둘 사이의 관계인 상담관계가 있다.
ㄹ. 상담자는 전문적 자질 뿐만 아니라 바람직한 인간적 자질을 갖추어야 한다.

17 개별화의 원리는 내담자 개개인의 독특한 자실을 알고 이해하는것으로, 상담시 개인차에 따라 상이한 원리나 방법을 활용하는 것이다. 즉, 내담자의 개성과 특성을 이해하고 보다나은 적응을 위해 조력해야 하며, 상담 방법 또한 내담자의 개인차에 따라 달라져야 한다는 원리이다.

18 아무리 능숙한 전문가라도 실수를 할 수 있음을 인정하고 완벽주의를 피해야 한다.

19 '단추누르기 기법은 개인이 유래한 경험과 그렇지 않은 경험을 번갈아서 생각하도록 하고, 그 각각의 경험과 관련되어 있는 감정에 관심을 갖게 한다. 만약 자신이 여러 단추 중에서 행복 단추를 누르면 행복한 생각을 하면서 행복한 감정을 느낄 것이고, 우울 단추를 누른다면 우울한 생각을 하면서 우울한 감정을 느낄 것이다.'

20 행동주의 상담기법
① 행동조성, ② 용암법, ③ 토큰경제, ④ 과잉교정, ⑤ 소거법, ⑥ 노출법 ⑦ 내현적 가감법

21 엘리스(A. Ellis)의 비합리적 사고와 합리적 사고의 변별기준으로 옳은 것을 모두 고른 것은?

> ㄱ. 논리성의 여부　　　　　　　　　ㄴ. 경험적 현실과 일치 여부
> ㄷ. 삶의 목표 달성에 도움 여부　　　ㄹ. 융통성과 유연성의 여부

① ㄱ, ㄴ　② ㄴ, ㄷ　③ ㄷ, ㄹ　④ ㄴ, ㄷ, ㄹ　⑤ ㄱ, ㄴ, ㄷ, ㄹ

22 인간중심상담이 효과적으로 진행될 때, 내담자에게 나타나는 변화로 옳지 않은 것은?

① 자기자각 증가　　　　　　② 자기수용 증가
③ 자기표현 증가　　　　　　④ 자기개방 증가
⑤ 자기방어 증가

23 다음에 해당하는 게슈탈트 치료의 개념과 용어를 옳게 연결한 것은?

> ㄱ. 긍정과 성장, 개인적 통합을 위한 핵심 개념으로 개체가 자신의 유기체적 욕구나 감정을 지각하여 명료한 전경으로 떠올리는 행위이다.
> ㄴ. 밀접한 관계에 있는 두 사람이 서로의 독자성을 무시하고 동일한 가치와 태도를 지닌 것처럼 여기는 것으로 흔히 외로움이나 공허감을 피하기 위한 경우가 많다.
> 　(a) 알아차림　　　　　　(b) 편향　　　　　　(c) 융합

① ㄱ - a,　　　　　ㄴ - b
② ㄱ - a,　　　　　ㄴ - c
③ ㄱ - b,　　　　　ㄴ - a
④ ㄱ - b,　　　　　ㄴ - c
⑤ ㄱ - c,　　　　　ㄴ - b

24 실존치료에서 실존적 불안의 조건으로 옳지 않은 것은?

① 죽음　　　　　　② 고립(고독)　　　　　　③ 무의식
④ 무의미　　　　　⑤ 자유와 책임

25 인간중심상담의 개념과 용어를 옳게 연결한 것은?

ㄱ. 가설적이고 이상적 사회의 궁극적 목표로 무조건적 존중을 통하여 실현됨
ㄴ. 인간이 자신을 유지시키면서 잠재력을 건설적인 방향으로 성취하려는 선천적인 성향
ㄷ. 자신의 개인적 특성 또는 타인과의 관계 속에서 형성된 특징에 대해 스스로 가지고 있는 개념

 (a) 충분히 기능하는 인간(fully functioning person)
 (b) 유기체의 가치화과정(organismic valuing process)
 (c) 실현 경향성(actualizing tendency)
 (d) 진실성(genuineness)
 (e) 자기 개념(self-concept)

① ㄱ - a,　　　ㄴ - b,　　　ㄷ - c
② ㄱ - a,　　　ㄴ - c,　　　ㄷ - e
③ ㄱ - b,　　　ㄴ - c,　　　ㄷ - a
④ ㄱ - b,　　　ㄴ - d,　　　ㄷ - e
⑤ ㄱ - c,　　　ㄴ - d,　　　ㄷ - a

정답 및 해설
21. ⑤　22. ⑤　23. ②　24. ③　25. ②

21 합리적 사고와 비합리적 사고의 구분

구 분	합리적 사고	비합리적 사고
논리성	논리적 모순이 없다	논리적으로 모순이 많다.
경험적 현실	경험적 현실과 일치한다	경험적 현실과 일치하지 않는다.
유용성	삶의 목적달성에 도움이 된다.	삶의 목적달성에 도움이 되지 않는다.
융통성과 유연성	융통성이 있고 유연한 사고를 한다.	절대적, 극단적이며 경직되어 있다.

22 인간중심상담이 효과적으로 진행될 때, 내담자에게 나타나는 변화
　내담자의 자기 자각(이해), 자기탐색 및 자기수용의 증가, 자기표현증가, 자기개방 증가, 자기방어의 감소 등

23 게슈탈트 치료의 개념과 용어
　ㄱ - a.(알아차림)　ㄴ - c(융합)이다.
　편향은 감당하기 힘든 내적 갈등이나 외부 환경적 자극에 노출될 때 이러한 경험으로부터 압도당하지 않기 위해 자신의 감각을 둔화시킴으로써 자신 및 환경과의 접촉을 약화시키는 행위를 말한다. (억지로 말을 장황하게 하거나 초점을 흐리는 등의 행위)

24 실존치료에서는 인간은 죽음, 고독(고립), 자유와 책임, 무의미라는 4가지 실존적 조건을 용기 있게 직면하고 수용함으로써 진실한 삶을 살 수 있다고 하였다.

25 (a) 로저스(Rogers)는 '충분히 기능하는 사람 또는 완전히 기능하는 사람'은 현재 자신의 '자기(Self)'를 완전히 자각하는 사람을 말하며, 가설적 이고 이상적 사회의 궁극적 목표로 무조건적 존중을 통하여 실현된다고 하였다.
　(c) 로저스(Rogers)는 인간은 스스로를 유지하고 건설적인 방향으로 잠재력을 성취하려는 기본적이고 선천적인 성향을 지니고 있다고 주장하고 이를 '실현 경향성(actualizing tendency)'라고 하였다.
　(e) 자기 개념(self-concept)은 자신의 개인적 특성 또는 타인과의 관계 속에서 형성된 특징에 대해 스스로 가지고 있는 개념으로, 자기의 현재 모습에 대한 지각 뿐만 아니라 자기가 되어야 한다고 생각하는 것 까지 포함되는데, 이를 '이상적 자기'(ideal self)라고 한다.

01 지식과 기능의 구인, 정신적 구조와 기억네트워크의 발달, 정보처리과정 등을 강조하는 학습이론으로 옳은 것은?

① 행동주의이론　　　② 인지주의이론　　　③ 인본주의이론
④ 생태주의이론　　　⑤ 정신분석이론

02 습득된 지식과 기능이 새로운 맥락이나 상황에 새로운 방식으로 적용되는 것은?

① 부호화(encoding)　　　　　　　　② 전이(transfer)
③ 민감화(sensitization)　　　　　　④ 습성화(habituation)
⑤ 감각적 적응(sensory adaptation)

03 헐(C. Hull)이 제시한 공리(postulates)에 해당하지 않는 것은?

① 하나의 행동은 하나의 자극에 의해 발생한다.
② 유기체는 욕구가 생길 때 유발되는 반응 위계를 가지고 태어난다.
③ 강화는 추동 감소이다.
④ 만일 자극이 반응을 유도하고 반응이 생리적 욕구를 만족시키면 자극과 반응의 관계는 강해진다.
⑤ 반응제지는 근육활동으로 인한 피로에 의해 유발되며 과제수행을 위한 작업량과도 관계된다.

04 행동주의 학습이론에서 다음 설명에 해당하는 것은?

> 학습자가 달성해야 할 최종 목표행동(goal behavior)에 이르는 행동단위들(targetbehaviors)을 난이도에 따라 분리한 다음, 각각의 행동단위를 순차적으로 조건화해 나감으로써 궁극적으로 최종 목표행동을 학습시킨다.

① 조성(shaping)
② 대체 강화(backup reinforcement)
③ 프리맥의 원리(Premack principle)
④ 역치법(threshold)
⑤ 모순된 반응법(incompatible response method)

05 처벌의 효과적 사용을 위한 지침으로 옳지 않은 것은?

① 처벌은 일관성이 있어야 한다.

② 처벌받는 행동이 받아들여질 수 없는 이유에 대해 설명해 주어야 한다.

③ 처벌받는 행동을 대신할 바람직한 행동에 대한 학습 기회를 제공해야 한다.

④ 처벌받는 행동은 분명하고 구체적인 용어로 제시되어야 한다.

⑤ 처벌은 시차를 두고 부적절한 행동들을 취합한 후 주어져야 한다.

정답 및 해설

01.② 02.② 03.① 04.① 05.⑤

01 인지주의에서는 학습을 지식의 구성과정으로 본다. 즉, 정보를 선택하고, 조직하여 지식을 구성하는 정신구조와 과정에 관심을 둔다. 그래서 인지주의에서는 학습되는 것은 지식이며, 지식의 변화가 행동의 변화를 가능하게 해 준다고 생각한다.

02 '전이(transfer)'란 어떤 학습의 결과가 다른 학습에 영향을 주는 현상이며, 학교에서 어떤 과제를 학습하면 이것이 다음 과제를 학습하는 데 도움을 주는 것, 또 배운 것을 나중에 생활에 적용하는 것을 일컫는다. 따라서 전이는 학습과 기억의 주요 목표인 것이다.

① 인지과정 혹은 정보 처리 과정의 한 형태로, 청각, 시각, 촉각 등 감각을 통해 들어오는 정보를 처리하고 저장하기 위해 전기적 에너지로 변환되고 그 정보를 유의미하게 만들며(조직화하며), 장기기억에 저장되어 있는 기존의 정보와 연결하고 결합하는 과정이다. 이러한 과정을 통해 새 정보는 작업기억에서 장기기억으로 전환된다. 즉 부호화는 정보를 기억에 저장할 수 있는 형태로 변환하는 과정이다.

③ *민감화(sensitization)–한 자극에 대한 반응이 그 자극을 경험할수록 더 강해지는 것

④ *습성화(habituation, 둔감화)– 동일한 자극을 반복적으로 경험함으로써 그에 대한 반응이 감소하는 것 (예)기찻길옆 오막살이)

03 행동은 하나의 자극보다는 여러 자극의 영향을 발생한다. 반응을 유발하는 자극은 매우 많을 수 있다.

② 헐에 따르면 새로운 행동을 학습하지 않아도 배고픔이나 갈증을 해결하는 행동 몇가지를 유기체가 가지고 태어나는데, 이 행동들은 위계적으로 조직되어(반응 위계 또는 습관군 위계) 위계가 높은 행동이 먼저 나타난다. 위계에 따라 나타난 행동 하나가 강화를 받으면 위계가 바뀌어 강화된 행동이 먼저 나타나게 되는데 헐은 이것이 도구적 조건화라고 보았다.

③ 인접한 자극이 추동을 감소시켜야 학습이 일어난다. 어떤 행동이 학습되려면 먼저 추동이 일어난 때에 일어나야 하고, 행동이 추동을 감소시켜야 한다. 장발장이 가게에서 빵을 훔치는 행동을 학습하기 위해서는 훔치는 행동이 배고플 때 일어나야 하며 빵을 훔침으로써 배고픔이 줄어들어야 한다.

④ 헐은 강화를 반응의 결과로 나타나는 만족스런 상태로 보지않고 강화를 추동을 감소시킬 수 있는 자극으로 정의했다. 그리고 손다이크의 사용의 법칙과 비슷하게 자극과 반응이 자주 연합되면 습관강도(sHr)가 강해진다고 주장했고, 초기의 강화가 나중의 강화보다 효과가 강하다고 주장했다.(이를 부적 가속성이라 한다)

⑤ 행동은 피로를 유발하고 피로는 CR(조건반응)을 방해한다. 출근 시각이 다 돼가도록 잠자리에서 일어나지 않는 이유는 우리가 피로하기 때문이다. 헐은 피로를 반응제지(Ir)로 정의하여 수량화하려고 하였다.

04 응용행동분석의 한 기법인 행동조성(shaping)은 차별적 강화(어떤 반응에는 강화를 주고 어떤 반응에는 강화를 주지 않는다)를 이용하여 목표행동에 도달할 때까지 목표와 근접한 행동들을 점진적으로 형성해 간다 (예 : 조련사의 동물훈련)

05 행동 후 즉시 처벌해야 한다.

06 자기교시법(self-instruction)의 단계 중 다음 사례에 해당하는 것은?

> 교사가 충동성이 높은 학생에게 문제해결법을 가르치기 위하여 큰소리로 문제해결과정을 진행하는 시범을 보여주었고, 그러한 교사의 언어와 행동을 관찰한 학생이 교사의 도움 없이 혼자서 소리 내어 말하면서 문제를 풀어가는 과정

① 외현적 지도　　　　　② 인지적 재구성　　　　　③ 외현적 자기안내
④ 내재적 자기지시　　　⑤ 외현적 자기안내의 소멸

07 션크와 루드(D. Schunk & H. Rude)가 제시한 효과적인 모방학습 모델의 특성에 해당하지 않는 것을 모두 고른 것은?

> ㄱ. 유사성　　　ㄴ. 지위　　　ㄷ. 능력　　　ㄹ. 적극성　　　ㅁ. 진실성

① ㄱ, ㄴ　　② ㄱ, ㅁ　　③ ㄴ, ㄷ　　④ ㄷ, ㄹ　　⑤ ㄹ, ㅁ

08 다음 사례에 해당하는 강화계획으로 옳은 것은?

> ○ 도박꾼들이 언제 돈을 딸 수 있을지 모르지만 계속해서 베팅을 하는 행동
> ○ 낚시꾼들이 여러 차례 낚시를 던져 물고기가 잡히지 않는데도 낚시를 계속하는 행동

① 연속강화　　　　　② 고정간격강화　　　　　③ 변동간격강화
④ 고정비율강화　　　⑤ 변동비율강화

09 학습의 정의에 관한 설명으로 옳은 것은?
① 유기체가 속한 종(種) 특유의 행동(species-specific behavior)
② 유기체의 경험에 의해 비교적 영속적으로 변화된 행동
③ 유기체가 속한 종(種)의 계통발생학적 행동
④ 약물에 의해 일시적으로 변화된 행동
⑤ 유전인자에 의한 행동

10 반두라(A. Bandura)가 제시한 모방학습의 과정을 순서대로 옳게 나열한 것은?

① 주의과정 – 파지과정 – 운동 재생산 과정 – 동기과정
② 주의과정 – 파지과정 – 동기과정 – 운동 재생산 과정
③ 주의과정 – 운동 재생산 과정 – 파지과정 – 동기과정
④ 파지과정 – 주의과정 – 동기과정 – 운동 재생산 과정
⑤ 파지과정 – 동기과정 – 주의과정 – 운동 재생산 과정

11 행동주의 학습이론에서 다음 사례에 해당하는 것은?

> A의 부모는 A에게 규칙적인 생활 습관을 학습시키기 위하여 정해진 시간에 일어나면 스티커 하나를 주기로 하지만 기상 시간을 지키지 못할 경우 주어진 스티커 하나를 회수하기로 하였다.

① 질책(reprimands)
② 타임아웃(time-out)
③ 과잉교정(overcorrection)
④ 자동강화(automatic reinforcement)
⑤ 반응대가(response-cost)

정답 및 해설

06. ③ 07. ⑤ 08. ⑤ 09. ② 10. ① 11.⑤

06 마이켄 바움(D. Meichenbaum)과 굳맨(J. Goodman)의 자기교시법(self-instruction)

1단계: 인지적 모델링 단계 : 성인 모델이 큰 소리로 말하면서 과제를 수행하고 아동은 관찰하는 단계
2단계: 외현적 지도단계 : 성인 모델이 하는 말을 아동이 큰 소리로 따라서 말하면서 과정을 수행하는 단계
3단계: 외현적 자기안내 단계 : 아동이 혼자서 큰 소리로 말하면서 과제를 수행하는 단계
4단계: 외현적 자기안내의 감소 단계 : 아동이 작은 소리로 혼잣말을 하면서 과제를 수행하는 단계
5단계: 내재적 자기 지시단계 : 아동이 마음속으로 혼잣말을 하면서 과제를 수행하는 단계

07 션크와 루드(D. Schunk & H. Rude)는 학습자는 모델이 자신의 상황 및 조건과 유사할 경우, 모델의 능력과 지위가 있을 경우, 학습의 효과성은 증가한다고 하였다.

08 변동비율강화는 강화가 발생한 후 다음 강화가 발생하기까지 정해진 일정한 수만큼이 아니라 예기치 않게 변하는 것을 말한다. (예: 잭팟, 낚시, 도박, 경마, 복권 등)

09 학습은 연습이나 경험의 결과로 생기는 비교적 영속적인 유기체의 행동변화를 의미한다. 따라서 성숙으로 인한 종특유의 행동이나 계통발생학적 특성, 일시적인 변화된 행동은 학습으로 간주되지 않는다.

10 반두라(A. Bandura)가 제시한 모방학습의 과정

과정	내용
주의집중 과정	관찰자의 선택적 주의집중은 과거의 강화에 따라 영향을 받는다. 모델의 특징들도 주의집중에 영향을 끼친다
파지 과정	관찰자는 모델을 관찰한 후 모델의 행동을 시각적 또는 언어적인 형태의 상징적인 부호로 저장(파지)해야 추후에 모방이 가능해진다.
운동재생산 과정	관찰자가 상징적 부호를 획득한 후에 적절한 환경에서 행동으로 나타내는 과정이다.
동기화과정	강화를 통해 행동의 동기를 높여 주는 단계이다. 아무리 사람들이 모델 행동에 주의를 기울이고 기억하고 수행할 수 있는 능력을 많이 갖고 있다고 하더라도 충분한 유인가치나 동기 없이는 행동을 수행하지 않는다고 하였다.

11. 반응대가(response-cost)과정에 대한 설명이다.

12 고전적 조건형성에서 다음 사례에 해당하는 것은?

> 고전적 조건형성을 이용하여 흰쥐에 대한 공포반응이 조건화된 아이가 하얀 수염이 난 할아버지나 하얀 토끼에 대해서도 동일한 공포반응을 보였다.

① 변별(discrimination)
② 소거(extinction)
③ 일반화(generalization)
④ 자발적 회복(spontaneous recovery)
⑤ 고차적 조건화(higher-order conditioning)

13 다음 중 고전적 조건형성의 원리를 응용한 상담의 기법을 모두 고른 것은?

> ㄱ. 체계적 둔감법(systematic desensitization)
> ㄴ. 혐오요법(aversion therapy)
> ㄷ. 모방학습(modeling)
> ㄹ. 수반성계약법(contingency contract)

① ㄱ, ㄴ   ② ㄱ, ㄷ   ③ ㄴ, ㄷ   ④ ㄴ, ㄹ   ⑤ ㄷ, ㄹ

14 매슬로우(A. Maslow)의 욕구단계이론에 관한 설명으로 옳지 않은 것은?
① 자아실현 욕구는 모든 인간에게 내재되어 있다.
② 자존감 욕구는 성장욕구에 해당한다.
③ 생존에 필수적인 욕구와 성장을 추구하는 욕구가 있다.
④ 생리적인 욕구는 평형을 유지하려는 욕구이다.
⑤ 자아실현 욕구는 완전히 만족되지 않는다.

15 톨만(E. Tolman)의 학습이론에 관한 설명으로 옳지 않은 것은?
① 강화(reinforcement)는 학습에 필수적이지 않다.
② 학습된 것이 행동으로 드러나지 않을 수 있다.
③ 보상의 유무는 학습된 결과가 행동으로 나타나는 것에 영향을 미친다.
④ 학습의 결과는 인지도(cognitive map)로 만들어진다.
⑤ 학습은 점진적이 아니라 갑자기 이루어진다.

16 성취목표 중 숙달목표(mastery goal)와 수행목표(performance goal)에 관한 설명으로 옳지 않은 것은?

① 수행목표는 남의 눈에 유능하게 보이는 것에 해당한다.
② 숙달목표는 스스로 더 유능한 사람이 되려는 것에 해당한다.
③ 숙달목표 지향적인 사람은 학습과 행동을 스스로 조절한다.
④ 수행목표 지향적인 사람은 선생님을 조언자로 여긴다.
⑤ 숙달목표 지향적인 사람은 실패를 해도 수행에 만족할 수 있다.

정답 및 해설   12. ③   13. ①   14. ②   15. ⑤   16. ④

12 자극과 유사한 자극이 스스로 조건 반응을 유발하게 되는 현상을 말한다.(자라보고 놀란 가슴 솥뚜껑보고 놀란다)일반화는 조건

① 변별 : 자극이 다른 경우 반응도 달라지는 현상 (노란색에 반응하면 음식을, 빨간불에 반응하면 아무것도 제공하지 않을 경우 노란불에만 반응)

② 소거 : 조건자극 후에 무조건자극을 제공하지 않는 경우 조건반응이 사라지는 것

④ 자발적 회복 : 소거가 완료된 후 일정 기간 훈련을 중지했다가 조건 자극을 다시 제시하면 조건 반응이 갑자기 재출현하는 것

⑤ 고차적 조건화 : 조건자극(종소리)이 조건반응을 형성하고 난 후 제2의 자극(발소리)과 짝지어질 경우 제2자극(발소리)이 조건반응(침을 흘림)을 일으키게 되는 것을 말한다. 이런 방식으로 제3, 제4의 조건자극을 만들어 낼 때, 이를 고차적 조건화라고 한다.

13 고전적 조건형성의 원리를 응용한 상담의 기법은 체계적 둔감법과 혐오요법이 있다.

ㄱ.체계적 둔감법은 공포나 불안감을 야기하는 자극에 대해서 단계적으로 공포나 불안감을 제거하는 기법이다. 예컨대 뱀에 공포감을 느끼는 아이에게 처음에는 실을 가지고 놀게하고, 두번째는 줄을 가지고 놀게 하고 다음에는 지렁이를 가지고 놀게 함으로써 점차 공포의 대상에 적응하도록 하는 기법이다.

ㄴ.혐오기법은 처벌, 소거, 타임아웃, 반응대가 등이 있다.

ㄷ. 모방학습은 인간은 어떤 모델의 행동을 관찰, 모방함으로써 학습하게 된다는 이론으로 사회학습이론과 관련이 있다.

ㄹ. 수반성계약법은 어떤 사건(A)이 일어나면 다른 사건(B)이 야기된다는 계약으로 조작적 조건형성과 관련이 있다..
  (예: 자녀가 심부름을 하면 용돈을 주는 것)

14 자아실현욕구가 다른 네 가지 욕구와 많은 점에서 차이가 난다고 보아 자아실현욕구를 성장욕구(Growth Needs),나머지를 결핍욕구(Deficiency Needs)로 구분하였다. 전자는 무엇인가 결핍되어서라기보다는 성장하고자 해서 발생하는 욕구인 반면 후자는 무엇인가 부족하기 때문에 느끼는 욕구라고 하였다. 즉, 자존감욕구는 결핍욕구로 보았다.

⑤ 자아실현욕구란 "인간이 갖는 가장 최상위의 욕망으로, 자기 개발과 목표 성취를 위해 끝없이 노력하는 자세"라고 정의하고 있다. 생물학적 욕구에는 한계점이 있어서 일정 수준 이상 충족되면 자동적으로 그 욕구는 사라진다. 그러나 자기실현의 욕구는 다른 단계의 욕구와 달리 일정한 한계점이 없어서 오히려 욕구의 충족이 커지면 커질수록 그 욕구는 더 강해진다는 것이다.

15 행동주의 학자인 톨만은 학습은 점진적으로 이루어진다고 주장하였다. 반면에 인지주의 학자인 쾰러는 침팬지들이 갑자기 도구(상자나 막대)의 효용성을 '아하(Aha)'하고 발견하는 것은 통찰(Insight)을 통해 가능해졌다고 보고, 학습은 갑자기 이루어 진다고 보았다.

16 숙달목표 지향적인 사람은 선생님을 조언자로 여기지만, 수행목표지향적인 사람은 조언을 구하기보다는 남의 것을 베끼거나 부당한 방법으로 목표를 수행하려고 한다.

17 뇌 발달에 관한 설명으로 옳지 않은 것은?

① 성인기 이후에도 신경생성(neurogenesis)은 계속된다.

② 거울뉴런(mirror neuron)은 타인의 행동을 마치 자신의 행동을 보는 것처럼 느끼게 하는 뉴런이다.

③ 신생아의 뇌를 구성하는 뉴런의 숫자는 성인의 25 %에 불과하다.

④ 전두엽 발달은 유아기 때 빠르며, 사춘기 이후에도 계속된다.

⑤ 뉴런의 두께가 두꺼워지는 과정을 수초화라고 하며, 수초화가 된 뉴런은 정보를 더 빨리 전달한다.

18 다음 사례를 설명하는 기억 이론은 무엇인가?

> A는 내일 치를 역사 시험을 위해 시험범위에 있는 사건과 연도를 소리 내어 읽어가며 열심히 외웠다. 다음 날, 시험에서 A가 외웠던 문제가 나왔다. 그러나 A의 머릿속에 떠오른 건 그 연도를 외우면서 들었던, A가 좋아하는 아이돌 그룹의 노래가사에 담긴 숫자였다. A는 결국 그 문제의 답을 틀렸다.

① 파이비오(A. Paivio)의 이중부호이론

② 크레이그와 록하트(F. Craik & R. Lockhart)의 처리수준이론

③ 배들리와 힛치(A. Baddeley & G. Hitch)의 작업기억이론

④ 앳킨슨과 쉬프린(R. Atkinson & R. Shiffrin)의 이중기억이론

⑤ 스펜스(C. Spence)의 S-R이론

19 기억에 관한 설명으로 옳지 않은 것은?

① 메타인지 전략으로는 계획하기, 평가하기, 점검하기 등이 있다.

② 나중에 학습한 정보가 앞서 학습한 정보의 회상을 방해하는 것을 역행간섭(역행제지)이라고 한다.

③ 감각등록기(sensory register)는 매우 짧은 시간동안 많은 정보를 저장한다.

④ 기억의 이중구조 모형에 따르면 정보는 병렬적으로 처리된다.

⑤ 기억은 재인 기억과 회상 기억으로 나눌 수 있다.

20 다음에 제시한 사례와 이를 설명하는 이론을 옳게 짝지은 것은?

> ㄱ. 내가 지난 시험 성적이 나빴던 이유는 하필 그날 배탈이 났기 때문이다.
> ㄴ. 나는 남들보다 뛰어난 사람이라고 믿기 때문에 남들보다 더 어려운 과제를 골라서 도전한다.
> (a) 에클스(J. Eccles)의 기대가치이론(expectancy-value theory)
> (b) 아이크스(H. Ickes)의 자기충족적 예언(self-fulfilling prophecy)
> (c) 코빙튼(M. Covington)의 자아가치이론(self-worth theory)
> (d) 션크(D. Schunk)의 자기점검(self-monitoring)

① ㄱ - a, ㄴ - b   ② ㄱ - b, ㄴ - c

③ ㄱ - b, ㄴ - d   ④ ㄱ - d, ㄴ - c

⑤ ㄱ - c, ㄴ - a

정답 및 해설   17. ③   18.②   19.④   20.⑤

17 갓 태어난 아기가 갖고 있는 뇌세포 즉 뉴런의 숫자는 1천 억 개로 어른의 뉴런 숫자와 같다.

18 크레이크와 록하트 (Craik & Lockhart,) 는 기억에서 중요한 것은 정보의 암송 노력, 방법이 아니라 그 정보가 처리되는 깊이라고 주장하였다. 이 이론은 처리의 깊이(depth of processing) 라고 부르는데, A의 경우 정보처리의 깊이에 있어서 노래가사의 숫자가 더 깊었기에 시험에서 노래숫자만 떠오른 것이다.

① 장기기억에 들어온 정보는 시각적 심상과 언어적 의미로 이중부호화되어 저장되며, 시각적+언어적 정보로 제공될 때 더 잘 기억된다고 하였다. 이 이론에 의하면 열심히 외운 내용이 시험장에서 기억나야 한다.

③ 배들리와 히치는 지금까지 단기기억으로 다루어져 왔던 것은 몇 개의 구별적인 요소들을 내포한 〈작업기억〉으로 이해되어야 한다고 논의한다. 시각이나 공간적 정보에 대한 단기 저장소, 음운(speech) 에 대한 단기 저장소(음운루틴)의 하위시스템과 어떤 종류의 자료이건 제한된 양의 자료를 처리할 수 있고 전체적인 체계를 조절하는 중앙집행기관으로 구성되어 있다고 하였다. 후에 일화적 완충기가 모형에 추가되었는데, 일화적 완충기는 일화적 장기기억에서 인출된 정보를 유지하고 조작하는 기능을 가진다.

④ 애킨슨과 쉬프린의 기억 모델에 따르면, 인간의 기억에는 감각 기억, 단기 기억, 장기 기억이라는 세 가지 구성 요소가 있으며, 인간은 외부에서 수많은 정보를 받아들이는데, 정보의 자극은 감각 기억으로 지각되고 단기 기억에서 처리되며, 장기 기억에 저장된다고 하였다.

⑤ S-R이론은 학습을 자극(stimulus)에 대한 반응 (respond)으로 보는 견해이다.

19 앳킨슨과 쉬프린의 전통적 정보처리모형인 이중기억모형(이중기억이론, 중다기억 모형)은 기억의 과정을 감각등록기, 단기 기억, 장기기억의 3가지 구조로 분리한 후 순차적으로 정보가 처리되는 선형적 모델을 주장하였다. 반면에 연결주의(신경 망 학습이론)은 인지처리 과정을 순차적(계열적)으로 일어나는 것으로 보기 보다는 여러 연결망들이 동시에 병렬적으로 활성화되는 것으로 설명하였다.

20 (ㄱ - c) 코빙튼(M. Covington)의 자아가치이론(self-worth theory)은 실패로 인한 자신이 능력이 부족하다는 지각으로부터 자기 가치를 보호하려는 동기에서 노력의 부족, 자기방어적 변명, 비현실적 목표의 설정의 탓으로 돌린다.

(ㄴ - a) 에클스(J. Eccles)의 기대가치이론(expectancy-value theory)에 따르면 '기대'는 개인이 장차 그들이 수행할 일에 있어서의 성공에 대한 자기 저신의 능력에 대한 믿음이다. 주관적 과업 가치는 자신이 이 과업을 선택하게 된 동기부여로 생각할 수 있다.

21 학습과 수행에 관한 이론 중에서 다음 사례를 설명하는 것은?

> A는 학교 장기자랑을 위해 집에서 문제없이 연주했던 기타 연주곡을 준비했다. 그러나 실제로 많은 관중이 지켜보는 무대에 오르자 A는 실수를 연발하며 연주를 망쳤다.

① 칙센트미하이(M. Csikszentmilhalyi)의 몰입(flow)
② 드웩(C. Dwek)의 마인드셋(mindset)
③ 헵(D. Hebb)의 최적각성수준(optimal level of arousal)
④ 헐(C. Hull)의 추동감소 모형(drive reduction model)
⑤ 손다이크(E. Thorndike)의 효과의 법칙(law of effect)

22 학습 동기에 관한 이론 중에서 다음 사례에 해당하는 것은?

> 새 학기를 시작하기 전에 A는 화학 과목을 별로 좋아하지 않았다. 그러나 새로운 화학선생님에게 호감을 느낀 A는 학기가 끝날 때쯤에는 화학 과목을 좋아하는 학생이 되었다.

① 솔로몬(R. Solomon)의 반대과정이론
② 켈러(F. Keller)의 ARCS이론
③ 하이더(F. Heider)의 균형이론
④ 로터(J. Rotter)의 통제소재이론
⑤ 우드워드(R. Woodworth)의 태도확산이론

23 다음 ( ) 안에 들어갈 내용은?

> 학습자의 기존 지식에 일치하지 않는 정보를 먼저 보여주고 학습을 시작하는 것은 학습의 내재적 동기 중 (   )요소에 해당한다.

① 상상   ② 통제   ③ 호기심   ④ 도전   ⑤ 근접

24 라이언과 데시(R. Ryan & E. Deci)의 자기결정성 이론의 관점에서 외재적 동기의 내면화 수준이 낮은 것에서 높은 것의 순서대로 옳게 나열한 것은?

> ㄱ. 부모님의 인정과 존중을 얻기 위해 시험공부를 한다.
> ㄴ. 부모님에게 야단맞지 않기 위해서 시험공부를 한다.
> ㄷ. 시험 성적이 높으면 내 목표를 달성할 가능성이 높아지기 때문에 시험공부를 한다.

① ㄱ - ㄴ - ㄷ ② ㄱ - ㄷ - ㄴ ③ ㄴ - ㄱ - ㄷ ④ ㄴ - ㄷ - ㄱ ⑤ ㄷ - ㄴ - ㄱ

25 어떤 사건이나 정보를 기억할 때 그 기억에 감정을 결합시키는 역할을 하는 뇌의 부위는?
① 전두엽(frontal lobe) ② 시상(thalamus)
③ 시상하부(hypothalamus) ④ 편도체(amygdala)
⑤ 측두엽(temporal lobe)

정답 및 해설

21. ③ 22. ③ 23. ③ 24. ③ 25. ④

21 헵의 최적각성수준이론에 따르면 일하기에 가장 적합한 각성 수준을 최적각성수준이라 하고, 옆에서 누가 지켜볼 때 일을 더 잘하는 현상을 사회적 촉진 현상, 옆에서 누가 지켜볼 때 일을 더 못하는 현상을 사회적 억제 현상이라고 하였다.
① 칙센트미하이는 몰입을 '무언가에 흠뻑 빠져 있는 심리적 상태'를 의미하고, 현재 하고 있는 일에 심취한 무아지경의 상태라고 하였다.
② 드웩의 마인드셋은, 지능이 고정되어 있어 잘 변하지 않는다는 믿음을 가지고 있는 고정 마인드셋을 가진 학생과 타고 난 능력은 각자 다르지만 누구나 그런 능력을 변화시키고 성장시킬 수 있다고 믿는 성장 마인드셋을 가진 학생으로 분류한 후 성장 마인드셋을 가지고 지능을 발전시킬 수 있다고 믿을수록 학교에서도 성적이 좋아진다고 하였다.
④ 헐의 추동감소 모형에 따르면 우리가 생리적 결핍이 생기면 그 결핍을 감소하도록 촉구나는 각성(추동)이 만들어진다. 추동이 감소되면(충족되면) 결핍의 문제는 감소하게 되며, 추동감소의 생리적 목표는 항상성이라고 하였다.
⑤ 손다이크의 효과의 법칙에 따르면 어떤 행동에 대한 결과가 긍정적으로 나타나면 그 반응이 증가하고, 그렇지 않을때는 반응이 감소하게 된다.
22 하이더(F. Heider)의 균형이론은 인지균형이론은 수용자의 심리적 구조에서 수용자 자신과 주변의 관계에 대한 태도 변화를 규명하려하는 것이다
23 학습의 내재적 동기는 수행하는 과제 자체와 이에 대해 본인이 가지고 있는 흥미, 호기심, 자기만족감과 성취감 등에서 비롯되는 동기로, 과제수행의 결과에 대해 주어지는 강화에 관계없이 활동 그 자체나 그로 인한 성취감이 보상으로 작용하며 지속력이 강하다.지문의 경우 기존 지식에 일치하지 않는 정보를 먼저 보여줌으로써 호기심을 자극하고 있다.
24 Deci와 Ryan(1985)의 자기결정성이론
① 인간이 역량과 기능을 잘 발휘하려면 자율성, 유능성, 그리고 관계성의 세가지 심리적 욕구를 충족시켜야 한다.
② 동기를 지각된 자율성 수준에 따라서 무동기, 외재적 동기, 내재적 동기로 구분하고 다시 6가지 세분화하였다.
③ 무동기는 행동의 의지가 결핍된 상태로 행동을 전혀않거나 의도없이 수동적으로 움직인다.
④ 외재적 동기는 외적조절(보상이나 처벌회피), 부과된 조절(죄책감, 수치심,타인의 인정이나 비판회피), 확인된 조절(실생활에 도움), 통합된 조절(확인된 조절이 자신의 가치, 목표, 욕구, 정체성 등과 조화를 이루며 통합될 때 발생)로 구분
⑤ 내재적 동기는 활동에 참여하는 과정에서의 즐거움과 재미, 만족을 의미하며, 외재적 동기의 내면화수준이 가장 높다.
25 두뇌 기능 중 기억과 감정을 담당하는 부분은 기억을 담당하는 해마체와 감정중추인 편도체가 긴밀히 협조한다.

선택과목 **6과목 청소년이해론**

01 청소년심리에 대한 주요 이론과 학자의 연결이 옳은 것은?

① 장이론 – 반두라(A. Bandura)

② 경험학습이론 - 콜버그(L. Kohlberg)

③ 재현이론 – 홀(S. Hall)

④ 신경생리학습이론 – 뢰빙거(J. Loevinger)

⑤ 사회학습이론 – 에릭슨(E. Erikson)

02 브론펜브레너(U. Bronfenbrenner)의 생태학적 이론에서 청소년 환경체계에 관한 설명으로 옳은 것을 모두 고른 것은?

> ㄱ. 미시체계는 가정, 친구, 학교 등을 의미하는데, 청소년은 이 체계들과 상호작용하면서 발달하게 된다.
> ㄴ. 중간체계는 지역사회 수준에서 기능하고 있는 환경으로 정부기관, 지역사회 공공기관이 해당된다.
> ㄷ. 거시체계는 청소년을 둘러싸고 있는 문화적 환경으로 법, 관습이 해당된다.

① ㄱ   ② ㄴ   ③ ㄱ, ㄷ   ④ ㄴ, ㄷ   ⑤ ㄱ, ㄴ, ㄷ

03 진로선택 및 진로발달을 설명하는 학자와 주요 개념의 연결이 옳은 것은?

① 로우(A. Roe) – 부모의 양육방식과 직업선택의 관계

② 긴즈버그(E. Ginzberg) – 생애역할

③ 블라우(P. Blau) – 생애진로발달단계

④ 크럼볼츠(J. Krumboltz) – 직업적응유형

⑤ 갓프레드슨(L. Gottfredson) – 진로의사결정유형

04 바움린드(D. Baumrind)의 부모양육 유형에 관한 내용이다. ( )에 들어갈 내용으로 옳은 것은?

> ○ (ㄱ) 부모는 애정 수준은 높으나 통제수준은 낮다.
> ○ (ㄴ) 부모는 애정과 통제 수준이 모두 높다.

① ㄱ: 권위있는(authoritative), ㄴ: 권위주의적(authoritarian)
② ㄱ: 허용적(permissive), ㄴ: 권위주의적(authoritarian)
③ ㄱ: 허용적(permissive), ㄴ: 권위있는(authoritative)
④ ㄱ: 무관심한(neglecting), ㄴ: 허용적(permissive)
⑤ ㄱ: 무관심한(neglecting), ㄴ: 권위주의적(authoritarian)

정답 및 해설
01. ③ 02. ③ 03. ① 04. ③

01 재현이론 – 홀(S. Hall)
① 장이론 –사회심리학자인 레빈(K Lewin)
② 경험학습이론 – 듀이(Dewey), 콜브(Kolb), 자비스(Jarvis)
④ 신경생리학습이론 – 도널드 올딩 헵(Donald Olding Hebb)
⑤ 사회학습이론 – 반두라(A. Bandura), 크럼볼츠(J. Krumboltz)

02 브론펜 브레너(Bronfenbrenner)의 생태학적 이론
㉠ 미시체계→아동이 직접 접하는 환경이자, 아동의 근접환경 (가정,학교,친구 등등)
㉡ 중간체계 – 다양한 미시 체계 간의 상호관계가 이루어지는 환경.→아동과 부모, 학생과 교사, 학부모와 교사,친구들
㉢ 외체계 – 외부체계 혹은 기관과 미시체계 사이의 연결.→정부기관, 사회복지기관, 교육위원회,대중매체, 직업 세계 등
㉣ 거시체계 – 미시체계, 중간체계, 외체계에 포함된 모든 요소와 개인이 살고 있는 문화적 환경.→ 관념, 법, ,관습
㉤ 시간체계 – 일생 동안 일어나는 인간의 변화와 사회역사적 환경의 변화를 포함한다

03 ① 로우의 직업선택이론은 부모가 자녀를 대하는 양육방식이 자녀의 심리적 욕구와 상호작용해서. 직업선택이 이루어질 수 있음을 가정한 것이다.
② 긴즈버그의 진로발달이론 3단계이론: 직업 선택은 여러 차례(환상기–잠정기 –현실기)에 걸쳐 일어나는 발달 과정이다. (수퍼 – 생애역할이론)
③ 블라우의 사회학적이론 –개인의 직업선택은 문화나 인종의 차이보다는 개인이 속해 있는 사회계층이 더 큰 영향을 미친다. (수퍼 –생애진로발달단계)
④ 크럼볼츠의 사회학습이론 – 진로신념검사를 통해 내담자의 진로에 방해가 되는 요인을밝혀내고 이러한 생각을 변화시키는 인지적인 방법을 설명한다. 또한 진로선택과정에서 나타나는 우연적인 요소를 인정(우연학습이론)하고,이러한 우연적인 사건들을 유리하게 활용할 수 있는 능력을 강조한다.(롭퀴스트와 데이비스 – 직업적응이론)
⑤ 갓프레드슨의 진로 포부 발달이론 –개인의 흥미, 지적 능력, 사회적 지위, 가치관, 성취동기 등이 직업선택의 발달에 영향을 준다는 견해이다. (하렌 – 진로의사결정유형이론)

04 바움린드는 애정과 통제의 정도를 기준으로 허용적인 부모, 권위적인 부모, 독재적인 부모, 방임적인 부모유형으로 양육유형을 나누었다
독재적인 부모 : 통제수준 높고 애정수준은 낮다.   방임적 부모 : 통제수준 독재수준이 모두 낮다.

05 스턴버그(R. Sternberg)가 제안한 사랑의 삼각형 이론에 관한 설명으로 옳은 것을 모두 고른 것은?

> ㄱ. 친밀감(intimacy)은 사랑의 정서적 측면을 반영하는 특성이다.
> ㄴ. 열정(passion)은 사랑의 동기적 측면을 이루는 구성요소이다.
> ㄷ. 낭만적 사랑(romantic love)은 인지적 요소의 사랑이다.
> ㄹ. 사랑의 유형을 8가지로 분류하고 있다.

① ㄱ, ㄴ ② ㄱ, ㄷ ③ ㄴ, ㄹ ④ ㄱ, ㄴ, ㄹ ⑤ ㄴ, ㄷ, ㄹ

06 안나 프로이트(A. Freud)가 제안한 청소년기 성적 긴장에 적응하기 위한 방어기제에 해당하는 것을 모두 고른 것은?

> ㄱ. 금욕주의(asceticism)   ㄴ. 주지화(intellectualization)
> ㄷ. 고정화(consolidation)   ㄹ. 불멸(immortality)의 신념

① ㄱ, ㄴ ② ㄷ, ㄹ ③ ㄱ, ㄴ, ㄷ ④ ㄱ, ㄷ, ㄹ ⑤ ㄱ, ㄴ, ㄷ, ㄹ

07 특정 문화유형이 다른 문화유형과 상호작용을 거쳐 또 다른 제3의 문화유형을 만들어 내는 문화변동의 현상은?

① 문화전계 ② 문화접변 ③ 문화이식 ④ 문화결핍 ⑤ 문화지체

08 엘킨드(D. Elkind)의 개인적 우화(personal fable)에 관한 설명으로 옳은 것을 모두 고른 것은?

> ㄱ. 자기중심성(egocentrism)의 현상 중 하나이다.
> ㄴ. 예를 들어, 버스에 타면 앉아 있는 사람이 모두 나를 쳐다볼 것이라고 생각한다.
> ㄷ. 자신의 경험은 독특하고 특이하기 때문에 다른 사람과는 다르다고 생각한다.
> ㄹ. 다른 사람들이 나를 관심의 초점으로 생각하는 현상이다.

① ㄱ, ㄴ ② ㄱ, ㄷ ③ ㄱ, ㄷ, ㄹ ④ ㄴ, ㄷ, ㄹ ⑤ ㄱ, ㄴ, ㄷ, ㄹ

09 만화 속의 캐릭터와 똑같은 패션 스타일과 분위기 및 외모와 개성을 표현하려는 문화현상은?

① 이모(emo)   ② 차브(chav)
③ 노마드(nomad)   ④ 코스프레(cospre)
⑤ 리셋 신드롬(reset syndrome)

10 근접발달영역(ZPD)의 개념을 통해 인지능력의 발달을 설명하는 학자는?

① 길리건(C. Gilligan) ② 매슬로우(A. Maslow) ③ 설리반(H. Sullivan)
④ 로저스(C. Rogers) ⑤ 비고츠키(L. Vygotsky)

11 피아제(J. Piaget)가 제시한 청소년기 인지발달단계의 특징에 해당하지 않는 것은?

① 추상적 사고 ② 물활론적 사고 ③ 가설연역적 사고
④ 가능성에 대한 사고 ⑤ 사고과정에 대한 사고

12 청소년문화를 바라보는 관점 중 다음이 설명하는 것은?

> ○ 성인의 입장에서 볼 때 청소년들이 규범에서 벗어나 문제아의 소행을 지향한다.
> ○ 사회적 규범을 깨뜨리는 것에서 쾌감을 느끼고, 규범적 질서에 따르지 않음으로써 청소년문화의 정체성을 찾는다.

① 미숙한 문화 ② 비행문화 ③ 하위문화 ④ 준거문화 ⑤ 새로운 문화

정답 및 해설   05. ④ 06. ① 07. ② 08. ② 09. ④ 10. ⑤ 11. ② 12. ②

05 스턴버그(R. Sternberg)가 제안한 사랑의 삼각형 이론(친밀감(정서적측면), 열정(동기적측면), 헌신(인지적 측면))

1. 거짓사랑 2. 호감적사랑(친밀감), 3. 짝사랑(열정) 4. 공허한 사랑(헌신) 5. 낭만적 사랑(친밀감, 열정),
6 허구적 사랑(열정, 헌신), 7. 동반자적 사랑(친밀감, 헌신), 8. 온전한 사랑(친밀감, 열정, 헌신)

06 안나 프로이트(A. Freud)의 방어기제

대표적인 방어기제는 억압, 투사, 전위, 합리화, 부정, 승화, 보상, 동일시, 퇴행, 반동형성, 금욕주의, 주지화 등이 있으며, 청소년기 성적 긴장에 적응하기 위한 방어기제는 금욕주의와 주지화가 있다.

금욕주의는 사춘기의 급격한 성욕에 대한 두려움에서 모든 욕망에 대해 자기부정을 하는 것이며, 주지화는 문학, 종교등의 활동에 몰입함으로써 성적욕구나 갈등에서 벗어나고자 하는 것이다.

07 문화접변은 서로 다른 두 문화체계의 접촉으로 문화요소가 전파되어 새로운 양식의 문화로 변화되는 과정이나 그 결과를 말한다.

08 ㄴ, ㄹ은 상상적 청중에 해당한다.

09 코스프레 또는 코스튬 플레이는 컴퓨터 게임, 애니메이션이나 만화 등의 캐릭터, 혹은 연예인 등 대중적으로 관심을 끌고 있는 사람이 하고 있는 의상을 꾸미어 입고 촬영회나 행사, 기타 장소에서 놀면서 다른 사람들에게 나타내는 행위이다

10 비고츠키 – 근접발달영역(ZPD)이란 아동의 잠재적 발달영역에서 혼자 독립적으로 해결할 수 있는 부분인 실제적 발달영역을 제외한 부분이라고 할 수 있다. 즉 근접발달영역이란 아동이 혼자서는 해결할 수 없으나 성인이나 뛰어난 동료와 함께 학습하면 성공할 수 있는 영역을 의미한다.

11 물활론, 자아중심성, 직관적 사고, 상징적 기능은 비가역적 사고등은 전조작기(2~7세)의 특징이다.

12 사회적 규범을 깨뜨리는 것에서 쾌감을 느끼고, 규범적 질서에 따르지 않는 것으로 보는 관점은 비행문화로 보는 관점이다.
① 미숙한 문화로 보는 관점은 성인문화를 모방하는 수준으로 부족하고 미성숙하다고 보는 관점이다.

13 다음이 설명하는 문화의 속성은?

> ○ 사회구성원들은 모두 유사한 생활습관을 보인다.
> ○ 규칙에 위배되는 언어나 행위를 사용했을 때는 사회적 제재가 가해지기도 한다.

① 공유성 ② 다양성 ③ 체계성 ④ 축적성 ⑤ 가변성

14 알코올(술)에 관한 설명으로 옳지 않은 것은?

① 중추신경 흥분제이다.
② 심장박동과 호흡을 느리게 하여 과다복용 시 치명적일 수 있다.
③ 중독 시 신체적 의존과 심리적 의존을 나타낸다.
④ 중독 시 갑자기 복용을 중단하면 금단현상이 일어난다.
⑤ 일반적인 금단현상으로는 신경과민, 구토, 손떨림, 초조함, 불안 등이 나타난다.

15 소년법상 보호처분에 관한 설명으로 옳은 것은?

① 수강명령은 14세 이상의 소년에게만 할 수 있다.
② 장기 소년원 송치는 14세 이상의 소년에게만 할 수 있다.
③ 단기 보호관찰기간은 6개월로 한다.
④ 사회봉사명령은 200시간을 초과할 수 없다.
⑤ 장기 보호관찰기간은 2년이며, 3년의 범위에서 한 번에 한하여 그 기간을 연장할 수 있다.

16 청소년비행에 관한 사회유대이론의 설명으로 옳지 않은 것은?

① 허쉬(T. Hirschi)가 주창하였다.
② 비행을 예방하는 요인으로 사회적 유대감을 중시한다.
③ 관습적 신념이 높아지면 비행의 가능성이 높아진다.
④ 사회에서 용인된 전통적 목표를 수용하면 비행의 가능성이 낮아진다.
⑤ 4가지의 사회유대요인은 애착(attachment), 헌신(commitment), 참여(involvement), 신념(belief)이다.

17 청소년복지 지원법상 위기청소년 특별지원에 해당하는 것을 모두 고른 것은?

> ㄱ. 생활지원 ㄴ. 학업지원 ㄷ. 의료지원 ㄹ. 직업훈련지원 ㅁ. 청소년활동지원

① ㄱ, ㄴ, ㄷ　　　　② ㄴ, ㄹ, ㅁ　　　　③ ㄱ, ㄷ, ㄹ, ㅁ
④ ㄴ, ㄷ, ㄹ, ㅁ　　　⑤ ㄱ, ㄴ, ㄷ, ㄹ, ㅁ

18 학교 밖 청소년 지원에 관한 법률상 학교 밖 청소년을 위한 교육지원에 해당하는 것을 모두 고른 것은?

> ㄱ. 「초·중등교육법」 제2조의 초등학교·중학교로의 재취학
> ㄴ. 「초·중등교육법」 제2조의 고등학교로의 재입학
> ㄷ. 「초·중등교육법」 제60조의3의 대안학교로의 진학

① ㄱ　　　② ㄴ　　　③ ㄱ, ㄷ　　　④ ㄴ, ㄷ　　　⑤ ㄱ, ㄴ, ㄷ

정답 및 해설　　　　　　　　13. ①　14. ①　15. ④　16. ③　17. ⑤　18. ⑤

13 사회구성원들은 모두 유사한 생활습관을 가진 것은 공유성에 대한 설명이다.

14 · 진정제 : 중추신경이 비정상적으로 흥분한 상태를 진정시키는 데 쓰이는 의약품으로 불면·불안·고민·동통·경련 등에 쓰인다. (예 : 알코올, 페나돌)
　　· 흥분제 : 중추신경계 특히 뇌의 기능을 항진시키는 의약품이다. 혈압을 높이고, 호흡을 왕성하게 하며, 지각을 예민하게 하는 작용이 있다. (예 : 카페인, 니코틴)
　　· 환각제 : 환각작용을 유발시키거나 발동시키는 물질이다. (예 : 대마초)

15 수강명령과 장기소년원 송치 :　12세 이상의 소년
　　단기보호관찰 : 14세이상의 소년　보호관찰기간 1년
　　장기보호관찰기간 : 2년 (1년의 범위에서 1번 연장)
　　수강명령은 100시간을, 사회봉사명령은 200시간을 초과할 수 없음

16 사회유대이론은 허쉬(Hirschi)의 사회통제이론을 지칭하는 것이다. 허쉬는 사회화와 순응을 촉진시키는 4가지 사회유대로 애착, 관여, 참여, 신념을 강조했다. 신념은 관습적인 규범의 내면화를 통하여 개인이 사회와 맺고 있는 유대의 형태로 관습적 신념이 높아지면 비행의 가능성이 낮아진다.

17 특별지원은 생활지원, 학업지원, 의료지원, 직업훈련지원, 청소년활동지원 등 대통령령으로 정하는 내용에 따라 물품 또는 서비스의 형태로 제공한다. 다만, 위기청소년의 지원에 반드시 필요하다고 인정되는 경우에는 금전의 형태로 제공할 수 있다.

18 교육지원 (제9조)
　　1. 「초·중등교육법」 제2조의 초등학교·중학교로의 재취학 또는 고등학교로의 재입학
　　2. 「초·중등교육법」 제60조의3의 대안학교로의 진학
　　3. 「초·중등교육법」 제27조의2에 따라 초등학교·중학교 또는 고등학교를 졸업한 사람과 동등한 학력이 인정되는 시험의 준비
　　4. 그 밖에 학교 밖 청소년의 교육지원을 위하여 필요한 사항

19 "지역사회 청소년통합지원체계"에 관한 설명으로 옳지 않은 것은?

① 「청소년 보호법」에 근거하여 구축·운영한다.

② 국가는 구축·운영을 지원하여야 한다.

③ 광역시는 전담기구를 설치할 수 있다.

④ 교육청은 필수연계기관이다.

⑤ 관할구역의 위기청소년을 조기에 발견하여 보호하고, 청소년복지 및 청소년보호를 효율적으로 수행함을 목적으로 한다.

20 청소년복지 지원법상 청소년증에 관한 내용이다. (   )에 들어갈 내용은?

> 특별자치시장·특별자치도지사 또는 시장·군수·구청장(자치구의 구청장을 말한다.)은 ( )의 청소년에게 청소년증을 발급할 수 있다.

① 9세 이상 15세 미만   ② 9세 이상 18세 이하   ③ 9세 이상 24세 이하
④ 13세 이상 18세 미만   ⑤ 13세 이상 18세 이하

21 학교폭력예방 및 대책에 관한 법률상 용어의 정의로 옳지 않은 것은?

① "피해학생"이란 학교폭력으로 인하여 피해를 입은 학생을 말한다.

② "장애학생"이란 신체적·정신적·지적 장애 등으로 「장애인 등에 대한 특수교육법」 제15조에서 규정하는 특수교육이 필요한 학생을 말한다.

③ "가해학생"이란 가해자 중에서 학교폭력을 행사하거나 그 행위에 가담한 학생을 말한다.

④ "따돌림"이란 학교 내에서 3명 이상의 학생들이 특정인이나 특정집단의 학생들을 대상으로 심리적 공격을 가하여 상대방이 고통을 느끼도록 하는 모든 행위를 말한다.

⑤ "사이버 따돌림"이란 인터넷, 휴대전화 등 정보통신기기를 이용하여 학생들이 특정 학생들을 대상으로 지속적, 반복적으로 심리적 공격을 가하거나, 특정 학생과 관련된 개인정보 또는 허위사실을 유포하여 상대방이 고통을 느끼도록 하는 모든 행위를 말한다.

22 다음이 설명하는 유엔아동권리협약의 기본원칙은?

> 아동은 책임감 있는 어른이 되기 위해 아동 자신의 능력에 맞게 적절한 사회활동에 참여할 기회를 가지고, 자신의 생활에 영향을 주는 일에 대하여 의견을 말할 수 있어야 하며, 그 의견을 존중받을 수 있어야 한다.

① 무차별의 원칙   ② 아동 최선의 이익 원칙   ③ 생존 및 발달보장의 원칙
④ 참여의 원칙   ⑤ 보호의 원칙

23 아동·청소년의 성보호에 관한 법률상 아동·청소년대상 성범죄로 유죄판결이 확정된 자의 신상정보를 공개하는 경우, 공개하도록 제공되는 등록정보에 해당되지 않는 것은?

① 사진   ② 출신 학교
③ 등록대상 성범죄 요지   ④ 신체정보(키와 몸무게)
⑤ 성폭력범죄 전과사실(죄명 및 횟수)

정답 및 해설   19. ①   20. ②   21. ④   22. ④   23. ②

19 청소년복지지원법 제4장에 근거규정이 있다.

20 특별자치시장·특별자치도지사 또는 시장·군수·구청장은 9세 이상 18세 이하의 청소년에게 청소년증을 발급할 수 있다. (청소년복지지원법 제4조)

21 "따돌림"이란 학교 내외에서 2명 이상의 학생들이 특정인이나 특정집단의 학생들을 대상으로 지속적이거나 반복적으로 신체적 또는 심리적 공격을 가하여 상대방이 고통을 느끼도록 하는 모든 행위를 말한다.(법 제2조 제1의2)

22 유엔아동권리협약의 4대기본원칙

보기는 참여의 원칙 (아동의견 존중의 원칙)에 해당한다.

① 무차별의 원칙 : 모든 아동은 어떤 인종이든, 어떤 종교를 믿든, 어떤 언어를 사용하든, 부모님이 어떤 사람이든, 부자든 가난하든, 장애가 있든 없든, 모두 동등한 권리를 누려야 한다는 원칙이다.

② 아동이익 최우선의 원칙 : 아동에게 영향을 미치는 모든 것을 결정할 때는 아동의 이익을 최우선으로 고려해야 한다.

③ 생존과 발달보장의 원칙 : 아동은 생존과 발달을 위해 다양한 보호와 지원을 받아야 한다는 원칙이다.

23 공개하도록 제공되는 등록정보 (법 제49조 제4항)

1. 성명   2. 나이
3. 주소 및 실제거주지(「도로명주소법」에 따른 도로명 및 건물번호까지로 한다)
4. 신체정보(키와 몸무게)   5. 사진
6. 등록대상 성범죄 요지(판결일자, 죄명, 선고형량을 포함한다)
7. 성폭력범죄 전과사실(죄명 및 횟수)
8. 「전자장치 부착 등에 관한 법률」에 따른 전자장치 부착 여부

24 청소년복지 지원법령상 청소년의 건강보장에 관한 설명으로 옳지 않은 것은?

① 차상위계층에 해당하는 사람의 가구원인 여성청소년은 국가 및 지방자치단체의 생리용품 지원대상이다.

② 여성가족부장관은 청소년의 성장 환경을 고려하여 5년 이내의 기간마다 청소년의 건강·체력 기준을 새로 설정하여야 한다.

③ 국가 및 지방자치단체는 청소년의 건강 증진과 체력 향상을 위한 시책으로서 청소년이 참가하는 체육대회를 장려하고, 예산의 범위에서 체육대회 개최에 필요한 경비를 지원할 수 있다.

④ 국가 및 지방자치단체는 청소년의 체력검사와 건강진단을 실시할 수 있다.

⑤ 청소년의 체력검사·건강진단 실시와 그 결과 통보에 필요한 사항은 대통령령으로 정한다.

25 청소년복지 지원법령상 청소년부모에 대한 가족지원서비스 및 복지지원에 해당되지 않는 것은?

① 교육·상담 등 가족 관계 증진 서비스

② 아동의 양육 및 교육서비스

③ 「지역보건법」에 따른 방문건강관리사업 서비스

④ 청소년부모에게 필요한 법률상담, 소송대리 등 법률구조서비스 연계 지원

⑤ 「청소년활동 진흥법」에 따른 청소년출입제한지역알림서비스

01 청소년자기도전포상제에 관한 설명으로 옳지 않은 것은?

① 만 8세는 금장에 참여할 수 있다.

② 정해진 최소 활동기준을 충족하고 성취목표를 달성해야 포상을 받을 수 있다.

③ 탐험활동은 사전 기본교육이 필수로 진행되어야 한다.

④ 포상활동은 봉사, 자기개발, 신체단련, 탐험으로 구성된다.

⑤ 포상단계는 동장, 은장, 금장이 있다.

02 국제청소년성취포상제에 관한 설명으로 옳은 것은?

① 동장 참가자는 1박 2일의 탐험활동을 해야 한다.

② 미국에서 시작된 청소년포상제도이다.

③ 참여연령은 만 9세부터 만 24세이다.

④ 기본이념에는 경쟁성이 포함된다.

⑤ 은장 참가자는 합숙훈련을 수행해야 한다.

정답 및 해설   24. ⑤   25. ⑤   01. ①,④   02. ①

24 체력검사 · 건강진단의 실시와 그 결과 통보에 필요한 사항은 여성가족부령으로 정한다.(청소년복지지원법 제6조제4항)

25 ※ 가족지원 서비스 (법 제18조의2)

    1. 아동의 양육 및 교육 서비스

    2. 「지역보건법」 제11조제1항제5호사목에 따른 방문건강관리사업 서비스

    3. 교육 · 상담 등 가족 관계 증진 서비스

    4. 그 밖에 대통령령으로 정하는 청소년부모에 대한 가족지원 서비스

  ※ 복지지원서비스 (법 제18조의3)

    생활지원, 의료지원, 주거지원, 청소년활동지원 등 대통령령으로 정하는 내용에 따라 물품 또는 서비스의 형태로 제공

01 ① 금장 : 만 10세 이상(최소 6개월 ～ 12개월 이상)

    ④ 포상활동 : 봉사활동, 자기개발활동, 신체단련활동, 탐험활동, 진로개발활동

    (총 5가지 활동 영역 중 4가지 영역을 선택하여 활동)

02 ② 국제청소년성취포상제(만14세 이상 만 24세 이하 청소년)는 1956년 영국 에딘버러 공작에 의해 설립되었으며 청소년이 다양한 활동영역에서 자기주도적으로 활동하여 스스로의 잠재력을 최대한 개발하고 삶의 기술을 갖도록 하는 전 세계 130여개국에서 운영되는 국제적으로 공인된 자기 성장 프로그램이다.

    ③ 참여연령은 만 14세 이상 만24세 이하의 청소년이다.

    ④ 국제청소년성취포상제의 기본 이념은 비경쟁성, 평등성, 자발성, 유연성, 균형성, 단계성, 성취 지향성, 지속성, 과정 중시성, 흥미 등 10가지다.

    ⑤ 활동영역은 봉사활동, 자기개발활동, 신체단련활동, 탐험활동, 합숙활동(금장에 한함)

03 청소년참여기구에 관한 설명으로 옳지 않은 것은?

① 청소년특별회의는 해마다 개최하여야 한다.

② 청소년특별회의는 범정부적 차원의 청소년정책과제의 설정·추진 및 점검을 위하여 청소년 분야의 전문가와 청소년이 참여한다.

③ 청소년운영위원회의 위원의 임기는 1년으로 한다.

④ 청소년운영위원회는 10명 이상 20명 이하의 청소년으로 구성하여야 한다.

⑤ 청소년참여위원회는 「청소년활동 진흥법」에 근거를 두고 있다.

04 청소년방과후아카데미에 관한 설명으로 옳지 않은 것은?

① 돌봄취약계층의 청소년을 지원하는 사업이다.

② 여성가족부와 지방자치단체가 공동으로 예산지원을 한다.

③ 초등학교 1학년에서 고등학교 3학년까지가 지원대상이다.

④ 청소년수련시설 등에서 설치·운영할 수 있다.

⑤ 체험활동·학습지원·급식·상담 등 종합적인 교육·복지·보호 서비스를 제공한다.

05 청소년활동 진흥법령상 수련시설의 종사자에 관한 안전교육 내용으로 옳은 것을 모두 고른 것은?

> ㄱ. 안전교육은 매년 1회 이상 실시하여야 한다.
> ㄴ. 수련시설의 안전점검 및 위생관리가 포함된다.
> ㄷ. 이러닝과 집합교육을 혼합한 방법으로 실시할 수 있다.

① ㄱ   ② ㄴ   ③ ㄱ, ㄷ   ④ ㄴ, ㄷ   ⑤ ㄱ, ㄴ, ㄷ

06 청소년 기본법상 청소년단체협의회의 기능이 아닌 것은?

① 청소년지도자의 연수와 권익 증진

② 청소년 관련 분야의 국제기구활동

③ 청소년 관련 도서 출판 및 정보 지원

④ 남·북청소년 및 해외교포청소년과의 교류·지원

⑤ 국가 청소년정책에 관한 주요 사항을 심의·조정

07 경험학습(experiential learning)이론에 관한 설명으로 옳지 않은 것은?

① 청소년의 흥미와 관심을 강조하고 있다.

② 미국 진보주의 교육에 영향을 받았다.

③ 콜브(D. Kolb)는 경험학습 사이클을 제시하였다.

④ 학습상황에서 청소년은 환경자극에 수동적으로 반응한다고 본다.

⑤ 청소년의 경험을 학습과정에 통합하는 접근이다.

정답 및 해설　　　　　　　　　03. ⑤　04. ③　05. ⑤　06. ⑤　07. ④

03 청소년참여기구의 법적근거
청소년특별회의, 청소년참여위원회 : 청소년기본법
청소년운영위원회 :청소년활동 진흥법

04 청소년방과후아카데미
여성가족부와 지방자치단체에서 공적 서비스를 담당하는 청소년 수련시설(청소년수련관, 청소년문화의집 등)을 기반으로 방과후 돌봄이 필요한 청소년(초등 4학년 ~ 중등 3학년)의 자립역량을 개발하고 건강한 성장을 지원하고자 방과후 학습 지원, 전문체험 활동, 학습 프로그램

05 청소년활동 진흥법령상 수련시설의 종사자에 관한 안전교육 내용 (법 제8조의4)
① 법 제18조의4제1항에 따른 안전교육의 내용은 다음 각 호와 같다.
　1. 청소년수련활동 및 수련시설의 안전관련 법령
　2. 청소년수련활동 안전사고 예방 및 관리
　3. 수련시설의 안전점검 및 위생관리
　4. 그 밖에 수련시설 종사자 등의 안전관리 역량 강화 및 안전사고 예방을 위하여 필요한 사항
② 안전교육은 「이러닝(전자학습)산업 발전 및 이러닝 활용 촉진에 관한 법률」에 따른 이러닝, 집합교육 또는 이러닝과 집합교육을 혼합한 방법으로 실시할 수 있다.
③ 안전교육은 매년 1회 이상 실시한다.

06 청소년단체협의회의 기능 (법 제40조)
　1. 회원단체의 사업과 활동에 대한 협조·지원
　2. 청소년지도자의 연수와 권익 증진
　3. 청소년 관련 분야의 국제기구활동
　4. 외국 청소년단체와의 교류 및 지원
　5. 남·북청소년 및 해외교포청소년과의 교류·지원
　6. 청소년활동에 관한 조사·연구·지원
　7. 청소년 관련 도서 출판 및 정보 지원
　8. 청소년육성을 위한 홍보 및 실천 운동
　9. 제41조에 따른 지방청소년단체협의회에 대한 협조 및 지원

07 경험학습은 경험의 능동적 측면(학습자가 외부의 환경, 즉 사물·사안·사람 등에 대하여 직접적으로 작용을 가하는 과정)과 수동적 측면(작용을 받은 환경이 학습자에게 가하는 반작용의 과정)이 학습자의 성찰을 통해서 학습자의 내면에서 종합되고 내면화되는 과정이라고 하였다.

08 칙센트미하이(M. Csikszentmihalyi)가 제시한 몰입(flow)경험의 특징으로 옳지 않은 것은?

① 자의식(self-consciousness)이 사라진다.
② 자신의 행동이 타인에 의해 통제되고 있음을 느낀다.
③ 수행중인 과제에 관심이 집중된 상태이다.
④ 행위와 인식의 일체감을 느낀다.
⑤ 자신의 활동목적이 분명하다.

09 청소년 관련법의 제정연도가 빠른 순서대로 옳게 나열한 것은?

> ㄱ. 청소년 기본법 ㄴ. 청소년육성법 ㄷ. 청소년활동 진흥법 ㄹ. 청소년 보호법

① ㄱ - ㄴ - ㄷ - ㄹ ② ㄱ - ㄴ - ㄹ - ㄷ ③ ㄴ - ㄱ - ㄷ - ㄹ
④ ㄴ - ㄱ - ㄹ - ㄷ ⑤ ㄹ - ㄴ - ㄱ - ㄷ

10 청소년활동 진흥법령상 위험도가 높은 청소년수련활동 프로그램에 해당하는 것을 모두 고른 것은?

> ㄱ. 12 km 도보이동 ㄴ. 자연암벽타기 ㄷ. 3시간 야간등산 ㄹ. ATV탑승

① ㄱ ② ㄱ, ㄹ ③ ㄴ, ㄷ ④ ㄱ, ㄴ, ㄹ ⑤ ㄴ, ㄷ, ㄹ

11 청소년활동 진흥법령상 청소년수련활동 인증위원회에 관한 설명으로 옳은 것은?

① 위원의 임기는 1년으로 한다.
② 위원장은 대통령이 지명한다.
③ 위원 구성은 30명으로 한다.
④ 구성·운영에 관한 사항은 여성가족부령으로 정한다.
⑤ 한국청소년활동진흥원에 설치·운영한다.

12 청소년수련활동인증제의 인증기준 중 공통기준에 해당하는 것은?

① 안전관리 계획 ② 숙박관리 ③ 안전관리인력 확보

④ 영양관리자 자격 ⑤ 이동관리

13 화랑도의 세속오계(世俗五戒)에 해당하지 않는 것은?

① 사군이충(事君以忠) ② 임전무퇴(臨戰無退) ③ 살생유택(殺生有擇)

④ 군신유의(君臣有義) ⑤ 교우이신(交友以信)

정답 및 해설

08. ② 09. ④ 10. ④ 11. ⑤ 12. ① 13 ④

08 칙센트미하이에 따르면 몰입(flow)은 '무언가에 흠뻑 빠져 있는 심리적 상태'를 의미하고, 현재 하고 있는 일에 심취한 무아지경의 상태라고 할 수 있다. 또한 몰입은 주위의 모든 잡념, 방해물을 차단하고 자신이 원하는 어느 한 곳에 모든 정신을 집중하는 것이다.

09 ㄴ. 청소년육성법(1987. 11. 28.제정) -ㄱ. 청소년 기본법 (1991. 12. 31제정) -ㄹ. 청소년 보호법(1997. 3. 7.제정) - ㄷ. 청소년활동진흥법(2004. 2. 9.제정)

10 위험도가 높은 청소년수련활동(제15조의2제2호 관련 시행규칙 별표 7)

구 분	프로그램
수상활동	래프팅, 모터보트, 동력요트, 수상오토바이, 고무보트, 수중스쿠터, 레저용 공기부양정, 수상스키, 조정, 카약, 카누, 수상자전거, 서프보드, 스킨스쿠버
항공활동	패러글라이딩, 행글라이딩
산악활동	암벽타기(자연암벽, 빙벽), 산악스키, 야간등산(4시간 이상의 경우만 해당한다)
장거리걷기활동	10Km 이상 도보이동
그 밖의 활동	유해성 물질(발화성, 부식성, 독성 또는 환경유해성 등), 하강레포츠, ATV탑승 등 사고위험이 높은 물질 · 기구 · 장비 등을 활용하여 이루어지는 청소년수련활동

11 ⑤ 국가는 청소년수련활동 인증제도를 운영하기 위하여 청소년수련활동 인증위원회를 활동진흥원에 설치 · 운영하여야 한다. (청소년활동진흥법 제35조 제2항)
① 위원의 임기는 3년으로 한다(시행령 제19조 제3항)
② 인증위원회의 위원장과 부위원장은 위원 중에서 호선한다.(시행령 제19조 제4항)
③ 인증위원회는 위원장과 부위원장 각 1명을 포함한 15명 이내의 위원으로 구성한다.(법 제35조 제3항)
④ 인증위원회의 구성 · 운영, 청소년의 활동기록의 유지 및 관리 등에 필요한 사항은 대통령령으로 정한다.(법 제35조 제6항)

12 인증기준
공통기준(프로그램구성, 프로그램자원운영, 지도자자격, 지도자역할 및 배치, 공간과 설비의 확보및 관리, 안전관리계획)
개별기준(숙박관리, 안전관리인력 확보, 영양관리사 자격, 숙박관리, 안전관리인력확보, 영양관리자 자격, 이동관리, 휴식관리)
특별기준(학교단체숙박형활동관리, 실시간쌍방향활동운영 및 관리, 콘텐츠 활용중심 활동 운영 및 관리, 과제수행중심활동운영 및 관리)

13 세속오계 = ①,②,③,⑤ + 사친이효(事親以孝)

14 청소년지도방법의 원리 중 효과성과 능률성을 반영하여야 한다는 원리는?

① 존중의 원리
② 효율성의 원리
③ 다양성의 원리
④ 협동성의 원리
⑤ 자기주도의 원리

15 청소년 기본법상 용어의 정의이다. ( )에 들어갈 내용은?

"( )"(이)란 청소년활동·청소년복지 및 청소년보호에 제공되는 시설을 말한다.

① 청소년회관
② 청소년기관
③ 청소년쉼터
④ 청소년시설
⑤ 청소년단체

16 청소년활동 진흥법령상 청소년수련시설에 관한 내용이다. ( )에 들어갈 내용은?

여성가족부장관과 지방자치단체의 장은 수련시설 설치·운영의 활성화 및 청소년수련거리의 보급·확산을 위하여 관할구역에서 시설·설비내용이 우수하고 청소년수련거리의 운영에 모범이 되는 수련시설을 ( )로 지정하여 육성할 수 있다.

① 전문수련시설
② 인증수련시설
③ 시범수련시설
④ 우수수련시설
⑤ 특화수련시설

17 하트(R. Hart)가 제시한 참여사다리 8단계 모형에서 장식 단계(decoration)는 몇 단계에 해당하는가?

① 1단계
② 2단계
③ 3단계
④ 4단계
⑤ 5단계

18 청소년 기본법상 수련시설이 아닌 시설로서 그 설치 목적의 범위에서 청소년활동의 실시와 청소년의 건전한 이용 등에 제공할 수 있는 시설은?

① 유스호스텔　　　　　　　　　② 청소년수련거리

③ 청소년특화시설　　　　　　　　④ 청소년이용시설

⑤ 청소년문화의집

정답 및 해설　　　　　　　　　14 ② 15 ④ 16. ③ 17. ② 18. ④

14 청소년지도방법의 원리 중 효과성과 능률성을 반영하여야 한다는 원리는 효율성의 원리이다.

15 청소년시설에 대한 설명이다.(청소년기본법 제3조 제6호)

16 여성가족부장관과 지방자치단체의 장은 수련시설 설치·운영의 활성화 및 청소년수련거리의 보급·확산을 위하여 관할구역에서 다음 중 어느 하나에 해당하는 수련시설을 시범수련시설로 지정하여 육성할 수 있다.(시행령 제9조)

1. 시설·설비내용이 우수하고 청소년수련거리의 운영에 모범이 되는 수련시설
2. 국가 및 지방자치단체 등에서 개발·보급하는 청소년수련거리의 시범적용을 담당할 수련시설
3. 그 밖에 특별히 육성할 필요성이 있다고 인정되는 수련시설

17 Hart의 참여사다리

1단계 : 성인이 이용하는 단계- 어른이 의도적으로 청소년의 목소리를 이용하는 단계
2단계 : 장식처럼 동원되는 단계- 성인과 청소년이 같이 참여하긴하나 프로그램의 이해도가 낮은 단계
3단계 : 명목상으로 참여하는 단계- 기획에 참여하긴 하나 의견 수렴이 되지 않는 단계— 비참여 단계
4단계 : 성인이 지시하지만 정보는 제공받는 단계
5단계 : 성인이 정보를 제공하는 단계- 프로그램 계획은 성인이 주도하지만 청소년들의 의사가 반영 되는 단계
6단계 : 선인이 주도로 청소년과 의사결정을 공유하는 단계
7단계 : 청소년이 주도하고 감독하는 단계- 청소년들이 주도하고 스스로 감독하는 단계
8단계 : 청소년주도로 성인과 의사결정을 공유하는 단계

18 청소년활동시설의 종류 = 청소년수련시설 + 청소년이용시설

19 청소년 기본법령상 청소년특화시설의 청소년지도사 배치기준에 관한 내용이다. ( )에 들어갈 내용은?

> 1급 또는 2급 청소년지도사 (ㄱ)명 이상을 포함하여 (ㄴ)명 이상의 청소년지도사를 둔다.

① ㄱ: 1, ㄴ: 1　　　　　② ㄱ: 1, ㄴ: 2　　　　　③ ㄱ: 1, ㄴ: 3
④ ㄱ: 2, ㄴ: 2　　　　　⑤ ㄱ: 2, ㄴ: 3

20 청소년활동 진흥법령상 청소년수련시설 운영대표자의 자격을 갖추지 못한 사람은?

① 청소년육성업무에 8년 종사한 사람
② 2급 청소년지도사 자격증 취득 후 청소년육성업무에 2년 종사한 사람
③ 7급 일반직공무원으로서 청소년육성업무에 3년 종사한 사람
④ 3급 청소년지도사 자격증 취득 후 청소년육성업무에 5년 종사한 사람
⑤ 「초·중등교육법」 제21조에 따른 정교사 자격증 소지자 중 청소년육성업무에 5년 종사한 사람

21 청소년활동 진흥법상 청소년수련시설의 허가 또는 등록을 취소하는 경우에 관한 내용이다. ( )에 들어갈 내용은?

> 특별자치시장·특별자치도지사·시장·군수·구청장은 수련시설 설치·운영자가 여성가족부장관이 실시하는 수련시설의 종합평가에서 가장 낮은 등급을 연속하여 ( )회 이상받은 경우에는 그 수련시설의 허가 또는 등록을 취소할 수 있다.

① 1　　　　　② 2　　　　　③ 3　　　　　④ 4　　　　　⑤ 5

22 프로그램 마케팅의 4P 모델에 해당하는 것을 모두 고른 것은?

> ㄱ. 유통(Place)　ㄴ. 사람(Person)　ㄷ. 가격(Price)　ㄹ. 촉진(Promotion)

① ㄱ, ㄴ　　　　　② ㄱ, ㄷ　　　　　③ ㄱ, ㄷ, ㄹ
④ ㄴ, ㄷ, ㄹ　　　　　⑤ ㄱ, ㄴ, ㄷ, ㄹ

23 청소년활동 진흥법령상 청소년이용권장시설의 지정에 관한 내용이다. ( )에 들어갈 내용은?

> 시장·군수·구청장은 청소년이용권장시설 지정신청을 한 시설부터 반경 ( )미터이내에 「청소년 보호법」 제2조 제5호에 따른 청소년유해업소 또는 그 밖에 청소년의 이용에 적합하지 아니한 시설이 있는지 여부를 고려하여 청소년이용권장시설의 지정여부를 결정하여야 한다.

① 50 ② 100 ③ 150 ④ 200 ⑤ 250

정답 및 해설

19. ② 20. ② 21. ③ 22. ③ 23. ①

19 1.청소년지도사 배치기준

청소년수련관	1급 또는 2급 청소년지도사 각각 1명 이상을 포함하여 4명 이상의 청소년지도사를 두되, 수용인원이 500명을 초과하는 경우에는 500명을 초과하는 250명당 1급, 2급 또는 3급 청소년지도사 중 1명 이상을 추가로 둔다.
청소년수련원	1) 1급 또는 2급 청소년지도사 1명 이상을 포함하여 2명 이상의 청소년지도사를 두되, 수용정원이 500명을 초과하는 경우에는 1급 청소년지도사 1명 이상과 500명을 초과하는 250명당 1급, 2급 또는 3급 청소년지도사 중 1명 이상을 추가로 둔다. 2) 지방자치단체에서 폐교시설을 이용하여 설치한 시설로서 특정 계절에만 운영하는 시설의 경우에는 청소년지도사를 두지 않을 수 있다.
유스호스텔	청소년지도사를 1명 이상 두되, 숙박정원이 500명을 초과하는 경우에는 1급 또는 2급 청소년지도사 1명 이상을 추가로 둔다.
청소년야영장	1) 청소년지도사를 1명 이상 둔다. 다만, 설치·운영자가 동일한 시·도 안에 다른 수련시설을 운영하면서 청소년야영장을 운영하는 경우로서 다른 수련시설에 청소년지도사를 둔 경우에는 그 청소년야영장에 청소년지도사를 별도로 두지 않을 수 있다. 2) 국가, 지방자치단체, 그 밖에 공공법인이 설치·운영하는 청소년야영장으로서 청소년수련거리의 실시 없이 이용 편의만 제공하는 경우에는 청소년지도사를 두지 않을 수 있다.
청소년문화의집	청소년지도사를 1명 이상 둔다.
청소년특화시설	1급 또는 2급 청소년지도사 1명 이상을 포함하여 2명 이상의 청소년지도사를 둔다.
청소년단체	청소년회원 수가 2천명 이하인 경우에는 1급 청소년지도사 또는 2급 청소년지도사 1명 이상을 두되, 청소년회원 수가 2천명을 초과하는 경우에는 그 초과하는 2천명마다 1급 청소년지도사 또는 2급 청소년지도사 1명 이상을 추가로 두며, 청소년회원 수가 1만명 이상인 경우에는 청소년지도사의 5분의 1 이상은 1급 청소년지도사로 두어야 한다.

2. 청소년상담사의 배치기준

가. 「청소년복지 지원법」 제29조에 따라 특별시·광역시·도 및 특별자치도에 설치된 청소년상담복지센터	청소년상담사 3명 이상을 둔다.
나. 「청소년복지 지원법」 제29조에 따라 시·군·구에 설치된 청소년상담복지센터	청소년상담사 1명 이상을 둔다.
다. 「청소년복지 지원법」 제31조제1호부터 제3호까지의 규정에 따른 청소년복지시설	청소년상담사 1명 이상을 둔다.

20 2급 청소년지도사 자격증 취득 후 청소년육성업무에 3년 이상 종사한 사람 (청소년활동진흥법시행령 제8조)

21 종합평가에서 가장 낮은 등급을 연속하여 3회 이상 받은 경우 그 수련시설의 허가 또는 등록을 취소할 수 있다.(청소년활동진흥법 제22조 제5호)

22 4P : 제품(product), 촉진(promotion), 유통(place), 가격(price)

23 시장·군수·구청장은 청소년이용권장시설 지정신청을 한 시설부터 반경(半徑) 50미터 이내에 「청소년 보호법」 제2조제5호에 따른 청소년유해업소 또는 그 밖에 청소년의 이용에 적합하지 아니한 시설이 있는지 여부를 고려하여 지정 여부를 결정하여야 한다.(청소년활동 진흥법 시행규칙 제14조 제2항).

24 청소년활동 진흥법상 숙박형 청소년수련활동의 계획을 신고하지 않아도 되는 경우를 모두 고른 것은?

> ㄱ. 종교단체가 운영하는 경우
> ㄴ. 청소년이 부모 등 보호자와 함께 참여하는 경우
> ㄷ. 다른 법률에서 지도·감독 등을 받는 비영리 법인이 운영하는 경우

① ㄷ　　　② ㄱ, ㄴ　　　③ ㄱ, ㄷ　　　④ ㄴ, ㄷ　　　⑤ ㄱ, ㄴ, ㄷ

25 청소년활동 진흥법상 숙박기능을 갖춘 생활관과 다양한 청소년수련거리를 실시할 수 있는 각종 시설과 설비를 갖춘 종합수련시설은?

① 유스호스텔　　　② 청소년수련관　　　③ 청소년수련원
④ 청소년야영장　　　⑤ 청소년문화의 집

정답 및 해설

24. ⑤　25. ③

24 숙박형등 청소년수련활동 계획의 신고의 제외 (청소년활동진흥법 제9조의2 제1항)
1. 다른 법률에서 지도·감독 등을 받는 비영리 법인 또는 비영리 단체가 운영하는 경우
2. 청소년이 부모 등 보호자와 함께 참여하는 경우
3. 종교단체가 운영하는 경우
4. 비숙박형 청소년수련활동 중 제36조제2항에 따라 인증을 받아야하는 활동이 아닌 경우

25 청소년수련시설(청소년활동진흥법 (제10조 제1호)
가. 청소년수련관: 다양한 청소년수련거리를 실시할 수 있는 각종 시설 및 설비를 갖춘 종합수련시설
나. 청소년수련원: 숙박기능을 갖춘 생활관과 다양한 청소년수련거리를 실시할 수 있는 각종 시설과 설비를 갖춘 종합수련시설
다. 청소년문화의 집: 간단한 청소년수련활동을 실시할 수 있는 시설 및 설비를 갖춘 정보·문화·예술 중심의 수련시설
라. 청소년특화시설: 청소년의 직업체험, 문화예술, 과학정보, 환경 등 특정 목적의 청소년활동을 전문적으로 실시할 수 있는 시설과 설비를 갖춘 수련시설
마. 청소년야영장: 야영에 적합한 시설 및 설비를 갖추고, 청소년수련거리 또는 야영편의를 제공하는 수련시설
바. 유스호스텔: 청소년의 숙박 및 체류에 적합한 시설·설비와 부대·편익시설을 갖추고, 숙식편의 제공, 여행청소년의 활동지원(청소년수련활동 지원은 제11조에 따라 허가된 시설·설비의 범위에 한정한다)을 기능으로 하는 시설

2021년 20회
기출문제

1교시

필수과목
1과목 발달심리
2과목 집단상담의 기초
3과목 심리측정 및 평가
4과목 상담이론

2교시

필수과목 **5과목** 학습이론
선택과목 **6과목** 청소년이해론
7과목 청소년수련활동론

01 발달에 관한 설명으로 옳지 않은 것은?

① 발달심리학은 다학문적이다.
② 가소성(plasticity)은 발달의 주요 특성이다.
③ 연속성과 불연속성의 쟁점은 양적·질적 변화의 문제와 관련된다.
④ 발달은 역사적·사회적·문화적 맥락의 영향을 받는다.
⑤ 전 생애발달 관점에서 발달의 지향점은 성숙이며, 노화의 지향점은 죽음이다.

02 발달연구에서 종단적 접근법의 단점에 해당하는 것을 모두 고른 것은?

> ㄱ. 연습효과가 나타난다.
> ㄴ. 피험자의 탈락 현상이 있다.
> ㄷ. 연령 효과와 출생시기 효과를 구분하기 어렵다.
> ㄹ. 어떤 특성의 안정성에 대한 정보를 얻기 힘들다.

① ㄱ, ㄴ
② ㄴ, ㄷ
③ ㄷ, ㄹ
④ ㄱ, ㄴ, ㄷ
⑤ ㄴ, ㄷ, ㄹ

03 발달 이론에 관한 설명으로 옳은 것은?

① 수퍼(D. Super)의 진로발달 과정에서 자아개념은 중요한 요인이다.
② 에릭슨(E. Erikson)에 의하면 특정 단계의 위기를 해결하지 않고 다음 단계로 진행할 수 없다.
③ 프로이드(S. Freud)는 구강기, 항문기, 생식기, 남근기의 순서로 성격 발달이 이루어진다고 주장한다.
④ 스턴버그(R. Sternberg)의 삼원지능이론은 분석적·창의적·정서적 지능으로 구성된다.
⑤ 콜버그(L. Kohlberg)는 도덕성을 도덕적 행동 측면에서 전인습적·인습적·후인습적 수준으로 구분한다.

04 영아기의 시각발달에 관한 설명으로 옳은 것은?

① 시각은 인간의 감각 중 가장 빨리 발달한다.

② 출생 시부터 신생아는 세상을 흑백으로만 지각한다.

③ 팬츠(R. Fantz)의 실험에서 신생아는 곡선보다 직선을 더 선호하는 것으로 나타났다.

④ 워크와 깁슨(Walk & Gibson)의 시각벼랑(visual cliff) 실험에서 6~7개월 된 영아는 깊이를 지각하는 것으로 나타났다.

⑤ 신생아는 움직이는 것보다 정지된 물체를 더 선호한다.

05 애착에 관한 설명으로 옳지 않은 것은?

① 프로이드(S. Freud)는 구강 만족을 통해 애착을 경험한다고 주장한다.

② 영아의 신호에 대한 양육자의 민감성과 반응성은 애착 형성에 중요하다.

③ 애착은 영아와 주양육자 간에 형성되는 친밀한 정서적 유대감이다.

④ 회피 애착 유형의 영아는 부모를 갈망하면서 동시에 거부하는 양면성을 보인다.

⑤ 할로우(H. Harlow)는 애착 형성에 신체접촉이 중요하다고 주장한다.

정답 및 해설 　　　　　　　　　　　　　　　　**01. ⑤　02. ①　03. ①　04. ④　05. ④**

01 발달의 지향점은 성숙, 노화의 지향점은 죽음이라는 것은 전통적인 관점이다. 반면에 전 생애발달 관점에서 모든 연령에서의 발달은 성장과 감소를 동시에 포함하는 개념이다.

02 종단적 접근법은 하나의 연구대상을 일정 기간 동안 관찰하여 그 대상의 변화를 파악하는 데 초점을 두기 때문에 연습효과가 나타날 수 있으며, 피험자의 중간 탈락 현상이 있다.

03 수퍼의 진로발달 이론은 직업 발달을 진로에 대한 자아개념의 발달로 본 이론이다.

04 시각은 오감 중 가장 늦게 발달하며, 신생아는 색깔에 민감하기 때문에 무채색보다는 색채가 있는 것을 보는 것을 선호한다. 팬츠는 실험을 통해 신생아는 단순한 모양보다는 줄무늬가 있는 것, 배경과 뚜렷한 대비를 이루는 것, 작은 것보다는 큰 모양을 선택해서 응시하며, 직선보다는 곡선을 선호한다고 밝혔다. 또한 신생아는 정지된 것보다는 움직이는 것을 선호한다.

05 회피 애착 유형의 영아는 낯선 상황에서 양육자가 떠나가는 것에 대해 별 반응을 보이지 않고 무시하는 모습을 보이며, 양육자가 다시 돌아와도 무시하고 다가가려 하지 않는다.

06 콜버그(L. Kohlberg)의 성역할 발달 단계를 순서대로 바르게 나열한 것은?

① 성정체성 – 성일관성 – 성안정성
② 성정체성 – 성안정성 – 성일관성
③ 성안정성 – 성일관성 – 성정체성
④ 성안정성 – 성정체성 – 성일관성
⑤ 성일관성 – 성정체성 – 성안정성

07 비고츠키(L. Vygotsky)의 언어와 사고에 관한 설명으로 옳은 것을 모두 고른 것은?

ㄱ. 언어는 인지발달에 중요한 역할을 한다.
ㄴ. 유아는 혼잣말(private speech)을 통해 자신의 사고를 정리하고 촉진한다.
ㄷ. 유아는 적절히 어려운 과제를 수행할 때 혼잣말을 많이 사용한다.
ㄹ. 유아는 외적 언어에서 내적 언어로 전환하는 과정에서 혼잣말을 사용한다.

① ㄱ, ㄴ, ㄷ   ② ㄱ, ㄴ, ㄹ
③ ㄱ, ㄷ, ㄹ   ④ ㄴ, ㄷ, ㄹ
⑤ ㄱ, ㄴ, ㄷ, ㄹ

08 발달 이론가와 청소년기 발달에 관한 주장의 연결로 옳지 않은 것은?

① 설리반(H. Sullivan) – 성·친밀감·안전 욕구 간의 충돌로 질풍노도의 시기를 겪는다.
② 프로이드(S. Freud) – 생식기에 해당하고, 이성에 대한 호기심을 가지며 성숙한 성관계 확립을 하는 시기이다.
③ 미드(M. Mead) – 혼돈과 곤혹의 시기를 맞아 오랜 기간 동안 갈등과 혼란을 겪는 시기이다.
④ 피아제(J. Piaget) – 형식적 조작기에 해당하며, 명제적 사고와 조합적 사고 등이 발달하는 시기이다.
⑤ 홀(S. Hall) – 청소년기의 혼란은 인간이 진화하는 과정에서 나타나는 과도기적 단계에 대한 반영이다.

09 방어기제에 관한 설명으로 옳은 것은?

① 투사는 충족될 수 없는 무의식적 욕구를 다른 대상을 통하여 충족시키는 것이다.

② 주지화(intellectualization)는 종교, 문학 등의 지적 활동에 몰입함으로써 불안을 회피하려는 것이다.

③ 반동형성의 예로는 청소년들이 인기 연예인의 헤어스타일을 모방하는 경우가 있다.

④ 치환(displacement)은 자신의 내부에서 용납하기 어려운 욕구나 충동을 남의 탓으로 돌리는 것이다.

⑤ 억압은 자신의 행위나 생각을 정당화하기 위해 그럴듯한 이유를 제시하는 것이다.

10 청소년기 자기중심성에 대해 엘킨드(D. Elkind)가 주장한 개념을 모두 고른 것은?

ㄱ. 전환적 추론	ㄴ. 개인적 우화
ㄷ. 중심화(centration)	ㄹ. 상상적 청중

① ㄱ, ㄷ   ② ㄱ, ㄹ

③ ㄴ, ㄷ   ④ ㄴ, ㄹ

⑤ ㄴ, ㄷ, ㄹ

정답 및 해설   06. ②   07. ⑤   08. ③   09. ②   10. ④

06 콜버그의 성역할 발달 단계는 성정체성(3세경, 최초로 자신을 남자 또는 여자로 범주화하는 능력) → 성안전성(4세경, 남아는 자라서 남자 어른이 되며, 여아는 자라서 여자 어른이 된다는 인식) → 성일관성(5~6세경, 의복, 머리 모양, 행동이 달라지더라도 성은 결코 변화하지 않는다는 성의 불변적 특성을 획득)의 3단계로 구분된다.

07 러시아의 언어학자인 비고츠키는 "사고와 언어"에서 언어와 사고가 별개로 발달하다가 특정 시기 이후 언어와 사고가 교차하면서 사고가 언어화된다는 주장을 하였다.

08 미드는 문화적 상대주의를 주장하면서, 청소년기 혼란을 느끼는 것은 청소년이 속한 사회(문화적 요인) 때문이라고 본다.

09 '투사'는 자신의 자아에 내재해 있으나 받아들일 수 없는 것들을 다른 사람의 특성으로 돌려버리는 것이다. 청소년들이 인기 연예인의 헤어스타일을 모방하는 것은 '동일시'이다. '치환'은 충족될 수 없는 무의식적 욕구를 다른 대상을 통하여 충족시키는 것이다. '억압'은 의식하기에는 너무나 고통스럽고 충격적인 것들을 무의식적으로 억눌러버리는 것이다.

10 '전환적 추론'은 한 특정사건으로부터 다른 특정사건을 추론하는 것으로서, Piaget의 인지발달 단계 중 전조작기에 해당하는 내용이다.

11 성인기 인지발달에 관한 설명으로 옳은 것은?

① 리겔(K. Riegel)은 형식적 사고에서 실용적 사고로 전환된다고 본다.
② 샤이(K. Schaie)는 문제발견의 단계를 제5단계로 본다.
③ 페리(W. Perry)는 이원적 사고에서 상대적 사고로 옮겨 간다고 본다.
④ 아르린(P. Arlin)은 성인기부터 변증법적 사고를 한다고 본다.
⑤ 라부비비에(G. Labouvie-Vief)는 인지발달 단계를 습득-성취-책임(실행)-재통합으로 제시한다.

12 노년기 발달에 관한 설명으로 옳지 않은 것은?

① 노년기에 일화기억은 의미기억과 달리 연령에 따른 영향을 받지 않는다.
② 에릭슨(E. Erikson)은 8단계인 노년기에 발달되는 바람직한 미덕으로 지혜를 제안한다.
③ 레빈슨(D. Levinson)은 노년기를 '다리 위에서의 조망(one's view from the bridge)'이라 표현한다.
④ 유리 이론(disengagement theory)에서는 노인과 사회의 상호 철회 과정을 부정적으로 보지 않고 성공적 노화로 본다.
⑤ 활동 이론(activity theory)은 근로자, 부모 등 개인의 역할이 삶에서 만족을 얻을 수 있는 주요 원천으로 본다.

13 다음 설명에 해당하는 성염색체 이상 증후군은?

- 남아가 X염색체를 하나 더 갖고 있어 남성적 특성이 약하고 가슴과 엉덩이가 발달하는 여성적인 2차 성징이 나타난다.
- 남아이지만 정자를 배출하지 못하여 생식능력을 갖고 있지 않다.

① X결함 증후군 ② 터너 증후군
③ 클라인펠터 증후군 ④ XYY 증후군
⑤ 다운증후군

14 태내 발달에 관한 설명으로 옳지 않은 것을 모두 고른 것은?

> ㄱ. 수정란의 세포분열은 착상된 이후 배아기에 시작된다.
> ㄴ. 배아기에는 심장의 형성 및 심장박동이 시작된다.
> ㄷ. 태아기에 배아의 세포는 외배엽, 중배엽, 내배엽으로 분화된다.
> ㄹ. 간접흡연은 태아의 발달에 거의 영향을 미치지 않는다.

① ㄱ, ㄹ
② ㄴ, ㄷ
③ ㄷ, ㄹ
④ ㄱ, ㄴ, ㄹ
⑤ ㄱ, ㄷ, ㄹ

15 뇌와 신경계 발달에 관한 설명으로 옳지 않은 것은?
① 영아는 성인보다 많은 수의 시냅스를 갖고 있다.
② 청소년기보다 영아기에 뇌의 성장 급등이 이루어진다.
③ 대뇌 피질의 발달은 영아기 이후에도 진행된다.
④ 영아의 뇌는 성인의 뇌보다 가소성이 뛰어나다.
⑤ 뇌의 수초화(myelination)는 두 반구의 기능분화를 의미한다.

정답 및 해설 11. ③ 12. ① 13. ③ 14. ⑤ 15. ⑤

11 페리(1970)는 하버드 대학생들을 인터뷰하여 대학생활을 하는 동안 그들의 사고과정이 어떻게 변하는지를 연구하였다. 이를 통해 저학년 학생은 이원적 사고를, 고학년 학생은 상대적 사고를 하는 것을 밝혀냈다.
12 노년기에는 일화기억 기능의 감퇴가 두드러지게 나타난다.
13 클라인펠터 증후군(Klinefelter's syndrome)은 성염색체 비분리에 의해 남자가 X염색체를 두 개 이상 가지게 되는 유전병의 일종이다. 성염색체 핵형은 XXY, XXXY, XXXXY 등의 비정상적인 형태를 가지고 있어, 남성이지만 생식 능력이 불완전하다.
14 수정 후 2~8주 까지를 배아기라고 하는데, 이 시기는 호흡기, 소화기, 신경 및 각 신체 기관이 형성되고 발달한다.
15 수초화는 미엘린 수초가 뉴런의 축삭돌기에 감기어 자극의 전달속도를 더욱 빠르게 하는 현상이다. 수초화가 진행되어 수초가 형성되면 이를 통해 정보전달 속도가 보다 더 빨라진다.

16 영아기 운동발달에 관한 설명으로 옳은 것은?

① 대체로 다리, 발을 능숙히 사용하기 전에 머리, 목의 통제가 가능하다.

② 운동기술의 발달속도는 개인차가 없다.

③ 일반적으로 말단에서 중심 방향으로 발달한다.

④ 소근육 운동 기능은 생후 6개월 안에 완성된다.

⑤ 대근육 운동인 기기와 손 뻗기는 영아의 주변 탐색을 가능케 한다.

17 피아제(J. Piaget) 이론에서 구체적 조작기의 특성으로 옳은 것을 모두 고른 것은?

> ㄱ. 사물을 공통의 속성에 따라 분류할 수 있다.
> ㄴ. 문제를 해결할 때 주로 지각적 외양으로 판단한다.
> ㄷ. 구체적 사실이 없어도 가설·연역적 추론을 할 수 있다.
> ㄹ. 키, 무게 등의 속성에 따라 항목을 순서대로 배열할 수 있다.

① ㄱ, ㄷ   ② ㄱ, ㄹ

③ ㄴ, ㄷ   ④ ㄱ, ㄴ, ㄹ

⑤ ㄴ, ㄷ, ㄹ

18 다음 사례에서 나타난 기억전략은?

> '곰'과 '얼음'을 기억해야 할 때, '얼음을 안고 있는 곰'을 떠올려 두 개의 항목을 기억한다.

① 정교화   ② 조직화

③ 시연   ④ 상위기억(metamemory)

⑤ 개념도

19 가드너(H. Gardner)가 주장한 지능이론에 관한 설명으로 옳은 것은?

① 다중지능은 뇌의 동일한 영역과 관련되어 있다.

② 다중지능은 논리적·언어적·유동적 지능 3개로 구성되어 있다.

③ 다중지능은 여러 개의 독립적인 지능들로 구성되어 있다.

④ 자연지능이 높은 사람들은 타인을 공감하는 능력이 뛰어나다.

⑤ 논리수학적 지능이 높은 사람은 모든 다른 지능 영역에서 우수하다.

20 친사회적 행동에 관한 설명으로 옳지 않은 것은?

① 정신분석이론에서 친사회적 행동은 초자아의 발달과 관련되어 있다.
② 유아기에서는 타인의 고통을 직접 보지 않고 주로 상상만으로 감정이입을 한다.
③ 사회교환이론에 따르면 친사회적 행동으로 인한 손해가 보상보다 클 때 친사회적 행동은 감소한다.
④ 이타적 행동은 유아기보다 아동기에 더 많이 발생한다.
⑤ 사회학습이론에 따르면 친사회적 행동에 대한 보상의 관찰은 친사회적 행동을 증진시킨다.

21 도덕성 발달 이론에 관한 설명으로 옳은 것을 모두 고른 것은?

ㄱ. 피아제(J. Piaget) 이론에서 타율적 도덕성 단계의 아동은 규칙이 상황에 따라 변경될 수 있다고 생각한다.
ㄴ. 콜버그(L. Kohlberg)의 5단계인 사회계약 지향 단계에서 사람들은 인간의 권리를 무시하는 법은 부당하다고 생각한다.
ㄷ. 반두라(A. Bandura)는 강화, 처벌, 모방 등으로 도덕적 행동의 학습을 설명한다.
ㄹ. 프로이드(S. Freud) 이론에서 동성부모와의 동일시, 죄책감, 초자아는 도덕성 발달과 관련되어 있다.

① ㄱ, ㄴ
② ㄱ, ㄹ
③ ㄴ, ㄹ
④ ㄱ, ㄴ, ㄷ
⑤ ㄴ, ㄷ, ㄹ

정답 및 해설   16. ① 17. ② 18. ① 19. ③ 20. ② 21. ⑤

16 영아기 운동발달은 목 → 어깨 → 팔 → 손 → 허리 → 다리 → 발 등 아래로 발달한다.

17 구체적 조작기는 6~12세경으로, 이 단계에서 아이들은 사고를 논리적으로 조작할 수 있는 능력을 얻게 되지만, 사고는 관찰 가능한 구체적 사물이나 사건에 한정되어 있다.

18 '정교화'는 기억해야 할 정보에 무엇인가를 덧붙이거나 다른 정보와 서로 관련시킴으로써 기억하는 것이다.

19 가드너의 다중지능이론은 인간의 지능이 서로 독립적이며, 서로 다른 6~8가지 유형으로 다루어볼 수 있는 여러 능력으로 구성된다는 이론이다.

20 유아기에는 타인을 도와주고, 돌보고, 나누어갖고, 동정하는 등의 친사회적 행동이 나타난다.

21 피아제의 타율적 도덕성 단계에 있는 아동들은 규칙과 신념에 대한 강한 존중감을 발달시키고 그것에 항상 복종해야 한다고 생각한다.

22 다음 설명에 공통적으로 해당되는 개념은?

> • 까다로운 기질의 영아도 지지적이고 일관된 양육을 받은 경우 긍정적인 발달을 보이게 된다.
> • 생활습관이 불규칙한 영아도 양육자가 허용적일 때 양육자와의 갈등이 줄어들 수 있다.

① 습관화
② 민감한 시기
③ 기질적 순기능
④ 조화의 적합성
⑤ 정서적 사회화

23 DSM-5의 신경발달장애에 해당되지 않는 것은?

① 지적장애
② 의사소통장애
③ 반응성 애착장애
④ 특정학습장애
⑤ 주의력결핍 과잉행동장애

24 DSM-5의 선택적 함구증(selective mutism)의 진단기준 및 설명으로 옳은 것은?

① 아동기 때 주로 발병하는 의사소통장애에 해당된다.
② 언어에 대한 지식의 부족으로 말을 하지 않는 것이 아니다.
③ 아동기에 흔하게 발병하는 장애로 유병률 5% 이상이다.
④ 주로 5세 이후 발병되며, 조기 발견될 가능성이 높다.
⑤ 증상이 최소 6개월 이상 지속되어야 한다.

25 DSM-5의 투렛 장애(Tourett's disorder)의 진단기준으로 옳지 않은 것은?

① 18세 이전에 발병한다.
② 물질의 생리적 효과로 인해 발병되는 것이 아니다.
③ 틱(tic) 증상은 자주 악화와 완화를 반복한다.
④ 운동성 틱과 음성 틱이 동시에 나타나야만 진단된다.
⑤ 틱 증상은 처음 증상이 시작된 시점부터 1년 이상 지속된다.

---

01 청소년 집단상담의 집단응집력에 관한 설명으로 옳지 않은 것은?

① 집단응집력은 그 자체가 강력한 치료적인 힘이다.

② 집단원의 내면세계를 정서적으로 공유하고 집단으로부터 수용되는 것이다.

③ 개인상담의 치료적 관계와 유사한 개념이다.

④ 집단이 진행되면서 자연스럽게 발달하고 유지된다.

⑤ 집단응집력이 높을수록 출석, 참여, 상호지지의 비율이 더 높아진다.

02 집단의 발달과정에 관한 설명으로 옳지 않은 것은?

① 집단의 발달단계는 실제로 중첩되기도 한다.

② 같은 집단 발달단계의 집단원들은 서로 비슷한 속도로 진전을 보인다.

③ 집단 과업이 달성된 후에도 새로운 갈등이 일어날 수 있다.

④ 다음 단계에 진입해서 정체되기도 하고, 일시적으로 이전 단계로 퇴보하는 경우도 있다.

⑤ 집단은 역동적, 지속적으로 변화하는 특징을 지니고 있다.

정답 및 해설   22. ④   23. ③   24. ②   25. ④   01. ④   02. ②

22 조화의 적합성은 아이의 기질과 부모의 양육태도의 적절한 조화를 중요하게 생각하는 것이다.

23 DSM-5의 신경발달장애에는 지적발달장애 및 지적장애, 의사소통장애, 자폐스펙트럼장애, 주의력결핍과잉행동장애, 특정학습장애, 운동장애, 틱장애 등이 포함된다.

24 선택적 함구증은 사회적 상황에서 필요한 말을 하는 것에 대한 지식이 부족하거나, 언어가 익숙하지 않아 말을 하지 않는 것은 아니다.

25 여러 가지 운동 틱과 한 가지 또는 그 이상의 음성 틱이 장애의 경과 중 일부 기간 동안 나타나지만 2가지 틱이 반드시 동시에 나타나는 것은 아니다.

01 청소년 집단상담의 집단응집력을 형성하기 위해서는 초기단계에 신뢰감을 형성하는 것이 중요하다.

02 같은 집단 발달단계의 집단원들도 서로 다른 속도로 진전을 보일 수 있다.

03 공동지도자 집단의 특징에 관한 설명으로 옳지 않은 것은?

① 지도자의 신체적·정서적 소진 가능성이 줄어든다.

② 지도자 중 한 명이 역전이가 일어날 때 도움이 된다.

③ 지도자 중 한 명은 강한 정서를 표현하는 집단원에 집중하고, 다른 지도자는 나머지 집단원들의 반응에 주목할 수 있다.

④ 지도자 간의 경쟁과 대립은 집단의 역동을 촉진시킨다.

⑤ 지도자가 다른 지도자에 대항하여 집단원과 한 편을 이루는 단점도 있다.

04 코리(G. Corey)가 제시한 작업단계(working stage)에 있는 집단원의 특징을 모두 고른 것은?

> ㄱ. 지금-여기에 초점이 주어지고 집단들이 느끼는 것을 서로 직접적으로 이야기한다.
> ㄴ. 집단원간 또는 집단상담자와 갈등이 있음을 인정하고 그것에 대해 논의하고 해결한다.
> ㄷ. 집단원은 절망과 무력감을 느끼며, 자신이 희생양이라고 생각한다.
> ㄹ. 적대적이고 공격적인 태도를 취하고, 공격받은 집단원은 거부당한다고 느낀다.

① ㄱ

② ㄱ, ㄴ

③ ㄴ, ㄷ

④ ㄴ, ㄷ, ㄹ

⑤ ㄱ, ㄴ, ㄷ, ㄹ

05 아들러(A. Adler) 집단상담의 목표에 관한 것으로 옳은 것은?

① 억압된 감정을 내보내고 통찰을 제공한다.

② 당면한 문제를 다루기보다 무의식적 갈등을 다루어 성격을 재구성한다.

③ 환경과의 접촉 및 자각과 선택의 힘을 증진시킨다.

④ 집단원의 자동적 사고를 명료화하고 내담자의 사고방식을 변화시킨다.

⑤ 집단에 대한 소속감을 강화하여 타인과의 일체감과 연대감을 촉진한다.

06 얄롬(I. Yalom)의 치료적 요인 중 대인간 학습－산출(interpersonal learning-output)에 관한 설명으로 옳은 것을 모두 고른 것은?

> ㄱ. 다른 집단원에게 상호 관계를 분명히 하기 위해 자신을 솔직히 표현한다.
> ㄴ. 집단이 나와 유사한 문제를 가진 다른 집단원을 도와주는 것을 보면서 용기를 얻었다.
> ㄷ. 집단에서 내가 본받을 사람을 발견했다.
> ㄹ. 다른 집단원의 반응을 살피기보다 더 건설적으로 주장하는 방식으로 나 자신을 드러낸다.

① ㄱ, ㄴ   ② ㄱ, ㄹ
③ ㄴ, ㄷ   ④ ㄱ, ㄴ, ㄷ
⑤ ㄴ, ㄷ, ㄹ

07 학교현장에서 실시하는 집단상담에 관한 설명으로 옳지 않은 것은?
① 주로 예방 및 발달을 돕는 개입으로 이루어진다.
② 시험불안 감소를 위한 집단 운영도 가능하다.
③ 학생이 겪고 있는 심각한 심리적 장애를 치료하는 집단을 운영한다.
④ 집단을 통해 이혼가정 자녀들의 불안감소와 학업 수행 능력을 증진시킬 수 있다.
⑤ 학교 관계자에게 집단상담이 학생의 행동 및 정서 변화에 효과적이라는 증거를 제시하는 것이 좋다.

정답 및 해설

03. ④   04. ②   05. ⑤   06. ②   07. ③

03 공동지도자가 협동하지 못하고 경쟁을 하게 되면, 집단상담에 부정적인 영향을 미칠 가능성이 있다.
04 집단원이 절망과 무력감을 느끼며, 자신이 희생양이라고 생각하고, 적대적이고 공격적인 태도를 취하는 것은 '전환(과도기)' 단계이다.
05 아들러는 집단원들이 사회적 방향과 의도를 가진 교류를 하도록 격려한다.
06 얄롬의 대인간 학습－산출은 타인과 관계하는 데 좀 더 적절한 방법을 시도하도록 한다. 즉, 방어 없이 집단원들이 행동할 수 있도록 집단이 운영된다면 그들은 가장 생생하게 자신의 문제를 집단에 내보이게 되고, 집단상담자는 이 미시사회에서 보이는 부적응적인 대인관계 행동을 알아내어 치료적으로 활용한다.
07 학교현장에서 실시하는 집단상담은 주로 예방 및 발달을 돕는다.

08 아동 및 청소년 집단상담자의 바람직한 행동으로 옳은 것은?

① 집단원의 자율성을 위해 집단규칙을 제시할 필요는 없다.

② 매 회기마다 계획된 의제나 주제를 반드시 지켜야 한다.

③ 청소년 집단원의 권익을 보호하기 위해 가능하면 부모나 기관에 맞서 청소년의 편을 들어 주어야 한다.

④ 아동과 청소년들은 빠른 애착과 분리가 가능하기 때문에 종결 시점을 빨리 알려주지 않아도 된다.

⑤ 학교에서 진행되는 집단상담은 집단 밖으로 비밀이 새어 나가기 쉽다는 점을 민감하게 살펴보아야 한다.

09 청소년 집단상담에서 집단원의 의존성을 조장할 위험이 있는 경우에 해당하는 것을 모두 고른 것은?

> ㄱ. 상담자가 상담 진행으로 발생하는 경제적 보상을 우선순위로 하는 경우
> ㄴ. 집단을 통해 사회생활에서 결핍된 상담자 자신의 욕구를 채우길 기대하는 경우
> ㄷ. 집단을 이용하여 상담자가 자신의 미해결 과제에 대해 작업하려고 시도하는 경우
> ㄹ. 상담자가 청소년들의 삶에 대해 방향을 제시하는 부모와 같은 어른이 되고 싶은 욕구를 가질 경우

① ㄱ, ㄴ　　　　　　　　　　② ㄷ, ㄹ

③ ㄱ, ㄴ, ㄷ　　　　　　　　④ ㄴ, ㄷ, ㄹ

⑤ ㄱ, ㄴ, ㄷ, ㄹ

10 해결중심 집단상담 기법을 나열한 것은?

① 자각, 탈숙고, 정화

② 기적질문, 척도질문, 간접칭찬

③ 유머, 빈의자 기법, 대처질문

④ 접촉, 생활양식 해석하기, 질문하기

⑤ 역설적 의도, 척도질문, 자기 포착하기

11 실존주의 집단상담에 관한 설명으로 옳지 않은 것은?

① 집단의 목표는 자신이 자기 삶의 주인이어야 한다는 자유를 인식하고 수용하는 것이다.
② 집단상황을 집단원이 실제로 살고 기능하는 세계의 축소판으로 본다.
③ 집단원간의 관계 문제를 과거 대인관계 역동으로 분석하고 통찰한다.
④ 집단원들이 실존적 문제를 나눔으로써 자신을 발견하도록 돕는다.
⑤ 집단원들은 기본적으로 자유로운 존재이기에 자유에 동반되는 책임을 받아들여야 한다.

12 코리(G. Corey)의 집단상담 과도기 단계(transition stage)에서 상담자의 개입으로 옳은 것은?

> 영 희 : 저는 여기 있는 사람들이 저를 비판할까봐 두려워요. 저는 다른 사람들이 제가 횡설수
> 설한다고 생각하지 않도록 하기 위해 말하기 전에 몇 번이고 연습해요.
> 상담자 : _____

① 언제 그런 두려움을 느꼈고 이 집단에서 누구를 가장 의식하고 있나요?
② 혹시 영희와 같이 비판받을까봐 두려워하는 느낌을 가진 집단원이 있나요?
③ 만약 비판받을 것 같은 두려움이 없었다면 이 집단에서 어떻게 달라질 수 있을까요?
④ 비판을 두려워하는 자신에게 자기 패배적인 메시지보다는 긍정적으로 표현해 볼 수 있을
까요?
⑤ 말하는 것에 주의를 주는 듯한 어머니를 연상하는 사람이 집단 내에 있다면 이야기 나누어
볼 수 있을까요?

정답 및 해설 08. ⑤ 09. ⑤ 10. ② 11. ③ 12. ①

08 학교에서 진행되는 집단상담의 경우, 비밀보장의 위험성에 대해 민감하게 살펴보아야 한다.
09 집단원들은 자신의 행동에 대한 불안감과 집단구조에 대한 불확실성을 가질수록 집단상담자에게 의존하는 경향이 있다.
10 해결중심 집단상담의 기법으로는 척도질문, 기적질문, 예외질문, 후속질문, 관계성질문, 간접칭찬 등이 있다.
11 집단원 간의 관계 문제를 과거 대인관계 역동으로 분석하고 통찰하는 것은 정신분석학적 집단상담이다.
12 과도기 단계의 특징으로는 불안과 방어의 증가, 통제를 위한 갈등과 투쟁, 집단상담자에 대한 도전, 저항 등이 있다. 따라서 이 단계에서 집단상담자는 저항, 전이, 집단원들 간의 갈등과 투쟁을 다룰 수 있어야 하며, 도전에 대해 개방적인 태도를 취해야 한다.

13 다음 대화에서 집단상담자가 사용한 기법은?

> 철 수 : (영희를 보고) 영희씨! 당신은 왜 그렇게 느끼는가요?
> 상담자 : 철수씨! 영희의 느낌을 알고자 하는 관심을 보여준 것에 대해 고맙게 생각합니다. 그런
> 데 당신의 마음속에 있는 것을 좀 더 명료하게 표현해 준다면 영희뿐만 아니라 우리 모
> 두에게 더 도움이 될 것 같군요.

① 공감하기   ② 재진술하기
③ 질문차단하기   ④ 조언하기
⑤ 잡담금지

14 집단상담 오리엔테이션에 관한 설명으로 옳지 않은 것은?

① 집단원의 집단에 대한 기대를 탐색한다.
② 집단원의 집단참여에 대한 불안감 해소를 돕는다.
③ 집단의 저항이 어떻게 처리될 것인지 알려준다.
④ 집단에서 이루어지는 작업은 쉽지 않음을 알리고 적극적인 참여를 독려한다.
⑤ 집단원과 함께 집단의 기본규칙에 관하여 논의한다.

15 추수(follow-up) 면담에 관한 설명으로 옳은 것을 모두 고른 것은?

> ㄱ. 종결 후 집단원들이 경험한 어려움이 무엇인지 탐색한다.
> ㄴ. 집단상담 마지막 회기에 미리 추수면담 장소와 시간을 집단원들과 협의한다.
> ㄷ. 도움이 필요한 집단원에게 추수면담 이후의 개인상담이나 상담프로그램 정보를 제공한다.
> ㄹ. 추수면담 집단회기에 참석하지 못한 집단원을 위해 개별 추수면담을 실시해서는 안 된다.

① ㄱ, ㄴ   ② ㄷ, ㄹ
③ ㄱ, ㄴ, ㄷ   ④ ㄴ, ㄷ, ㄹ
⑤ ㄱ, ㄴ, ㄷ, ㄹ

16 다음의 질문 기법을 주로 사용하는 집단상담자에 관한 설명으로 옳은 것은?

> • 만약 한밤중에 자고 있는 동안 기적이 일어나서 문제가 사라져 버렸다면, 다음 날 아침 눈을 떴을 때 무엇이 달라져 있을까요?
> • 당신이 집단에서 느끼는 불안은 0점에서 10점 사이에 몇 점인가요?

① 집단원의 무책임하고 비효과적인 행동의 근본 원인을 탐색한다.
② 집단원이 자기 삶의 전문가라고 믿고 '알지 못함'(not-knowing)의 자세를 취한다.
③ 집단원의 비논리적이고 파국적인 생각을 수정한다.
④ 집단에서 표현되지 않은 핵심 갈등을 탐색하고 저항을 다룬다.
⑤ 집단원의 문제를 지속적으로 평가하고 진단한다.

17 타의에 의해 집단에 참여하게 된 청소년을 위한 상담자의 행동으로 옳은 것을 모두 고른 것은?

> ㄱ. 집단원의 권리 및 책임에 관해 친절하고 철저하게 안내한다.
> ㄴ. 본인이 원할 경우 집단을 떠날 권리가 있으나, 이때 예상되는 결과에 대해 알려준다.
> ㄷ. 집단을 떠나기 전에 그 이유를 집단에 알리도록 안내한다.
> ㄹ. 자신과 타인을 위협하는 경우가 아니라면 말하는 내용은 모두 비밀이 보장된다고 알려준다.

① ㄱ, ㄴ
② ㄴ, ㄹ
③ ㄱ, ㄴ, ㄷ
④ ㄱ, ㄷ, ㄹ
⑤ ㄴ, ㄷ, ㄹ

정답 및 해설   13. ③ 14. ③ 15. ③ 16. ② 17. ③

13 질문차단하기 기법은 집단원의 인격을 존중하면서 집단과정에 부정적인 영향을 주거나 집단원의 성장을 저해하는 비생산적인 행동을 막는 기법이다.
14 집단의 저항 처리에 대해 다루는 것은 과도기 단계의 특징이다.
15 추수면담 집단회기에 참석하지 못한 집단원을 위해 개별 추수면담을 실시하는 것도 좋다.
16 기적질문이나 척도질문 등은 해결중심 집단상담에서 주로 사용하는 기법이며, 본 집단상담자들은 집단원이 자기 삶의 전문가라고 믿는다.
17 비자발적인 청소년 집단구성원에 대해 상담자는 집단원의 권리 및 책임에 대해 친절하고 철저하게 안내해야 하며, 본인이 원할 경우 집단을 떠날 수 있고 이때 어떠한 결과가 예상된다고 알려줄 수 있으며, 집단을 떠나기 전 그 이유를 집단에 알려 다른 집단원들도 알게 한다.

18 코리(G. Corey)의 집단상담 발달 단계에 따른 집단상담자 역할을 순서대로 나열한 것은?

> ㄱ. 집단원의 성장과 변화 평가하기, 분리에 대한 감정 다루기
> ㄴ. 비효과적인 행동패턴 탐색, 행동의 변화 촉진
> ㄷ. 집단의 구조화, 신뢰감 및 집단목표 설정하기
> ㄹ. 집단원의 저항·상담자에 대한 도전 다루기

① ㄴ - ㄱ - ㄹ - ㄷ   ② ㄴ - ㄹ - ㄷ - ㄱ
③ ㄷ - ㄴ - ㄱ - ㄹ   ④ ㄷ - ㄹ - ㄱ - ㄴ
⑤ ㄷ - ㄹ - ㄴ - ㄱ

19 다음의 집단상담 기술을 사용할 때 주의할 점으로 옳지 않은 것은?

> 상담자 : 상우는 충고를 주는 도준이가 혹시 자신의 형처럼 생각되기 때문에 도준이의 의견에
> 계속 반대하는 모습을 보이는 것은 아닐까요? 형이 자신의 모든 것을 아는 것처럼 잘
> 난 척 하고 충고한다고 말했었죠.

① 정중하고 사려 깊게 한다.
② 구체적인 변화 절차를 계획하고 실행하도록 돕는다.
③ 집단원이 받아들일 준비가 되어 있는지 확인한 후에 사용한다.
④ 집단원의 지적능력을 고려하여 사용한다.
⑤ 잠정적인 가설이나 질문의 형태로 표현한다.

20 청소년 집단상담에서 밑줄 친 상담자 반응으로 옳은 것은?

> 영　주 : 아무리 노력해도 엄마의 기대를 채울 수 없을 것 같아요. 2등을 해도 엄마는 1등이 아
> 니면 안 된다고 하실 거예요.
> 상담자 : 영주는 엄마의 기대가 부담스럽고, 그 기대에 부응할 수 없을 것 같아 염려가 되는구
> 나. 영주의 이야기는 이전에 수민이가 다른 사람에게 인정받기를 원한다고 말했던 것과
> 유사한 것 같군요.

① 공감   ② 연결하기
③ 차단하기   ④ 재진술
⑤ 요약

21 집단상담에서 바람직하다고 생각되는 집단원의 행동을 모두 고른 것은?

> ㄱ. 비밀 지키기 　　　　　　　　　ㄴ. 피드백 주고 받기
> ㄷ. 적극적으로 참여하기 　　　　　ㄹ. 상담자를 도와 공동지도자 되기

① ㄱ, ㄹ　　　　　　　　　　　　② ㄴ, ㄷ
③ ㄱ, ㄴ, ㄷ　　　　　　　　　　④ ㄴ, ㄷ, ㄹ
⑤ ㄱ, ㄴ, ㄷ, ㄹ

22 정신분석 집단상담에 참여한 영수의 경험을 설명하는 용어로 옳은 것은?

> 　영수는 자신이 희생하더라도 다른 집단원들을 만족시키려는 것이 어릴 때 형성된 과도한 인정욕구 때문임을 자각하게 되었다. 이후 영수는 자신의 오래된 행동방식을 좀 더 이성적이고 현실적인 행동으로 바꾸기 위해 의식적으로 노력하게 되었다.

① 합리화　　　　　　　　　　　　② 전이
③ 훈습　　　　　　　　　　　　　④ 문제의 외재화
⑤ 주지화

정답 및 해설　　　　　　　　　　18. ⑤　19. ②　20. ②　21. ③　22. ③

18 코리의 집단상담 발달 단계는 시작단계 → 전환(과도기)단계 → 작업단계 → 마무리단계로 구성된다.
19 해석과 직면을 시도하는 상담자는 집단원의 지적능력 등을 고려하여 그가 받아들일 준비가 되어 있는지 확인한 후 잠정적인 가설이나 질문의 형태로 신중하게 사용해야 한다.
20 '연결하기'는 집단상담 장면에서 집단원들 간의 관련성 및 연계성에 주목하는 것을 의미하며, 집단원들의 상호작용과 의사소통을 촉진한다.
21 집단원이 상담자를 도와 공동지도자가 될 필요는 없다.
22 '훈습'은 상담과정에서 얻은 통찰을 실생활 속에서 실천에 옮기도록 하는 것이다.

23 우볼딩(R. Wubbolding)의 현실치료 집단상담 절차에 따라 집단상담자의 질문을 순서대로 나열한 것은?

> ㄱ. 지금 무엇을 하고 있습니까?
> ㄴ. 어떤 사람이 되기를 소망합니까?
> ㄷ. 지금 하고 있는 행동이 도움이 됩니까?
> ㄹ. 원하는 것을 얻을 수 있는 효과적인 방법은 무엇입니까?

① ㄱ - ㄴ - ㄷ - ㄹ 　　　② ㄱ - ㄴ - ㄹ - ㄷ
③ ㄱ - ㄹ - ㄷ - ㄴ 　　　④ ㄴ - ㄱ - ㄷ - ㄹ
⑤ ㄴ - ㄱ - ㄹ - ㄷ

24 집단상담의 유형별 장단점에 관한 설명으로 옳지 않은 것은?

① 개방집단은 집단원의 변동이 가능하므로 폐쇄집단보다 다양한 사람들과 상호작용할 수 있다.
② 동질집단에서는 이질집단보다 빨리 자기개방이 이루어지고 유대감이 형성될 수 있다.
③ 마라톤집단에서는 며칠 동안 집중 회기를 통해 심화된 상호작용이 활성화될 수 있다.
④ 비구조화집단은 집단의 목표, 과제, 활동방법을 미리 정해놓아서 구조화집단보다 깊은 수준의 경험이 가능하다.
⑤ 폐쇄집단은 일부 집단원이 중도에 탈락할 경우 집단 크기가 너무 작아질 염려가 있다.

25 인간중심 집단상담자에 관한 설명으로 옳은 것을 모두 고른 것은?

> ㄱ. 지시적이기보다는 촉진적인 집단 분위기를 조성한다.
> ㄴ. 집단원에 대해 주의 깊고 민감하게 경청한다.
> ㄷ. 집단원의 행동의 원인을 해석·논평하는 데 초점을 두지 않는다.
> ㄹ. 상담자 자신의 감정을 노출하고 활용하는 것을 중요하게 생각한다.

① ㄱ, ㄴ 　　　② ㄷ, ㄹ
③ ㄱ, ㄴ, ㄷ 　　　④ ㄴ, ㄷ, ㄹ
⑤ ㄱ, ㄴ, ㄷ, ㄹ

01 심리측정에 관한 설명으로 옳지 않은 것은?

① 물리적 특성에 비해 심리적 특성의 측정이 더 정밀하다.
② 심리적 구성개념에 대한 측정은 간접적인 방법을 이용한다.
③ 심리검사는 조작적 정의를 통해 구성개념과 관련된 행동의 일부를 측정하는 것이다.
④ 심리적 구성개념은 이론적이고 가설적인 개념이다.
⑤ 검사의 종류에 따라 동일한 구성개념도 측정 결과가 다를 수 있다.

02 문항분석에 관한 설명으로 옳은 것을 모두 고른 것은?

> ㄱ. 문항 난이도를 추정하는 한 방법이 문항 변별도를 이용하는 것이다.
> ㄴ. 문항-총점 상관이 높은 문항은 변별도가 높은 문항이다.
> ㄷ. 문항특성곡선의 수평축은 검사 총점이고 수직축은 각 문항에 정답을 한 수검자의 비율이다.
> ㄹ. 문항특성곡선은 검사 문항의 변별도를 보여준다.

① ㄱ, ㄴ
② ㄱ, ㄷ
③ ㄱ, ㄴ, ㄹ
④ ㄴ, ㄷ, ㄹ
⑤ ㄱ, ㄴ, ㄷ, ㄹ

정답 및 해설   23. ④ 24. ④ 25. ⑤ 01. ① 02. ⑤

23 우볼딩의 WDEP는 W(wants; 바램, 욕구), D(doing; 행동), E(evaluation; 자기평가), P(plan; 계획)의 약자이다.
24 집단의 목표, 과제, 활동방법을 미리 정해놓는 것은 구조화집단의 특징이다.
25 인간중심 집단상담자는 지시적이기보다는 촉진적이며, 집단원에 대해 주의 깊고 민감하게 경청하고, 평가보다는 수용을 우선으로 한다. 또한 상담자 자신의 감정을 노출하고 활용하는 것을 중요하게 생각한다.
01 심리측정은 보통 물리적 측정과 달리 추상적 개념(예 불안, 지능 등)을 다루기 때문에 직접 측정하는 것이 불가능하다.
02 보기 모두 맞는 설명이다.

03 준거참조검사에 관한 설명으로 옳은 것을 모두 고른 것은?

> ㄱ. 정규분포와 같이 이상적인 점수분포를 이용해서 개인의 점수를 상대적으로 평가한다.
> ㄴ. 개인이 받은 검사의 원점수를 사용해서 해석한다.
> ㄷ. 정해진 점수를 기준으로 개인의 우울 여부를 판정하는 검사는 준거참조검사에 해당한다.

① ㄱ   ② ㄱ, ㄴ
③ ㄱ, ㄷ   ④ ㄴ, ㄷ
⑤ ㄱ, ㄴ, ㄷ

04 규준에 관한 설명으로 옳은 것은?
① 스테나인 점수 5에 해당하는 백분율은 20%이다.
② 평균 50점, 표준편차 10점인 정규분포에서 원점수 30점에 해당하는 T점수는 20이다.
③ 백분위가 높을수록 그 개인의 원점수는 낮아진다.
④ 백분위 점수는 등간척도이다.
⑤ 편차 IQ는 집단 간 규준에 해당한다.

05 척도에 관한 설명으로 옳은 것은?
① 토익(TOEIC)시험의 점수는 비율척도의 한 사례이다.
② 시속(km/h)은 등간척도에 해당한다.
③ 대부분의 심리검사는 비율척도에 해당한다.
④ 등간척도는 선형변환이 가능하다.
⑤ 서열척도는 연속변수이다.

06 심리검사의 척도구성법에 해당하지 않는 것은?
① 리커트(R. Likert)의 누적평정법(Method of summated rating)
② 써스톤(L. Thurstone)의 등현간격법(Method of equal appearing intervals)
③ 모레노(J. Moreno)의 사회성측정법(Sociometry)
④ 가트만(L. Guttman)의 척도분석법(Method of scale analysis)
⑤ 오스굿(C. Osgood)의 의미판별법(Semantic differential technique)

07 신뢰도에 관한 설명으로 옳지 않은 것은?

① 신뢰도는 측정의 일관성 문제와 관련된다.
② 짝진 임의 배치법은 반분신뢰도를 구할 때 쓰는 방법이다.
③ 검사-재검사 신뢰도는 검사점수의 안정성에 대한 지표이다.
④ 동형검사신뢰도는 검사-재검사 신뢰도의 측정시기의 차이에 따른 문제점을 보완해 준다.
⑤ 반분법은 신뢰도를 과대평가하는 경향이 있다.

08 신뢰도에 영향을 주는 요인에 관한 설명으로 옳은 것은?

① 신뢰도는 문항 난이도의 영향을 받지 않는다.
② 문항의 내용이 동질적일수록 신뢰도는 높아진다.
③ 측정오차가 클수록 신뢰도는 높아진다.
④ 검사-재검사 신뢰도는 검사 시행의 시간 간격이 클수록 높아진다.
⑤ 신뢰도는 검사 문항 수의 영향을 받지 않는다.

09 요인분석을 통해 검증할 수 있는 타당도는?

① 예언타당도(predictive validity) ② 공인타당도(concurrent validity)
③ 내용타당도(content validity) ④ 안면타당도(face validity)
⑤ 구인타당도(construct validity)

정답 및 해설

03. ④ 04. ① 05. ④ 06. ③ 07. ⑤ 08. ② 09. ⑤

03 정규분포와 같이 이상적인 점수분포를 이용해서 개인의 점수를 상대적으로 평가하는 것은 '규준참조검사'이다.

04 스테나인 점수(9등급 점수)는 Standard와 Nine의 합성어로서, 원점수 분포를 평균 5, 표준편차가 2인 점수분포로 전환한 점수이다. 이의 백분율은 다음과 같다.

스테나인 점수	1	2	3	4	5	6	7	8	9
백분율	4	7	12	17	20	17	12	7	4

05 '등간척도'는 순서 사이의 간격이 균등한 척도로서, 명목척도와 서열척도의 특징을 모두 가지고 있다.

06 모레노의 사회성측정법은 수용성 조사 또는 교우관계 조사법이라고도 하며, 집단 내의 성원들 간에 호의, 혐오, 무관심 등의 관계를 조사하여 집단 자체의 역동적 구조나 상태를 알아보는 방법이다.

07 반분법은 일반적으로 측정도구를 구성하고 있는 전체 문항을 두 개의 집단으로 나누어 측정한 다음, 각 집단의 측정결과 사이의 상관관계를 중심으로 신뢰도를 평가하는 방법이다. 그러나 측정도구의 전체적인 신뢰도가 낮은 경우, 어떤 문항의 신뢰도에 문제가 있는지를 알 수 없고 신뢰도를 개선하기 위해 어떤 문항을 수정 또는 제거해야 할 것인지를 결정할 수 없다는 한계가 있다.

08 신뢰도를 높이기 위해서는 측정항목을 증가시키고, 유사하거나 동일한 질문을 2회 이상 시행한다.

09 '구인타당도'는 인간의 심리적 특성을 심리적 구인으로 분석하여 조작적 정의를 부여한 후, 검사 점수가 심리적 구인으로 구성되어 있는지 확인하는 방법이다. 이의 분석방법으로는 다속성 다측정방법과 요인분석이 있다.

10 타당도에 관한 설명으로 옳은 것은?

① 내용타당도와 안면타당도는 동일한 타당도이다.

② 예언타당도는 구인타당도에 해당한다.

③ 수렴타당도는 준거 관련 타당도에 해당한다.

④ 안면타당도에서 문항의 적절성 판단은 주로 수검자의 평가로 이루어진다.

⑤ 공인타당도는 검사 실시 후 일정시간이 지난 후 평가하는 타당도이다.

11 객관적 검사와 비교해서 투사적 검사에 관한 설명으로 옳지 않은 것은?

① 검사자극이 모호하다.

② 수검자가 자신의 반응을 방어하기 쉽다.

③ 실시와 채점이 덜 용이하다.

④ 수검자의 반응이 사회적 바람직성의 영향을 덜 받는다.

⑤ 타당성이 충분히 입증되지 않았다.

12 지능검사의 표준점수 해석에 관한 설명으로 옳지 않은 것은?

① 지표점수 115는 백분위 84에 해당한다.

② 지표점수 95는 전체 지능지수 95와 동일한 상대적 위치이다.

③ 소검사 환산점수 8은 지표점수 110과 동일한 상대적 위치이다.

④ 전체 지능지수 85와 소검사 환산점수 7은 백분위 16에 해당한다.

⑤ 일반능력 지표점수 100은 소검사 환산점수 10과 동일한 상대적 위치이다.

13 지능의 개념과 구성에 관한 설명으로 옳지 않은 것은?

① 카텔(R. Cattell)은 결정성 지능이 두뇌 손상에 더 취약하다고 하였다.

② 스피어만(C. Spearman)은 모든 인간이 공통적으로 갖고 있는 일반(g)요인을 주장하였다.

③ 써스톤(L. Thurstone)은 지능의 다요인설인 기본적인 정신능력(PMA)을 주장하였다.

④ 길포드(J. Guilford)는 지능의 구조를 3차원 모델로 구성하였다.

⑤ 가드너(H. Gardner)는 지능의 다요인설을 확장시켜 다중지능이론을 주장하였다.

14 K-WISC-IV와 비교해서 K-WISC-V에 관한 설명으로 옳지 않은 것은?

① 언어이해 핵심소검사가 2개로 축소되었다.

② 처리속도 핵심소검사는 그대로 유지되었다.

③ 시각공간 핵심소검사가 토막짜기와 공통그림찾기로 구성되었다.

④ 작업기억 핵심소검사가 숫자와 그림폭으로 구성되었다.

⑤ 지각추론지수가 시각공간 지수와 유동추론 지수로 분리되었다.

15 한국판 베일리 영유아발달검사(BSID-II)에 관한 설명으로 옳지 않은 것은?

① 인지 및 행동 등 발달 수준을 평가하는 데 사용된다.

② 인지척도, 동작척도, 정서척도로 구성되어 있다.

③ 생후 1개월부터 42개월 영유아를 대상으로 한다.

④ 동작척도는 소근육과 대근육 운동수준 등을 평가한다.

⑤ 인지척도는 기억력과 문제해결능력 등을 평가한다.

정답 및 해설

10. ④ 11. ② 12. ③ 13. ① 14. ③ 15. ②

10 '안면타당도'는 문항들이 피험자들과 얼마만큼 친숙하게 보이는가를 말한다.

11 객관적 검사와 비교할 때 모호한 자극 등을 제시하는 투사적 검사는 수검자가 자신의 반응을 방어하기 어렵다.

12 지표점수 110점(평균 + 10점)은 백분위 75, 소검사 환산점수 8(평균 − 2점)은 지표점수로 하면 90점, 백분위 25이므로 동일한 위치를 가질 수 없다.

13 카텔의 '결정성 지능'은 환경적, 경험적, 문화적 영향에 의해 발달되는 지능으로서 후천적 경험에 의해 발달한 능력을 지칭한다. 따라서 두뇌 손상에 더 취약한 것은 유전적 요인의 영향을 받는 '유동적 지능'이다.

14 시각공간 핵심소검사는 토막짜기와 퍼즐로 구성되었다.

15 한국판 베일리 영유아발달검사는 정신척도, 운동척도, 행동척도로 구성되어 있다.

16 BGT-2에 관한 설명으로 옳은 것을 모두 고른 것은?

> ㄱ. BGT-1보다 더 쉬운 도형 3개가 추가되었다.
> ㄴ. BGT-1보다 더 어려운 도형 4개가 추가되었다.
> ㄷ. 8세 이하 아동(만 7세)은 1~13번까지 검사한다.
> ㄹ. 검사결과는 평균 100, 표준편차 15를 기준으로 산출한다.

① ㄱ, ㄷ   ② ㄱ, ㄹ

③ ㄴ, ㄷ   ④ ㄴ, ㄹ

⑤ ㄷ, ㄹ

17 MMPI-2 척도에 관한 설명으로 옳은 것은?

① S : 건강염려와 관련된 스트레스 정도를 평가한다.

② Pt : 과도한 걱정이나 긴장을 평가한다.

③ Pd : 신경쇠약이나 강박정도를 평가한다.

④ Pa : 심인성 감각장애 정도를 평가한다.

⑤ Ma : 남성성-여성성 정도를 평가한다.

18 MMPI-2 내용척도에 관한 설명으로 옳지 않은 것은?

① ANG : 통제력 및 성급함 정도를 평가한다.

② ANX : 일반화된 불안 및 걱정을 평가한다.

③ SOD : 냉소적, 불신, 의심 정도를 평가한다.

④ HEA : 다양한 신체증상 정도를 평가한다.

⑤ OBS : 반추 및 의사결정 곤란 정도를 평가한다.

19 성격평가질문지(PAI) 척도에 관한 설명으로 옳은 것은?

① INF : 부주의하거나 무선적인 반응태도를 확인하는 척도

② PIM : 나쁜 인상을 주려는 태도를 확인하는 척도

③ DOM : 타인에 대한 공격성을 확인하는 척도

④ WRM : 직업 관련 수행을 평정하는 척도

⑤ ANT : 대인관계에서 공감 정도를 평정하는 척도

20 청각적 주의력을 평가할 수 있는 신경심리검사를 모두 고른 것은?

> ㄱ. BGT-2
> ㄴ. 숫자폭 검사(Digit span test)
> ㄷ. 연속수행검사(CPT)
> ㄹ. 레이-오스터리스(Rey-Osterrieth) 검사

① ㄱ, ㄴ   ② ㄱ, ㄷ
③ ㄴ, ㄷ   ④ ㄴ, ㄹ
⑤ ㄷ, ㄹ

21 MBTI에 관한 설명으로 옳지 않은 것은?

① 네 가지 차원을 기본 축으로 구성하였다.
② E/I 축은 에너지를 얻는 근원에 관한 설명이다.
③ S/N 축은 정보를 수집하는 방법에 관한 설명이다.
④ T/F 축은 영감과 내적인 인식에 관한 설명이다.
⑤ J/P 축은 판단과 인식에 관한 설명이다.

정답 및 해설　　　　　16. ⑤　17. ②　18. ③　19. ①　20. ③　21. ④

16 BGT-2(Bender-Motor Gestalt Test 2판)는 4세에서 85세 이상의 아동 및 성인을 대상으로 시각-운동협응 기술을 측정하는 검사이다. 이는 평가의 활용성을 강화하기 위해 원판 9장에 자극카드 7장이 추가적으로 개발되어 총 16장으로 구성된다.

17 Pt는 강박증 척도로서, 주로 오랫동안 지속되어 온 만성적 불안을 측정한다.

18 SOD(사회적 불편감 척도)는 다음과 같은 문제(수줍고 사회적으로 내향적, 사회생활에 서투르고 거북함, 혼자 있는 것을 선호, 사람들이 많이 모인 것을 싫어함, 먼저 대화를 시작하지 않음, 흥미 제한, 대인관계에 민감, 정서적으로 철수, 수면문제 등)를 설명한다.

19 PAI의 INF(저빈도 척도)는 부주의하거나 무선적인 반응태도를 확인하기 위하여 정신병적 측면에서 중립적이고 대부분의 사람들이 극단적으로 인정하거나 인정하지 않는 문항들이다.

20 '숫자폭 검사'는 언어적인 정보를 받아들이는 능력이나 즉각적인 정보를 받아들이는 능력을 측정하는 것으로 흔히 사용되는 주의력 검사이다. '연속수행검사'는 선택적 주의, 주의의 억제와 여과, 주의집중, 지속적인 주의, 반응 선택과 통제 등을 평가하는 검사이다.

21 MBTI의 T/F 축은 사고와 감정에 대한 설명이다.

22 홀랜드(J. Holland)의 진로탐색검사에 관한 설명으로 옳지 않은 것은?

① C와 E의 유사성은 I와 S의 유사성보다 높다.

② RA형은 RS형보다 일관성이 낮다.

③ 일치성은 성격 유형과 직업환경 유형 간 유사한 정도를 나타낸다.

④ 기업적 유형은 개인의 위치가 분명하고 권력의 위계가 잘 구조화된 직업 환경을 선호한다.

⑤ 변별성이 높은 사람은 일에 있어 경쟁력과 만족도가 높다.

23 문장완성검사에 관한 설명으로 옳지 않은 것은?

① 갈톤(F. Galton)의 자유연상검사가 출발점이다.

② TAT보다 더 구조화되어 있다.

③ 로터(J. Rotter)는 단어연상검사 방법을 최초로 고안하였다.

④ 부, 모, 대인관계 태도 영역을 선택하여 실시할 수 있다.

⑤ 삭스(J. Sacks)의 문장완성검사는 가족, 성, 대인관계, 자기개념 영역으로 구성된다.

24 로샤(Rorschach)검사에서 조직(Z)점수 채점에 관한 설명으로 옳은 것을 모두 고른 것은?

> ㄱ. 형태질이 u인 경우에 조직점수를 부여한다.
> ㄴ. Z점수의 최대값은 6.0으로 평가기준에 규정되어 있다.
> ㄷ. Wv로 평가된 경우에는 조직점수를 부여하지 않는다.
> ㄹ. 반점의 S 영역과 다른 영역을 통합해서 반응한 경우는 Z점수를 부여한다.

① ㄱ, ㄴ   ② ㄱ, ㄷ

③ ㄴ, ㄷ   ④ ㄴ, ㄹ

⑤ ㄷ, ㄹ

25 TAT에 관한 설명으로 옳지 않은 것은?

① 그림자극이 모호하다는 것이 검사의 특징이다.

② 개인의 욕구는 동일시한 인물을 통해 투사된다.

③ 제시된 자극에 개인의 경험이 추가되면서 반응차이를 보인다.

④ 개인의 내적욕구가 환경적 압력과 상호작용하여 외부로 표출된다.

⑤ 그림자극에 대한 투사과정의 이론적 전제는 통각, 내현화, 정신 결정론이다.

필수과목 **4과목 상담이론**

01 중다양식치료의 개념과 청소년 문제의 연결이 옳지 않은 것은?

① A – 불안, 우울   ② B – 싸움, 훔치기

③ C – 낮은 자아개념, 지나친 공상   ④ D – 담배, 술

⑤ S – 두통, 현기증

02 인지왜곡의 유형과 예시의 연결이 옳은 것을 모두 고른 것은?

> ㄱ. 파국화 – 새로 전학 가는 학교의 아이들은 모두 나를 싫어할 거야.
> ㄴ. 과잉일반화 – 오늘 동아리 모임에서 불편했어. 아무래도 나는 친구를 사귀는 데 필요한 자질이 없나봐.
> ㄷ. 임의적 추론 – (시험 준비로 남자친구의 연락이 뜸하자) 이제 남자친구가 나랑 헤어지려고 연락을 안 하는구나.
> ㄹ. 정신적 여과 – (친구들이 웃으며 이야기하는 모습을 보고) 애들이 내 외모를 비웃는 걸 거야.

① ㄱ, ㄴ   ② ㄷ, ㄹ

③ ㄱ, ㄴ, ㄷ   ④ ㄴ, ㄷ, ㄹ

⑤ ㄱ, ㄴ, ㄷ, ㄹ

정답 및 해설   22. ②   23. ③   24. ⑤   25. ⑤   01. ③   02. ③

22 RA형과 RS형은 모두 질서 있고 체계적인 기계나 사물을 다루는 데 재능이 있다. RS형은 사람들과 어울리기를 좋아하고 친절하며 이해심이 많아 남을 도와주는 봉사활동과 교육활동을 좋아한다.

23 단어연상검사 방법은 융에 의해 고안되었다.

24 '조직(Z)점수'는 피검자가 얼마나 인지적으로 조직화하였는가, 얼마나 조직화하려 노력하였는가에 대해 평가하는 것이다. 그러나 개별적인 Z점수만으로는 해석적인 의미가 없고 Z점수가 나타나는 빈도(Zf)와 Z점수들의 종합(Zsum)과의 관계를 통해 피검자의 인지적 조직화 경향과 그 효율성에 대한 정보를 얻게 된다. Z점수를 줄 수 있으려면, 형태를 포함하고 있는 반응이어야 하고, 아래의 기준 중 적어도 한 가지 기준을 만족시키는 반응이어야 한다.
1) ZW : DQ(발달질)가 +,o,v/+인 W 반응(DQ가 v일 때는 Z점수를 매기지 않는다.)
2) ZA : 두 개 혹은 그 이상의 인접한 반점 영역들이 개별적인 대상으로 지각되면서 서로 의미 있는 관계를 맺고 있을 때
3) ZD : 두 개 혹은 그 이상의 인접하지 않은 반점 영역들이 개별적인 대상으로 지각되면서 서로 의미 있는 관계를 맺고 있을 때
4) ZS : 반점의 공백 부분이 반점의 다른 영역들과 의미 있는 관계로 통합되어 있을 때

25 그림자극에 대한 투사과정의 이론적 전제는 투사, 통각, 정신 결정론이다.

01 중다양식치료의 C는 인지(cognition)이며, 인지적 재구성 및 자각과 관련된다.

02 '정신적 여과(선택적 추상화)'는 어떤 상황을 판단할 때 연관된 많은 정보들 중에서 자신이 원하거나 자신이 보고 싶은 일부의 정보만을 선택하고 그 정보를 바탕으로 결론을 내리는 것을 말한다.

03 바람직하지 않은 행동을 감소시키는 행동주의 상담의 기법으로 옳은 것을 모두 고른 것은?

> ㄱ. 행동연쇄법 ㄴ. 자극포화법
> ㄷ. 내파법(implosive therapy) ㄹ. 타임아웃

① ㄱ, ㄷ ② ㄴ, ㄹ ③ ㄱ, ㄴ, ㄷ
④ ㄴ, ㄷ, ㄹ ⑤ ㄱ, ㄴ, ㄷ, ㄹ

04 다음 상담자 반응에 해당하는 해결중심 상담의 질문기법은?

> 상담자 : 청상이가 이번 주말에 어지럽혀진 방을 정리하는 모습을 본다면, 엄마는 어떻게 반응하실까?

① 예외질문 ② 대처질문 ③ 역설질문
④ 평가질문 ⑤ 관계성질문

05 접수면접에 관한 설명으로 옳지 않은 것은?
① 상담경력이 많은 전문가가 담당하는 것이 바람직하다.
② 접수면접 전에 반드시 심리검사를 실시한다.
③ 상담자 수가 많고 규모가 큰 기관에서 주로 실시한다.
④ 접수면접 후 내담자의 문제유형, 심각성, 긴급성 등을 고려하여 적합한 상담자와 연결한다.
⑤ 기관 또는 상담자가 내담자에게 도움을 줄 수 없는 경우, 연계 계획을 세울 수 있다.

06 다음 내담자에게 해당하는 프로차스카와 디클레멘티(J. Prochaska & C. DeClemente)의 범이론적 변화단계모델 단계는?

> 내담자 : 스마트폰 게임을 많이 해서 엄마와 자꾸 싸워요. 공부에 방해가 돼서 게임 시간을 줄이고 싶은 마음도 있지만, 지금처럼 게임을 하면서 스트레스를 풀고 싶은 마음도 있어요. 조만간 게임 시간을 줄여야 할 것 같아요.

① 준비단계(preparation) ② 행동실천단계(action)
③ 숙고단계(contemplation) ④ 유지단계(maintenance)
⑤ 불일치단계(discrepancy)

07 상담 초기단계의 개입으로 옳지 않은 것은?

① 내담자와 합의하여 구체적인 상담목표를 정한다.

② 내담자의 부적응적 패턴을 직면한다.

③ 내담자가 경험하는 어려움을 구체적으로 파악한다.

④ 내담자의 말을 경청하고 공감적으로 이해한다.

⑤ 상담기록, 보존, 관리에 대해 내담자의 동의를 구한다.

08 직면에 관한 설명으로 옳은 것을 모두 고른 것은?

> ㄱ. 모순을 드러내어 새로운 통찰과 바람직한 변화를 유도한다.
>
> ㄴ. 감정을 인식하고 경험하며 표현하는 것을 주된 목적으로 한다.
>
> ㄷ. 내담자의 언어적 진술과 비언어적 진술 간 또는 언어적 진술들 간의 불일치 등에 관해 진술하는 기법이다.
>
> ㄹ. "화가 나면 오히려 마음이 차분해진다는 말은 분노감을 말로 표현하기 어렵다는 뜻인가요?" 와 같은 반응이다.

① ㄱ, ㄷ   ② ㄴ, ㄹ

③ ㄷ, ㄹ   ④ ㄱ, ㄴ, ㄷ

⑤ ㄱ, ㄷ, ㄹ

정답 및 해설   03. ④   04. ⑤   05. ②   06. ③   07. ②   08. ①

03 '행동연쇄법'은 단순한 행동을 적절한 방법으로 연결하여 보다 복잡한 행동을 학습하도록 하는 방법이다.

04 '관계성질문'은 내담자와 중요한 관계에 있는 사람들이 갖고 있는 생각, 의견 및 지각 등에 대해 묻는 질문이다.

05 일반적으로 접수면접 이후 심리검사를 실시한다.

06 범이론적 변화단계모델의 숙고단계에서는 자신의 문제점에 대해서 생각하기 시작한다. 따라서 주변에서 하는 이야기가 들리고, 이에 대해 고민해보면서 약간의 변화가 시작된다.

07 내담자의 부적응적 패턴에 대한 직면은 중기, 즉 라포가 형성된 이후에 하는 것이 적절하다.

08 직면은 내담자의 언어적 진술과 비언어적 진술 간, 혹은 언어적 진술들 간의 불일치 등에 대해 진술하는 기법이다. 이는 내담자의 모순을 드러내어 새로운 통찰과 바람직한 변화를 유도한다.

09 다음 사례에 대한 상담자의 재진술 반응으로 옳은 것은?

> 내담자 : 선생님, 우리 반 친구들이 저만 따돌려요. 담임선생님도 저만 미워하시는 것 같고요.

① 친구들이 너만 따돌리고 담임선생님도 너만 미워한다는 말이구나.
② 선생님도 예전에 따돌림을 당한 적이 있었는데 그때 많이 힘들었단다.
③ 친구들이 너만 따돌린다는 말이 무슨 말인지 좀 더 이야기해 줄 수 있겠니?
④ 담임선생님이 어떻게 하실 때 너를 미워한다고 생각하는지 궁금하구나.
⑤ 친구들이 따돌리지 않고 담임선생님도 너에게 관심을 가져 주었으면 좋겠는데 그렇지 않아서 속상했겠다.

10 수용전념치료(ACT)의 핵심 원리로 옳지 않은 것은?

① 가치 탐색
② 전념 행동
③ 현재에 머무르기
④ 인지적 탈융합
⑤ 역할 변화

11 합리정서행동 상담에 관한 기술로 옳지 않은 것은?

① 인간은 합리적인 동시에 비합리적인 존재이다.
② 행동변화의 지속을 위해서 장기상담을 지향한다.
③ 상담자는 지시적이고 적극적인 역할을 수행한다.
④ 특정 장애의 원인을 구체적으로 제시하지 않는다.
⑤ '내가 원하는 대로 일이 풀리지 않는 것은 끔찍하다.'는 비합리적 신념이다.

12 해결중심 상담자의 개입으로 옳지 않은 것은?

① 문제행동과 관련된 과거 경험을 탐색한다.
② 내담자의 장점과 자원을 확인하고 지지한다.
③ 내담자가 원하는 것을 상담목표로 설정한다.
④ 상담에 오기 전 변화에 대해 질문한다.
⑤ 고객형 내담자에게 관찰 또는 행동 과제를 부여한다.

13 현실치료에 관한 설명으로 옳은 것은?

① 의학적 모델에 기초한다.
② 생존의 욕구는 신뇌에서 유발된다.
③ 내담자의 과거 또는 미래 행동에 초점을 맞춘다.
④ 기본욕구는 상호갈등적이고 대인갈등적이다.
⑤ 전행동(total behavior) 중 행동하기와 느끼기는 직접적으로 통제할 수 있다.

14 정신분석에 관한 설명으로 옳지 않은 것은?

① 인간은 과거 경험에 영향을 받는 존재이다.
② 인간에 대한 결정론적 입장을 취한다.
③ 무의식은 행동에 영향을 미치지 않는다.
④ 인간행동은 생물학적인 본능과 충동에 의해 동기화 된다.
⑤ 의식수준을 의식, 전의식, 무의식으로 구분한다.

15 개인심리학의 상담기법으로 옳은 것을 모두 고른 것은?

ㄱ. 단추누르기	ㄴ. 자유연상
ㄷ. 스프에 침 뱉기	ㄹ. 개성화작업
ㅁ. 과제 설정하기	

① ㄱ, ㄴ
② ㄷ, ㄹ
③ ㄱ, ㄷ, ㅁ
④ ㄴ, ㄹ, ㅁ
⑤ ㄱ, ㄷ, ㄹ, ㅁ

정답 및 해설　　　　　09. ①　10. ⑤　11. ②　12. ①　13. ④　14. ③　15. ③

09 '재진술'은 내담자가 말한 내용을 다시 한번 반복해주는 기법이다.
10 수용전념치료의 핵심 원리는 수용, 인지적 탈융합, 맥락적 자기, 현재에 접촉하기, 가치탐색, 행동전념 등이다.
11 합리정서행동 상담은 단기상담을 지향한다.
12 해결중심 상담자는 문제행동보다는 해결행동을, 과거보다는 현재를 탐색한다.
13 현실치료에서는 기본욕구가 상호갈등적이고 대인갈등적이라고 본다.
14 정신분석은 무의식을 중요시하며, 무의식을 의식의 영역화하는 것에 관심을 둔다.
15 개성화작업은 분석심리학, 자유연상은 정신분석학 상담기법에 해당된다.

16 실존주의 상담에서 보는 인간의 궁극적 관심사를 모두 고른 것은?

> ㄱ. 자유   ㄴ. 우울
> ㄷ. 고독   ㄹ. 리비도
> ㅁ. 무의미

① ㄱ, ㄷ   ② ㄱ, ㄴ, ㄹ
③ ㄱ, ㄷ, ㅁ   ④ ㄴ, ㄷ, ㄹ
⑤ ㄴ, ㄷ, ㄹ, ㅁ

17 인간중심 상담자의 진솔성에 관한 설명으로 옳지 않은 것은?

① 자신의 경험과 자기를 일치시킬 수 있어야 한다.
② 자신을 부정하지 않고 자기 자신으로 존재한다.
③ 자신의 전문역할 뒤로 숨지 않는 것을 뜻한다.
④ 자신의 능력을 과장하려는 유혹을 성찰하는 것이다.
⑤ 자신의 느낌과 생각을 내담자에게 모두 표현하는 것을 의미한다.

18 다음에 해당하는 게슈탈트 상담 기법은?

> 내담자 : (내담자가 자신의 삶에 대해 이야기한다) 세상에 혼자 있는 것 같아요.
> 상담자 : 세상에 혼자 있다고 마음속으로 상상해 보세요. 어떤 것을 경험하십니까?

① 실험   ② 꿈작업
③ 바디스캔   ④ 험담 금지하기
⑤ 상전과 하인

19 다음 대화에 해당하는 교류분석의 유형은?

> 어머니 : 지금이 몇 시니? (숨겨진 메시지 – 왜 이렇게 늦게 다니는 거야? 일찍 좀 와)
> 아　들 : 11시요. (숨겨진 메시지 – 집에 들어오기 싫어요! 집이 편하지 않아요)

① 이면교류   ② 교차교류
③ 상보교류   ④ 각본교류
⑤ 일방교류

20 다음 설명에 해당하는 개념으로 옳은 것은?

> ㄱ. 교류분석에서 초기 결정을 확증하기 위하여 다른 사람을 조작하는 과정이며 스트레스 상황에서 자주 경험하게 되는 것
> ㄴ. 개인심리학에서 인생의 초기에 개인의 경험을 조직하고 예언, 통제하기 위해 발달시켜 온 개인의 인지조직도

① ㄱ. 스트로크 　　 ㄴ. 열등감
② ㄱ. 라켓감정 　　 ㄴ. 생활양식
③ ㄱ. 게임 　　 ㄴ. 열등감
④ ㄱ. 스트로크 　　 ㄴ. 생활양식
⑤ ㄱ. 인생태도 　　 ㄴ. 우월의 추구

21 실존주의 상담에 관한 설명으로 옳은 것을 모두 고른 것은?

> ㄱ. 내담자로 하여금 자신의 내면세계를 진실되게 자각하도록 한다.
> ㄴ. 진단적 범주보다 내담자의 실존적 주제에 주의를 기울인다.
> ㄷ. 내담자의 현재보다는 과거의 사건과 미래에 주목한다.
> ㄹ. 지금 있는 그대로의 자기 자신을 신뢰하도록 돕는다.

① ㄱ, ㄷ
② ㄴ, ㄹ
③ ㄱ, ㄴ, ㄷ
④ ㄱ, ㄴ, ㄹ
⑤ ㄴ, ㄷ, ㄹ

정답 및 해설　　　　　16. ③　17. ⑤　18. ①　19. ①　20. ②　21. ④

16 실존주의 상담은 인간의 궁극적 관심사로 자유, 고독, 무의미 등을 다룬다. 리비도는 정신분석학에서 사용하는 용어이다.

17 자신의 느낌과 생각을 모두 표현하는 것이 진솔성은 아니다.

18 '실험'은 상담자가 내담자의 문제를 명료화해주고, 자각을 중진시켜 주는 동시에 상담 작업을 원활하게 하기 위해 내담자에게 특정한 장면을 연출하거나 시행해 보도록 제안하는 것이다.

19 '이면교류'는 상대방의 하나 이상의 자아 상태를 향해서 현재적(표면적) 교류와 잠재적(이면적) 교류가 동시에 작용하는 복잡한 교류이다.

20 '라켓감정'이란 아동기에 금지되었던 감정에 대한 대체된 감정으로, 대체된 것이기에 진정하지 않은 감정이라고도 불린다. '생활양식'은 삶에 대한 개인의 기본적 지향이나 성격을 나타낸다.

21 실존주의는 현재에 주목한다.

22 다음 사례의 청소년 내담자가 사용한 방어기제는?

> 내담자 : 학교에서 반장을 하고 있는데 학급일도 많고, 선생님이 너무 많은 일을 시키세요.
> 선생님께 불만을 얘기할 수 없으니 친구에게 막 화를 냈어요.

① 부정(denial) ② 투사(projection)
③ 퇴행(regression) ④ 치환(displacement)
⑤ 반동형성(reaction formation)

23 청소년상담자의 자질로 옳지 않은 것은?

① 완벽주의 ② 자기성찰 능력
③ 변화에 대한 신뢰 ④ 감정인식 및 수용력
⑤ 인간에 대한 호기심과 관심

24 상담자의 비윤리적 행동에 해당하는 것을 모두 고른 것은?

> ㄱ. 수퍼비전을 목적으로 내담자 동의 없이 녹음함
> ㄴ. 상담실 밖에서 내담자와 사적인 관계를 맺음
> ㄷ. 자신의 능력을 과장해서 내담자가 의존하게 함
> ㄹ. 청소년상담자로서 자신의 한계를 인식함
> ㅁ. 친구나 친척을 내담자로 받아들이고 상담함

① ㄱ, ㄷ ② ㄴ, ㄹ, ㅁ
③ ㄱ, ㄴ, ㄷ, ㅁ ④ ㄴ, ㄷ, ㄹ, ㅁ
⑤ ㄱ, ㄴ, ㄷ, ㄹ, ㅁ

25 다음 사례에서 상담자가 선택한 이론과 기법의 연결이 옳은 것은?

> 내담자 : 고등학교 때 수업시간에 발표하다가 말을 더듬었어요. 애들 앞에서 창피를 당했는데 또
> 그런 일이 생기는 게 두려워서 발표를 피하고 있어요.
> 상담자 : 발표를 피하지 말고 더 많이 하세요.
> 내담자 : 오히려 발표를 더 하라고요?

① 정신분석 − 통찰　　　　　　　　② 게슈탈트 상담 − 해석
③ 교류분석 − 게임　　　　　　　　④ 인간중심 상담 − 수용
⑤ 실존주의 상담 − 역설적 의도

필수과목	**5과목 학습이론**	**2교시** : 필수 1과목, 선택 2과목(택1) 50문항	**시간** : 50분

01 파블로프(I. Pavlov)의 이론에서 근접성의 원리에 따라 강한 조건형성이 일어나는 것은?

① 무조건 자극과 조건 자극을 동시에 제시하였다.
② 무조건 자극을 먼저 제시하면서 0.5초 이내로 조건자극도 제시하였다.
③ 조건 자극을 먼저 제시하면서 0.5초 이내로 무조건 자극을 제시한 후 두 자극을 동시에 철회하였다.
④ 조건 자극을 먼저 제시하였다가 철회하고 나서 2초 후에 무조건 자극을 제시하였다.
⑤ 조건 자극을 먼저 제시하였다가 철회하고 나서 5초 후에 무조건 자극을 제시하였다.

정답 및 해설　　　　　　　　　　　　22. ④　23. ①　24. ③　25. ⑤　01. ③

22 '치환'은 어떤 대상이나 사람에 대한 감정이나 갈등을 보다 덜 위협적인 대상이나 사람에게 향하게 하는 자아방어기제이다.
23 완벽주의는 청소년상담자의 자질에 해당되지 않는다.
24 청소년상담자는 상담자로서 자신의 한계를 인식해야 한다.
25 '역설적 의도'는 내담자가 두려워하는 일 자체를 하도록 하거나 일어나게끔 소망하도록 하는 기법이다.
01 일반적으로 조건 자극과 무조건 자극 사이의 간격이 짧을수록 조건형성이 더 빨리 일어난다.

02 학습의 개념에 관한 설명으로 옳은 것은?

① 태도 변화는 학습의 범주에서 제외한다.
② 정서적 변화는 학습의 범주에 포함하지 않는다.
③ 성숙에 의한 행동 변화는 학습의 범주에 포함하지 않는다.
④ 학습(learning)과 수행(performance)은 직접적으로 관찰 가능하다.
⑤ 약물에 의한 일시적 신체 상태에 기인한 행동 잠재력의 변화도 학습의 범주에 포함한다.

03 인간주의(humanistic theory) 학습동기이론에 관한 설명으로 옳은 것은?

① 매슬로우(A. Maslow)의 욕구 위계에서 자아존중에 대한 욕구는 결핍 욕구에 해당한다.
② 결핍 욕구는 그 욕구에 대한 개인의 주관적 만족감에 의해 충족되므로 해소되지 않는다.
③ 성장 욕구는 성장에 대한 개인적 욕구에 의해 동기화되며, 목표수준에 도달하면 충족된다.
④ 소속과 애정의 욕구는 성장 욕구에 해당한다.
⑤ 로저스(C. Rogers)는 실현경향성(actualizing tendency)을 후천적인 것으로 보았다.

04 동기에 관한 다음 공식에 해당하는 설명을 〈보기〉에서 모두 고른 것은?

$$동기(M) = 인식된\ 성공가능성(Ps) \times 성공의\ 유인가(Is)$$

┤ 보기 ├

ㄱ. 성공할 가능성이 전혀 없다고 생각되면 동기화되지 않는다.
ㄴ. 다른 참여자의 능력과 경쟁률이 매우 높다는 것을 알아도, 상금의 액수나 보상의 매력도가 높을수록 동기가 최대화된다.
ㄷ. 쉬운 과제보다는 적당히 어려우나 불가능한 수준이 아니면서 학습자에게 유의미한 과제들이 학습동기유발에 더 좋다.
ㄹ. 쉬운 과제여서 성공할 가능성이 높다 해도 개인적 관심과 흥미가 없는 과제라면 학습동기는 최대화되지 않는다.

① ㄱ, ㄴ   ② ㄱ, ㄹ
③ ㄷ, ㄹ   ④ ㄱ, ㄴ, ㄷ
⑤ ㄱ, ㄷ, ㄹ

05 라이언과 데시(R. Ryan & E. Deci)의 자기결정성 이론(self-determination theory)에 관한 설명으로 옳은 것은?

① 인간은 후천적으로 유능감(competence), 관계성(relatedness), 자율성(autonomy)에 대한 욕구를 가진다.

② 내적 동기는 사회화 과정에서 주어지는 통제, 보상 등에 의해 내면화되어 점차 자기조절과정의 일부가 된다.

③ 무동기(amotivation)는 적정 수준의 동기 상태이다.

④ 통합된 조절(integrated regulation)보다 내적 조절(intrinsic regulation)의 자율성 정도가 더 높다.

⑤ 외적 동기와 내적 동기는 상호 대립개념이다.

06 다음 중 '숙달목표(mastery goal)' 지향 학습자에게서 나타날 수 있는 특성을 모두 고른 것은?

> ㄱ. 자기조절적인 학습과 행동을 한다.
> ㄴ. 능력은 연습과 노력에 따라 발달한다고 믿는다.
> ㄷ. 쉬운 과제에서 성공할 때, 자부심이나 안도감으로 반응한다.
> ㄹ. 타인과의 비교보다는 자신이 얼마나 더 나아졌는지의 관점에서 수행을 평가한다.
> ㅁ. 시험과 같은 평가 상황에서 지나치게 불안해한다.

① ㄱ, ㄴ, ㄷ   ② ㄱ, ㄴ, ㄹ

③ ㄱ, ㄷ, ㄹ   ④ ㄴ, ㄷ, ㅁ

⑤ ㄴ, ㄹ, ㅁ

정답 및 해설   02. ③   03. ①   04. ⑤   05. ④   06. ②

02 학습은 경험, 지식 및 연습을 통해 이루어지며 성숙은 개인이 성장하고 발전함에 따라 개인 내에서 비롯된다.

03 매슬로우의 욕구 위계에서 결핍 욕구에 해당하는 것은 음식과 물, 온도, 사랑과 애정, 안전, 자아존중 등에 대한 욕구들로서 유기체 내에 있는 부족한 어떤 것을 충족시키려는 욕구이다.

04 어떤 것을 성취하고자 하는 개인의 동기는 자신의 성공확률에 대한 예상(인식된 성공가능성)과 그들이 성공에 부여하는 가치(성공의 유인가)에 달려있다.

05 Deci와 Ryan(2000)은 자기결정성, 즉 자율성 정도에 따라 외적 조절(external regulation) → 내사된 조절(introjected regulation) → 확인된 조절(identified regulation) → 통합된 조절(integrated regulation) → 내적 조절(intrinsic regulation)의 5가지 자기결정 동기유형을 제시하였다.

06 '숙달목표' 지향 학습자는 어려움에 직면하더라도 지속적으로 목표달성 경향을 보인다.

07 스키너(B. Skinner)이론의 주요 개념에 관한 설명으로 옳은 것을 모두 고른 것은?

> ㄱ. 강화인이 동물의 행동과 관련되어 있는 것을 미신적 행동(superstitious behavior)이라 한다.
> ㄴ. 조작적 행동(operant behavior)은 결과에 의해 통제를 받는 것이다.
> ㄷ. 강화인이 반응에 의존적인 것을 유관강화(contingent reinforcement)라고 한다.
> ㄹ. 기대된 반응을 유발하는 자극(stimulus)보다는 반응(response)의 중요성을 강조한다.
> ㅁ. 반응 행동(respondent behavior)이란 자극에 의해 유발된 것이 아니라 유기체에 의해 방출된 행동이다.

① ㄱ, ㄴ, ㄷ   ② ㄱ, ㄷ, ㄹ
③ ㄴ, ㄷ, ㄹ   ④ ㄴ, ㄷ, ㅁ
⑤ ㄷ, ㄹ, ㅁ

08 다음 내용에 해당되는 개념은?

> • 목표행동을 향해 점진적으로 접근해 가는 과정이다.
> • 초기 행동에서 바람직한 행동으로 근접할 때마다 강화한다.
> • 처음에는 아주 간단한 반응만으로도 보상을 받게 하다가 그 행동을 일관성 있게 잘하게 되면, 다음 단계에서는 보다 복잡하고 어려운 반응에 대해서만 보상한다.

① 조형(shaping)
② 연쇄(chaining)
③ 유관계약(contingency contract)
④ 변별(discrimination)
⑤ 체계적 둔감화(systematic desensitization)

09 관찰학습 과정의 'ㄱ'에 관한 설명으로 옳은 것은?

모방 사태	→	주의	→	ㄱ	→	운동 재생	→	동기화	→	모방 행동

① '이렇게 하면 잘 될거야', '팔을 왼쪽으로 더 뻗어야 해' 와 같이 정보적 피드백에 근거한 자기수정적 조정이 필수적이다.
② 관찰된 정보를 심상적, 언어적 표상체계로 부호화한다.
③ 모델의 특성에 따라 관찰자의 주의집중이 달라진다.
④ 모델이 보상받는 것을 관찰하면 강한 자극제가 될 수 있다.
⑤ 환경을 자기 인도적(self-directed)으로 탐색한다.

10 학습 상황에서의 전이(transfer)에 관한 설명으로 옳은 것은?

① 근접 전이(near transfer) : 학습활동시의 맥락과 전이 상황의 맥락이 유사할 때 일어난다.
② 부적 전이(negative transfer) : 선행학습과 후속 학습 간의 구체적 특수요인에 의해서만 전이가 일어난다.
③ 도해적 전이(figural transfer) : 원래대로의 기능 또는 지식을 새로운 과제에 적용할 때 일어난다.
④ 축어적 전이(literal transfer) : 새로운 학습에 직면하여 자신이 이전에 숙달학습을 위해 사용했던 것과 동일한 학습전략을 사용할 때 일어난다.
⑤ 원격 전이(far transfer) : 선행학습이 후행학습을 더 어렵게 만들 때 일어난다.

정답 및 해설　　　　　　　　　　　　　　　　　　07. ③　08. ①　09. ②　10. ①

07 미신적 행동은 유일하게 인간만이 갖고 있는 것이다.
08 '조형'은 목표행동에 점점 근접해가는 단계들을 학습하는 것이다.
09 'ㄱ'에 해당하는 것은 '기억(파지)'으로서, 관찰을 통해 얻은 정보를 사용하기 위해 정보를 보유(기억)하는 것이다.
10 근접 전이는 피상적인 특성은 물론 기저원리가 유사한 장면 사이에 일어나는 전이이다.

11 다음 각 사례와 사회인지 학습이론의 개념을 바르게 연결한 것은?

> ㄱ. 새로운 동작을 배우고 수행할 때 '고개를 왼쪽 2회, 오른쪽 1회, 뒤로 1회, 그리고 앞으로 2회'의 순서를 마음 속으로 생각하면서 수행한다.
>
> ㄴ. 3분 간격으로 '뚜~'소리가 나는 알람을 켜놓고 온라인 수업 영상을 수강하며, 알람이 울릴 때마다 '나는 지금 선생님의 설명에 주의집중하고 있나?' 스스로에게 물어본다.
>
> ㄷ. 발표 불안을 극복하고자 자발적으로 발표에 참여하고 마친 경우 마일리지 노트에 스스로 부여한 점수를 기록해둔다.
>
> ㄹ. 식탁에서는 유튜브 시청만을, 책상에서는 온라인수업 영상 수강만을 하도록 스스로 조건화한다.

> **┤보기├**
> a. 자기강화(self-reinforcement)
> b. 자기감독(self-monitoring)
> c. 자기부여 자극통제(self-imposed stimulus control)
> d. 자기지시(self-instruction)

① ㄱ - a, ㄴ - b, ㄷ - c, ㄹ - d   ② ㄱ - a, ㄴ - b, ㄷ - d, ㄹ - c

③ ㄱ - b, ㄴ - d, ㄷ - c, ㄹ - a   ④ ㄱ - d, ㄴ - b, ㄷ - a, ㄹ - c

⑤ ㄱ - d, ㄴ - b, ㄷ - c, ㄹ - a

12 기억술(mnemonics)과 그 사례의 연결이 옳은 것은?

① 운율법(rhyming method) : gloom(어둠)은 구름이 끼어 어두움

② 두문자어법(acronyms) : 수금지화목토천해(태양으로부터의 순서대로 행성 이름 외우기)

③ 장소법(loci method) : 한번 구경 오십시오(한라산 해발 1,950미터)

④ 연상법(mental imaging) : HOMES(5대호 : Huron, Ontario, Michigan, Erie, Superior)

⑤ 핵심단어법(keyword method) : 현관 - 사과, 거실 - 감자, 침실 - 배추(익숙한 장면과 동선의 순서에 따라 단어 배치하기)

13 뉴런과 그 연결망에 관한 설명으로 옳지 않은 것은?

① 학습과정은 새로운 신경 연결을 형성하는 것과 관련 있다.

② 뉴런(neuron)은 신경계 내의 전기 신호를 통해 정보를 처리하는 신경세포이다.

③ 시냅스(synapse)는 과다분비된 신경전달물질을 없애 주는 청소부 역할을 한다.

④ 축색돌기(axon)는 다른 뉴런으로 정보를 전달하는 역할을 한다.

⑤ 수상돌기(dendrites)는 다른 뉴런으로부터 정보를 받아들이는 역할을 한다.

14 시험실패에 대한 귀인과 와이너(B. Weiner)가 제시한 귀인의 세 가지 차원의 연결이 옳은 것을 모두 고른 것은?

> ㄱ. '시험 보는 날 몸이 아파서' – 내부, 안정, 통제가능
> ㄴ. '적성에 맞지 않아서' – 내부, 안정, 통제불가능
> ㄷ. '시험 볼 때 기분이 좋지 않아서' – 내부, 불안정, 통제불가능
> ㄹ. '운이 나빠서' – 외부, 불안정, 통제불가능

① ㄱ, ㄴ   ② ㄴ, ㄷ

③ ㄷ, ㄹ   ④ ㄱ, ㄴ, ㄷ

⑤ ㄴ, ㄷ, ㄹ

15 망각에 관한 설명으로 옳지 않은 것은?

① 쇠퇴(decay)이론에 따르면, 기억 흔적이 점차 사라지기 때문에 망각이 일어난다.

② 간섭(interference)이론에 따르면, 정보가 다른 정보와 섞이거나 다른 정보에 의해 대체되기 때문에 망각이 일어난다.

③ 쇠퇴 이론이 간섭 이론에 비해서 망각의 원인을 더 잘 설명한다.

④ 알파벳 'd'를 배우게 되면서, 앞서 배웠던 'b'를 혼동하는 것은 역행간섭의 예이다.

⑤ 개명한 친구의 새 이름이 기억나지 않고 예전 이름만 떠오르는 것은 순행간섭의 예이다.

정답 및 해설   11. ④ 12. ② 13. ③ 14. ⑤ 15. ③

11 '자기강화'는 스스로에게 보상을 주며 자신의 행동을 강화하는 것이다. '자기감독'은 자신의 수행을 체계적으로 점검하는 것이다. '자기부여 자극통제'는 자신이 스스로 행동을 통제하여 조건화하는 것이다. '자기지시'는 내적 대화와 겉으로 드러나지 않는 자기진술을 통해 행동문제를 해결하는 것이다.

12 '두문자어'는 낱말의 머리글자를 모아서 만든 준말이다.

13 시냅스는 한 뉴런에서 다른 뉴런으로 신호를 전달하는 연결 지점이다.

14 '시험 보는 날 몸이 아파서'는 내부, 불안정, 통제불가능 차원이다.

15 쇠퇴 이론과 간섭 이론 모두 망각의 원인에 대해 설명하고 있다. 즉, '쇠퇴 이론'은 망각의 원인을 '시간의 경과', 간섭 이론은 '신정보의 치환' 때문으로 설명한다.

16 다음에 해당하는 행동수정의 개념은?

부적절한 행동을 한 학생으로 하여금 이전에 확보한 강화물의 일부를 반납하도록 했다.

① 정적 강화   ② 반응 대가
③ 부적 강화   ④ 소거
⑤ 수여성 벌

17 기억에 관한 설명으로 옳지 않은 것은?

① 앳킨슨-쉬프린(Atkinson-Shiffrin)의 기억모형은 감각등록기, 단기기억, 그리고 장기기억 간의 체계를 설명한다.
② 감각등록기(sensory register)는 외부로부터의 정보를 수용하며, 매우 짧은 기간 유지되는 기억체계의 요소이다.
③ 작업기억(working memory)은 정보를 조직하고 다른 정보들과 관련짓는 기억체계의 요소이다.
④ 의미기억(semantic memory)은 개인적 경험에 관한 심상을 처리하는 단기기억의 유형이다.
⑤ 절차기억(procedural memory)의 예로는 자전거 타기, 수영하기, 타이핑하기 등이 있다.

18 다음 실험의 설명에서 밑줄 친 부분과 고전적 조건형성의 개념을 옳게 짝지은 것은?

왓슨(J. Watson)은 쥐에 대한 공포가 없었던 어린 앨버트를 대상으로 공포에 대한 일련의 실험을 하였다. 실험에서 왓슨은 앨버트가 쥐에게 가까이 가려고 했을 때 앨버트의 뒤에서 망치로 강철을 때려서 ㉠크고 날카로운 소리가 나게 하였다. 그 큰 소리에 앨버트는 ㉡놀라서 넘어지고 말았다. 이러한 상황이 반복되자 앨버트는 ㉢쥐를 보면 ㉣소스라치게 놀라며 울기 시작했다.

① ㉠ - 조건 자극   ㉡ - 조건 반응
② ㉠ - 무조건 자극   ㉣ - 무조건 반응
③ ㉡ - 무조건 반응   ㉢ - 조건 자극
④ ㉡ - 조건 반응   ㉣ - 무조건 반응
⑤ ㉢ - 무조건 자극   ㉣ - 무조건 반응

19 학습 연구자와 그 이론적 주장의 연결로 옳은 것은?

① 손다이크(E. Thorndike) - 행동의 결과가 자극과 반응 간 연결 강도에 영향을 준다.
② 톨만(E. Tolman) - 학습의 수준은 강화에 따라 변한다.
③ 에빙하우스(H. Ebbinghaus) - 어떤 관념은 선천적이어서 개인의 과거 경험에 의존하지 않는다.
④ 스키너(B. Skinner) - 정신적 경험은 학습에 포함된다.
⑤ 반두라(A. Bandura) - 관찰학습은 조작적 조건화와 같다.

20 이차 강화물에 해당하는 것을 모두 고른 것은?

ㄱ. 돈	ㄴ. 상장
ㄷ. 토큰	ㄹ. 칭찬

① ㄱ, ㄴ   ② ㄴ, ㄷ
③ ㄴ, ㄹ   ④ ㄱ, ㄴ, ㄷ
⑤ ㄱ, ㄴ, ㄷ, ㄹ

21 행동주의적 관점에서 학습의 예가 아닌 것은?

① 수영하기   ② 일과표 작성하기
③ 친구와 노래하기   ④ 긍정적으로 생각하기
⑤ 읽은 글에 관해 설명하기

정답 및 해설   16. ②   17. ④   18. ③   19. ①   20. ⑤   21. ④

16 '반응대가(response cost)'는 어떤 행동에 대한 후속 결과로 강화의 가능성을 가진 점수, 토큰, 자유시간, 특혜 등을 아동으로부터 회수하는 행동적 중재기법이다

17 '의미 기억'은 경험이 배제된 단순한 지식적인 기억이다.

18 ㉠ 무조건 자극, ㉡ 무조건 반응, ㉢ 조건 자극, ㉣ 조건 반응

19 손다이크의 '효과의 법칙'은 특정 상황에서 만족으로 이끄는 행동은 상황이 재발할 때 반복될 가능성이 높고 특정 상황에서 불편함을 유발하는 행동은 재발할 때 반복될 가능성이 적다고 설명한다.

20 '이차 강화물'은 다른 강화물들과의 연합에 의존하는 강화물이다.

21 행동주의적 관점에서 학습은 '경험이나 관찰의 결과로 유기체에게서 일어나는 비교적 영속적인 행동의 변화' 또는 '행동잠재력의 변화'로 정의한다.

22 다음 중 언제 강화가 주어질지 내담자가 예측하기 어려운 강화계획을 모두 고른 것은?

ㄱ. 계속강화 ㄴ. 고정간격 강화계획 ㄷ. 고정비율 강화계획
ㄹ. 변동간격 강화계획 ㅁ. 변동비율 강화계획

① ㄴ, ㄷ ② ㄴ, ㄹ ③ ㄷ, ㅁ
④ ㄹ, ㅁ ⑤ ㄱ, ㄷ, ㅁ

23 통찰학습에 관한 설명으로 옳지 않은 것은?

① 문제해결에서 정신적 숙고의 과정을 거친다.
② 미해결에서 해결 상태로의 이행이 갑작스럽다.
③ '전체는 부분의 합 이상'이라는 게슈탈트 심리학에 근거한다.
④ 학습자는 통찰을 통한 문제해결의 원리를 구조적으로 유사한 문제에 쉽게 적용할 수 있다.
⑤ 보상을 기대하기보다는 경험 그 자체를 추구한다.

24 뇌의 각 부위와 주요 기능에 관한 설명으로 옳지 않은 것은?

① 전두엽은 계획 세우기와 추론 등 고차원적 사고과정을 조절한다.
② 베르니케 영역은 언어의 의미를 이해하는 중요한 기능을 한다.
③ 측두엽은 청각정보의 해석과 기억에 중요한 역할을 한다.
④ 편도체는 공포 및 불안과 같은 정서 기억 형성에 중요한 역할을 하는 변연계의 한 부분이다.
⑤ 후두엽은 온도, 압력, 질감 등 체감각에 관한 정보를 주로 처리하는 부위이다.

25 다음 중 프리맥의 원리에 관한 설명으로 옳은 것을 모두 고른 것은?

ㄱ. 좋아하는 활동을 덜 좋아하는 활동의 강화인으로 활용한다.
ㄴ. 활동에 대한 선호가 바뀐다면 강화인도 바뀐다.
ㄷ. 부적 강화물을 정적 강화물에 앞서 제시한다.
ㄹ. 낮은 빈도를 나타내는 활동이 높은 빈도를 나타내는 활동 다음에 오면, 낮은 빈도를 보였던 활동의 빈도가 증가한다.

① ㄱ, ㄴ ② ㄴ, ㄷ ③ ㄱ, ㄴ, ㄷ
④ ㄱ, ㄴ, ㄹ ⑤ ㄴ, ㄷ, ㄹ

01 알포트(G. Allport)의 특질이론에서 개인의 모든 행동 및 사고양식에 영향을 미치는 지배적인 특질은?

① 주특질
② 중심특질
③ 이차적 특질
④ 부차적 특질
⑤ 소특질

02 청소년기 신체발달에 관한 설명으로 옳지 않은 것은?

① 성장호르몬과 성호르몬의 분비가 활발해진다.
② 남자 청소년은 에스트로겐보다 안드로겐이 더 많이 분비된다.
③ 에스트로겐은 여자 청소년의 유방발달에 영향을 미친다.
④ 성장급등 현상이 나타난다.
⑤ 테스토스테론은 임신이 가능하도록 자궁의 내벽을 준비하는 역할을 한다.

03 인지발달적 관점에서 도덕성 발달을 설명한 학자는?

① 프로이드(S. Freud)
② 피아제(J. Piaget)
③ 반두라(A. Bandura)
④ 로저스(C. Rogers)
⑤ 에릭슨(E. Erikson)

정답 및 해설　　　　22. ④　23. ⑤　24. ⑤　25. ①　01. ①　02. ⑤　03. ②

22 강화시기를 예측하기 어려운 강화계획은 변동간격 강화계획과 변동비율 강화계획이다.

23 통찰학습에서는 학습을 반응의 변화가 아니라 지식의 변화로 보며, 성공적인 수행은 단순한 과거의 경험이 아닌 현재 상황 속의 관계를 이해하는 데 밀접한 연관성이 있다고 주장한다.

24 후두엽은 뇌의 뒤쪽에 위치해 있으며, 시각 영역과 인접해 있어 시각 정보를 분석하고 통합하는 역할을 수행한다.

25 프리맥의 원리는 가능성이 높은 활동이 가능성이 낮은 활동에 대해 강화물로 작용한다는 원리이다.

01 '주특질'은 개인의 생활 전반에 광범위하게 퍼져 있는 가장 일반적인 일관성을 가진 기본 특질이다.

02 테스토스테론은 남성 호르몬이다.

03 피아제는 인지발달적 관점에서 도덕성 발달을 설명하였다.

04 청소년기에 나타나는 사고의 특징으로 옳지 않은 것은?

① 추상적 사고　　　　　　　　　　② 가설 연역적 사고

③ 사고과정에 대한 사고　　　　　　④ 물활론적 사고

⑤ 이상주의적 사고

05 마르샤(J. Marcia)의 자아정체감 이론에 관한 내용이다. 다음이 설명하는 것은?

- 자아정체감과 관련된 위기를 경험하였으나, 다양한 대안과 선택을 신중하게 고려해 자아정체감을 확립한 상태이다.
- 자신의 신념, 직업, 정치적 견해 등에 대해 스스로 의사결정을 할 수 있다.

① 정체감 유실　　　　　　　　　　② 정체감 유예

③ 정체감 성취　　　　　　　　　　④ 정체감 혼미

⑤ 정체감 탐색

06 설리번(H. Sullivan)의 이론에 관한 설명으로 옳은 것을 모두 고른 것은?

ㄱ. 대인관계의 형태와 욕구의 변화에 따라 인간발달단계를 6단계로 구분하였다.
ㄴ. 아동기에는 안정감의 욕구가 강하게 나타난다.
ㄷ. 청소년 초기에는 이성에 대한 관심이 증가하며, 이성과 친밀한 관계를 형성하려는 욕구가 생긴다.
ㄹ. 소년·소녀기에는 단짝 친구관계를 형성하려는 욕구가 나타난다.

① ㄱ, ㄷ　　　　　　　　　　　　　② ㄴ, ㄹ

③ ㄱ, ㄴ, ㄷ　　　　　　　　　　　④ ㄴ, ㄷ, ㄹ

⑤ ㄱ, ㄴ, ㄷ, ㄹ

07 진로이론에 관한 학자와 그 내용의 연결이 옳은 것은?

> A. 레빈(K. Lewin)　　　　B. 긴즈버그(E. Ginzberg)　　　　C. 수퍼(D. Super)

> ㄱ. 생애 초기 부모와의 관계에서 형성된 직업 욕구가 직업선택에 영향을 미친다.
> ㄴ. 직업선택의 과정을 환상기, 잠정기, 현실기의 3단계로 구분하였다.
> ㄷ. 개인의 흥미와 직업의 책무성을 고려하여 새로운 직업분류체계를 개발하였다.

① A － ㄱ　　　　　　② A － ㄷ　　　　　　③ B － ㄴ
④ B － ㄷ　　　　　　⑤ C － ㄱ

08 청소년기에 관한 설명으로 옳지 않은 것은?

① 아동에서 성인으로 이행하는 과도기적인 단계이다.
② 청소년과 관련된 연령은 법령에 따라 다르다.
③ 최근 사회변화에 따라 청소년기가 연장되는 추세에 있다.
④ 청소년기는 사춘기의 시작과 함께 시작한다.
⑤ 성적 성숙이 이루어지지 않아 생식능력이 없다.

09 청소년기 학업에 관한 설명으로 옳지 않은 것은?

① 학업스트레스가 높게 나타나는 경향이 있다.
② 과도한 시험불안은 청소년의 학업수행에 부정적인 영향을 미친다.
③ 학습장애는 읽기, 쓰기, 셈하기 등의 기초학습영역에서 문제를 보이는 경우를 말한다.
④ 학업능력에 큰 영향을 미치는 요인은 부모의 경제적 지위이다.
⑤ 학업 성취가 낮은 청소년은 그 원인을 내부 요인보다 외부 요인으로 돌리는 경향이 있다.

정답 및 해설　　　　　　　　　　04. ④　05. ③　06. ①　07. ③　08. ⑤　09. ④

04 물활론적 사고는 생명이 없는 대상에게 생명과 감정을 부여하는 것을 의미하며, 유아기에 나타나는 사고의 특징이다.
05 정체감 성취는 위기와 관여를 모두 경험한 단계로서, 청소년 자신이 직접 위기를 성공적으로 극복하여 정치적 및 개인적 이념체계, 직업 등에 대해 스스로 의사결정을 내려 자신의 역할을 수행하는 단계이다.
06 아동기에는 아동의 놀이에 성인이 참여해주기를 원하며, 소년·소녀기에는 또래놀이 친구를 얻고자 하는 욕구가 나타난다. 단짝 친구관계를 형성하려는 욕구는 전청년기에 나타난다.
07 긴즈버그의 진로발달이론은 3단계, 즉 환상기, 잠정기, 현실기로 구분된다.
08 청소년기에는 2차 성징으로 남녀의 신체에 나타나는 성적 특징이 나타나며, 이 시기의 성적 성숙은 생식기능의 성숙으로 미래에 부모가 될 수 있음을 의미한다.
09 청소년기의 학업능력에 영향을 미치는 것은 인지적 요인, 정서적 요인 및 학습방법과 전략, 부모의 특성, 또래집단 등이 있다.

10 청소년기 또래관계에 관한 설명으로 옳지 않은 것은?

① 부모와 가족으로부터 자율성을 추구한다.
② 또래관계는 자아정체감 형성의 기회를 제공한다.
③ 아동기보다 친구들과 많은 시간을 보낸다.
④ 이성에 대한 관심과 흥미가 낮은 편이다.
⑤ 아동기보다 또래집단에 대한 동조성이 높게 나타난다.

11 길리건(C. Gilligan)의 도덕성 발달이론에 관한 설명으로 옳은 것을 모두 고른 것은?

> ㄱ. 도덕성에서 원초아의 발달을 중요시한다.
> ㄴ. 타율적 도덕성 단계에서는 규칙이 절대적이고 불변의 것이라고 이해한다.
> ㄷ. 여성의 도덕성을 배려의 도덕성, 남성의 도덕성을 정의의 도덕성이라고 본다.
> ㄹ. 남성과 여성은 사회화 과정의 차이로 인해 도덕적 문제에 서로 다른 관점으로 접근한다.

① ㄱ, ㄴ   ② ㄷ, ㄹ
③ ㄱ, ㄴ, ㄷ   ④ ㄴ, ㄷ, ㄹ
⑤ ㄱ, ㄴ, ㄷ, ㄹ

12 바움린드(D. Baumrind)의 자녀양육유형 중 애정과 통제가 모두 높은 것은?

① 허용적 유형   ② 권위적 유형
③ 독재적 유형   ④ 거부적 유형
⑤ 방임적 유형

13 청소년복지 지원법상 다음이 설명하는 것은?

> 학습·정서·행동상의 장애를 가진 청소년을 대상으로 정상적인 성장과 생활을 할 수 있도록 해당 청소년에게 적합한 치료·교육 및 재활을 종합적으로 지원하는 거주형 시설

① 청소년쉼터   ② 청소년자립지원관
③ 청소년치료재활센터   ④ 청소년회복지원시설
⑤ 청소년상담복지센터

14 학교폭력예방 및 대책에 관한 법률상 피해학생의 보호 내용을 모두 고른 것은?

> ㄱ. 일시보호
> ㄴ. 학급교체
> ㄷ. 치료 및 치료를 위한 요양
> ㄹ. 학내외 전문가에 의한 심리상담 및 조언

① ㄱ, ㄷ   ② ㄴ, ㄹ
③ ㄱ, ㄴ, ㄷ   ④ ㄴ, ㄷ, ㄹ
⑤ ㄱ, ㄴ, ㄷ, ㄹ

15 청소년복지 지원법령상 지역사회 청소년통합지원체계에 반드시 포함되어야 할 필수연계기관을 모두 고른 것은?

> ㄱ. 학교   ㄴ. 청소년단체
> ㄷ. 지방자치단체   ㄹ. 지방고용노동청

① ㄱ, ㄴ   ② ㄱ, ㄴ, ㄷ   ③ ㄱ, ㄷ, ㄹ
④ ㄴ, ㄷ, ㄹ   ⑤ ㄱ, ㄴ, ㄷ, ㄹ

정답 및 해설   10. ④   11. ②   12. ②   13. ③   14. ⑤   15. ⑤

10 청소년기에는 이성에 대한 관심과 흥미가 높다.

11 길리건의 도덕성 발달이론은 정의와 배려를 중요시하였으며, 타율적 도덕성 단계(타인 배려 중심의 인습 수준)에서는 타인에 대한 책임감과 자기희생을 선한 것으로 간주하였다.

12 애정과 통제가 모두 높은 것은 '권위적 유형', 애정이 높으나 통제가 낮은 것은 '허용적 유형', 애정과 통제가 모두 낮은 것은 '방임적 유형', 애정은 낮으나 통제가 높은 것은 '독재적 유형'이다.

13 '청소년치료재활센터'는 학습·정서·행동상의 장애를 가진 청소년을 대상으로 정상적인 성장과 생활을 할 수 있도록 해당 청소년에게 적합한 치료·교육 및 재활을 종합적으로 지원하는 거주형 시설이다.

14 피해학생의 보호 내용
1) 학내외 전문가에 의한 심리상담 및 조언
2) 일시보호
3) 치료 및 치료를 위한 요양
4) 학급교체
5) 그 밖에 피해학생의 보호를 위하여 필요한 조치

15 지역사회 청소년통합지원체계에 반드시 포함되어야 할 필수연계기관은 학교, 청소년단체, 지방자치단체, 지방고용노동청 등이다.

16 청소년복지 지원법령상 위기청소년 특별지원에 관한 내용으로 옳은 것을 모두 고른 것은?

> ㄱ. 위기청소년의 지원에 반드시 필요하다고 인정되는 경우에는 금전의 형태로 제공할 수 있다.
> ㄴ. 지원 기간은 3년 이내로 하되, 필요한 경우 그 기간을 연장할 수 있다.
> ㄷ. 위기청소년 특별지원 여부를 결정하였을 때에는 그 내용을 청소년 본인, 보호자 및 신청인에게 서면으로 통보하여야 한다.
> ㄹ. 청소년 보호자는 위기청소년을 특별지원 대상 청소년으로 선정하여 줄 것을 신청할 때 청소년의 동의를 받지 않아도 된다.

① ㄱ, ㄷ
② ㄴ, ㄹ
③ ㄱ, ㄴ, ㄷ
④ ㄴ, ㄷ, ㄹ
⑤ ㄱ, ㄴ, ㄷ, ㄹ

17 다음이 설명하는 문화이론은?

> • 사회평등을 지향한다.
> • 사회의 본질을 갈등의 관점에서 본다.
> • 인간은 자신의 욕망과 이익을 추구하는 존재라고 가정한다.

① 상대론
② 체계론
③ 진화론
④ 갈등론
⑤ 구조 기능론

18 다음이 설명하는 문화변동은?

> 비물질문화가 물질문화를 따라가는 속도가 느려 시간이 경과함에 따라 두 문화요소간의 간격이 점점 더 벌어지는 현상

① 문화지체
② 문화이식
③ 문화결핍
④ 문화전계
⑤ 문화접변

19 청소년 보호법상 청소년 출입·고용금지업소에 해당하지 않는 것은?

① 「게임산업진흥에 관한 법률」에 따른 일반게임제공업
② 「사행행위 등 규제 및 처벌 특례법」에 따른 사행행위영업
③ 「체육시설의 설치·이용에 관한 법률」에 따른 무도학원업
④ 「한국마사회법」에 따른 장외발매소
⑤ 「게임산업진흥에 관한 법률」에 따른 인터넷컴퓨터게임시설제공업

20 학교부적응 요인에 해당하지 않는 것은?

① 낮은 학업성취도　　　　② 부모와의 안정적 애착
③ 입시위주의 교육　　　　④ 경쟁지향적인 학교 운영
⑤ 또래관계에서의 소외감

정답 및 해설　　　　　　　　　　16. ①　17. ④　18. ①　19. ⑤　20. ②

16 제14조(위기청소년 특별지원)
① 국가 및 지방자치단체는 대통령령으로 정하는 바에 따라 위기청소년에게 필요한 사회적·경제적 지원(이하 "특별지원"이라 한다.)을 할 수 있다.
② 특별지원은 생활지원, 학업지원, 의료지원, 직업훈련지원, 청소년활동지원 등 대통령령으로 정하는 내용에 따라 물품 또는 서비스의 형태로 제공한다. 다만, 위기청소년의 지원에 반드시 필요하다고 인정되는 경우에는 금전의 형태로 제공할 수 있다.
③ 특별지원 대상 청소년의 선정 기준, 범위 및 기간과 그 밖에 필요한 사항은 대통령령으로 정한다.

17 '갈등론'은 사회 구성요소들은 대립되거나 불일치한 상태의 상호모순적 관계에 있다고 본다. 따라서 투쟁과 갈등은 사회 변혁의 원동력이 된다.

18 '문화지체'는 급속하게 발전하는 기술과 그에 부응하는 문화 간의 격차를 일컫는다.

19 청소년 출입·고용금지업소
1) 「게임산업진흥에 관한 법률」에 따른 일반게임제공업 및 복합유통게임제공업 중 대통령령으로 정하는 것
2) 「사행행위 등 규제 및 처벌 특례법」에 따른 사행행위영업
3) 「식품위생법」에 따른 식품접객업 중 대통령령으로 정하는 것
4) 「영화 및 비디오물의 진흥에 관한 법률」제2조제16호에 따른 비디오물감상실업·제한관람가비디오물소극장업 및 복합영상물제공업
5) 「음악산업진흥에 관한 법률」에 따른 노래연습장업 중 대통령령으로 정하는 것
6) 「체육시설의 설치·이용에 관한 법률」에 따른 무도학원업 및 무도장업
7) 전기통신설비를 갖추고 불특정한 사람들 사이의 음성대화 또는 화상대화를 매개하는 것을 주된 목적으로 하는 영업. 다만, 「전기통신사업법」등 다른 법률에 따라 통신을 매개하는 영업은 제외한다.
8) 불특정한 사람 사이의 신체적인 접촉 또는 은밀한 부분의 노출 등 성적 행위가 이루어지거나 이와 유사한 행위가 이루어질 우려가 있는 서비스를 제공하는 영업으로서 청소년보호위원회가 결정하고 여성가족부장관이 고시한 것
9) 청소년유해매체물 및 청소년유해약물 등을 제작·생산·유통하는 영업 등 청소년의 출입과 고용이 청소년에게 유해하다고 인정되는 영업으로서 대통령령으로 정하는 기준에 따라 청소년보호위원회가 결정하고 여성가족부장관이 고시한 것
10) 「한국마사회법」제6조제2항에 따른 장외발매소
11) 「경륜·경정법」제9조제2항에 따른 장외매장

20 부모의 안정적 애착은 적응 요인에 영향을 미친다.

21 청소년비행을 설명하는 다양한 이론이 있다. 아노미이론과 관련된 학자는?

① 밀러(W. Miller) ② 서덜랜드(E. Sutherland)
③ 코헨(A. Cohen) ④ 허쉬(T. Hirschi)
⑤ 뒤르껭(E. Durkheim)

22 다음이 설명하는 청소년 참여기구는?

- 청소년 기본법에 규정되어 매년 개최한다.
- 청소년 분야의 전문가와 청소년이 참여한다.
- 범정부적 차원의 청소년정책과제를 설정·추진 및 점검한다.

① 청소년의회 ② 청소년특별회의
③ 청소년참여위원회 ④ 청소년운영위원회
⑤ 청소년보호위원회

23 다음이 설명하는 여성가족부의 청소년정책 사업은?

- 참여대상은 초등학교 4학년~중학교 3학년이다.
- 종합적인 교육·복지·보호 서비스를 제공한다.
- 취약계층 청소년의 학습 및 체험활동 기회의 불균형을 완화하고, 가정의 사교육비 및 양육부담 경감에 기여하고 있다.

① 드림스타트 ② 청소년동반자
③ 청소년방과후아카데미 ④ 청소년 우대 사업
⑤ 지역아동센터

24 인터넷 중독에 영향을 주는 사회·환경적 요인을 모두 고른 것은?

ㄱ. 익명성 ㄴ. 인터넷 접근가능성
ㄷ. 자아존중감 ㄹ. 가상적인 상호작용성

① ㄱ, ㄴ ② ㄷ, ㄹ
③ ㄱ, ㄴ, ㄹ ④ ㄴ, ㄷ, ㄹ
⑤ ㄱ, ㄴ, ㄷ, ㄹ

25 다음이 설명하는 용어는?

> • 탭스콧(D. Tapscott)이 제시했다.
> • 인터넷을 일상생활의 동반자처럼 활용하는 세대를 지칭한다.

① X세대   ② N세대

③ M세대   ④ P세대

⑤ G세대

선택과목   **7과목 청소년수련활동론**

01 청소년 기본법상 청소년활동의 정의이다. (　)에 들어갈 내용으로 옳은 것은?

> 청소년의 (ㄱ) 성장을 위하여 필요한 활동과 이러한 활동을 소재로 하는 (ㄴ)·교류활동·문화활동 등 다양한 형태의 활동을 말한다.

① ㄱ : 창의적인   ㄴ : 수련활동
② ㄱ : 균형있는   ㄴ : 봉사활동
③ ㄱ : 창의적인   ㄴ : 봉사활동
④ ㄱ : 균형있는   ㄴ : 수련활동
⑤ ㄱ : 전인적인   ㄴ : 봉사활동

정답 및 해설
21. ⑤   22. ②   23. ③   24. ③   25. ②   01. ④

21 뒤르켕의 아노미이론은 사회가 급격히 변동하였을 때 그에 대한 대응 규범이 나타나지 않으면, 사람들은 혼란을 겪게 되고, 이러한 무규범 상태가 지속됨으로서 일탈이 발생한다고 설명한다.

22 '청소년특별회의'는 청소년 기본법 제12조에 의거 범정부적 차원의 청소년정책과제의 설정, 추진 및 점검을 위해 청소년과 전문가가 참여하여 매년 개최된다.

23 '청소년방과 후 아카데미'는 여성가족부와 지방자치단체에서 공적 서비스를 담당하는 청소년 수련시설(청소년수련관, 청소년문화의집 등)을 기반으로 방과후 돌봄이 필요한 청소년(초등 4학년~중등 3학년)의 자립역량을 개발하고 건강한 성장을 지원하고자 방과후 학습지원, 전문체험 활동, 학습 프로그램, 생활지원 등 종합서비스를 제공하는 국가정책지원 사업이다.

24 자아존중감은 내적 요인이다.

25 N세대(Net generation)란 어렸을 때부터 컴퓨터가 있는 환경에서 자라나 컴퓨터통신이나 인터넷을 통해 정보를 얻거나 주고받고 통신망을 통해 교육을 받으며 성장한 세대를 말한다.

01 '청소년활동'이란 청소년의 균형 있는 성장을 위하여 필요한 활동과 이러한 활동을 소재로 하는 수련활동·교류활동·문화활동 등 다양한 형태의 활동을 말한다.

02 청소년 프로그램개발 패러다임 중 구성주의에 관한 설명으로 옳지 않은 것은?

① 목표에 의해 내용이 결정되는 특성이 강하다.

② 해석적 성격을 가진다.

③ 청소년 지도의 과정을 청소년지도자와 청소년이 함께 의미를 창출하는 상호작용으로 규정한다.

④ 다양한 교육적 경험을 통한 지속적·반성적 숙고과정을 거친다.

⑤ 전문가가 아닌 참여자 중심의 프로그램 개발을 강조한다.

03 '조하리의 창문'에서 자신의 느낌, 생각, 행동 등이 타인에게는 알려져 있으나 자신은 알지 못하는 영역은?

① 개방영역   ② 맹인영역

③ 은폐영역   ④ 미지영역

⑤ 성찰영역

04 청소년 프로그램 개발 및 운영 과정의 순서로 옳은 것은?

> ㄱ. 무엇을 할 것인가에 초점을 두는 단계
> ㄴ. 가설과 가정에 대한 검증이 이루어지는 단계
> ㄷ. 어떻게 할 것인가에 초점을 두는 단계
> ㄹ. 프로그램 개발의 결과를 알고 의미를 부여하는 단계

① ㄱ - ㄴ - ㄹ - ㄷ   ② ㄱ - ㄷ - ㄴ - ㄹ

③ ㄴ - ㄷ - ㄹ - ㄱ   ④ ㄷ - ㄱ - ㄴ - ㄹ

⑤ ㄷ - ㄴ - ㄱ - ㄹ

05 칙센트미하이(M. Csikszentmihalyi)의 몰입경험 이론에서 자신의 수행능력 수준에 미치지 못하는 활동과제를 수행할 때 경험하는 것은?

① 불안   ② 걱정

③ 몰입   ④ 각성

⑤ 지루함

06 과제지향적 리더십의 특성에 해당하는 것을 모두 고른 것은?

> ㄱ. 목표 지향   ㄴ. 사회정서 지향
> ㄷ. 생산중심 지향   ㄹ. 과제 지향

① ㄱ, ㄹ   ② ㄴ, ㄷ
③ ㄱ, ㄴ, ㄷ   ④ ㄱ, ㄷ, ㄹ
⑤ ㄱ, ㄴ, ㄷ, ㄹ

07 청소년 프로그램 마케팅의 4P 모델에 해당하지 않는 것은?

① 프로그램 성과   ② 프로그램 장소
③ 프로그램 비용   ④ 프로그램 내용
⑤ 프로그램 홍보

08 청소년 기본법상 청소년상담사를 배치하지 않아도 되는 기관은?

① 특별시·광역시·도 및 특별자치도에 설치된 청소년상담복지센터
② 청소년치료재활센터
③ 시·군·구에 설치된 청소년상담복지센터
④ 청소년쉼터
⑤ 청소년문화의집

정답 및 해설   02. ①   03. ②   04. ②   05. ⑤   06. ④   07. ①   08. ⑤

02 구성주의 패러다임은 실제적-해석적 성격을 가지며, 청소년지도의 과정을 의미를 창출하는 상호작용의 과정으로 파악하고, 프로그램 개발 과정 참여자 상호 간의 합의와 통합의 과정을 거친다. 또한 청소년은 프로그램 속에서 지속적인 반성적 숙고과정을 거쳐 의미를 창출하는 주체이자 프로그램의 실질적인 주인공이라고 본다.

03 '맹인 영역'은 나는 모르지만 다른 사람은 알고 있는 나의 정보를 의미한다.

04 청소년 프로그램 개발 단계는 기획, 설계, 마케팅, 실행, 평가의 순서로 진행된다.

05 칙센트미하이는 능력에 비해 도전 과제가 쉬우면 '지루함'을 느낀다고 설명한다.

06 과제지향적 리더십에서 목적을 달성하기 위해 리더는 자신과 부하직원들의 역할을 정의하고 조직화한다. 리더는 목표를 주고 지침을 내리며 지시하는 것으로 단기성과에 좋은 효과를 낸다.

07 마케팅의 4P 모델은 내용(Product), 비용(Price), 장소(Place), 홍보(Promotion) 등을 포함한다.

08 청소년시설과 청소년단체는 대통령령으로 정하는 바에 따라 청소년육성을 담당하는 청소년지도사나 청소년상담사를 배치하여야 한다.

09 청소년활동 진흥법상 수련시설의 종합평가에 관한 설명으로 옳은 것을 모두 고른 것은?

> ㄱ. 2년마다 1회 이상 실시한다.
> ㄴ. 수련시설의 전문성을 강화하기 위하여 실시한다.
> ㄷ. 평가 결과는 비공개하여야 한다.
> ㄹ. 수련시설의 운영을 개선하기 위하여 실시한다.

① ㄱ, ㄴ   ② ㄴ, ㄷ
③ ㄷ, ㄹ   ④ ㄱ, ㄴ, ㄹ
⑤ ㄱ, ㄷ, ㄹ

10 청소년활동프로그램 기획단계의 순서로 옳은 것은?

> ㄱ. 기획안 작성
> ㄴ. 요구조사 및 정보 수집
> ㄷ. 의사결정
> ㄹ. 프로그램의 필요성과 목적에 대한 인식

① ㄱ - ㄴ - ㄷ - ㄹ   ② ㄴ - ㄱ - ㄷ - ㄹ
③ ㄴ - ㄷ - ㄹ - ㄱ   ④ ㄹ - ㄱ - ㄴ - ㄷ
⑤ ㄹ - ㄴ - ㄱ - ㄷ

11 다음이 설명하는 청소년지도방법은?

> • 집단중심의 청소년 지도방법 중 하나이다.
> • 참여자들은 자유롭게 의견을 제안한다.
> • 의견에 대한 평가 없이 많은 대안을 제안한다.

① 필립 66   ② 도제제도
③ 역할연기   ④ 브레인스토밍
⑤ 게임 및 시뮬레이션

12 관할구역의 위기청소년을 조기에 발견하여 보호하고, 청소년보호를 효율적으로 수행하기 위한 지역사회 청소년통합지원체계를 구축·운영하여야 하는 자는?

① 교육감
② 교육장
③ 지방자치단체장
④ 한국청소년단체협의회장
⑤ 한국청소년활동진흥원이사장

13 청소년활동 진흥법령상 청소년수련시설의 이용범위에 관한 내용이다. ( )에 들어갈 내용으로 옳은 것은?

> "여성가족부령으로 정하는 이용 범위"란 해당 수련시설을 이용한 청소년 외의 연간이용자 수가 그 수련시설 (ㄱ)이용가능인원 수의 100분의 (ㄴ) 이내인 범위를 말하되, 가족이 청소년과 함께 수련시설을 이용한 경우 그 가족은 청소년 외의 연간이용자 수에 포함시키지 아니한다.

① ㄱ : 월간   ㄴ : 30
② ㄱ : 연간   ㄴ : 40
③ ㄱ : 주간   ㄴ : 50
④ ㄱ : 연간   ㄴ : 60
⑤ ㄱ : 월간   ㄴ : 70

정답 및 해설   09. ④ 10. ⑤ 11. ④ 12. ③ 13. ②

09 제19조의2(수련시설의 종합평가 등)
① 여성가족부장관은 수련시설의 전문성 강화와 운영의 개선 등을 위하여 시설 운영 및 관리 체계, 활동프로그램 운영 등 수련시설 전반에 대한 종합평가를 정기적으로 실시하고 그 결과를 공개하여야 한다.
② 여성가족부장관은 제1항에 따른 종합평가를 실시하려면 미리 수련시설의 운영대표자에게 그 종합평가의 절차, 방법 및 기간을 통보하여야 한다.
③ 여성가족부장관은 제2항에 따른 통보를 할 때 또는 그 통보 후에 수련시설의 운영대표자에게 제1항에 따른 종합평가에 필요한 자료의 제출을 요구할 수 있다. 이 경우 수련시설의 대표자는 정당한 사유가 없으면 그 요구에 따라야 한다.
④ 국가 및 지방자치단체는 제1항에 따른 종합평가의 결과 우수한 수련시설에 대하여 포상 등을 실시할 수 있다.
⑤ 여성가족부장관은 제1항에 따른 종합평가의 결과에 따라 수련시설의 운영대표자에게 미흡사항에 대한 개선이나 그 밖의 필요한 조치를 하도록 요구할 수 있다.
⑥ 여성가족부장관은 제1항에 따른 종합평가의 결과를 교육부장관 등 관계 기관의 장에게 알려야 한다.
⑦ 제1항에 따른 종합평가의 주기·방법·절차 및 평가결과의 공개 등에 필요한 사항은 여성가족부령으로 정한다.
10 '기획단계'는 프로그램의 필요성과 목적에 대한 인식 → 요구조사 및 정보 수집 → 기획안 작성 → 의사결정 순으로 진행된다.
11 브레인스토밍은 창의적인 아이디어를 생산하기 위한 학습도구이자 회의 기법이다.
12 지방자치단체의 장은 관할구역의 위기청소년을 조기에 발견하여 보호하고, 청소년복지 및 「청소년기본법」 제3조제5호에 따른 청소년보호를 효율적으로 수행하기 위하여 지방자치단체, 공공기관, 「청소년기본법」 제3조제8호에 따른 청소년단체 등이 협력하여 업무를 수행하는 지역사회 청소년통합지원체계(이하 "통합지원체계"라 한다)를 구축·운영하여야 한다.
13 제13조(수련시설의 이용범위)
① 법 제31조제2항제3호에서 "여성가족부령으로 정하는 범위" 및 같은 조 제3항에서 "여성가족부령으로 정하는 이용 범위"란 해당 수련시설을 이용한 청소년 외의 연간이용자 수가 그 수련시설 연간이용가능인원 수의 100분의 40 이내인 범위를 말하되, 가족이 청소년과 함께 수련시설을 이용한 경우 그 가족은 청소년 외의 연간이용자 수에 포함시키지 아니한다. 다만, 전년도의 외국인 이용자가 연간 5만명 이상인 유스호스텔의 경우에는 100분의 60 이내인 범위를 말한다.

14 청소년자기도전포상제의 금장 활동영역으로 옳지 않은 것은?

① 합숙활동
② 신체단련활동
③ 자기개발활동
④ 봉사활동
⑤ 탐험활동

15 청소년활동 진흥법상 청소년수련시설에 해당하는 것은?

① 청소년쉼터
② 유스호스텔
③ 청소년자립지원관
④ 청소년회복지원시설
⑤ 청소년상담복지센터

16 청소년수련활동 인증제 운영절차로 옳은 것은?

> ㄱ. 인증신청　　　ㄴ. 인증신청 컨설팅　　　ㄷ. 형식요건 검사
> ㄹ. 인증접수　　　ㅁ. 인증심사 및 인증심의

① ㄱ － ㄴ － ㄷ － ㄹ － ㅁ
② ㄱ － ㄷ － ㄴ － ㅁ － ㄹ
③ ㄱ － ㄷ － ㄹ － ㄴ － ㅁ
④ ㄴ － ㄱ － ㄷ － ㄹ － ㅁ
⑤ ㄴ － ㄷ － ㄱ － ㅁ － ㄹ

17 청소년 체험활동의 계획단계에 해당하지 않는 것은?

① 활동계획 협의
② 목표의 상세화
③ 주의사항 숙지
④ 학습방법의 구체화
⑤ 현장답사 및 사전교육

18 청소년 동아리활동의 일반적인 특성이 아닌 것은?

① 자치활동
② 집단활동
③ 경쟁활동
④ 여가활동
⑤ 자율활동

19 청소년활동 진흥법령상 위험도가 높아 인증을 받아야 하는 수련활동이 아닌 것은?

① 5km 걷기활동   ② 산악스키

③ 패러글라이딩   ④ 래프팅

⑤ 암벽타기

20 청소년 자원봉사활동의 특성으로 옳지 않은 것은?

① 이타성   ② 지속성

③ 공동체성   ④ 자발성

⑤ 영리성

정답 및 해설   14. ① 15. ② 16. ④ 17. ③ 18. ③ 19. ① 20. ⑤

14 금장 활동영역으로는 자기개발, 신체단련, 봉사활동, 탐험활동이 있다.

15 청소년수련시설의 종류에는 청소년수련관, 청소년수련원, 청소년문화의 집, 청소년특화시설, 청소년야영장, 유스호스텔 등이 있다.

16 청소년수련활동 인증제는 인증신청 컨설팅 → 인증신청 → 형식요건 검사 → 인증접수 → 인증심사 → 인증심의 등의 운영절차를 따른다.

17 계획단계에는 학습자의 요구와 수준, 제반사정 등을 파악하여 체험활동 영역과 주체 활동방법 등을 선정하여 구체적인 계획을 수립한다. 또한 현장답사 및 사전교육, 구체적인 일정과 장소로의 이동방법 결정, 필요한 자료 준비, 지도 매뉴얼 작성, 목표 설정 등이 포함된다.

18 청소년 동아리활동의 특성으로는 자치활동, 또래집단, 집단활동, 진로탐색의 수단, 청소년문화, 자율참여, 학교교육 활성화 방안, 여가활동 등이 있다.

19 위험도가 높은 청소년 수련활동

수상활동	래프팅, 모터보트, 동력요트, 수상오토바이, 고무보트, 수중스쿠터, 호버크래프트, 수상스키, 조정, 카약, 카누, 수상자전거, 서프보트, 스킨스쿠버
항공활동	패러글라이딩, 행글라이딩
산악활동	클라이밍(자연암벽, 빙벽), 산악스키, 야간등산(4시간 이상의 경우만 해당)
장거리 걷기활동	10km 이상 도보 이동
그 밖의 활동	유해성 물질(발화성, 부식성, 독성 또는 환경유해성 등), 집라인(Zip-line), ATV탑승 등 사고위험이 높은 물질/기구/장비 등을 활용하여 이루어지는 청소년수련활동

20 청소년 자원봉사활동에 영리성은 포함되지 않는다.

21 청소년활동 진흥법령상 청소년수련시설 안전기준에 관한 내용으로 옳지 않은 것은?

① 비상연락장치를 유지하여야 한다.
② 시설물에 대한 안전점검을 매년 2회 실시하여야 한다.
③ 수련시설의 종사자에 대하여 정기적으로 안전교육을 실시하여야 한다.
④ 부상자·병자에 대하여 응급처치를 할 수 있는 구호설비·기구를 갖추어야 한다.
⑤ 안전사고·응급환자 발생 등에 대비하여 긴급 후송대책 등의 방안을 마련하여야 한다.

22 청소년활동 진흥법령상 안전교육에 관한 내용으로 옳지 않은 것은?

① 안전교육은 매년 1회 이상 실시한다.
② 수련시설의 안전점검 및 위생관리에 관해 교육한다.
③ 청소년수련활동 안전사고 예방 및 관리에 관해 교육한다.
④ 청소년수련활동 및 수련시설의 안전관련 법령에 관해 교육한다.
⑤ 이러닝 수강 후 집합교육을 이수하는 것을 원칙으로 한다.

23 청소년 기본법령상 청소년참여위원회(이하 '참여위원회'라 한다.)에 관한 내용으로 옳지 않은 것은?

① 참여위원회의 위원은 성별·연령·지역 등을 고려하여 구성하여야 한다.
② 참여위원회는 효율적인 정책 제안 등을 위하여 필요한 경우에는 분과위원회를 둘 수 있다.
③ 참여위원회의 위원장은 위원 중에서 한국청소년활동진흥원 이사장이 임명한다.
④ 참여위원회는 청소년 관련 정책에 관한 의견 제안을 위하여 설문조사, 토론회 등을 통하여 여론을 수렴할 수 있다.
⑤ 국가 및 지방자치단체는 참여위원회가 청소년 관련 정책에 관하여 자문할 수 있도록 자문단을 둘 수 있다.

24 청소년수련활동 인증기준 중 특별기준에 해당하는 것을 모두 고른 것은?

ㄱ. 전문지도자의 배치
ㄴ. 실시간 쌍방향 활동 운영 및 관리
ㄷ. 콘텐츠 활용 중심 활동 운영 및 관리
ㄹ. 과제수행 중심 활동 운영 및 관리

① ㄱ, ㄹ
② ㄴ, ㄷ
③ ㄱ, ㄴ, ㄷ
④ ㄴ, ㄷ, ㄹ
⑤ ㄱ, ㄴ, ㄷ, ㄹ

25 청소년활동 진흥법상 청소년수련활동 신고제도에서 신고수리 주체는?

① 청소년수련활동을 주최하려는 청소년수련시설
② 법률에 따른 비영리 법인이 아닌 주식회사
③ 특별자치시장·특별자치도지사·시장·군수·구청장
④ 청소년활동 진흥법의 지도·감독을 받는 기관
⑤ 한국청소년활동진흥원

정답 및 해설   21. ② 22. ⑤ 23. ③ 24. ⑤ 25. ③

21 안전기준
1. 수련시설의 설치·운영자는 항상 안전사고 예방에 주의를 기울여야 하며, 특히 장애 청소년 및 미취학아동 등 특별한 보호를 필요로 하는 이용자에 대하여는 안전사고 발생에 대비하여 대피가 편리한 숙소를 배정하고, 안전사고 예방을 위한 인솔자 교육을 강화하는 등 특별한 주의를 기울여야 한다.
2. 부상자·병자에 대하여 응급처치를 할 수 있는 구호설비·기구를 갖추어야 한다.
3. 비상연락장치를 유지하여야 한다.
4. 안전사고·응급환자 발생 등에 대비하여 긴급 후송대책 등의 방안을 마련하여야 한다.
5. 위험한 장소에는 방벽(防壁)·울타리·위험표지물 등 안전시설을 설치하여야 하며, 이용자가 있을 때에는 안전요원 또는 긴급구조요원을 배치하여야 한다.
6. 자연체험시설 등을 설치한 경우에는 시설의 종류에 따라 안전모·안전띠·구명대 등 필요한 개인보호장구를 갖추고, 이를 이용자에게 착용하도록 하여야 한다.
7. 매월 1회 이상 시설물에 대한 안전점검(세부적인 점검사항은 여성가족부령으로 정하는 바에 따른다)을 실시하여야 하며, 점검결과를 시설물 안전점검기록대장에 기록·관리하여야 한다.
8. 시설물에 위험요인이 발견될 때에는 즉시 그 시설물의 이용을 중단시키고 보수 등의 조치를 취하여야 한다.
9. 수련시설의 종사자에 대하여 정기적으로 안전교육을 실시하여야 한다.
10. 시설의 이용방법, 유의사항, 비상 시의 대피경로 등을 이용자들이 잘 볼 수 있는 장소에 게시하여야 한다.
11. 해당 시설이용 및 수련활동에 관한 안전교육 프로그램을 마련하여 이용자(인솔자를 포함한다)에 대하여 사전 안전교육을 실시하여야 한다.
12. 태풍·홍수·해일 등 재해발생의 우려가 있는 경우에는 이용자들을 신속히 대피시켜야 한다.
13. 해당 수련시설 안에 법 제33조제2항 각 호의 영업을 위한 시설 또는 그 밖에 다른 법령에 따른 시설이 설치된 경우에 이 기준에서 특별히 정한 경우를 제외하고는 그 법령에서 정한 안전기준 등을 준수하여야 한다.
14. 청소년수련시설의 숙박·집회시설 및 숙박·집회시설과 이어진 건축물에는 샌드위치 판넬 등 연소 시 유독가스가 발생되는 건축자재는 사용할 수 없다.

22 제18조의4(수련시설의 종사자 등에 대한 안전교육)
① 여성가족부장관은 수련시설의 운영대표자 및 종사자의 안전관리 역량을 강화하고 수련시설에서의 안전사고를 예방하기 위하여 수련시설의 운영대표자와 그 종사자를 대상으로 안전교육을 실시할 수 있다.
② 제1항에 따른 안전교육의 내용·방법·횟수 등에 필요한 사항은 여성가족부령으로 정한다.

23 청소년참여위원회의 구성과 운영에 필요한 사항은 대통령령으로 정한다.

24 특별기준에 해당하는 것은 전문지도자의 배치, 공간과 설비의 법령준수, 학교단체 숙박형 활동 관리, 실시간 쌍방향 활동 운영 및 관리, 콘텐츠 활용 중심 활동 운영 및 관리, 과제수행 중심 활동 운영 및 관리 등이다.

25 청소년활동 진흥법상 청소년수련활동 신고제도에서 신고수리 주체는 특별자치시장·특별자치도지사·시장·군수·구청장이다.

나만의 정리노트

2020년 19회
기출문제

1교시

필수과목	1과목	발달심리
	2과목	집단상담의 기초
	3과목	심리측정 및 평가
	4과목	상담이론

2교시

필수과목	5과목	학습이론
선택과목	6과목	청소년이해론
	7과목	청소년수련활동론

01 발달에 관한 설명으로 옳은 것을 모두 고른 것은?

> ㉠ 생물학적, 인지적 발달과정은 독립적으로 이루어진다.
> ㉡ 상황에 따른 일시적인 변화도 발달에 속한다.
> ㉢ 학습은 직접 또는 간접 경험의 산물로서 훈련이나 연습에 기인한다.
> ㉣ 발달적 변화의 과정에는 신체, 운동기능, 사고, 언어, 성격, 사회성 등이 포함된다.

① ㉠, ㉣
② ㉡, ㉢
③ ㉢, ㉣
④ ㉠, ㉡, ㉢
⑤ ㉡, ㉢, ㉣

02 질적연구방법에 관한 설명으로 옳지 않은 것은?

① 심리적 현상을 계량화하고 인과관계를 검증한다.
② 근거이론연구, 사례연구, 담화분석, 행동연구가 해당된다.
③ 인간 경험의 심미적 차원을 해석한다.
④ 외부감사자에 의해 연구의 정밀성을 검토한다.
⑤ 연구자들은 자신의 해석을 뒷받침하기 위해 삼각측정기법을 사용한다.

03 발달연구의 자료수집 방법에 관한 설명으로 옳지 않은 것은?

① 질문지법은 질문지를 통해 자료를 수집한다.
② 구조화된 면접은 모든 대상자에게 동일한 질문을 동일한 순서대로 물어본다.
③ 사례연구는 소수를 대상으로 관찰이나 면접을 통해 자료를 수집한다.
④ 에믹(emic) 접근법은 다른 문화권에서도 일반화할 수 있는 행동을 묘사한다.
⑤ 자연관찰법은 어떠한 개입없이 일상적인 환경에서 참여자의 행동을 기록한다.

04 다음 설명이 모두 해당되는 브론펜브레너(U. Bronfenbrenner)의 생태학적 체계는?

- 특정한 맥락이 아니라 문화적 가치, 법, 관습, 자원들로 구성된다.
- 한국에서 태어난 아이가 미국으로 이민을 가서 그 문화권의 영향을 받는다.

① 외체계   ② 거시체계
③ 중간체계   ④ 미시체계
⑤ 시간체계

05 발달이론가와 성인발달에 관한 주장의 연결이 옳은 것은?

① 헤이플릭(L. Hayflick) - 인생주기는 네 개의 시기로 구분된다.
② 레빈슨(D. Levinson) - 세포의 수명은 유전적 프로그램에 한정되어 있다.
③ 해비거스트(R. Havighurst) - 성공적 노화는 선택, 최적화, 보상의 요인과 연결되어 있다.
④ 레빙거(J. Loevinger) - 전생애 동안 개인의 자아는 단계적으로 발달하고 발달이 진행될수록 개인은 더 성숙한 자아발달 상태를 지향한다.
⑤ 발테스와 발테스(P. Baltes & M. Baltes) - 능동적이고 적극적인 생활양식이 성인후기의 안녕감과 만족도를 높인다.

정답 및 해설   01. ③   02. ①   03. ④   04. ②   05. ④

01 생물학적, 인지적 발달은 상호 영향을 미치며, 발달은 상황에 따른 일시적인 변화가 아닌 연령 증가에 따라 전 생애에 걸쳐서 일어나는 모든 신체적, 심리적 변화를 의미한다.
02 심리적 현상을 계량화하고 인과관계를 검증하는 것은 양적연구방법이다.
03 에믹 접근법은 다른 문화권과는 상관없이 한 특정 문화권 사람들에게만 중요한 의미를 갖는 행동을 묘사한 것이며, 에틱(etic) 접근법은 다른 문화권에도 일반화할 수 있는 행동을 묘사한 것이다.
04 거시체계는 모형의 가장 바깥쪽 수준으로서 중간체계와 외체계를 포괄하며, 개인이 살고 있는 관습, 법, 문화적 가치와 자원, 각 문화권 특유의 가치, 태도, 신념, 전통, 이데올로기 등이 포함된다.
05 레빙거는 자아발달단계에서 '자아발달'을 전생애 동안 개인의 성격발달을 특징짓는 의미의 틀에서의 변화로 설명하였다.

06 다음 설명이 모두 해당되는 검사는?

> • 신생아의 건강상태를 검사하기 위한 것으로, 출생 후 바로 실시한다.
> • 검사내용은 심장박동률, 호흡, 근육, 강도, 피부색, 반사민감성이다.

① 덴버(Denver) 발달선별검사
② 베일리(Bayley) 영아발달검사
③ 게젤(Gesell) 발달검사
④ 아프가(Apgar) 척도
⑤ 카텔(Cattell) 영아척도

07 뇌에 관한 설명으로 옳은 것을 모두 고른 것은?

> ㉠ 뇌의 발달속도는 각 부위마다 다르다.
> ㉡ 뇌 발달은 환경적 자극의 양과 종류에 영향을 받는다.
> ㉢ 뇌간의 기본적인 기능은 호흡, 심혈관 활동, 수면, 의식에 관계된다.
> ㉣ 우반구는 신체의 오른쪽을 통제하고 언어능력, 청각, 정서표현을 관장한다.

① ㉠, ㉡
② ㉢, ㉣
③ ㉠, ㉡, ㉢
④ ㉡, ㉢, ㉣
⑤ ㉠, ㉡, ㉢, ㉣

08 피아제(J. Piaget)가 제시한 구체적 조작기 사고의 주요 특징으로 옳지 않은 것은?
① 상위유목과 하위유목 간의 관계를 이해한다.
② 타인의 입장, 감정, 인지 등을 추론하고 이해한다.
③ 미래의 가능성에 대해 이상적으로 공상한다.
④ 문제해결 과정에서 직관보다는 논리적 조작이나 규칙을 적용한다.
⑤ 두 가지 이상의 속성에 따라 대상을 비교해서 순서대로 배열이 가능하다.

09 다음 설명이 모두 해당되는 콜버그(L. Kohlberg)의 도덕성발달 단계는?

- 자신의 흥미와 욕구를 만족시키기 위해 규범을 준수한다.
- 훈이는 어머니가 약속한 선물 때문에 찻길에서 뛰어다니지 않는다.

① 사회 계약 지향

② 착한 아이 지향

③ 법과 질서 지향

④ 벌과 복종 지향

⑤ 도구적 목표 지향

10 방어기제와 그에 관한 설명으로 옳은 것은?

① 합리화 − 용납하기 어려운 충동이 무의식적으로 억제되어 반대로 나타난다.

② 반동형성 − 충격적인 사건이나 용납할 수 없는 충동을 무의식적으로 거부한다.

③ 억압 − 종교나 철학 등의 지적 활동에 몰입함으로써 성적 욕망에서 벗어나고자 한다.

④ 동일시 − 다른 사람의 태도, 신념, 가치 등을 자신의 것으로 채택함으로써 다른 사람의 특성을 자신의 성격에 흡수한다.

⑤ 투사 − 성적 본능이 신경증적인 행동으로 전이되지 않고 오히려 사회적으로 바람직한 행동으로 나타난다.

정답 및 해설　　　　　　　　　　06. ④　07. ③　08. ③　09. ⑤　10. ④

06 ④ 아프가(Apgar) 척도 : 출생 직후 신생아의 건강상태를 전반적으로 확인하기 위한 척도로서, 심장박동, 호흡, 근육운동 및 강도, 피부색깔, 울음 및 기타 반사기능의 5개 영역으로 구성
　① 덴버(Denver) 발달선별검사 : 미국 덴버시에서 제작된 발달 선별도구로서 사회성 발달, 미세운동 및 적응발달, 언어발달, 운동발달 영역으로 구성
　② 베일리(Bayley) 영아발달검사 : 영아의 발달적 위치를 평가하고 정상발달로부터의 이탈여부와 그 정도를 확인하기 위한 것으로, 지능척도, 운동척도, 행동평가척도로 구성
　③ 게젤(Gesell) 발달검사 : 영유아용 발달검사 중 가장 오래된 검사로서 출생부터 6세에 이르는 영유아의 발달적 진단을 하기 위한 도구이며 적응, 운동, 언어 및 사회적 행동의 4개 범주로 구성
　⑤ 카텔(Cattell) 영아척도 : 2~30개월 영유아들의 지능을 측정하기 위한 척도

07 우반구는 신체의 왼쪽을 통제하고 비언어적, 정서적 기능을 담당한다.

08 이상적, 추상적 사고가 가능한 시기는 '형식적 조작기'이다.

09 2단계는 개인주의적 도덕 단계로서 도구적 상대주의를 지향하고 보상을 지향한다.

10 ①은 반동형성, ②는 억압, ③은 주지화, ⑤는 승화에 대한 설명이다.

11 다음 각 사례에 해당하는 청소년기의 자아정체감 유형이 바르게 나열된 것은?

> A : 저는 사람들에게 봉사하는 것을 좋아해서 장래희망이 사회복지사예요.
> B : 저는 잘하는 것도 없고, 하고 싶은 것도 없어요. 아직 장래에 대해 생각해보지 않았어요.
> C : 아버지가 치과 의사이고, 부모님이 의사가 되는 게 좋겠다고 하셔서 장래희망은 의사예요.

① A : 정체감 성취, B : 정체감 유실, C : 정체감 혼미
② A : 정체감 성취, B : 정체감 혼미, C : 정체감 유실
③ A : 정체감 성취, B : 정체감 혼미, C : 정체감 유예
④ A : 정체감 유예, B : 정체감 유실, C : 정체감 혼미
⑤ A : 정체감 유예, B : 정체감 혼미, C : 정체감 유실

12 샤이(K. Schaie)가 제시한 성인기 인지발달 단계로 옳은 것은?

① 획득 → 성취 → 책임(실행) → 재통합
② 획득 → 책임(실행) → 재통합 → 성취
③ 획득 → 책임(실행) → 성취 → 재통합
④ 성취 → 획득 → 재통합 → 책임(실행)
⑤ 성취 → 재통합 → 책임(실행) → 획득

13 퀴블러-로스(E. Kübler-Ross)가 제시한 죽음에 적응하는 심리적 변화의 순서로 옳은 것은?

① 부정 → 분노 → 타협 → 우울 → 수용
② 분노 → 부정 → 우울 → 수용 → 타협
③ 부정 → 우울 → 분노 → 수용 → 타협
④ 분노 → 부정 → 타협 → 우울 → 수용
⑤ 부정 → 타협 → 분노 → 우울 → 수용

14 태내발달에 관한 설명으로 옳지 않은 것은?

① 중배엽은 근육, 골격, 순환계가 된다.
② 태내발달은 착상 순간부터 시작된다.
③ 태내발달은 배종기, 배아기, 태아기로 나뉜다.
④ 라누고(lanugo)는 태아의 신체를 덮고 있는 가는 털을 말한다.
⑤ 기형발생물질이 태내발달에 영향을 미치는 민감한 시기가 있다.

15 유전 발달에 관한 설명으로 옳은 것은?

① 접합체의 발달은 감수분열을 통해 발생한다.

② 다운증후군은 성염색체 장애이다.

③ 생식세포는 22개의 상염색체와 1개의 성염색체를 갖고 있다.

④ 정상적인 인간 접합체는 48개의 염색체를 갖고 있다.

⑤ 클라인펠터(Klinefelter) 증후군은 여아에게 발생한다.

16 신경계에 관한 설명으로 옳은 것을 모두 고른 것은?

㉠ 뉴런은 뇌와 신경계의 기본 단위로 태아의 신경관에서 만들어진다.

㉡ 뇌의 브로카 영역과 베르니케 영역의 손상은 언어장애를 초래한다.

㉢ 뇌량은 좌반구와 우반구를 이어주는 신경섬유 다발을 말한다.

㉣ 대뇌피질은 수의적인 신체움직임, 학습, 사고와 관련된 대뇌 바깥층을 말한다.

① ㉠, ㉡, ㉢   ② ㉠, ㉡, ㉣   ③ ㉠, ㉢, ㉣

④ ㉡, ㉢, ㉣   ⑤ ㉠, ㉡, ㉢, ㉣

정답 및 해설   11. ② 12. ① 13. ① 14. ② 15. ③ 16. ⑤

11 마르시아의 정체감 획득 단계는 정체감 혼미(정체감 발달에 실패하고 자기 자신을 찾지 못하는 단계), 정체감 유실(자신의 권리를 포기하고 타인이 바라는 대로 되는 단계), 정체감 유예(여러 가지 대상에 적극적인 참여를 보이지만 참여의 안정성과 만족이 결핍되어 위기를 경험하는 단계), 정체감 성취(이미 위기를 경험하고 비교적 강한 참여를 할 수 있게 되어 상황적 변화에 따른 동요 없이 성숙한 정체감을 소유하는 단계)를 포함한다.

12 샤이의 성인기 인지발달 단계는 획득 → 성취 → 책임 → 실행 → 재통합 단계를 거친다.

13 퀴블러–로스의 죽음에 대한 태도는 부정 → 분노 → 타협 → 우울 → 수용 단계를 거친다.

14 태내발달은 수정에서부터 시작된다.

15 생식세포는 생식에서 유전 정보를 다음 세대에 전하는 역할을 하는 세포로서, 배세포라고도 한다. 남성에게 있어 정세포, 여성에게 있어 난세포를 의미하며, 22개의 상염색체와 1개의 성염색체를 갖고 있다.

16 신경계는 기관이 모여 만들어진 기관계의 일종이며, 신경을 사용해 몸의 다른 기관을 통제하고 조정한다.

17 신체 및 운동발달에 관한 설명으로 옳은 것을 모두 고른 것은?

> ㉠ 뇌하수체는 내분비선을 통제하고 성장호르몬을 생산한다.
> ㉡ 마라스무스(marasmus)는 열량을 충분히 섭취하지만 단백질을 전혀 섭취하지 않는 아이에게 생기는 질병이다.
> ㉢ 에스트로겐(estrogen)은 남녀 모두에게 있다.
> ㉣ 프리래디컬(free radicals)은 신체노화를 촉진한다.

① ㉠, ㉡　　　　② ㉡, ㉢　　　　③ ㉢, ㉣
④ ㉠, ㉡, ㉣　　　⑤ ㉠, ㉢, ㉣

18 다음 설명이 모두 해당되는 이론으로 옳은 것은?

> • 자폐스펙트럼장애를 가진 아동의 사고특성을 보여준다.
> • 타인의 욕망과 행위 사이의 연결을 이해할 수 있다.
> • 거짓믿음 검사를 활용한다.

① 사회인지이론
② 대인관계이론
③ 인지발달이론
④ 마음이론
⑤ 성역할발달이론

19 다음 사례에서 활용되지 않은 것은?

> 정우는 일주일 후에 볼 시험을 앞두고 매일 그동안 학습했던 내용을 정리하고 더 보완해야 할 지식을 찾아 유형별로 구조화하여 공부한다.

① 비계설정
② 실행기능
③ 작업기억
④ 선택적 주의
⑤ 장기기억

20 아동의 사회성 발달에 관한 설명으로 옳지 않은 것은?

① 주양육자의 비일관적 양육행동은 불안정애착을 야기할 수 있다.

② 프로이트(S. Freud)에 의하면 초자아 발달은 구강기에 형성된다.

③ 닷즈(K. Dodge)에 의하면 공격적 아동은 적대적 귀인편향을 보인다.

④ 아이젠버그(N. Eisenberg)에 의하면 아동의 공감능력은 친사회성 발달을 촉진한다.

⑤ 반두라(A. Bandura)의 보보인형 실험은 아동의 공격성이 모방될 수 있음을 보여준다.

21 성인기 발달에 관한 설명으로 옳은 것을 모두 고른 것은?

> ㉠ 하잔(C. Hazan)과 쉐버(P. Shaver)에 의하면 아동기 애착유형은 성인기 낭만적 사랑 관계에서도 나타난다.
>
> ㉡ 하트필드(E. Hatfield)의 사랑의 삼각형 이론에 의하면 사랑의 유형은 시간과 함께 변화한다.
>
> ㉢ 코스타(P. Costa)와 맥크래(R. McCrae)의 5요인 모델에 의하면 성격의 안정성은 아동기보다 성인기에 더 크다.
>
> ㉣ 위트본(S. Whitbourne)에 의하면 성인의 정체감 변화에는 친구가 가장 큰 영향을 미친다.

① ㉠, ㉡   ② ㉠, ㉢

③ ㉠, ㉣   ④ ㉡, ㉢

⑤ ㉡, ㉣

정답 및 해설   17. ⑤   18. ④   19. ①   20. ②   21. ②

17 마라스무스는 열량이 결핍된 상태를 의미한다.

18 마음이론(Theory of Mind, ToM)이란 믿음, 의도, 욕구, 거짓, 지식 등의 정신상태를 통해 자신 혹은 타인에게 적용해 타인과 자신의 믿음, 욕구, 의도와 관점이 다르다는 것을 이해할 수 있는 능력을 의미한다.

19 비계설정(scaffolding)은 학습자가 주어진 과제를 잘 수행할 수 있도록 유능한 또래나 교사의 도움을 제공하는 지원을 일컫는 것이다.

20 프로이트는 초자아가 오이디푸스 콤플렉스가 해결되는 시기에 생성된다고 보았다.

21 ㉠ 하잔과 쉐버는 영아기에 형성된 부모에 대한 애착은 성인기까지 계속되고 그것의 질적 특성은 이성과의 낭만적 사랑을 경험하는 방식에 차이를 가져온다고 주장하였다.

㉡ 사랑이 하나의 사각형을 구성하는 세 가지 구성 요소의 측면에서 이해될 수 있다는 사랑의 삼각형 이론을 주창한 학자는 로버트 스턴버그(Robert Sternberg)이다.

㉢ 코스타와 맥크래의 5요인 모델에서는 성격 특성에 신경성, 외향성, 친화성, 성실성, 경험에 대한 개방성의 5가지 요소가 있으며 성격의 안정성은 아동기보다 성인기에 더 크다고 하였다.

㉣ 위트본은 가족 간의 친근감이 성인초기 정체감 형성의 가장 중요한 요인이라고 주장하였다.

22 도덕성 발달에 관한 설명으로 옳은 것은?

① 피아제(J. Piaget)에 의하면 타율적 도덕성은 구체적 조작기에서 처음 나타난다.
② 길포드(J. Guilford)에 의하면 여성의 도덕성은 배려와 관련된다.
③ 콜버그(L. Kohlberg)에 의하면 도덕적 추론은 비연속적이다.
④ 피아제(J. Piaget)에 의하면 아동의 도덕적 추론은 사회적 상호작용의 영향을 받지 않는다.
⑤ 반두라(A. Bandura)에 의하면 도덕적 행동은 관찰학습과 관련이 없다.

23 다음 사례에서 나타난 발달양상은?

> 우수한 언어능력과 지적능력을 갖고 있지만 사회성 발달은 매우 뒤쳐진 자폐스펙트럼장애 청소년이 있다.

① 발달전이　　　　　　　　　② 역할갈등
③ 적응실패　　　　　　　　　④ 비동시성
⑤ 퇴행

24 발달정신병리를 설명하는 이론적 모델과 주요 개념의 연결이 옳지 않은 것은?

① 사회인지 모델 - 부적절한 정보처리
② 사회학적 모델 - 아노미 상태
③ 의학적 모델 - 기질적 역기능
④ 가족체계 모델 - 경계의 붕괴
⑤ 정신역동 모델 - 과잉행동 보상

25 DSM-5의 탈억제성 사회적 유대감 장애 진단을 받은 아동에 관한 설명으로 옳지 않은 것은?

① 타인에 대한 최소한의 사회적·감정적 반응성을 보인다.
② 진단 시점까지 장애가 12개월 이상 지속되었다.
③ 심각한 사회적 방임이나 불충분한 양육을 경험했다.
④ 아동의 연령은 최소 9개월 이상이다.
⑤ 양육환경이 바뀌어도 증상이 잘 개선되지 않을 것이다.

필수과목　**2과목 집단상담의 기초**

01 집단상담의 장점으로 옳은 것을 모두 고른 것은?

> ㉠ 한정된 시간에 보다 많은 내담자와 상담할 수 있다.
> ㉡ 개개인에 대한 깊이 있는 관심과 탐색이 용이하다.
> ㉢ 실생활에 필요한 대인관계 기술을 학습할 수 있다.
> ㉣ 유대감, 소속감, 협동심을 향상시킬 수 있다.

① ㉠, ㉣　　　　　　　　　　　② ㉢, ㉣

③ ㉠, ㉡, ㉢　　　　　　　　　④ ㉠, ㉢, ㉣

⑤ ㉡, ㉢, ㉣

정답 및 해설　　　　　　　　　　**22.** ③　**23.** ④　**24.** ⑤　**25.** ①　**01.** ④

22 콜버그는 도덕적 추론의 비연속성을 강조하였다.

23 발달은 연속적인 과정이지만 일정하지 않은 속도로 진행되기도 하는 것을 비동시성이라고 한다.

24 정신역동이론은 발달정신병리를 설명하는 데 있어 초기 경험, 정신적 기제, 무의식 과정을 강조한다.

25 **탈억제성 사회적 유대감 장애(Disinhibited Social Engagement Disorder)**
　A. 아동이 낯선 성인에게 활발하게 접근하고 소통하면서 다음 중 2가지 이상으로 드러나는 행동 양식이 있다.
　　1. 낯선 성인에게 접근하고 소통하는 데 주의가 약하거나 없음
　　2. 과도하게 친숙한 언어적 또는 신체적 행동(문화적으로 허용되고 나이에 합당한 수준이 아님)
　　3. 낯선 환경에서 성인 보호자와 모험을 감행하는 데 있어 경계하는 정도가 떨어지거나 부재함
　　4. 낯선 성인을 따라가는 데 있어 주저함이 적거나 없음
　B. 진단기준 A의 행동은 (주의력 결핍 과잉행동장애의) 충동성에 국한되지 않고, 사회적으로 탈억제된 행동을 포함한다.
　C. 아동이 불충분한 양육의 극단적인 양식을 경험했다는 것이 다음 중 최소 한 가지 이상에서 분명하게 드러난다.
　　1. 성인 보호자에 의해 충족되는 안락과 자극, 애정 등의 기본적인 감정적 요구에 대한 지속적인 결핍이 사회적 방임 또는 박탈의 형태로 나타남
　　2. 안정된 애착을 형성하는 기회를 제한하는 주 보호자의 반복적인 교체(예 위탁 보육에서의 잦은 교체)
　　3. 선택적 애착을 형성하는 기회를 고도로(심각하게) 제한하는 독특한 구조의 양육(예 아동이 많고 보호자가 적은 기관)
　D. 진단기준 C의 양육이 진단기준 A의 장애 행동에 대한 원인이 되는 것으로 추정된다(예 진단기준 A의 장애는 진단기준 C의 적절한 양육 결핍 후에 시작했음)
　E. 아동의 발달 연령이 최소 9개월 이상이어야 한다.

01 집단상담은 다수의 집단원을 포함하고 있기 때문에 개인상담과 같은 개개인에 대한 깊이 있는 관심과 탐색이 어렵다.

02 구조화 집단상담 계획에 관한 설명으로 옳지 않은 것은?

① 집단상담 회기, 시간, 장소를 사전에 계획한다.
② 집단원의 선별 절차에 대한 계획을 사전에 수립한다.
③ 집단평가 시기, 방법, 내용을 사전에 계획한다.
④ 집단원 모집을 위한 홍보계획을 사전에 수립한다.
⑤ 회기별 세부적인 활동은 해당 회기 직전에 계획한다.

03 다음에 해당하는 집단의 유형은?

- 집단원들은 주로 일상생활에서 어려움을 경험하는 일반인들로 구성된다.
- 대인관계 과정, 자기이해 증진, 부적응 행동의 극복에 초점을 맞춘다.
- 과거 문제의 탐색보다 지금−여기에 초점을 둔 상담기술을 주로 사용한다.
- 비교적 단기간에 해결 가능한 문제를 다루며 성장 지향적인 특징이 있다.

① 상담집단   ② 치료집단
③ 과업집단   ④ 자조집단
⑤ 교육집단

04 집단상담의 윤리에 관한 설명으로 옳지 않은 것을 모두 고른 것은?

㉠ 법원 판결을 받아 참여하는 집단원이 중도에 집단을 포기할 때, 이로 인해 발생할 수 있는 문제를 설명하고 집단 참여 여부를 스스로 선택하게 한다.
㉡ 한 집단원이 부정적인 감정표출에 대한 집단압력을 받을 때, 집단상담자는 집단원들이 상호작용해서 문제를 해결하도록 기다린다.
㉢ 청소년 집단원이 치명적인 전염병에 걸렸을 때, 즉시 집단원, 법적 보호자, 교사 및 관련 전문 기관 등에 이 사실을 알려야 한다.
㉣ 청소년들이 집단상담에 참여할 때 상담료와 상담기록 부분은 집단상담 종료 후 청소년과 법적 보호자에게 동의를 받아야 한다.
㉤ 개인상담 내담자가 집단상담에 참여해야 할 때, 상담의 효과를 위해 개인상담자는 가급적 자신이 운영하는 집단에 내담자를 참여하게 해야 한다.

① ㉠, ㉢   ② ㉣, ㉤
③ ㉠, ㉡, ㉤   ④ ㉠, ㉣, ㉤
⑤ ㉡, ㉣, ㉤

05 집단상담의 이론적 접근과 기법의 연결로 옳지 않은 것은?

① 현실치료 – 유머, 직면

② 정신분석 – 꿈 분석, 해석

③ 게슈탈트 – 자각, 빈 의자 기법

④ 해결중심 – 기적 질문, 탈숙고 기법

⑤ 아들러 – 생활양식 분석, 역설적 의도

06 심리극 접근의 집단상담에 관한 설명으로 옳지 않은 것은?

① 역할연기를 통해 자신, 타인 및 상황에 대한 이해를 증진한다.

② 과거 발생한 일도 지금–여기에서 일어나는 것처럼 실연된다.

③ 주요 5대 구성요소로 주인공, 보조자아, 연출가, 각본, 무대가 있다.

④ 실연단계에서 내면적 정서들이 표현되면서 주인공은 억압된 감정을 의식하게 된다.

⑤ 언어적・비언어적 수단을 통해 즉흥적으로 주인공의 상황이 표현된다.

07 다음에서 공통적으로 설명하고 있는 집단상담의 이론적 접근은?

> • 집단상담자는 집단원들이 자신을 표현하도록 돕는 역할을 하므로 촉진자로 불린다.
> • 집단원에 대한 상담자의 태도와 개인적 특성이 핵심적인 역할을 한다.
> • 집단원의 성장을 신뢰하며, 집단에서 현재의 순간을 충분히 경험하도록 한다.

① 인간중심 집단상담　　② 교류분석 집단상담　　③ 행동주의 집단상담

④ 실존주의 집단상담　　⑤ 인지주의 집단상담

정답 및 해설　　　　02. ⑤　03. ①　04. ⑤　05. ④　06. ③　07. ①

02 회기별 세부적인 활동은 사전에 계획한다.

03 상담집단은 개인적・교육적・사회적・직업적 문제에 초점을 맞추고, 치료적인 목표뿐만 아니라 예방과 교육적인 목표를 설정하여 상담을 실천하는 집단이다.

04 한 집단원이 부정적인 감정표출에 대한 집단압력을 받을 때, 집단상담자는 즉시 개입하여 중재자의 역할을 한다. 청소년들이 집단상담에 참여하기 전에 청소년 및 법적 보호자에게 집단상담 관련 부분에 대한 동의를 받아야 한다. 개인상담 내담자를 집단상담에 참여하도록 할 때에는 문제의 성질과 내용에 따라 동일상담자가 맡을지의 여부를 결정한다.

05 탈숙고 기법은 실존치료에서 주로 사용한다.

06 심리극의 기본 요소는 무대, 연출자, 주인공, 보조자아, 관객이다.

07 인간중심 집단상담은 집단원들에 대한 신뢰를 바탕으로 집단원이 더 직접적으로 자신을 표현하도록 도우며, 비교적 폐쇄된 경험과 불확실성에서 외부 실제와 모호함에 더 개방적이게 한다.

08 다음에서 집단상담자가 적용한 상담기술을 〈보기〉에서 모두 고른 것은?

> 영   희 : 제가 원하는 학과에 들어가려면 공부를 열심히 해야 한다는 것을 알고 있어요. 하지만 막상 책상 앞에 앉으면 공부하기가 싫고, 자꾸 핸드폰을 보며 딴 행동을 하게 돼요. 저도 집중력을 높이고 싶지만 방법을 모르겠어요.
> 상담자 : 열심히 공부해야 한다는 것은 알고 있지만 책상 앞에 앉으면 집중력이 떨어져서 스스로 힘들 때가 많구나. 혹시 영희와 비슷한 문제를 겪고 이를 극복한 학생들이 있다면 함께 이야기 해 줄래요?

> **┤보기├**
>
> ㉠ 반영   ㉡ 직면   ㉢ 해석   ㉣ 연결

① ㉠, ㉢   ② ㉠, ㉣

③ ㉡, ㉣   ④ ㉠, ㉡, ㉣

⑤ ㉠, ㉢, ㉣

09 소극적으로 참여하는 집단원에 관한 집단상담자의 개입 방안으로 옳지 않은 것은?

① 소극적인 참여 원인에 관한 집단원의 자각을 촉진한다.

② 다른 집단원이 소극적인 집단원을 공격하지 않도록 개입한다.

③ 집단상담자에 대한 저항의 표시인지 탐색해 본다.

④ 생산적인 침묵 시 기다리지 않고 즉시 개입하는 것이 효과적이다.

⑤ 집단상담 초기 침묵 시 집단상담자가 표현하는 것을 보여주어 참여를 유도한다.

10 주지화 행동을 보이는 집단원에 관한 집단상담자의 대처방안으로 옳은 것을 모두 고른 것은?

> ㉠ 역할연습을 통해 자신의 감정을 인식하게 하여 표현을 유도한다.
> ㉡ 집단상담자가 감정표현 하는 것을 보여줌으로써 집단원이 정서를 표현할 수 있게 한다.
> ㉢ 주지화로 인한 대인관계 문제점을 이야기하여 주지화 행동이 비효과적임을 알려 준다.
> ㉣ 비언어적 수단을 통해 용납하기 어려운 충동 및 감정을 인식하고 감정을 표현하게 한다.

① ㉠, ㉢   ② ㉡, ㉣

③ ㉠, ㉡, ㉣   ④ ㉡, ㉢, ㉣

⑤ ㉠, ㉡, ㉢, ㉣

11 다음 집단원에 대한 상담자의 개입에 관한 설명으로 옳지 <u>않은</u> 것은?

> 길 동 : (어린 시절 잦은 전학으로 학교적응이 어려웠던 과거 이야기를 장황하게 늘어놓으며)
> 그리고 저는 중학교 가서도 계속 전학을 다녔는데, 하나하나 이야기하면….
> 상담자 : 잠깐만! 길동아. 잠시만 이야기를 멈추고, (다른 집단원들을 쳐다보며) 다른 친구들은
> 길동이 이야기를 들으며 어떤 생각을 했는지 이야기 해 볼까요?

① 집단원들에게 참여기회를 제공하여 상호작용을 촉진시키고 있다.
② 해석 기법을 통해 집단원 행동의 원인과 목적을 통찰하도록 돕고 있다.
③ 과거 사건에 대한 이야기가 현재 집단에 미치는 영향을 탐색하도록 돕고 있다.
④ 연결 기법을 통해 집단원들이 지금-여기에서의 상호작용에 집중하도록 돕고 있다.
⑤ 차단 기법을 통해 대화의 독점이 일어나지 않도록 문제행동에 대처하고 있다.

12 공동리더십 한계의 극복방안으로 옳지 <u>않은</u> 것은?
① 집단계획과 목표를 분담하여 수립한다.
② 집단 예비모임에 함께 참석한다.
③ 서로의 개인적 특성을 파악할 시간을 갖는다.
④ 회기 후 집단원 반응에 대해 서로 의견을 교환한다.
⑤ 회기 전 집단에 대한 기대를 함께 나눈다.

정답 및 해설   08. ② 09. ④ 10. ③ 11. ② 12. ①

08 '반영'은 구성원의 느낌이나 진술의 정서적인 부분을 상담자가 그 느낌의 원인이 되는 사건, 상황, 사람, 생각과 함께 다른 동일한 의미의 말로 바꾸어 기술하는 기법이다. '연결'은 특정 구성원의 행동이나 말을 다른 구성원의 관심사와 연결시키는 데 사용되는 통찰력 표현의 한 기법으로, 구성원 간의 의사소통을 향상시킨다.
09 생산적인 침묵 시에는 집단원의 반응이 나타날 때까지 기다려주어야 한다.
10 주지화를 사용하는 집단원들은 자신의 문제를 깊이 이해하고 문제의 원인이 자기에게 있음을 인정하기보다는 전문적인 용어를 사용하여 머리 수준에서만 이해했음을 강조하기 때문에, 감정적이고 정서적인 부분을 다루는 것이 중요하다.
11 해석 기법은 내담자의 말 속에 담긴 새로운 의미를 구성원들에게 설명해주는 기법이다.
12 집단계획과 목표는 동일한 내용을 숙지하는 것이 중요하다.

13 집단상담자의 상담기법과 예시의 연결로 옳은 것은?

① 구조화 – "선생님이 노력한 것을 알아주지 않아 서운했겠네요."
② 해석 – "집단을 마치기 전에 오늘 여러분들이 경험한 것에 대해 잠시 이야기 나눠보죠."
③ 개방적 질문 – "오늘 아침 식사를 하고 왔나요?"
④ 보편화 – "방금 언급한 부정적인 감정이 구체적으로 무엇을 의미하는 것이죠?"
⑤ 직면 – "긴장되지 않는다고 이야기하면서 다리를 계속 떨고 있는데 알고 있나요?"

14 집단역동의 요소인 내용적 측면과 과정적 측면에 관한 설명으로 옳지 않은 것은?

① 내용적 측면은 집단원들이 무엇에 관하여 이야기하고 있는지에 관심을 둔다.
② 과정적 측면은 집단원이 어떻게, 왜 그런 말을 했는지에 대해 관심을 둔다.
③ 내용적 측면은 언어로 표현된 것보다 이면에 있는 무의식적 동기나 의도를 더 중시하는 것이다.
④ 과정적 측면을 이해하기 위해 시선, 동작, 태도에도 주의를 기울여야 한다.
⑤ 내용적 측면과 과정적 측면 중 어느 한쪽으로 치우쳐서는 안 된다.

15 다음에서 설명하는 집단상담의 치료적 요인은?

> 집단원들은 타인으로부터 받을 수 있는 도움에 한계가 있다는 점, 자신들이 선택한 삶에 대한 궁극적인 책임은 자신의 것이라는 점, 그리고 아무리 가까운 사이라 할지라도 타인과는 함께 할 수 없는 어떤 부분이 있다는 점을 깨닫게 된다.

① 정화
② 실존적 요인
③ 자기이해
④ 보편성
⑤ 이타주의

16 응집력이 높은 집단의 특징을 모두 고른 것은?

> ㉠ 깊은 인간관계를 맺는다.
> ㉡ 새로운 시도를 하기보다는 편안함에 안주하려 한다.
> ㉢ 건강한 유머를 통해 친밀해지고 기쁨을 함께 한다.
> ㉣ 지금-여기에 초점을 맞추면서 순간의 느낌을 토대로 솔직한 피드백을 교환한다.

① ㉠, ㉡
② ㉡, ㉢
③ ㉠, ㉢, ㉣
④ ㉡, ㉢, ㉣
⑤ ㉠, ㉡, ㉢, ㉣

17 집단 발달단계의 특징을 순서대로 옳게 나열한 것은?

> ㉠ 집단원들 간에 신뢰감이 높아지면서 불안감도 공존하게 된다.
> ㉡ 집단원들은 새로운 사람들과의 만남으로 어색해하거나 참여에 부담을 느끼기도 한다.
> ㉢ 집단경험을 통해 학습한 것들을 총체적으로 정리하고, 일상생활에서 지속적으로 적용할 계획을 세운다.
> ㉣ 다양한 방식으로 상호작용하게 되면서 강력한 집단역동이 발생한다.

① ㉠ → ㉡ → ㉢ → ㉣ ② ㉠ → ㉡ → ㉣ → ㉢
③ ㉠ → ㉣ → ㉡ → ㉢ ④ ㉡ → ㉠ → ㉢ → ㉣
⑤ ㉡ → ㉠ → ㉣ → ㉢

18 다음 집단상담자 역할이 공통으로 요구되는 집단 발달단계는?

> • 상호작용 촉진
> • 구조화 실시 및 모델역할
> • 신뢰분위기 조성

① 준비단계 ② 초기단계
③ 과도기단계 ④ 생산단계
⑤ 종결단계

정답 및 해설 13. ⑤ 14. ③ 15. ② 16. ③ 17. ⑤ 18. ②

13 직면은 구성원이 의식적, 무의식적으로 피하고 있는 사실에 대해 일치하지 않는 언행을 의도적으로 지적함으로써 알게 하는 상담기법이다.
14 집단역동의 내용적 측면은 집단이 지금 무엇에 대하여 토의하고 있는가에 중점을 둔다.
15 실존적 요인은 삶에 대한 책임을 수용하도록 돕는다.
16 응집력이 높은 집단은 새로운 시도에 개방적이다.
17 집단상담은 초기 → 중기(과도기, 작업) → 종결 단계를 거친다.
18 집단상담 초기단계에서 상담자는 모델링의 역할하기, 목표설정하기, 책임분배하기, 분위기의 형성 및 유지하기, 참여과정 촉진하기 등의 역할을 담당한다.

19 집단역동에 영향을 미치는 요소를 모두 고른 것은?

> ㉠ 집단참여 경험　　　　　　　㉡ 집단모임 장소
> ㉢ 집단크기　　　　　　　　　　㉣ 집단모임 시간

① ㉡, ㉢　　　　　　　　　　　② ㉠, ㉡, ㉣
③ ㉠, ㉢, ㉣　　　　　　　　　④ ㉡, ㉢, ㉣
⑤ ㉠, ㉡, ㉢, ㉣

20 청소년 집단상담 회기 종결 시에 주로 이루어지는 상담자의 반응을 모두 고른 것은?

> ㉠ "오늘 어떤 경험을 했습니까?"
> ㉡ "이번 회기에서 어떤 느낌이 들었습니까?"
> ㉢ "이번 회기에 필요한 참여규칙은 무엇일까요?"
> ㉣ "오늘 배운 것을 일상생활에 어떻게 적용할 계획입니까?"

① ㉠　　　　　　　　　　　　　② ㉡, ㉢
③ ㉠, ㉡, ㉢　　　　　　　　　④ ㉠, ㉡, ㉣
⑤ ㉠, ㉡, ㉢, ㉣

21 청소년 집단상담에 관한 설명으로 옳은 것은?

① 비자발적인 집단원이 집단참여에 대한 불편한 감정을 표현할 수 있도록 돕는다.
② 정신병리 징후를 가진 학생을 집단상담에 참여하도록 권유한다.
③ 개방집단은 상담진행에서 높은 안정성과 일관성을 유지할 수 있다.
④ 동질집단에 비해 이질집단은 속마음을 쉽게 공개하고 공감할 수 있다.
⑤ 게임이나 매체를 활용하는 활동은 하지 않는다.

22 청소년 집단상담의 계획, 실시, 평가에 관한 설명으로 옳지 않은 것은?

① 집단의 형태, 회기, 인원, 선발방법 등을 계획한다.
② 부모나 법적보호자의 서면동의를 받은 후에 집단상담 계획을 수립한다.
③ 사전 오리엔테이션으로 집단상담에 대한 기본적인 이해를 돕는다.
④ 집단원 선정 시 집단원들의 동질성과 이질성을 고려한다.
⑤ 집단상담 성과평가를 위해 사전 및 사후 검사를 실시한다.

23 청소년 집단상담에서 비밀유지에 관한 집단상담자의 역할로 옳지 않은 것은?

① 비밀유지 한계를 알려주어 집단에서 자기개방을 어느 정도 할지 집단원 스스로 결정하도록 한다.
② 동일한 학급에 소속된 집단원들의 경우 비밀유지의 문제를 더 중요하게 다룰 필요가 있다.
③ 부모나 법적보호자의 참여 동의서 작성 시 비밀유지에 관한 내용은 고지하지 않아도 된다.
④ 집단회기 중의 녹음, 녹화에 대해 반드시 사용 목적을 알린 후 서면 동의를 받아야 한다.
⑤ 법적으로 집단원에 대한 정보 공개가 요구되는 경우는 비밀유지 예외상황이다.

24 다문화 가정 청소년 집단상담을 실시할 때 상담자의 태도로 옳지 않은 것은?

① 문화적 특성이 고려된 다양한 개입방법을 사용한다.
② 집단원들의 문화적 가치와 경험들을 존중한다.
③ 집단원에게 상담자의 문화적 가치를 강요하지 않는다.
④ 집단원의 문화적 배경에 대해 학습한다.
⑤ 집단원 행동을 다수 집단원의 문화적 관점에서 이해한다.

정답 및 해설　　　　　19. ⑤　20. ④　21. ①　22. ②　23. ③　24. ⑤

19 집단역동에 영향을 미치는 요인으로는 집단구성원의 배경, 집단목적의 명료성, 집단의 크기, 집단회기의 길이, 집단모임의 장소, 모임의 빈도수, 모임시간, 집단참여 동기, 집단응집력, 집단규범, 집단구성원의 역할, 다문화적 역동성 등이 있다.

20 회기에 필요한 참여규칙 등은 집단회기 시작 시에 주로 토의한다.

21 정신병리 징후를 가진 학생은 집단상담보다 개인상담에 적합하며, 상담진행에서 높은 안정성과 일관성을 유지하는 것은 폐쇄집단이다. 이질집단에 비해 동질집단은 속마음을 쉽게 공개하고 공감할 수 있으며, 청소년이 대상이라면 게임이나 매체를 활용하는 활동이 효과적이다.

22 집단상담의 목적, 진행 과정과 절차, 집단 과정 동안 일반적으로 일어날 수 있는 상황들, 예상되는 결과 등 집단상담 전반에 관한 충분한 설명을 듣고 이에 근거하여 참여 여부를 결정한 후 청소년 및 부모의 동의를 받는다.

23 부모나 법적보호자의 참여 동의서 작성 시 비밀유지에 관한 내용도 고지해야 한다.

24 집단원 행동을 각각의 문화적 관점에서 이해하는 것이 중요하다.

25 다음 청소년 집단상담 장면에서 상담자가 공통으로 사용한 기술은?

> • "여러분, 지금 이야기하는 내용에 대해 곰곰이 생각해 봅시다. 여러분이 친구들과 다투게 되는 상황에서 어떤 패턴이 있는지 더 이야기를 나누어 볼까요?"
> • "지금 다루고 있는 주제를 10분 정도만 더 나누고, 새로운 주제로 옮겨 가겠습니다."

① 피드백하기 ② 차단하기 ③ 연결하기
③ 초점 맞추기 ⑤ 해석하기

필수과목　**3과목 심리측정 및 평가**

01 심리검사 제작자에게 요구되는 역량으로 옳지 않은 것은?
① 검사목표, 내용, 과정을 이해하여야 한다.
② 수검자 집단의 특성을 파악하여야 한다.
③ 검사이론을 숙지하고 있어야 한다.
④ 추상적이고 복잡한 글을 쓸 수 있는 문장력을 갖추어야 한다.
⑤ 성별, 인종, 학력 등에 대한 편견이 없어야 한다.

02 심리측정과 검사에 관한 설명으로 옳지 않은 것은?
① 추상적인 구성개념을 직접적으로 측정하는 과정이다.
② 심리측정은 신뢰성 높은 측정도구가 요구된다.
③ 심리검사는 개인 간 또는 개인 내 비교를 가능하게 한다.
④ 심리검사는 행동의 표본을 표준화된 방법으로 측정한다.
⑤ 표준화검사는 시행과 채점이 일정한 방식으로 진행된다.

03 심리검사와 개발자의 연결이 옳은 것은?
① Army-ß : 헤서웨이(S. Hathaway)
② Stanford-Binet : 머레이(H. Murray)
③ PMA : 써스톤(L. Thurstone)
④ 16PF : 엑스너(J. Exner)
⑤ Strong-Campbell : 벡(A. Beck)

04 자연스런 환경에 참여하고 있는 관찰자가 개인을 관찰하는 측정법은?

① 유사관찰법   ② 일화관찰법

③ 참여관찰법   ④ 자기관찰법

⑤ 실험관찰법

05 타당도에 관한 설명으로 옳은 것은?

① 안면타당도는 다른 점수와의 관계를 분석하여 추정한다.

② 공인타당도는 검사점수와 예측행동자료를 일정시간에 거쳐 수집해서 알아본다.

③ 내용타당도는 관련분야 전문가의 평가를 통해 판단된다.

④ 구성타당도는 크론바흐 알파계수(α)를 사용하여 측정한다.

⑤ 내용타당도는 숙련도검사보다 성격검사나 적성검사에서 더 중요하다.

06 신뢰도에 관한 설명으로 옳지 않은 것은?

① 검사-재검사 신뢰도는 실시 간격의 영향을 받지 않는다.

② 평정자 간 신뢰도는 두 명 이상의 평가자가 필요하다.

③ 평정자 간 점수 차이는 신뢰도에 영향을 준다.

④ 문항들의 내용이 동질적일수록 신뢰도는 높아진다.

⑤ 검사 문항수가 증가하면 반분신뢰도는 높아진다.

정답 및 해설   **25.** ④   **01.** ④   **02.** ①   **03.** ③   **04.** ③   **05.** ③   **06.** ①

25 초점 맞추기는 집단의 초점이 어디에 맞추어져 있는지, 집단의 목적에 일치되고 있는지를 지속적인 관심을 가지고 관찰하는 것이다.

01 제작자는 명확하고 간결하게 글로 표현할 수 있어야 한다.

02 심리측정은 인간의 심리적 현상과 행동에 대한 이해를 좀 더 객관적으로 설명하고자 한다.

03 Army-ß 검사는 1917년 Robert Yerkes 등에 의해 개발되었으며, 최초의 Stanford-Binet 검사는 미국 스탠퍼드 대학교의 Terman 교수가 기존의 Binet 검사를 번역하여 미국 아동들에게 사용하기 위해 개정한 것이다. 16PF 검사는 1949년 Cattell이 개발하였으며, Strong-Campbell 검사는 Strong과 Campbell이 개발하였다.

04 참여관찰법은 조사자가 직접 자연스런 환경에 참여하는 연구 대상의 행동을 관찰하여 자료를 수집하는 방법이다.

05 내용타당도는 측정하고자 하는 분야의 전문가가 자신의 지식이나 논리에 의해서 타당성을 결정하는 방법으로서, 주어진 측정 도구가 평가하려고 하는 내용을 어느 정도로 충실히 측정하고 있는지를 측정, 분석한다.

06 검사-재검사 신뢰도는 실시 간격의 영향을 받는다.

07 척도에 관한 설명으로 옳지 않은 것을 모두 고른 것은?

> ㉠ 성별은 서열척도이다.
> ㉡ 온도는 등간척도이다.
> ㉢ 비율척도는 절대영점이 존재하지 않는다.
> ㉣ 서열척도는 단위 사이의 간격에 관한 정보가 없다.

① ㉠, ㉡ 　　　　　② ㉠, ㉢ 　　　　　③ ㉡, ㉢
④ ㉡, ㉣ 　　　　　⑤ ㉢, ㉣

08 심리측정에 관한 설명으로 옳은 것은?

① '대학 학점은 대학수학능력시험 점수와 관련된다'는 가설은 실험가설의 대표적인 예이다.
② 실험가설은 선행조건의 조작과 결과적 행동의 측정을 위한 것이다.
③ 종속변인은 실험가설을 증명하기 위해 실험자가 의도적으로 조작하는 변수이다.
④ 등간척도는 가장 높은 수준의 척도이다.
⑤ 표준점수는 원점수와 동일하다.

09 심리평가 시행 단계의 순서로 옳은 것은?

> ㉠ 평가방법 및 절차 선택 　　　　　㉡ 의뢰 문제 분석
> ㉢ 면담 　　　　　㉣ 심리평가 결과보고

① ㉠ - ㉡ - ㉣ - ㉢ 　　　② ㉡ - ㉠ - ㉢ - ㉣ 　　　③ ㉡ - ㉠ - ㉣ - ㉢
④ ㉡ - ㉢ - ㉠ - ㉣ 　　　⑤ ㉢ - ㉠ - ㉡ - ㉣

10 심리검사 제작 절차의 순서로 옳은 것은?

> ㉠ 문항 개발 및 작성 　　　　　㉡ 신뢰도와 타당도 검토
> ㉢ 검사 목적의 명료화 　　　　　㉣ 문항 분석 및 수정
> ㉤ 규준과 검사 요강 작성

① ㉠ - ㉢ - ㉡ - ㉣ - ㉤ 　　　　　② ㉠ - ㉢ - ㉣ - ㉤ - ㉡
③ ㉡ - ㉢ - ㉠ - ㉤ - ㉣ 　　　　　④ ㉢ - ㉠ - ㉣ - ㉡ - ㉤
⑤ ㉢ - ㉡ - ㉠ - ㉤ - ㉣

11 심리검사에 관한 설명으로 옳은 것을 모두 고른 것은?

> ㉠ 검사자는 검사실시의 표준절차를 따라야 한다.
> ㉡ 전집의 행동을 측정한다.
> ㉢ 검사자의 성격특성은 검사결과에 영향을 미친다.
> ㉣ 심리검사의 결과는 확정적이다.

① ㉠, ㉡   ② ㉠, ㉢   ③ ㉡, ㉢
④ ㉡, ㉣   ⑤ ㉢, ㉣

12 투사검사의 장점을 모두 고른 것은?

> ㉠ 반응의 독특성   ㉡ 방어의 어려움
> ㉢ 반응의 풍부함   ㉣ 사회적 바람직성의 반영
> ㉤ 무의식의 반영

① ㉠, ㉤   ② ㉡, ㉢, ㉣
③ ㉡, ㉣, ㉤   ④ ㉠, ㉡, ㉢, ㉣
⑤ ㉠, ㉡, ㉢, ㉤

정답 및 해설   07. ② 08. ② 09. ② 10. ④ 11. ② 12. ⑤

07 성별은 명목척도이며, 비율척도에는 절대영점이 존재한다.

08 실험가설(experimental hypothesis)은 사건이나 행동의 잠정적인 설명으로써, 각 가설이 과학적이기 위해서는 특정한 기본적인 기준들을 만족시켜야 한다. 어떤 것이 참이거나 재미있다고 믿는 것은 유용한 가설을 구성하는 데 충분하지 않다. 가설은 검증가능하고 반증가능하며, 경제적이고 생산적인 종합적 진술이어야만 한다.

09 심리평가의 단계는 의뢰 문제의 분석 → 평가방법 및 절차 선택 → 면담 → 결과 보고이다.

10 심리검사 제작 절차는 검사 제작 목적 및 방향 설정 → 측정 내용의 조작적 정의 → 검사 방법 결정 → 문항 개발 및 검토 → 예비검사 실시 → 문항분석과 수정작업 → 본 검사 실시 → 신뢰도와 타당도 검토 → 규준과 검사 요강 작성이다.

11 심리검사는 어떠한 구성개념이 반영될 수 있는 모든 행동들인 전집 중에서 실제로 측정하는 일부 행동들의 객관적이고 표준화된 측정이다. 또한 심리검사의 결과는 잠정적이다.

12 투사검사는 애매한 자극을 제시함으로써 수검자의 방어가 어렵고 무의식이 반영됨으로써 사회적 바람직성이 덜 반영된다.

13 심리검사 및 평가의 윤리에 관한 설명으로 옳지 않은 것은?

① 수검자가 자해 위험이 있는 경우 비밀보장의 원칙을 지키지 않아도 된다.

② 평가결과의 해석은 내담자가 그 내용을 이해할 수 있어야 한다.

③ 평가서를 보여 주면 안 되는 경우, 사전에 수검자에게 이 사실을 인지시켜야 한다.

④ 가장 적은 시간과 노력을 들여 가장 타당하게 평가할 수 있는 검사를 선택한다.

⑤ 평가 의뢰인과 수검자가 동일하지 않을 경우에, 평가서와 검사보고서는 의뢰인의 동의 없이 수검자에게 열람될 수 있다.

14 웩슬러 지능검사에 관한 설명으로 옳지 않은 것은?

① 편차지능지수 개념을 도입했다.

② 개인의 인지적 강점과 약점에 관한 정보를 제공한다.

③ 학업성취와 신경심리학적 손상까지 예측할 수 있다.

④ 지능지수는 타고난 능력과 모든 문제해결능력을 대표한다.

⑤ 개인의 성격을 측정하는 도구로도 사용할 수 있다.

15 K-WISC-IV의 처리속도 지표(PSI)에 해당하는 소검사는?

① 어휘   ② 행렬추론   ③ 기호쓰기

④ 숫자   ⑤ 토막짜기

16 K-WISC-IV 검사를 실시할 때 주의할 점으로 옳지 않은 것은?

① 토막짜기 : 수검자의 정중앙에 토막을 놓는다.

② 모양 맞추기 : 지침서에 제시된 순서대로 조각을 제시한다.

③ 바꿔쓰기 : 지우개가 달린 심이 뾰족한 연필 한 자루를 준비한다.

④ 차례 맞추기 : 카드 순서가 뒤섞이지 않도록 유의한다.

⑤ 어휘/이해 소검사 : 수검자의 반응을 놓치지 않고 그대로 기록한다.

17 맥락적, 경험적, 성분적 요인을 기반으로 지능의 삼원지능모형을 주장한 학자는?

① 스피어만(C. Spearman)   ② 써스톤(L. Thurstone)

③ 길포드(J. Guilford)   ④ 스턴버그(R. Sternberg)

⑤ 카텔(R. Cattell)

18 MMPI-A의 내용척도에 관한 설명으로 옳은 것은?

① A-aln : 높은 점수는 다른 사람들과 큰 정서적 거리를 느낌
② A-cyn : 높은 점수는 자신이 매력 없고 자신감이 부족하다고 생각함
③ A-las : 낮은 점수는 수줍어하고 혼자 있는 것을 좋아함
④ A-con : 높은 점수는 낮은 성적과 무단결석 등을 나타냄
⑤ A-ang : 높은 점수는 부모나 다른 가족과 많은 갈등이 있음

19 MMPI-2의 타당도 척도에 관한 설명으로 옳지 않은 것은?

① ?무응답 척도가 높아지는 요인으로 읽기장애, 정신운동의 지체가 있다.
② L척도가 높으면 자신을 완벽하고 이상적으로 꾸며대는 경향이 있다.
③ F척도는 이상반응 경향을 탐지하기 위한 척도이다.
④ K척도는 자신을 긍정적으로 기술하는 것을 측정하기 위한 척도이다.
⑤ TRIN은 비일관적으로 응답하는 경향을 탐지하기 위한 무선반응 비일관성 척도이다.

20 NEO-PI-R의 성격 5요인이 아닌 것은?

① 신경증(N) 　　　　　② 친화성(A)
③ 개방성(O) 　　　　　④ 내향성(I)
⑤ 성실성(C)

정답 및 해설　　　　13. ⑤　14. ④　15. ③　16. ③　17. ④　18. ①　19. ⑤　20. ④

13 평가서의 의뢰인과 수검자가 동일하지 않을 경우에, 평가서와 검사보고서는 의뢰인이 동의할 때 수검자에게 열람될 수 있다.
14 웩슬러는 지능을 성격의 일부 요소로서 인지적 요인 및 비인지적인 요인인 불안, 지구력, 목표 자각 등의 영향을 받는 것으로 이해하였다.
15 처리속도 지표에 해당하는 핵심 소검사는 기호쓰기, 동형찾기가 있고 보충 소검사는 선택이 있다.
16 아동 지능검사이므로, 뾰족한 연필은 삼간다.
17 스턴버그는 삼위일체 지능 이론인 삼원지능모형을 주장하였으며, 지능의 개인차를 단순한 지능 검사의 점수 차이로 보지 않고, 상호작용하는 많은 심리적 과정이 문제를 해결하는 데 걸리는 시간이라고 규정하였다.
18 A-aln은 소외 척도로서, 정상집단과 임상집단 모두에서 타인과의 정서적 거리감에 대한 좋은 측정치가 된다.
19 TRIN은 고정반응 비일관성 척도이다.
20 NEO-PI-R의 성격 5요인에는 개방성, 성실성, 외향성, 친화(동조)성, 신경성이 포함된다.

21 성격평가질문지(PAI)의 하위척도와 그 형태적 해석으로 옳은 것은?

① ALC : 정서적 불안정성, 분노, 정체감 혼동, 충동성 시사

② ANT : 자기중심적 또는 감각적 경험 추구, 반사회적 행동경향 지속

③ SAS : 마술적 사고, 망상적 신념과 지각, 환각 경험

④ DEP : 공포적 회피행동, 외상사건과 관련된 불쾌한 생각 포함

⑤ DRG : 확장된 자존감, 뚜렷한 과대성, 다양한 일에 대한 지나친 개입

22 다음 성격 특징을 모두 포함하는 홀랜드(J. Holland)의 직업적 성격유형은?

- 상상력이 풍부하며 감수성이 강하다.
- 자유분방하며 개방적이다.
- 감정이 풍부하고 독창적이며 개성이 강한 반면 협동적이지는 않다.

① 사회적(Social) 유형

② 예술적(Artistic) 유형

③ 관습적(Conventional) 유형

④ 탐구적(Investigative) 유형

⑤ 현실적(Realistic) 유형

23 다음 내용을 포함하는 MMPI-2의 Harris-Lingoes 소척도는?

- 사회적 불안의 부인
- 애정욕구
- 권태-무기력
- 신체증상 호소
- 공격성의 억제

① Hy   ② D   ③ PD

④ SC   ⑤ Ma

24 로샤 검사의 지각적 사고 지표(PTI)에 해당하지 않는 것은?

① XA%<.70이고 WDA%<.75   ② X-%>.29

③ LVL2>이고 FAB2>0   ④ M->1 혹은 X-%>.40

⑤ 3r+(2)/R<.31 혹은>.44

25 허트(M. Hutt)의 BGT 평가항목 중 '형태의 일탈'에 해당하는 것은?

① 지각적 회전(perception rotation)

② 중첩 곤란(overlapping difficulty)

③ 교차 곤란(crossing difficulty)

④ 단편화(fragmentation)

⑤ 보속성(perseveration)

필수과목 **4과목 상담이론**

01 상담의 정의에 관한 설명으로 옳지 않은 것은?

① 상담자, 내담자, 상담관계가 주요 요소이다.

② 상담자는 상담에 대한 전문적 훈련을 받은 사람이다.

③ 내담자는 자발적인 신청자로 제한한다.

④ 상담은 내담자의 문제를 해결하도록 노력하는 것이다.

⑤ 상담은 조력의 과정이다.

정답 및 해설 　　21. ②　22. ②　23. ①　24. ⑤　25. ③　01. ③

21 ANT는 반사회적 특징으로서 범죄행위, 권위적 인물과의 갈등, 자기중심성, 공감과 성실성의 부족, 불안정, 자극추구 등에 초점을 둔 문항이다.

22 예술적 유형은 표현이 풍부하고 독창적, 비순응적이며 규범적인 기술이 부족하다. 대표적인 직업은 음악가와 미술가이다

23 Hy는 히스테리 척도로서, 신체 건강의 부인과 수면 문제, 메스꺼움, 구토, 두통, 흉통과 같은 여러 신체 증상의 호소, 심리적 문제의 전반적인 무관심과 같은 내용의 문항으로 구성된다.

24 3r+(2)/R는 자아이미지의 특징을 나타낸다.

25 벤더 게슈탈트 검사(BGT)의 해석 시 형태의 일탈에 해당되는 것은 폐쇄 곤란, 교차 곤란, 곡선 묘사 곤란, 각의 변화이다.

01 내담자는 자발적, 비자발적 내담자가 있다.

02 **인간중심 상담에 관한 설명으로 옳지 않은 것은?**

① 구체적인 상담기법보다 상담자의 태도를 더 중요시한다.
② 인간은 자기실현경향성을 가지고 있는 존재이다.
③ 철학적 배경은 실증주의이다.
④ 로저스(C. Rogers)에 의해 창시된 상담이론이다.
⑤ 비지시적 상담 또는 내담자중심 상담으로 불리어졌다.

03 **상담자의 역할 중 내담자를 돕는 직접적인 역할을 모두 고른 것은?**

| ㉠ 상담면접 | ㉡ 교육 | ㉢ 훈련 |
| ㉣ 의뢰 및 위탁 | ㉤ 조직개발 | |

① ㉠, ㉡ ② ㉡, ㉢ ③ ㉢, ㉣
④ ㉠, ㉡, ㉢ ⑤ ㉡, ㉣, ㉤

04 **〈보기〉의 주요개념을 다루고 있는 상담이론으로 옳은 것은?**

┤ 보기 ├
- 죽음의 불가피성과 삶의 유한성
- 개인이 갖고 있는 자유와 책임에 대한 인식
- 타인과 세계로부터의 근본적인 고립
- 삶의 의미를 상실한 상태

① 개인심리학 ② 실존주의 상담 ③ 인간중심 상담
④ 게슈탈트 상담 ⑤ 현실치료

05 **상담자의 자질에 해당하는 것을 모두 고른 것은?**

| ㉠ 상담이론의 적용 능력 | ㉡ 자기성찰적 태도 |
| ㉢ 자신과 타인의 감정인식 및 수용능력 | ㉣ 상담자 윤리에 대한 이해 |

① ㉠ ② ㉡, ㉢ ③ ㉠, ㉡, ㉢
④ ㉡, ㉢, ㉣ ⑤ ㉠, ㉡, ㉢, ㉣

06 상담의 종결과정에서 다루어야 할 사항으로 옳지 않은 것은?

① 내담자와 비공식적인 수준에서 지속적인 상담관계를 계획한다.
② 내담자가 상담과정에서 무엇을 얻었는지 확인한다.
③ 내담자와 상담종결에 대한 불안을 다룬다.
④ 내담자가 사용했던 효과적인 대처행동을 검토한다.
⑤ 내담자가 앞으로 사용할 수 있는 가용자원과 행동목록을 점검한다.

07 상담구조화에 관한 설명으로 옳은 것을 모두 고른 것은?

> ㉠ 상담절차나 조건, 비밀보장 등에 대해 설명한다.
> ㉡ 라포가 형성된 이후 상담구조화를 천천히 진행한다.
> ㉢ 상담자의 역할과 내담자의 역할을 안내한다.
> ㉣ 내담자가 상담에 대한 비현실적 기대를 갖고 있을 경우 중요성이 더욱 높아진다.

① ㉠, ㉡   ② ㉢, ㉣   ③ ㉠, ㉡, ㉢
④ ㉠, ㉢, ㉣   ⑤ ㉠, ㉡, ㉢, ㉣

08 〈보기〉의 상담자가 사용한 상담기법으로 옳은 것은?

> **보기**
>
> 내담자 : (굳은 표정을 지으며) 괜찮아요.
> 상담자 : 당신은 말로는 괜찮다고 하면서도 얼굴표정은 그렇게 보이지 않네요.

① 도전과 직면   ② 질문과 탐색   ③ 이해와 공감
④ 주의집중과 경청   ⑤ 패턴의 자각 및 수정

정답 및 해설   02. ③   03. ④   04. ②   05. ⑤   06. ①   07. ④   08. ①

02 인간중심 상담은 실존주의에 기초를 둔다.
03 의뢰 및 위탁과 조직개발은 간접적인 역할이다.
04 실존주의 상담의 기본 개념은 죽음, 자유와 책임, 고립, 무의미, 실존적 욕구 좌절 등이다.
05 상담자는 전문적인 자질, 인간적인 자질을 두루 갖추어야 한다.
06 상담자는 상담 장면 이외의 곳에서 비공식적으로 내담자와 만나는 것을 삼가야 한다.
07 상담구조화는 내담자가 상담에 대하여 올바르게 인식할 수 있도록 오리엔테이션을 해주는 것이기 때문에 초기단계에 진행한다.
08 도전과 직면은 내담자가 모르고 있거나 인정하기를 거부하는 생각과 느낌에 대하여 주목하도록 지적한다.

09 〈보기〉에서 설명하고 있는 상담이론으로 옳은 것은?

> **┤ 보기 ├**
>
> 내담자가 변화하고자 하는 구체적인 행동에 초점을 두고, 상담을 진행할 때 인간 내부의 심리적 구조보다는 환경과의 상호작용을 중시한다.

① 현실치료 　② 행동주의 상담 　③ 교류분석 상담
④ 정신분석 상담 　⑤ 게슈탈트 상담

10 첫 회 상담에서 상담자가 수행해야 할 사항으로 옳지 않은 것은?
① 상담신청서 정보 확인 　　② 접수면접 정보 확인
③ 라포 형성 　　④ 상담구조화
⑤ 사례개념화

11 상담기술과 상담자 반응의 연결이 옳지 않은 것은?
① 감정반영 – 엄마한테 야단맞아서 많이 속상했겠다.
② 해석 – 친구에 관해 이야기를 나누기 전에 엄마한테 야단맞은 일에 대해서 좀 더 대화를 해보자.
③ 즉시성 – 네가 엄마 이야기를 하면서 나의 눈치를 자꾸 보는 것 같아 안쓰럽게 느껴진다.
④ 구체화 – 엄마한테 무슨 일 때문에 야단맞았니?
⑤ 자기개방 – 나도 고등학교 다닐 때 엄마한테 야단을 많이 맞았어.

12 정신분석 상담기법으로 옳은 것을 모두 고른 것은?

㉠ 자유연상	㉡ 꿈분석	㉢ 실험기법
㉣ 해석	㉤ 역설적 의도	㉥ 탈숙고

① ㉠, ㉡ 　② ㉢, ㉣ 　③ ㉠, ㉡, ㉣
④ ㉢, ㉤, ㉥ 　⑤ ㉠, ㉡, ㉣, ㉥

13 사례에 해당하는 A의 인지적 오류로 옳은 것은?

> A는 친구들이 자신을 꼬맹이라고 부르는 이유가 성적이 낮은 자신을 무시해서라고 생각한다.

① 이분법적 사고   ② 파국화   ③ 의미축소
④ 잘못된 명명   ⑤ 임의적 추론

14 합리정서행동치료(REBT)에 관한 설명으로 옳은 것을 모두 고른 것은?

> ㉠ 인간은 합리적인 존재로 태어났지만 가치조건화에 의해 비합리적인 존재가 된다.
> ㉡ 비합리적 사고의 요소로는 당위적 사고, 과장적 사고, 인간 가치의 총체적 비하 등이 있다.
> ㉢ ABCDE 모델에서 "시험을 망쳐서 너무 슬퍼!"라는 내담자의 감정은 B에 해당된다.
> ㉣ 상담기법으로 수치심 극복하기, 신체 자각하기 등이 있다.

① ㉠   ② ㉡   ③ ㉠, ㉡
④ ㉢, ㉣   ⑤ ㉠, ㉡, ㉢, ㉣

정답 및 해설   09. ②   10. ⑤   11. ②   12. ③   13. ⑤   14. ②

09 행동주의 상담목표는 구체적이고, 관찰 가능하며, 측정될 수 있는 행동 술어로 진술되어야 한다.
10 사례개념화는 첫 회 상담 이후 초기상담 단계에서 진행한다.
11 '친구에 관해 이야기를 나누기 전에 엄마한테 야단맞은 일에 대해서 좀 더 대화를 해보자.'라는 구체화 기술을 사용하고 있다.
12 역설적 의도와 탈숙고는 의미치료의 상담기법이다.
13 임의적 추론은 어떠한 결론을 내릴 때 충분한 증거가 없음에도 최종적인 결론을 성급히 내리는 오류이다.
14 REBT에서는 인간은 합리적인 동시에 비합리적인 존재라고 보았다. "시험을 망쳐서 너무 슬퍼!"는 C(결과)에 해당된다. 수치심 극복하기와 신체 자각하기는 게슈탈트 상담기법에 해당된다.

15 〈보기〉에 해당하는 방어기제로 옳은 것은?

> **보기**
>
> • 용납되기 어려운 충동이나 행동을 그럴듯한 이유로 설명함으로써 비판으로부터 자신을 보호하여 자존심을 유지하고자 한다.
> • 원하는 대학에 불합격하자 "그 대학은 명문대학도 아니야. 나도 그 대학을 꼭 다니고 싶지는 않았어."라고 말하는 경우에 해당된다.

① 부인   ② 합리화   ③ 치환
④ 투사   ⑤ 억압

16 다음의 인간관에 기초한 상담이론으로 옳은 것은?

> • 사회적 존재   • 목표 지향적 존재   • 주관적 존재

① 개인심리학   ② 정신분석 상담   ③ 실존주의 상담
④ 인간중심 상담   ⑤ 행동주의 상담

17 게슈탈트 상담에 관한 설명으로 옳지 않은 것은?

① 내파층은 개체가 게슈탈트를 해소하고 완결 짓는 단계이다.
② 알아차림과 접촉 주기는 배경, 감각, 알아차림, 에너지 동원, 행동, 접촉의 순으로 이루어진다.
③ 완결되지 못했거나 해소되지 않은 게슈탈트를 미해결 과제라고 한다.
④ 게슈탈트 상담의 목적은 알아차림과 접촉을 증진시키는 것이다.
⑤ 언어수정 기법을 통해 "나는 ~할 수 없다"를 "나는 ~하지 않겠다"로 바꾼다.

18 엘리스(A. Ellis)가 제시한 합리적 사고와 비합리적 사고의 변별 기준으로 옳은 것을 모두 고른 것은?

> ㉠ 논리성   ㉡ 현실성   ㉢ 실용성
> ㉣ 객관성   ㉤ 융통성

① ㉠, ㉡, ㉢   ② ㉠, ㉣, ㉤   ③ ㉡, ㉢, ㉣
④ ㉠, ㉡, ㉢, ㉤   ⑤ ㉠, ㉢, ㉣, ㉤

19 게슈탈트 상담에서 접촉경계 장애와 그 예시가 옳은 것은?

① 내사 – 부모님이 이혼하신 지 한 달이 지났지만 힘들지는 않아요. 통계자료를 봐도 이혼 가정 청소년들이 모두 힘든 것은 아니잖아요.

② 투사 – 엄마는 제가 어려서부터 변호사가 되길 원하셨어요. 저는 변호사 이외에 다른 직업을 생각해 본 적이 없어요.

③ 반전 – 아빠가 술을 드시고 제게 화를 내시면 저는 자해를 하곤 했어요.

④ 융합 – 제가 원하는 것을 엄마가 해 주지 않을 때 정말 화가 나요. 엄마는 자기중심적이세요.

⑤ 편향 – 제가 원하는 대로 진로를 결정한다면 엄마가 실망하실 거예요. 저는 엄마를 실망시켜 드리고 싶지 않아요.

20 상담자가 사용하고 있는 개인심리학의 상담 기법으로 옳은 것은?

> 내담자 : 저도 언니처럼 엄마에게 제 속마음을 이야기하고 싶어요.
> 상담자 : 엄마와 대화를 잘하는 언니를 흉내 낸다고 생각하고 엄마와 대화를 나눠보면 어떻겠니?

① 격려하기   ② 자기 포착하기

③ 스프에 침 뱉기   ④ 단추 누르기 기법

⑤ 마치 ~인 것처럼 행동하기

정답 및 해설   15. ② 16. ① 17. ① 18. ④ 19. ③ 20. ⑤

15 합리화는 현실에 더 이상 실망을 느끼지 않으려고 그럴듯한 구실을 붙이는 방어기제이다.

16 개인심리학은 인간을 전체적 존재, 사회적 존재, 목표지향적 존재, 창조적 존재로 본다.

17 내파층은 이제까지 자신이 억압하고 차단해왔던 욕구나 감정을 알아차리는 것이며, 개체가 게슈탈트를 해소하고 완결 짓는 단계는 폭발층이다.

18 합리적 사고와 비합리적 사고의 변별 기준으로는 논리성, 현실성, 실용성, 융통성 등이 있다.

19 반전(retrofoection)은 개체가 다른 사람이나 환경에 대하여 하고 싶은 행동을 자기 자신에게 하는 것, 혹은 타인이 자기에게 해주기를 바라는 행동을 스스로 자기 자신에게 하는 것을 뜻한다. 즉, 타인이나 환경과 상호작용하는 대신 자신을 행동의 대상으로 삼는 것이다. 예컨대 타인에게 화를 내는 대신 자신에게 화를 내거나, 타인으로부터 위로받는 대신 자위하는 것이다.

20 마치 ~인 것처럼 행동하기는 내담자가 바라는 행동을 실제장면이 아닌 가상장면에서 '마치 ~인 것처럼' 해 보게 하는 것 또는 바람직한 자신의 모습을 상상함으로써 실제로 그렇게 되도록 하는 것이다.

21 사례에서 상담자가 사용한 해결중심 상담의 질문기법으로 옳은 것은?

내담자 : 너무 힘들어서 죽고 싶었어요.
상담자 : 그렇게 힘든 상황 속에서 어떻게 견딜 수 있었나요?

① 예외 질문　　　　　　　　　　② 기적 질문
③ 대처 질문　　　　　　　　　　④ 척도 질문
⑤ 관계성 질문

22 현실치료에 관한 설명으로 옳은 것은?

① 기본 욕구에는 사랑과 소속, 힘과 성취, 자유, 즐거움, 자아실현의 욕구가 있다.
② 개인이 경험하는 현실세계는 감각체계와 직관체계를 거친다.
③ 전행동에는 활동하기, 생각하기, 관계하기의 세 가지 요소가 있다.
④ 3R에는 책임, 현실, 옳고 그름이 있다.
⑤ WDEP에서 W는 바람, D는 행동, E는 평가, P는 내담자를 의미한다.

23 교류분석 상담에 해당하는 개념으로 옳은 것을 모두 고른 것은?

ㄱ 구조분석　　　　　ㄴ 게임　　　　　　ㄷ 상보교류
ㄹ 시간구조화　　　　ㅁ 공동체감　　　　ㅂ 조성

① ㄱ, ㄴ, ㄷ　　　　　　　　　　② ㄷ, ㄹ, ㅂ
③ ㄹ, ㅁ, ㅂ　　　　　　　　　　④ ㄱ, ㄴ, ㄷ, ㄹ
⑤ ㄴ, ㄹ, ㅁ, ㅂ

24 여성주의 상담에 관한 설명으로 옳지 않은 것은?

① 차별적이고 가해적인 사회제도를 변화시키는 것은 여성주의 상담목표를 벗어난다.
② 밀러(J. Miller)의 관계 모형에서 여성은 타인과 연결되어 있다고 느낄 때 존재 가치를 인정받는 것으로 지각한다.
③ 내담자의 문제는 개인적 특성에 의해서라기보다 사회・정치적 환경에 의해 더 잘 유발된다.
④ 여성주의 상담은 성에 대한 도식, 관계의 중요성, 다중 정체성 등을 다룬다.
⑤ 성(性) 차이는 선천적이라기보다 사회화에 의한 것이다.

25 〈보기〉에 적용된 상담기법을 활용할 때 유의사항으로 옳지 않은 것은?

┤ 보기 ├

수업시간에 떠드는 학생을 잠깐 동안 복도에 나가 있게 한다.

① 수업이 이루어지고 있는 교실에 학생이 좋아하는 요인이 있어야 한다.
② 격리되어 있는 장소에 강화자극이 없어야 한다.
③ 복도에 나가 있는 시간은 5분 정도로 한다.
④ 벌을 사용할 때의 일반적인 주의사항을 고려하여 적용한다.
⑤ 수업에 참여하는 것 자체를 싫어하는 학생에게 적용하는 것이 적절하다.

필수과목 | **5과목 학습이론** 2교시 : 필수 1과목, 선택 2과목(택1) 50문항 **시간 : 50분**

01 학습에 관한 뇌과학적 설명으로 옳지 않은 것은?
① 도파민은 정적강화와 관련된 신경전달 물질이다.
② 아세틸콜린과 세로토닌은 기억과 관련된 신경전달 물질이다.
③ 뇌의 우반구가 손상되면 신체의 왼쪽 부분이 영향을 받는다.
④ 뇌의 쾌락중추에 직접적으로 전기자극을 가하는 강화 절차를 실시하면, 자극이 종료되어도 소거가 급격히 일어나지 않는다.
⑤ 거울 뉴런은 인간이 아닌 다른 동물들에게도 발견된다.

정답 및 해설 21. ③ 22. ④ 23. ④ 24. ① 25. ⑤ 01. ④

21 대처질문은 자신의 미래를 매우 절망적으로 보아 아무런 희망이 없다고 생각하는 내담자에게 주로 사용한다.
22 현실치료에서는 기본 욕구로서 사랑과 소속, 힘과 성취, 자유, 즐거움, 생존의 욕구를 강조한다. 개인이 경험하는 현실세계는 감각체계를 통해 접촉한다. 전행동은 활동하기, 생각하기, 느끼기와 신체반응으로 이루어진다. WDEP에서 P는 계획과 실천이다.
23 공동체감은 개인심리학, 조성은 행동주의 상담에 해당하는 개념이다.
24 여성주의 상담은 평등성의 강화에 목표를 둔다.
25 떠드는 학생을 복도에 나가 있도록 함으로써 떠드는 행동을 감소시키도록 하기 위해서는, 학생이 수업에 참여하는 것을 좋아해야 효과적이다.
01 뇌의 쾌락중추에 직접적으로 전기자극을 가한 후 자극이 종료되면 소거가 급격하게 일어난다.

02 뇌의 가소성(plasticity)에 관한 설명으로 옳지 않은 것은?

① 신경가소성은 경험의 결과로서 뇌가 연결을 재조직하거나 수정하는 능력을 말한다.

② 학습 경험은 뉴런 간의 새로운 시냅스를 발달시킬 수 있다.

③ 신경가소성은 환경 자극이 부족할 때 더 활발하게 일어난다.

④ 신경생성(neurogenesis)은 성인기에도 진행된다.

⑤ 신경생성은 뇌의 특정 부위 손상 시, 그 영역의 기능 회복에 도움이 된다.

03 각성에 관한 설명으로 옳은 것을 모두 고른 것은?

> ㉠ 유기체가 현재 경험하는 내적 에너지 수준을 말한다.
> ㉡ 각성수준이 지나치게 높으면 공황상태를 경험할 수 있다.
> ㉢ 각성수준과 수행수준 간의 관계는 U형 함수관계로 나타낼 수 있다.
> ㉣ 망상활성계(reticular activation system)와 관련이 있다.

① ㉠, ㉢ 　　② ㉡, ㉣ 　　③ ㉢, ㉣
④ ㉠, ㉡, ㉢ 　　⑤ ㉠, ㉡, ㉣

04 고전적 조건형성에 관한 설명으로 옳은 것을 모두 고른 것은?

> ㉠ 조건 자극과 새로운 중성 자극이 유사할수록 변별(discrimination)의 가능성이 커진다.
> ㉡ 무조건 자극과 중성 자극 간의 연결에 관심이 있다.
> ㉢ 약물내성과 중독은 고전적 조건형성으로 설명될 수 있다.
> ㉣ 레스콜라-와그너(Rescola-Wagner) 모형은 잠재적 억제를 설명할 수 있다.

① ㉠, ㉡ 　　② ㉠, ㉣ 　　③ ㉡, ㉢
④ ㉠, ㉢, ㉣ 　　⑤ ㉡, ㉢, ㉣

05 내재적(intrinsic) 동기에 관한 설명으로 옳지 않은 것은?

① 몰입(flow)은 내재적 동기에 해당된다.

② 내재적 동기가 높아질수록 외재적 동기는 낮아진다.

③ 내재적 동기는 시간이 경과함에 따라 달라질 수 있다.

④ 과제를 선택할 수 있는 자율성이 주어지면 내재적 동기가 높아지는 경향이 있다.

⑤ 내재적으로 동기화된 과제에 외적 보상이 더해지면 내재적 동기가 감소될 수 있다.

06 고전적 조건형성의 자발적 회복에 관한 설명으로 옳은 것은?

① 소거 후 추가적 훈련이 필요한 절차이다.

② 과거에 강화를 받았던 행동이 재출현하는 현상이다.

③ 조건 자극 없이 무조건 자극만 추가로 제시하는 절차이다.

④ 소거 후 일정 시간이 지난 다음 진행되는 절차이다.

⑤ 학습이 소거 절차에서 완전히 사라졌다는 것을 보여주는 증거이다.

07 고전적 조건형성의 적용 사례로 옳지 않은 것은?

① 쥐가 설탕물을 마실 때 소음에 노출되면 설탕물에 대한 맛혐오가 학습된다.

② 인기있는 모델이 A제품을 광고하면 A제품에 대한 긍정적 이미지가 학습된다.

③ 무의미철자를 보는 중 무서운 장면이 나타나면 무의미철자에 대한 공포가 학습된다.

④ 아침에 머리를 감은 날 시험을 망치면 시험 보는 날은 머리를 감지 않는 행동이 학습된다.

⑤ 범죄 뉴스에서 특정 국가의 사람을 보면 그 국가 국민에 대한 편견이 학습된다.

08 다음 사례에 해당하는 강화계획으로 옳은 것은?

> A씨는 그동안의 경험을 통해 15분 간 빵을 구우면 가장 맛있다는 것을 알게 되었다. 그래서 요즘은 반죽을 오븐에 넣고 15분이 가까워지면 오븐 안을 더 자주 들여다 본다.

① 변동비율강화 　　　② 고정비율강화 　　　③ 변동간격강화

④ 고정간격강화 　　　⑤ 연속강화

정답 및 해설　　　02. ③　03. ⑤　04. ③　05. ②　06. ④　07. ④　08. ④

02 신경가소성은 뉴런 사이의 연결 강도의 변화를 말한다. 신경 사이의 연결이 강해질 수도, 약해질 수도 있는데 어떤 뉴런의 연결을 얼마나 어떻게 변화시킬지에 따라 뇌가 무엇을 학습하는지가 결정된다. 이는 보통 신경전달물질 수용체의 개수조절로 이루어지며, 환경에 적응해 변화하는 능력이다.

03 적절한 각성의 수준에서는 수행이 제일 좋고 너무 높거나 낮을 때에는 수행이 저하된다. 이를 '역전된 U형 함수' 혹은 'Yerkes-Dodson 법칙'이라고 한다.

04 고전적 조건형성에서는 조건 자극과 새로운 중성 자극이 유사할수록 변별의 가능성은 작아진다고 보았다. 레스콜라-와그너(Rescola-Wagner) 모형은 고전적 조건형성 모델로, 조건부(CS)와 무조건부(US) 자극 간의 연관성 측면에서 학습이 개념화된다.

05 효과적인 학습을 위해 지속력이 강한 내재적 동기를 유발하는 것이 바람직하나, 적절한 외적 동기유발 방법의 적용 없이 순수한 내재적 동기유발은 어렵다. 따라서 외재적 동기유발을 통해 내적 동기를 자극할 필요가 있다.

06 고전적 조건형성에서 자발적 회복은 소거 후 일정한 시간이 지난 다음 진행된다.

07 ④는 조작적 조건형성의 자기통제 및 강화와 관련된 내용이다.

08 고정간격강화는 반응 수에 관계없이 일정기간이 경과한 후 처음 나타나는 반응을 강화하는 절차이다.

09 귀인의 속성에 관한 분류가 옳은 것은?

① 능력이나 적성 : 내적, 안정적, 통제 불가능
② 과제 난이도 : 외적, 불안정적, 통제 가능
③ 운이나 우연한 기회 : 외적, 안정적, 통제 불가능
④ 시험 당일 기분 상태 : 외적, 안정적, 통제 가능
⑤ 꾸준한 장기적인 노력 : 내적, 불안정적, 통제 불가능

10 뇌의 구조와 기능의 관계로 옳지 않은 것은?

① 편도체 : 정서 기억
② 기저핵 : 서술적 기억
③ 해마 : 새로운 기억 저장
④ 두정엽 : 공간적 특성에 대한 사고
⑤ 전두엽 : 학습전략, 주의 집중 등 의식적인 사고

11 다음 내용에 해당되는 이론 또는 원리는?

> C학생은 매일 영어공부를 1시간씩 하기로 하였다. 하지만, 이 목표가 잘 지켜지지 않아서 영어공부를 1시간 해야만 자신이 좋아하는 게임을 하는 것으로 바꾸었다. 그 후 영어공부를 더 자주 하게 되었다.

① 2과정 이론　　　　　② 추동감소 이론　　　　　③ 자극대체이론
④ 반응박탈 이론　　　　⑤ 프리맥의 원리

12 학습된 무력감(learned helplessness)에 관한 설명으로 옳은 것을 모두 고른 것은?

> ㉠ 행동과 그 결과 사이에 관련이 없다고 인식될 때 나타난다.
> ㉡ 학습된 무력감이 높은 사람은 실패를 노력 부족으로 생각한다.
> ㉢ 숙달지향성이 높은 사람에게 나타날 가능성이 높다.
> ㉣ 통제 불가능한 상황에서 혐오자극의 반복적 노출로 발생할 수 있다.

① ㉠, ㉢　　　　　② ㉠, ㉣　　　　　③ ㉡, ㉣
④ ㉠, ㉡, ㉢　　　　⑤ ㉡, ㉢, ㉣

13 망각에 관한 설명으로 옳은 것은?

① 망각은 소거와 동일한 의미를 지닌다.
② 순행간섭에 의한 망각은 선행 학습량이 많을수록 증가한다.
③ 기억의 왜곡이론은 억압을 망각의 주된 원인으로 본다.
④ 역행간섭은 망각을 지연시키는 기능을 수행한다.
⑤ 단서의존망각은 소멸에 의한 망각을 설명하는 개념이다.

14 기억 관련 개념에 관한 설명으로 옳은 것을 모두 고른 것은?

> ㉠ 상향처리(bottom-up processing)는 부호화 전략이다.
> ㉡ 반향기억(echoic memory)은 장기기억에서 나타나는 현상이다.
> ㉢ 기억훑기(memory scanning)는 작업기억에서의 기억 인출과정에 사용된다.
> ㉣ 활성화 확산(spreading activation)은 장기기억을 일깨우는 과정이다.

① ㉠, ㉡   ② ㉡, ㉢   ③ ㉢, ㉣
④ ㉠, ㉡, ㉣   ⑤ ㉠, ㉢, ㉣

정답 및 해설   09. ①   10. ②   11. ⑤   12. ②   13. ②   14. ③

09 능력 및 적성은 내적 귀인으로서 안정적이고 통제 불가능하다.

10 대뇌기저핵(Basal ganglia, 기저핵)은 척추동물 전뇌(Forebrain)의 기저에 위치해 있으며 다양한 곳으로부터 기원한 여러 피질하핵(Subcortical nuclei)으로 이루어져 있다. 기저핵은 대뇌피질(Cerebral cortex), 시상(Thalamus), 뇌간(Brainstem) 그리고 다른 여러 뇌 부위들과 강하게 상호 연결되어 있다. 기저핵은 수의운동의 조절, 절차상학습, 이 갈기와 같은 습관, 눈의 움직임, 인식, 감정을 포함한 많은 기능들과 관련이 있다.

11 프리맥의 원리는 학생들이 좋아하지 않는 일(빈도가 낮은 일)을 하는 보상으로 좋아하는 일(빈도가 높은 일)을 제시하여 바람직한 행동(좋아하지 않는 일)의 빈도를 증가시키는 원리를 말한다.

12 학습된 무력감은 거듭된 실패 경험으로 인해 자신의 반응이 혐오자극에 어떠한 영향도 미칠 수 없다는 것을 사전에 학습한 결과에서 기인한다. 즉, 자신의 노력이 성적에 어떠한 영향도 미칠 수 없다는 사실에 대한 기대는 학습자가 결과를 통제하려는 기대를 감소시키고, 노력이 성적 변화를 이끌 수 있다는 사실을 경험을 통해 학습할 기회마저 박탈하게 된다.

13 순행간섭은 이전에 학습한 자료가 시간상 순행적인 방향으로 현재의 자극 재생을 간섭하는 것으로써, 선행 학습량이 많을수록 이에 의한 망각은 증가한다.

14 상향처리는 대상에 대한 정보가 전혀 없는 상태에서 대상을 처리할 때 사용되는 과정을 말하는 것으로써, 이 과정은 특정 예나 사례로부터 일반적 법칙을 도출해 낼 때 사용된다. 반향기억은 언어의 지각에 기여하는 것으로써, 감각기억에서 나타난다.

15 각 이론의 주요 입장에 관한 설명으로 옳은 것을 모두 고른 것은?

> ⊙ 행동주의 : 내적 사고과정에 관심을 둔다.
> ⓒ 인지주의 : 태도, 가치 등에 관심을 둔다.
> ⓒ 행동주의 : 정서반응에 대한 조건형성이 가능하다.
> ⓔ 인지주의 : 학습환경은 고려사항이 아니다.

① ⊙, ⓒ   ② ⊙, ⓔ   ③ ⓒ, ⓒ

④ ⊙, ⓒ, ⓒ   ⑤ ⓒ, ⓒ, ⓔ

16 이론과 주장의 연결이 옳지 않은 것은?

① 연합주의 : 학습은 인지와 정서의 결합이다.
② 형태주의 : 전체는 부분의 합 이상이다.
③ 구성주의 : 지식은 능동적 구성의 산물이다.
④ 진화심리학 : 개인차 중 일부는 유전으로 전달된다.
⑤ 신경생리학 : 해마는 학습에서 중요한 역할을 수행한다.

17 각 학자의 이론적 관점에 관한 설명으로 옳은 것은?

① 분트(W. Wundt) : 기존의 실험 중심 연구에 반기를 들었다.
② 왓슨(J. Watson) : 내성법을 받아들인 이론가 중 한 명이다.
③ 피아제(J. Piaget) : 인지적 구성주의 입장을 취한다.
④ 스키너(B. Skinner) : '학습된 무력감'을 최초로 제안하였다.
⑤ 비고츠키(L. Vygotsky) : 사회문화이론에 동기 개념을 도입하였다.

18 다음 사례에서 볼 수 있는 학습전략은?

> C학생은 노트필기를 할 때 수업내용을 그대로 옮겨 적지 않고 가급적 앞서 배운 내용과 관련지어 정리하는 습관이 있다. 공부한 내용을 관련 내용과 유의미하게 통합·정리함으로써 기억이 더 잘되기 때문이다.

① 정교화(elaboration)   ② 조직화(organization)
③ 모니터링(monitoring)   ④ 자기언어화(self-verbalization)
⑤ 시각적 심상(virtual imagery)

19 다음 사례의 학습습관을 설명하는 이론은?

> C학생은 일요일 아침 카페에 가서 그 주에 공부한 내용을 정리하는 습관이 있다. 일요일 아침의 여유로운 시간과 카페라는 조용한 장소의 선택이 본인의 학습 효과를 높이는 데 도움이 된다는 것을 알기 때문이다.

① 자기조절학습이론(self-regulated learning theory)
② 처리수준이론(levels-of-processing theory)
③ 상황학습이론(situated learning theory)
④ 이중부호화이론(dual-coding theory)
⑤ 비계설정이론(scaffolding theory)

20 반두라(A. Bandura)의 이론적 개념이 아닌 것은?

① 신념　　　　　　　② 일반화　　　　　　　③ 자기효능감
④ 상호결정주의　　　⑤ 인지적 모델링

21 초기 심리학 입장 중 구조주의(structuralism)에 관한 설명으로 옳은 것은?

① 기능주의(functionalism) 입장의 이론적 기반이 되었다.
② 제임스(W. James)의 학술적 성과로부터 영향을 받았다.
③ 의식의 개별 요소에 대한 분석보다 연속적 흐름에 대한 이해를 강조하였다.
④ 행동주의가 심리학 연구의 주류로 자리를 잡는 데 중요한 역할을 하였다.
⑤ 연구대상자가 자신의 경험을 언어적으로 보고한 것을 관찰하는 방식으로 연구를 진행하였다.

정답 및 해설　　　　　　15. ③　16. ①　17. ③　18. ①　19. ①　20. ②　21. ⑤

15 행동주의는 외현적 행동에 관심을 둔다. 인지주의는 학습환경도 고려한다.

16 연합주의는 인간의 학습현상이나 기억현상이 자극-반응 결합의 원리를 통해서 한 사상이나 정보가 다른 사상이나 정보와 연합됨으로써 나타나는 현상이라고 본다.

17 피아제는 인지발달 이론을 통해 인지적 구성주의를 주장하였다.

18 정교화는 새로운 학습내용을 기존 지식에 연결하여 학습내용을 잘 이해하고 기억할 수 있도록 하는 전략이다.

19 자기조절학습이란 능동적이고 적극적인 학습활동에 있어 학습자가 자신의 학습과정을 점검하고 조절하여 보다 효과적인 학습이 이루어질 수 있도록 하는 방법이다.

20 일반화는 조건형성이 된 후 원래의 조건자극과 유사한 자극에 대해 조건반응을 나타내는 고전적 조건형성의 현상이다.

21 구조주의란, 사회, 문화, 경제 등에서 숨어있는 또는 무의식적인 언어의 구조를 강조하는, 2차 세계대전 이후 성장한 사상적 흐름이다.

22 반두라(A. Bandura)가 제안한 관찰학습 과정에 포함되지 않는 것은?

① 주의(attention)
② 파지(retention)
③ 행동산출(behavioral production)
④ 동기(motivation)
⑤ 자동화(automatization)

23 학습에 관한 설명으로 옳지 않은 것은?

① 성숙에 의한 변화는 학습이 아니다.
② 수행이 없어도 학습은 일어날 수 있다.
③ 행동 잠재력의 변화는 학습으로 볼 수 없다.
④ 태도의 변화는 학습의 영역에 포함된다.
⑤ 학습은 경험을 통하여 이루어진다.

24 다음 사례에 관한 설명으로 옳지 않은 것은?

> A학생은 '코로나바이러스감염증-19' 확산 방지를 위한 방역조치로 인하여 음식점에 들어갈 때마다 '온도 체크 → 방문자 명부 작성 → 한 자리 건너 앉기 → 식사 시작 시 마스크 벗기' 등을 반복하다보니 이 과정이 습관화되어 어느 곳을 가더라도 자연스럽게 이를 따른다.

① 절차적 지식을 습득하는 사례이다.
② 습관화 과정에서 시연의 역할이 중요하다.
③ 인출속도가 비교적 빠른 지식에 관한 것이다.
④ 저장 용량이 제한된 기억에 관한 것이다.
⑤ 부호화와 관련이 있다.

25 전이(transfer) 유형에 관한 설명으로 옳은 것을 모두 고른 것은?

> ㉠ 정적(positive) 전이 : 독립운동사 지식을 일제 강점기 저항시를 배우면서 적용한다.
> ㉡ 특수(specific) 전이 : 수학과목에서 배운 지식을 물리과목에 적용한다.
> ㉢ 근접(near) 전이 : 1차 방정식을 배운 후 2차 방정식을 배운다.
> ㉣ 수평적(horizontal) 전이 : 구구단을 외운 다음 분수를 배운다.

① ㉠, ㉡
② ㉡, ㉢
③ ㉢, ㉣
④ ㉠, ㉡, ㉣
⑤ ㉠, ㉢, ㉣

선택과목   6과목 청소년이해론

01 마르샤(J. Marcia)의 자아정체감 이론에서 위기에 처해 있으면서 대안을 탐색하지만 아직 의사결정을 내리지 못한 상태는?

① 정체감 유예
② 정체감 유실
③ 정체감 성취
④ 정체감 혼미
⑤ 정체감 분리

02 피아제(J. Piaget)의 형식적 조작기에 나타나는 특성을 모두 고른 것은?

| ㉠ 추상적 사고 | ㉡ 물활론적 사고 |
| ㉢ 가설 연역적 사고 | ㉣ 가능성에 대한 사고 |

① ㉠, ㉡
② ㉢, ㉣
③ ㉠, ㉡, ㉢
④ ㉠, ㉢, ㉣
⑤ ㉠, ㉡, ㉢, ㉣

정답 및 해설   22. ⑤ 23. ③ 24. ④ 25. ① 01. ① 02. ④

22 반두라의 사회학습(관찰학습) 과정에는 주의집중, 파지, 행동산출, 동기 등이 포함된다.

23 행동잠재력의 변화 역시 학습으로 볼 수 있다.

24 절차적 지식은 "~하는 방법을 알고 있다"와 관련된 지식으로, 잘 숙달된 기술 및 습성과 같은 개별적인 지식을 나타낸다. 이는 선언적 지식보다 더 암묵적이고 더 느리게 망각하는 특성을 가지고 있으며, 행동의 수가 제한되어 있을 때 더 유용하고, 급히 새로운 지식을 활용하고자 하는 경우에는 선언적 지식이 더 유용하다.

25 정적 전이는 한 가지의 과제 수행이 다른 과제 수행을 돕거나 촉진하는 경우이다. 특수 전이는 자극 유사성의 구체적인 측면에 의해서, 즉 선행학습과 후속학습 간의 구체적 요인(특수 요인)에 의해 전이가 일어나는 것이다.

01 정체감 유예는 현재 위기를 경험하면서 여러 가지 대안들 중에서 선택적으로 참여하며 탐색하는 시기이다.

02 형식적 조작기는 인지발달의 마지막 단계로서 가설적, 과학적, 연역적 추론이 모두 가능하다.
   ㉡ 물활론적 사고는 전조작기(2세 ~6세)의 특징이다.

03 엘킨드(E. Elkind)의 개인적 우화(personal fable)에 관한 설명으로 옳지 않은 것은?

① 자기중심성(egocentrism)의 대표적 현상 중 하나이다.
② 다른 사람들이 나를 관심의 초점으로 생각하는 현상이다.
③ 어떠한 사건을 자신에게 적용시킬 때는 일반적인 확률을 무시하거나 왜곡하는 현상이다.
④ 자신의 사고와 감정이 너무나 독특해서 남들이 이해할 수 없을 것이라고 생각하는 것이다.
⑤ 약물을 복용해도 자신의 독특성으로 인해 중독현상이 없을 것이라고 생각하는 것은 개인적 우화의 예이다.

04 다음 설명에 해당하는 학자는?

• 대리강화를 중요한 도덕성의 학습기제로 설명하였다.
• 도덕성도 모방과 강화에 의해 학습되는 행동으로 생각하였다.

① 프로이드(S. Freud)
② 로저스(C. Rogers)
③ 피아제(J. Piaget)
④ 반두라(A. Bandura)
⑤ 콜버그(L. Kohlberg)

05 MBTI(Myers-Briggs Type Indicator)의 선호지표(Indicator)가 아닌 것은?

① 내향형(introversion)
② 직관형(intuition)
③ 사고형(thinking)
④ 감각형(sensing)
⑤ 의식형(consciousness)

06 ( )에 적합한 학자가 순서대로 옳은 것은?

• ( )는 생애 초기 부모와의 관계에서 형성된 직업 욕구에 따라 직업을 선택한다고 보았다.
• ( )는 개인의 성격유형과 직업특성이 일치할 때 직업만족도가 가장 높다고 주장하면서 6가지의 성격유형을 제시하였다.

① 로우(A. Roe), 수퍼(D. Super)
② 로우(A. Roe), 홀랜드(J. Holland)
③ 수퍼(D. Super), 홀랜드(J. Holland)
④ 수퍼(D. Super), 긴즈버그(E. Ginzberg)
⑤ 홀랜드(J. Holland), 긴즈버그(E. Ginzberg)

07 또래집단의 역할 또는 기능에 해당하는 것을 모두 고른 것은?

> ㉠ 자아정체성 형성의 기회 제공
> ㉡ 준거집단으로서의 역할 제공
> ㉢ 심리적 지원과 안정감 제공
> ㉣ 문화학습 및 전승의 기능

① ㉠, ㉢

② ㉡, ㉣

③ ㉠, ㉡, ㉢

④ ㉡, ㉢, ㉣

⑤ ㉠, ㉡, ㉢, ㉣

08 설리반(H. Sullivan)의 대인관계 발달단계별 특성으로 옳지 않은 것은?

① 아동기 : 부모의 관심을 얻으려는 욕구가 강함
② 소년·소녀기 : 또래 놀이친구를 얻고자 하는 욕구가 커짐
③ 전청소년기 : 성적 접촉의 욕구가 강함
④ 청소년초기 : 이성관계를 형성하려는 욕구가 강함
⑤ 청소년후기 : 성인사회에 통합하려는 욕구가 커짐

정답 및 해설　　　　　　02.④　03.②　04.④　05.⑤　06.②　07.⑤　08.③

03 다른 사람들이 나를 관심의 초점으로 생각하는 현상은 상상적 청중이다.

04 반두라는 사회학습 이론을 통해 대리 강화에 의한 학습, 모방과 강화를 강조하였다.

05 MBTI의 4가지 선호경향은 외향과 내향, 감각과 직관, 사고와 감정, 판단과 인식이다.

06 로우의 욕구이론에서는 사람들이 특정 직업을 선택하는 것은 그 선택한 직업이 심리적인 욕구를 충족시켜주기 때문이라고 본다. 홀랜드의 직업선호도 검사는 6개의 직업적 성격유형을 측정한다.

07 또래집단은 청소년기 발달에 중요한 과업들을 성취하는 데 도움을 준다.

08 전청소년기는 동성친구와 1 : 1의 관계를 갖고자 하는 욕구가 생기는 시기이며, 1 : 1의 친밀한 관계를 통해 생각이나 느낌을 공유하게 된다.

09 청소년의 근로시간과 관련된 근로기준법의 내용이다. (   )에 들어갈 숫자가 순서대로 옳은 것은?

> (   )세 이상 (   )세 미만인 사람의 근로시간은 1일에 7시간, 1주에 35시간을 초과하지 못한다. 다만, 당사자 사이의 합의에 따라 1일에 1시간, 1주에 5시간을 한도로 연장할 수 있다.

① 9, 18   ② 10, 14   ③ 13, 18
④ 14, 19   ⑤ 15, 18

10 다음 설명에 해당하는 것은?

> • 대중문화를 이데올로기와 자본주의 사회의 상업성을 결합한 문화산업의 산물로 비판하였다.
> • 대표적인 학자는 아도르노(T. Adorno), 호르크하이머(M. Horkheimer), 마르쿠제(H. Marcuse), 벤야민(W. Benjamin) 등이다.

① 구조주의
② 후기 구조주의
③ 프랑크푸르트학파
④ 포스트모더니즘
⑤ 엘리트주의적 비판론

11 베블렌(T. Veblen)의 소비이론에 관한 설명으로 옳은 것은?
① 소비는 물건을 구매해서 상품의 경제적 효용가치를 사용하는 행위이다.
② 사회적 지위나 성공에 대한 상징수단으로 소비행위를 설명한다.
③ 소비행위의 핵심 구성체계로 아비투스(habitus)를 강조한다.
④ 소비는 개인과 집단의 과시가 아닌 상품에 부여된 기호를 소비하는 것이다.
⑤ 소비행위를 문화자본의 하나인 제도적 문화자본으로 규정하였다.

12 다음 설명에 해당하는 문화의 특성은?

> 한 사회의 문화는 구성원의 행동양식, 사고방식, 심미적 취향마저 결정할 수 있다. 즉, 문화는 구성원의 행동양식과 생활양식의 구체적인 방향까지 결정하는 힘을 가진다.

① 미래예측성   ② 선천성   ③ 가변성
④ 다양성   ⑤ 상대성

13 청소년활동 진흥법상 국가 및 지방자치단체의 청소년문화활동 지원 규정에 명시된 것이 아닌 것은?

① 전통문화의 계승
② 청소년축제의 발굴지원
③ 교포청소년교류활동의 지원
④ 청소년동아리활동의 활성화
⑤ 청소년의 자원봉사활동의 활성화

14 머튼(R. Merton)의 아노미 이론 중, 기존의 문화적 목표는 추구하지만 합법적인 수단이 없어 부당하게 목표를 추구하는 유형은?

① 반항형   ② 도피형   ③ 의례형
④ 혁신형   ⑤ 동조형

정답 및 해설   09. ⑤   10. ③   11. ②   12. ①   13. ③   14. ④

09 근로기준법에 따르면 15세 이상 18세 미만인 사람의 근로시간은 1일에 7시간, 1주에 35시간을 초과하지 못한다. 다만, 당사자 사이의 합의에 따라 1일에 1시간, 1주에 5시간을 한도로 연장할 수 있다.

10 프랑크푸르트학파는 1929년 독일 프랑크푸르트의 '프랑크푸르트 사회연구소' 설립으로 등장했으며, 주요 공적은 문화이론이다.

11 베블렌 효과는 일부 계층의 과시욕이나 허영심으로 제품 가격이 높음에도 불구하고 수요가 줄지 않거나 오히려 증가하는 현상을 의미한다.

12 문화의 미래예측성은 미래 사회에 대한 체계적인 예측과 전망을 제시한다.

13 청소년활동 진흥법상 국가 및 지방자치단체의 청소년문화활동 지원 규정에 명시된 것은 청소년문화활동의 진흥, 청소년문화활동의 기반 구축, 전통문화의 계승, 청소년축제의 발굴지원, 청소년동아리활동의 활성화, 청소년의 자원봉사활동의 활성화 등이다.

14 아노미 이론의 혁신형은 범죄형으로 개인은 문화적 목표를 수용하지만 정당한 수단들을 가용하지 못하여 결과적으로 성공을 목표로 새로운 수단인 비합법적인 방법을 사용하게 된다.

15 청소년복지 지원법상 청소년복지지원기관에 해당하는 것은?

① 청소년자립지원관
② 한국청소년상담복지개발원
③ 청소년쉼터
④ 청소년치료재활센터
⑤ 청소년회복지원시설

16 학교 밖 청소년 지원에 관한 법률상 학교 밖 청소년에 해당하는 자를 모두 고른 것은? (단, 주어진 조건만 고려할 것)

> ㉠ 초등학교 취학의무를 유예한 11세 청소년
> ㉡ 중학교에 입학한 후 2개월 동안 무단결석했던 15세 청소년
> ㉢ 중학교 졸업 후 고등학교에 진학하지 않은 17세 청소년
> ㉣ 고등학교를 졸업하고 대학에 진학하지 않은 21세 청소년

① ㉠, ㉡   ② ㉠, ㉢
③ ㉡, ㉣   ④ ㉠, ㉡, ㉢
⑤ ㉠, ㉡, ㉣

17 학교 밖 청소년 지원에 관한 법률상 학교 밖 청소년에 대한 국가 및 지방자치단체의 지원 내용에 해당하는 것을 모두 고른 것은?

> ㉠ 상담지원   ㉡ 자립지원
> ㉢ 교육지원   ㉣ 직업체험 및 취업지원

① ㉠, ㉡   ② ㉠, ㉢
③ ㉡, ㉢   ④ ㉠, ㉡, ㉢
⑤ ㉠, ㉡, ㉢, ㉣

18 청소년문제행동 및 대응 등에 관한 설명으로 옳지 않은 것은?

① 여성가족부장관은 법령에 따라 학교폭력의 예방 및 대책에 관한 기본계획을 5년마다 수립해야 한다.

② 시장·군수·구청장은 법령에 따라 청소년유해환경 개선활동을 수행하는 시민단체를 청소년유해환경감시단 운영기관으로 지정할 수 있다.

③ 청소년자살은 2007년 이후 청소년 사망원인 중 1위를 기록하고 있다.

④ 청소년자립지원관은 청소년쉼터 또는 청소년회복지원시설의 지원을 받았는데도 가정·학교·사회로 복귀하여 생활할 수 없는 청소년을 대상으로 한다.

⑤ 여성가족부장관은 법령에 따라 3년마다 학교 밖 청소년에 대한 실태조사를 실시하고 그 결과를 공표해야 한다.

19 청소년비행에 관한 학자와 이론내용이 바르게 연결된 것은?

① 코헨(A. Cohen) - 하층지역에는 본래부터 비행 가치와 문화가 존재하기 때문에 청소년들이 비행을 저지른다고 보았다.

② 써덜랜드(E. Sutherland) - 청소년이 자기 문제행동을 정당화함으로써 내적 통제가 약화되어 비행으로 이어진다고 보았다.

③ 클로워드(R. Cloward)와 올린(L. E. Ohlin) - 비행하위문화를 범죄하위문화, 동조하위문화, 도피(은둔)하위문화로 분류하였다.

④ 허쉬(T. Hirschi) - 사회와의 유대관계가 청소년의 비행가능성을 높이거나 비행동기를 통제할 수 있다고 보았다.

⑤ 밀러(W. Miller) - 하층 청소년들이 중산층 기준에 맞추는 과정에서 지위좌절을 경험하게 되고 이런 좌절이 비행하위문화를 형성한다고 보았다.

정답 및 해설　　　　　　　　　　　　15. ②　16. ②　17. ⑤　18. ①　19. ④

15 한국청소년상담복지개발원은 청소년복지지원기관의 청소년상담, 복지 관련 사항에 대한 지도 및 지원을 담당한다.

16 "학교 밖 청소년"이란 「초·중등교육법」 제2조에 따른 학교에서 학업을 중단하거나 고등학교 또는 이와 동일한 과정을 교육하는 학교에 진학하지 아니한 청소년 등으로 정의한다.

17 국가와 지방자치단체는 학교 밖 청소년의 개인적 특성과 수요를 고려한 상담지원, 교육지원, 취업 및 진로·직업체험 지원, 자립지원 등 학교 밖 청소년 지원 프로그램을 마련·제공하도록 한다.

18 교육부장관은 학교폭력의 예방 및 대책에 관한 정책 목표·방향을 설정하고, 이에 따른 학교폭력의 예방 및 대책에 관한 기본계획(이하 "기본계획"이라 한다)을 제7조에 따른 학교폭력대책위원회의 심의를 거쳐 수립·시행하여야 한다.

19 허쉬의 사회유대이론은 사람들은 보편적으로 일탈경향이 있는 잠재적 범죄자라는 것을 전제로, 일탈은 관습적인 신념과 규범에 관한 사회의 일반적인 합의에 기초한 사회통제기제의 결함 또는 부재 때문에 발생한다고 주장한다. 범죄자의 특성보다는 범죄발생의 특성에 관심을 갖게 되어 범죄발생이론이라고도 불리게 된다.

20 다음 설명에 해당하는 것은?

> • 한국정보화진흥원 소속으로 스마트폰과 인터넷 과의존으로 인한 각종 생활 장애를 해결하는데 목적을 두고 있다.
> • 스마트폰 과의존 실태조사 업무를 담당하고 있다.

① Wee센터
② 청소년쉼터
③ 스마트쉼센터
④ 국립청소년인터넷드림마을
⑤ 국립중앙청소년디딤센터

21 탈북학생 맞춤형 교육에 관한 설명으로 옳지 않은 것은?

① 여성가족부는 탈북학생의 학교 및 사회적응력을 높이기 위해 교육경로를 단계별로 체계화하여 교육지원을 하고 있다.
② 초등학생에 해당하는 탈북학생은 '입국 초기'에는 하나원에서 생활하며 삼죽초등학교에서 학업과 사회적응을 지원받는다.
③ '전환기'를 맞는 탈북학생들을 위해 한겨레 중·고등학교를 운영하고 있으며 일반 학교와의 협력사업도 실시하고 있다.
④ '정착기'의 학교 맞춤형 교육 사업에서는 정규학교를 중심으로 탈북학생이 정착지 학교에서 생활하는데 필요한 종합적 지원을 제공한다.
⑤ 탈북학생 맞춤형 교육은 개인특성에 따른 교육 수요를 반영한 맞춤형 교육 강화를 중점 추진 방향으로 삼는다.

22 하트(R. Hart)의 참여 사다리모델에서 실질적 참여로 볼 수 없는 단계는?

① 장식 단계(Decoration)
② 청소년이 시작하고 청소년이 감독하는 단계(Child-initiated and directed)
③ 성인들이 협의하고 정보를 제공하는 단계(Consulted and informed)
④ 성인들이 시작하고 청소년과 의사 결정을 공유하는 단계(Adult-initiated, shared decision with children)
⑤ 성인들이 정하지만 정보는 제공되는 단계(Assigned but informed)

23 청소년복지 지원법령상 지역사회 청소년통합지원체계 구성 시 반드시 포함하여야 하는 필수연계 기관에 포함되지 않는 것은?

① 지방자치단체　　　　　　　　　　② 청소년 비행예방센터
③ 보호관찰소　　　　　　　　　　　④ 보건소
⑤ 청소년수련관

24 우리나라 청소년은 공직선거법상 몇 세 이상부터 대통령 및 국회의원 선거권이 있는가?

① 16세　　　　　　② 17세　　　　　　③ 18세
④ 19세　　　　　　⑤ 20세

25 소년법상 보호처분에 관한 내용으로 옳지 않은 것은?

① 사회봉사명령 처분은 14세 이상의 소년에게만 할 수 있다.
② 소년의 보호처분은 그 소년의 장애 신상에 어떠한 영향도 미치지 아니한다.
③ 수강명령은 100시간을 초과할 수 없다.
④ 보호관찰관의 단기 보호관찰기간은 1년으로 한다.
⑤ 단기로 소년원에 송치된 소년의 보호기간은 3개월을 초과하지 못한다.

정답 및 해설
20. ③　21. ①　22. ①　23. ⑤　24. ③　25. ⑤

20 스마트쉼센터는 예방교육, 가정방문상담, 캠페인 등 인터넷·스마트폰 과의존 문제를 해소하기 위해 다양한 정책과 사업을 추진하고 있다.

21 탈북학생의 교육지원은 교육부에서 담당한다.

22 하트(R. Hart)의 참여 사다리모델에서 실질적 참여는 6~8단계에 이루어지는데 이는 성인의 주도로 청소년과 의사결정을 공유하는 단계, 청소년이 주도하고 감독하는 단계, 청소년 주도로 성인과 의사결정을 공유하는 단계이다.

23 지방자치단체의 장은 관할구역의 위기청소년을 조기에 발견하여 보호하고, 청소년복지 및 「청소년기본법」 제3조제5호에 따른 청소년보호를 효율적으로 수행하기 위하여 지방자치단체, 공공기관, 「청소년기본법」 제3조제8호에 따른 청소년단체 등이 협력하여 업무를 수행하는 지역사회 청소년통합지원체계(이하 "통합지원체계"라 한다)를 구축·운영하여야 한다.

24 우리나라 청소년은 공직선거법상 18세 이상부터 대통령 및 국회의원 선거권이 있다.

25 제32조제1항제9호에 따라 단기로 소년원에 송치된 소년의 보호기간은 6개월을 초과하지 못한다.

01 콜브(D. Kolb)가 제시한 경험학습의 진행과정을 순서대로 옳게 나열한 것은?

> ㉠ 적극적 실험(active experimentation)
> ㉡ 구체적 경험(concrete experience)
> ㉢ 반성적 관찰(reflective observation)
> ㉣ 추상적 개념화(abstract conceptualization)

① ㉠ - ㉡ - ㉣ - ㉢　　② ㉠ - ㉢ - ㉡ - ㉣　　③ ㉡ - ㉢ - ㉠ - ㉣
④ ㉡ - ㉢ - ㉣ - ㉠　　⑤ ㉡ - ㉣ - ㉢ - ㉠

02 다음이 설명하는 프로그램 유형은?

> • 어떤 하나의 내용을 한 번에 지도하기 위한 일회성 프로그램이다.
> • 비교적 짧은 시간에 달성해야 하는 특정한 활동을 중심으로 구성된다.

① 단위 프로그램　　② 연속 프로그램　　③ 통합 프로그램
④ 종합 프로그램　　⑤ 단계적 프로그램

03 청소년프로그램개발 패러다임 중 비판주의 패러다임에 관한 설명에 해당하는 것은?
① 외부세계에 존재하는 새로운 지식과 정보, 기술을 청소년에게 전달하는 도구적인 성격이 강하다.
② 청소년지도사는 빈 그릇 상태인 청소년에게 무엇인가를 채워주는 권위 있는 사람으로 인식된다.
③ 프로그램의 목표에 의해 프로그램의 내용이 결정되는 성격이 강하다.
④ 교육을 의식화 과정으로 간주하고, 억압상태로부터의 해방과 비판적 실천행위를 강조한다.
⑤ 프로그램에 참여하는 청소년은 수동적이고 피동적인 존재로 간주된다.

04 프로그램개발 통합모형에서 프로그램 관련 상황분석과 프로그램개발의 기본방향이 설정되는 단계는?

① 프로그램 설계 ② 프로그램 기획 ③ 프로그램 마케팅
④ 프로그램 실행 ⑤ 프로그램 평가

05 요구(needs)에 관한 설명으로 옳은 것을 모두 고른 것은?

> ㉠ 느낀 요구(felt needs) : 학습자에 의해 인식된 요구
> ㉡ 표현된 요구(expressed needs) : 학습자에 의해 표출되거나 행동화된 요구
> ㉢ 규범적 요구(normative needs) : 주관적 차원에서 진단된 요구
> ㉣ 비교 요구(comparative needs) : 타인이나 다른 집단과의 비교에 의해 생성된 요구

① ㉠, ㉢ ② ㉡, ㉣ ③ ㉠, ㉡, ㉣
④ ㉡, ㉢, ㉣ ⑤ ㉠, ㉡, ㉢, ㉣

06 켈러(J. Keller)의 ARCS모형에 기초한 동기유발전략 중 관련성(Relevance) 향상 전략에 해당하는 것은?

① 특이성의 전략 ② 난이도 계열화의 전략
③ 긍정적인 피드백의 전략 ④ 친밀성의 전략
⑤ 성공기회 제공의 전략

정답 및 해설 01. ④ 02. ① 03. ④ 04. ② 05. ③ 06. ④

01 경험학습의 진행과정은 구체적 경험 – 반성적 성찰 – 추상적 개념화 – 적극적(능동적) 실험이다.
02 단위 프로그램은 수련활동 일정을 구성하는 개별 프로그램을 의미하며, 다양한 집단을 대상으로 적용될 수 있다.
03 비판주의 패러다임은 현재의 조건을 변화시키고 개선된 사회를 구성할 수 있도록 돕기 위해 현재 사회의 실질적 구조를 발견하는 비판적 탐구를 수행한다.
04 기획단계는 청소년수련시설, 단체 등에서 학교 또는 집단 수련활동을 목적으로 진행 사항을 미리 작성하여 실행할 수 있도록 상세한 계획을 작성하는 단계이다.
05 규범적 요구는 현 상황과 그와 관련된 규범과의 비교를 통하여 결정된다. 이 규범에는 전문가가 '정상적'이거나 '바람직한' 것으로 규정한 것이 포함된다.
06 켈러(J. Keller)의 ARCS모형
  • 주의(Attention) : 호기심과 관심의 유발(지각적 주의, 탐구적 주의, 다양성)
  • 관련성(Relevance) : 친밀성의 전략, 목적 지향성의 전략, 필요나 동기의 부합성 강조 전략
  • 자신감(Confidence) : 학습의 필요조건 제시의 전략, 성공의 기회 제시의 전략, 개인적 조절감 증대의 전략
  • 만족감(Satisfaction) : 자연적 결과 강조의 전략, 긍정적 결과 강조의 전략, 공정성 강조의 전략

07 개인중심 청소년지도방법에 해당하는 것을 모두 고른 것은?

> ㉠ 멘토링(mentoring) ㉡ 도제제도(apprenticeship)
> ㉢ 브레인스토밍(brainstorming)

① ㉡ ② ㉠, ㉡
③ ㉠, ㉢ ④ ㉡, ㉢
⑤ ㉠, ㉡, ㉢

08 청소년 기본법령상 청소년수련관의 청소년지도사 배치기준에 관한 내용이다. (   )에 들어갈 숫자가 순서대로 옳은 것은?

> 1급 또는 2급 청소년지도사 각각 1명 이상을 포함하여 (   )명 이상의 청소년지도사를 두되, 수용인원이 500명을 초과하는 경우에는 500명을 초과하는 (   )명당 1급, 2급 또는 3급 청소년지도사 중 1명 이상을 추가로 둔다.

① 3, 150 ② 3, 200
③ 3, 250 ④ 4, 200
⑤ 4, 250

09 청소년 기본법령상 청소년특별회의에 관한 내용으로 옳지 않은 것은?
① 여성가족부장관은 특별회의의 참석 대상을 정할 때에는 성별·연령별·지역별로 각각 전체 청소년을 대표할 수 있도록 노력하여야 한다.
② 여성가족부장관이 공개모집을 통하여 선정한 청소년은 참석대상이 된다.
③ 특별회의는 2년마다 개최하여야 한다.
④ 참석대상·운영방법 등 세부적인 사항은 대통령령으로 정한다.
⑤ 여성가족부장관은 특별회의의 의제와 관련된 중앙행정기관의 장이 회의에 참석하도록 협조를 요청할 수 있다.

10 청소년 기본법상 한국청소년단체협의회의 청소년육성을 위한 활동에 해당하는 것을 모두 고른 것은?

> ㉠ 청소년지도자의 연수와 권익 증진　　㉡ 청소년 관련 분야의 국제기구활동
> ㉢ 해외교포청소년과의 교류·지원　　㉣ 청소년 관련 도서 출판 및 정보 지원

① ㉠, ㉢　　　　　② ㉢, ㉣　　　　　③ ㉠, ㉡, ㉣

④ ㉡, ㉢, ㉣　　　⑤ ㉠, ㉡, ㉢, ㉣

11 청소년활동 진흥법 제2조(정의) 규정의 일부이다. (　　)에 들어갈 용어로 옳은 것은?

> (　　　　　)(이)란 청소년수련활동에 필요한 프로그램과 이와 관련된 사업을 말한다.

① 청소년이용시설　　　　　② 청소년수련시설

③ 청소년수련거리　　　　　④ 청소년수련지구

⑤ 청소년어울림마당

정답 및 해설

07. ②　08. ⑤　09. ③　10. ⑤　11. ③

07 브레인스토밍은 창의적인 아이디어를 생산하기 위한 학습 도구이자 회의 기법이다.

08 청소년 기본법에 의하면 1급 또는 2급 청소년지도사 각각 1명 이상을 포함하여 4명 이상의 청소년지도사를 두되, 수용인원이 500명을 초과하는 경우에는 500명을 초과하는 250명당 1급, 2급 또는 3급 청소년지도사 중 1명 이상을 추가로 둔다.

09 국가는 범정부적 차원의 청소년정책과제의 설정·추진 및 점검을 위하여 청소년 분야의 전문가와 청소년이 참여하는 청소년특별회의를 해마다 개최하여야 한다.

10 청소년단체는 청소년육성을 위한 다음 각 호의 활동을 하기 위하여 여성가족부장관의 인가를 받아 한국청소년단체협의회를 설립할 수 있다.
1) 회원단체의 사업과 활동에 대한 협조·지원
2) 청소년지도자의 연수와 권익 증진
3) 청소년 관련 분야의 국제기구활동
4) 외국 청소년단체와의 교류 및 지원
5) 남·북청소년 및 해외교포청소년과의 교류·지원
6) 청소년활동에 관한 조사·연구·지원
7) 청소년 관련 도서 출판 및 정보 지원
8) 청소년육성을 위한 홍보 및 실천 운동

11 청소년수련거리란 청소년수련활동에 필요한 프로그램과 이와 관련된 사업을 말한다.

12 청소년활동 진흥법령상 (   )에 들어갈 숫자로 옳은 것은?

> 국가는 인증수련활동에 참여한 청소년의 활동기록을 확인하는 등의 절차를 거쳐 해당 활동이 끝난 후 (   )일이 경과한 날부터 그 기록을 제공할 수 있도록 하여야 한다.

① 7   ② 10   ③ 14
④ 15   ⑤ 20

13 청소년활동 진흥법령상 청소년수련시설의 안전기준에 관한 내용이다. (   )에 들어갈 내용으로 옳은 것은?

> 수련시설의 운영대표자는 (   ) 이상 시설물에 대한 안전점검(세부적인 점검사항은 여성가족부령으로 정하는 바에 따른다)을 실시하여야 하며, 점검결과를 시설물 안전점검기록 대장에 기록·관리하여야 한다.

① 매월 1회   ② 분기별 1회   ③ 반기별 1회
④ 매년 1회   ⑤ 2년마다 1회

14 청소년활동 진흥법상 (   )에 들어갈 숫자로 옳은 것은?

> 특별자치시장·특별자치도지사·시장·군수·구청장은 수련시설의 운영 또는 청소년 활동 중에 「성폭력범죄의 처벌 등에 관한 특례법」 제2조의 성폭력범죄가 발생한 경우 수련시설 설치·운영자 또는 위탁운영단체, 숙박형등 청소년수련활동 주최자에게 (   )개월 이내의 기간을 정하여 시설 운영 또는 활동의 중지를 명할 수 있다.

① 3   ② 4   ③ 5
④ 6   ⑤ 9

15 청소년활동 진흥법령상 위험도가 높은 청소년수련활동에 해당하는 것을 모두 고른 것은?

> ㉠ 행글라이딩   ㉡ 하강레포츠
> ㉢ 2시간의 야간등산   ㉣ 8km의 도보이동

① ㉠, ㉡   ② ㉠, ㉢   ③ ㉠, ㉡, ㉣
④ ㉡, ㉢, ㉣   ⑤ ㉠, ㉡, ㉢, ㉣

16 청소년활동 진흥법령상 수련시설의 종합평가에 관한 내용으로 옳지 않은 것은?

① 여성가족부장관은 수련시설에 대한 종합평가를 2년마다 1회 이상 실시하여야 한다.

② 여성가족부장관은 종합평가결과를 교육부장관 등 관계 기관의 장에게 알려야 한다.

③ 종합평가의 주기·방법·절차에 필요한 사항은 한국청소년활동진흥원이 정한다.

④ 국가는 종합평가의 결과가 우수한 수련시설에 대하여 포상 등을 실시할 수 있다.

⑤ 종합평가는 수련시설의 전문성 강화와 운영의 개선 등을 위하여 실시된다.

17 청소년활동 진흥법 제2조(정의) 규정의 일부이다. (   )에 들어갈 내용이 순서대로 옳은 것은?

> "비숙박형 청소년수련활동"이란 19세 미만의 청소년을 대상으로 제10조제1호의 청소년 수련시설 또는 그 외의 다른 장소에서 실시하는 청소년수련활동으로서 실시하는 날에 끝나거나 숙박 없이 (   )회 이상 (   )으로 실시하는 청소년수련활동을 말한다.

① 1, 비정기적 　② 1, 정기적 　③ 2, 비정기적

④ 2, 정기적 　⑤ 3, 비정기적

정답 및 해설　　　　12. ⑤　13. ①　14. ①　15. ①　16. ③　17. ④

12 국가는 인증수련활동에 참여한 청소년의 활동기록을 확인하는 등의 절차를 거쳐 해당 활동이 끝난 후 20일이 경과한 날부터 그 기록을 제공할 수 있도록 하여야 한다.

13 청소년활동 진흥법령상 수련시설의 운영대표자는 매월 1회 이상 시설물에 대한 안전점검(세부적인 점검사항은 여성가족부령으로 정하는 바에 따른다)을 실시하여야 하며, 점검결과를 시설물 안전점검기록 대장에 기록·관리하여야 한다.

14 특별자치시장·특별자치도지사·시장·군수·구청장은 수련시설의 운영 또는 청소년활동 중에 다음 각 호의 어느 하나에 해당하는 사유가 발생한 경우에는 수련시설 설치·운영자 또는 위탁운영단체, 숙박형등 청소년수련활동 주최자에게 3개월 이내의 기간을 정하여 시설 운영 또는 활동의 중지를 명할 수 있다.

15 위험도가 높은 청소년수련활동

활동유형	프로그램명
수상활동	래프팅, 모터보트, 동력요트, 수상오토바이, 고무보트, 수중스쿠터, 호버크래프트, 수상스키, 조정, 카약, 카누, 수상자전거, 서프보트, 스킨스쿠버
항공활동	패러글라이딩, 행글라이딩
산악활동	클라이밍(자연암벽, 빙벽), 산악스키, 야간등산(4시간 이상의 경우만 해당)
장거리 걷기활동	10km 이상 도보이동
그밖의 활동	유해성 물질(발화성, 부식성, 독성 또는 환경유해성 등), 집라인(Zip-line), ATV 탑승 등 사고위험이 높은 물질/기구/장비 등을 활용하여 이루어지는 청소년수련활동

16 종합평가의 주기·방법·절차 및 평가결과의 공개 등에 필요한 사항은 여성가족부령으로 정한다.

17 "비숙박형 청소년수련활동"이란 19세 미만의 청소년을 대상으로 제10조제1호의 청소년수련시설 또는 그 외의 다른 장소에서 실시하는 청소년수련활동으로서 실시하는 날에 끝나거나 숙박 없이 2회 이상 정기적으로 실시하는 청소년수련활동을 말한다.

18 청소년활동 진흥법상 ( )에 들어갈 내용으로 옳은 것은?

> 국가는 청소년수련활동 인증제도를 운영하기 위하여 청소년수련활동 인증위원회를 ( )에 설치 · 운영하여야 한다.

① 한국청소년정책연구원   ② 한국청소년단체협의회
③ 한국청소년활동진흥원   ④ 한국청소년수련시설협회
⑤ 한국청소년상담복지개발원

19 청소년활동 진흥법령상 청소년수련시설에 해당하는 것은?
① 어린이회관   ② 청소년특화시설   ③ 청소년쉼터
④ 청소년치료재활센터   ⑤ 청소년자립지원관

20 청소년활동 진흥법령상 '숙박형등 청소년수련활동 계획의 신고'에 관한 내용으로 옳은 것은?
① 20세 청소년집단을 대상으로 숙박형등 청소년수련활동을 주최하려는 자는 그 활동계획을 신고하여야 한다.
② 숙박형 등 청소년수련활동을 주최하려는 자는 그 활동계획의 신고가 수리되기 전이라도 모집활동을 할 수 있다.
③ 활동계획의 신고서는 한국청소년활동진흥원에 제출하여야 한다.
④ 활동계획을 신고한 자는 신고한 내용의 변경이 필요한 경우, 활동 후 3일 이내에 변경신고서를 제출하여야 한다.
⑤ 청소년이 부모 등 보호자와 함께 참여하는 경우는 활동계획의 신고 대상에서 제외된다.

21 청소년활동 진흥법령상 청소년운영위원회에 관한 내용으로 옳지 않은 것은?
① 위원장은 위원 중에서 호선(互選)한다.
② 국가 및 지방자치단체는 예산의 범위에서 운영위원회의 운영에 필요한 경비를 지원할 수 있다.
③ 청소년운영위원회의 구성 · 운영 등에 필요한 사항은 대통령령으로 정한다.
④ 위원의 임기는 2년으로 한다.
⑤ 수련시설운영단체의 대표자는 운영위원회의 의견을 수련시설 운영에 반영하여야 한다.

22 국제청소년성취포상제에 관한 설명으로 옳지 않은 것은?

① 영국의 에딘버러(Edinburgh) 공작에 의해 시작되었다.

② 은장 단계에서는 4박 5일의 합숙 활동을 해야 한다.

③ 기본이념에는 비경쟁성이 포함된다.

④ 동장 단계에서는 봉사, 자기개발, 신체단련, 탐험을 해야 한다.

⑤ 한국청소년활동진흥원이 국제청소년성취포상제의 한국사무국이다.

정답 및 해설   18. ③   19. ②   20. ⑤   21. ④   22. ②

18 국가는 청소년수련활동 인증제도를 운영하기 위하여 청소년수련활동 인증위원회(이하 "인증위원회"라 한다)를 활동진흥원에 설치·운영하여야 한다.

19 청소년수련시설
   가. 청소년수련관 : 다양한 청소년수련거리를 실시할 수 있는 각종 시설 및 설비를 갖춘 종합수련시설
   나. 청소년수련원 : 숙박기능을 갖춘 생활관과 다양한 청소년수련거리를 실시할 수 있는 각종 시설과 설비를 갖춘 종합수련시설
   다. 청소년문화의 집 : 간단한 청소년수련활동을 실시할 수 있는 시설 및 설비를 갖춘 정보·문화·예술 중심의 수련시설
   라. 청소년특화시설 : 청소년의 직업체험, 문화예술, 과학정보, 환경 등 특정 목적의 청소년활동을 전문적으로 실시할 수 있는 시설과 설비를 갖춘 수련시설
   마. 청소년야영장 : 야영에 적합한 시설 및 설비를 갖추고, 청소년수련거리 또는 야영편의를 제공하는 수련시설
   바. 유스호스텔 : 청소년의 숙박 및 체류에 적합한 시설·설비와 부대·편익시설을 갖추고, 숙식편의 제공, 여행청소년의 활동지원(청소년수련활동 지원은 제11조에 따라 허가된 시설·설비의 범위에 한정한다)을 기능으로 하는 시설

20 숙박형 청소년수련활동 및 비숙박형 청소년수련활동(이하 "숙박형등 청소년수련활동"이라 한다)을 주최하려는 자는 여성가족부령으로 정하는 절차와 방법에 따라 특별자치시장·특별자치도지사·시장·군수·구청장(자치구의 구청장을 말한다. 이하 같다)에게 그 계획을 신고하여야 한다. 다만, 다음 각 호의 경우는 제외한다.
   1. 다른 법률에서 지도·감독 등을 받는 비영리 법인 또는 비영리 단체가 운영하는 경우
   2. 청소년이 부모 등 보호자와 함께 참여하는 경우
   3. 종교단체가 운영하는 경우
   4. 비숙박형 청소년수련활동 중 제36조제2항에 따라 인증을 받아야 하는 활동이 아닌 경우

21 제4조(청소년운영위원회)
   ① 제10조제1호의 청소년수련시설(이하 "수련시설"이라 한다)을 설치·운영하는 개인·법인·단체 및 제16조제3항에 따른 위탁운영단체(이하 "수련시설운영단체"라 한다)는 청소년활동을 활성화하고 청소년의 참여를 보장하기 위하여 청소년으로 구성되는 청소년운영위원회를 운영하여야 한다.
   ② 수련시설운영단체의 대표자는 청소년운영위원회의 의견을 수련시설 운영에 반영하여야 한다.
   ③ 제1항에 따른 청소년운영위원회의 구성·운영 등에 필요한 사항은 대통령령으로 정한다.

22 국제청소년성취포상제(만14세~24세)는 1956년 영국 에딘버러 공작에 의해 설립되었으며 청소년이 다양한 활동영역에서 자기 주도적으로 활동하여 스스로의 잠재력을 최대한 개발하고 삶의 기술을 갖도록 하는 전 세계 130여 개국에서 운영되는 국제적으로 공인된 자기 성장 프로그램이다. 이의 은장 단계에서는 2박 3일의 탐험활동을 해야 하며 합숙활동은 금장 단계에 한한다.

23 청소년수련활동 인증기준 중 공통기준에 해당하지 않는 것은?

① 프로그램 자원운영

② 지도자 역할 및 배치

③ 공간과 설비의 확보 및 관리

④ 안전관리계획

⑤ 이동관리

24 청소년 관련법의 제정연도가 빠른 순서대로 나열한 것은?

> ㉠ 청소년 기본법
> ㉡ 청소년활동 진흥법
> ㉢ 학교 밖 청소년지원에 관한 법률

① ㉠ - ㉡ - ㉢   ② ㉠ - ㉢ - ㉡   ③ ㉡ - ㉠ - ㉢

④ ㉡ - ㉢ - ㉠   ⑤ ㉢ - ㉠ - ㉡

25 청소년방과후아카데미에 관한 설명으로 옳지 않은 것은?

① 청소년 기본법에 법적 근거를 두고 있다.

② 초등학교 1학년부터 중학교 3학년까지가 지원 대상이다.

③ 한국청소년활동진흥원에서 운영지원을 하고 있다.

④ 청소년수련시설에 설치·운영할 수 있다.

⑤ 담임(SM)은 상담 및 생활기록·관리 업무를 수행한다.

정답 및 해설   23. ⑤   24. ①   25. ②

23 청소년수련활동 인증기준 중 공통기준에는 활동 프로그램(프로그램 구성, 프로그램 자원운영), 지도력(지도자 자격, 지도자 역할 및 배치), 활동환경(공간과 설비의 확보 및 관리, 안전관리 계획)이 포함된다.

24 청소년 기본법은 1991년 12월 31일, 청소년활동 진흥법은 2004년 2월 9일, 학교 밖 청소년지원에 관한 법률은 2014년 5월 28일에 제정되었다.

25 청소년방과후아카데미란, 여성가족부와 지방자치단체에서 공적 서비스를 담당하는 청소년 수련시설(청소년수련관, 청소년 문화의집 등)을 기반으로 방과후 돌봄이 필요한 청소년(초등 4학년~중등 3학년)의 자립역량을 개발하고 건강한 성장을 지원하고자 방과후 학습지원, 전문체험 활동, 학습 프로그램, 생활지원 등 종합서비스를 제공하는 국가정책지원 사업이다.